LIAONING PROVINCIAL MUSEUM JOURNAL

遼寧省博物館

馆刊

（2020）

辽宁省博物馆　编

科学出版社

北　京

内 容 简 介

《辽宁省博物馆馆刊（2020）》一书由辽宁省博物馆组织编写。全书分为“回忆与怀念”“考古发现与研究”“文物研究与鉴赏”“博物馆工作与研究”“史料与研究”五个栏目。书中文章由海内外专家、学者和工作在文博一线的同仁撰写，主要为以辽宁地区为主的考古新发现及研究、出土文物研究、传世文物鉴赏、博物馆学研究、历史文献研究等方面的学术性论文。文章发表的新材料、阐述的新见解、提出的新问题，供业内人士和历史、文物爱好者探讨研究。

本书适合文博工作者、大专院校文博专业师生及业余文物爱好者阅读参考。

图书在版编目（CIP）数据

辽宁省博物馆馆刊.2020/ 辽宁省博物馆编. —北京：科学出版社，2020.12

ISBN 978-7-03-067789-1

Ⅰ.①辽… Ⅱ.①辽… Ⅲ.①博物馆—辽宁—丛刊 Ⅳ.① G269.273.1-55

中国版本图书馆 CIP 数据核字（2020）第264230号

责任编辑：王琳玮 / 责任校对：邹慧卿
责任印制：肖 兴 / 封面设计：张 放

科 学 出 版 社 出版
北京东黄城根北街16号
邮政编码：100717
http：//www.sciencep.com

中国科学院印刷厂 印刷

科学出版社发行 各地新华书店经销

*

2020年12月第 一 版 开本：787×1092 1/16
2020年12月第一次印刷 印张：27 插页：1
字数：640 000

定价：228.00 元

（如有印装质量问题，我社负责调换）

《辽宁省博物馆馆刊》编辑委员会

目　　录

回忆与怀念

东博忆往（续一）……徐秉琨 /1
我与秦汉东北史研究……王绵厚 /9

考古发现与研究

后崴子北山地点发现的旧石器研究……李　霞　陈全家　赵清坡 /12
浑河流域古代早期的历史文化与城邑——以沈阳、抚顺地区为中心……王俊铮 /24
五女山城第三期文化的探讨……苏鹏力 /37
辽宁省抚顺市转水湖山城分析——兼谈信息技术在山城调查与研究中的应用
……图旭刚　卢治萍　童　海 /47
试论抚顺地区高句丽与女真城址之异同……邹　静　金　辉 /54
辽代圹墓的考古学初步观察……林　栋 /67
辽宁朝阳县出土的辽代家族墓志……刘　艳　么乃亮 /79
辽代《韩德让墓志》疏解……辽金史工坊 /83
宋金时期陕西凤翔府榷场位置略考……王文耀 /98
明代辽东镇险山参将地方城堡……高兴东　佟　强 /103
空三测量技术应用于田野考古测绘工作新探……刘　宁 /114

文物研究与鉴赏

建平博物馆藏辽宋铜镜简述……张　微 /126
辽宁凌源两处石羊石虎墓葬的年代及相关问题……李龙彬　李宇峰 /132
从几枚官印看辽统治者如何以佛教来巩固他们的统治……赵　姝 /143
《明奉议大夫江西按察司佥事鲁纶墓志铭》考释……李智裕 /146
明刻《绿筠窝帖》及传世拓本考……么乃亮 /153
浅谈明代青花瓷器及对外交流……李琼璟　何建斌 /164
刻瓷艺术浅谈……李慧净　李晓艳　李　达 /180

《唐宋元名画大观》和《名画荟珍》的前世今生……戴立强 /188

博物馆工作与研究

新时代、新理念、新作为——以创新推动博物馆事业高质量发展……于莉莉 /196
试议文化中枢的博物馆与“进”“出”两种行为……陈如芳 /202
国家一级博物馆运行评估与博物馆工作的思考和建议……刘冠缨 /208
对博物馆陈列展览工作的思考——以重庆中国三峡博物馆为例……罗 霞 /214
疫情之下“云游”博物馆——2020 年初博物馆线上展览观察……郝倡冉 /223
博物馆 STEAM 教育项目开发与实施初探
——以葫芦岛市博物馆儿童教育课程“完美的食具”为例……孟 玲 /228
博物馆观众讲解心理需求调查分析及讲解工作探究……樊 荣 /235
浅谈地方博物馆藏品管理工作——以葫芦岛市博物馆为例……李 乐 /240
新形势下对博物馆文创工作的探析——基于沈阳故宫文创工作的研究……苏 阳 /246
浅谈博物馆陈列设计中的色彩应用……刘伊丹 /252
推进鞍山市文化产业高质量发展之我见……齐新宇 /258

史料与研究

狗邪韩国是倭人之地——兼论任那非日本殖民地……葛 天 /265
慕容皝施政措施浅析……李道新 /270
新发现的《李训墓志》与吉备真备——继《井真正墓志》后的
遣唐留学生史料……〔日〕气贺泽保规 著 兰 姝 汪 旭 译 /275
明代碱场堡考……梁志龙 乔 程 /281
文化再造与国俗建构——以乾隆朝冰嬉为例……伍容萱 方 非 /290
关于清代怀仁县城的几个问题……姜大鹏 /300
“张三畬堂财产清理委员会”始末及相关问题研究……赵莉梅 赵嫣然 /308
黑龙江蒙古族古籍考录……王 佳 /320
朱克敏重装《秦汉瓦当文字》考略……姜修翔 赵晓龙 /338
赵佑卿：未曾作结的人生……李勤璞 /354
爱努人问题……〔苏〕施滕贝格 著 张 松 译 /377

鸳渊一、户田茂喜著作目录稿……秦 浦 /411
征稿启事……423

东博忆往（续一）

徐秉琨

（前接《辽宁省博物馆馆刊（2018—2019）》第 8 页）

3. 组织机构

1950 年的东北博物馆还不是一个机构完整的个体，只是东北文物处下属的一个事业单位。文物处下管理着几个单位：东北博物馆、东北图书馆、沈阳故宫陈列所。博、图两馆与故宫均不另任馆长、所长，即由处长王修兼任。下属单位只设秘书管事（博、图两馆秘书分别是张拙之、赵奇），自己无人事权和财权，在文物处内设人事科（科长魏国满）和总务科（科长李之楼），一切花销都要拿到处里报销。人员（主要是后勤和杂务人员）可以在处属单位内互相调动。1953 年文物处撤销，下属单位划由沈阳市文化局领导，博、图两馆后来划回东北行政委员会文化局，故宫留沈阳市。

东北博物馆内设两个业务机构：研究室和保管科，负责人都称“科长”。研究室负责藏品及征集品的鉴定、研究、陈列、考古等工作。研究室下设说明员组，负责对观众的讲解（国内博物馆原无“说明员”的设置，东博也只是在省领导、贵宾来参观时才由研究人员陪同做介绍）。东博首创专职说明员制度，据说是从苏联学来的。保管科负责藏品和征集品的保管、登账，科下设看管员，负责陈列展品和展楼的安全。

在两个业务科室之外，馆里另有一人负责总务和工人管理：广永昌。他等于是文物处总务科的派出人员，但归馆秘书领导。后来成立管理科，他任副科长，1957 年调出。

那时的职工属于两种编制，即干部（职员）和“工友”（工人）。研究室的研究人员、说明员和保管科人员（看管员除外）是干部编制，看管员和馆内勤杂人员是工人编制。研究人员的职称只有两个等级：研究员和助理研究员，前者实际包括后来细分的研究员和副研究员两个职级；后者实际包括后来细分的助理研究员和研究实习员两个职级。至 1953 年 1 月，才和全国统一，将研究员分开为正研、副研两级，我也在那时定职为研究生。

4. 工作人员

1950 年 8 月馆内的工作人员状况是：秘书：张拙之。研究室科长：杨孟雄。研究员：李文信、沈延毅、张亮采、于世杰、齐子如、杨成能。助理研究员：胡文效、阎万章、曲瑞琦、孙守道。说明员组组长：杨树德。说明员：水良箴、孙齐贤、赵承范、于淑梅、王宝善。保管科科长：孙彦文。保管员：李茂林、张劲闻、萧云忠、李致琴等。看管员：李士宾、张国良（张浩）、丁宝泰（丁军）等。另有两位技工裱画师傅周福亭和花匠袁振清。我记得，至 1950 年底，连同我们新来的几个人一起，馆内正式职工人数为 37 人。各人的情况大致如下：

杨孟雄，蒙古族，原为黑龙江省某县教育局局长。东北沦陷后自己更名为“艮”，“艮”在八卦中位于东北，更名的用意是表示东北地区是中国的东北，不是什么“满洲国”。在东博初任研究室科长，1945年，解放军在大栗子沟缴获了溥仪外逃时携出的一大批书画文物，缴获后上交东北文保委员会，存在东北银行，沈阳解放后迁来沈阳，1950年6月（？），由杨孟雄代表博物馆直接接收入藏。1951年底至1952年初，保管科长孙彦文调走，杨改任保管科科长。1952年底，调任沈阳故宫陈列所所长。

沈延毅，辽宁盖平（今盖州市）人，著名书法家、诗人。早期北京大学毕业，曾任莫德惠（东北人士）秘书。莫德惠在旧中国任驻苏联大使，他随往，见过斯大林、莫洛托夫等苏联领导人。1955年成立沈阳市文史馆，他调任馆长。

他的书法写魏碑，端正峻峭而潇洒多姿。东博的藏品卡片有一大批是经他抄写的，他用蘸水钢笔蘸黑色墨水书写，仍是魏碑风格，整齐美观，有力透纸背之感，是他留下的又一类硬笔书法作品。启功先生欣赏他的书法，赠诗云：“如今魏法出辽东”。

他和胡文效、杨孟雄是当时馆里能做旧诗的几个人，时有诗作唱和。他身材高颀，胡赠诗有云：“浩荡长江水，矫矢青松姿。努力崇明达，□□以为期。”他很高兴。西丰西岔沟清理古墓群，出土多把铜剑，他去参观，赋诗云：“遗剑家家有，锋芒仔细论”，发表在沈阳的文艺刊物《芒种》上。原东北文物处党支部书记（后任沈阳市文化局副局长）的王化南下放调回，仍住故宫，他去看望，赠诗云：“风雨沧桑感慨同，十年离乱各西东。重逢巧又汗（hán）王殿，一笑高歌‘二进宫’。”“二进宫”是一出京剧的剧目。

他长年担任辽宁省书法家协会主席（理事长？），20世纪90年代病逝，享年90余岁。

张亮采，东北人，辽史专家。1950年，馆里为我们几个年轻人安排业务学习，是师徒授课方式。王增新被分配跟他学习铜器研究，他经常抱着两大本容庚的《商周彝器通考》来上课。后离馆。“文化大革命”后任东北师范大学历史系主任。我和朱子方先生出差长春时曾去看望。

于世杰，年纪较大，人很和蔼，大家尊称“于老”。据说原是张学良下属的一位军需处长，见过很多“古董”，经验丰富。馆里安排董彦明跟他学习瓷器，他就到陈列柜前对着实物讲解，但很少讲什么理论，是所谓“望气派”。北安整理文物时鉴定清宫“金银珠宝”，他的介绍使我们见识了很多东西，什么猫眼石、青金石、翡翠、祖母绿、各色的璧玺，等等，他都如数家珍，一一道来。有一种蓝表叫作“推盘问”，那是在一块怀表边儿上有一个小推纽，推一下就会自动打点报时，他表演给我们看，推上后响几下，暂停，又响几下，说明是几点几刻。这种表是供人夜间了解时刻和盲人使用的。他还会用座机照相，博物馆后院靠西墙最北的两间套间小房子就做了他的照相室和暗室。1952年整理文物时新建了一套文物卡片，很多卡片左上角都贴有一张一英寸大的藏品照片，就出自他手。馆里安排赵洪山做他的助手，跟他学会了照相。

1954年，于世杰调援黑龙江省博物馆，在那里很得好评。

齐子如，湖南湘潭人，名良琨，齐白石之子。他来馆大概是出于周铁衡先生的介绍。王修到沈阳后，像在哈尔滨一样寻访本地的文物爱好者，周就成了东北文物处的顾问。周是医生，曾留学日本，与郭沫若同学，郭来沈时曾去看望他。周后来又从齐白石学画，成为画家。齐子如可能就是这样被介绍到馆来。他画工笔草虫细致入微，极为传神，如果说“栩栩如生”，可谓恰如其分。齐白石画作中有些草虫就是齐子如画的。抗美援朝时捐献飞机大炮，文物处办义卖展出，沈延毅写了书法，他也画了几幅画参展。

馆里安排他为我讲授书画，他拿一本专业著作（可能是潘天寿的《中国绘画史》）给我上课。但1952年组织上派我去北京学习考古，书画的学习未能继续下去。他体弱多病，齐白石曾为他画一幅画，题“愿如儿寿比爷长”。他1955年病逝沈阳。

杨成能，江浙一带人，年龄较大。曾翻译过一本日本人的学术著作。他虽是研究员，却很少在研究室而经常到展楼来。展楼一楼北面的展厅内，台上有两株芭蕉树，各装在一个大木桶里。这本是南方树木，东北气温低，就一直放在室内，他经常在那里侍弄。芭蕉忽然结果了，他高兴地拿了个盘子，盛放着剥下来的果肉，到处请人品尝，那味道很像香蕉而滑润过之。他喜欢诗词，交谈中向我问起清人顾贞观送吴汉槎的两首词，恰好我有一本词选，拿了给他看，他看后颇为感慨。

不知他何时去了北京。

胡文效，字龙公，湖南湘潭人。祖父胡沁园是当地著名乡绅。当时齐白石还是一名乡间的木匠，受到胡沁园的赏识，胡教他学习，对齐有知遇培养之恩，齐称胡为夫子（老师），为胡氏夫妇画有“行乐图”。文效从某财政学校毕业，入国民党财政部任职，做过派驻浙江的“稽核”，可能是相当于审计一类的工作。抗战胜利后，齐白石曾赴南京，文效为他举办了一次画展。新中国成立后文效没有工作，赴京住在齐家。他作了一副对联：“城乡处处人长寿。风雨时时龙一吟”，请齐白石写给他。又刻了一枚印章：“小住为佳”。齐白石明白他的意思，于是再想法介绍，他1950年来东博工作。

我初见他时，他西装革履，与当时大家朴素的穿着不同，一副翩翩浊世佳公子模样，交往后才知他学养深厚。那时博物馆已多年没有添置图书，他每次出差北京，都要去书店（尤其是琉璃厂的中国书店）购置一些典籍和新书带回，图书室很多古籍都是他采购来的。他为我买了世界书局出版的“前四史”，精装三厚册，只要四元钱。

胡文效对博物馆一系列规章制度的制定起有重要的作用。当时虽已开馆，但日伪和国民党时期留下的烂摊子尚未做彻底地整理，藏品数目不清，真伪杂陈，账物不符，一些新入藏的文物还未登记入账，分散在不同的屋舍放置。而所谓账册，也只是一些用软页的“美浓纸”复写的器物名称件数，人工装订成册。总之，情况很乱。他是学财务管理出身，深知这样下去不行。而张拙之安心工作后。也汲取在双城领导土改时没收地主财物的库房管理混乱的教训，决心对藏品保管做一次认真的清理。他们与李文信先生研究，确定了藏品的分类。然后由胡文效设计制定了文物总账与分类账的格式，又制定了文物鉴定卡片的细目和样式，还参考银行的报表为藏品的入藏、提用、调拨、剔除等手续制定了一系列的登记表格，这就为1952年全馆文物登记工作的开展打下了基础。直至今日，辽博的保管工作还是使用的这套制度和账册、表格。

1954年，在北京召开了全国文代大会，周扬（中宣部副部长）在会上赞扬齐白石是一位现实主义艺术家。这个评价很高，等于是推出了一位美术界的大师。张拙之政治敏感，立刻想到要加强齐白石作品的收藏，便派胡文效回湖南湘潭搜求齐白石在家乡时的作品。白石的《石门二十品》册页等早期作品就此入藏。胡又到北京请齐白石专为东北博物馆画了一些画，写了一些字幅，并将白石写过的一些短启、字条等收集来馆。后来又由胡请齐氏专为东博破格画了《梅花长卷》和书写了“总路线”等中央政策精神的字幅，这些特殊作品也都归馆入藏。齐白石作品成为东博的特藏之一，后来出了一本齐白石画册，胡文效以本馆的名义作序，由杨仁恺缮写后，印在画册前面。

胡文效还著有一部《齐白石传略》，书中记述了齐氏的青年时代和个人奋斗成长的历程，是研究齐白石的重要著作。对于齐氏的生平，早期有胡适的《齐白石年谱》，后来有吴祖光的《齐白石传》，比较起来，以胡文效此书最为翔实丰富，文学性也强。他曾取先写成的一章题为《苦学记》发表在《人民文学》上。此外，他还研究唐代诗人，有一篇关于元秸的论文在《光明日报》发表。

胡文效书生出身，有些名士作风，喜爱诗词，嗜烟、酒、茶。他曾在一家做客，一边喝酒一边作诗，一天竟作了 50 首诗，受到那家主人的激赏。他认识南方一些有名的诗人、书法家，如谢无量、潘伯鹰等，后来都曾征得他们的书法诗作入藏馆中。1956 年，沈阳的文学刊物《芒种》创刊，请他去代求齐白石老人题写刊名，老人以 90 多岁的高龄，两个大字写得苍劲有力，让人感佩。这个题名该刊一直印在封面使用至今。胡也在其上发表了几首词作，赞美文学春天的到来，诗情充沛，生意盎然。

1961 年，辽宁省委指示辽宁省博物馆编写有关辽宁历史的文字资料，以供内部了解参考。馆里决定由研究室编书三种：一是《辽宁史迹资料》，由研究室商定篇目，分工编写，交胡文效汇总编成；二是《辽宁古诗选》，由胡文效从历代有关辽宁地区史事的诗作中编选；三是《辽宁名胜古迹》，是一本附有图片的小册子，由胡文效编写。前两书印出样书报省委审核后做了增订。后来仅《辽宁名胜古迹》正式出版。

“文化大革命”期间，他插队辽西凌源，1972 年调回沈阳后发现得了癌症，50 几岁英年早逝，十分可惜。

阎万章，辽宁义县人，是阎文儒先生（北大教授，新中国成立前曾任“沈阳博物院”秘书）之侄。早年毕业于北京大学。所学原是文学史专业，研究戏曲史，后在长白师范任教。沈阳解放后先在东北文物处工作，后调东北博物馆。他的研究领域很宽，首先是东北史，尤其是辽史和东北历史地理，多所发明。文物研究则包括瓷器、书画、古地图诸多方面。对民族古文字学的研究，他最大的贡献是发现了“契丹文大字”。史载契丹字有“大”“小”之分，初创的是“大字”，“字少而该贯”，后来又创制“小字”，比较繁细，考古中多见的是小字。他发现曾被认为是赝品的《故太师铭石记》刻石其实是真品，所刻文字原来是另一种契丹字，后来学界一致认为就是“契丹大字”。

他的另一项重要研究是将馆藏一级品，《石渠宝笈》著录的《蔡行敕》的作者做了订正。他考证出此《敕》的作者并不是著录者认定的宋太宗，而是宋徽宗。他查找文献了解到蔡行是徽宗时人，此《敕》的书法与徽宗无异，从而推翻了清廷馆臣的鉴定意见。他对《辽史》、辽瓷的研究也多有贡献。他对工作的态度非常认真，所写的文章明白易懂，考证翔实，大都是不易之论。

阎万章初来馆时兼管资料室工作，我们现在仍可看到一些原来比较残破的书籍被修整装潢，其封面和书脊上用宋体字整齐地写着的书名，就是他的手笔。他写稿也是字迹整齐清楚，一丝不苟。他还擅篆刻，有时刻图章送人。

曲瑞琦，吉林人，从哈尔滨来沈阳的青年干部。他有大学（或大专）的肄业学历，做地下工作时曾被捕，坐过国民党的监狱。人非常聪明，曾用“郑明”“曲正明”的笔名在《文物参考资料》和报纸上发表过一些文博工作的信息。他从李文信先生学习考古，参加过依兰倭肯哈达洞穴和义县清河门辽墓群的发掘。王修冤案后任东北文物处文物科长，1953年组织“东北文物干部训练班”，由东博研究室同志讲授文博与考古知识，我也参加了授课。训练班为辽（辽东、辽西）、吉、黑和松江各省培训了一批青年文物考古干部。同年东北文物处撤销，继任处长王化南调任新成立的沈阳市文化局副局长，他也一起调往市局，被任命为沈阳京剧团团长。20世纪60年代，他回到沈阳故宫做文物考古工作，时值中朝联合考古队在沈阳的工作刚刚结束，铁西区郑家洼子青铜短剑大墓忽然发现，他主持了这次发掘，孙守道和我都被派去帮助工作，墓葬的遗物分布图是孙守道用三天时间精心绘制的。这是一次重大的考古发现，东北局及辽宁省委的领导和时在沈阳的李先念副总理都来参观。发掘报告后来在《考古学报》发表。

孙守道，1930年生，旅顺孙家沟人。笔名“公孙剑”。东北解放后参加旅顺博物馆工作，从此爱上了文物考古专业。1950年，当时的东北文物保管委员会常委廖华到旅顺见到了他，认为有培养前途，把他带来沈阳，安排在东北博物馆，任助理研究员。他聪明好学，悟性很高，得见到众多的文物考古实物和有关的图书资料，如鱼得水。他随同李文信先生，参加过清河门辽萧慎微族墓群的发掘，学会了田野考古。那时李先生主持全馆的业务工作，现场工作时经常穿着一件黑色的大衣式工作服，衣襟飘洒，如释道界主持法事活动的人物，研究室同仁戏称之为“李大法师”。而守道的名字中有一个“道”字，就随之称之为“小老道”。他非常勤奋，为学习写好文章，并将学术文章写得生动一点，购置了一套《莎士比亚全集》（朱生豪译本）。1955年，他参加国家举办的第四届“考古人员训练班”学习，实习时参加了那一年的黄河水库淹没区的考古调查工作。

1953年，全国第一个五年计划开始，钢都鞍山开展了大规模的建设工程。国家需要钢材，鞍钢需要扩建厂房，建房要砖，烧砖要挖土，鞍山成立了窑业公司，在鞍山、辽阳、海城一带新建了许多砖窑厂，因而发现了多处汉墓群。其他工厂的建设和农用水利等建设中也有大量汉墓发现。东北人民政府文化部为此在1953年春组建了“鞍山古墓清理队”（1954年改名东北文物工作队）赴鞍山工作。那两年在鞍山的东地、灵山、立山、陶官屯，海城的大屯，辽阳的唐户屯、桑园子、鹅房、三道壕等地，我们共清理汉墓（包括少数魏晋墓葬）约800多座，1955年又发现发掘了三道壕西汉村落（窑业作坊）遗址。1953年冬整理发掘材料，春节就是在鞍山文化馆度过的。可惜整理未完，新的发掘任务又来了，发掘报告未能编成，只留下一些半成品。

1954年，中国文化界出了一件大事：批判俞平伯的《红楼梦》研究。受此启发，孙守道注意到考古学的研究中也存在一些问题，于是写了一篇《评刘咸著〈从猿到人发展史〉书中的唯心主义和其他方面的错误》，在《科学通报》1955年发表。这在当时考古界有不小的影响，中科院社会科学部专门召开了一次座谈会，社科部主任潘梓年（潘汉年堂兄）亲自主持。当时孙守道只有二十四五岁。

1956年，辽宁西丰西岔沟发现了一处游牧民族的大墓群，时代为西汉。他带领陈大为、冯永谦等同志去清理。墓群被当地老百姓破坏得很厉害，他写了两篇报道先后发表在《人民日报》和《文物参考资料》上，提出了“匈奴西岔沟文化”这一考古文化命名。不料这引起了曾庸（吴荣曾）的争议，吴氏从地望上看，认为西岔沟墓地应属乌桓史迹，而不是匈奴文化，守道遂作《论濊貉之“貉”非东胡人——兼考汉初濊貉地望》一文应对。此文其实只是他要写的有关西岔沟的系列论文之一，但由于“文化大革命”的突然到来，这场学术辩论没有继续下去。他写了“无限风光在险峰”（毛主席词句）七字条幅挂在座右墙上，表达了当时的心情。

1965年朝阳唐左才墓的发掘，由于他精心和耐心地处理，使得一批已经长期泡在稀泥层中的泥俑（非陶俑）得以分辨并保存下来而没有被稀泥溶解掉，是发掘工作中的一个创造。

他对红山玉器和“女神庙”的发现，对红山文化的研究，这方面的贡献已广为人知，也有很多文章介绍和评述。他的美术才能和对诗词的兴趣，却知之者甚少。他于考古工作有过人的天赋。1974年去世，时年74岁，令人惋惜不置。

1950年东北博物馆说明员组的情况。

我入馆时原来的说明员组人员不多，大多是从不同渠道介绍来的，在一定程度上可以反映出解放初期社会上的就业情况。

说明员组组长杨树德，本来是沈阳一所中学的校长，其时50岁左右，人很老实。他的妻子赵承范原是小学教员，40多岁，也做说明员。1948年，国民党召开“国民代表大会”，赵曾参加竞选“国大代表”，那种选举都是为别人助选拉票，自己是选不上的。他们后来离馆，赴湖北投奔子女。“文化大革命”之后辽博人事干部去湖北为赵落实政策，赵激动地高呼“共产党万岁”！

水良箴，女，负责展厅一楼铜器陈列室的讲解，入馆前学过俄文，有苏联专家来参观时即由她陪同讲解。1952年北安文物整理期间和我一同被派送北京学习考古，一度被留在文化部社管局工作，后来成为馆长张拙之的妻子，接替阎万章负责管理图书资料室。

孙齐贤，女，30多岁，是一位国画家。负责展厅三楼书画等陈列室的讲解。

于淑梅，女，研究员于世杰的侄女。负责二楼瓷器陈列室的讲解。

王宝善，原是沈阳飞机场的地勤机械师。负责展厅一楼民俗陈列室的讲解。

1950年8月，东北博物馆第一次公开招考说明员。录取七人：魏鸿飞、郭幼强、马家琪、王增新、董彦明、任君生、徐秉琨。一二年内，魏、郭、马、任4人或离馆或病故，只剩下了王、董和我3人。1950年12月又一次招考，录取郭文宣1人。

王增新，男，曾在“东北大学先修班”学习。爱好文艺，熟悉多种民间曲艺。我曾听他唱《黄河颂》，虽然他因病嗓音沙哑，但很少听到过能将这首歌唱得如此亲切感人，说明他对歌词理解之深和表现力之强。他在陈列一楼任说明员，负责青铜器和民俗陈列的讲解。他多才多艺，非常聪明，为展览配置插图，写文物的介绍和研究文章都很出色。他没有学过考古，但和我们一起做发掘、写简报也都得心应手。馆里成立陈列科后，他和董彦明也相继定职为研究生。“文化大革命”后担任陈列部主任。

董彦明，女，中学时代即参加地下工作。她父亲是国民党陕西省省长董钊，她利用特殊身份运送过地下电台。新中国成立后因同学张逸（女）来东北读书，她也随来沈阳，入东北博物馆工作，所持介绍信钤有“西北军政委员会关防”大印，十分郑重。她在陈列二楼任说明员，负责瓷器陈列的讲解。她也参加过辽阳三道壕西汉村落遗址的发掘。“文化大革命”后担任馆保管部主任，曾做杨仁恺的助手，参加过全国巡回各地的书画鉴定。

做藏品保管工作的同志，我想重点介绍三位。

郭文宣，男，1928年生，沈阳人。解放初曾在华北大学学习，入馆后从李文信先生学习瓷器研究，后参加过国家文物局举办的古脊椎动物和古人类化石学习班学习。保管科长杨孟雄调沈阳故宫后，由李致琴负责保管科，同时调郭文宣任保管员管理文物账目，协助李致琴工作。北安文物整理工作中需将文物登记编号，对软片如书画、丝绣类文物在外包皮上贴上或缀上号签，对硬件文物则直接写上号码，即“写油号”。郭文宣将铅油调稀，用细细的毛笔蘸着不同颜色的油汁写在铜、铁、玉石、陶瓷类器物不易接触到的地方，所写字号整齐美观，字小而清晰，有些笔划纤若毫发。文物账册也是他亲手建立，他用很细的蘸水钢笔笔尖蘸着黑色墨汁登录账目，每字不过两三个毫米见方，笔道细而醒目，十分秀丽好看。国家文物局张珩先生一行来馆鉴定文物，看着账上的文字爱不释手，说“怎么写得这么好呢！”这和沈延毅所写的文物卡片一起，应该是东博硬笔书法的双绝。

20世纪50年代末，他被调到省文化厅文物处工作。“文化大革命”期间，他在北京中国出国文物展览会（国家文物局王冶秋局长恢复工作后成立的临时机构）工作，因三大杂志（《考古》《考古学报》《文物》）复刊需要文稿，他推荐了北燕冯素弗墓考古报告。后来简报在《文物》1973年第3期发表。“文化大革命”后期他回到辽宁省博物馆，任研究室主任。1976年周恩来总理逝世，中央通知搜集周总理的历史资料，他献出一批周总理幼年在沈阳六中学习时的手迹和照片。沈阳六中校址原是沈阳第二模范小学，周恩来幼年随伯父从家乡淮安来到东北，先在铁岭银岗书院读书，后转沈阳模范二小，与郭文宣父亲郭子珍同学，两人感情很好，因此留下这一些珍贵的纪念品。郭家秘密保藏多年，至此由文宣献出。现在我们看到的周恩来幼时的半身照片及“为中华之崛起而读书”等手迹，都是这时郭文宣献出的重要文物资料。

1978年，馆“革命领导小组”负责人张辉将要离馆，意欲推荐郭文宣负责辽博工作，而此时郭文宣突发心脏病去世，年仅50岁。

张彦儒，男，黑龙江人，高中生，从哈尔滨来沈阳的青年干部。抗美援朝期间为保护博、图两馆的文物图书安全，上级决定将一批重要文物图书北运保藏，辗转迁移至黑龙江省的北安。这时张彦儒和东北图书馆同志一起受命赴当地守护，达数年之久。回馆后做说明员，也参加过一些考古工作，写有考古简报。后任保管部副主任。20世纪60年代，一批文物疏散到建平，又转移千山，都由他负责保护，前后在乡下守护馆藏约十余年，保护了文物的安全。20世纪80年代离休。

李致琴，女，在保管科先后任保管员、副科长，“科”改“部”后为保管部主任。管理藏品非常认真。那时没有空调设备，每年5月和10月都要将软片文物通风以除湿除虫，她十分细心地将卷轴一一打开，检查后再卷好，对册页则逐页翻开，防止粘连。“文化大革命”期间她随在省委党校的爱人一起插队本溪，回沈后未能调回馆内。

以上这些同志都兢兢业业，于东博建馆初期即草创时期，为馆的建设，尤其是业务建设做出了贡献。他们大多已经去世，我们应该纪念他们，学习和发扬他们认真负责的工作精神。

5. 东博的门额

东北博物馆最先吸引我的是大门上郭沫若书写的馆名匾额。这里有一段历史背景。

1949年初北平解放，一些原滞留在香港的文化界人士响应党中央的号召，北上参加新中国的建设工作。其时陆路交通阻塞，他们便乘船去朝鲜经安东（今丹东）来到沈阳，准备去北平。郭沫若一路上做了多首五言律诗，追溯往昔并描写当时喜悦愉快的心情。每首第七句都是“我今真解放”五字，成为一组颇有特色的纪行诗。他在沈阳逗留了几天，应王修处长之邀把这些诗写下来，留在了东北图书馆、东北博物馆两馆。其中一些就挂在两馆的休息室内。我记得有两首是：“卅五年前事，安东一度过。彼时来负笈，远道去游倭。弹指人将老，回头憾苦多。我今真解放，矢不再蹉跎。”“鸭绿江头望，烟囱浑似林。两番罹浩劫，一旦扫沉阴。东北人民血，《春秋》内外心。我今真解放，旧迹渺难寻。”他还为图书馆写了一副对联：“宋人方守株待兔，大道以多歧亡羊”。寓含着对读者的思想指导。

应王修之请，他为两馆题写馆名，做成匾额，悬挂在大门上方。两方匾额都是白地黑字，从左向右书写五字馆名，字大如斗。我初见东博这一匾额时十分震撼，注视良久。其中“东”字已如现在的简体字，“北”字的写法是先写一竖，左边一点，右边再横写两点，一竖直而稍曲。我是第一次见到“北”字如此写法，感到惊奇。这样的字体结构不很好写，但郭书四笔相互呼应，配合和谐。后来我在张旭《古诗四帖》看到“北”字是同样写法，字形虽微有不同，写的都很好看。匾额五字雄浑有力，给人印象深刻。其时郭老还不到60岁，正是精力最好的时候，心情也好，才有这样的书法。

这方匾额在1959年东北博物馆改名辽宁省博物馆后需要更换。但题写馆名不是小事，不是随便什么人都可写的。张拙之新四军出身，对陈毅元帅十分崇敬，托人请陈帅题写了这个馆名。陈帅气势浩大，书风潇洒，匾额古铜色地，绿色字体，很好看。陈帅重视文化工作，1956年代表中央作过关于知识分子问题的报告，在文化界有很高的威望，他与博物馆建设和文物保护工作也有很深的渊源。上海博物馆即他任上海市长时所建，经费充足。1956年，西安欲在周原遗址上建设窑场，报上后是他大笔一挥，撤销了这个破坏文物的项目。他去世时，吉林省博物馆副馆长、著名书画鉴定家、词人张伯驹曾致送挽联：“仗剑从云，作干城忠心不易，军声在淮海，遗爱在江南，万庶尽衔哀，回望大好河山，永离赤县；挥戈挽日，接樽俎豪气犹存，无愧于平生，有功于天下，九泉应含笑，伫看重新世界，遍树红旗，”毛主席参加追悼会时曾问及挽联的作者，十分关注。当时全国几个大馆中，只有上海博物馆和辽宁省博物馆是陈帅题写的馆名，颇为光彩，人们很羡慕。20世纪初，这个题名被换掉。现在上博的题额依然，辽博的已不在了。馆外同仁也有问及，不知何时，辽博的陈帅题名匾额还能不能再换回来，以恢复这个大馆、老馆的风貌。

写到这里，忽然想起刘发同志告诉我的一件事。1949年底毛主席访问苏联，回程路过沈阳做短暂停留，王修陪同他去参观北陵。介绍了北陵的历史情况后，习惯性地说，这都是封建统治阶级压迫人民的什么什么，毛主席笑了。王修忽然意识到自己失言，有些班门弄斧。抗日战争时期，王修在晋绥办《五日时事》报曾两次得到毛主席题写的报头，这是他们二人第一次近距离见面与谈话。告诉刘发此事，王修自己也觉得好笑。但这次参观时间仓促，未能请毛主席题字。

（辽宁省博物馆原馆长　徐秉琨）

我与秦汉东北史研究

王绵厚

庚子（2020年）之春，这是一个难忘的时刻。席卷全球的冠状病毒肆虐人类。防疫抗灾，是人们关注的中心话题。连续百日的居家闲读和对《东北亚考古践行录》编写思考。思绪回到五十年前，那是刚刚从业的20世纪70、80年代，有三项业务经历让我永志不忘。这就是最初由对乡邦史迹的关注开始的高句丽古城调查，与东北古代交通史的结缘和由学生时代初读《东北通史》，引发对秦汉东北史的兴趣。因前二项事已有相关朋友作过评论或介绍，而关于秦汉东北史的学习和构思，则是从1994年《秦汉东北史》出版后，由于连续完成其他课题规划，近30年间无暇再思考。这次疫情间，宅居重读《史记》《汉书》有关篇章，回想半个世纪前在北大读书时的回忆，实缘于在宿白、阎文儒先生推荐初读金毓黼先生的《东北通史》和张传玺先生讲授的秦汉史。

因为按照当时北大历史系考古专业的课程要求，最初两年除按时代从旧石器时代开始的考古课外，还有最基础的中国古代史、古代汉语和外语，常常文、史、哲三系同堂。我印象最深刻的是1965年春，考古课由李仰松先生讲授新石器时代考古，中国古代史则由张传玺先生开讲秦汉史。而我当年刚刚从阎文儒先生那里借读《东北通史》。初读《东北通史》，大部分内容至今已模糊（20世纪80年代重读）。但最深的印象是东北古代民族的“四系”以及“秦开却胡”和三国时毋丘俭东征高句丽。当时张传玺先生讲秦汉史，主要教材是翦伯赞先生主编的《中国史纲》。北大一贯有开放教学的传统，我除了看《史纲》外，有时也在图书馆看范文澜先生的《中国通史》和郭沫若先生的《中国史稿》。而在这三部指定教材外，我偶尔借阅邓之诚先生的《中华二千年史》，倒感到挺有特点。因为该书理论叙述不多，但成组成段引用原始资料，有时看他的书，如秦汉篇，几乎多处引《史记》《汉书》原文，节省了我们专门对照内容查史书的时间。可以说北大读书时的粗浅经历，是我对秦汉东北史留下最初偏好和情缘的开始。而从业后对秦汉东北史的青睐，应缘于与孙进己先生合著《东北历史地理》的机缘。

《东北历史地理》启动在20世纪80年代初，是“文化大革命”后国家“七五”社科规划的重点项目。本人当时能以刚过而立之年参与这一重大课题研究，首先应感谢孙进己先生的盛情邀助和谭其骧先生鼎力相助并支持将其列入国家重点规划。承编委会和进己等先生抬举，我与进己先生主编第一卷——“先秦至东汉卷”。这对当时的我来说，实实在在是被推上棋盘的过河“卒子”。过了河的卒子没有退路，对于人生也是一种动力。在那几年里，我除了逼迫自己从学生时代断续读一点《史记》《汉书》的篇章外，开始较系统地重读“前四史”资料，自购《二十五史》。同时得力于编写组同仁师友的多次交流、互鉴和编写组收集的大量文献、考古资料。所以业内人士悉知，我早期的秦汉东北史研究基础，是东北历史地理和交通史研究。而接续的高句丽古城和起源研究，不过是这一时段由考古调查引申出来的专题研究。所以回顾自己20世纪对东北历史考古和民族研究，自谓始终没有离开东北历史地理与交通、秦汉东北史和高句丽三个主要领域。进入21世纪方拓展为长白山区系考古与民族和地域文化（含长城史迹）的专题研究。

在20世纪80年代集中进行的秦汉东北史研究中，还有一个重要机缘就是1983年该课题启动初期我入吉林大学古文献研究班学习。这一难得机遇，使我在将近不惑之年，离职专修、心无旁骛。在金景芳先生等指导下，除研读五经等先秦经典外，如《左传》《国语》《战国策》和《资治通鉴》等，都是在北大读书时和毕业从业前十年，未曾认真读过（少数文选外）的历史名著。读《左传》和《国语》，方知秦汉史之前源，而读《资治通鉴》使我第一次对纷繁复杂的五代以前的中国史，包括东北史，有了初步连贯的编年思考。史上“两司马”的卓识睿见，为我从宏观与微观结合，研学中国东北史，提供了难得的契机。吉大研究班结业时，我的结业论文《高句丽名源探索》，反映了当时我把古文献与考古调查结合，专注在两汉之际高句丽起源的初级思考。尽管对高句丽起源和族称来源，至今学术界歧义尚多，但我有一点坚信：高句丽起源和族称，与东北秦汉早期民族如东胡、秽貊等名源一样，最终根系在山川地理环境及其生存条件（如居行环境及特点）。其他诸如民俗、文化、衣食等，都不是本源而属于衍生的条件。

基于上述对秦汉东北史的早期认识和了解，经几十年的不断摸索和思考，我对秦汉东北史的学术地位和学科内涵，有如下浅识：

其一，秦汉东北史在东北亚区域史研究中承上启下，具有节点坐标（这是我交通史研究的术语）意义。其上承苏秉琦先生的“古国”和“方国”阶段，实际上开启在战国燕昭王“秦开却胡”。即在中原已进入列国争霸的战国后期，而中国东北才真正迈入“帝国”的门槛。从当代考古发现看，虽然如中华文明探源工程总结的，黄河流域、长江流域和西辽河流域，都曾经经历过史前文明的发展，但进入夏商之际，与河洛地区和长江流域的湖北盘龙城遗址、川蜀地区的三星堆和金沙遗址等相比，只有辽西“燕亳方国”的夏家店下层文化与之时代相当，但“青铜文明”与上述地区及陕西石峁古城等，显然稍逊一筹。这种中华文明“多元一体”分布格局的多元和不平衡性，是认识东北秦汉以前地域文化的理性视角。据《史记》卷四周本纪记载，周初分别封黄帝后裔（应为先祖故地）于祝、尧，于蓟、舜，于陈、禹，于杞。包括《史记》卷三殷本纪记载，商都从“汤亳”到“殷墟”。上述所有地名都在中州河洛（含汾渭）地区，无一涉燕山以北的辽河上游。所以余以为“商源辽河说”，应是自丁山等以后近代学人的一种推想，真正的夏、商本源还是应寻证于河南二里头、山西陶寺和东下冯、陕西石峁古城（该地有人推为五帝之都）等地，恕不赘言。

其二，与上条相关，我认为在秦开却胡的公元前三世纪以前，除辽西的“燕亳方国”，奠定了“先燕文化”的北方基础。在医巫闾山以东的整个东北地区（含东北亚），西周初召公封燕的燕文化，在秦开却胡前，除箕子东迁朝鲜属方国文化外。整个东北尚属非燕文化所及的东北夷边域的“荒服”地区。这一历史评估，如果有一定合理性，则秦开却胡而设五郡在中国东北开发史上的历史意义，甚至超过秦之统一。即燕秦代表的封建文化进入东北亚，当以秦开却胡为发端。这样来评估中国东北史和东北亚区域史（含长白山区系文化），并不是贬低东北亚文明和东北史，而且更理性地认识中华“多元一体”进程中由“四夷”向“中夏”交向式聚汇发展的必然性。从而更应当使东北学人，进一步聚力发现已有的如红山和夏家店下层为代表的早期文明，探寻如石峁古城一类的北方聚邑中心。

其三，我在《秦汉东北史》的导言中借用了“汉文化圈”，并把秦开却胡作为启点。进而在《辽宁文化通史》秦汉卷中进一步解读为“汉郡文化”，二者在本质上具有一致性。这种汉郡文化的基因，在长达两千余年民族政权纷立、部族迭复兴亡的东北，一直存续其影响力。是中华文化顽强生命力和不曾中断的历史奇迹。

其四，如何宏观认识先秦以来的东北民族分布及谱系，是直接关系秦汉东北史学术构架的基础。这一问题的初期笔者仍处在传统的“商（汉）、东胡（山戎）、秽貊、肃慎”的“四系说”。但在充分研究了整个东北亚和长白山区系考古和民族的世纪之交，感到“商源辽西说”和“东胡”说，均不能反映中国东北史的实际。而真正的东北华夏系北源，在青铜时代的东北地区，应属上面提到的“辽西燕亳”。这不仅有“夏家层下层文化”的考古发现，而且在燕北地望、文献记载、铜器铭文和考古发现的诸多要素，都证明与其把“先商”从河洛地区，遥指到西辽河，不如将“先燕文化”的真正根基定位辽西。即武王封召公奭于“北燕”的前期基础，乃青铜时代早期已存在的辽西“燕亳方国”。这是早于后进辽西的东胡、匈奴等真正代表辽河流域方国文明主体的土著民族。

其五，秦汉东北史的另一个地域特点是郡县制政体与部族政权和方国属国体制的复杂性。与中原自商周以来基于大宗、小宗的分封制或同性、异性诸侯的侯国制不同。秦汉时期，东北地区几乎没有中州式的“封邑制（西汉初短期燕王例外）”。而更多的是郡县制与少数民族侯国与属国共存，东汉时普遍设立的“县侯”或“属国都尉”。这种多元郡国体制和管理方式，甚至延续到明清以前的整个东北史。

总之，本文为对秦汉东北史学习研究的粗浅回忆，旨在为后续研究者提示，少些重复已走的弯路。其中一些看法，如如何看待东北民族谱系的结构与分布，可能仍长期存在仁智之见，恕为己见以供斧正。

附记：此文收录在即将出版的《东北亚考古践行录》。

（辽宁省博物馆原馆长　王绵厚）

考古发现与研究

后崴子北山地点发现的旧石器研究

李　霞　陈全家　赵清坡

2011年4月22日至5月3日由辽宁省文物考古研究所、吉林大学边疆考古研究中心两单位组成旧石器考古调查队，对辽宁省本溪县和桓仁县进行为期13天的旧石器考古调查。发现旧石器地点18处，石器661件（多为地表采集）。后崴子北山地点发现石器34件，均采自地表耕土层。本文仅对该地点发现的石器进行研究和讨论。

一、地理位置、地貌与地层

（一）地理位置

后崴子北山地点位于辽宁省本溪满族自治县偏岭乡后崴子村北山，地处太子河畔，南距后崴子村200米，西距太子河460米，南距电站村1000米。分布面积8000平方米。地理坐标N41°21′19″，E124°9′50″，海拔210米（图一）。

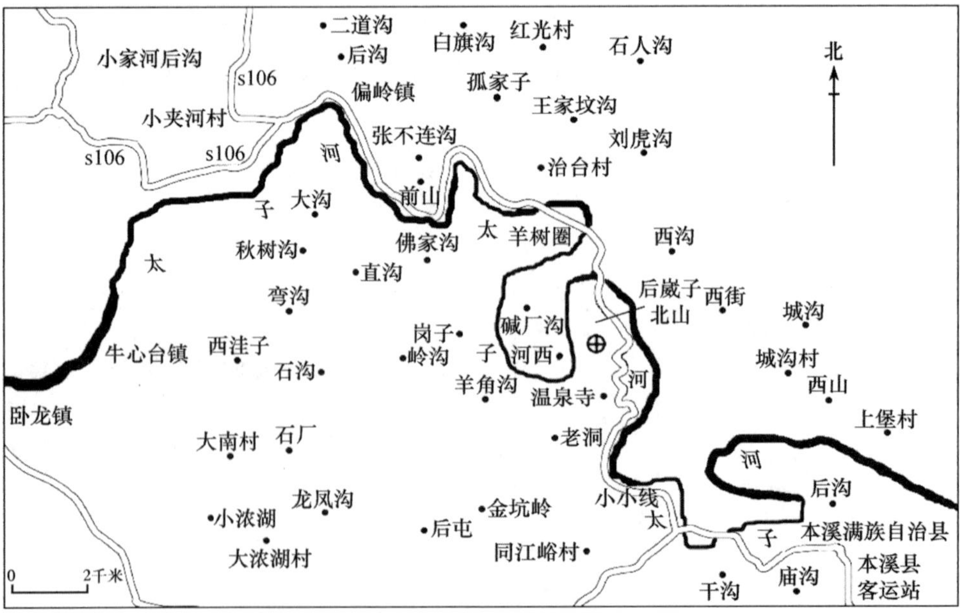

图一　后崴子北山地点地理位置示意图

（二）地貌

本溪满族自治县位于辽宁省中东部，东临桓仁满族自治县，东北与新宾满族自治县相接，东南与宽甸满族自治县相邻。该地点东、西及北被太子河环绕，地势较高，最高处527米，离水源近，是古人较为理想的栖息之所。

（三）地层

该地点位于太子河Ⅲ级侵蚀阶地，Ⅰ、Ⅱ级阶地为冲积阶地。石器分布于黄色耕土层中。耕土层下为基岩，基岩为太古代片麻岩夹石英脉和磁铁石英岩的凸镜体，片麻岩风化砂厚达数米（图二）。

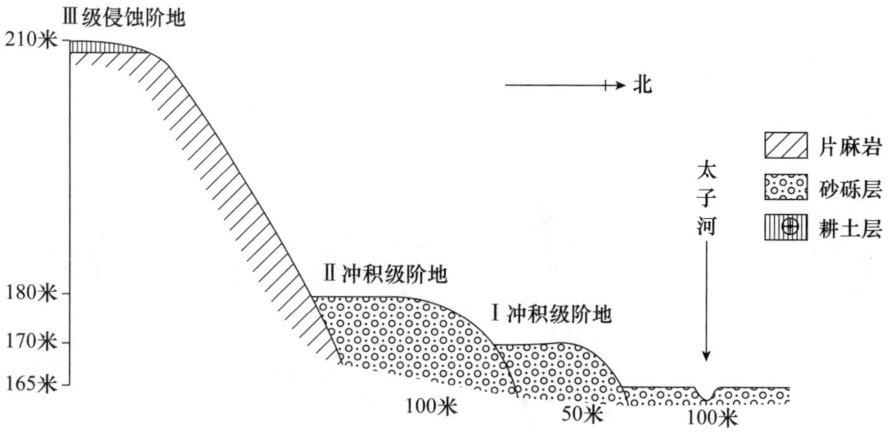

图二　后崴子北山地点剖面图

二、石器的分类与描述

本次调查共获得石器34件，仅有石核和工具。原料以角岩为主，占石器总量的88.3%；石英砂岩次之，占8.8%；石英岩最少，仅占2.9%。

石器的重量以100—600g为主，＜100g次之，＞2000g最少，仅1件（图三）。

下面对石器进行具体的分类描述：

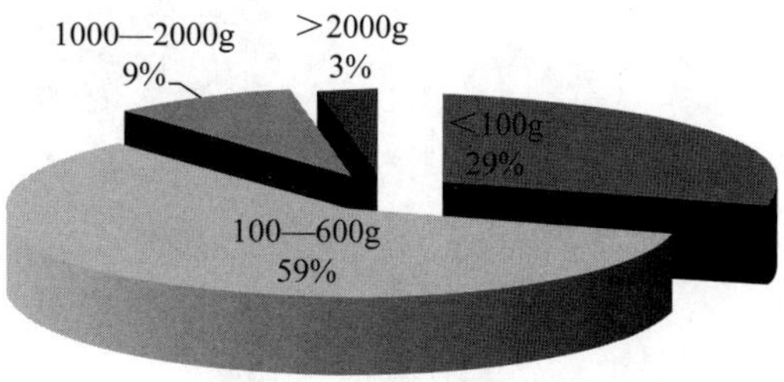

图三　石器重量分布图

（一）石核

共4件。均为锤击石核。其中1件为石英砂岩，其余为角岩。根据台面数量可分为双台面石核和多台面石核。

（1）双台面石核　2件。长75.9—134.4毫米，平均105.2毫米；宽74.7—138.8毫米，

平均 106.7 毫米；厚 35.2—88.6 毫米，平均 61.9 毫米；重 280.7—1935.3 克，平均 1108 克；台面角 85°—90°。1 件为石英砂岩，1 件为角岩。标本 11BHWZ：34，长 75.9 毫米，宽 74.7 毫米，厚 35.2 毫米，重 280.7 克。原料为角岩。有 A、B 两个台面。A 台面为自然砾石面，仅 1 个剥片面，2 个剥片疤，疑似为一次剥片形成的，小疤打破大疤。最大剥片疤长 49.4 毫米，宽 65.9 毫米，疤痕较浅。B 台面位于 A 台面右下方，人工打制，仅 1 个剥片疤。A、B 两台面的剥片疤之间不存在打破叠压关系，因此暂无法确定 A、B 台面的使用早晚关系。由 A、B 台面所处的方位，可推测此石核采用转向剥片（图四，2）。

（2）多台面石核　2 件。长 80.7—136.9 毫米，平均 108.8 毫米；宽 76.6—92 毫米，平均 84.3 毫米；厚 48.6—71.6 毫米，平均 60.1 毫米；重 419.3—1185.9 克，平均 802.6 克；台面角 85°—106°。原料均为角岩。标本 11BHWZ：12，长 136.9 毫米，宽 92 毫米，厚 71.6 毫米，重 1185.9 克。有 A、B、C、D 四个台面。A 台面人工打制，仅 1 个剥片疤Ⅰ，疤痕较浅，打击点集中，放射线不明显。B 台面人工打制，仅 1 个剥片疤Ⅱ，疤痕较深，打击点集中，放射线明显。如图四 1 左图，疤Ⅰ打破疤Ⅲ，疤Ⅱ打破疤Ⅲ，因此仅能推知疤Ⅲ早于疤Ⅰ、Ⅱ的形成，疤Ⅰ、Ⅱ之间的早晚关系无法确定。C 台面人工打制，仅 1 个剥片疤，疤痕较深，

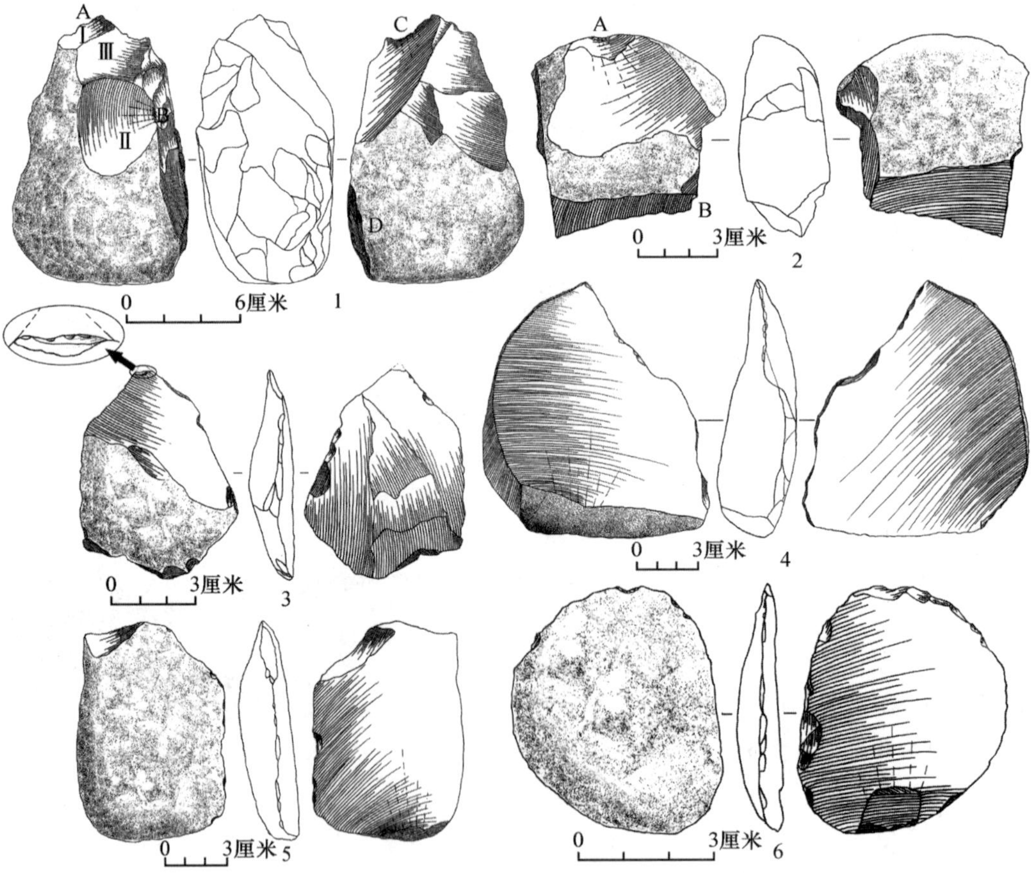

图四　石核和二类刮削器

1. 多台面石核（11BHWZ：12）2. 双台面石核（11BHWZ：34）3. 尖刃刮削器（11BHWZ：24）
4. 广义薄刃斧（11BHWZ：28）5. 直刃刮削器（11BHWZ：30）6. 凸刃刮削器（11BHWZ：2）

打击点散漫，放射线不明显。D台面为自然砾石面，仅1个剥片面，其上有大量较小的阶梯状疤痕，疑似为一次重击形成的（图四,1）。利用技术分析图[1]对各台面的剥片方向和顺序进行综合观察，表明各台面的剥片相对独立，难以判断先后，因而在理论上是可以互换的。此石核虽经多次剥片，但仍具备继续剥片的技术条件即合适的台面和剥片面的边缘凸面、远端凸面及引导同心波延伸的背脊，可见其利用率并不高，处于使用阶段。

（二）工具

共30件，仅有二类工具和三类工具[2]。依据工具的最大长度，大致划分为小型（≥20毫米，<50毫米）、中型（≥50毫米，<100毫米）、大型（≥100毫米，<200毫米）和巨型（≥200毫米）共4个等级[3]。二类工具以中型为主，占58.4%；大型占33.3%，巨型最少，占8.3%；三类工具以中型为主，占55.6%，大型次之，占38.9%，小型最少，仅占5.5%（图五）。依据标本的长宽指数和宽厚指数，应用黄金分割率（0.618）将工具划分为4种类型：Ⅰ-宽厚型；Ⅱ-宽薄型；Ⅲ-窄薄型；Ⅳ-窄厚型[4]。该地点二、三类工具均以宽薄型为主，其次为窄薄型，二类工具中宽厚型仅1件，无窄厚型，三类工具中宽厚型、窄厚型各1件（图六）。

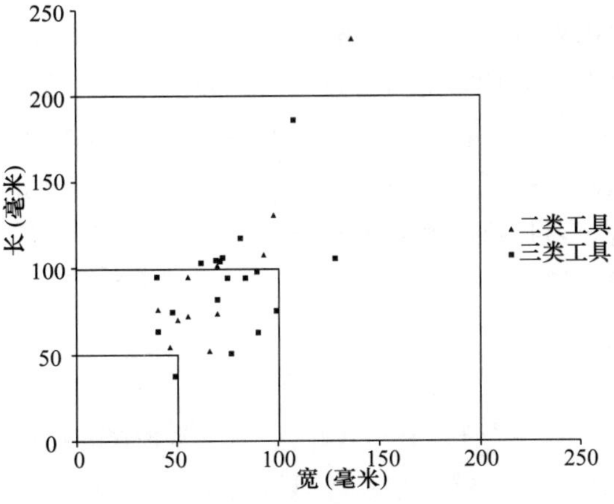

图五　工具长宽坐标图

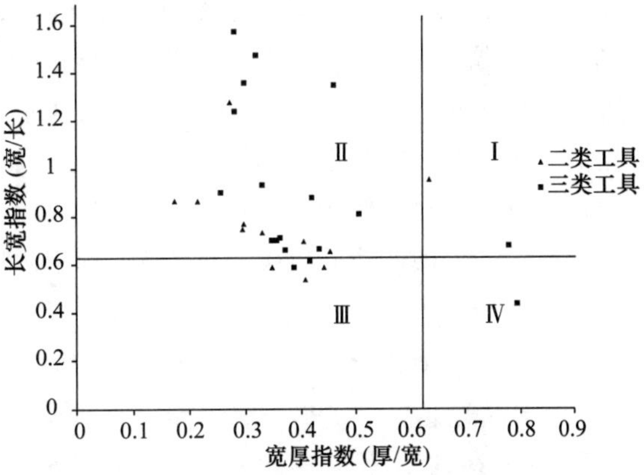

图六　工具长宽指数和宽厚指数坐标图

1. 二类工具

共12件。根据功能可分为刮削器和广义薄刃斧。

（1）刮削器　10件。均为单刃。根据刃缘形态可分为直刃、凸刃和尖刃。

直刃　4件。长70.1—108.1毫米，平均88.3毫米；宽51.4—93.3毫米，平均71.4毫米；厚16.4—44.6毫米，平均26.7毫米；重65.7—251.6克，平均166.3克；刃角45.8°—

1　李英华、侯亚梅、Eric BO. DA：《旧石器技术研究法之应用——以观音洞石核为例》，《人类学学报》2009年4期，第355—362页。

2　陈全家：《吉林镇赉丹岱大坎子发现的旧石器》，《北方文物》2001年2期，第1—7页。

3　卫奇：《泥河湾盆地半山早更新世旧石器遗址初探》，《人类学学报》1994年3期，第223—238页。

4　卫奇：《泥河湾盆地半山早更新世旧石器遗址初探》，《人类学学报》1994年3期，第223—238页。

51.3°，平均 49.1°；刃长 47—99.6 毫米，平均 67.2 毫米。3 件为角岩，1 件为石英砂岩。标本 11BHWZ：30，长 101.4 毫米，宽 70.5 毫米，厚 28.7 毫米，重 251.6 克。原料为角岩。毛坯为完整锤击石片，台面为自然砾石面，劈裂面较平，半锥体微凸，放射线较明显；石片背面为全自然面。利用石片侧缘直接使用成刃，刃缘锋利，刃长 62.1 毫米，刃角 39°—41°。直刃上零星分布大小不一的崩疤，崩疤浅平，呈鱼鳞状，推测曾加工过较软物体（图四，5）。

凸刃　4 件。长 52.1—95.2 毫米，平均 66.2 毫米；宽 41.3—66.5 毫米，平均 52.7 毫米；厚 10.1—19.6 毫米，平均 16.7 毫米；重 19—119.8 克，平均 57.8 克；刃角 30.5°—54.8°，平均 39.1°；刃长 56—95.4 毫米，平均 81.6 毫米。原料均为角岩。均为片状毛坯。标本 11BHWZ：2，长 54.3 毫米，宽 46.8 毫米，厚 10.1 毫米，重 19 克。毛坯为完整锤击石片，台面为自然砾石面，打击点较集中，劈裂面较平，半锥体微凸，放射线较明显；石片背面为全自然面。以石片远端直接使用成刃，刃缘薄锐，较锋利，刃长 95.4 毫米，刃角 26°—29°。刃上使用疤零星分布，大小不一。石片侧缘刃上使用疤浅平，呈鱼鳞状，疑似加工较软物质所致；石片远端刃上使用疤较深，呈阶梯状，推测曾加工硬性物质（图四，6）。

尖刃　2 件。长 72.6—77 毫米，平均 74.8 毫米；宽 41.6—55.9 毫米，平均 48.8 毫米；厚 16.7—17 毫米，平均 16.8 毫米；重 51—60.6 克，平均 55.8 克；刃角 87.4°—89.2°，平均 88.3°。原料均为角岩。均为片状毛坯。标本 11BHWZ：24，长 72.6 毫米，宽 55.9 毫米，厚 16.7 毫米，重 60.6 克。劈裂面较平，放射线不明显；背面有疤亦有自然面。尖刃由两自然直边夹一角组成，刃角 89.2°。两直边上有 3 个小崩疤，零星分布，与自然力磕碰形成的疤痕相似，暂无法断定是使用形成；尖刃处有明显折断，折断处呈阶梯状，通过显微镜观察可看到其上有较明显的使用疤，疤较小呈鱼鳞状。通过对疤痕的显微观察分析，推测此工具仅使用尖刃，加工硬性物质时尖刃处折断，折断处薄锐锋利，仍可作刃继续使用；在之后的使用过程中曾加工软性物质，在折断处留下鱼鳞状使用疤（图四，3）。

（2）广义薄刃斧　2 件。长 123.5—233.1 毫米，平均 178.3 毫米；宽 105.2—137.2 毫米，平均 121.2 毫米；厚 29.1—60.9 毫米，平均 45 毫米；重 393.1—2040 克，平均 1216.6 克；刃角 28.3°—41°，平均 34.5°；刃长 65—126.8 毫米，平均 95.9 毫米。原料均为角岩。均为片状毛坯。刃缘形态均为凹刃。标本 11BHWZ：28，长 123.5 毫米，宽 105.2 毫米，厚 29.1 毫米，重 393.1 克。毛坯为碰砧石片，石片角 129.7°—132.6°。打击点散漫，半锥体微凸；石片背面全疤。石片远端薄锐锋利，直接使用成刃，把手部位和侧缘未见加工痕迹。刃长 65 毫米，刃角 31°—41°。刃上有一个较大使用疤，其余使用疤较小连续分布（图四，4）。

2．三类工具

共 18 件。根据功能可分为刮削器和砍砸器。

（1）刮削器　10 件。均为单刃。根据刃缘形态分为直刃、凸刃、凹刃和尖刃。

直刃　4 件。长 49.6—102.9 毫米，平均 69.3 毫米；宽 41.4—91 毫米，平均 70.5 毫米；厚 18—29.3 毫米，平均 23.6 毫米；重 48.5—170.6 克，平均 124.5 克；刃角 39°—71°，平均 51.8°；刃长 39.4—64.4 毫米，平均 49.8 毫米。原料均为角岩。均为片状毛坯。修理方式正向、反向各 1 件，复向 2 件。标本 11BHWZ：17，长 49.6 毫米，宽 77.7 毫米，厚 22 毫米，重 97.5 克。毛坯为完整锤击石片，石片角 92°—101°。台面为自然砾石面，打击点集中，劈裂面较凸，半锥体微凸，放射线明显；石片背面全疤。利用石片侧缘修理成刃 AB，刃长

39.4 毫米，刃角 39°—42°。修理方式采用复向修理，仅单层修疤，修疤较小且相对较深，呈鱼鳞状，疤与疤之间的棱较明显，应为硬锤锤击修理。把手部位也经过修理，疤痕较大且深，加工过的把手圆钝，便于把握（图七，1）。

凸刃 3 件。长 94.5—102.6 毫米，平均 98.1 毫米；宽 40.6—90.1 毫米，平均 64.4 毫米；厚 26.1—32.3 毫米，平均 29.4 毫米；重 140.9—230.9 克，平均 179.2 克；刃角 40°—58°，平均 53°；刃长 65.8—144 毫米，平均 99.4 毫米。2 件为角岩，1 件为石英砂岩。均为片状毛坯。修理方式正向、反向及复向各 1 件。标本 11BHWZ：16，长 102.6 毫米，宽 62.5 毫米，厚 26.1 毫米，重 165.8 克。原料为角岩。毛坯为碰砧石片，石片长大于宽，石片角 125°—128°。台面为自然砾石面，打击点散漫，半锥体微凸，放射线不明显；石片背面全疤。利用石片薄锐边缘修理成刃，刃长 144 毫米，刃角 45°—58°。修理方式采用复向修理，仅单层修疤，修疤较大且相对较深，呈鱼鳞状，连续分布，疤与疤之间的棱较明显，应为硬锤锤击修理。修疤上零星分布较小崩疤，疤痕浅平，疑似为加工软性物质形成的使用疤（图七，3）。

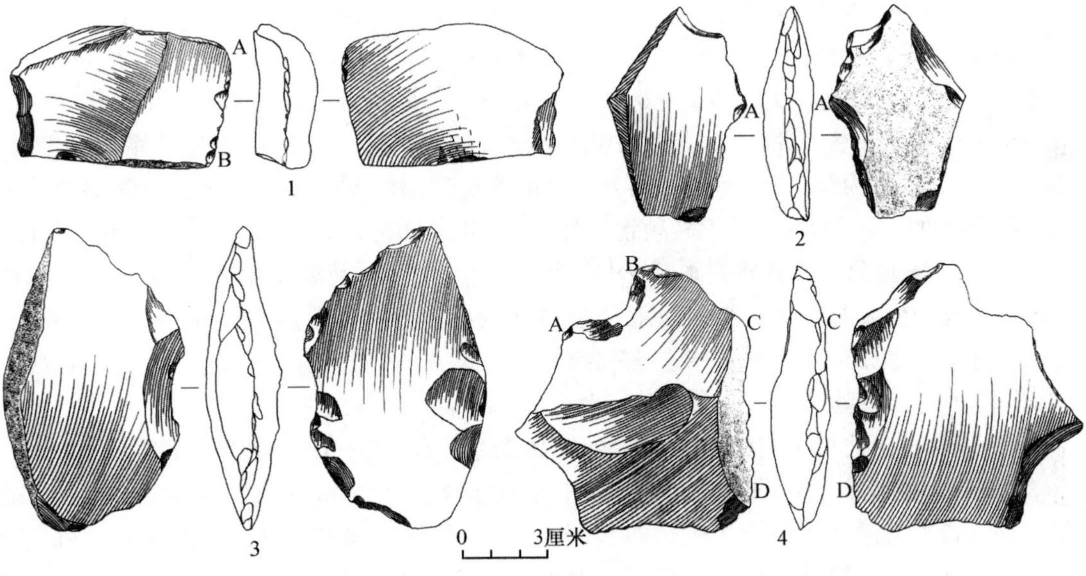

图七　三类刮削器

1. 单直刃刮削器（11BHWZ：17） 2. 单尖刃刮削器（11BHWZ：23）
3. 单凸刃刮削器（11BHWZ：16） 4. 单凹刃刮削器（11BHWZ：10）

凹刃 1 件。标本 11BHWZ：10，长 93.8 毫米，宽 84.1 毫米，厚 21.8 毫米，重 163.8 克。原料为角岩。片状毛坯。劈裂面微凸，放射线不明显。利用石片薄锐侧缘修理成刃 AB，刃长 43 毫米，刃角 37°—43°。修理方式采用正向修理，仅单层修疤，修疤较大且相对较浅，呈鱼鳞状，疤与疤之间的棱较明显，应为硬锤锤击修理，修疤上有断续分布的使用疤。把手部位 CD 经过修理，有三层修疤，第一层疤痕较大且深，疤痕依次变小变浅，均为硬锤锤击修理（图七，4）。加工过的把手 CD 圆钝，便于把握，把握方式如图八，食指握于 CD 修疤上。凹刃刮削器常用来加工圆柱状或似圆柱状物体，例如动物骨头、树干等，且被加工物体直径应小于或等于刃口直径（图八）。

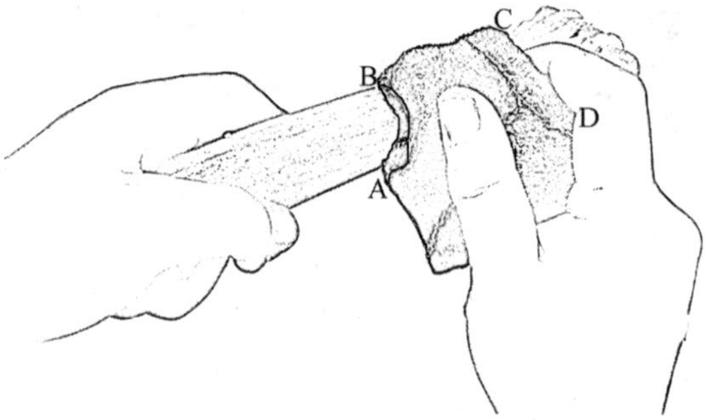

图八　标本 11BHWZ：10 加工骨头时把握方式

尖刃　2 件。长 36.9—74.1 毫米，平均 55.5 毫米；宽 48.4—50 毫米，平均 49.2 毫米；厚 15—18.1 毫米，平均 16.5 毫米；重 22—53 克，平均 37.5 克；刃角 40°—58°，平均 53°。原料均为角岩。均为片状毛坯。修理方式采用正向、反向各 1 件。标本 11BHWZ：23，长 74.1 毫米，宽 48.4 毫米，厚 18.1 毫米，重 53 克。利用石片远端修理成刃 A。尖刃由两直边夹一角组成，刃角 115°。采用正向修理。一边仅单层修疤，一边有两层修疤，疤与疤之间的棱较明显，呈鱼鳞状，连续分布，应为硬锤锤击修理（图七，2）。

（2）砍砸器　8 件。根据刃的数量可分为单刃和双刃。

① 单刃　7 件。根据刃缘形态可分为直刃和凸刃。

直刃　3 件。长 74.6—104.9 毫米，平均 94.5 毫米；宽 70.3—100.2 毫米，平均 81.1 毫米；厚 26—54.8 毫米，平均 42.4 毫米；重 232.6—435.9 克，平均 344.5 克。刃长 63.3—77 毫米，平均 71.5 毫米；刃角 53.5°—66.7°，平均 61.1°。原料为角岩（块状）、石英（片状）、石英砂岩（块状）各 1 件。标本 11BHWZ：9，长 74.6 毫米，宽 100.2 毫米，厚 46.3 毫米，重 435.9 克。原料为角岩。利用石块自然边缘使用成刃 AB，刃长 63.3 毫米，刃角 66.7°。刃上有阶梯状使用疤，可能是砍砸较硬物质时折断。把手部位 CD、DE 采用复向修理，CD 向一侧修理，DE 向另一侧修理。修疤较大且深，打击点集中，放射线较明显，疤与疤之间棱明显，应为硬锤锤击修理（图九，1）。经过修理的把手圆钝，便于把握。此工具刃角较钝，适于砍砸中、硬物质，例如坚果等。经过笔者反复尝试，该工具适合左手使用，最佳把握方式如图九中的 2，拇指抓于 CD 修疤处，食指和中指握在 DE 修疤处。

凸刃　4 件。长 80.8—185.3 毫米，平均 119 毫米；宽 70.5—108.3 毫米，平均 84.1 毫米；厚 29.8—42.1 毫米，平均 35 毫米；重 220.5—1095.5 克，平均 467.3 克。刃长 82.7—159.6 毫米，平均 123.2 毫米；刃角 68.3°—80.7°，平均 75.7°。原料均为角岩。2 件片状毛坯，2 件块状毛坯。修理方式 2 件为复向，1 件正向，1 件交互。标本 11BHWZ：22，长 80.8 毫米，宽 70.5 毫米，厚 29.8 毫米，重 220.5 克。块状毛坯。利用块状毛坯边缘修理成刃 ABC，刃长 110 毫米，刃角 68.3°。修理方式采用交互修理，修理方向从 A → B → C，剥片顺序依次为 1、2、3、4、5。仅单层修疤，修疤较大且较深，呈鱼鳞状，疤与疤之间的棱较明显，应为硬锤锤击修理。修疤上零星分布使用形成的小崩疤，崩疤多呈阶梯状，可能是砍砸较硬物质所致（图九，3）。

② 双刃　1 件。标本 11BHWZ：14，长 104.6 毫米，宽 129.1 毫米，厚 36.8 毫米，重 593.2 克。双直刃原料为角岩。片状毛坯。利用石片边缘加工成刃 AB 和刃 CD。刃 AB 长 105.8 毫米，刃角 78°，采用反向修理，修疤较大且相对深，刃上遗留有使用时形成的崩疤，呈阶梯状；刃 CD 长 77 毫米，刃角 49°，采用正向修理，修疤相对较小且浅平，刃上有疑似使用时形成的小崩疤，呈鱼鳞状。通过对刃角及刃缘上使用疤形态分析，推测刃 AB 可能用来砍砸硬性物质，例如坚果、骨头等；刃 CD 可能用于砍伐或砍劈中性物质，例如湿的树干等（图九，4）。

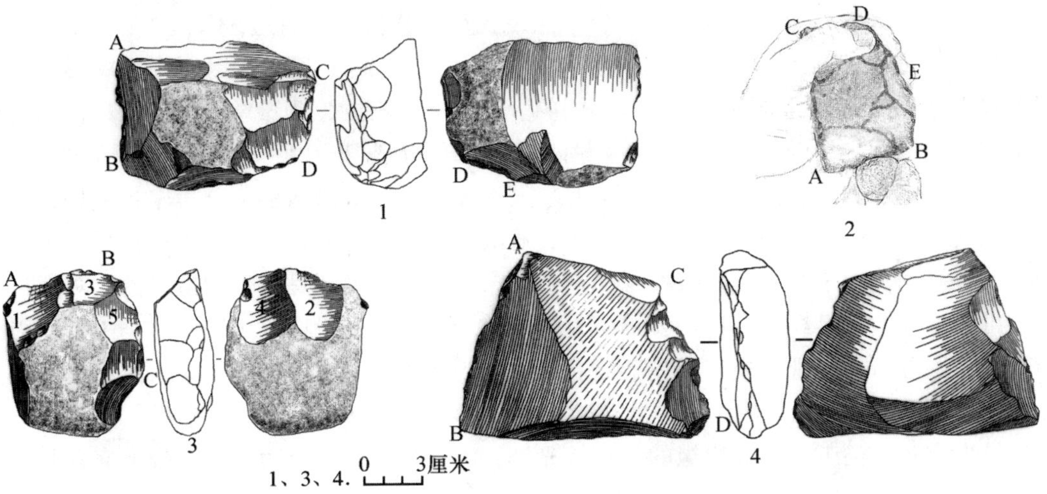

图九　三类砍砸器

1. 单直刃砍砸器（11BHWZ：9） 2. 砍砸坚果（11BHWZ：9）

3. 单凸刃砍砸器（11BHWZ：22） 4. 双直刃砍砸器（11BHWZ：14）

三、结语与讨论

1. 石器工业特征

（1）遗址位于太子河沿岸，周边石料丰富，种类繁多，但该遗址石器原料较单一，以角岩为主，仅有少量石英砂岩和石英，说明该地区古人从长期的实践中认识到角岩优越特性，质地细腻，硬度适中，易剥片，便于制作工具。该地古人已经从“拿来就用”的低级阶段发展到“择优取材”的高级阶段。

（2）石器组合类型较单一，仅有石核和工具，未见石片、断块。其中工具所占比例较大，占石器总数的88.3%。

（3）该遗址中出现锤击石核与以锤击石片为毛坯的工具共存的现象，说明存在锤击法剥片。工具毛坯以锤击石片为主，同时有少量碰砧石片和投击石片，由此足以说明该遗址的剥片方式以锤击法为主，同时伴有碰砧法和投击法。

（4）工具类型包括二类工具（刮削器、薄刃斧）和三类工具（刮削器、砍砸器）。工具以刮削器为主，占工具总数的67%，砍砸器和薄刃斧分别占26.4%和6.6%。工具器型以中型为主，大型次之，巨型、小型最少。该遗址工具呈现权益工具[5]特点，类型组合简单，推测可能与当时人类较简单的生业模式有关。

（5）三类工具的修理方式以复向修理为主，其次为反向，正向最少。

2. 相关讨论

（1）单件标本刃缘指数

为了较好的衡量单件工具边缘的利用程度，笔者提出“刃缘指数”这一新的概念。刃

5 Binford L R.Willow smoke and dog’s tails: hunter-gatherer settlement systems and archaeological site formation. American Antiquity, 1980(1):2-7.

缘指数是指工具的刃缘长度与工具的有效边缘长度的比值。有效边缘长度[6]是指工具上适合直接使用或适合加工成刃的边缘长度（无论是否被加工），通常呈薄锐平缓的形态。关于有效刃缘长度的测量则因人而异，不同的人辨认标准不同，测量结果就不同，但只要在一定的误差范围之内即可。刃缘指数是衡量工具边缘是否充分利用的一个重要标准。刃缘指数越大，则工具边缘使用或加工越彻底。若二类工具有效边缘的一部分未被使用，则可能是工具使用者的无意识行为，说明此工具有效边缘未充分利用；三类工具经过人为有意识加工、修理，若三类工具有效边缘的一部分未加工，则说明是石器制造者的主观意识所为，可能加工的刃已经达到使用要求，无需继续加工。通过对遗址中二、三类工具的刃缘指数统计、分析，发现二类工具中刃缘指数平均值为 0.69，其中大于 0.6 的占 60%；三类工具中刃缘指数平均值 0.91，其中大于 0.6 的占 94.1%（图一〇）。由此表明，在整体上该遗址古人类对二类工具有效边缘的使用较充分，对三类工具有效边缘加工较彻底，其中大部分进行完全加工。

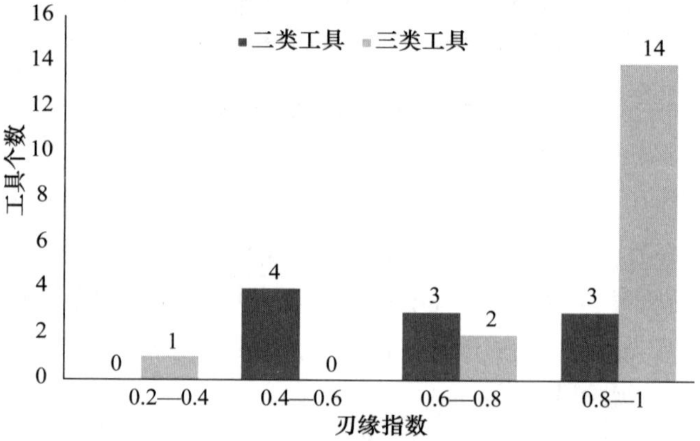

图一〇 工具刃缘指数分布图

（2）典型器型——广义薄刃斧

关于薄刃斧的概念，目前学术界普遍认为薄刃斧是指以大型石片为毛坯，保留原始远端刃缘，不经过加工直接使用，而手执的部分和侧缘经过两面加工或单面加工的重型工具。该地点的大型使用石片的手执部位和侧缘均未加工，为薄刃斧的雏形，若严格按照薄刃斧的概念则无法将其归为此类。为了与目前公认的薄刃斧相区别，本文笔者使用广义薄刃斧这一新的概念，而将目前使用的薄刃斧概念称作“狭义薄刃斧”。“广义薄刃斧”是指大型石片的原始薄锐边缘未经加工，作刃直接使用，而手持部位和侧缘是否加工均可的重型工具，一般呈 U 型或 V 型，刃角呈锐角，功能与狭义薄刃斧相似。

广义薄刃斧的毛坯均为大型石片，该遗址中有 2 件广义薄刃斧。标本 11BHWZ：28 具备碰砧石片特征；标本 11BHWZ：33（图一一，1）具备与锤击石片相似的特征，而体型要远远大于普通锤击石片。为了搞清楚如此巨大的石片是如何获得的，笔者用角岩模拟锤

6 高星：《解析周口店第 15 地点古人类的技术与行为》，《第八届古脊椎动物学学术论文集》，海洋出版社，2001 年，第 183—196 页。

击法剥片和投击法剥片实验。锤击法剥片获得的石片中体型较大者如图一一的 4，与标本 11BHWZ：33 相比，虽具备相似的石片特征，但大小、重量均相差甚远。通过模拟实验，发现锤击法无法获得足够大的石片，而投击法可获得大型石片，但获得大型石片的成功率较低，获得的石片中大部分为断片，与锤击法相比费时费力。图一一的 2、3 为投击法获得的石片，与标本 11BHWZ：33 相比，具备相似石片特征，大小、重量处于同一范畴。

图一一　锤击法与投击法对比

1. 11BHWZ：33　2、3. 投击石片　4. 锤击石片

薄刃斧把握方式可分单手把握和双手把握。体型相对较小，重量相对较轻的薄刃斧可单手把握，标本 11BHWZ：28 单手便可抓握砍伐较小树干等中、软性物质（图一二，1）。标本 11BHWZ：33 体型巨大，重量较重，双手把握能更加有效的发挥砍伐、劈等功能（图一二，2）。

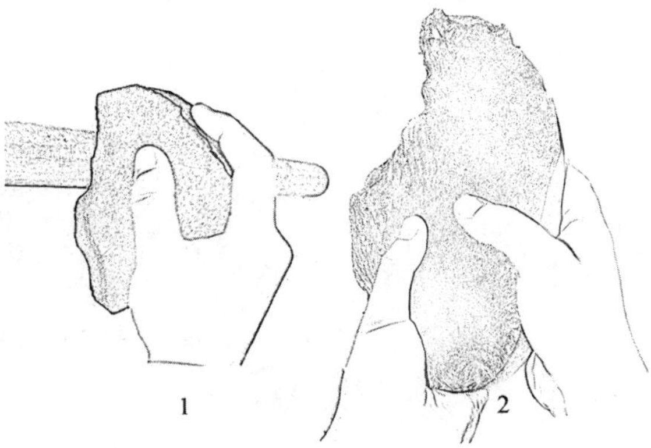

图一二　薄刃斧的抓握方式

1. 11BHWZ：28　2. 11BHWZ：33

3. 与周边遗址的对比

有学者将我国东北地区的旧石器划分为三种类型。第一种分布于东部山区的大石器工业类型，以庙后山地点[7]为代表；第二种分布于中部丘陵地带的小石器工业类型，以金牛山地点[8]为代表；第三种分布于西部草原地带的细石器工业类型，以大坎子遗址[9]为代表。

7　魏海波：《辽宁庙后山遗址研究的新进展》，《人类学学报》2009 年 2 期，第 154—161 页。

8　金牛山联合发掘队：《辽宁营口金牛山旧石器文化的研究》，《古脊椎动物与古人类》1978 年 4 期，第 129—136 页。

9　陈全家：《吉林镇赉丹岱大坎子发现的旧石器》，《北方文物》2001 年 2 期，第 1—7 页。

本溪后崴子北山地点距庙后山较近。与之相比，在剥片技术、工具修理方式、方法及工具大小等方面存在诸多相似之处，总体上看，虽属于东北大石器工业类型范畴，但同时具备自身特点。该地点石料种类以角岩为主，仅见少量石英和石英砂岩，不如庙后山丰富；剥片技术庙后山以锤击法和碰砧法为主，偶尔出现砸击法，该地点则以锤击法为主，同时伴随碰砧法和投击法；庙后山遗址的石器类型组合丰富，而该地点仅见刮削器、砍砸器和广义薄刃斧。

4. 遗址性质

从周围环境来看，该遗址位于Ⅲ级侵蚀阶地，地表平坦，三面环水，为多种动植物提供了生存条件，从而为古人类提供了充足的食物资源；太子河流经该遗址，方便获取水资源；河滩上砾石资源丰富，能充分满足古人类对石料的需求。这些天然的自然资源为古人类提供了一个理想、相对稳定的栖息之所。工具的加工制作则在河滩进行，将制作好的工具带到该地点使用，使用后直接遗弃。因石料丰富，人们对工具随用随制，不断更换。综上，根据Binford的聚落组织论[10]、Kuhn的技术装备论、Andrefsky的原料决定论[11]，推断该地点可能为工具的遗弃地或使用地，疑似为居住所场所，但目前并未发现当时人类居住遗址。

5. 遗址年代

后崴子北山地点发现的石器采自地表耕土层。通过与周边旧石器遗址对比，在石器剥片方式、打制技术及石器风化程度等方面与庙后山遗址有一定相似性；该遗址石器根据风化程度分为Ⅰ、Ⅱ、Ⅲ三个等级。图一三均为角岩，Ⅰ级风化严重，年代最早到旧石器时代早期，Ⅱ级风化较轻，年代介于Ⅰ、Ⅲ级之间，Ⅲ级几乎没有风化，年代最早到旧石器时代晚期。在石器采集区未发现新石器时代及以后的磨制石器和陶片。由此推测，遗址的年代与庙后山相近，跨度较大，从旧石器时代早期到晚期，最晚不会超过旧石器时代晚期。

图一三　石器风化等级图

10 Binford L R.Willow smoke and dog's tails: hunter-gatherer settlement systems and archaeological site formation. American Antiquity，1980(1):2-7.

11 Andrefsky W.Raw material availability and organization of technology. American Antiquity，1994(1): 21-34.

附记：本文是教育部人文社会科学重点研究基地重大项目（批准号：11JJD780001）研究成果，也得到科学基础性工作专项“中国古人类遗址、资源调查与基础数据采集、整合”（2007FY110200）和“吉林大学‘985 工程’”项目资助。在调查期间还得到辽宁省文物考古研究所、边疆考古研究中心、本溪市博物馆、桓仁县文化局吉林大学边疆考古研究中心领导的大力支持和帮助。参加调查的人员还有桓仁县文化局的赵金付副局长和马洪文，吉林大学地球科学学院程新民教授。

（辽宁省文物考古研究院　李　霞　吉林大学考古学院　陈全家　河南省文物考古研究院　赵清坡）

浑河流域古代早期的历史文化与城邑

——以沈阳、抚顺地区为中心

王俊铮

内容提要：浑河系我国东北地区南部一条重要水系，原为辽河最大的支流。浑河流域最早的人类遗迹可以追溯至距今28万年前的营口金牛山人遗址。以炭化木雕鸟杖、煤精制品等为代表的新乐文化，标志着浑河流域在新石器时代已经有了早期族群成熟文化的足迹。以今沈阳、抚顺为中心的浑河流域中上游系辽东地区青铜时代石构墓葬的中心分布区之一。随着燕秦汉时期在这一地区实行郡县统治，在今沈抚一带的浑河沿岸出现了大量汉文化城邑，多次作为玄菟郡治所。汉文化通过郡县建制大量进入辽东地区和朝鲜半岛，促进了该地区汉族与濊族、貊族及濊貊族系的大融合，并开创了东北南部第一个古代文明的高峰。

关键词：浑河　新乐文化　新城子文化　石构墓葬　玄菟郡

一、浑河流域的自然地理环境与地貌特征

浑河古称"小辽水"，系我国东北地区南部一条十分重要的水系。《水经》载："高句丽县有辽山，小辽水所出，西南至辽队县，入于大辽水也。"北魏郦道元《水经注》卷十四《小辽水》云："（小辽）水出辽山，西南流经辽阳县与大梁水会。""小辽水又西南经襄平县为淡渊，晋永嘉三年涸。小辽水又经辽队县入大辽水。"[1]对"小辽水"的考据古已有之，据《读史方舆纪要》考："浑河在司西北，一名小辽水，源出塞外，西南流。"[2]《奉天通志》："浑河，古名辽水，亦名小辽水。"[3]辽河、浑河之称均始于辽代。《辽史·地理志》载："辽河出东北山口为范河，西南流为大口，入于海；东梁河自东山西流，与浑河合为小口，会辽河入于

---

1 （北魏）郦道元著，谭属春、陈爱平点校：《水经注》卷十四，岳麓书社，1995年，第220页。

2 （清）顾祖禹撰，贺次君、施和金点校：《读史方舆纪要》，中华书局，2005年。

3 王树楠、吴廷燮、金毓黻等纂：《奉天通志》卷七十《山川四·水系二》，东北文史丛书编辑委员会点校、出版，1983年，第1561页。

海，又名太子河，亦曰大梁水；浑河在东梁与范河之间……”[4] 根据“大辽水”“小辽水”之走向及小辽水“入于大辽水”的记载，可知“大辽水”“小辽水”确系今辽河、浑河无疑。[5] 浑河在今沈阳段古称沈水、沈河，辽代沈州、元代沈阳路、明代沈阳中卫、清代至今的沈阳城以及今沈阳市沈河区，均是因靠近古沈水即浑河而得名（图一）。

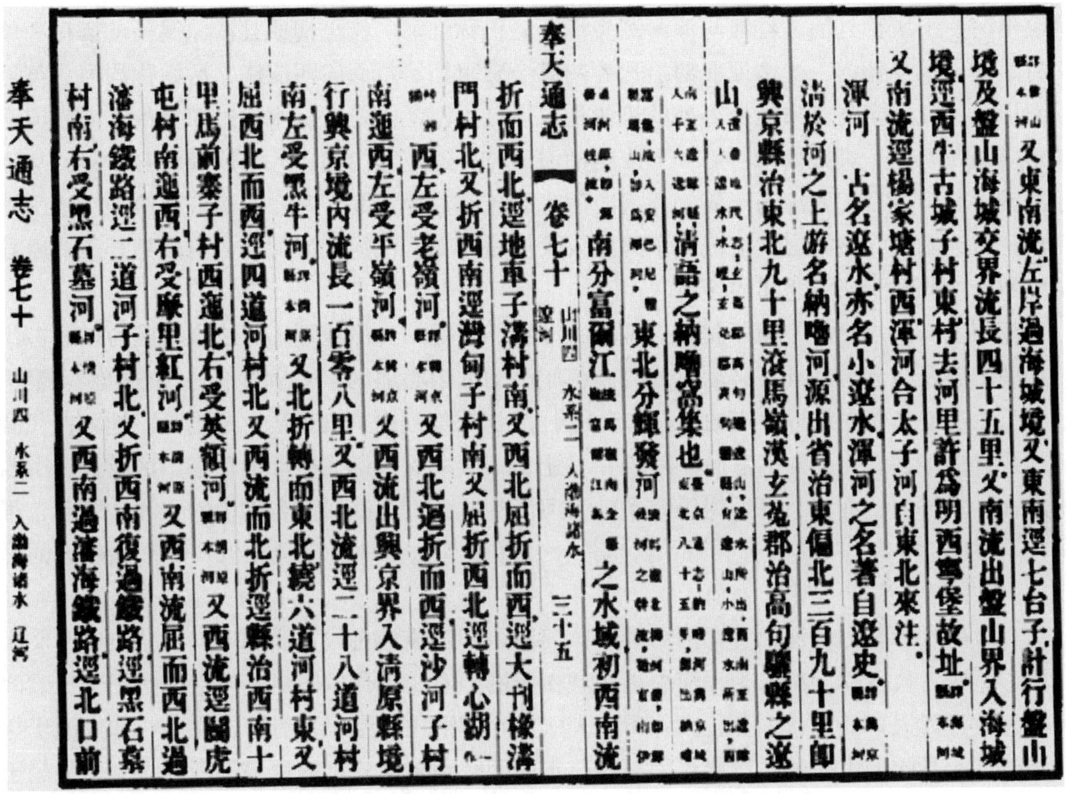
又東南流左岸過海城境又東南逕七台子莊行盤山
境及盤山海城交界流長四十五里又南流出盤山界入海城
境逕西牛古城子村東村去河里許爲明西寧堡故址
又南流逕楊家墟村西渾河合太子河自東北來注
渾河　古名遼水亦名小遼水渾河之名著自遼史
淸於河之上游名納嚕河源出省治東偏北三百九十里即
興京縣治東北九十里滾馬嶺漢玄菟郡治高句驪縣之遼
山　淸語之納嚕窩集也
東北分輝發河
南分富爾江　之水域初西南流

奉天通志　卷七十　山川四　水系二　遼河　入渤海諸水　三十五

折而西北逕地車子溝村南又西北屈折而西逕大刊椽溝
門村北又折西南逕潵甸子村南又屈折西北逕轉心湖
西左受老嶺河　又西北過折而西逕沙河子村
南迤西左受平嶺河　又西流出興京界入淸原縣境
行興京境內流長一百零八里又西北流逕二十八道河村
南左受黑牛河　又北折轉而東北繞六道河村東又
屈西北而西逕四道河村北又西流而北折逕縣治西南十
里馬前寨子村西迤北右受英額河　又西流逕關虎
屯村南迤西右受滕里紅河　又西南流屈而西北過
瀋海鐵路逕二道河子村北又折西南復過鐵路逕黑石寨
村南右受黑石塞河　又西南過瀋海鐵路逕北口前

奉天通志　卷七十　山川四　水系二　入渤海諸水　遼河

图一 《奉天通志》所载“浑河”书影

浑河发源于长白山向西南延伸的余脉龙岗山脉南麓，今抚顺市清原满族自治县湾甸子镇境内的滚马岭浑河源林区。龙岗山脉呈东北—西南走向，北起吉林省桦甸、靖宇一带的头道河，经白山、通化、柳河等市县进入辽宁省的清原、新宾、桓仁等地，长约250千米，宽20～30千米。该山脉北接威虎岭，南接千山山脉，向东延伸越过老岭山脉便与长白山主峰山系相接。威虎岭为张广才岭南部的支脉，千山山脉则纵贯辽东半岛西部，一直延伸至大连旅顺的老铁山，最后消失在黄渤二海分界线的海洋深处。从整个东北地区山川地理分布和地貌特征的视野来看，龙岗山脉不仅作为东北东部长白山系的“中央山结”枢纽地带，同时也是为北流松花江水系、南流鸭绿江水系和西流辽河水系的分水岭。浑河作为发源于龙岗山脉南麓的最大河流，构成了辽河水系的重要发源地之一。

4 （元）脱脱：《辽史》卷三十八《地理志二·东京道》，中华书局，1974年，第456页。

5 王禹浪、王文轶：《“辽水”、“辽海”地名考》，《哈尔滨学院学报》2010年12期；该文后收录于王禹浪、王文轶：《东北古代史研究》，黑龙江人民出版社，2014年，第11页。

浑河全长 415 千米，流域面积 1.15 万平方千米。山丘区占总流域面积的 65%，平原占 35%。浑河与支流苏子河汇合口的大伙房水库以上河段为其上游。浑河源头森林覆盖率高，植被茂密，生态环境优良，水系发达。源出滚马岭的浑河正源自东北向西北流淌，在海拔 513 米的三岗顶子附近纳大苏河，继而在清原大苏河乡红河峡谷处与红河交汇。红河系浑河水系重要源头之一，源出清原与新宾交界处的山区北麓的涓涓细流，诸源汇合于红河水库后称黑牛河，下游称红河。红河与浑河源头汇合后仍称红河。流至清原县清原镇马前寨村和中寨村附近，纳英额河，受清原北部哈达岭南部余脉阻挡，折而向西流淌，后始称浑河。英额河源出清原英额镇与草市镇交界处的桦树梢，经红土崖汇入弯龙背水，过丁家街，向南流经孤山子，转石庙子进入柳木桥后，形成英额河干流。经英额门镇进入清原满族自治县，从清原县城中心穿过后汇入浑河干流。浑河向西先后流经清原县北三家乡、南口前镇、红透山镇和新宾南杂木镇，纳第二大支流苏子河注入大伙房水库。浑河上游大部分河段穿行于清原县境内的哈达岭和龙岗山之间的谷地。

浑河上游山水交融，易于狩猎、采集、渔捞、农耕的自然地理环境使这里成为东北古代濊（秽）族及濊族与貊族融合后形成的濊貊族活动的中心地区，大量青铜时代石棺墓、聚落址和山城遗址坐落在靠近河流的山岗和台地上。[6] 清原红透山富含铜矿，这也是该地区古代濊貊族系青铜短剑文化异常丰富的原因。[7] 事实上，以今龙岗山脉为中心的辽东山区及长白山西南余脉，是浑河、浑江、辉发河等数条较大河流的源头，这些河流名称中的“浑”“辉”，很可能均是“濊（秽）”的同音异写，这也进一步印证了这一地区是濊族以及后来濊貊族的分布区。

大伙房水库至太子河口为浑河中游。该河段是浑河流域古代文明和现当代城市工业文明的中心，在古代不仅多次作为浑河中游区域文明的中心，近代以来更是产生了沈阳和抚顺两大拥有数百万人口的现代工业化大都市。大伙房水库群山环抱，多有河流注入，如发源于抚顺满族自治县腰堡水库的左岸支流社河等，水库西部则依河流走向地势逐渐开阔，山势趋于平缓。大伙房水库出水口在今抚顺市东洲区章党镇与新太河之间，浑河流出水库后纳右岸章党河、左岸东洲河，与自北向南流淌、截断高尔山的抚西河汇流后进入抚顺市区。事实上，抚顺地区正处在龙岗山脉向以沈抚地区为中心的辽河大平原的过渡地带，大伙房水库和浑河抚顺市区段正是辽东地势呈阶梯状下降的重要节点。浑河在抚顺市区实际上是在低矮的山丘之间穿行，河道以北即右岸为以将军峰为主峰的高尔山及其向东西两侧延伸的山岗，山势相对陡峻绵延，地势起伏较大，山前平地狭窄；河道南部即左岸则是大致沿河道走向、自东向

6 王增新：《辽宁抚顺市莲花堡遗址发掘简报》，《考古》1964 年 6 期；孙守道、徐秉琨：《辽宁寺儿堡等地青铜短剑与大伙房石棺墓》，《考古》1964 年 6 期；清原县文化局：《辽宁清原县门脸石棺墓》，《考古》1981 年 2 期；清原县文化局、抚顺市博物馆：《辽宁清原县近年发现一批石棺墓》，《考古》1982 年 2 期；徐家国：《辽宁抚顺市甲帮发现石棺墓》，《文物》1983 年 5 期；佟达、张正岩：《辽宁抚顺大伙房水库石棺墓》，《考古》1989 年 2 期。

7 孙守道、徐秉琨：《辽宁寺儿堡等地青铜短剑与大伙房石棺墓》，《考古》1964 年 6 期；抚顺市博物馆：《辽宁抚顺市发现殷代青铜环首刀》，《考古》1981 年 2 期；徐琰：《抚顺市丹东路出土青铜短剑》，《辽海文物学刊》1994 年 2 期；徐家国、刘兵：《辽宁抚顺市发现战国青铜兵器》，《考古》1996 年 3 期。

西一字排列的低矮山丘台地，山丘多数彼此独立，山势平缓，平原广布。抚顺煤海主要分布在浑河左岸的山丘附近。距今7000年的沈阳新乐新石器时代遗址、抚顺劳动公园汉代古城、大官屯金代窑址均发现了来自西露天煤矿的燃煤遗存。[8]抚顺煤矿中富含琥珀，是世界矿珀的重要产区，也是我国宝石级琥珀和昆虫琥珀的唯一产区，科研和艺术价值极高。除此之外，从抚顺煤矿中提炼出来的煤精，同样是珍贵的艺术品。沈阳新乐遗址房址中出土了97件耳珰形器、球形器、泡形器等抚顺煤精工艺品，这是我国煤雕史上最早的实物。浑河在抚顺市区纳左岸支流古城河、李石河，浑河流经抚顺李石寨和高湾后进入沈阳东陵区。自此之后，浑河流域山丘逐渐消失，地势渐次开阔，一马平川。海拔在100—266米之间的吉林哈达岭南部支脉棋盘山则是浑河流域从辽东山地进入辽河大平原的最后一座山峰。棋盘山脚下的棋盘山水库为截流浑河右岸支流蒲河而修建。浑河流经沈阳市区后，折而向西南方向流淌。流经沈阳、辽中、灯塔、辽阳、台安、海城，在鞍山海城市温香镇和西四镇的三岔河附近纳浑河最大支流太子河。

浑河与太子河汇合口以下入海为浑河下游，即今大辽河。浑河下游为近海滩涂地，地势平坦，河流流速减缓，浑河纳太子河后水量更加丰沛，因此浑河下游河道九曲回肠，特别是入海口段呈倒几字大转弯。浑河下游为营口的大石桥市、营口市与盘锦市大洼县的天然分界线，为两市界河。最终在营口西炮台和盘锦辽滨之间注入渤海辽东湾。

晚清以前，浑河始终是辽河最大的支流。清代末年，由于人为活动的影响导致辽河上游两岸水土流失严重，辽河水含沙量大增、下游河道淤浅、频繁决口。1861年，西方列强将开埠口岸由《天津条约》规定的牛庄改为辽河入海口的没沟营（今营口市），也正是由于牛庄河段淤塞严重，难以通航。后经过自然选择和人工治理，辽河干流改道从盘锦入海。盘锦遂成为沃野千里的辽河三角洲的中心城市。1958年，为了根治辽河下游洪涝灾害，堵截了从六间房流向三岔河、纳浑河太子河入海的辽河东支（即古辽河入海河道），辽河水遂不再与浑河相通，浑河事实上成为一条单独入海的河流。但从大流域的角度来看，浑河仍然是辽河水系最重要的组成部分之一。浑河下游（大辽河）入海口至盘锦辽河—双台子河入海口、转而向西至辽西凌海大凌河入海口、锦州小凌河入海口的沿海地带分布着广阔的湿地和沼泽，湖沼密布，古称“辽泽”。著名的盘锦大洼县红海滩便是辽东湾沿海湿地中最亮丽的风景线，深红色的碱蓬草在这片泥泞的沼泽湿地中幻化出如同血色残阳一般的韵魅。以辽河和大辽河（浑河）入海三角洲为中心的辽东湾沿岸地区之所以能够成为我国北方重要的水稻产区也正是由于该地区水资源较为丰富。

浑河为不对称河流，大部分支流发源于浑河左岸的辽东山地丘陵地带，水流充沛，植被茂密，右岸则支流较少。其中左岸支流太子河和苏子河分别为浑河的第一大和第二大支流。太子河流域是东北地区古代文明最重要的发源地之一，缔造了东北古代最辉煌夺目的大都会——辽阳城。[9]苏子河流域是建州女真的龙兴之地，大清帝国诞生的摇篮，并在有清一代始

8 许绍春：《沈阳市新乐遗址煤制品产地探讨》，《考古》1979年1期；曹德全：《抚顺煤矿史话》，《抚顺史研究》，辽海书社，1989年，第268页；刘立丽：《金代大官屯窑始末》，《北方文物》2016年1期。

9 许盈、王禹浪：《太子河流域辽阳地区历史文化考察》，《黑河学院学报》2014年5期。

终作为兴京赫图阿拉的“京畿之地”。

二、远古与青铜时代的浑河流域

浑河流域最早的人类遗迹可以追溯至距今28万年前的浑河下游、营口大石桥市金牛山人遗址。从1974—1984年的整整十年间，考古工作者对这座海拔仅约70米的石灰岩小山进行了细致的发掘，并在遗址第六层发现属于一个个体的猿人化石，共计55块。[10]这一发现引起举世震惊，成为世界考古学史上极为重要的具有标本意义的古人类化石，也为探索中国远古直立人的起源提供了重要线索。

近年在沈阳农业大学后山旧石器遗址的发掘，发现了5个旧石器时代文化层，确立了沈阳地区旧石器时代中晚期的文化序列，将沈阳地区人类活动历史向前推进至距今11万年左右，同时也进一步提高了学术界浑河流域远古人类生存状况的认识。最令人关注的是，考古工作者还揭示出1组距今7万—7.3万年的古人类建造和使用的建筑遗迹，推测其可能与古人类在野外搭建的窝棚式建筑有关，该遗迹系我国罕见的旧石器时代建筑遗存。[11]

最能够代表浑河流域早期历史文化的考古学遗存，当属沈阳新乐遗址。事实上，新乐文化也是东北南部辽河流域新石器时代文化的高峰。新乐遗址位于沈阳市皇姑区黄河北大街龙山路北侧、新开河以北的高台地上，是一处新石器时代氏族聚落遗址。从1973年到1982年，考古工作者在这里连续进行了多次考古发掘。遗址区东西长约350米，南北宽约150米，总面积5.25万平方米。[12]新乐遗址出土各类文物数千件，有制作精细的打制石器、磨制石器，颇具特点的陶器及煤精制品、炭化谷物，其中以炭化木雕鸟杖最为精美，反映了原始先民的生产水平和生活方式，以及鸟图腾的信仰崇拜。这标志着早在新石器时代，浑河流域已经有了早期族群成熟文化的足迹。[13]新乐遗址中出土的小巧精美、形制独特的煤精耳珰形器、球形器、泡形器，经辽宁煤田地质勘查公司科技研究所切片化验并做工业元素分析，可知这些煤精制品均源于浑河流域的抚顺煤矿。[14]表明早在距今7000年前的新乐文化时期，新乐人便沿着浑河河道频繁往返于今沈阳与抚顺之间。这条宽阔流淌的大河，不仅为早期先民的狩猎、渔捞生活提供了充足的食物来源，同时也造就了我国最早的煤雕工艺之路，孕育了最早的煤精工艺品。但关于这些煤精制品的用途，至今尚不清楚。总之，距今7000年前的新乐人就已在浑河岸边长期从事着渔猎和采集生活，创造了以精美的之字纹陶器、木雕鸟杖、煤精制品为代表性遗存的浑河流域灿烂的早期文化。继新乐文化之后，以沈抚为中心的浑河流域与辽西的红山文化、小河沿文化、夏家店下层文化及上层文化融合，先后形成了偏

---

10 吕遵谔：《金牛山猿人的发现和意义》，《北京大学学报》（哲学社会科学版）1985年2期。

11 范春生：《考古发现将沈阳人类活动历史提前到2至3万年前》，http://news.sina.com.cn/c/2011-09-07/144523120400.shtml.

12 沈阳市文物管理办公室：《沈阳新乐遗址试掘报告》，《考古学报》1978年4期；沈阳市文物管理办公室、沈阳故宫博物馆：《沈阳新乐遗址第二次发掘报告》，《考古学报》1978年4期；周阳生：《新乐第三次清理发掘主要收获》，《新乐遗址学术讨论会文集》，1983年。

13 王禹浪：《辽河流域的历史文化与古代文明》，《哈尔滨学院学报》2012年4期。

14 许绍春：《沈阳市新乐遗址煤制品产地探讨》，《考古》1979年1期。

堡子文化和高台山文化，成为该地区青铜时代文明的重要源头。

以今沈阳、抚顺为中心的浑河流域中上游系辽东地区青铜时代的中心分布区之一，其中抚顺市新宾县的平顶山、苇子峪、下夹河等地则为浑河支流太子河流域的上游。辽东地区青铜时代文化系以大石棚、积石墓、石棺墓、石盖墓等石构墓葬以及夹砂褐陶或灰褐陶、青铜短剑等为典型特征，但又由于各自受不同周邻地区的影响而表现出不同的特点，如辽东北及辽北地区受到了松花江流域上游西团山文化的影响；以营口盖州、旅大为中心辽南地区则受到山东半岛龙山文化晚期、岳石文化的显著影响，并与郭家村上层、尹家一期、小珠山五期等文化融合，形成了具有自身特征的双砣子文化或岳石文化双砣子类型；以今吉林省通化市、白山市和辽宁省桓仁县为中心的浑河流域，则因其地处长白山及其西南余脉龙岗山以南，受地势天然阻隔而更多保留了自身的土著文化因素，特别是其陶器器形多平底器，极少见辽东其他地区常见的三足器，石构墓葬亦少见辽东半岛地区的石棚建筑。[15]

浑河流域则主要受到北方西团山文化、特别是辽西夏家店上层文化向东方移动而在下辽河平原形成的高台山文化的影响，在辽东龙岗山地形成了早期以洞穴墓为主、晚期以石棺石盖墓为主，陶器以弦纹壶、素面壶、弧腹壶、深腹双横桥耳罐以及鼎、鬲等三足器为明显特征的青铜时代文化。浑河流域中上游及太子河流域上游最早的青铜时代文化为马城子文化。

根据考古报告《马城子——太子河上游洞穴遗存》可知，马城子文化在年代学上约合夏代至西周早期，以洞穴式拣骨、原地火葬墓为代表性文化特征，另有少量石棺墓。洞穴葬制不挖墓圹，不封土，多为以单人葬为单位的族葬墓地，少量双人合葬墓，皆为成年女性与儿童，未见成年男女合葬，说明成熟的一夫一妻制对偶婚形态尚未形成。数量极少的石棺墓用石板合围墓室或用石块垒砌墓圹，部分石棺墓墓室底铺石板。[16] 马城子文化主要分布在龙岗山区经过的抚顺新宾、本溪地区。位于太子河流域上游的新宾县大四平镇东升洞穴青铜时代墓葬是浑河流域青铜时代早期文化的典型代表。[17]

接续马城子文化的文化类型为新城子文化。该文化类型的概念系华玉冰、王来柱所提出，得名于2006年在本溪县东营坊镇新城子村发掘的一处青铜时代墓地。华玉冰等认为，新城子文化以壶为陶器大宗，陶器多横耳与半月形贴耳组合使用，陶壶均既有素面又有弦纹者，且大（多耳）小（少耳或无耳）搭配使用。[18] 新城子文化早期偏早阶段可能与马城子文化末期重合，分布范围大致相当，后由太子河流域扩张至浑河流域，进而向北进入清原北部哈达岭西北麓的柴河流域和清河流域。新城子文化晚期逐渐发展为抚顺河夹心类型，该类型文化除了马城子文化、新城子文化均具备的弦纹陶壶、双横桥耳罐等器物外，新出现的高颈壶具有西团山文化的特征，其分布范围亦扩大至辉发河、柳河流域，呈现出与松花江流域青铜文化密切交往的特点。关于浑河流域上述青铜文化，华玉冰等将其合成为“马城子—新城

15 王天姿、王禹浪、王俊铮：《浑江流域的古代历史与文化》，《哈尔滨学院学报》2015年12期。

16 辽宁省文物考古研究所、本溪市博物馆：《马城子——太子河上游洞穴遗存》，文物出版社，1994年。

17 抚顺市政协文史委员会、抚顺市文化广播电影电视局：《抚顺文物》，辽宁人民出版社，2011年，第79—81页。

18 华玉冰、王来柱：《新城子文化初步研究——兼谈与辽东地区相关考古遗存的关系》，《考古》2011年6期。

子—河夹心类型”[19]；赵宾福则认为辽西北地区夏商时期遗存均可统称为马城子文化[20]，该文化与第二松花江流域的西团山文化同属一个大的文化系统，西周时一部分迁移到第二松花江流域，形成马城子—西团山文化系统。[21]但肖景全等仍以“望花类型”来统称抚顺浑河流域的青铜时代文化，并认为不能将太子河流域上游的马城子文化与望花类型混为一谈。[22]望花类型因抚顺望花区拖拉机配件厂内的青铜时代遗址而得名。遗址文化面貌较为单纯，混有草拌泥，其中夹杂夹砂粗红陶和红褐陶片，质地坚硬，并有少量涂朱磨光陶片。器型以三足陶鼎为主，另有甑、罐、壶、盆、碗、鬲等陶器，石器发现较少。遗址出土1件环首青铜刀，其形制与安阳殷墟、山西石楼形制相似，遂知其年代当在商代晚期。[23]具有浓厚北方草原系文明特征的环首青铜刀的出土，不仅证明了浑河流域完全进入了青铜时代，也说明了其族属很可能是一支带有北方草原游牧特征或受其文化影响的族群。望花遗址大量草拌泥红烧土的发现表明其系聚落遗存，文化面貌接近的聚落遗址还有抚顺顺城区施家东山遗址、孤家子遗址、营城子遗址、大伙房库区南岸小青岛遗址等，均坐落在浑河两岸的二级台地或靠近河流的向阳山岗上。伴随望花类型聚落遗址出现的还有大量石棺墓群。目前已在以抚顺和清原为中心的浑河流域中游和上游发现了数十处青铜时代石棺墓群，该地区系辽东地区古代石棺墓的中心分布区之一，如抚顺市区的大甲邦、将军堡石棺墓等，[24]抚顺县的大伙房、祝家沟、小青岛、莲花堡石棺墓等，[25]新宾县的大四平马架子、大四平东升半拉岭、北四平乡、永陵色家、南杂木镇西山石棺墓等以及东升洞穴，[26]清原县的土口子中学、北三家乡李家卜西、清原土口子乡门脸、任家堡大南沟、夏家堡乡半道沟石棺墓等。[27]沈阳于洪区杨士乡郑家洼子青铜大墓群则是迄今所见浑河流域等级最高的大型石棺墓群，其中M6512墓长5米，宽3米，该墓葬年代为春秋末至战国初。[28]该墓可能系靠近燕国的北方民族高级首领墓葬。上述石棺墓主要有三种形制：其一为墓圹四周立大石板作为墓室四壁，以黄土铺地，墓室用一整块石

---

19 华玉冰、王来柱：《新城子文化初步研究——兼谈与辽东地区相关考古遗存的关系》，《考古》2011年6期。

20 赵宾福：《马城子文化新论——辽东北部地区夏商时期遗存的整合研究》，《边疆考古研究》（第6辑），科学出版社，2007年。

21 赵宾福：《中国东北地区夏至战国时期的考古学文化研究》，科学出版社，2009年。

22 萧景全、郑辰：《辽东地区青铜时代考古学文化的相关问题研究——以抚顺地区的考古资料为中心》，《辽宁省博物馆馆刊（2014年）》，辽海出版社，2015年。

23 赵广庆、曹德全：《抚顺通史》，辽宁民族出版社，1995年，第13页；抚顺市博物馆：《抚顺地区早晚两类青铜文化遗存》，《文物》1983年9期。

24 徐家国：《辽宁抚顺市甲帮发现石棺墓》，《文物》1983年5期。

25 王增新：《辽宁抚顺市莲花堡遗址发掘简报》，《考古》1964年6期；孙守道、徐秉琨：《辽宁寺儿堡等地青铜短剑与大伙房石棺墓》，《考古》1964年6期；徐家国：《辽宁抚顺市甲帮发现石棺墓》，《文物》1983年5期；佟达、张正岩：《辽宁抚顺大伙房水库石棺墓》，《考古》1989年2期。

26 抚顺市政协文史委员会、抚顺市文化广播电影电视局：《抚顺文物》，辽宁人民出版社，2011年，第79—81页。

27 清原县文化局：《清原县文物志》，内部资料，1976年；清原县文化局：《辽宁清原县门脸石棺墓》，《考古》1981年2期；清原县文化局、抚顺市博物馆：《辽宁清原县近年发现一批石棺墓》，《考古》1982年2期。

28 辽宁省地方志编纂委员会办公室：《辽宁省志·文物志》，辽宁人民出版社，2001年，第117页。

盖或多块大石板掩盖；其二为墓圹四周垒砌石块作为墓壁，石棺棺盖同石板石棺墓；其三为石板、石块混合垒砌墓壁，石棺棺盖同石板石棺墓。石棺墓广泛分布于浑河流域，以火葬为习俗，石棺内多出土青铜短剑。

值得注意的是，辽东地区新石器时代至青铜时代的三足器主要分布于辽东半岛南部，即今普兰店以南的大连和旅顺，以及半岛北部以沈抚地区为中心的浑河流域中上游。前者主要源于受到山东半岛大汶口、龙山、岳石文化文化鼎、鬲、鬶等三足器的强烈影响，后者则受到以辽西夏家店下层文化和上层文化筒形鬲、袋足鬲、锥型足鼎、钵型鼎等三足器为远源，高台山文化鼎、鬲、甗等三足器为近源的早期考古学文化的影响，辽东半岛青铜时代早期石筑山城的出现也正是伴随着夏家店下层石城文化人群东迁而出现的。

关于浑河流域青铜时代石构文化的族属，王绵厚先生早有论述，他首次将辽东地区鸭绿江、浑江、太子河、苏子河流域等地的青铜文化认定为貊族文化，并认为这种文化是高句丽和夫余的先世文化，是二者政权国家文明的起源。[29] 可知今抚顺、特别是以清原为中心的浑河流域上游正是濊貊族系兴起的中心区域，并成为以西团山文化为代表的“北濊”与辽东半岛“南貊”族群的融合之地，松花江流域上游的濊族沿辉发河、柳河流域进入哈达岭、龙岗山区以及浑河河谷。辽东半岛“貊”族则有可能是山东半岛东夷族群渡海北上与辽西夏家店下层石城文化人群东迁以及燕国秦开“却东胡”被驱赶至此的原“近燕”貊族融合而成。这些人群则主要沿太子河、苏子河河道进入该地区，长期融合并最终形成濊貊族，可以说，浑河流域正是濊貊族诞生的摇篮。

三、燕秦汉时期的浑河流域及其城邑

战国后期，随着燕国“秦开却东胡”，燕国势力扩张至辽东地区。朝鲜半岛的大宁江燕国长城和吉林省梨树县发现的二龙湖战国古城[30]，不可思议地为我们展现了燕国国力的强大和疆域的辽阔。燕国积极向其北方和东北方扩展版图，筑长城，设郡县，《史记·匈奴列传》记载：“燕亦筑长城，自造阳至襄平。置上谷、渔阳、右北平、辽西、辽东郡以拒胡。”[31] 燕北一带遂成为战国时代中原诸侯国与狄胡同处杂融的重要交汇地带。浑河流域也首次被纳入中原政权的管辖范围内，哈达岭、龙岗山以西的浑河流域西部主要为辽东郡所统辖。秦开却东胡后，在今沈阳老城区建侯城，隶属于辽东郡，作为燕国控制辽东地区的重要战略中心之一。侯城的建置揭开了浑河流域早期都市文明的序幕。侯城作为县一级行政建置一直存在于东汉，《汉书·地理志》载辽东郡十八县即有候城县。[32]1993 年，考古工作者在沈阳故宫北墙外的“宫后里”发现了东西走向的侯城城墙遗址，遗址长约 170 米，残高 2 米以上。城墙遗址中还出土了战国绳纹瓦、夹砂红陶片等遗存，应为战国侯城北墙遗址。在宫后里城址方圆

29　王绵厚：《关于汉以前东北“貊”族考古学文化的考察》，《文物春秋》1994 年 1 期。

30　四平地区博物馆、吉林大学历史系考古专业：《吉林省梨树县二龙湖古城址调查简报》，《考古》1988 年 6 期；吉林省文物考古研究所、四平市文物管理委员会办公室：《吉林省四平市二龙湖古城址发掘报告》，《边疆考古研究》(第 12 辑)，科学出版社，2012 年。

31　(汉)司马迁：《史记》卷一百十《匈奴列传》，中华书局，2002 年，第 2886 页。

32　(汉)班固：《汉书》卷二十八《地理志》，中华书局，1962 年，第 1626 页。

5平方千米范围内发现了大量战国、东汉时期的墓葬，如热闹街战国墓、四〇一库战国墓、沈阳市妇婴医院战国遗物和汉墓以及八家子、小东、沈州路、修女院、五爱市场、大南益文小区、小南钟厂、小南边门、大南滨河公社、大南街道办事处、大南边门、小津桥、第十七中学、第八中学、南湖公园等汉墓群。[33] 这些汉墓无疑是宫后里古城居民的墓地。一般认为，候城县同时还是辽东郡中部都尉治所。2013年，王绵厚综合梳篦文献记载与该地区考古学材料，认为："东陵区上伯官东青桩子一带，应是'侯城县'设立前'秦开却胡'后燕秦汉辽东郡'中部都尉'（堠城）治的最初地点。其周边包括抚顺刘尔屯、李石寨一带的大量战国和汉代史迹，都应与早期辽东郡'中部都尉'的镇城有关。"[34] 笔者以为，王绵厚的观点具有一定道理，因为从目前考古发现来看，以上伯官青桩子古城为中心的浑河支流牤牛河流域，的确出土了为数不少的纪年明确、等级较高的战国遗物，作为辽东郡中部都尉城的可能性较大。但候城现已完全叠压于今沈阳市区以下，相关遗存难以发现，宫后里城墙遗址事实上仅仅是候城城址之冰山一角，今沈阳侯城遗址亦存在作为辽东郡中部都尉城的可能性。因此，辽东郡中部都尉城与候城究竟是否存在城址变迁还有待于进一步探索。但毫无疑问，王绵厚的观点极大地深化了沈阳城市发展史的研究，也进一步印证了辽东郡中部都尉城与侯城作为沈阳城史纪元的观点。

今沈阳东陵区至抚顺的浑河沿岸是浑河流域汉代古城最集中、级别最高的地区之一，这一地区主要为汉玄菟郡辖境，并多次作为玄菟郡治所之所在。公元前108年，汉武帝灭卫氏朝鲜后，于辽东地区和朝鲜半岛设置玄菟、乐浪、真番、临屯，是为"汉四郡"。《汉书·武帝纪》："（元封三年）夏，朝鲜斩其王右渠降，以其地为乐浪、临屯、玄菟、真番郡。"[35]《后汉书·东夷传》："至元封三年，灭朝鲜，分置乐浪、临屯、玄菟、真番四郡。"[36] 其中玄菟郡初治沃沮城，一般认为即今朝鲜咸镜南道咸兴。西汉中期，由于东北亚局势的变迁，汉朝政府对汉四郡行政区划进行了调整和改革，《后汉书·东夷传》："至昭帝始元五年，罢临屯、真番，以并乐浪、玄菟。玄菟复徙居句骊。自单单大领已东，沃沮、濊貊悉属乐浪。"[37] 玄菟郡治所遂从朝鲜半岛北撤至鸭绿江以北的浑河流域，学界多认为浑河支流苏子河流域的今新宾县永陵南汉城系玄菟郡第二郡治之所在，亦是玄菟郡下辖高句丽县治所。永陵南城址系近年辽东汉代古城及高句丽古城考古的重要成果。永陵南城址又称二道河子古城，位于抚顺市新宾县永陵镇东南1.5千米处，苏子河和二道河交汇处的二道河西岸。据《抚顺文物》的著录，永陵南城址早在20世纪30年代即已被渡边三三、三上次男等日本考古工作者发现。值得注意的是，三上次男在《高句丽与渤海》一书中提到，1944年他在考察永陵南汉城时，曾在其南发现一座边长约350米的大城。[38] 新中国成立后又经过多次调查。1979年和1983年，抚顺市博物馆曾对该汉城进行过勘测，确认其确有南北两座汉城。但抚顺市博物馆肖景全等

33 赵晓刚、姜万里：《沈阳宫后里城址刍议》，《东北史地》2015年2期。
34 王绵厚：《沈抚交界处"青桩子"古城的新发现及考古学意义》，《东北史地》2014年1期。
35 （汉）班固：《汉书》卷六《武帝纪》，中华书局，1997年，第194页。
36 （南朝·宋）范晔：《后汉书》卷八十五《东夷传》，中华书局，1982年，第2817页。
37 （南朝·宋）范晔：《后汉书》卷八十五《东夷传》，中华书局，1982年，第2817页。
38 〔日〕三上次男：《高句丽与渤海》，吉川弘文馆，1990年。

学者在对其进行调查时，只是发现了一些板瓦、筒瓦和泥质绳纹灰陶片，并未有城的迹象。[39]金辉进一步指出，"有的瓦片已被烧得扭曲变形，可能是一处窑址"[40]。2004 年 10 月—2008 年 11 月，考古工作者在古城内发现城门址两处，大型建筑址一处，房址、灰坑多处。出土了大量筒瓦、板瓦残片和大量生活器皿、铁制工具、兵器及铜器、货币等。其中以涂朱"千秋万岁"瓦当和莲瓣纹瓦当最为精美，为以往汉代考古所未见。城址呈长方形，东西宽 136 米，南北残长 166 米，均为夯土城垣，北墙已毁于二道河水患。从地层堆积和出土遗物分析，主体遗存可分为两汉、魏晋、两晋（高句丽）、辽金四期。[41]遗憾的是，此次发掘并未确认永陵南汉城以南还有一座汉城。笔者以为，城南大城可能已在近数十年的平整土地和农耕活动中被平毁，但曾发现的板瓦、筒瓦等建材等表明，永陵南汉城以南确实存在过大型建筑。瓦片被烧结在一起并不能说明该地可能是窑址，而有可能表明建筑系毁于火灾。故有学者认为："永陵附近所发现的大小两座汉式土城中，大的一座当为第二玄菟郡郡治，小的一座当为高句丽县的县治。"[42]高句丽县为统辖高句丽民族而建置，此时高句丽王国尚未建立，但浑河流域的永陵南汉城一带则最早成为高句丽先民的活动地域，亦是高句丽民族在东北古代文明的舞台上第一次华丽的登场（图二）。

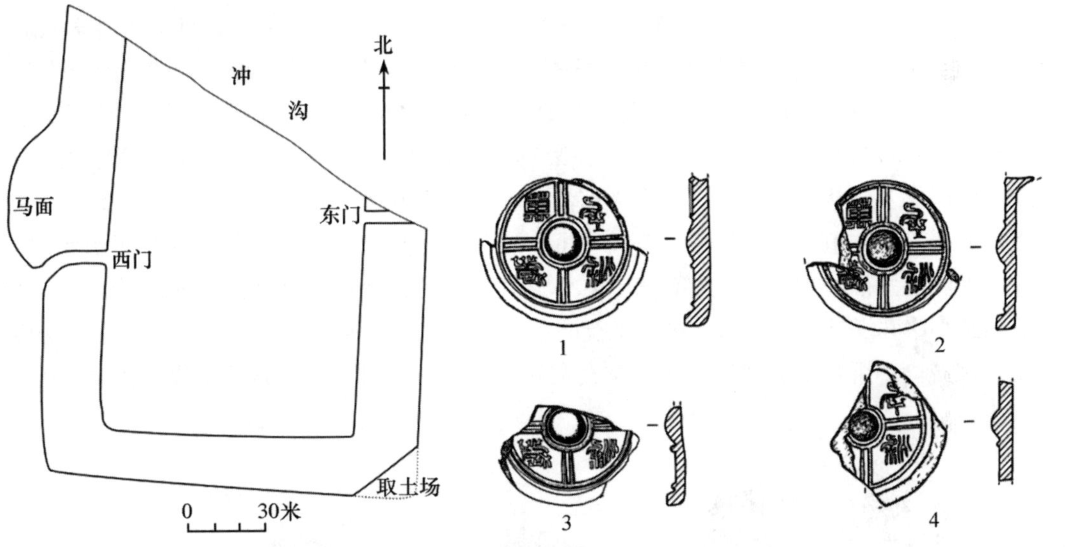

图二　永陵南城址平面图及出土"千秋万岁"瓦当

（采自辽宁省文物考古研究所编著：《永陵南城址发掘报告》，文物出版社，2017 年）

总之，精美的涂朱汉代文字大瓦当、丰富的遗物、方正的城址形制及较大的规模，均说明永陵南汉城址完全具备汉代郡一级城邑的条件，城内曾居住着稠密的人口。有学者曾对这

39　肖景全、金辉：《往事旧影——老照片中的抚顺历史》，辽宁人民出版社，2008 年，第 4 页。

40　金辉：《抚顺汉城与玄菟郡西迁》，《东北史地》2008 年 6 期。

41　抚顺市政协文史委员会、抚顺市文化广播电影电视局：《抚顺文物》，辽宁人民出版社，2011 年，第 10 页。

42　赵红梅：《汉四郡研究》，香港亚洲出版社，2008 年，第 78 页。

一时期永陵南汉城的意义作如下评述：“玄菟郡迁到永陵后，在近二百年的漫长时间里，成整个汉朝纬度最北，地理位置最为突出的边疆大郡，长期作为汉朝文化辐射东北亚最具战略意义的政治、经济、文化中心。这样就形成了玄菟郡在前，辽东郡在侧的政治格局，深刻影响着东北和朝鲜半岛的文明进程。”[43] 事实上，玄菟郡郡治北迁浑河流域也使这一地区在相当长时间内，成为东北遥控朝鲜半岛最重要的行政建制。今沈阳地区则成为玄菟郡与辽东郡的边界地带，沈阳以下的浑河流域则隶属于辽东郡。

汉元帝建昭二年（公元前 37），邹牟建立高句丽政权，定都纥升骨城（即今桓仁五女山城和下古城子）。受高句丽势力扩张的挤压，《后汉书·郡国志》载原属辽东郡的高显、候城、辽阳三县划归玄菟郡，唐李贤注：“东观书安帝即位之年，分三县（即高显、候城、辽阳，笔者按）来属（玄菟，笔者按）。”[44] 说明玄菟郡郡治于东汉安帝元年（107）自永陵南汉城此时再次西迁。关于玄菟郡第二迁址，即第三玄菟郡治地望，主要有抚顺市区劳动公园汉城说和抚顺东洲区小甲邦汉城说。

抚顺劳动公园汉城位于今抚顺市区劳动公园西北友谊宾馆所在的小山岗上。该山岗起于浑河南岸，呈西北—东南走向，海拔在 10—30 米之间。1935 年 8 月，抚顺炭矿修建“誉丘”（今友谊宾馆所在）西侧的“琥珀泉”时，发现了汉代榫卯子母砖。次年，在修建“永安公园”（又称东公园，今劳动公园）时，发现了“千秋万岁”瓦当。为此，日本考古学家对今友谊宾馆至劳动公园的山岗进行了考古发掘，出土了汉代陶器、云纹瓦当、“千秋万岁”瓦当等（图三），并在一座汉代房址烟道内发现了含有煤渣的炉灰，这是抚顺煤矿被用作燃料的最早遗存。该遗址曾被一些学者认定为第三玄菟郡郡治。但肖景全、金辉认为：“这个遗址位于山岗之上，从考古发现看，作为郡治或者县治衙署所在的城址，在汉代极少有建在山岗上的例子。市友谊宾馆（誉丘）遗址，虽有汉代遗物发现，但定其为玄菟郡郡治所在的根据并不足。这里很可能是当时的障城一类小城。”[45] 因此，笔者以为第三玄菟郡郡治应位于抚顺东洲区小甲邦汉城。小甲邦汉城位于抚顺市东洲区小甲邦村，1988 年在发掘小甲邦汉墓时发现了该城。小甲邦汉城规模较大，文化堆积层深厚，并出土了丰富的汉代文物。[46] 根据笔

图三　抚顺劳动公园汉城出土“千秋万岁”瓦当

（采自《往事旧影：老照片中的抚顺历史》，第 4—5 页）

43　佟达：《高尔山》，辽宁民族出版社，2003 年，第 15 页。

44　（南朝·宋）范晔：《后汉书》卷九十《郡国志五》，中华书局，1982 年，第 3529 页。

45　肖景全、金辉：《往事旧影——老照片中的抚顺历史》，辽宁人民出版社，2008 年，第 5 页；金辉：《抚顺汉城与玄菟郡西迁》，《东北史地》2008 年 6 期。

46　王春兰：《抚顺东洲小甲邦村发现汉代遗址和墓葬群》，《辽海文物学刊》1989 年 2 期。

者对以上两汉城的实地调查，劳动公园古城北濒临浑河，又受山岗地形制约，城市发展空间促狭，且辽东地区的确鲜有筑城于山岗之上的汉文化城址。小甲邦汉城坐落在今抚顺市东郊石华山下的东洲城区，东洲河与浑河在古城附近交汇，形成平坦的冲积平原。虽然该地今已是高楼林立的现代化城区，但可以想见，该地区平坦开阔的地形地势和丰富的河流水资源势必造就出一片土壤肥沃、灌溉便利的易于农耕和筑城之地，完全符合玄菟郡郡治的条件。

21世纪初，沈阳市文物考古研究所的考古工作者对位于沈抚交界处的沈阳东陵区上伯官汉城进行了考古发掘。该地区早在20世纪60年代便清理了6座汉魏时期墓葬。[47]近年来也多有汉墓被发现。上伯官汉城位于沈阳东陵区汪家街道办事处上伯官村，沈抚公路从古城南侧500米处通过，东临牤牛河，北临浑河支流二道河子。城址东、北侧受河流冲刷，破坏严重。城址西、南部则尚存有夯土墙基址。“从道路和村内自然格局分析，该城址原应有东、西二门。城址南墙中部，与南北向街路相通的出入处，应为城址南门遗址。因河水冲刷破坏，北门遗址位置已无法认定。经实测，城址现存南侧墙址残长326米，其中，南门至西墙址为200米。东侧城墙址残长537米，其中，‘官道’至南侧城墙址为370米。该城址原为长方形，南北稍长，其周长约2500米，应有3座或4座城门。”古城文化堆积层厚达1.5米，内含绳纹筒瓦、板瓦、砖等汉代建筑材料，并出土了泥质灰陶罐、壶、碗、瓮、豆、甑等汉代陶器。[48]《晋书·地理志》载，西晋咸宁二年（276），“魏置东夷校尉，居襄平，而分辽东、昌黎、玄菟、带方、乐浪五郡为平州，后还合为幽州。”又云：“玄菟郡。汉置。统县三，户三千二百。高句丽、望平、高显。”[49]可知玄菟郡在西晋时期再度迁徙。由于史籍中未见关于此次迁徙的过程更多记载，为今人探索第四玄菟郡治所提供了极大困难。王绵厚早在1993年便提出上伯官汉城系“由抚顺最后内迁的‘三迁四治’的‘玄菟郡城’”[50]，即玄菟郡第三迁址、第四玄菟郡治所。由于没有更合适的汉魏古城的发现，上伯官汉城说暂时获得了学术界的认可。上伯官古城附近已发现多座汉魏时期墓葬，但古城内出土文物均为汉代遗存，在上伯官古城中寻找晚于东汉的西晋遗存应是日后考古发掘的重点内容。

随着“秦开却东胡”，燕国势力向东北大范围扩张，吉林省梨树县二龙湖古城和朝鲜平安北道大宁江长城的发现，表明其东北疆域至北已进入东辽河流域上游，至东已越过鸭绿江进入朝鲜民主主义共和国西北部的平安北道，大宁江长城成为燕国北部长城的最东段。也正是在这一时期，中原汉文化开始向辽东地区广泛传播，辽东郡的设置将浑河流域首次纳入中原政权的管辖范围内。其中下辖之中部都尉城、侯城等城址，成为浑河流域出现的第一批汉文化城邑。秦代因袭燕国建制。汉代在承袭秦代辽东郡建制基础上进一步开拓，汉四郡的建立成为这一时期东北南部最显著的行政变迁。玄菟郡自沃沮城内迁辽东后，其郡治中心始终没有离开浑河流域，一直沿着浑河河谷自东向西移动，出现了以新宾永陵南汉城、抚顺小甲邦与劳动公园汉城、以及沈阳上伯官古城为中心的汉代辽东都市文明的三大中心，带有典型汉文明特征的“千秋万岁”瓦当、绳纹筒瓦、板瓦、铁质生产工具、青铜器等遗物以及城址

---

47 沈阳市文物工作组：《沈阳伯官屯汉魏墓葬》，《考古》1964年11期。
48 盛京：《上伯官“汉代城址”解密》，《沈阳日报》2011年11月21日，第B07版。
49 （唐）房玄龄等：《晋书》卷十四《地理志上》，中华书局，1974年，第427页。
50 王绵厚：《玄菟与新城新解》，《沈阳文物》1993年1期。

周边的汉代砖室墓被大量发现，反映了这一时期辽东汉代城市文明的繁荣。汉文化通过郡县建制大量进入辽东地区和朝鲜半岛，促进了该地区汉族与濊族、貊族以及濊貊族系的大融合，并开创了东北南部第一个古代文明的高峰。

（俄罗斯阿穆尔国立大学宗教学与历史教研室　王俊铮）

五女山城第三期文化的探讨

苏鹏力

内容提要： 五女山城发掘报告认为五女山城第三期文化出土的竖耳罐与清原任家堡子大南沟石棺墓出土者最为接近，束颈明显，器耳竖跨口沿与肩部之间，两者的时代应该一致。因此，五女山城第三期文化时代大体应在两汉之际、相当于高句丽建国前后。但五女山城第三期的大多数竖耳罐和大南沟石棺墓出土者差异很大，很难用形制接近来概括。大南沟石棺墓的时代也有争议，或不会晚于战国晚期至汉初。结合辽宁地区早期青铜文化遗存中大量存在的双竖耳罐特征，以及历史时期遗址、墓葬中发现的竖耳罐的特点，从器形演变的规律观察，五女山城第三期文化的竖耳罐的时代不会晚于大南沟石棺墓的时代。所以，五女山城第三期文化的竖耳罐的时代当在战国之前，属于青铜时代文化遗存。

关键词： 五女山城　第三期文化　竖耳罐　青铜时代

一、五女山城第三期文化概况

五女山城位于辽宁省桓仁县城东北 5.8 千米处的浑江右岸，坐落在桓仁盆地东北侧的群山之间，山城位于山顶及山腰，海拔 806.32 米。为了探究高句丽早期文化面貌，搞清楚五女山山城的形制及城内文化堆积，1996—1998 年、2003 年，辽宁省文物考古研究所，本溪市博物馆、桓仁县文物管理所联合对五女山山城进行了 4 次发掘。

《五女山城》调查发掘报告中依据土质、土色、性状及包含物等情况将发掘区内的地层堆积分为 3 层。根据地层堆积的具体情况，结合各遗迹之间的叠压打破关系以及不同遗迹出土的遗物所表现出的文化差异，大体可将五女山文化遗存分为五期。其中第一期、第二期、第三期遗存均“开口于 3 层下”。一期为“新石器时代晚期”，二期“约当青铜时代晚期”，“第三期文化遗存主要见于Ⅱ区和Ⅳ区，但在Ⅱ区和三号大型建筑址附近，也见有少量遗物。本期遗存为开口于第 3 层下的 J1、灰坑、部分房址及第 2、3 层内包含的夹砂灰褐陶片、铁镬、铁锸等器物，陶器均为手制，代表性器物有双竖耳罐、四系罐、横耳盆、单耳杯、五铢、大泉五十等，未见石器。时代大体上相当于两汉之际，应为高句丽文化早期遗存”。[1]

1　辽宁省文物考古研究所：《五女山城——1996—1999、2003 年桓仁五女山城调查发掘报告》，文物出版社，2004 年，第 12 页。

《报告》在第四部分“问题与讨论”[2]中对第三期文化的主要遗存进行了总结和讨论如下：

（五女山城）第三期文化（以下简称三期文化）房址有圆形和圆角长方形两种，都是半地穴式建筑，有的房址内发现有灶址和柱洞。有的房址内堆积为黑灰色土，内含大量炭粒和黑色草木灰，原来可能是草庐建筑，后因失火而倒塌。本期发现的“一号大型建筑址”，与本期其他房址截然不同，为柱础式地面建筑，前面现存六块础石，后面因遭晚期遗迹破坏，础石数目不详，根据揭露出来的状况分析，该遗址应为六开间的建筑，从其规模和形制观察，应是本期“等级较高”的一处建筑。

本期遗物大多为陶器，手制，烧制火候较低，陶质以夹砂陶为主，有的内掺滑石粉，并见少量泥质陶，陶色以灰褐陶居多，少量为红褐陶，器表抹光。器形主要有罐、盆、杯，器耳中竖桥状耳最为流行，也见横桥状耳和扳耳，最具特色的陶器是竖耳罐，不仅数量多，而且特征鲜明，均为折沿，方唇，束颈，腹微鼓，平底，颈部常常对置竖桥状耳，与其相似的陶罐以往曾在辽宁清原县任家堡大南沟一座被破坏的石棺墓中发现过两件，集安国内城石墙下土垣出土过一件（T2④：6），集安万宝汀墓区M242出土过一件，禹山墓区M3241出土过一件（JYM3241：2）。五女山三期文化出土的竖耳罐与清原任家堡子大南沟墓葬出土者最为接近，束颈明显，器耳竖跨口沿与肩部之间，“两者的时代应该一致”，任家堡子大南沟墓葬另出一件双联罐，形制与洛阳烧沟、广州汉墓出土的西汉同类器物相似。国内城石墙下土垣的时代下限，发掘者认为应在汉初，而集安万宝汀墓区M242、禹山墓区M3241，也都是高句丽早期积石串墓。因此，五女山第三期文化时代大体应在两汉之际、相当于高句丽建国前后，应视作高句丽早期物质遗存。

高句丽政权创建于汉代玄菟郡境内，在本期文化面貌中，来自中原的汉文化因素开始增强，本期文化中的陶罐，已经具有汉代陶器的作风，陶罐唇部形态与以往当地土著陶器中的尖唇和圆唇区别较大，普遍流行汉代陶罐具有的方唇特征。出土较多的束颈罐除了竖耳还保持着传统风格外，基本上与常见的汉代束颈罐一致。本期出土的铁镬、铁锸，形制与汉代中原地区流行的同类器物相同。一号大型建筑址出有西汉五铢和王莽时期的大泉五十货币，1986年山上发掘时，还曾出土过西汉半两、五铢和王莽时期的货泉，这些货币不仅反映了高句丽建国初期与汉代的经济交往，同时也是本期断代的重要依据之一。本期重要遗迹还应包括筑于山上东北谷的一、二号墙和山下的南墙、东墙及城门。

二、五女山城第三期文化的探讨

《报告》认为，五女山城三期文化最具特色的陶器是竖耳罐，不仅数量多，而且特征鲜明，均为折沿，方唇，束颈，腹微鼓，平底，颈部常常对置竖桥状耳，与其相似的陶罐以往曾在辽宁清原县任家堡大南沟一座被破坏的石棺墓中发现过两件，集安国内城石墙下土垣出土过一件，集安国内城石墙下土垣出上过一件（T2④：6），集安万宝汀墓区M242出土过一件，禹山墓区M3241出土过一件（JYM3241：2）。五女山三期文化出土的竖耳罐与清原任

2 辽宁省文物考古研究所：《五女山城——1996—1999、2003年桓仁五女山城调查发掘报告》，文物出版社，2004年，第286—287页。

家堡子大南沟墓葬出土者最为接近，束颈明显，器耳竖跨口沿与肩部之间，两者的时代应该一致，任家堡子大南沟墓葬另出一件双联罐，形制与洛阳烧沟、广州汉墓出土的西汉同类器物相似。国内城石墙下土垣的时代下限发掘者认为应在汉初，而集安万宝汀墓区 M242、禹山墓区 M3241 也都是高句丽早期积石串墓。因此，五女山第三期文化时代大体应在两汉之际、相当于高句丽建国前后，应视作高句丽早期物质遗存。那么既然“两者的时代应该一致”，怎么会得出“两汉之际”的结论，颇为让人费解。关于大南沟石棺墓的年代，也有学者指出“清原任家堡大南沟石棺墓，出土遗物比较特殊，原报告作者推算其年代为战国末期至汉初，似乎偏晚”。[3]

我们知道，器形接近并不一定时代就应该一致，也可能属同一文化的不同时期。这里忽略了陶器自身的演变规律，不同时期的器形有其自身的特征，即使是同一文化。所以即使器形“最为接近”，而不是完全相同，那么其之间必然存在时代上的早晚，报告认为大南沟的器物时代为汉代，而得出结论是五女山三期的同类器物的时代为两汉之际，显然是认为五女山的竖耳罐要晚于大南沟石棺墓出土的竖耳罐的时代。当然根据器物本身的演变规律，也不排除五女山三期的竖耳罐的时代早于大南沟石棺墓出土同类器物的年代的可能。由于《五女山城》报告在“问题与讨论”部分中并没有进一步探讨器形的演变甚至器形之间的差异，所以有必要对这一器形之间的差异进行必要的讨论。

在讨论五女山三期的双耳罐之前，我们有必要讨论以下与大南沟石棺墓竖耳罐共存的双联罐的时代。报告认为“任家堡子大南沟墓葬另出一件双联罐（图一，2），形制与洛阳烧沟汉墓出土的西汉同类器物相似”，我们对比发现，大南沟出土的双联罐为长颈鼓腹，器体联通，与其说是罐更不如说是壶。而洛阳烧沟汉墓出土的双联罐（图一，1）为两罐并列，两罐之间并没有联通。所以不论是形制还是结构，二者都不能称为“同类器物”，也就是说，无论烧沟汉墓的双联罐的时代为何时，和大南沟的双联罐都无可比性。如果就形制相似的角度讲，清原任家堡大南沟石棺墓出土的双联壶则和内蒙古赤峰市翁牛特旗解放营子乡二道杖房大南沟墓地 M34 出土的“双口壶”比较接近（图一，3），两者皆为长颈，腹部联通，其功能、性质应该相同。大南沟墓地所处的距今四千—五千年间，已是原始社会氏族公社解

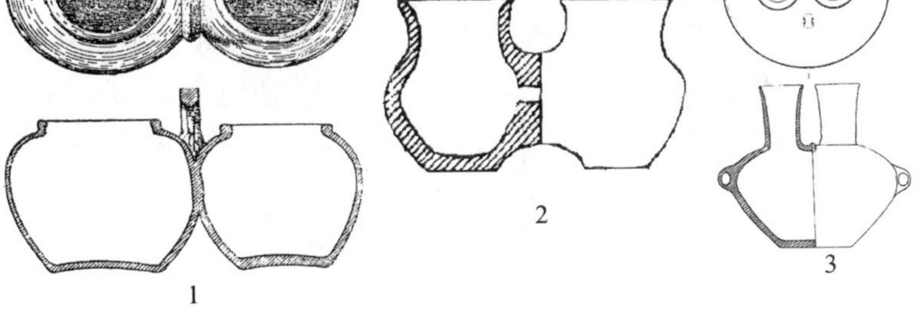

图一　双联罐（壶）

1. 洛阳烧沟汉墓出土　2. 清原大南沟石棺墓出土　3. 赤峰大南沟墓葬出土

3　华玉冰：《中国东北地区石棚》，科学出版社，2011 年，第 191 页。

体，进入金属文明的社会大变革时期。[4]我们似乎可以认为，这种双联壶为青铜时代特有的产物，并且据有一些特殊的意义。所以根据洛阳烧沟汉墓出土的双联罐将大南沟发现的双联壶推定为汉代很难成立。

其次，我们将五女山三期的典型器物竖耳罐和出土于清原任家堡大南沟石棺墓的双耳罐进行比较一下。

我们发现，五女山三期的双耳罐确实为束颈，但是五女山三期发现的竖耳罐之间也有明显的差别，最明显的是颈肩之间的差别。根据颈肩之间的差别，可以将五女山三期的竖耳罐分成二型，A 型为束颈溜肩，B 型为束颈斜肩。A 型包括了报告中的 F47：1（图二，6）、F57：1（图二，3）、H5：1（图二，8）、T50③：1（图二，7）、T50③：2（图二，5）、T50③：3（图二，4）。B 型仅见一件，F36：1（图二，9）。A 型中还有差别，如 T50③：2 口沿特征不明显，可视为斜领。H5：1 陶罐溜肩不明显，肩趋于内收，属于 A 型向 B 型的过渡型。

然后，从双耳的位置来看，五女山三期的 A 型双耳罐的竖耳大多数在口沿下，连接颈肩，只有 F57：1 陶罐的竖耳则连接的是口沿外侧和肩部，跨越颈部。B 型罐的双耳则在肩部。

大南沟石棺墓出土双耳罐 2 件。"侈口，唇外展，束颈，弧腹，颈腹之间有对称竖环（桥）耳各一，另一件形制同上，唯颈腹之间增加两个乳丁"。[5]实际上第二件肩部溜肩比较明显，竖耳上端距离口沿较近，器耳连接颈部与肩部之间（图二，10），另一件则属于斜肩，腹部下垂，器耳距离口沿较远，位于肩部（图二，11）。

所以从颈部特征的差异来看，五女山三期的双耳罐在演变上应有先后关系，即肩部由溜肩向斜肩演变，颈部由长变短，由明显变得不明显。大南沟的竖耳罐应该属于束颈斜肩类型，其中一件最大径向腹部下移，腹部下垂。从颈肩部的特征以及竖耳的位置来看，只有五女山三期的 B 型罐和大南沟石棺墓出土者相似。但是，A 型罐是大宗，即使五女山三期发现的 B 型竖耳罐和大南沟石棺墓出土的竖耳罐时代接近，将五女山三期的竖耳罐推定为和大南沟石棺墓同期也差强人意。况且对于大南沟石棺墓双耳罐的时代颇有争议，所以将五女山三期的双耳罐视为两汉之际的遗存证据充分。

然后，再来分析以下《五女山城》报告中提及的，用来佐证五女山三期的竖耳罐时代为两汉之际，是高句丽早期遗存的墓葬以及国内城发现的双耳罐。集安万宝汀墓区 M242 积石墓出土的双耳罐为"侈口、平唇、无肩、小平底，素面，口沿下部有两个对称的桥状竖耳，腹的最大径在中上部"（图二，12），该墓葬的时代为 3 世纪末期。[6]禹山墓区 M3241 出土的双耳罐（JYM3241：2）"圆唇、折沿、深腹、平底，肩部有竖桥形双耳"（图二，13），其墓葬年代"约为 4 世纪前后"。[7]集安国内城石墙下土垣出上过一件，"侈口折沿，腹上部有两个

4 辽宁省文物考古研究所、赤峰市博物馆：《大南沟——红后山文化墓地发掘报告》，科学出版社，1998 年，第 142 页。

5 佟达、张正岩：《辽宁大伙房水库石棺墓》，《考古》1989 年 2 期，第 143 页。

6 吉林集安县文管所：《集安万宝汀区 242 号墓葬清理简报》，《考古与文物》1982 年 6 期，第 28 页。

7 孙仁杰等：《集安洞沟古墓群禹山墓区集锡公路墓葬发掘简报》，《高句丽研究文集》，延边大学出版社，1993 年，第 77 页。

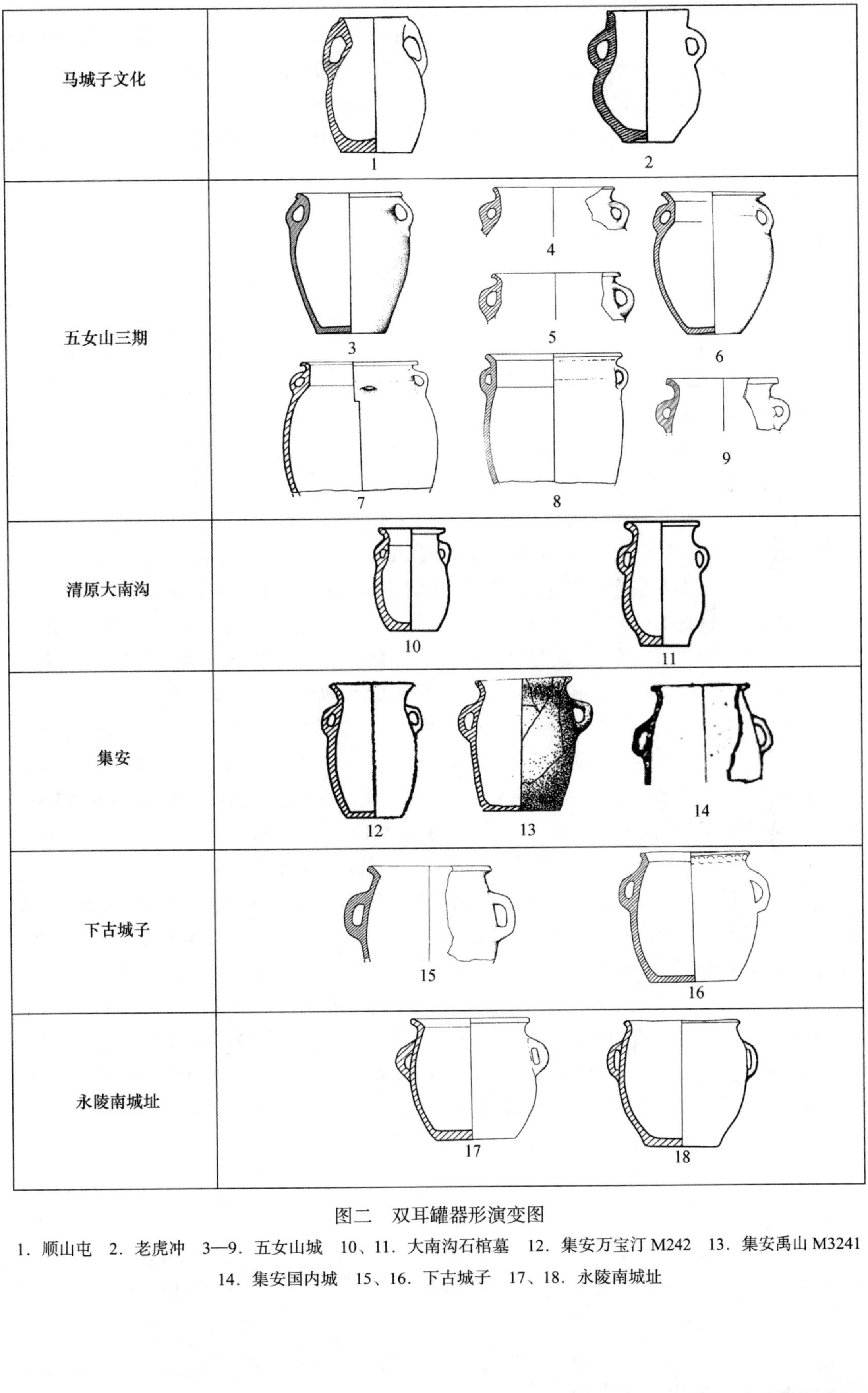

图二　双耳罐器形演变图

1．顺山屯　2．老虎冲　3—9．五女山城　10、11．大南沟石棺墓　12．集安万宝汀 M242　13．集安禹山 M3241　14．集安国内城　15、16．下古城子　17、18．永陵南城址对称的拱形耳（竖状桥耳）”（图二，14），发掘者认为应该在汉初。[8] 以上三件竖耳罐颈、肩部较五女山三期的A型竖耳罐均不明显，双耳均在肩部，而不是五女山三期竖耳罐所表现出来的“束颈明显，器耳竖跨口沿与肩部之间”的特征。根据墓葬的时代可知，上述出土于集安地区的双耳罐的年代应该大致相当，时代在3世纪末至4世纪前后。

通过以上分析，尽管不能确定A型双耳罐的时代，但是可以粗略地看出，双耳的位置是随着时代的推移，位置是向肩部以下移动，而且颈部是越来越短，颈部越来越不明显，器形向筒形罐演变。

除了在五女山三期遗存中发现双耳罐之外，在五女山城西南约10千米的下古城子城址中也发现有双耳罐，下古城子是一处土城。对该城的调查和试掘结果作为附录单列在《五女山城》报告之后。“城内多见方唇折沿罐，有的在腹上部对置竖桥状耳，这种陶罐为五女山第三期文化陶器中的典型器物，时代相当于两汉之际，应为高句丽建国初期的物质遗存”。通过对比发现，下古城出土的双耳罐和五女山三期的双耳罐差别明显，附录中认为下古城子的双耳罐为“微束颈，腹上部对置竖桥状耳”[9]（图二，15、16），而不是五女山城内三期双耳罐所表现出的“束颈明显，器耳竖跨口沿与肩部之间”。下古城子出土的竖耳罐的特征则和五女山报告中提及的“国内城石墙下土垣下、集安万宝汀墓区M242、禹山墓区M3241”出土双耳罐相近。上述墓葬的时代分别为3世纪末和4世纪前后。那么下古城子出土的双耳罐的时代则和上述墓葬的时代相当，而不可能是五女山三期所认定的“两汉之际”。

和下古城子竖耳罐特征相似的还有永陵南城址出土的双耳罐，永陵南城址位于辽宁省新宾满族自治县，其西接大南沟石棺墓所在的清原满族自治县。永陵南城址是一座汉代的城址，学界推定其为《汉书地理志》记载的玄菟郡下辖的高句丽县县城，姑且不考虑这一推定正确与否，但是永陵南城址是一处汉代城址是不用质疑，城内出土大量的汉代绳纹板瓦、筒瓦以及云纹瓦当等。永陵报告对该器形的认识是“圆唇、侈口、弧腹、平底。肩腹部有一对对称桥状竖耳”[10]（图二，17、18），没有提及颈部特征，从实物看是束颈，只是颈部不明显，和下古城子的“微束颈”相同。《永陵报告》将永陵南城址中出土的双耳罐的时代判定为东汉时期。[11] 尽管这一判定未必正确，但是这一遗存当不会早于东汉，更不会为“两汉之际”。所以，将下古城子出土的同类遗存判定为“两汉之际的高句丽早期遗存”显然是错误的。

尽管不知道《五女山城》报告中“出土较多的束颈罐除了竖耳还保持着传统风格外，基本上与汉代常见的束颈罐一致”这一论断中的“传统风格”所指，但是双耳分别连接颈部（或者口沿）与肩部的竖耳罐（壶）在辽西平原（高台山文化晚段）和辽东北部山区（马城子文化晚段）的青铜文化中均有发现。已发现的地点有新民高台山遗址，在墓葬和居住址均见有竖双耳罐遗存，直领直口，双耳连接颈及肩部，近口沿处有一对盲耳。平安堡遗址H1031发表两件器物，一件双耳罐，双耳连接口沿和肩部。康平顺山屯遗址出土的双耳罐，体瘦长，敞口，双竖桥状耳连接口与肩部（图二，1）。此罐虽较东高台山H3所出已发生变

---

8 集安县文物保管所：《集安高句丽国内城址的调查与试掘》，《文物》1984年1期，第23页。

9 辽宁省文物考古研究所：《五女山城——1996—1999、2003年桓仁五女山城调查发掘报告》，文物出版社，2004年，第310页。

10 辽宁省文物考古研究所：《永陵南城址发掘报告》，文物出版社，2017年，第310页。

11 辽宁省文物考古研究所：《永陵南城址发掘报告》，文物出版社，2017年，第515页。

化，但仍可看出其渊源关系。法库弯柳街遗址出土的双耳罐，直领或者斜领，领与肩部有竖桥状耳两个，与高台山相比，弯柳街遗址的器形发生较大变化，尤以双系罐（竖耳罐）的大量出现较引人注目。在康平县胜利村即附近自 1981 年以来陆续征集到一批完整陶罐，其中尤以双系罐（双耳罐）和钵形小罐为大宗，推测这一批器物为随葬品，其中双系罐形态有变化，形体变长，略呈折服，但毫无疑问与弯柳街的双系罐是一脉相传。[12] 沈阳的老虎冲遗址出土一件竖耳壶（罐）（图二，2），领腹（肩）之间施一对竖桥耳，腹身较高，整体形态和高台山文化晚期的腰高台山 S73：6 竖耳壶相同，视为年代与弯柳街和顺山屯的二组相当。[13]

以上发现被学者划分为高台山文化和马城子文化，高台山文化的早晚两期分别相当于夏至早商和商代晚期，因此马城子文化遗址材料的早晚两段也应该分别相当于夏至早商和商代晚期。[14]

根据现有的研究，进入西周以后，这一曾经活跃于辽东北部、辽西平原地区的束颈双竖耳罐似乎已经消失。研究者认为是双房文化北上占领了这一区域。在代之而起的西周至战国时期的“双房文化”研究中，已经不见双耳罐这一器形。但是从双竖耳连接领（颈）肩之间这一特征来看，五女山三期“束颈明显，器耳竖跨口沿与肩部之间”的双耳罐无疑成为弥补这一空白的重要发现。五女山三期的双耳罐既有双耳连接口沿和肩部的形态，这应该是本地区早期青铜文化传统的延续。也有双耳连接颈部和肩部的器形，应该是器物发展演变的新形态。尤其在东汉之后所见的竖双耳罐双耳主要在肩部以下或者肩腹部的特征来看，五女山三期出土的两种形制的双耳罐的时代，尤其是颈部特征明显的 A 型双耳罐的时代应该晚于高台山和马城子文化晚期（段），早于清原任家堡大南沟石棺墓葬出土的 B 型双耳罐。尽管学界对大南沟石棺墓的时代有分歧，但是不晚于战国时代应该都能接受。从双耳罐演变的规律即竖耳上端从口沿下移到颈部，再从颈部下移到肩部或者腹部的过程来看。证明了“南口前任家堡（大南沟）、红山 MS102 出土的泥质陶器和塔峪乡土坑墓的发现，则标明了本区青铜文化结束的时间”[15] 这一论断是正确的。所以，五女山三期的双耳罐尽管和大南沟石棺墓出土的双耳罐“形制接近”，但时代不会晚于战国，应该属于青铜时代的范畴。

除双耳罐之外，五女山三期遗存中的其他可辨器形特征时代并不一致，有的具有青铜文化的特征，如 F47 除了出土双耳罐以外，还出土有陶盆和陶罐口沿。F47：4 为一件陶盆（图三，1），口略侈，弧腹，腹部对置横桥耳，其形制则和新宾东升洞穴出土的陶盆相当，也为侈口（图三，2），该洞穴年代可推定为西周早期。[16] 所以，F47 的时代不会晚于战国时期，更不可能晚到两汉之际。地层出土的 T30②：2 陶罐口沿，鼓腹，近口沿处对置竖桥状耳（图三，3），和通化万发拨子遗址春秋战国时期灰坑（97TWH140：15）出土的陶罐相似度极高（图三，4）。[17] 地层出土的 T50③：1 在肩部有一对对称的盲耳，这一点和大南沟石棺墓

12 李晓钟：《下辽河流域早期青铜文化谱系研究》，《辽海文物学刊》1991 年 1 期，第 49—50 页。
13 赵宾福：《中国东北地区夏至战国时期的考古学文化研究》，科学出版社，2009 年，第 212 页。
14 赵宾福：《中国东北地区夏至战国时期的考古学文化研究》，科学出版社，2009 年，第 217 页。
15 佟达、张正岩：《辽宁大伙房水库石棺墓》，《考古》1989 年 2 期，第 148 页。
16 华玉冰：《中国东北地区石棚》，科学出版社，2011 年，第 179 页。
17 吉林省文物考古研究所、通化市文物管理办公室：《通化万发拨子遗址考古发掘报告》，科学出版社，2019 年，第 163 页。

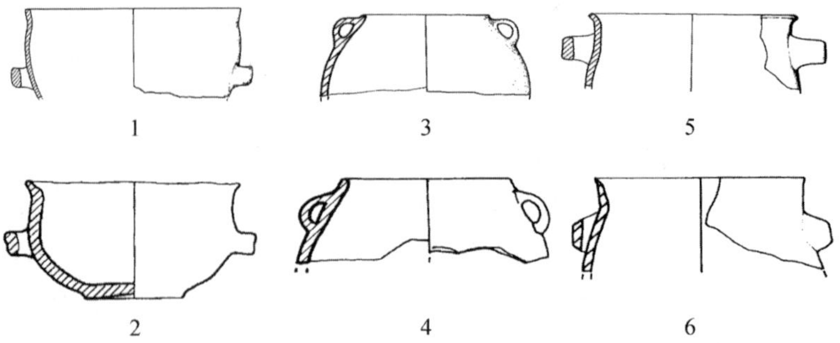

图三　五女山城第三期文化其他陶器特征比较
1、3、5、6. 五女山城　2. 新宾东升洞穴　4. 通化万发拨子遗址

出土的陶罐相似，只不过大南沟石棺墓出土的陶罐的特征不是很明显，应该是五女山三期所见陶器的孑遗，在以后的双耳罐中不见。T23③：8陶罐口沿，夹细沙含滑石灰褐陶，方唇、侈口，束颈，“颈部对置横桥状耳”（图三，5）。此器形和五女山二期地层出土的T406②：2陶罐口沿相当，“夹砂黑陶，尖唇，侈口，溜肩，肩上对置横桥状耳”（图三，6）。除竖耳罐之外，以上可辨器形的器物均具有明显的青铜时代文化的特征，所以，“五女山三期文化”的上述遗存应该和二期文化时代一样，属于青铜时期晚期，时代当在“双房文化”的时代范围之内。

正如五女山二期中所言，“值得注意的是，本期陶器具有太子河上游青铜时期洞穴墓地（马城子文化）的某些文化因素，但洞穴墓地陶壶与五女山二期文化陶壶之间存在着差别，显然五女山二期文化与洞穴墓地文化文化时代差距较大。洞穴墓地的晚期遗存，时间上应与双房M6大体相当，下限应已进入春秋时期。尽管如此，五女山二期文化与洞穴墓地遗存在时间上仍不衔接，存在缺环，五女山二期文化具有洞穴墓地遗存的某些因素，应是间接的文化承袭”。[18]

从器形演变来看，“五女山三期”的双竖耳罐上承辽东北地区青铜早期文化，下启本地区的燕汉文化，正处在西周和战国之间，正好弥补了这一“缺环”。若果将“五女山三期”的竖耳罐及相关遗存视为本区青铜文化的因素，并视为五女山二期重要的组成部分，五女山二期文化就可以视为太子河流域洞穴墓地（马城子文化）的直接承袭。因此五女山三期以竖耳罐为代表的遗存是这一地区早期青铜文化的延续，属于辽东北地区西周至战国之间的青铜文化遗存，而不是“两汉之际”的“高句丽早期遗存”。

再就五女山三期的房址而言，除了所谓的“等级较高”的J1之外，和二期没有太大的区别。二、三期房址主要是圆形和长方形（或圆角长方形）两种，均为半地穴式建筑，有的灶址直接利用室内地面，有的则在室内地面上挖掘圆形土坑，房址内外有少量柱洞的发现。因此两期房址的特征和形制来看属于一期。

“五女山三期”发现的一号大型建筑址（J1）（图四，1），这里不否认其“规模和形制”

18　辽宁省文物考古研究所：《五女山城——1996—1999、2003年桓仁五女山城调查发掘报告》，文物出版社，2004年，第286页。

与“三期”其他房址截然不同，但 J1“出土物仅有五铢钱和大泉五十各一枚”，而无其他陶器并存，将其视为两汉之际遗存显得很牵强。就其“规模和形制”而言则和五女山四期的 J3 相似（图四，2），J3 位于大平台上，共有三排础石，呈西北东南方向排列每排现存 9—11 块。因此，除钱币之外，在无其他遗物可资参考的前提下，应该将 J1 视为五女山四期为宜。

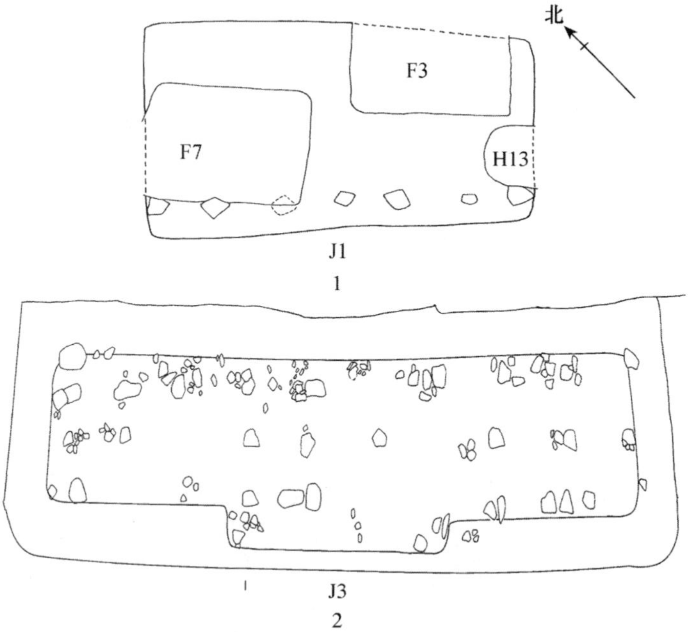

图四　五女山城一号大型建筑址（J1）与二号大型建筑址（J3）形制示意图

以上探讨，可以得出如下结论，所谓的“五女山三期”遗存，实际上是包含了“五女山二期”和“五女山四期”两种文化遗存一部分，五女山城并不存在一个所谓的“两汉之际”这样一个时代，其中“五女山三期”中代表性器物，双竖耳罐不是“高句丽早期遗存”，而是辽东地区青铜文化晚期遗存。

造成以上错误的原因在于《五女山城》考古发掘报告的编写没有“坚持从材料出发，做出了有别于文献史学的特殊贡献”。其目的无非是迎合当时已有的对五女山城的观点，即“学界普遍认为高句丽政权建于汉建召二年（公元前 37），灭亡于唐总章元年（668），历时 705 年，都城曾三治两迁。从 20 世纪初以来，白鸟库吉、魏存成、李殿福等学者都认为初期王都为五女山山城”。[19] 然五女山城为高句丽第一都城纥升骨城的观点渐渐被学界所否定，如魏存成先生在其近年的文章中已经指出，“《魏书》记朱蒙至纥升骨城，好像朱蒙到来之前，此地已有一座城叫纥升骨城。对此，过去笔者也曾作为一种可能，怀疑过距五女山城不远之浑江下流的下古城子古城。考古发现和研究将下古城子古城的建筑年代推定为高句丽政权建立之初，时间上与《魏书》所记朱蒙至纥升骨城很接近了”。[20] 金旭东先生也

19　辽宁省文物考古研究所：《五女山城——1996—1999、2003 年桓仁五女山城调查发掘报告》，文物出版社，2004 年，第 286 页。

20　魏存成：《高句丽政权始建之地及相关问题述略》，《通化师范学院学报（人文社会科学）》2018 年 1 期，第 17 页。

撰文认为“目前从考古学的角度来看，将五女山城比定为高句丽的早期都城是缺乏足够证据的”。[21] 正是因为将属于青铜时代的遗存视为两汉之际的遗存，所以才得出“五女山山城考古发掘证实，该城作为高句丽初期都城的观点，理由比较充分，可以信实”[22] 的错误结论，难免有削足适履之嫌。

（辽宁省文物考古研究院　苏鹏力）

21　金旭东：《高句丽早中期都城年代的考古学观察——兼论“高句丽都邑区”的形成与发展》，《东北亚古代聚落与城市考古国际学术研讨会论文集》，科学出版社，2014 年，第 193 页。

22　辽宁省文物考古研究所：《五女山城——1996—1999、2003 年桓仁五女山城调查发掘报告》，文物出版社，2004 年，第 294 页。

辽宁省抚顺市转水湖山城分析

——兼谈信息技术在山城调查与研究中的应用

图旭刚　卢治萍　童　海

内容提要：转水湖山城位于辽宁省抚顺市新宾满族自治县响水河子乡转水湖村北的山顶上，山城呈长条形，周长1076米，为典型的山顶型山城，城内发现了城墙、城门、水井、房址。在调查中我们应用了无人机采集地理数据并尝试结合信息技术分析城址性质、功能和内容结果。

关键词：转水湖　山城　高句丽　地理信息系统

转水湖山城位于辽宁省抚顺市新宾满族自治县响水河子乡转水湖村北的山顶上（图一）。于1980年“二普”时发现著录[1]，2000年抚顺博物馆对新宾县境内五座山城进行了二次调查，发表了调查概报[2]。卫星遥感成像、无人机航测和地理信息技术等科技手段在考古学领域的广泛应用，为考古调查进一步开展提供了可能性。无人机航测和卫星影像高效获取地形地貌和遗存的位置、规模、遗迹形态等[3]。使用地理信息系统软件对获取的基础数据深入加工，可以完成对调查资料的分析和研究。我们在转水湖山城调查中利用这些方法获得了大量基础数据。本文从地理数据采集和应用信息技术两方面分别加以介绍。

一

转水湖山城调查中为了获得地理信息数据，我们应用了大疆精灵4RTK无人机进行航测。精灵4RKT无人机与过去使用的精灵4相比，可以在飞行前选取飞行范围，我们在奥维地图上框选飞机范围（图二，1），导出生成KML文件。在飞行器中调用已导入的KML文件，并根据需要设置坐标系、飞行高度、飞行速度、航向和旁向重叠率、拍摄角度等参数，之后飞行器便可自动生成航线，完成倾斜摄影测绘（图二，2）。飞行器自动拍摄带有精准定位信息的照片，这样避免了手动操作漏点，数据获取不完整等问题（图二，3）。将采集的照

1　抚顺市博物馆：《辽宁新宾县转水湖山城》，《北方文物》1991年1期。

2　萧景全：《辽宁新宾满族自治县高句丽山城再调查概报》，《高句丽与东北民族研究》，东北师范大学出版社，2016年。

3　贾笑冰：《信息技术支持的博尔塔拉河流域考古调查》，《考古》2017年4期。

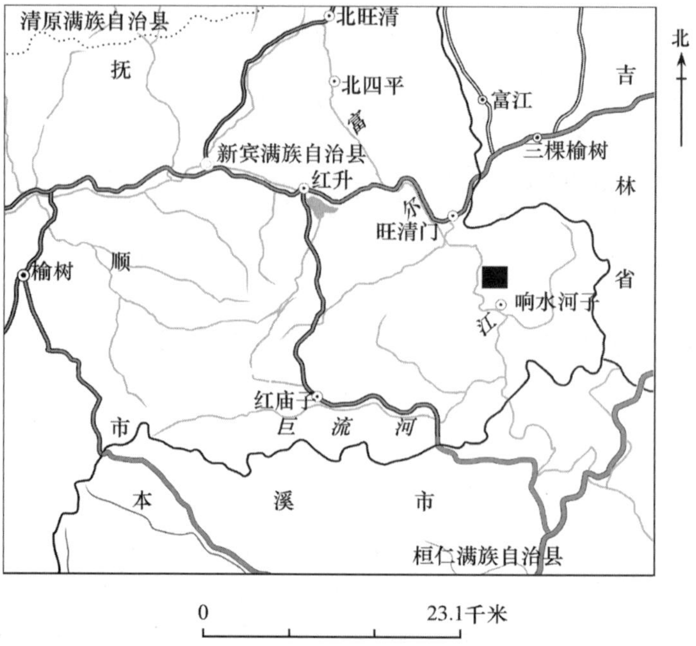

图一　转水湖山城地理位置图

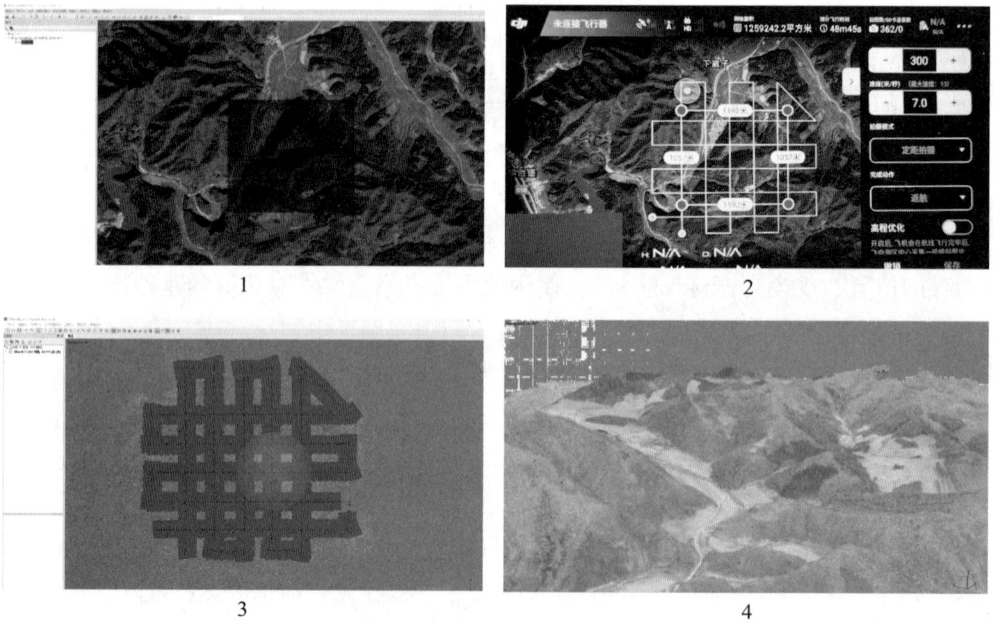

图二　地理信息采集过程

1. 航测区范围确定　2. 根据航测范围规划无人机航迹　3. 无人机航测飞行轨迹　4. 经过空三计算后建立的三维模型

片导入到PHOTOSCAN建立三维模型（图二，4），经过空三计算并校准数据，最后生成正射影像DOM（图三，1）、高程模型DEM（图三，2）原始数据。利用DEM数据，通过设置相应的参数生成等高线（图三，3）。

在过去的调查中，我们以Photoshop描制遗迹图（图四）。一般将建模生成正射影像、高程模型、地形图，作为三个图层导入到Photoshop中，并参考奥维地图和GPS地面采集的地

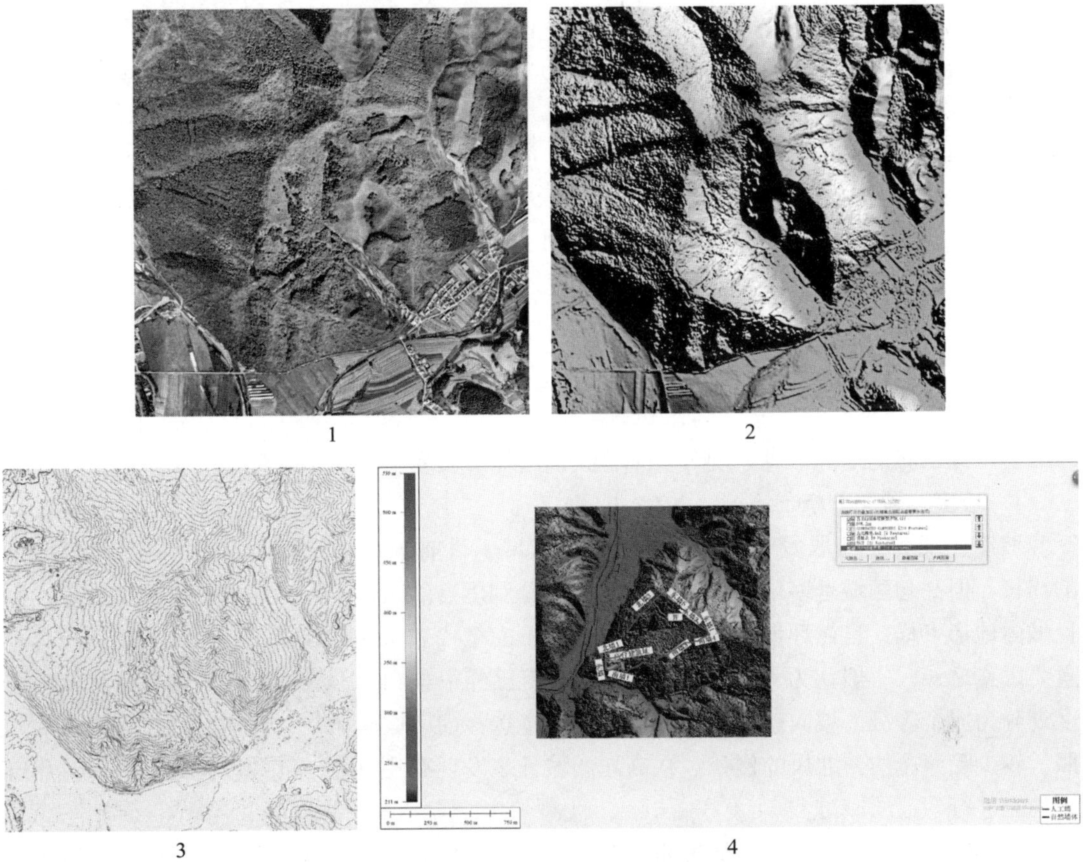

图三　三维建模生成的正射影像、高程模型和地形图

1．正射影像（DOM）　2．数字高程模型（DEM）　3．等高线地形图　4．高程模型图

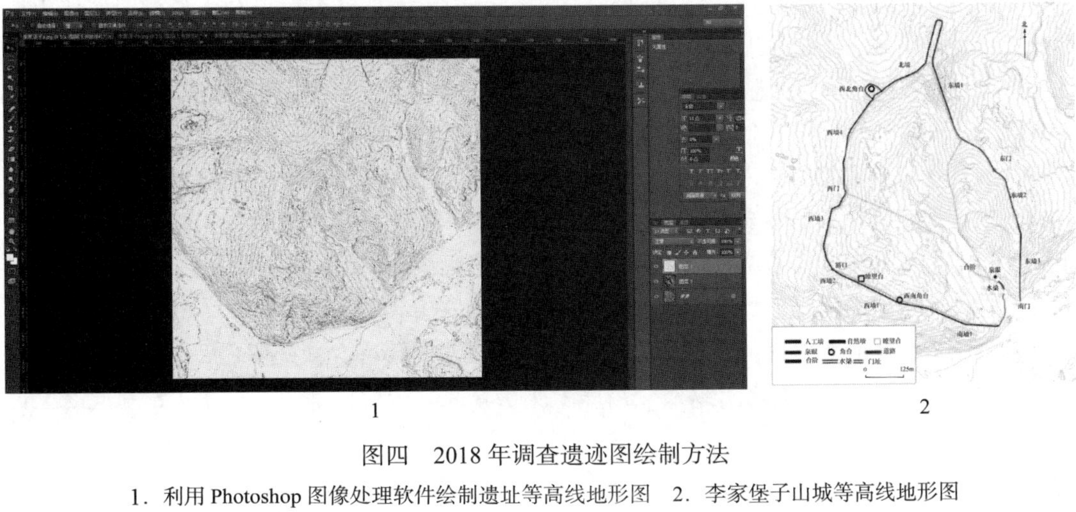

图四　2018年调查遗迹图绘制方法

1．利用Photoshop图像处理软件绘制遗址等高线地形图　2．李家堡子山城等高线地形图

理坐标描制。这种方法的好处是，软件操作熟悉，描图技术成熟。但是准确度差，不涵盖地理数据，只能作为表现城址结构的示意图。

转水湖山城的调查我们应用了地理信息系统绘制遗迹图。将以GPS地面采集的沿着城墙行走的轨迹、遗址坐标点与高程模型、正射影像同时导入GLOBALMAPPER软件中（图三，4）。根据实际情况（如DEM地理特征和DOM的影像特征）对调查轨迹和遗址点进行修正。标注各个遗址信息，并将遗址点地理信息与等高线叠加到一起，完成遗迹图的绘制。这样这张图就不单单是一张遗迹分布图，同时也是一个地理信息的记录。我们可以在系统中获取城内任何一个位置的地理坐标高程等地理信息，计算城墙的长度和城址的投影面积。同时根据需要将遗迹图导入到Google地图和奥维地图，鉴于奥维地图在调查中使用非常广泛，复查时使用手机即可找到城址内的遗迹位置。

二

转水湖山城的地理信息系统分析中，我们选择了坡度、坡向、可视域三项。

1．坡度、坡向分析

坡度主要为了获取城内可利用的面积和区域。目前学界划分城址规模，主要参照城址的周长。但高句丽城址多依山势而建，墙体充分利用自然山体，人工墙以补砌豁口为多，而且城内地形多样，自然环境复杂。因此周长并不完全代表城址的规模，城内可利用面积也是重要因素之一。一般认为大于15°坡度，人类就已经很难利用，我们以此为临界值将城内坡度划分为三个等级。坡向就是坡面朝向，古人多选择朝南坡向居住，这样可以接受更多的光照，较少受寒冷的西北风的侵扰。在高句丽城址多发现有建筑址，借助坡向分析可以对建筑址功能进行一定的探讨。

从坡度分析上看，城内总体上东高西低，起伏的地势自然形成了三个平坦区域，遗迹主要集中在A、C区（图五、图六）。

A区位于山城北端，西北坡向，光照很少，十分阴冷，并不适合长期居住。北部发现三个东向相邻圆形的凹坑，直径为6—8米，深1.1—1.5米。这类遗迹在吉林柳河罗通山城西城、英城子山城、高俭地山城中均有发现[4]，多认为是守城兵士的住所。但A区距离水源较远，又常年不见阳光，不适宜居住生活。《三国史记》载“城内惟积仓储器备，寇贼至日，方入固守”[5]，高句丽山城内长年贮积粮食，储备军械。目前高句丽山城发表的半地穴建筑多为房屋，如五女山城第四期文化房址[6]，室内大都设有取暖设施。但韩国高句丽瓠篚谷垒有一地穴式建筑，墙壁玄武岩石材砌筑而成，墙体内部贴黄褐黏土，底部玄武岩上垫柞树、榉树等粗木，粗木上面铺1米左右的芦苇等草本植物，其上再盖20厘米左右的黏土。内部发现200多件兽骨，在倒塌的瓦砾堆积中还发现炭化的米、粟、豆、红豆等熟谷物[7]。这种窖底防潮处理方式与隋唐含嘉仓方法相同。从含嘉仓的发现看，对仓窖底、壁处理之后，窖底第一层铺木板，含嘉仓窖58在木板之上纵横交错铺了4层草束，之后又铺了一层木板，在此之上再

4 魏存成：《高句丽遗迹》，文物出版社，2002年，第125页。

5 《三国史记》卷第十六《高句丽本纪第四》新大王 八年条，吉林文史出版社，2003年，第199—200页。

6 辽宁省文物考古研究所：《五女山城：1996—1999、2003年桓仁五女山城调查发掘报告》，文物出版社，2004年，第287页。

7 韩国土地公司土地博物馆：《涟川瓠篚古垒》，2007年，第224—225页。

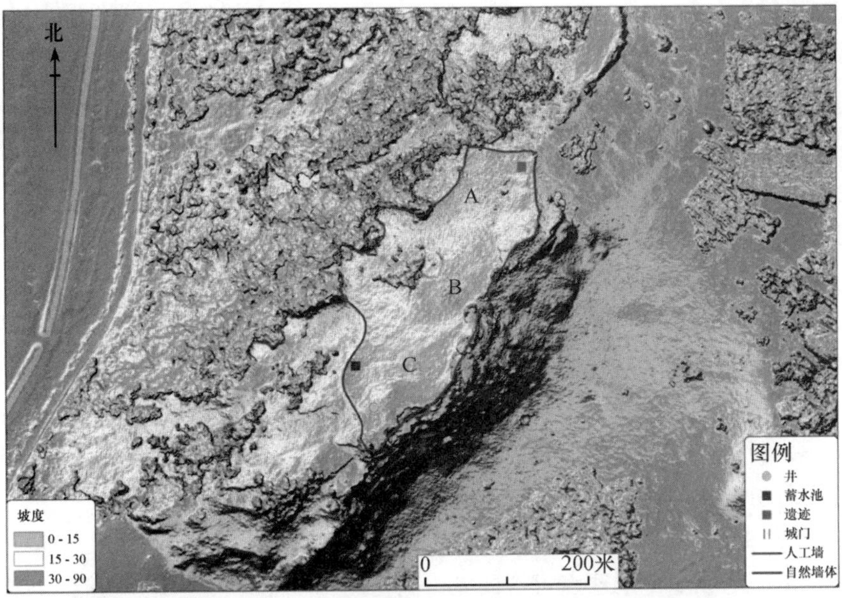

图五　利用地理信息系统制作转水湖山城坡度分析

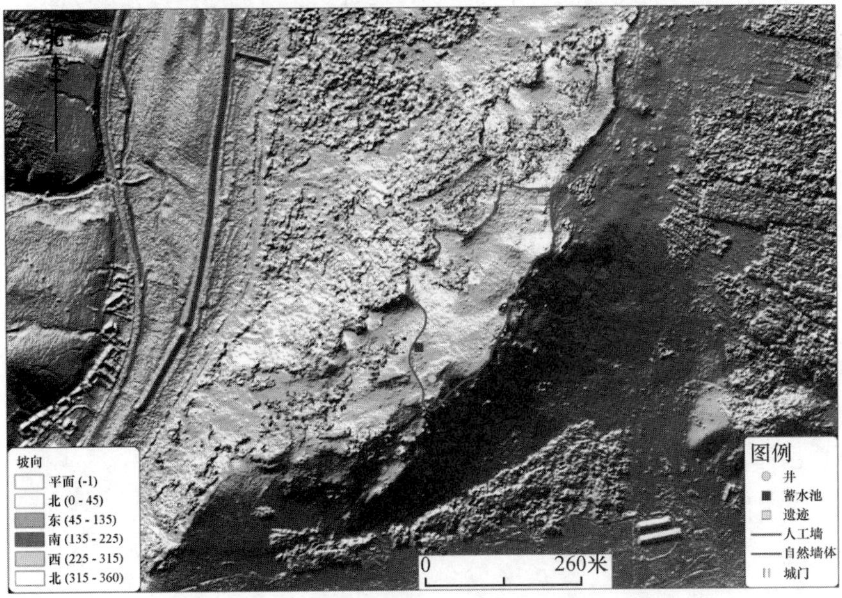

图六　利用地理信息系统制作转水湖山城坡向分析

铺设草帘或草席[8]。因此高句丽已经掌握了半地穴式仓窖防潮技术。一般存粮的环境主要考虑三点：一是温度、二是湿度、三是虫害。A 区处于西北向，东侧的自然山墙十分高大，常年没有光照，与南坡温差 3—4℃左右。一般来说，气温随海拔升高而降低，其直减率为 0.5—0.7/100 米[9]，A 区与山下相对高度近 200 米。因此同一时间 A 区较山下南坡温度低近 5℃。低

8　河南省博物馆、洛阳市博物馆：《洛阳隋唐含嘉仓的发掘》，《文物》1972 年 3 期。

9　方精云、沈泽昊、崔海亭：《试论山地的生态特征及山生态学的研究内容》，《生物多样性》2004 年 12 期。

温储粮是粮食储藏技术中能够延缓粮食陈化保持品质的最好方法。在20℃以下，粮食的表层霉菌的带菌量将大幅减少，当温度低至10℃以下时则可以完全抑制粮堆内的害虫、霉菌的繁殖，同时粮食的呼吸活动将减弱，酶活性也下降至极微弱，粮粒内部的还原糖、黏度、脂肪酸等化学成分的变化也变得十分缓慢[10]。因此A区在温度上相对适宜粮食存储。

干燥的环境可以延缓粮食的品质劣变速度[11]。A区位于西北向坡，背风坡相对干燥，植被较少[12]。而且此处海拔628米，城内低点在568米左右，地势相对较高，不易存水。因此在城内存粮时，此处是一个最佳位置。

C区是山城的唯一南坡，光照较为充足，内部发现两处水井遗迹，也采集到大量陶片和铁器标本，表明此处人类活动较多。城内唯一的瞭望平台也位于此处。但C区面积较小，且城内未见蓄水池，表明这里并不需要大规模军队长期驻扎。

综上所述，通过GIS系统的分析，结合考古调查结果，A区比较符合仓储区特征，C区应为城内主要活动区，具有哨所、办公和居住功能。

2. 可视域分析

可视域是指一个或多个观察点可视区域。高句丽山城非常注重瞭望功能，城内多设有瞭望台、角台，可视域分析可将这些设施观察范围可视化[13]。

转水湖山城仅发现一处瞭望台设于城南端，通过GIS系统可视域分析（图七）表明南侧和西侧可视域面积较大，这与我们在现场观察的结果一致。

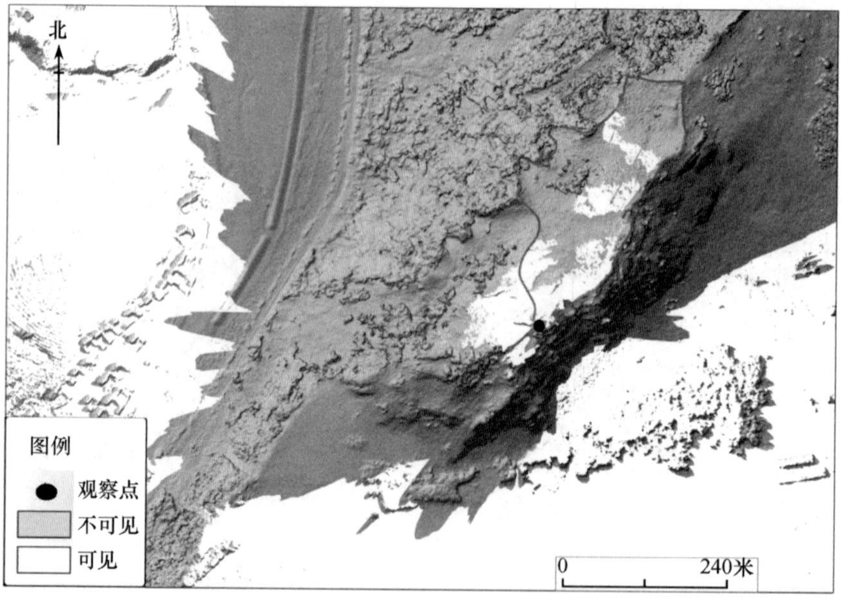

图七　地理信息系统制作转水湖山城可视域分析

10　李伟：《地下储粮建筑的湿热环境分析与节能优化研究》，西安工程大学2016年硕士论文，第49页。

11　李伟：《地下储粮建筑的湿热环境分析与节能优化研究》，西安工程大学2016年硕士论文，第49页。

12　方精云、沈泽昊、崔海亭：《试论山地的生态特征及山生态学的研究内容》，《生物多样性》2004年12期。

13　刘建国：《考古与地理信息系统》，科学出版社，2007年，第110页。

西侧可视域为一条狭窄的沿江山谷，北约1千米即进入宽阔的山间平原，现为旺清门镇政府所在地。转水湖山城正处于沟通南北的咽喉处，选址上军事特征明显。《孙子兵法·地形》载："隘形者，我先居之，必盈之以待敌"。沟谷通道中谷口位置具有十分重要的军事意义，占领谷口即可对进入峡谷的敌军前后合围夹击，是以劣敌优的理想地形。《孙子兵法·地形》曰："险形者，我先居之，必居高阳以待敌……绝山依谷，视生处高，战隆无登"。占领高处可登高望远，监控侦察敌情，而且攻守兼备。进攻时便于冲杀，避免自下向上仰攻，被弓弩所伤。高句丽人善射而且以出好弓而闻名。《后汉书·高句丽传》："句丽一名貊耳……出好弓"。《魏书·夫余传》载："东明善射"，高句丽十一代王"位宫有力勇，便鞍马，善猎射"。高句丽壁画中也多有表现骑射场面，如长川一号墓前室北壁、麻线沟一号墓北侧室东壁、通沟第十二号墓[14]。因此战争中，弓箭是高句丽士兵的重要武器。在山顶守卫时，向下射击箭镞形成俯冲态势，加大速度和杀伤力。转水湖山城修筑于谷口东侧山顶是选择了最佳的军事位置。

图八　20世纪60年代科罗娜卫星影像

南侧可视域为一条南北走向的宽阔的山间平原。富尔江急转三弯与响水河交汇，使这里土地肥沃，适宜耕种，如今也是重要的稻米产区（图八）。控制膏腴之地，一方面无军需粮草之忧；另一方面，保证居民日常生产生活。文献中有多处记载了选址建城既考虑到该地的经济条件，同时也考虑到军事上自然环境和位置。如《三国史记·高句丽本纪》载琉璃明王二十一年迁都国内城时，"……国内尉那岩，见其山水深险，地宜五谷，又多麋鹿鱼鳖之产。王若迁都，则不惟民利之无穷，有可免兵革之患也。"因此转水湖山城从地理位置和监控范围两方面表明，具有军事和地方管理双重职能，既扼守西侧沿江道路，同时守卫南侧山谷居民。

转水湖山城周长1076米，人工墙合计约500米，城墙基本就地取材，砌筑方式较为简易，不需要太高的社会组织能力。城内地形复杂可利用占城址面积的49%。主门位于东侧十分狭窄，门道宽仅1.8米。城内阴冷的气候环境和狭小的使用面积表明不适合驻扎大规模军队，应是基层军事和行政单位。陈大德的《奉使高丽记》记载："又其诸大城置耨萨，比都督。诸城置处闾，比刺史，亦谓之道使。道使治所名之曰备。诸小城置可逻达，比长史，又城置娄肖，比县令"[15]。转水湖山城比较符合娄肖即县令一级地方行政和军事机构特征。

（辽宁省文物考古研究院　图旭刚　卢治萍　　抚顺博物馆　童　海）

14　王承礼：《吉林集安通沟第十二号高句丽壁画墓》，《考古》1964年2期。
15　高福顺：《〈高丽记〉研究》，吉林文史出版社，2003年，第49页。

试论抚顺地区高句丽与女真城址之异同

邹　静　金　辉

内容提要：抚顺地区历史悠久，有很多古代民族在此繁衍生息，遗物遗迹丰富。本文通过介绍高句丽山城和女真城寨址，对比二者的异同，分析不同时代背景下，古代高句丽民族和女真（建州女真或后金）因城异同所反映出军事战略上的差异及其影响。

关键词：高句丽　建州女真　城址　军事防御

抚顺地处辽河平原东缘与辽东山地丘陵的接壤地带，境内河流充沛，山谷纵横，是很多东北古族和少数民族繁衍生息的地方。这里分布了很多高句丽山城，是古代高句丽族崛起和频繁活动的地区，同时也是近千年后清朝的发祥地，有很多女真的城寨，二者在城址上有共性也有差异。

一、抚顺地区高句丽城址

抚顺地区高句丽城址涵盖了高句丽早中晚期，经抚顺市博物馆和新宾同仁多年来的实地考察，已经明确认定的10座高句丽山城[1]，主要集中在新宾满族自治县，有太子城山城、杉松山城、五龙山城、得胜堡山城、黑沟山城、转水湖山城、河南山城、永陵南城址，其余有高尔山山城，马和寺山城。其中如太子城山城、高尔山山城等众所周知，不多赘述，本文选取3个也很具代表性的高句丽山城介绍如下。

（一）复合式城址

杉松山城[2]位于抚顺市新宾满族自治县苇子峪镇杉松村东北约1.5千米的高山上，中心坐标为北纬41°27′41.11″，东经124°27′49.25″，海拔最高处660多米。山城四周群山绵延，山

1　王绵厚：《高句丽古城研究》，文物出版社，2002年，第120页；张福有：《高句丽古城考鉴》（上卷），吉林文史出版社，2016年，第28页；肖景全、邢启坤、金辉：《新宾满族自治县文物志》，辽宁民族出版社，2018年，第171—196页；肖景全、郑辰：《抚顺地区高句丽考古的回顾》，《东北史地》2007年2期；抚顺博物馆三普资料，2012年。

2　肖景全、邢启坤、金辉：《新宾满族自治县文物志》，辽宁民族出版社，2018年，第187页；抚顺博物馆三普资料，2012年。

上树木茂盛，山的西南和东北有两条小溪在南侧汇合后注入太子河，西南有苇子峪通过抚顺县马圈子公路。

杉松山城是由主城，北城和东城共三个城郭单元互相连接构成的复合式城址（图一）。山城总体保存较好，墙垣主要利用自然山脊，墙垣以石垒砌，有少量楔形石。

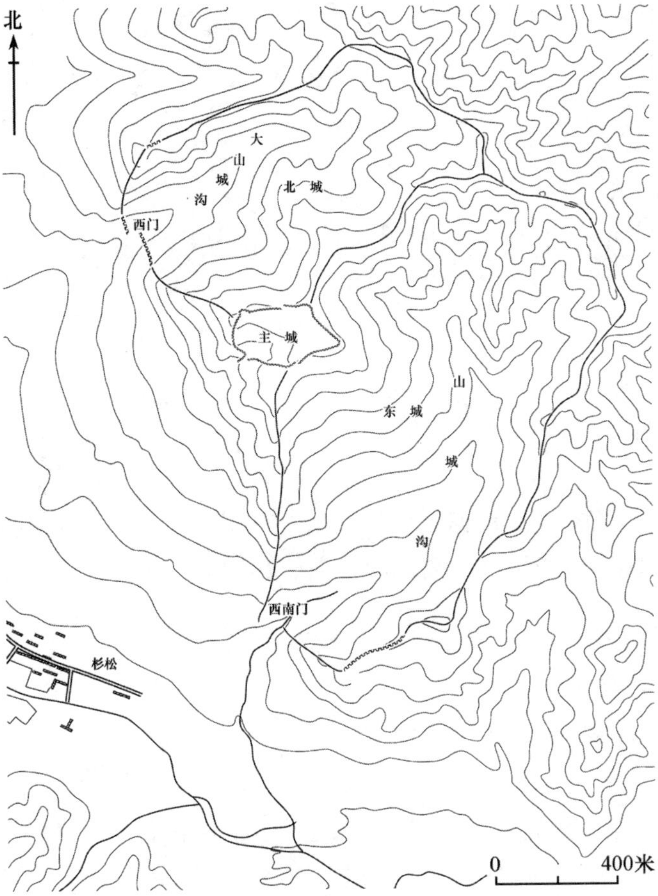

图一　杉松山城地理位置示意图

主城位于山顶最高处，地势东高西低，四周城垣较为完整，依托三座山峰环筑而成。城垣绝大部分以石块垒砌，局段为峭壁墙。主城平面为不规则形，东西略长，南北稍窄，城墙周长约 850 米，有东西北三座交错式瓮门。

北墙，长约 240 米，石墙与土石墙结合而成，有角台，以石垒筑，存高 3.5 米，宽 10 米；马面以石垒筑，存宽约 10 米，存高约 3 米。东墙长约 170 米，有一段全城保存最好的墙垣（图二）依附山崖砌筑，长约 30 米，存高 5.5 米，壁厚 3.8 米。有一角台，一门。南墙主要以两座山峰之间的峭壁为墙，峭壁上接筑人工石墙，长约 140 米。

北城山谷开口在西侧，开有西门，西门南侧为门道，北侧为水道，人工墙以门为中心，向南北两侧延伸至峭壁，共约 170 米，其余以山脊和峭壁为墙，长约 320 米，合计西墙约 490 米。北城其余城墙为山脊墙，长约 1.76 千米。合计北城垣周长 2.25 千米，包括与主城合用的城垣。

图二　杉松山城址主城东墙中段单壁墙外侧现状

东城山谷开口在西南侧，有一门，也是唯一泄水口，已破坏。在东城南段有约300米的石筑墙，其余皆利用环形山脊围绕而成，其中西墙与主城共用。东城城垣包括共用的西墙，长约1.76千米。

整个城址周长约7千米，根据城垣修筑情况分析，山城可能为不同时期所筑，其中主城为早期，其余北东两城可能为高句丽晚期。2014年，杉松山城被公布为省级文物保护单位。

（二）盆谷式山城

五龙山城[3]位于抚顺市新宾满族自治县上夹河镇五龙村南约1.2千米的山上，中心坐标为北纬41°50′32.2″，东经124°31′30.1″，海拔452米。山城位于临河高岗上，东北高西南低，城址四周为陡坡和峭壁，西侧紧邻五龙河，五龙河自北向南注入得胜堡水库，北南两侧亦有小溪流出，南面有通往上夹河镇乡路。城址西南有关门砬子横亘谷口，也是一道天然屏障。

墙垣周长约1.95千米，由人工石筑墙、自然峭壁墙组成，可分为西墙、西北墙、东北墙和东南墙，其中西墙长约100米，以楔形石、块石和梭形石垒砌；东南墙长约750米，其中左段在断崖边缘起筑墙，以楔形石、块石和梭形石砌筑，为土包石墙，长约450米，多已坍塌，在此辟有南门，宽约2.5米。右段长约300米，借助于略宽的山脊，修成平坦的墙顶，宽约4—12米，墙上还筑有马面。东南墙与东北墙交界处，为东北角台瞭望台；再向西北延伸，形成东北墙，全长约400米，由峭壁和峭壁间封堵的石砌墙构成。东北墙和西北墙交界处，有一角台。西北墙由峭壁和人工墙结合而成，长约700米，此段城墙外侧最为陡峭。西北墙有一天然内凹的豁口，形成瓮城式西门，进深约50米，北侧为步道，南侧为全城唯一的泄水口。城内平岗和坡地散布一些瓦片，陶片，还采集有莲花纹瓦当残块，陶瓮，陶罐，盘盆等，还有铁车辖1件，长铤铁弩箭1件等。西南角有一圆台，直径15米，发现7块础

3　肖景全、邢启坤、金辉：《新宾满族自治县文物志》，辽宁民族出版社，2018年，第171页；抚顺博物馆三普资料，2012年。

石，直径约 0.9 米，此应是较高等级的建筑。城内有两处水井，已淤塞。2014 年，五龙山城被公布为省级文物保护单位。

（三）山顶式山城

黑沟山城[4]位于新宾满族自治县红庙子乡四道沟村老黑沟组北 1 千米的后山顶上。山城南山脚下为自西向东的巨流河，流入富尔江汇入浑江。南临响水河子乡通往红庙子乡的公路，交通便利。山城地理坐标为北纬 41°33′29.2″，东经 125°18′12.1″，海拔 738 米。

山城地处大山之上，因山而筑，整体保存状况较好。全城呈不规则长方形（图三），南北长约 660 米，东西最宽约 120 米，城周长约 1.57 千米，占地面积约 7 万平方米。城内地势平缓，南高北低，西侧陡峭。其中人工石筑墙长约 510 米，天然峭壁墙长约 1.06 千米。

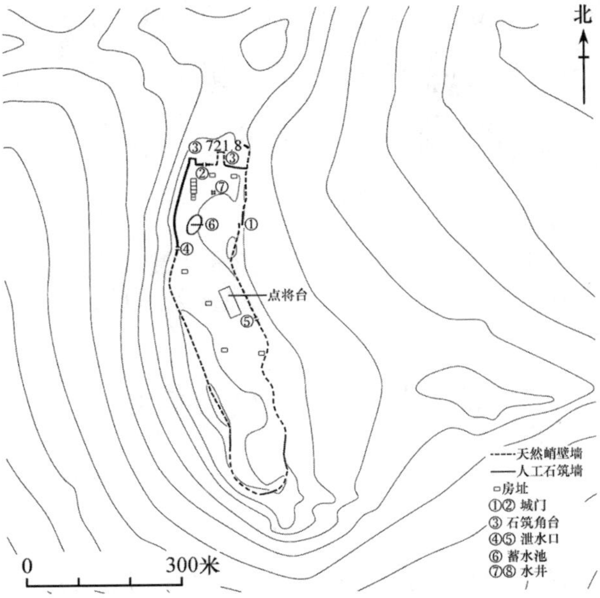

图三　黑沟山城平面示意图

东墙长 625 米，人工石筑墙与天然峭壁墙不规则排列组成，东门所在两侧为峭壁墙，为封堵峭壁墙的豁口人工筑墙 32 米，形成交错式瓮门，门宽约 3 米，方向 185°。

北墙长约 100 米，有人工墙两段，以楔形石砌筑，有一门，东侧砌筑有瞭望台，宽 6 米，高约 2 米，可以环视周围情况。北墙和西墙交接处，有角台，平面呈梯形，延伸出西墙约 27 米，最宽处 6 米，残高 3.3 米。北门东侧的瞭望台和西侧的角台构成瓮城，可以控制北门进出。

西墙长约 750 米，人工墙与天然峭壁墙组成。这里有一处泄水口，现坍塌。

南墙长约 100 米，南墙西段为一长 64 米的人工石筑墙，墙宽 4.5 米，现存最高处 4.4 米，保存较好，部分坍塌。南墙内里土垄状石墙，是为马道，与南墙垂直相接，马道两边外

4　肖景全、邢启坤、金辉：《新宾满族自治县文物志》，辽宁民族出版社，2018 年，第 179 页；抚顺博物馆三普资料，2012 年。

石块垒砌而成，中间夯土。

城址中部靠西墙内侧应为蓄水池，常年有水，四周有砌石。城内发现两眼水井（图四），城外南侧有一处水井。

图四　黑沟山城址城内水井

城内西墙中段内设点将台，中北部发现多处阶梯状建筑和房屋基址，台基前有石砌护坡。采集遗物较多，有红褐陶、灰陶和铁器等。2014 年被公布为省级文物保护单位。

二、抚顺地区女真城址

抚顺是清朝的龙兴之地，有很多女真的城寨，其中比较有代表性的如下。

（一）费阿拉城

费阿拉[5]城址建于明正统年间，是建州卫和左卫的“建州老营”。努尔哈赤起兵后于万历十五年（1587）增筑。城址位于抚顺市新宾满族自治县永陵镇二道河子鲜族村东南约 1000 米的老城沟。城址依山临水，所在山岗南高北低，中间为老城沟，西为高家沟，东北为金岗河，西北隔二道河子与烟囱山相望。城址依山而筑，南北长约 1.5 千米，东西宽约 1.2 千米，面积 180 万平方米，南岸在硕里岗上，地理坐标为北纬 41°33′46″，东经 124°51′30″，海拔 377 米。

城址筑有三重城墙，从外向里依次为套城、外城和内城，北侧和西侧因地势低缓，城墙以土石沿山冈边缘砌筑，南侧高处利用山脊，对山脊外坡进行修整，形成陡坡，然后在坡上垒有女墙状的矮墙，东侧山脊外侧全是峭壁，自然形成山脊墙，

第一重城墙，套城墙损毁严重，据估算城墙的总长度为 3.5 千米。第二重城墙，外城墙是保存最好的城墙，墙垣沿簸箕状山体的边缘以土石修筑，城墙总长度约为 5.75 千米，共

5　肖景全、邢启坤、金辉：《新宾满族自治县文物志》，辽宁民族出版社，2018 年，第 211 页；抚顺博物馆三普资料，2012 年。

有3处城门，城门一侧有泄水通道。另有单独水门6处。北墙在北侧沿矮岗的土棱边缘修筑，长度约1.75千米，墙基底宽约7米，北墙辟有二门，平面皆呈八字形，里窄外扩，形成瓮门，还三处水门。西墙，总长度约1.17千米，辟有西门，亦为瓮门，门旁有泄水道。过西门，城墙陡然升高，建在峭壁上，现存高度不足1米，应为内侧掘土垒墙。南墙，全长约1.3千米，全部筑于山岗之上，土石杂筑，绕山峰而过。南墙辟有一宽约15米，底宽近3米的水门。东墙，长度约为1.53千米，东段和中段有水门。第三重城墙，内城墙，以罕王殿为中心，在整个外城中间，依地形修筑了一条约2.1千米长的连接东墙和南墙的墙垣，内城墙周长约3.98千米，其中与外城共用墙垣1.85千米。内城墙上从东北到西南，依次修筑两4座城门和5座水门，与外城墙门址不同的是，内城墙的城门，都没有修成瓮门。城内有多处建筑基址，地表散布砖瓦，青花瓷片。1998年公布为省级文物保护单位。

（二）赫图阿拉故城

“赫图阿拉”是满语，汉意为横岗，赫图阿拉[6]始建于明正统年间，万历三十一年（1603）增筑。明万历四十四年（1616）努尔哈赤在此建国称汗，公开反明。

赫图阿拉城位于抚顺新宾县永陵镇依山临河的横岗台地上。它南依羊鼻山、连接鸡鸣山，城西为永陵盆地，东望老虎洞山，北距苏子河500米，西距清永陵6千米，南距费阿拉城4千米，东距县城17千米。其地理坐标为北纬41°42′08″，东经124°51′35″，海拔290米。

赫图阿拉城内地势山地、平野兼具，内城为王城（图五），主要分布宫殿衙署庙院，八旗官员及眷属等居址，居于横岗之上；外城为郭城，主要分布作坊军营仓廒等。内城：平面呈不规则形，占地面积约24.62万平方米，城址东西长约479米，南北宽约567米，城墙周长约1.974千米，存高3米至10米不等，外有巡城马道一周。城墙沿横岗陡崖边缘修筑，筑法是将陡崖边缘加以修整，形成墙基，基础宽约10.6米，从基础开始用块石错缝垒砌两侧石壁，砌至高20—30厘米，中间填土夯实，夯层5—15厘米，然后横布一层木椽，椽木多用硬杂木，木径10厘米左右，然后填土夯实，层距间隔约25—40厘米厚，再横布木椽，如此往复向上接筑而成，墙高约10米，两侧砌石略有收份，墙顶宽约9.6米，形成高10米许的石包土墙。此种筑墙法被称为“垒壁夯土布椽接筑法”，是女真人独特的筑墙法（图六）。东墙长约594米。西墙长约315米，人工石墙多已无存，只存基石。南墙长约484米。北墙长约581米，原有两侧泄水门，一在北门西侧，一在尊号台东侧，现为荷花池。内城设有北门、东门，原门宽不详，南门方向170°，门宽3.2米，进深9.1米，门墙以石砌筑，残高约3米，门墙每侧可见3组排叉柱凹墙，还有门枕石。为防止水冲刷，门道路面以石铺成。三门均有瓮墙。

外城，平面略呈圆角方形，周长5.029千米，占地面积约96.8万平方米。城墙东与东南部依山起筑，余皆筑于平地，外城墙两侧以石垒筑，中间填土。外城门：计南三门，北三门，东二门，西一门，共九门。外城门多已坍塌损毁，现南墙二门，东墙一门，北墙一门尚依稀可见，其余无存。2006年6月被公布为国家级重点文物保护单位。

---

6 肖景全、邢启坤、金辉：《新宾满族自治县文物志》，辽宁民族出版社，2018年，第218页；抚顺博物馆三普资料，2012年。

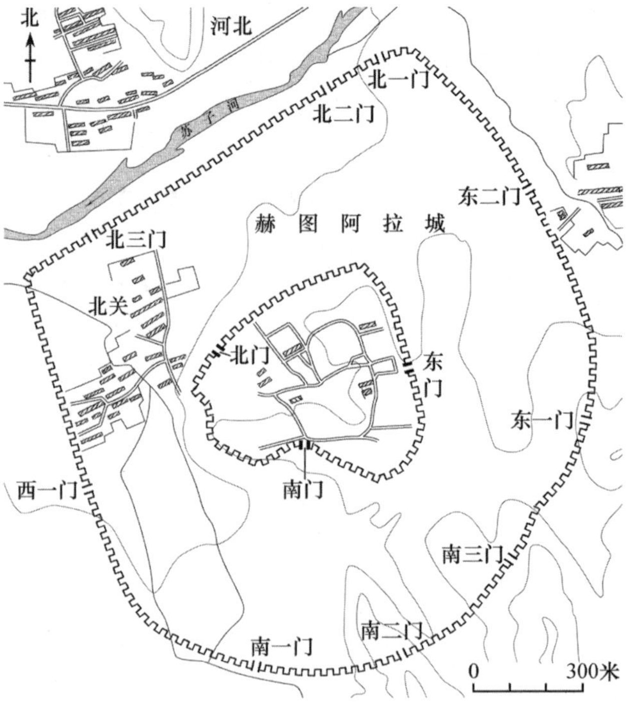

图五　赫图阿拉故城平面图

图六　赫图阿拉故城内城东墙夯土布椽遗迹

（三）界藩城

界藩城[7]位于抚顺市新宾满族自治县南杂木镇转湾子村西约8千米的铁背山上，地理坐标为北纬41°55′31.1″，东经124°18′16.9″，海拔266.1米。

城址北濒浑河，南临苏子河，两河在城西端汇合。大伙房水库建成后，城址三面环水，

7　肖景全、邢启坤、金辉：《新宾满族自治县文物志》，辽宁民族出版社，2018年，第201页；抚顺博物馆三普资料，2012年；第八批国保申报材料——界藩城，2018年。

成为东西狭长的半岛（图七）。界藩，即“两河交汇处”之意。这里原是战国时期土著族城寨，明代建州女真哲陈部沿用，后金时期增筑。界藩城整体保存较好，墙垣由峭壁和人工石筑墙（图八）构成，结构清晰可辨，城墙依东西狭长的山脊修建，山脊的东西两处鞍部（豁口）将城分为主城和东、西卫城。

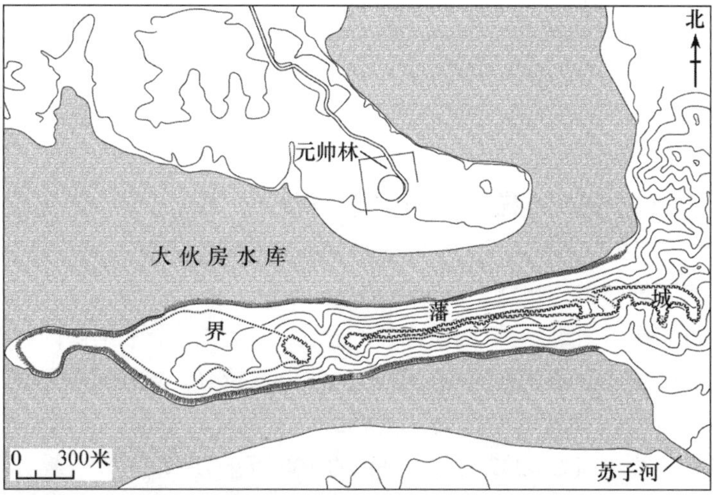

图七 界藩城址地理位置与平面示意图

图八 界藩城南墙段侧面

西卫城：东西长约1610米，南北最窄处约100米，最宽处约500米，平面略呈长方形，设东西二门，宽度不详。墙垣掘土为壕，返土堆墙，墙外坡下垒砌石块。城内西北有一石砌圆形水井。

内城：位于铁背山中段（主峰）山脊上，多利用自然山险，南北两面为临水的悬崖峭壁。北墙，以峭壁为墙，长1212.5米。南墙亦主要以峭壁为墙，个别地段有石砌护坡，长1362.5米。城墙周长约2575米。内城东端一处平坦的地方，发现两处大型房址，应为努尔哈赤的“行宫”遗址。“行宫”北侧以峭壁墙屏护，南侧有石坡墙和凸出的砬子作为天然

“马面”。内城东西两端各有城门与东西卫城相通。在内城的几处房址内，地表散布大量砖瓦和建筑饰件。房中还出土了青花瓷片及缸胎器底等残器皿和铁甲片、铁弹丸等。

东卫城：在内城之东，建在低于主峰的山脊和山脊向南延展的台地上，北部、东部为石坡墙，南部在台地边缘为土石混筑的土石墙。城墙宽 1—1.5 米，高 2 米。东卫城设四门，北门邻近内城，宽 1 米，门侧存一堆礌石。另有三门，皆开于南城墙凹进地段，均宽 2 米。城东北角墙外依石坡墙建两级防守台，土筑，外砌壁石。1997 年，被公布为省级文物保护单位。

（四）萨尔浒城

萨尔浒城[8]遗址位于抚顺市抚顺县上马镇竖碑村北，隔苏子河与界藩城相望。地理坐标为北纬 41°54′33″，东经 124°15′42″，海拔最高 193.2 米。萨尔浒，满语意为“木橱”，即林木繁茂的意思，该城最初属建州女真苏苏河部萨尔浒寨，后金增筑。

山城地势西北高东南低，囊括两条山脊、两条山沟和一个平岗。因修建水库，水位上升，萨尔浒山遂变成了三面临水的半岛。山城整体保存较好，城墙结构清晰可辨，城址平面呈不规则椭圆形，分内城和外城两部分，城墙结构主要有峭壁墙、土墙、土石墙、夯土墙、夯土布椽石壁墙等。城墙周长 4287.5 米，面积约 100 万平方米。

内城位于山城西部，平面略近菱形，南北纵置。西墙建于萨尔浒河岸峭壁，以石垒砌，个别墙段可见“夯土布椽”遗迹。东墙沿山脊堆土筑成，中段向东凸出部分辟有二门，门宽均 1 米。两门之间筑有两个马面，长宽各 6 米，高约 5 米。内城墙全长约 990 米，存高 3—6 米，顶宽 1—3 米，底宽 8—10 米。内城里分布 6 处房址，三处门址。

外城建于内城东侧，与内城相连，外城城墙周长 4287.5 米，其中内城西墙与外城共用。面积约 80 万平方米。城址平面为不规则形，北墙长 900 米，其中 700 米为峭壁墙，200 米为人工土石墙。北墙西端有一门，门旁有泄水口；东端有一水门。东墙长 587.5 米，随山势修筑，为人工石包土墙，高 3 米，顶存宽 1.5 米，宽约 8 米。东墙辟二门，其中最南处门址（东 2 门）2016 年清理发掘[9]，门宽 3.5 米，两侧以石砌垛墙，门垛墙上留有 5 个“排叉柱”凹槽。清理门址时，出土铁甲片、青花瓷片、铜锥；在附近采集一些青花瓷片、“万历通宝”1 枚。东 1 门，为通道与水道共用，其中北侧门垛以石垒砌，多已坍塌。南墙，长 837.5 米，高 5 米，顶存宽 1 米，底宽约 10 米，十分厚重，亦为石包土墙。南墙有一门。在此门西侧不远辟有一座便门。西墙长 1962.5 米，北段与内城共用。这段城墙大多处于山坡地带，采用了夯土镶砌石壁的墙体。

此外还有一些“树栅为寨”的小城寨址，如古勒城城址、珠子山山城址、阿火洛城址和尼玛兰城址等，这里不一一赘述了。

---

8 抚顺博物馆三普资料，2012 年；第八批国保申报材料——萨尔浒城，2018 年。

9 郝武华、梁志龙、肖景全：《辽宁抚顺县后金萨尔浒城外城东门及东墙水门发掘报告》，待刊。

三、抚顺地区高句丽山城与女真城址的比较

（一）城址的特点

首先，高句丽城址“多大山深谷，无原泽，随山谷以为居”[10]，多选在地势险要的深山大谷。综合辽东地区高句丽山城城址的地理位置，可见城址选择多沿河谷，二河二江的分布情况[11]，其中抚顺地区的山城址集中分布在太子河上游和富尔江沿岸[12]，这些城址在选择上同时兼具了交通和军事要塞的属性，初步达到了高句丽通过交通阻断进行防御的目的[13]。

其筑墙，由楔形石、棱形石或条石错缝垒砌，中间填充碎石，十分坚固。在山城的筑造上，高句丽也处处体现出浓厚的军事防御特色，高句丽山城坚固的城墙和内在的布局以及配套设施可见一二。其砌筑的城墙多为石筑或土石混筑的人工墙，有的楔形石磨制的十分精细，筑成的城墙严丝合缝，具有高句丽特色。

再次，高句丽山城在军事防御方面的设施也很完备，在山城和城墙的制高点上多筑瞭望台、角台一类设施；有的山城城墙上部还有排列有序的柱洞（如黑沟山城）；有的山城城垣还筑有女墙、马面和马道[14]；城门多是交错式瓮门或有关墙拱卫等。

最后，高句丽山城主要是以军事防御为目的，所以其内部的建筑布局规划也是军事优先，因地形分布，布局极其简单无规则。其中值得一提的是，因其军事防御属性，山城内的水源都比较充足，或是有自然山泉，或是挖水井建蓄水池。

纵观抚顺地区建州女真到后金的城址，各部聚居的小型城寨居多，如古勒城等。建州女真兴建或增筑的城址也大都建于山区，地势险要，交通便利，临近水源，既是交通要道，又可作为军事要塞，体现了军事防御功能，大体上沿袭了高句丽城址的特色。但各个城的修建又各有不同。从早期的古城寨到费阿拉、赫图阿拉再到界藩城和萨尔浒城，反映了其发展壮大的演进过程，且越发展越往平原地区推进，由山区进入平原。

早期的城寨规模较小[15]，有的城寨周长仅几百米，由于经济的原因，女真的城寨修建的较为简陋，城墙很多是“栅木为城”，间或以土石杂筑，城内设施不完善，布局也不甚规则，有的甚至水源都不充足。如费阿拉，城内水源不足以供给城内的军民，往往要出城到附近的河流取水。

到了赫图阿拉时期，后金建国，财力物力上有很大改善。修建赫图阿拉城时，因其附近木材充足，城墙因地制宜，采用了夯土布椽法，运用大量木材和土石杂筑而成，与高句丽坚固的石筑城墙相比，节省了民力，减轻经济压力。作为都城，城内布局规划完善，有衙署作

10 《三国志》卷三十《高句丽传》，中华书局，1959 年，第 843 页。

11 王绵厚：《高句丽的城邑制与其社会结构的关系论略》，《辽宁省博物馆学术论文集第三辑（1999—2008）》，辽海出版社，2009 年，第 661—670 页。

12 肖景全、郑辰：《抚顺地区高句丽考古回顾》，《东北史地》2007 年 2 期。

13 刘向东：《高句丽山城军事防御体系及其军事防御策略》，《孙子研究》2016 年 5 期。

14 刘向东：《高句丽山城军事防御体系及其军事防御策略》，《孙子研究》2016 年 5 期。

15 王雁：《简述明末女真在辽宁地区兴修的城寨》，《辽金历史与考古》（第三辑），辽宁教育出版社，2011 年，第 198—205 页。

坊等，而军事设施方面如瓮门、敌楼、雉堞、女墙、马道等也都很齐全。

界藩城和萨尔浒城则较简陋[16]，因其战略需要，地势险要，作为临时行都，因附近木材较少，所以城墙用夯土布椽法也比较少，城内设施不完善，布局不规则，只能算是军事堡垒，而且，城内水源是一大问题。在山城中界藩城和萨尔浒城城址特点最为接近高句丽山城，都是借助险要的地形地势，建成军事要塞。

总之，高句丽在城址的选择上，充分考虑了地理和地势的因素，因山而建，起到了较好的军事防御效果。而相比之下，女真早期借鉴甚至部分沿袭了高句丽的传统，但发展壮大后，则显得更为多元，有山城，有平地城，也有二者结合；而在筑城上，高句丽认真严谨，女真则更为灵活就地取材，不拘于一种模式，各种军事防御设施两者都很齐全；高句丽城中地势平缓，且充沛的水源，布局简单无规则，利于战备物资的储备等，可战时容纳山下附近的兵民[17]，而女真的城址除了军事防御的功能外，还兼顾生活的功能，努尔哈赤曾说“吾欲据界藩筑城，屯兵防卫，令农夫得耕于境内”，也就是说不同于高句丽人战时入城躲避，平时附近村庄生活生产的模式，女真人应该是生活在城内的。

（二）军事思想

随着高句丽的发展，他们形成了独具特色的军事防御体系，通过交通阻断御敌，选险址，高筑城，提高个体山城防御作战能力；一切为军事服务，建成多城联防拱卫防御体系；南北道交通防守线和辽东半岛防御体系[18]（地域不在本文范围，不详述），完成了军事上以战略防御为主的军事部署，形成了一个近乎完美且行之有效的防御体系。

高句丽政权建立初期，就利用辽东山地丘陵的险要地势，在大山深谷广筑山城，并且实行“坚壁清野、婴城固守”的军事防御策略[19]。

除了山城个体的军事防御功能外，往往附近还分布有若干能够呼应互援的山城。高句丽山城在一个区域内往往有一座主城，周边还分布着拱卫的卫城、哨城等，它们之间相互关联，互相拱卫，形成一道防御线，甚至是防御网，如得胜堡山城[20]应为五龙山城的哨城，得胜堡山城内设施少，平面呈长条形，像一道屏障，而佟达先生曾提出五龙山城也有三道防线[21]，且城内设施完备，采集有瓦当，这应是高等级的高句丽山城，也就是附近区域的主城。放眼更大的区域，还有更完善的配置，如赵晓刚先生提出的沈阳石台子山城与上伯官城址、抚顺的高尔山山城、铁岭的催阵堡山城、塔山山城形成了以高尔山山城为中心的多城联防线。一旦其中一个城池受到攻击，其他城池可以快速做出反应，立即支援。这样就形成了以主城（大城）为中心，多个中小城拱卫的区域防御体系[22]。

16　铁玉钦：《论清入关前都城城郭与宫殿的演变》，《沈阳故宫博物院论文集》，1984 年，第 35—43 页。

17　李新全：《高句丽的早期都城及迁徙》，《东北史地》2009 年 6 期。

18　王禹浪、王文铁、王宏北：《辽东半岛高句丽山城概述》，《黑龙江民族丛刊》2010 年 2 期。

19　秦升阳：《高句丽的军事扩张及其疆域变迁》，《通化师范学院学报》2003 年 1 期。

20　肖景全、邢启坤、金辉：《新宾满族自治县文物志》，辽宁民族出版社，2018 年，第 201 页；抚顺博物馆三普资料，2012 年。

21　佟达：《新宾五龙高句丽山城》，《辽海文物学刊》1994 年 2 期。

22　赵晓刚、王海：《石台子山城防御体系探究》，《东北史地》2014 年 3 期。

从这样的军事防御部署中，可以看出高句丽山城突出绝对军事优势，相对就削弱了行政管理职能。高句丽早中期因国家发展和军事扩张而形成了五部[23]，这五部分别占据了不同的地域，在此基础上发展成地缘部族，他们在高句丽王的统领下，各自守土拓疆，起到了积极作用，“五部褥萨”制度应运而生，王绵厚先生指出“五部褥萨”是管理五部山城的最高军事和行政长官[24]。可见，山城之间军事和关联性构成了一个严密的军事防御系统。城无论是选址还是选官都是优先考虑军事防御功能，地方的行政管理次之。

从辽东通往高句丽腹地集安，主要有两条交通要道，《资治通鉴》中提到“高句丽有二道，其北道平阔，南道险狭。”[25]在这南北两条线上，高句丽民族部署分布了大小不一的山城、关隘，以此进行军事防御。抚顺的一些山城正是南北交通道上的重要城池，多在深山大谷，据守防御，更为有利。其中有的学者认为五龙山城、转水湖山城和黑沟山城是南道上的重要布控点[26]，也有学者认为转水湖山城和黑沟山城是北道的必经之路[27]。南北道是高句丽民族的交通交流要道，对此进行防守，以免敌军直通高句丽的腹地。

建州女真的防御体系吸取借鉴了高句丽的山城防御体系。建州女真崛起后，费阿拉城不足以满足其发展，所以开始修建赫图阿拉，建国定都，这是平地城和山城结合的模式，附近有六祖城等小城拱卫，形成了一个进可攻退可守的主城为主小城拱卫的防御体系。相似于高句丽的基础防御体系。不同的是，建州女真的军事思想更加积极主动，善于利用辽东山区自然地形，进行运动战，如在古勒城一战中，努尔哈赤带领部众迎战九部联军，敌强我弱的情况下，没有固守城寨，而是选择主动出击，以少胜多。有名的萨尔浒大战，虽然后金修筑了临时以军事性质为主的城池，但城内驻兵并不多，其主力驻扎城外，迎战明军时主动出击，占得先机。

随着自身的发展和形势的变化，后金先后修建了界藩城和萨尔浒城，也是出于战略防御考虑修建的军事屏障[28]，作为迎战的第一战场，是后金的门户。而两城地处辽东山区与辽沈平原的分界点，地势险要，是通往辽沈的必经之路[29]。往后约 20 千米处依次有札喀关、代珉关和鸦鹘关三道防线，保卫赫图阿拉这个大后方。

这初步形成了后金的军事防御体系，即赫图阿拉作为大后方，提供必要的军事补给，三

---

23 贾小亮：《基于军事防御的中国境内高句丽城池研究》，沈阳建筑大学 2013 年硕士论文，第 13—15 页。

24 王绵厚：《高句丽的城邑制度与山城》，《辽宁省博物馆学术论文集第三辑（1999—2008）》，辽海出版社，2009 年，第 671—677 页。

25 耿铁华：《高句丽南北道的形成与拓展》，《通化师院学报（社会科学）》1996 年 1 期。

26 李建才：《关于高句丽南北道的探讨》，《历史地理》第 8 辑，上海人民出版社，1990 年；张志立：《高句丽南北道和有关城址的考证》，《高句丽渤海研究集成·卷一》，哈尔滨出版社，1994 年；佟达：《关于高句丽南北交通道》，《博物馆研究》1993 年 3 期；耿铁华：《高句丽南北道的形成与拓展》，《通化师院学报（社会科学）》1996 年 1 期。

27 王绵厚：《新城、南苏、木底道与高句丽南北二道的关系》，《社会科学战线》1996 年 5 期；梁志龙：《高句丽南北道新探》，《社会科学战线》1995 年 1 期；李新全：《高句丽南北道及相关问题考辨》，待刊。

28 佟达：《我对界藩萨尔浒城为后金临时国都的看法》，《清前史论丛》，辽宁人民出版社，1994 年，第 121 页。

29 佟达：《抚顺后金界藩城和萨尔浒城调查》，《辽海文物学刊》1988 年 1 期。

道关作为屏障，界藩城和萨尔浒城是最前沿的军事堡垒，还有浑河作为天然防线，最终达到阻断明军进攻和进入辽东的目的。

高句丽从国家长远眼光考虑，建立起以要塞防御为基础的全方位立体式的军事防御系统，而女真则是从部落开始逐渐建立起一道道军事防线；高句丽以山城为依托，采取防御策略，而女真更多以城寨兼顾生产生活和军事防御，不得不采取更加积极主动出击的军事策略。

（三）意义影响

王绵厚先生在《高句丽的城邑制度与都城》中指出，高句丽民族以山城为核心的城邑制度，是高句丽重要的社会制度之一。山城在高句丽存续期间起了重要作用，不仅是以地缘为基础的经济政治个体，更是军事单位。这种山城布局防御使得高句丽的防御体系更完善，更有层次，更立体，体现了高句丽人的智慧。在存续的700多年里，高句丽历经西汉、魏晋、南北朝及隋唐等多个中原政权，对不断变换的中原王朝始终保持着臣属关系，在两汉时期接受郡县管理，即便南北朝时期也是主动示好。他们以山城为依托，以地缘部落建起的国家军队，或战或退，反复中拓展在辽东的势力范围，呈现出一个遇弱则强，遇强则弱的态势。他们蚕食辽东的少数民族，对中原政权则是不断调整政策，不希望中原统一，避免与其一战。但他们还是不足以抵抗统一强大的中原政权，只是极大程度上减缓了自己的灭亡，使得高句丽政权能够偏安一隅，存在7个世纪之久。

而建州女真从山城到半山城到平地城（辽阳和沈阳），从侧面反映了女真社会性质逐渐由奴隶制向封建制转变的过程。他们对生存发展的渴求表现在对资源和财富的占有，以及渔猎为主的经济迫切向农业经济发展的需求。女真隶属明朝卫所，他们多是吸取前人经验，利用以前的城址（比如高句丽的城址），很少建城，而经济上的落后也不足以支撑他们建城，他们利用仅有的条件改建城址，以各种形式的城为依托，从最初明朝治下的卫所，但求自保，慢慢发展到与明反目，在与明缠斗的过程中不断壮大，从一个部族到建立后金，它的每一次迁都都是一个向前推进的过程，也是接受汉化逐步发展的过程。事实证明后金积极的军事策略更有助于自身的发展，最后不但得以自保，而且入主中原，成为最后一个封建王朝。

综上所述，无论是从城址还是军事策略上，女真都沿袭和发展了高句丽的传统，有相似，有不同，正是这些不同造就了个性鲜明的古代东北少数民族，他们各有特色，各有所长，在不同的历史时代展示出各自的智慧。

附记：本文得到抚顺市博物馆原馆长肖景全研究员的悉心指导，谨表谢忱。

（抚顺市博物馆　邹　静　　平顶山惨案纪念馆　金　辉）

辽代圹墓的考古学初步观察

林　栋

内容提要： 本文在较为全面收集资料的基础上，将辽代圹墓按照建造材料的不同，划分为五大类，通过对各类圹墓进行考古型式和年代方面的分析，将其分为三个时期，五个发展阶段。进一步对辽代圹墓的定名，总体时空分布及反映的历史背景等问题进行了初步的探索。

关键词： 辽代　圹墓　类型　分期　文化内涵

圹墓是区别于室墓（类屋式墓）的一类墓葬，没有墓室、墓门和墓道等结构，只是在地下挖掘竖穴土坑（圹）的基础上建造而成。辽代圹墓规模较小、等级较低，历来并不被学界所重视。随着近年来考古新发现的不断增多，辽代圹墓的资料不断丰富，已初具规模。作为代表辽代社会中下层墓葬面貌的圹墓，对全面了解和研究辽代历史及墓葬制度的重要价值不应被忽视。本文拟在较为全面收集和梳理资料的基础上，对辽代圹墓的形制、演变、分布和文化内涵等情况进行初步的分析。

一、类、型、式的划分

辽代圹墓平面基本呈长方形，极少数为正方形或梯形，按照建造材料的不同，首先可分为土圹、石圹、砖圹、砖石混合圹和木圹五类，各类圹墓中，又可分划为若干型和式，具体情况如下。

（一）甲类：土圹墓

土圹墓即土坑墓，形制简单，在地面下挖土坑而成，坑壁形成土圹，并在圹内安放墓主人，土圹多为长方形，空间较狭小，仅有少量随葬品。按照墓顶是否有盖板可分为二型。

A 型　不带墓盖板，根据是否有二层台又可分为二亚型。

Aa 型　不带二层台。主要墓葬有乌斯吐墓[1]、乌日根塔拉墓[2]、秦家沟墓[3]、光明街 M2[4]、巴

1　哲里木盟博物馆:《内蒙古哲里木盟发现的几座契丹墓》,《考古》1984 年 2 期。

2　哲里木盟博物馆:《内蒙古哲里木盟发现的几座契丹墓》,《考古》1984 年 2 期。

3　哲里木盟博物馆:《内蒙古哲里木盟发现的几座契丹墓》,《考古》1984 年 2 期。

4　抚顺市博物馆:《抚顺光明街辽墓发掘简报》,《辽海文物学刊》1987 年 2 期。

彦琥绍墓[5]（图一，1）、呼斯淖墓[6]、宝山二村墓群[7]M1、M2、北沟村墓[8]、哈拉海沟墓[9]、新丰砖厂墓[10]、宫拉尔基墓群[11]M1、M2、安业村墓[12]、高力戈墓群10座土圹墓[13]（图一，2、3）、黎明村墓群[14]M1-5、海王村墓群[15]M1-2、虎吐路墓[16]、长岗村墓[17]和奥里米墓群[18]M5-7。

Ab型　带二层台，有些还有小龛。集中以白塔村墓群[19]M2-4为代表（图一，4、5）。

B型　墓顶带有石盖板。数量较少，以达来胡硕墓[20]为代表。

（二）乙类：石圹墓

石圹墓是在土圹墓的基础上，在土圹内添加石材墓圹。根据对石材选取和加工工艺的不同，可将石圹墓分为三型。

A型　墓圹由小型石块或石片累砌而成，根据有无墓盖板分为二亚型。

Aa型　无盖板。主要包括上烧沟M3[21]（图二，1）、柳条通M5[22]（图二，2）、银窝沟墓[23]等。

Ab型　有盖板。主要以甘珠尔花墓群[24]M1（图二，3）、M3（图二，4）为代表，其中前者为石板盖板，后者用几条圆木并排相连，形成盖板。

B型　墓圹由选材加工相对考究的石板立砌而成，根据有无盖板分为二亚型。

Ba型　无盖板。以荷叶哈达墓[25]为代表，另外包括石门沟墓群的九座石板墓[26]。

Bb型　有石盖板。以白脑包墓[27]为代表（图五，1），切盖板中部凸起，整体成凸字形。

C型　墓圹由整块大石中间挖成凹槽，形成盒状，并且上方有覆斗形石盖，类似于整个

5　苗润华：《巴林右旗巴彦琥绍辽墓和元代遗址》，《内蒙古文物考古》1994年1期。
6　张柏忠：《科左后旗呼斯淖契丹墓》，《文物》1983年9期。
7　大庆市文物管理站：《大庆市发现两座古墓》，《北方文物》1994年2期。
8　李霖：《河北承德县道北沟村辽墓》，《考古》1990年12期。
9　白光：《河北丰宁哈拉海沟发现辽墓》，《考古》1989年11期。
10　邹向前：《黑龙江省龙江县鲁河新丰砖厂辽墓》，《北方文物》1995年2期。
11　许继生：《黑龙江省齐齐哈尔宫拉尔基辽墓清理简报》，《北方文物》1999年3期。
12　张杰、朱涛：《黑龙江省肇东市涝洲镇安业村发现的辽代墓葬》，《北方文物》2004年1期。
13　吉林省文物考古研究所：《吉林双辽县高力戈辽墓群》，《考古》1986年2期。
14　佳木斯市博物馆：《佳木斯市黎明村辽金墓群出土的文物》，《北方文物》2004年4期。
15　北京市文物管理处：《近年来北京发现的几座辽墓》，《考古》1972年3期。
16　巴林右旗博物馆：《内蒙古巴林右旗虎吐路辽墓》，《北方文物》1988年3期。
17　崔福来、辛建《齐齐哈尔市梅里斯长岗辽墓清理简报》，《北方文物》1993年1期。
18　方明达、王志国：《绥滨县奥里米辽金墓葬抢救性发掘》，《北方文物》1992年2期。
19　内蒙古文物考古研究所：《赤峰市敖汉旗白塔村辽代墓葬》，《内蒙古文物考古》2010年1期。
20　哲里木盟博物馆：《内蒙霍林郭勒市辽墓清理简报》，《北方文物》1988年2期。
21　项春松：《上烧锅辽墓群》，《内蒙古文物考古》1982年2期。
22　沈阳市文物考古研究所：《康平张家窑林场柳条通辽墓群2016年考古发掘报告》，《沈阳考古文集》（第6集），科学出版社，2017年。
23　赵志厚、王月华：《河北滦平县发现辽代石椁墓》，《文物资料丛刊》1987年10期。
24　王成、陈风山：《新巴尔虎右旗甘珠花石棺墓群清理简报》，《内蒙古文物考古》1992年Z1刊。
25　哲里木盟博物馆：《内蒙古哲里木盟发现的几座契丹墓》，《考古》1984年2期。
26　辽金考古队：《扎鲁特旗辽墓发现精美壁画》，中国文物报2000年10月29日第1版。原报告描述简略，只说是“土圹竖穴石板墓”，根据描述情况暂定为Ba型石圹墓。
27　张家口地区文管所、康保县文管所：《河北康保县白脑包发现辽代石棺墓》，《文物春秋》1989年4期。

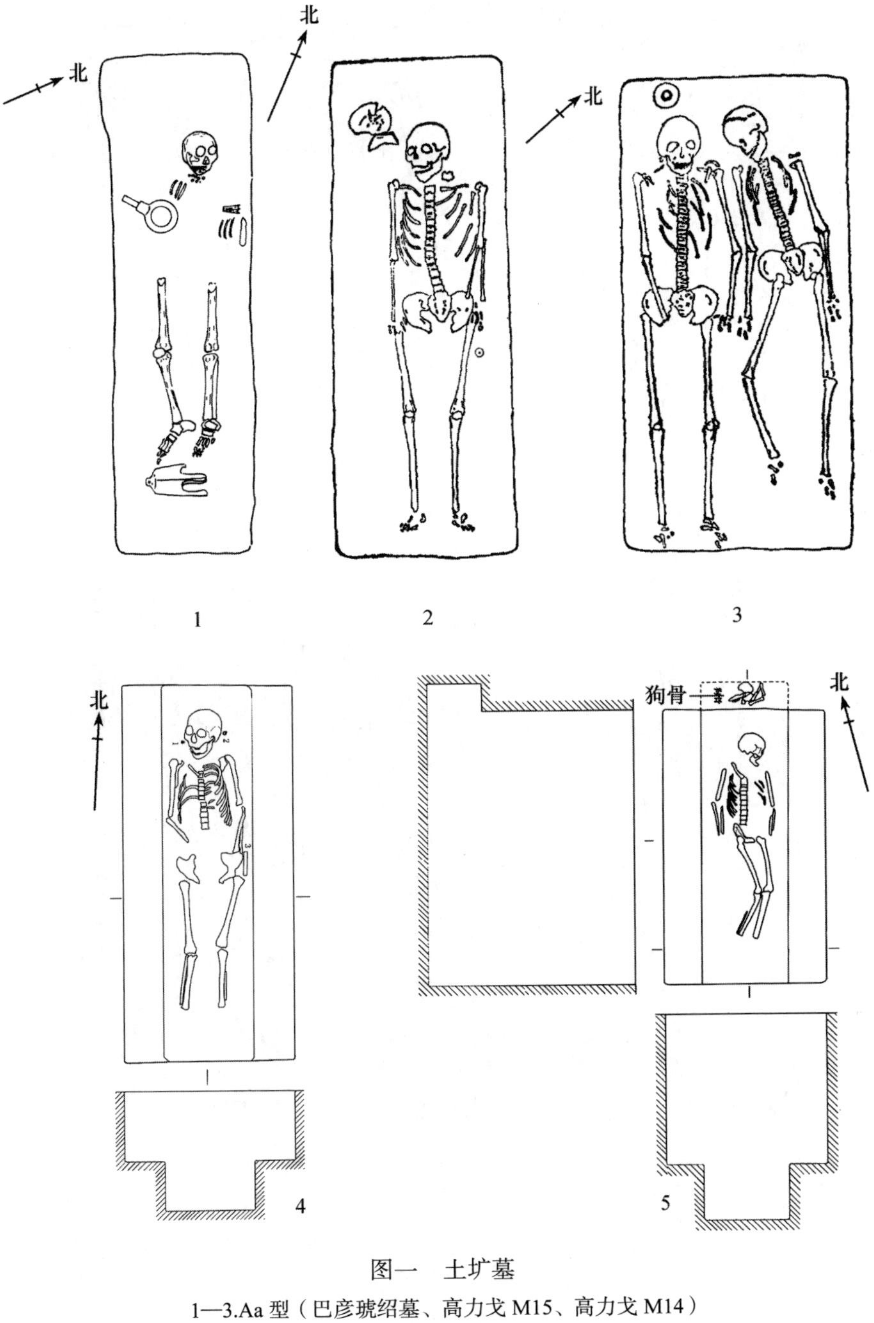

图一　土圹墓

1—3.Aa 型（巴彦琥绍墓、高力戈 M15、高力戈 M14）

4、5.Ab 型（白塔村 M2、白塔村 M4）

石函直接挖坑埋入地下。原报告称为石棺墓，但其盖和身的特征更接近石函。以山头村集中发现的 13 座此类墓葬为代表[28]。

28　内蒙古自治区文物工作队：《辽中京西城外的古墓葬》，《文物》1961 年 9 期。

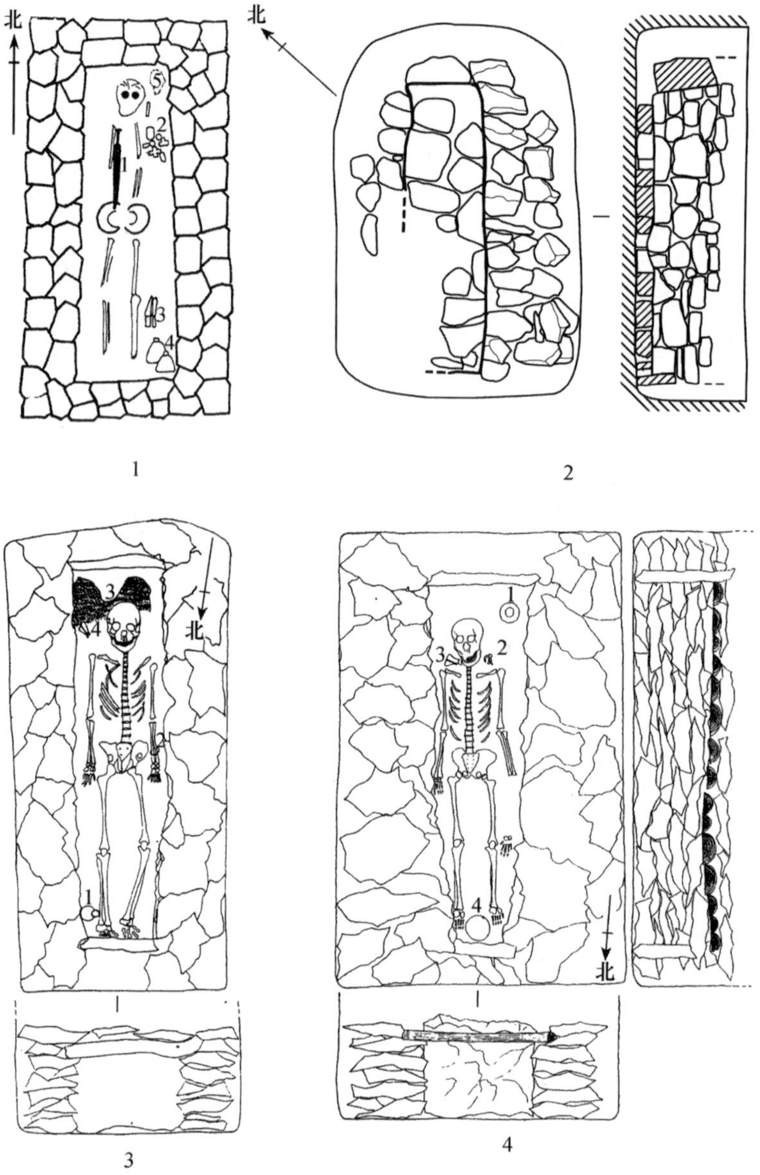

图二　石圹墓 A 型

1、2.Aa 型（上烧沟 M3、柳条通 M5） 3、4．Ab 型（甘珠尔花 M1、M3）

（三）丙类：砖圹墓

此类墓葬在下挖土圹基础上，在土圹内砌砖圹。根据有无盖顶同样可以分为三型。

A 型　无盖顶，尺寸相对较大。根据平面形状分二亚型。

Aa 型　砖圹平面呈长方形，目前集中在御泉华庭墓群 [29]。可分为二式。

Ⅰ式：御泉华庭 IVM1（图三，1）。

29　沈阳市文物考古研究所：《沈阳八王寺地区考古发掘报告》，辽海出版社，2011 年。

Ⅱ式：御泉华庭 IM5（图三，3）。

变化趋势为墓葬尺寸变小，砖圹与土圹壁的距离增大。

Ab 型　砖圹平面呈梯形，以尚品天城 M12[30]（图三，2）、或斯营子 M3[31]（图三，4）为代表。

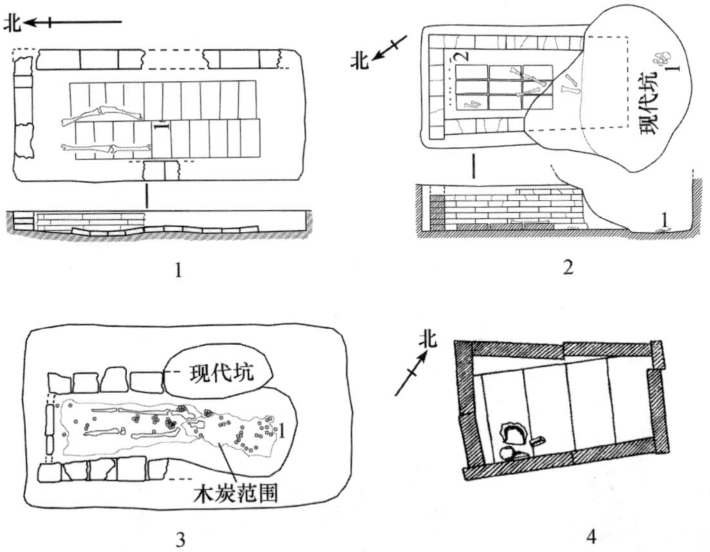

图三　砖圹墓 A 型

1、3.Aa 型Ⅰ、Ⅱ式（御泉华庭Ⅳ M1、Ⅰ M5） 2、4.Ab 型（尚品天城 M12、或斯营子 M3）

B 型　石板平顶。分二式。

Ⅰ式：刘承嗣墓地 M6[32]。

Ⅱ式：机械厂 94M1[33]（图四，5）。

变化趋势为墓葬尺寸变小，石函葬具从无到有。

C 型　砖顶，顶中部凸起。分二亚型。

Ca 型　墓葬尺寸相对较大，长度在 2 米左右。分二式。

Ⅰ式：尚品天城 M11[34]（图四，1），墓顶前窄后宽，呈船篷状。

Ⅱ式：高力戈墓群四座[35]，以 M12 为代表（图四，2）。墓顶由两侧向中间逐层内收，呈叠涩状。

变化趋势为墓葬尺寸变小。

Cb 型　尺寸相对较小，总体造型近似房屋形状的砖椁，内部均有石函葬具。分三式。

30　沈阳市文物考古研究所：《沈阳八王寺地区考古发掘报告》，辽海出版社，2011 年。

31　内蒙古自治区文物工作队：《辽中京西城外的古墓葬》，《文物》1961 年 9 期。

32　王成生：《辽宁朝阳市辽刘承嗣族墓》，《考古》1978 年 2 期。

33　朝阳市博物馆：《辽宁朝阳重型机械厂辽金墓》，《北方文物》2003 年 4 期。

34　吉林省文物考古研究所：《吉林双辽县高力戈辽墓群》，《考古》1986 年 2 期。

35　沈阳市文物考古研究所：《沈阳八王寺地区考古发掘报告》，辽海出版社，2011 年。

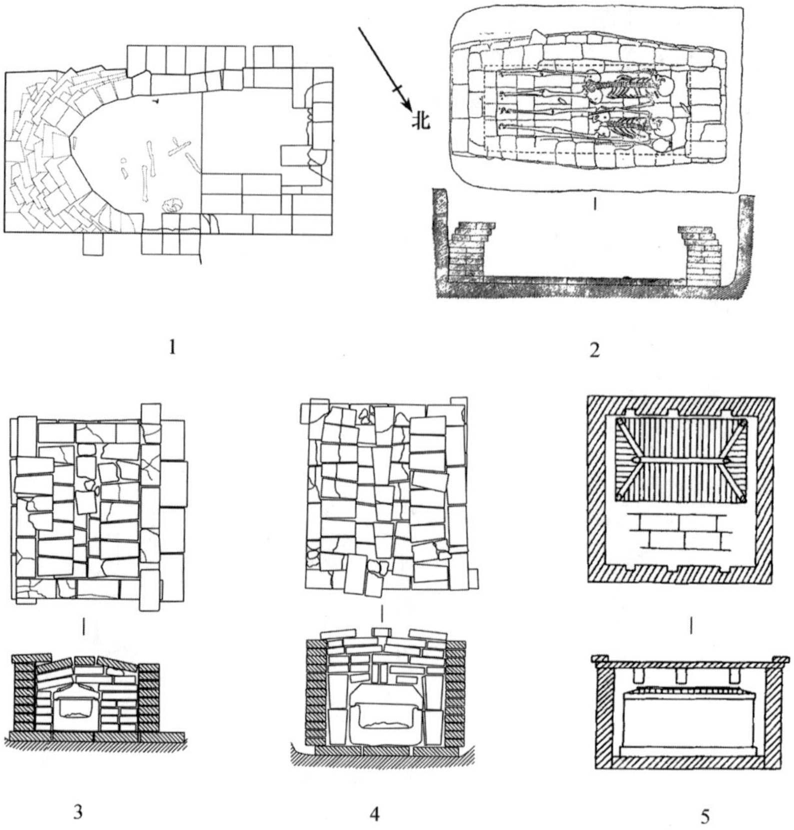

图四　砖圹墓 B、C 型

1、2．Ca 型Ⅰ、Ⅱ式（尚品天城 M1、高力戈 M12）3、4．Cb 型Ⅰ、Ⅱ式（广宜街 M3、M5）

5．B 型Ⅱ式机械厂 94M1

Ⅰ式：广宜街墓群[36]M1-3（图四，3）。

Ⅱ式：广宜街墓群[37]M4-5（图四，4）、张宁墓[38]。

Ⅲ式：或斯营子 M4[39]。

变化趋势为墓葬高低由低到高，葬具从无到石函再到木函。

（四）砖石混合圹墓

墓圹由砖圹和石圹两部分混合构成，形制比较特殊，墓葬数量很少，目前仅以康庄墓[40]为代表。该墓葬有前后两部分，分别由石板和青砖建造墓圹，且前部有石板盖顶，整个墓圹最上方由两条原木组成十字形，起到加固支撑作用（图五，2）。

36　沈阳市文物考古研究所：《沈阳广宜街辽代石棺墓发掘报告》，《沈阳考古文集》（第 2 集），科学出版社，2009 年；沈阳市文物管理办公室：《沈阳市文物志》第三章“古墓葬”，沈阳出版社，1993 年。

37　沈阳市文物考古研究所：《沈阳广宜街辽代石棺墓发掘报告》，《沈阳考古文集》（第 2 集），科学出版社，2009 年；沈阳市文物管理办公室：《沈阳市文物志》第三章“古墓葬”，沈阳出版社，1993 年。

38　沈阳市文物管理办公室：《沈阳柳条湖辽代石棺墓》，《辽宁文物》总第 2 期，1981 年。

39　内蒙古自治区文物工作队：《辽中京西城外的古墓葬》，《文物》1961 年 9 期。

40　北京市文物考古研究所：《北京大兴康庄辽墓》，《文物春秋》2012 年 5 期。

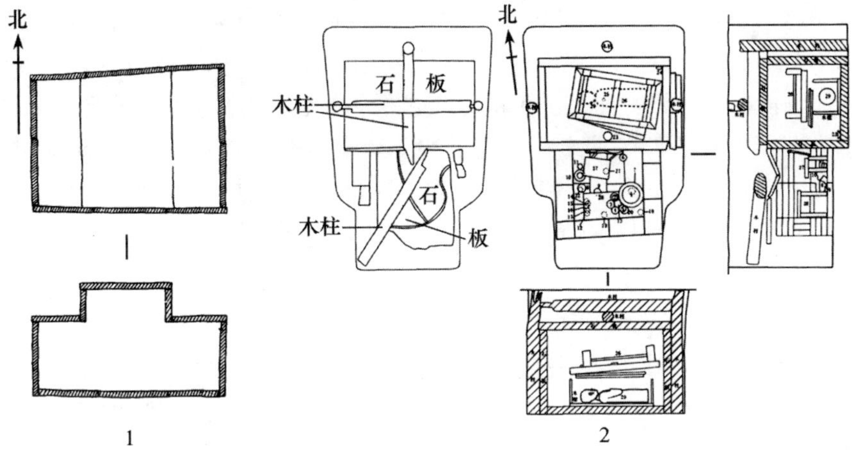

图五　石圹墓Bb型及砖石混合圹
1. 白脑包墓　2. 康庄墓

（五）木圹墓

在土圹内建造木圹，以查干吐莫[41]M8、M6、M12等墓为代表（图六）。

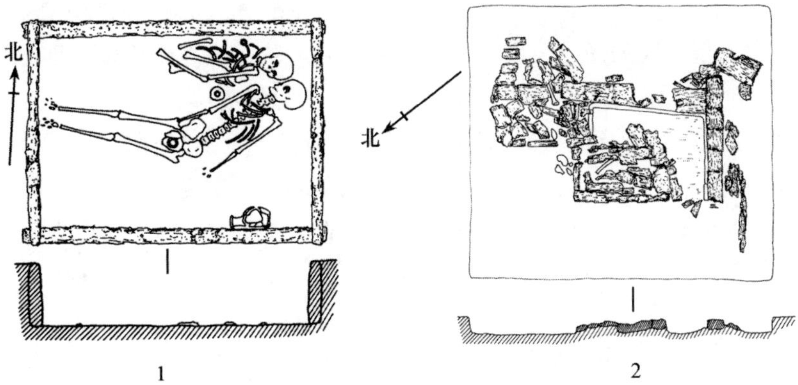

图六　木圹墓
1. 前郭M8　2. 前郭M12

关于各类型墓葬尺寸、葬具、葬俗、主要随葬品等情况见附表。

二、年代与分期

（一）年代

1. 甲类

甲类土圹墓数量最多，延续时间也最长。Aa型时代最早的呼斯淖墓、乌斯吐墓、乌日

41　吉林省文物考古研究所：《吉林前郭查干吐莫辽墓发掘》，《边疆考古研究》（第四辑），科学出版社，第348—388页。

根塔拉墓和秦家沟墓，在随葬陶器特征方面显示出了相当的原始性，时代大体在十世纪初，原报告认为时代有可能进入到辽建国前的契丹部落时期。之后的巴彦琥绍墓、白塔村墓群等，墓葬大体时代在十世纪中期，至北沟村墓群的十世纪后期，奥里米和宝山二村墓群等的十一世纪前期，黎明村墓群等的十一世纪后期，最晚到安业村墓的十一世纪末至十二世纪初，一直延续，但总体上集中在十世纪中叶至十一世纪中后期。Ab 型的高力戈墓群，时代集中在十一后期。B 型的达来胡硕墓时代较早，在十世纪中期。

2. 乙类

乙类 Aa 型的上烧沟 M3，时代大体在十世纪中，柳条通 M5 和银窝沟墓的时代大体在十一世纪前期。Ab 型的甘珠尔花墓群时代在十世纪中期。Ba 型的荷叶哈达墓和石门沟墓群，时代分别在十世纪初期和后期。Bb 型的白脑包墓，时代在十世纪中期。C 型出现时间较晚，山头村墓群时代大体已在十一世纪末至十二世纪初。

3. 丙类

Aa 型Ⅰ式的御泉华庭Ⅳ M1，时代在十世纪后期；Ⅱ式的御泉华庭 IM5，时代已达到十一、十二世纪之交，两墓的总体特征和文化内涵一致，存在一定前后继承的关系。Ab 型Ⅰ式的尚品天城 M12，时代在十一世纪前期，Ⅱ式的或斯营子 M3 时代在十一世纪末。B 型Ⅰ式的刘承嗣墓地 M6，墓主人为儿童，推测为该家族刘宇杰（1000 年下葬）早年夭折的兄长，那么该墓时代必定早于刘宇杰墓，大体在十世纪后期；Ⅱ式的机械厂 94M1，时代在十一世纪中期。Ca 型Ⅰ式的尚品天城 M11，笔者判断时代大体在十世纪后期[42]；Ⅱ式的高力戈 M12，时代在十一世纪后期。Cb 型的小型砖圹墓广宜街墓群和柳条湖张宁墓，其形制演变和年代问题笔者曾专门进行过探讨，其中将广宜街墓群分为早晚二期，张宁墓特征与时代均相当于晚期[43]。这里仍沿用之前观点，将这批墓葬划分为早晚二式，Ⅰ式的广宜街 M1-3，时代大体在十一世纪前期；而Ⅱ式广宜街 M4-5 和张宁墓（1056 年），时代则大体在十一世纪中期；Ⅲ式的或斯营子 M4 时代在十一世纪后期。

4. 丁类

丁类康庄墓时代在十一世纪后期。

5. 戊类

戊类查干吐莫墓群各墓葬的时代接近，大体在十一世纪后期。

（二）分期

根据以上对各类圹墓年代分析和墓葬组合发展变化情况，可大体将辽代圹墓划分为三期五段，具体情况如下。

1. 一期

时代大体为整个十世纪。这一时期的特征是墓葬类型以甲类和乙类为主导，且未出现石

42 林栋：《沈阳八王寺地区辽金墓群的分期与年代》，《辽宁省博物馆馆刊（2013）》，辽海出版社，2013 年。

43 林栋：《对沈阳广宜街辽墓群的再认识》，《北方文物》2014 年 4 期；林栋：《对沈阳广宜街辽代石函墓的再认识》，《中国文物报》文物考古周刊 2014 年 1 月 3 日第 6 版。

函等葬具，基本为尸骨葬，火葬墓尚未出现。在地域分布上，本阶段圹墓主要以内蒙古东部地区为中心。本期具体分为两个发展阶段：

1段：十世纪中前期。本阶段墓葬组合有甲类Aa型、乙类Aa型、Ab型、Ba型和Bb型。墓葬总体数量较少，在随葬品组合和葬俗等方面体现出较多的原始性。分布区域除极少数在黑龙江和河北省外，均在内蒙古境内。

2段：十世纪后期。墓葬组合有甲类Aa型、乙类Ba型和丙Aa型Ⅰ式、B型Ⅰ式、Ca型Ⅰ式，新出现了丙类墓葬。分布范围主要在河北承德和辽宁的朝阳、沈阳地区。从本阶段开始，内蒙古地区圹墓的数量明显下降，直至终辽。

2. 二期

时代大体为十一世纪中前期。本期特征主要是甲类墓葬仍然延续，但乙类墓葬明显开始衰落，丙类砖圹墓葬开始成为主导。葬具方面普遍出现石函，火葬墓逐渐开始盛行。在地域分布方面，主要在内蒙古以外的东北辽、吉、黑三省和关内的京冀地区。同样可分为前后两个发展阶段：

3段：十一世纪前期。墓葬组合有甲类Aa型、乙类Aa型和丙类Ab型Ⅰ式、Cb型Ⅰ式。一方面仍然是前一时期的延续，同时新出现了丙类墓，石函火葬墓开始出现，但石函体积尺寸较后期小明显，体现石函火葬刚刚兴起，还不甚发达。

4段：十一世纪中期。墓葬组合有丙类B型Ⅱ式、Cb型Ⅱ式。乙类A、B型传统石圹墓葬从此基本消失，后续新出现的乙类C型石圹墓，实则是将石函葬具直接埋入地下土圹内，除采用石材为原料外，性质和特征上与前两型的石圹墓葬有本质的差别，是受到火葬石函墓盛行影响的产物。同时丙类Cb型墓，较前一阶段进一步得到发展，石函的尺寸明显增加。

3. 三期

时代为十一世纪后期至十二世纪初，共一个发展阶段。

5段：墓葬组合有甲类Aa型、乙类C型、丙类Aa型Ⅱ式、Ab型Ⅱ式、Ca型Ⅱ式、Cb型Ⅲ式、丁类和戊类。本期的主要特征是新出现形制特殊石圹墓（乙类C型），以及丁类和戊类墓葬。前一阶段在砖圹墓内流行的石函葬具基本消失，转而由木函所代替，并出现了家具和真容像等木质葬具。

各类型墓葬分期情况见附表。

三、文化内涵与历史背景

辽代不同地域、不同时代、不同特征的圹墓，所体现的文化内涵和历史背景也不尽相同。一期早段墓葬在随葬品和葬俗等方面，带有明显契丹建国前的遗风。唐杜佑所撰《通典·契丹》载："但以其尸置于山树之上，经三年之后，乃收其骨而焚之"[44]；《北史·契丹传》载："父母死而悲哭者，以为不壮，但以其尸置于山树之上，经三年收其骨而焚之"[45]，均说明契丹族在建国前传统的丧葬方式首先是树葬，经三年后简单火葬焚之，这与建国后采取

44 （唐）杜佑著：《通典》，中华书局，1988年。
45 （唐）李延寿：《北史》，中华书局，1974年。

在地下建造室墓和圹墓的埋葬方式有着很大的区别。辽代室墓特别是大型砖室墓应直接借鉴了中原王朝汉族统治阶段的传统丧葬制度，而辽建国初期圹墓的来源则可能是多源的。辽境所包括的东北地区内，多个时代更早的古代民族均有使用土圹墓埋葬的传统习俗，辽早期的石圹墓选材则可能是收到高句丽和渤海的影响。圹墓等级与室墓存在明显差别，代表的是契丹贵族统治阶层以下的社会中下阶层墓葬面貌。一期圹墓数量少，正是辽建国后丧葬观念正处于转变过程当中的体现。分部地域集中在内蒙古地区的契丹复地，墓葬文化内涵带有明显契丹传统特色，则说明这一时期辽统治下，除契丹族外的其他民族，受辽建国的冲击影响较大，整个辽朝社会尚处长恢复发展阶段，完整的丧葬制度体系尚未形成。

一期晚段至二期，丙类砖圹墓开始出现，甲类土圹墓随葬品和葬俗方面也发生了变化。圹墓的分布地域逐渐从内蒙古分散到东北和关内，内蒙古境内的各类圹墓数量反而明显减少。砖圹墓的出现与砖室墓的发展有明显的关系，很多砖圹墓均与砖室墓共处于同一墓地，只是墓葬规模和级别明显偏低，有些圹墓是专为夭折的儿童所建。砖圹墓集中分布的京冀和辽沈地区，均为辽代汉族聚集区，砖圹墓的墓主人大体均为辽代汉人，所体现的是汉族传统文化内涵。在黑龙江和内蒙古境内均发现了随葬品组合和葬俗不同于之前契丹族的圹墓，从地域和文化特征上看，应源于隋唐时期靺鞨族文化系统，但演变至辽代，具体源于黑水靺鞨（生女真）还是粟末靺鞨（渤海）分支，尚有待进一步研究。二期小型火葬石函墓的大量出现流行，与兴宗时期大力发展佛教有密切关系。内蒙古境内圹墓数量的明显减少，应与同时期这一地区石室墓的发展有直接的联系。由于社会的发展，经济的恢复，原本使用圹墓的契丹中下阶层，开始使用级别更高的石室墓。柳条通 M5 内发现一枚四五岁儿童的臼齿，表明契丹族原本成年人使用圹墓，这一时期可能专为儿童建造，契丹族整体的墓葬级别有所提高，是随着辽代社会发展进步，契丹族整体地位提高的表现。

三期木圹墓开始出现，传统石圹墓明显衰落，原本砖圹墓内的石函葬具被木函取代，同时出现了木质家具和真容像等葬具。墓葬到葬具的加工原料，均有从石材向木材转变的趋势。本期火葬墓仍然盛行，甚至达到巅峰。山头村墓群集中发现大量火葬墓群，出土铜钱的年号，时代下限已达到辽末天祚地时期，是道宗至天祚帝时期继续弘扬佛教政策的产物。

四、关于圹墓的定名

以往，学界对各类圹墓的定名不一。土圹墓多称为土坑墓；石圹墓有石椁墓、石棺墓等名称；砖圹墓不论是否有顶，均称为砖椁墓，木圹墓则称木椁墓。本文根据这几类墓葬的共性，及与室墓在形制、规模等方面的本质差别，统一称之为圹墓。关于“椁墓”的定义，笔者认为需同时具备两个条件：一是椁必须有盖顶；二是椁内须有相对应的“棺”。依据此条件，丙类砖圹墓中的 B 型 Ⅱ 式机械厂 94M1，和 Cb 型广宜街墓群几座墓葬和张宁墓，或可称之为小型“砖椁墓”，而其他的砖圹墓和石圹墓则不具备椁墓的条件。

附表　辽代圹墓分期表

时代	墓葬名称	形制	尺寸（单位：米）	地	其他
一期1段	呼斯淖墓	甲Aa	2.5—1.6—2.5	内蒙古科左后旗	随葬有羊骨架
	荷叶哈达墓	乙Ba	1.95—0.5—0.4	内蒙古扎鲁特旗	正南北向，随葬有山羊
	巴彦琥绍墓	甲Aa	2.6—0.7/0.78—0.35	内蒙古巴林右旗	出土有随葬品
	光明街M2	甲Aa	破坏	辽宁抚顺	出土有长颈壶
	乌斯吐墓	甲Aa	1.2—0.4	内蒙古通辽	出土有桦树皮和瓜棱罐
	乌日根塔拉墓	甲Aa		扎鲁特旗	有陶器随葬品
	秦家沟墓	甲Aa		库伦旗	有陶器随葬品
	白塔村M2	甲Aa	1.9—0.8—0.6	内蒙古赤峰敖汉	设有二层台和小龛
	白塔村M3	甲Aa	2.9—1.6—2.9	内蒙古赤峰敖汉	设有二层台和小龛
	白塔村M4	甲Aa	2—0.4—1.5	内蒙古赤峰敖汉	设有小龛龛内放完整狗殉葬
	虎吐路墓	甲Aa		内蒙古巴林右旗	出土方形铃铛和陶器
	新丰砖厂墓	甲Aa	2—1.5	黑龙江龙江县	出土瓜棱壶等随葬品
	达来胡硕墓	甲B	2.15—1—0.4	内蒙古锡林郭勒	使用芦苇包脚，出土铁铧、树皮
	上烧沟M3	乙Aa	2.4—1.2/1.4	内蒙古昭盟喀旗	正南北向
	甘珠尔花M1	乙Ab	2.44—1.03/1.05—1.82	内蒙古呼盟新旗	正南北向
	甘珠尔花M3	乙Ab	2.6—1.62/1.68—1.85	内蒙古呼盟新旗	
	白脑包墓	乙Bb	2.1—1.48/1.6—1.24	河北张家口康保	合葬墓，随葬有铜带饰
一期2段	北沟村墓	甲Aa		河北承德	使用木棺类具，随葬铜车铃，殉马
	石门沟墓群	乙Ba		内蒙古扎鲁特旗	屈肢葬地表有墓葬标记
	御泉华庭IVM1	丙Aa型Ⅰ式	2.2—0.8	辽宁沈阳大东	墓顶呈船篷形
	刘承嗣墓地M6	丙B型Ⅰ式	1.9—1.3/1	辽宁朝阳西大营	儿童墓
	尚品天城M11	丙Ca型Ⅰ式	2.45—0.8	辽宁沈阳大东	
二期3段	银窝沟墓	乙Aa	3—2—1.4	河北滦平	出土鸡冠壶等随葬品
	柳条通M5	乙Aa	2.26—1.48—0.5	辽宁沈阳康平	出土儿童牙齿
	哈拉海沟墓	甲Aa		河北丰宁	出土陶器，铜镜，铁器等随葬品
	海王村M1-2	甲Aa		北京西城区	被破坏，形制不详
	奥里米M5	甲Aa	2.74—0.94	黑龙江绥滨	东北向
	奥里米M7	甲Aa	2.03/2.07—1.07	黑龙江绥滨	二次葬
	尚品天城M12	丙Ab型Ⅰ式	1.6（残）—0.8	辽宁沈阳大东	
	广宜街M1	丙Cb型Ⅰ式	1.44—1.5—0.6	辽宁沈阳和平	使用石函葬具

续表

时代	墓葬名称	形制	尺寸（单位：米）	地	其他
二期3段	广宜街M2	丙Cb型Ⅰ式	1.5—1.4—0.5	辽宁沈阳和平	使用石函葬具
	广宜街M3	丙Cb型Ⅰ式	1.3—1.28—0.75	辽宁沈阳和平	使用石函葬具
二期4段	机械厂94M1	丙B型Ⅱ式	边长1.5	辽宁朝阳	使用石函葬具
	张宁墓	丙Cb型Ⅱ式		辽宁沈阳皇姑	使用石函和石经幢葬具并刻有题记
	广宜街M4	丙CbⅡ	1.28—1.25—1.05	辽宁沈阳和平	使用石函葬具
	广宜街M5	丙CbⅡ	1.6—1.38—1.03	辽宁沈阳和平	使用石函葬具
三期5段	宝山二村M1	甲Aa		黑龙江大庆	儿童墓，出土羊距骨
	宝山二村M2	甲Aa		黑龙江大庆	出土陶器、铁器等随葬品
	宫拉尔基M1	甲Aa		黑龙江齐齐哈尔	双人葬，有二层台，出土猪头骨
	宫拉尔基M2	甲Aa	2.4—1.1	黑龙江齐齐哈尔	使用木葬具
	高力戈M14	甲Ab	1.92—92—1.02	吉林双辽	双人葬
	高力戈M15		2.13—0.75—0.57	吉林双辽	发现疑似二层台
	高力戈M6		1.73—0.71—0.55	吉林双辽	母子葬
	黎明村M1-5	甲Aa		黑龙江佳木斯	破坏形制不详
	长岗村墓	甲Aa	4.6—1.8—1.9	黑龙江齐齐哈尔	出土马骨、马具和兵器等
	安业村墓	甲Aa		黑龙江肇东	出土马具
	山头村墓群	乙C	最大 1.3—1—1.1 最小0.8—0.6—0.6	内蒙古昭盟宁城县	共13座墓葬，为骨灰火葬，随葬有铜钱
	御泉华庭IM5	丙AaⅡ	1.85—0.5 残	辽宁沈阳大东	
	彧斯营子M3	丙AbⅡ	0.6—04/0.3—0.3	内蒙古昭盟宁城县	火葬、使用木板
	高力戈M12	丙CaⅡ	1.84—0.8—0.55	吉林双辽	双人葬，墓主口含铜钱，随葬羊头
	彧斯营子M4	丙CbⅢ	78—23/32	内蒙古昭盟宁城县	使用木函葬具，火葬
	康庄墓	丁	1.82—1.34/1.09—0.78	北京市大兴区	使用木函、真容像等葬具
	查干吐莫M8	戊	2.2—1.6—0.45	吉林前郭	用圆木盖顶，二次合葬
	查干吐莫M6	戊	0.8—0.45	吉林前郭	东北向，出土桦树皮
	查干吐莫M12	戊	1.05—0.8—0.2	吉林前郭	东北向，单人葬

（沈阳市文物考古研究所　四川大学考古系　林　栋）

辽宁朝阳县出土的辽代家族墓志

刘　艳　么乃亮

内容提要：辽宁朝阳县在辽代属中京道，是仕辽汉族大臣的家族墓地主要分布区。初步统计，朝阳县境内出土的辽代墓志有21通，除耶律延宁墓志为契丹大字与汉字合璧外，其余均为仕辽汉臣墓志，是辽宁地区出土辽代墓志较多的县区。本文择其重要家族墓地出土墓志作阐述，并作朝阳县出土辽代墓志附表于文末，以供学术界同仁检索参考。

关键词：朝阳县　辽代家族墓志　仕辽汉臣

在元人著述中常见辽金时期“燕四大族”的记载据，如王恽《卢龙赵氏家传》载：“赵氏自五季迄今，三百余年，子孙藩衍，几于千人，忠传学继，世济其美……与韩、刘、马共称为燕四大族，至比唐李、郑、崔、卢。”[1]韩、刘、马、赵四大族，除马氏家族墓志集中在北镇医巫闾山外，其余韩、刘、赵三姓的后裔子孙墓志在朝阳县境内都有出土，为研究各自家族谱系提供了考古依据，具有很重要的史料价值，可补充和订正《辽史》记载不足或失误。

早在1916年，在朝阳县朝阳沟出土了韩瑜、韩橁父子墓志[2]，韩瑜墓志早年即佚，韩橁墓志现藏于朝阳市博物馆。韩瑜、韩橁父子皆为河北玉田韩知古家族的后裔子孙。韩知古是幽燕地区汉族世家大族中最早归附辽朝之人，官至中书令，为辽太祖时佐命功臣之一，其家族在辽朝枝繁叶茂，官至使相者多达百余人，历金、元而不衰。有关韩知古家族世系的研究，以蒋金玲《辽代韩知古家族世系证补》一文最为全面详尽[3]。在韩知古的后裔子孙中，以韩橁最为知名，曾仕圣宗、兴宗两朝，为官近50年，是辽朝中期著名的外交活动家，先后出使五次，是墓志所见出使次数最多的外交使臣，关于韩橁在外交方面的成就已有学者详述，恕不赘述[4]。迄今为止，在研究论述韩橁的文章中，以《辽代韩橁墓志相关问题考释》一文最为详尽[5]。

1　（元）王恽：《秋涧先生大全文集》卷48《卢龙赵氏家传》（四部丛刊初编·集部），上海商务印书馆据明弘治刊本影印，1936年。

2　毕任庸：《辽韩瑜、韩橁墓志铭考证》，《人文月刊》1936年7卷3期。

3　蒋金玲：《辽代韩知古家族世系证补》，《辽金史论集》（第十一辑），内蒙古大学出版社，2009年。

4　李宇峰：《碑志所见辽代外交使臣考述》，《辽宁省博物馆馆刊（2009）》，辽海出版社，2009年。

5　冯璐、李宇峰：《辽代韩橁墓志相关问题考释》，《兰台世界》2018年10期。

据出土的刘承嗣墓志记载[6]，刘承嗣乃五代时燕王刘仁恭之孙。由于其父刘守奇降辽，刘承嗣一支的后裔子孙仕辽为官，生存发展，死后延续中原汉族名门大族聚族而葬的传统，形成家族墓地。20世纪70年代末发掘刘承嗣家族墓地6座，出土刘承嗣、刘宇杰、刘日泳祖孙三人的墓志。除刘承嗣家族墓地外后，又陆续发现的有关刘仁恭后裔子孙的墓志还有刘从信墓志[7]、刘府君墨书题记墓志[8]、刘宇一墓志[9]。根据这些墓志记载，刘守奇至少有四个儿子，其中有三个儿子在五代末及辽初乱世中长大成人后，先后北徙辽地为官，三个儿子的后裔子孙在辽国枝繁叶茂，广有分布。关于五代深州刘仁恭一族的家族世系，学者们综合出土墓志，对这一世系进行补充研究[10]，其中《辽代（刘宇一墓志）考释》一文详列深州刘氏家族十二世纪系表，梳理出刘氏家族自五代至金代300余年的基本脉络[11]。

卢龙赵氏自唐朝以来就颇为知名。赵氏家族在辽代的第一代人物赵思温，《辽史》有传，本为后唐平州刺史兼平、营、蓟县三州都指挥使，于辽太祖天赞二年（923）降辽后，以武功发迹起家，依靠勇武善战而得到辽朝太祖、太宗两位皇帝的信任，成为辽初归降汉人将领中仕辽最为成功者的范例。赵思温有子12人，均出仕辽朝为官，皆为军功而显，多历仕军职，以节度使者为多。如延照为永清军节度使，延祚为燕京留守，延卿为大同军节度使，延宁为保静军节度使，延海为保静军马步军都指挥使，延光为顺义军节度使，延玉为彰国军节度使，延绍为同州兵马节度使等。据王恽《卢龙赵氏家传》记载，赵思温葬于昌平县五华山之阳，其第五子赵延威葬建州永霸县白羊峪。建州为辽中京道所辖州，地即今朝阳市龙城区大平房镇黄花滩村城址[12]，永霸县为倚郭，与州同城。1972年在朝阳县台子公社牟杖子大队山嘴村南柏山的白道子山下，发现了赵延威之子赵匡禹墓，1979年又在赵匡禹墓附近出土了赵匡禹之子赵为干墓志和四神石棺，1977年在朝阳县馒头营子公社商家沟村发现了赵府君墓[13]。据出土的赵匡禹墓志记载，赵匡禹薨于建州之私第，葬于州之南白杨口，从先茔。赵匡禹墓所在的台子公社山嘴村南的白道子山恰好位于建州黄花滩城址正南，可知这里应是赵思温五子赵延威一支赵氏家族墓地。赵匡禹有子十人，除一子不仕，一子早卒外，其余多为刺史，节度使及汉军将军。在赵思温家族中，有赵思温、赵延宁、赵匡尧、赵为航先后担任建州保静军节度使，与建州有着千丝万缕的联系，赵延威一支更是以建州为家，死后亦葬于此地，形成聚族而葬的家族墓地。据墓志记载，赵匡禹、赵为干、赵府君三人均为赵思温的后裔子孙，依据墓志，结合文献，可详列从赵少阳至赵睿止赵氏家族九世世系表，补充了卢龙赵氏家族的一支后裔子孙北徙辽地并在朝阳为官的史实。

---

6 王成生：《辽宁朝阳市辽刘承嗣族墓》，《考古》1987年2期。

7 都兴智：《刘从信墓志考释》，《中国历史文物》2006年1期。

8 杜晓红：《辽宁省北票市发现辽刘府君墨书题记墓志》，《辽金历史与考古》（第四辑），辽宁教育出版社，2013年。

9 杜守昌、李宇峰：《辽代〈刘宇一墓志〉考释》，《辽宁博物馆馆刊（2012）》，辽海出版社，2013年。

10 冯永谦：《金刘元德墓志考——兼考五代刘仁恭一族世表》，《黑龙江文物丛刊》1983年1期；都兴智：《刘从信墓志考释》，《中国历史文物》2006年1期；何南：《补辽汉臣世系表》，《辽金历史与考古》（第三辑），辽宁教育出版社，2011年。

11 杜守昌、李宇峰：《辽代〈刘宇一墓志〉考释》，《辽宁博物馆馆刊（2012）》，辽海出版社，2013年。

12 冯永谦：《辽宁地区辽代建置考述》（下），《辽海文物学刊》1987年1期。

13 邓宝学、孙国平、李宇峰：《辽宁朝阳辽赵氏族墓》，《文物》1983年9期。

在朝阳县乌兰河硕蒙古族乡黄道营子村附近先后出土有石重贵[14]、石延煦[15]、李太后、安太妃墓志[16]。石重贵是后晋高祖石敬瑭的侄子，后晋天福七年（942）六月，石敬瑭死后，石贵继位，是为后晋少帝，亦称为出帝。由于对辽朝不称臣纳贡而失和，辽太宗耶律德光于开运三年（946）十二月，率兵伐晋，攻入后晋都城汴京（今河南省开封市），后晋灭亡。石重贵被辽国俘虏，与太后李氏、生母安太妃，皇后冯氏，弟重睿及子延煦、延宝等全家举族北迁，辗转于辽阳、霸州等地，最后被安置在建州附近的安晋城“耕垦自赡”。关于石重贵一行北迁辽国的行程路线，学者观点各异，贾敬颜先生认为石氏一家北迁最终到达黄龙府[17]，都兴智先生则认为石氏一家北迁并未到达黄龙府，其北迁的终点是到达东京辽阳府（即今辽阳市）[18]。我们基本同意后者观点。石重贵北迁辽国后，被辽穆宗封为晋王，安置在安晋城，即契丹人所称“石家寨”[19]。关于石氏全家北迁辽国最后定居地安晋城的具体位置，目前学术界有两说，一说认为安晋城即朝阳县胜利乡大王家子村南辽代遗址[20]，一说认为安晋城实是朝阳县波罗赤镇后营子村城址[21]。我们认为，既然石重贵、石延煦、李太后、安太妃四人墓志都在乌兰河硕蒙古族乡黄道营子村出土，这里应该是石氏的家族墓地，安晋城亦应当在黄道营子村附近，应距石氏家族墓地不远。既然契丹人将安晋城称为“石家寨”，可能安晋城并非一座正式城址，仅是一处颇具规模的村寨而已，石氏全家北迁仅 50 余人，一座村寨足以安置其“耕垦自赡”，或许寨名就叫石家寨，权备一说。

附表　辽宁朝阳县出土辽代墓志一览表（依墓志纪年排序）

姓名	年代	出土地点	资料来源	收藏单位
李太后	天禄五年（951）	乌兰河硕蒙古族乡黄道营子村	《边疆考古研究》（第16辑），2014年	朝阳县博物馆
安太妃	天禄五年（951）	乌兰河硕蒙古族乡黄道营子村	《边疆考古研究》（第16辑），2014年	朝阳县博物馆
刘承嗣	保宁二年（970）	西大营子乡西涝村	《考古》1987年第2期	朝阳市博物馆
石重贵	保宁六年（974）	乌兰河硕蒙古族乡黄道营子村	《文物》2004年第11期	辽宁省博物馆志盖在朝阳县博物馆

14　2000 年春，石重贵墓志为辽宁省博物馆征集入藏。石重贵墓志盖后被朝阳县博物馆征集入藏。

15　1998 年冬，石延煦墓志被朝阳市博物馆征集入藏。石延煦墓志盖后被朝阳县博物馆征集入藏。

16　杜晓红、李宇峰：《辽宁朝阳县发现辽代后晋李太后、安太妃墓志》，《边疆考古研究》（第 16 辑），科学出版社，2014 年。

17　贾敬颜：《〈晋出帝北迁记〉疏证稿》，《北方文物》1986 年 1 期。

18　都兴智、田立坤：《后晋石重贵、石延煦墓志铭考》，《文物》2004 年 11 期。

19　《辽史》卷八十六《耶律合里只传》：“合里只曰：‘胜负兵家常事，我嗣圣皇帝俘石重贵，至今兴中有石家寨。惠之一败，何足较哉！’”

20　璞石：《石晋李太后耕垦自赡之地考》，朝阳市哲学社会科学联合会《社会科学论丛》1989 年 2 期；孙国平：《辽代后晋李太后耕垦自赡之地考》，《东北地方史研究》1991 年 4 期。

21　杜晓红、李宇峰：《辽宁朝阳县发现辽代高嵩、高元父子墓志》，《辽宁省博物馆馆刊（2011）》，辽海出版社，2011 年；杜晓红、宋艳伟：《辽宁朝阳“安晋城”略考》，《辽金历史与考古》（第十辑），科学出版社，2019 年。

续表

姓名	年代	出土地点	资料来源	收藏单位
耶律延宇	统和四年（986）	西五家子乡柏树沟村	《文物》1980年第7期	辽宁省博物馆
石延煦	统和五年（987）	乌兰河硕蒙古族乡黄道营子村	《文物》2004年第11期	朝阳市博物馆志盖在朝阳县博物馆
韩瑜	统和九年（991）	朝阳沟村	《人文月刊》，1936年	志石已佚
刘宇杰	统和十八年（1000）	西大营子乡西涝村	《考古》1987年第2期	朝阳市博物馆
高嵩	统和十八年（1000）	波罗赤镇萧三家村	《辽代石刻文续编》，2010年	朝阳县博物馆
赵府君	统和二十年（1002）	馒头营子乡柳树沟村	《文物》1983年第9期	志石已佚
高元	开泰二年（1013）	波罗赤镇萧三家村	《辽宁省博物馆馆刊（2011）》，2011年	朝阳县博物馆
耿公妻张氏	开泰五年（1013）	东五家子乡柳树沟村	《辽代石刻文编》，1995年	朝阳县博物馆
冯从顺	太平三年（1023）	朝阳县早年出土具体地点不详	《满洲金石志补遗》，1937年	旅顺博物馆
韩椅	重熙六年（1037）	朝阳沟村	《人文月刊》，1936年	朝阳市博物馆
赵为干	重熙八年（1039）	白子乡山嘴村	《文物》1983年第9期	志石已佚
刘日泳	重熙十五年（1046）	西大营子乡西涝村	《考古》1987年第2期	朝阳市博物馆
赵匡禹	青宁六年（1060）	台子乡山嘴村	《文物》1983年第9期	朝阳市博物馆
杨公	咸雍七年（1071）	孙家湾乡代家店村	《辽代石刻文续编》，2010年	朝阳县博物馆
茹雄文	大安三年（1087）	双庙乡八道河子村	《辽宁省博物馆馆刊（2）》，2007年	朝阳县博物馆
王仲兴	乾统二年（1102）	西营子乡海子沟屯	《辽金历史与考古》（第八辑），2017年	朝阳县博物馆
张让	乾统五年（1105）	大平房乡黄花滩村	《考古》1984年第5辑	志石已佚

（朝阳县博物馆　刘　艳　辽宁省博物馆　么乃亮）

辽代《韩德让墓志》疏解

辽金史工坊

内容提要：辽代《韩德让墓志》近年出土于辽宁省北镇市富屯街道富屯村洪家街四号墓。该墓志保存完好，是了解研究韩德让及其家族的重要资料。志文对韩德让生平、官阶以及事迹等内容记载翔实，可补正史之不足。惟其用典颇多，文辞艰涩，故略加疏解。

关键词：辽代　韩德让　墓志　疏解

《韩德让墓志》的出土引起辽金史界的强烈关注。万雄飞、司伟伟对《韩德让墓志》进行了全面、系统的考释[1]。鉴于《韩德让墓志》用典颇多，有些文字生僻古奥，因此，本文力图在万、司两先生研究成果基础上，着重探究《韩德让墓志》典故出处、个别职衔的解释等问题。不当之处，祈请方家斧正。

故經天緯地匡時致主霸國功臣[2]、樞密使[3]、開府儀同三司[4]、大丞相[5]、兼政事令[6]、晉

1　万雄飞、司伟伟：《辽代韩德让墓志考释》，《考古》2020年5期，第111—120页。下引此书不再标明版权情况。

2　此为韩德让的十字功臣号。辽代的功臣赐号制度始于辽太祖，终于天祚帝，除兴宗和穆宗，其他七位皇帝皆实行此制度。获赐功臣封号的通常是一些在重大战事和关键时局立下显著功绩者，也包括在治理国家和保靖安民中做出突出贡献者。功臣的封号有从二字至十六字八个不同等级，名称种类繁多，获此殊荣者多将其置于自己官衔的首位以示其意义非凡。对此问题的详细论述参见王玉亭：《辽朝官员的本官、实职与阶——以辽代碑志文为中心》，引自韩世明、孔令海：《辽金史论集》（第十四辑），中国社会科学出版社，2016年，第150—170页。下引此书不再标明版权情况。

3　此为韩德让结衔中的“职”。辽代的“职”又称“实职”，指的是官员的实际执掌。据现有辽代墓志所载，辽代官员升迁严格遵循“官”和“职”的顺序进行，根据官员结衔中“职”的清要程度即可判断其在官僚体系中所处的位置。对此问题的详细论述参见：王玉亭：《辽朝官员的本官、实职与阶——以辽代碑志文为中心》。

4　此为韩德让结衔的“阶”。辽人的阶直接来源于唐中晚期和五代的职官滥授，因此辽朝对于阶的授予不太严格，且阶并没有随着实职（使职）的升迁而变。辽的阶主要运用在低级官吏或流外吏职的身上。辽阶已经失去了对全部官品“衡量”作用，不能反映官员因积劳积功而升迁过程。

5　此亦为韩德让的“职”。参见王玉亭：《辽朝官员的本官、实职与阶——以辽代碑志文为中心》，第150—170页。

6　此为韩德让的“赠官加衔”，是辽代对臣僚表示荣宠而额外加赠的，这种情况往往发生在对宰执官员的官阶授予上，但并不意味着官员需要实际从事这一职务。

國王[7]，食邑二萬户、食實封陆阡户[8]，贈尚書令[9]，謚文忠[10]，漆水[11]耶律王墓誌銘并序。/

推誠翊聖功臣、樞密使、崇祿大夫、守尚書左僕射[12]、參知政事、上柱國[13]、彭城郡開國侯，食邑一千户、食實封壹伯户[14]，臣劉晟奉勑撰。/

天有台星，地有嶽鎮，國有相輔，三才之道備矣[15]。故嶽鎮之內而中嶽降神，則周之仲山甫為時而生[16]；台星之內而中台坼象，則晉之張茂先應變而逝[17]。今我皇朝大丞相、晉國王，其來也，非止降中嶽之神，莫不百靈併鍾，五行交感。其往也，非止坼中台之象，莫不二儀共慘[18]，萬姓同悲。皇帝義重君臣，情深兄弟。不遺一老，相予莫及於追思[19]；可贖百身，殲我何勝於震悼[20]。當捐館之始，輟朝臨喪，命

---

7 此为韩德让的“爵”。

8 此为其“封邑”。在辽代，这一部分与“爵”是非显贵不授，其等级代表官员的地位高低。

9 此为墓主的逝后“赠官”，表示对其的荣宠。

10 此为韩德让的“谥号”。

11 此为辽朝耶律氏的郡望，由于原本韩氏的郡望为“昌黎”，但韩德让曾被赐姓“耶律”，故将其郡望定于此。至于“漆水”的具体地理位置，目前学界尚未形成定论。

12 此为结衔中的“本官”。辽代的本官作用有：第一，标志官吏的身份、名份、品级、地位（在官僚体制内的位置）。第二，以此享受有关待遇，如俸禄、门荫、致仕带属官佐等。第三，据此磨勘考课，决定转迁，这种转迁是在本官上进行的。第四，决定班序。参见王玉亭：《辽朝官员的本官、实职与阶——以辽代碑志文为中心》，第150—170页。

13 此为刘晟的“勋”，与唐代用勋表示官员的资历和地位不同，辽代的勋并无序阶之用。

14 此为刘晟的“封邑”，其中“伯”应为“佰”，下文在此封邑后出现之“伯”均为此意。

15 三才：指天、地、人。语出《易传·系辞下》：“《易》之为书也，广大悉备，有天道焉，有人道焉，有地道焉。兼三材而两之，故六。六者非它也，三材之道也”，注曰：“‘材’，岳本、宋本、古本、足利本同，闽、监、毛本作‘才’”。参见王弼注，孔颖达疏：《周易正义》卷八《系辞下》，引自《十三经注疏》整理委员会整理：《十三经注疏》，北京大学出版社，1999年，第318页。下引此书不再标明版权情况。

16 此句典出《毛诗·崧高》：“崧高维岳，骏极于天。维岳降神，生甫及申”，注曰：岳：四岳也。东岳岱，南岳衡，西岳华，北岳恒。尧之时，姜氏为四伯，掌四岳之祀，述诸侯之职。于周则有甫、有申、有齐、有许也……岳降神灵，和气以生，申甫之大功。此处以仲山甫之功比拟韩德让对辽朝所做贡献之大。毛亨传，郑玄笺，孔颖达疏：《毛诗正义》卷十八《崧高》，引自《十三经注疏》，第1027—1206页。

17 此句典出《晋书·天文志上》：“三台六星，两两而居，起文昌，列抵太微。一曰天柱，三公之位也。在人曰三公，在天曰三台，主开德宣符也。”又《张华传》载：“初，华所封壮武郡有桑化为柏，识者以为不详。又华第舍及监省数有妖怪。少子韪以中台星坼，劝华逊位……遂害之于前殿马道南，夷三族，朝野莫不悲痛之。时年六十九”，参见房玄龄等：《晋书》卷十一《天文志》，中华书局，1974年，第293页；卷三十六《张华传》，第1074页。下引此书不再标明版权情况。

18 二仪，指称天和地，后延用为代称天地之典。出自《曹植集》：“太极定二仪，清浊始以形”。详细参见：曹植著，赵幼文校注：《曹植集校注》卷三《唯汉行》，人民文学出版社，1998年，第364页。

19 不遗一老：出自《诗·小雅·十月之交》：“不慭遗一老，俾守我王。”参见：毛亨传，郑玄笺，孔颖达疏：《毛诗正义》卷十二《十月之交》，引自《十三经注疏》，第727页。

20 歼我：典出《诗经·秦风·黄鸟》：“交交黄鸟，止于棘。谁从穆公……彼苍者天，歼我良人！如可赎兮，人百其身”。故后世多引此用以表示对良臣逝去的沉痛哀悼；“震悼”典出《楚辞·九章·抽思》：“愿承閒而自察兮，心震悼而不敢”，此处亦用以表示对韩德让逝去的沉痛哀悼。毛亨传，郑玄笺，孔颖达疏：《毛诗正义》卷六《黄鸟》，引自《十三经注疏》，第428—429页；《九章·抽思》，引自汤炳正等注：《楚辞今注》，上海古籍出版社，1995年，第142页。

執事/制家人之服。詔弘義宫都部署[21]耶律臬烈暨匡義軍節度使齊泰等監護靈轜[22]，權殯於顯州[23]之右。逮卜宅之次[24]，命奉常考親王之禮，詔大內惕隱、同政事門下平章事耶律積善暨廣德軍節度使耿延琳等管辦襄事，陪葬拎乾陵之側。其諸賵賻[25]寶貨、祭饗珍羞，/出自特恩，加於常等。顧謂宰臣、樞密使、守司空平章事邢抱質曰："王之勳業忠孝，蓋一人而已。予不敢私拎勸懲，汝為之加贈易/名"。乃冊贈尚書令，謚曰文忠。複謂樞密使、守左僕射、叅知政事劉晟曰："王之行實[26]哀榮，庶百代可知。予不忍使拎泯絶，汝為之刊銘誌/墓"。臣俯伏承詔，怔忪[27]失圖[28]，強杼[29]荒蕪[30]，直書梗槩。謹案。

王諱隆運，字致堯，本姓韓氏，初名德讓，其先昌黎人也。世家命氏之前，則有司馬/遷載諸前史[31]；列國連衡之後，則有孔元舒記其後語[32]。高曾祖德，顯晦時事，則已具于故宣政殿學士扶風馬得臣所撰王之/烈考故尚父、秦王諱匡嗣之誌銘在焉[33]。此何繁其文而華其說。但以積善之家，必有餘慶者，可得言哉。王即尚父、秦王第四子也。/生稟閑秀[34]，為非常之人；出應休明[35]，遇知己之主。景宗孝成皇帝踐祚之來年，起家東頭供奉官、銀青崇祿大夫、左散騎常侍/兼殿中侍禦史、武騎

21 弘义宫：辽太祖斡鲁朵。
22 轜：灵车。灵轜也是灵车之意。
23 显州：辽义宗、世宗陵寝所在的奉陵州。显州州城遗址位于今辽宁北镇市广宁镇鼓楼以北。参见赵杰、周洪山：《北宁市文物志》，辽宁民族出版社，1996 年，第 37 页。
24 卜宅：占卜决定埋葬地点。
25 赗赙：因协助葬礼而以财物相赠，出自范晔：《后汉书》卷二十四《马援传》："厚加赗赙，使者吊祭"，中华书局，1965 年，第 855 页。下引此书不再标明版权情况。
26 行实：指生平事迹。
27 怔忪：出自王符：《潜夫论笺校正》卷五《救边》："旬时之间，虏复为害，军书交驰，羽檄狎至，乃复怔忪如前，意为惊恐不安。"中华书局，1985 年，第 263 页。
28 失图：意为失去主意。出自杨伯骏：《春秋左传注》："昭公七年，孤与其二三臣悼心失图。社稷之不皇，况能怀思君德。"，中华书局，1990 年，第 1286 页。下引此书不再标明版权情况。
29 杼：古代指梭，此处应为组织整理之意。
30 荒芜：指荒凉萧条。此处应为对自己才学水平的谦称。
31 载诸前史：指司马迁《史记・韩世家》。司马迁：《史记》卷四十五《韩世家》，中华书局，1959 年，第 1865—1878 页。下引此书不再标明版权情况。
32 孔元舒：即孔衍（268—320），(《太平御览》作孔演、《册府元龟》作孙舒元）字舒元（又作元舒），晋代鲁国人，孔丘二十二代孙。
33 马得臣对韩德让高曾祖显晦时期的轶事有详细的记载："其后，继以兴宗献子之恩德在人，淮阴之功名盖代。世济其美，史不绝书。曾祖讳懿，不仕"，此处，韩匡嗣墓志铭为马德臣所撰。向南、张国庆、李宇峰辑注：《辽代石刻文续编》，辽宁人民出版社，2010 年，第 23 页。下引此书不再标明版权情况。
34 生禀闲秀：天生秀丽。《旧唐书》："伏惟先太后圆精挺质，方祇禀秀。"参看刘昫：《旧唐书》卷五十二《肃宗章敬皇后吴氏》，中华书局，1975 年，第 2187 页。下引此书不再标明版权情况。
35 休明：美好清明。《左传・宣公三年》："楚子问鼎之大小轻重焉。对曰：'在德不在鼎……德之休明，虽小，重也。其奸回昏乱，虽大，轻也。'"杨伯骏编著：《春秋左传注》，第 669—671 页。

尉。綺紈[36]被選，纔委質[37]於彤庭[38]；綸綍宣恩[39]，旋握兵於紫極[40]。遷金紫崇祿大夫、司徒、行左千牛衛將軍兼御史大/夫、上柱國。勾陳六衛[41]，既聽申嚴[42]；市垣九重，更資壯觀。改上京皇城使，加太保。名淹[43]下位，歷官推過職之才；志立殊功，出將効當年[44]之用。/授鳳翔節度管內觀察處置等使、特進、太尉、行鳳翔尹，封昌黎郡開國公，食邑三千户、食實封叁伯户，特賜推忠翊聖功臣。當其尚父、/秦王兼捴上京留守之任，雖外重保釐[45]，而內多扈從。詔王知軍府事。幹父之蠱[46]，子道克全；事君以忠，臣誠弥著。政成輦轂，譽達/朝廷，除右金吾衛上將軍，加食邑一千户、食實封壹伯户，仍賜保節功臣。尚父、秦王改授燕京留守，復詔王知軍府事。拜漢皇興/歎之官[47]，榮當處右[48]；臨召伯受封之地[49]，詠播輝前[50]。而屬趙氏渝盟，

36 绮纨：华丽的丝织品。亦指绮纨所制之衣。《后汉书·王符传》："且其徒御仆妾，皆服文组彩牒，锦绣绮纨，葛子升越，筩中女布"。详细参见：范晔：《后汉书》卷四十九《王符传》，第1635页。

37 委质：《礼记·曲礼下》："凡摯，天子鬯，诸侯圭，卿羔，大夫鴈，士雉，庶人之摯匹。童子委摯而退。"孔颖达疏："童子见先生或朋友……但奠委其摯於地而自退辟之。"详细参见：郑玄注，孔颖达疏：《礼记正义》卷七《曲礼下》，引自《十三经注疏》，第164页。

38 彤庭：本指汉代以朱漆涂饰的中庭，后泛指皇宫。《文选》："于是玄墀扣砌，玉阶彤庭。"详细参见：萧统编著：《昭明文选》，华夏出版社，2000年，第8页。下引此书不再标明版权情况。

39 纶綍："王言如丝，其出如纶。王言如纶，其出如綍。"郑玄注："言，言出弥大也。"孔颖达疏："'王言如纶，其出如綍'者，亦言渐大出如綍也。綍，又大於纶。"后因称皇帝的诏令为"纶綍"。郑玄注，孔颖达疏：《礼记正义》卷五十五《缁衣》，引自《十三经注疏》，第1504—1505页。

40 紫极：借指帝王的宫殿。《文选·潘岳》："厌紫极之闲敞，甘微行以游盘。"李善注："紫极，星名，王者为宫以象之。"详细参见：萧统编著：《昭明文选》，第275页。

41 勾陈：《荆州占》载"钩陈，天子大司马。又占曰：钩陈者，黄龙之位也"，引自瞿昙悉达：《开元占经》，九州出版社，2012年，第663页。六卫：泛指军队。六卫可能来自于六师，存疑，尚待考证。"张皇六师，无坏我高祖寡命"，六师即军队之意，引自孔安国传，孔颖达等正义：《尚书正义》卷十九《康王之诰》，参见《十三经注疏》，第518页。勾陈六卫指韩德让身份尊贵，位高权重。

42 听：治理。《左传·昭公元年》："朝以听政，昼以访问"，特指处理诉讼。杨伯骏编著：《春秋左传注》，第1220页。

43 淹：长期滞留。例如：《左传·僖公三十三年》载："寡君闻吾子将步师出于敝邑，敢犒从者。不腆敝邑，为从者之淹，居则具一日之积，行则备一夕之卫"，此处即引申为"久"；杨伯骏编著：《春秋左传注》，第495页。

44 效当年之用：出自潘岳《闲居赋》："顾常以为士之生也，非至圣无轨、微妙玄通者，则必立功立事，効当年之用"。潘岳著，董志广校注：《潘岳集校注》，天津古籍出版社，2005年，第70页。

45 保厘：治理百姓，保护扶持使之安定。

46 干父之蛊：儿子能继承其父之志，完成父亲未竟之业。《周易》卷三《蛊卦》载："初六：干父之蛊，有子，考无咎，厉终吉"，注曰："以柔巽之质，干父之事，能承先轨，堪其任者也，故曰'有子'也"。详细参见：王弼注、孔颖达疏：《周易正义》卷三《蛊》，引自《十三经注疏》，第93页。

47 此处的"汉皇兴叹之官"指韩德让担任的"右金吾卫上将军"。

48 古以右为尊，故称所尊重者为右。《史记·田叔列传》记载："上尽召见，与语，汉廷臣毋能出其右者"。详细参见：司马迁：《史记》卷一百四《田叔列传》，第2776页。

49 据《史记·燕召公世家》记载："周武王之灭纣，封召公于北燕"。故此处以召公受到封赏之"燕"（即今天北京附近）之地来指代韩德让任职之地。司马迁：《史记》卷三十四《燕召公世家》，第1549页。

50 咏播辉前：对韩德让个人功绩的赞颂，为构成与前句的对仗，故有此一表达。

王畿被犯[51]。彼則乘走丸之勢[52]，我則逼累卵之危。雖四面急攻，而一心堅 / 守。嬰城[53]摩壘[54]，保都會於金湯；却敵解圍，免生靈於塗炭。論功弟一，天子嘉之。獨異常倫，尋行賞典。出領遼興軍節度、平灤營等州觀察 / 處置等使[55]，加太師、同政事門下平章事。下十乘之車，頒六條之政[56]。諸侯表率，比屋昭穌[57]。雖千裏詠仁，屢聞複借[58]；而萬機虛位[59]，爰副僉諧[60]。資出 / 藩入輔之謀猷[61]，洽內平外成之理化[62]。征拜

51 此事指宋军取河东攻燕。据记载："宋兵取河东，侵燕，五院糺祥稳奚底、统军萧讨古等败归，宋兵围城，招胁甚急，人怀二心。隆运登城，日夜守御。援军至，围解"。脱脱：《辽史》卷八十二《耶律隆运传》，中华书局，2017 年，第 1421 页。下引此书不再标明版权情况。

52 走丸：《汉书・蒯伍江息夫传》："为君计者，莫若以黄屋朱轮迎范阳令，使驰骛于燕赵之郊，则边城皆将相告曰'范阳令先下而身富贵'，必相率而降，犹如阪上走丸也。"颜师古注："言乘势便易。"后因以"走丸"比喻事势发展顺利而快速或事情非常容易，毫无阻碍。班固：《汉书》卷四十五《蒯伍江息夫传》，第 2160 页。

53 婴城：环城而守。《战国策・秦四》：小黄、济阳婴城，而魏氏服矣。鲍彪注："婴，犹萦也，盖二邑环兵自守"。《汉书・蒯伍江息夫传》："范阳令先降而身死"，必将婴城固守，皆为金城汤池，不可攻也。颜师古注引孟康曰："婴，以城自绕"。刘向集录：《战国策》卷六《秦四・顷襄王二十年》，上海古籍出版社，1985 年，第 242—246 页；班固：《汉书》卷四十五《蒯伍江息夫传》，第 2159—2160 页。

54 摩壘：迫近敌垒，谓挑战。《左传・宣公十二年》："许伯曰：'吾闻致师者，御靡旌，摩垒而还'"。杨伯骏编著：《春秋左传注》，《宣公十二年》，第 734 页。

55 此为表示其担任的"职"。因为平滦营等州位于辽国境内，故为实领。平州最初的军名为卢龙军，后改为辽兴军，但其军名何时更改史书遗漏，据推测应在会同至应历九年之间。参见吴凤霞、武文君：《辽代平州节度使的选任及其特点》，《内蒙古社会科学》2016 年 1 期。

56 六条之政：指韩德让在辽兴军节度使任上监察官员，革除弊政。"六条"语出自《汉官典职仪式选用一卷》"刺史班宣，周行郡国，省察治状，黜陟能否，断治冤狱，以六条问事，非条所问，即不省。"参见蔡质撰，孙星衍校集：《汉官典职仪式选用一卷》，商务印书馆，1939 年，第 7 页。

57 比屋昭穌：指韩德让受到百姓的爱戴。"比屋"意为紧密排列的房屋，比喻连续不断的人家，借指百姓。语出自《新语・无为》："故尧、舜之民，可比屋而封，桀、纣之民，可比屋而诛，何者？化使其然也"，陆贾撰、庄大钧校：《新语》，辽宁教育出版社，1998 年，第 6 页。"昭苏"意为苏醒。语出自《礼记・乐记》"蛰虫昭苏，羽者妪伏。毛者孕鬻，胎生者不殰。而卵生者不殈，则乐之道归焉耳"。郑玄注，孔颖达疏：《礼记正义》卷三十八《乐记》，引自《十三经注疏》，第 1117 页。

58 复借：指百姓留恋好官，多次挽留。形容政绩突出，深受民众爱戴。语出自《后汉书・寇恂传》"即日车驾南征，恂从至颍川，盗贼悉降，而竟不拜郡。百姓遮道曰：愿从陛下复借寇君一年。"范晔：《后汉书》卷十六《寇恂传》，第 625 页。

59 万机虚位：指朝廷中有更需要韩德让的官位。"万机"指国家的各种事务。《汉书》言"相国、丞相，皆秦官，金印紫绶，掌丞天子助理万机。"班固：《汉书》卷一九《表第七》，第 724 页。

60 佥谐：指遴选韩德让出任国家重臣。典出自《尚书・舜典》"帝曰：俞，往哉，汝谐。"帝曰："畴若予上下草木鸟兽？"佥曰："益哉。"舜征询意见任命臣子，多有"佥曰"、"汝谐"之语。故以"佥谐"指代遴选国家重臣。孔安国传，孔颖达疏：《尚书正义》卷三《舜典》，引自《十三经注疏》，第 77 页。

61 此句指韩德让对国家内外的谋划。"藩"指代边防重地；"辅"指代国家的中心区域。秦汉以来，都城长安附近三辅地区一直是国家的中心。"出藩入辅"指他即担任过地方长官治理地方，又担任过中央官员管理国家。《南史・宋本纪》记载刘裕"出藩入辅，弘兹保弼，阜财利用，繁殖黎元，编户岁滋，疆宇日启，导德明刑，四境有截。此又公之功也。"李延寿：《南史》卷一《宋本纪》，中华书局，1976 年，第 17 页。下引此书不再标明版权情况。

62 此句指韩德让对国家内外治平安定的治理和教化。"内平外成"语出《左传・文公十八年》"举八元，使布五教于四方，父义、母慈、兄友、弟共、子孝，内平外成。"杨伯骏编著：《春秋左传注》，第 638 页。

樞密使，加食邑一千户，食實封壹伯户。聖賢一遇，忠孝兩全。方慶隔屏[63]，遽悲陟岵[64]。尚父、/秦王之薨逝也。國家以安危注意，徇滅奪情。王則哀訴拜章，懇求終制。與其易也，寧執親之喪[65]，不得已而勉從君之命，起複冠軍/大將軍、左金吾衛上將軍。伯禽急於王事，功紹拜前[66]；伊尹捴於相權，位遷為左[67]。加兼侍中，並賜守正功臣。魚當得水，龍忽上天[68]。受/遺詔而佐佑長君[69]，登專車而經綸大業。承天皇太后臨朝，昭聖皇帝纉位之後，加開府儀同三司兼政事令。是時也，憤/彼敵寇，蠢爾肆凶，劳我天威，赫斯震怒。蓋賴六奇之計[70]，繼成百勝之功。捨爵[71]策勳[72]，加地進律[73]，懋官懋賞[74]，併而行之。除洛京留守，加守司/

63 隔屏：典出《三国志・吴书》"陟，字子上，丹杨人。初为中书郎，孙峻使诘南阳王和，令其引分。陟密使令正辞自理，峻怒。陟惧，闭门不出。孙休时，父亮为尚书令。而陟为中书令。每朝会，诏以屏风隔其座。出为豫章太守。"后世以父子两代同朝为官为"隔屏"。陈寿：《三国志・吴书》卷四八《三嗣主传》，中华书局，1959 年，第 1148 页。下引此书不再标明版权情况。

64 陟岵：典出《毛诗正义》卷五之三《魏风》的一篇《陟岵》"陟岵，孝子行役……犹来无死。"表达其思亲之情。毛亨传，郑玄笺，孔颖达疏：《毛诗正义》卷五《魏风》，引自《十三经注疏》，第 367 页。

65 语出《论语》"林放问礼之本。子曰：'大哉问！礼，与其奢也，宁俭；丧，与其易也，宁戚。'"表示与其仪式周到，不如节俭和悲戚。何晏注，刑昺疏：《论语注疏》卷三《八佾第三》，引自《十三经注疏》，第 30 页。

66 典出自《史记》："伯禽即位之后，有管、蔡等反也，淮夷、徐戎亦并兴反。于是伯禽率师伐之于肸，作《肸誓》。"司马迁：《史记》卷三十三《鲁周公世家第三》，第 1524 页。

67 其典故在先秦古籍与《史记》中均有提及，例如《左传・襄公二十一年》："鲧殛而禹兴，伊尹放大甲而相之。卒无怨色，管蔡为戮。周公右王，若之何其以虎也弃社稷。"杨伯骏编著：《春秋左传注》，第 1060 页。《史记》："帝太甲既立三年，不明，暴虐……乃作《太甲训》三篇，褒帝太甲，称太宗。"司马迁：《史记》卷三《殷本纪》，第 99 页。

68 此句指正处于鼎盛时期的辽景宗突然辞世。

69 长君：以年长者为君。这里指君主，辽圣宗。

70 六奇之计：原指陈平所出的六条妙计；后泛指出奇制胜的谋略。据《史记》记载，陈平"凡六出奇计辄益邑，凡六益封。奇计或颇秘，世莫能闻也。"司马迁：《史记》卷五十六《陈丞相世家》，第 2058 页。

71 舍爵：上古诸侯朝会盟伐完毕，祭告宗庙并饮酒庆祝的典礼。后代指出征奏凯，至宗庙祭祀宴饮庆功之礼。《左传》："凡公行，告于宗庙。反行，饮至，舍爵，策勋焉，礼也。"洪亮吉撰，李解民点校：《春秋左传诂》，中华书局，1987 年，第 212 页。

72 策勋：记功勋于策书之上。"策"意思是指策书。君主对臣下封土、授爵、免官或发布其他敕令的文件。唐朝，凡有军功的，授以勋官。勋官最高一阶称为"上柱国"，正二品，需要经"十二转"才能达到。"转"是授予勋官时用来衡量功绩的单位。

73 加地进律：提高标志爵位礼仪的等级。《礼记・王制》："有功德于民者，加地进律。"郑玄注："律，法也。"王文锦：《礼记译解》，中华书局，2016 年，第 176 页。

74 封官嘉奖。"德懋懋官，功懋懋赏"意为德盛的用官职劝勉他，功高的用奖赏鼓励他。出自：宋敏求编：《唐大诏令集》卷第六十一《大臣・异姓王・册崔玄暐博陵郡王文》，中华书局，2008 年，第 332 页。

徒、河南尹，封楚國公。秩冠三司[75]，播緇衣[76]而頌美；爵疏[77]一字[78]，開赤□以稱雄。進封楚王，當轴持衡，執至公於要道[79]；累茵列鼎[80]，伸榮養於高堂。載/揚以顯之名，俄歎靡依[81]之詠。忽丁秦國太夫人之憂，雖俯就情切，曷勝過哀，而仰成事殷，須遵顺变。起複鎮軍大將軍、左金吾衛上將/軍。抑乎至性，不顧其身。昇以上公[82]，而歸諸道。仍資直筆，督刊信書。加守太保、監修國史。又以國步尚艱，邊烽屢警，靈旗[83]所指，廟筭[84]/斯煩。我師用示於觀兵，彼眾猶聞於拒命。連破大陣，悉獲全軍，生擒上將康保裔[85]等，獻其慶捷。運籌決勝，既茂績

75 三司：官名合称。东汉、唐朝、辽朝等以称太尉、司空、司徒三公，唐朝又为太子内官司闺、司则、司馔合称。宗力主编：《中国历代官制大辞典》修订版，商务印书馆，2015年，第17页。

76 缁衣：黑衣。古代卿士听朝的正服。出自《诗经·郑风·缁衣》："缁衣之宜兮，敝予又改为兮。"周振甫译注：《诗经译注》卷三《国风·郑风·缁衣》，中华书局，2010年，第100页。下引此书不再标明版权情况。

77 爵疏：分赐，分给。出自：《盐铁论》卷四《毁学》"疏爵分禄以褒贤。"桓宽：《盐铁论校注》，中华书局，1992年，第230页。下引此书不再标明版权情况。

78 一字：一字王。仅以一字为封号的王爵，辽、元等朝以为最尊。一字王，指封号为一个字的王爵。一般情况下一字王（如晋王、秦王）为亲王。李忠芝：《辽代封爵制度研究》，吉林大学2016年博士论文。

79 至公于要道：出自《贞观政要》：太宗初即位，中书令房玄龄奏言："秦府旧左右未得官者……岂是至公之道耶？"吴兢撰，谢保成集校：《贞观政要集校》卷五《论公平第十六》，中华书局，2009年，第278—279页。

80 累茵：指念悲已故父母。列鼎：谓陈列置有盛馔的鼎器。古代贵族按爵品配置鼎数。《孔子家语》卷二《致思》"昔者由也事二亲之时……为亲负米不可复得也。"陈士珂辑，崔涛点校：《孔子家语疏证》，凤凰出版社，2017年，第55页：累茵，多层垫褥。后因以"累茵之悲"为念悲已故父母的典故。

81 靡依：出自《小雅·小弁》："靡瞻匪父，靡依匪母"。周振甫译注：《诗经译注》卷五《小雅·小旻之什·小弁》，第292页。意为：哪个对父亲无不充满尊敬，哪个对母亲无不深深依恋。

82 上公：周制，三公八命，出封时，加一命称为"上公"。《周礼》卷三十九《春官·典命》："上公九命为伯，其国家、宫室、车旗、衣服、礼仪，皆以九为节。"孙诒让：《周礼正义》，中华书局，2015年，第1936页。下引此书不再标明版权情况。汉时太保太傅的尊称。《后汉书》论曰："吴汉自建武世，常居上公之位。"范晔：《后汉书》卷三十八《吴盖陈臧列传》，第685页。

83 灵旗：战旗。出征前必祭祷之，以求旗开得胜，故称。《汉书》："招摇灵旗，九夷宾将。"颜师古注："画招摇于旗以征伐，故称灵旗。"班固：《汉书》卷二十二《礼乐志》，第1057页。

84 庙筭："筭"为"算"，朝廷或帝王对战事进行的谋划。自夏朝开始，国家凡遇战事，都要告于祖庙，议于庙堂，成为一种固定仪式。帝王在庙堂占卜吉凶，祈求神灵护佑，以巫术假托神的旨意，迫使人们进行战争。这是"庙算"的原始形态。

85 康保裔：北宋将领，河南洛阳人。宋辽瀛洲之战中，宋朝人认为康保裔战死。"契丹兵大入，诸将与战于河间，保裔选精锐赴之，会暮，约诘朝合战。迟明，契丹围之数重，左右劝易甲驰突以出，保裔曰：'临难无苟免。'遂决战。二日，杀伤甚众，蹴践尘深二尺，兵尽矢绝，援不至，遂没焉。"《宋史》卷四百四十六《忠义传·康保裔》，中华书局，1985年，第13151页。下引此书不再标明版权情况。而《辽史》卷十四《圣宗本纪》载："次瀛州，与宋军战，擒其将康昭裔、宋顺，获兵仗、器甲无算"，第169页。从此墓志之记载可以证明，康保裔被辽军所俘，而非战死。民间御神为康王真君，民众多修祠宇康王庙、康王真君祠等纪念康保裔将军。

以格天；納麓[86]不迷，宜真封/之表海[87]。爰加異數，式副群情。拜大丞相，改封齊王，加食邑八千户、食實封肆阡户，兼賜嘉謀神智功臣。位極人臣，力匡宗社。以諸方之/率服，惟中土以未平。恒懷慷慨之雄圖，别負澄清之壯志。叅陪殷輅[88]，深入以有征[89]；進抵孟津，横行而無敵。漢相[90]方勞於示獸[91]，宋人遽乞於刑牲[92]。以時伸猶子[93]之诚，遂歲奉助軍之費[94]。議從柔服，歌振凱旋。惡殺好生，躋蒼生於仁壽；取威定霸，致皇道於雍熙。運洽太平，功高/難賞。將何殊禮，用表徽章。詔於昌黎之世家，除其本貫。賜以耶律之國姓，冠于宗盟[95]。預公朝而免常朝，隣御座而設獨座。不名不拜，絕席[96]絕班。雖寵遇優隆，曾無比擬；而名稱赫焕[97]，别有褒崇。改封晉國王，加食邑二千户、食實封壹阡户，仍别賜經天緯地匡時致主霸國功臣。適後偃武修文，制禮作樂，彝倫式序[98]，庶績其凝[99]。期天地

---

86 纳麓：总揽大政。出自《尚书孔传参正》卷二《虞书·舜典第二》载："纳于大麓，烈风雷雨弗迷。"孔传："麓，録也。纳舜使大録万机之政。"王先谦：《尚书孔传参正》卷二《虞书·舜典第二》，中华书局，2011年，第73页。后以"纳麓"谓总揽大政。

87 表海：古代指中国四境以外僻远之地；特指国外。

88 殷辂：出行所乘坐的工具。

89 指统和二十二年，契丹军队在萧太后和辽圣宗的率领下，深入宋境与其作战，脱脱：《辽史》卷七十一《后妃传·景宗睿智皇后萧氏》载："澶渊之役，亲御戎车，指麾三军，赏罚信明，将士用命"，第1323页，即宋辽战争的第九次战役—澶渊之战。战后签订《澶渊之盟》，换取两国一百多年的和平。

90 汉相：辽朝南面官体系下相关官员，本墓志中指的是韩德让。

91 示兽：示，通"祇"，地神。示兽：祭祀的图腾。

92 刑牲：古时为了祭祀或盟约而杀的牲畜。令狐德棻：《周书》卷一《文帝纪上》："因与元毗及诸将刑牲盟誓，同奖王室"，中华书局，1965年，第6页。

93 犹子：侄子、侄女，指晚辈的称呼。

94 此句分别阐述了辽宋澶渊之盟中的两项条款：宋辽为兄弟之国，辽圣宗年幼，称宋真宗为兄，后世仍以齿论；宋每年向辽提供"助军旅之费"银十万两，绢二十万匹，至雄州交割。

95 宗盟：同宗、同姓，此处指皇族。引自刘昫：《旧唐书》卷五十三《李密传》载："宗盟之长，属籍见容；复封于唐，斯荣足矣"，第2221页。

96 绝席：指与他人不同席，独坐一席。出自范晔：《后汉书》卷二十四《马援传》载"诏征防还，拜车骑将军，城门校尉如故。防贵宠最盛，与九卿绝席"，第856页，范晔：《后汉书》卷十五《王常传》载"使使者持玺书即拜常为横野大将军，位次与诸将绝席"，第581页。

97 赫焕：指光华炫耀。

98 彝伦式序：出自《尚书·洪范》："惟十有三祀，王访于箕子……我不知其彝伦攸叙"；又据顾炎武《日知录·彝伦》载："彝伦者，天地人之常道……而彝伦叙矣"，此处，彝伦式序指的是效法天地万物之常理。孔安国传，孔颖达疏：《尚书正义》卷十二《洪范》，引自《十三经注疏》，第297页；顾炎武著，黄汝成集释，栾保群、吕宗力校点：《日知录集释》卷二《彝伦》，上海古籍出版社，2006年，第91页。

99 庶绩其凝：出自《尚书·皋陶谟》："百僚师师，百工惟时，抚于五辰，庶绩其凝。意为众多功绩的建立。"详细参见：孔安国传，孔颖达疏：《尚书正义》卷四《皋陶谟》，引自《十三经注疏》，第106页。

以同休[100]，曷禍福之相倚[101]。不意承天皇太后宫車晏駕，感 / 君臣同體之義[102]，過父母終身之憂[103]。聖後奄棄扵兆民[104]，纔踰七月；淑人能長扵四國[105]，比望萬年。今皇上念雖天子必有長也，言 / 有兄也。益重元昆[106]，永為冢宰[107]。乃連御諱，賜名隆運。立極之柱，正頼擎天；濟川之舟[108]，俄聞藏壑[109]。無何統和二十九年歲次辛亥 / 春三月甲戌朔六日己夘，薨於行在，春秋七十有一。以其冬十一月庚午朔十六日乙酉陪葬於乹陵之乙地[110]，禮也。有子一人曰 / 宗業，華州觀察使、金紫崇祿大夫、撿校太保兼御史大夫、上柱國、漆水縣開國子、食邑五百户。渥洼[111]驥子[112]，

100 同休：据《隋书·音乐志》："日月比曜，天地同休。永清四海，长帝九州"，天地同休原意为"与天地同寿"，此处用以表示希望其长寿之意。详细参见：魏征、令狐德棻撰：《隋书》卷十五《音乐志》，中华书局，1973 年，第 372 页。

101 祸福之相倚：出自《老子》："祸兮福之所倚，福兮祸之所伏"。详细参见：王弼注，楼宇烈校释：《老子道德经注》，中华书局，2008 年，第 151 页。下引此书不再标明版权情况。

102 君臣同体之义：君臣一心，休戚与共。《尚书·益稷》："股肱喜哉！元首起哉！百工熙哉！"；又《汉书·魏相丙吉传》："远取诸物，近取诸身。故经谓君为元首，臣为股肱，明其一体，相待而成也"，孔安国传，孔颖达疏：《尚书正义》卷五《益稷》，引自《十三经注疏》，第 130 页；班固：《汉书》卷七十四《魏相丙吉传》，第 3150—3151 页。

103 终身之忧：《礼记·檀弓上》："子思曰：丧三日而殡……故君子有终身之忧，而无一朝之患，故忌日不乐"。注曰：孝子有终身之痛，曾不暂忘于心也。注云"则之言曾"，故君子有终竟己身，恒惨念亲。此则是不忘之事。详细参见：郑玄注，孔颖达疏：《礼记正义》卷七《檀弓上》，引自《十三经注疏》，第 175—176 页。

104 奄弃扵兆民：忽然舍弃百姓。其中：兆民：百姓；奄弃：忽然舍弃。犹永别，谓死亡。《魏书·敬宗孝庄帝纪》："孝明皇帝大情冲顺，深存隐忍，奄弃万国，众用疑焉"。详细参见：魏收：《魏书》卷十《敬宗孝庄帝纪》，中华书局，1974 年，第 256 页。

105 淑人长于四国：指的是高尚贤明的君子为众人所尊敬。典出自《诗经·国风·鸤鸠》："鸤鸠在桑，其子在榛。淑人君子，正是国人。正是国人，胡不万年"。详细参见：毛亨传，郑玄笺，孔颖达疏：《毛诗正义》卷七《鸤鸠》，引自《十三经注疏》，第 479 页。

106 元昆：长兄。语出自《毛诗·国风·葛藟》："绵绵葛藟，在河之漘。终远兄弟，谓他人昆。谓他人昆，亦莫我闻"！毛传："昆，兄也"。详细参见：毛亨传，郑玄笺，孔颖达疏：《毛诗正义》卷四《葛藟》，引自《十三经注疏》，第 266 页。

107 冢宰：指的是宰辅之臣。《尚书》："冢宰掌邦治，统百官，均四海"。详细参见：孔安国传，孔颖达疏：《尚书正义》卷十八《周官》，引自《十三经注疏》，第 483 页。

108 济川之舟：《尚书·说命上》："爰立作相，王置诸其左右。命之曰：'朝夕纳海，以辅台德。若金，用汝作砺。若济巨川，用汝作舟楫。若岁大旱，用汝作霖雨。'"后多以"济川"比喻辅佐帝王。详细参见：孔安国传，孔颖达疏：《尚书正义》卷十《说命上》，引自《十三经注疏》，第 248 页。

109 舟壑：典出《庄子集解 庄子集解内篇补正》卷二《内篇·大宗师》："夫藏舟于壑，藏山于泽，谓之固矣。然而夜半有力者负之而走，昧者不知也"。详细参见王先谦、刘武撰《庄子集解 庄子集解内篇补正》卷二《内篇·大宗师》，引自沈啸寰点校：《新编诸子集成》第一辑，中华书局，1987 年，第 59 页。

110 据万雄飞、司伟伟两位先生考证，"乙地"是用天干来代指方位，即东偏南（方位角在 97.5 ~ 112.5 度之间），由此可反推乾陵的主陵当位于韩德让墓地的西偏北。详细参见：万雄飞、司伟伟：《辽代韩德让墓志考释》，第 111—120 页。

111 渥洼：水名。在今甘肃省安西县境，传说产神马之处。《史记》："又尝得神马渥洼水中，复次以为〈太一之歌〉。"参见司马迁：《史记》卷二十四《乐书第二》，第 400 页。

112 骥子：比喻英俊的人才。《北史》："二子景鸾、景鸿，并有逸才，河东呼景鸾为骥子，景鸿为龙文。"参见李延寿：《北史》卷三十八《裴延俊传》，中华书局，1974 年，第 1383 页。

丹穴[113]鵷鶵[114]。纔學箕裘[115]，佇成堂構[116]。

王體正[117]心直，性方行圓。識通象帝[118]之先，才洞天人之際[119]。若乃瑤林瓊樹，不足擬其形容；璞玉渾金，不足知其名器。而又蜀龍[120]顧鳳[121]，祢鶚[122]徐麟[123]。/時瑞國禎，孰為等倫；樂水[124]周山[125]，憲陂[126]邈海[127]，風摽度量，

113 丹穴：传说中的山名。后以“丹穴”为凤凰的代称。《山海经》：“丹穴之山……有鸟焉，其状如鸡，五采而文，名曰凤皇。”参见郝懿行：《山海经笺疏》卷一《南山经》，上海古籍出版社，2019年，第15页。

114 鵷雏：比喻有才望的年轻人。《新唐书》：“元敬，隋选部郎迈之子，与收及族兄德音齐名，世称‘河东三凤’。收为长雏，德音为鸑鷟，元敬年最少，为鵷鶵。”参见欧阳修、宋祁：《新唐书》卷九十八《薛收传》，中华书局，1975年，第3893页。

115 箕裘：《礼记》：“良冶之子，必学为裘；良弓之子，必学为箕。”参见孙希旦：《礼记集解》卷三十六《学记第十八》，中华书局，1989年，第970页。下引此书不再标明版权情况。良冶、良弓，指善于冶金、造弓的人。意谓子弟由于耳濡目染，往往继承父兄之业。后因以“箕裘”比喻祖上的事业。

116 堂构：语出《尚书》：“若考作室，既底法，厥子乃弗肯堂，矧肯构？”参见孙星衍：《尚书今古文注疏》卷十四《大诰》，中华书局，1986年，第350页。下引此书不再标明版权情况。意谓父亲要盖房子，并已确定房子的盖法，而儿子却不肯去筑堂基，盖房子。后以“堂构”比喻继承祖先的遗业。

117 体正：礼仪规矩。体，通“礼”。《世说新语》引《郗鉴别传》：“少有体正，耽思经籍，以儒雅著名。”参见刘义庆：《世说新语》卷上之上，上海古籍出版社，2012年，第5页。下引此书不再标明版权情况。

118 象帝：指老子。《道德经》：“吾不知谁子，象帝之先。”参见王弼注，楼宇烈校释：《老子道德经注校释》，第10页。唐朝尊封老子为太上玄元皇帝，此处用《老子》中语为老子的别称。

119 天人之际：天道与人事相互之间的关系。《史记》：“披艺观之，天人之际已交，上下相发允答。”参见司马迁：《史记》卷一一七《司马相如列传》，第3721页。

120 蜀龙：指诸葛亮。《世说新语》：“诸葛瑾、弟亮及从弟诞，并有盛名，各在一国。于时以为‘蜀得其龙，吴得其虎，魏得其狗’。诞在魏与夏侯玄齐名；瑾在吴，吴朝服其弘量。”刘义庆：《世说新语》卷中之下，第103—104页。

121 顾凤：顾恺之。顾恺之曾作《凤赋》。

122 祢鹗：祢衡。孔融言：“鸷鸟累伯，不如一鹗。”参见范晔：《后汉书》卷八十《文苑传》，第2653—2654页。后因以“祢鹗”喻指英才。

123 徐麟：徐陵。《南史》：“年数岁，家人携以候沙门释宝志，宝志摩其顶曰：‘天上石麒麟也。’”参见李延寿：《南史》卷六十二《徐摛传》，第1522页。后以“天上麒麟”来称赞他人之子有文才。

124 乐水：乐广。《世说新语》：“卫伯玉为尚书令，见乐广与中朝名士谈议，奇之……命子弟造之曰：‘此人，人之水镜也，见之若披云雾睹青天。’”参见刘义庆：《世说新语》卷中之下，第90页。

125 周山：周顗。《世说新语》：“世目周侯‘嶷如断山’。”参见刘义庆：《世说新语》卷中之下，第94页。嶷，山高峻的样子。《晋书》记载：“周顗字伯仁……莫能媟也。”引自《晋书》卷六十九《周顗传》，第1850页。即周顗的为人，好像高高耸立的断山，使人可望而不可攀登。后用为比喻人正情嶷然，不可狎近。

126 宪陂：黄宪。语出《后汉书》：“叔度汪汪若千顷陂……不可量也。”参见范晔：《后汉书》卷五十三《黄宪传》，第1744页。后以喻人度量宽大，称器度宏大为“宪量”。

127 邈海：张邈。张邈少有侠义之风，常为帮助别人不惜倾家荡产。当时有“海内严恪张孟卓”的美称。

孰测远大；邊笥[128]樗囊[129]，丘牆[130]張市[131]，生知眾望，孰能同類；謝蘭[132]緒柳[133]，阮竹[134]和松[135]，歲寒風流，孰/可比崇。其文也，鄙百家之異端，而師諸周孔[136]，可以同三代之風；其武也，輕一夫之餘勇，而慕彼開張[137]，可以為萬人之敵。其於九功[138]九德[139]，五禮[140]/五樂[141]，三政[142]三法[143]，一話一言，

128 边笥：同“边氏腹”。《后汉书》：“韶口辩，曾昼日假卧，弟子私嘲之曰：‘边孝先，腹便便。嬾读书，但欲眠。’韶潜闻之，应时对曰：‘边为姓，孝为字。腹便便，五经笥。但欲眠，思经事。寐与周公通梦，静与孔子同意。师而可嘲，出何典记？’嘲者大惭。”参见范晔：《后汉书》卷八十《文苑传》，第 2623 页。后以“边氏腹”称满肚子学问犹如装满典籍的书簏。

129 樗囊：樗里疾。战国中期秦国宗室、将领，秦孝公庶子，秦惠文王异母弟，其母为韩国人。为人滑稽多智，秦人称之为“智囊”。参见司马迁：《史记》卷七十一《樗里子甘茂列传》，第 2803 页。

130 丘墙：比喻道德学问造诣极高。《论语》：“子贡曰：‘……夫子之墙数仞，不得其门而入，不见宗庙之美，百官之富。’”参见刘宝楠：《论语正义》卷二十二《子张第十九》，中华书局，1990 年，第 750—751 页。下引此书不再标明版权情况。本为子贡形容孔子学问道德之高，后以“夫子墙”“丘墙”比喻人之才德高不可攀。

131 张市：张楷。《后汉书》：“楷字公超，通《严氏春秋》《古文尚书》……隐居弘农山中，学者随之，所居成市，后华阴山南，遂有公超市。”参见范晔：《后汉书》卷三十六《张楷传》，第 1242—1243 页。后称学者群集之地或从学弟子聚集之所为“华阴市”，也称“张楷市”。用以称颂学养深厚、受人尊崇之人。

132 谢兰：系“谢庭兰玉”之省称；形容子弟优异超群，也用以称誉他人子弟。《宋史》：“仪学问优博……缙绅多讽诵之。”《宋史》卷二六三《窦仪传》，第 9094 页。

133 绪柳：张绪风流。《南史》：“绪吐纳风流……曰：‘此杨柳风流可爱，似张绪当年时。’”参见李延寿：《南史》卷三十一《张裕传》，第 810 页。后以“张绪风流”为咏柳的典故，形容垂柳轻盈多姿，婀娜可爱；亦称颂他人潇洒俊逸，谈吐风雅。

134 阮竹：阮籍。“竹林七贤”之一，《晋书》：嵇康与“陈留阮籍、河内山涛，豫其流者河内向秀、沛国刘伶、籍兄子咸、琅邪王戎，遂为竹林之游，世所谓‘竹林七贤’也。”引自《晋书》卷四十九《嵇康传》，第 1370 页。

135 和松：和峤。和峤为政清廉，享盛名于朝野，《晋书》言庾顗赞叹：“峤森森如千丈松，虽磥砢多节目，施之大厦，有栋梁之用。”引自《晋书》卷四十五《和峤传》，第 1283 页。

136 周孔：周公和孔子的并称。

137 关张：关羽、张飞的并称。

138 九功：古谓六府三事为九功。《左传》：“六府、三事，谓之九功。水、火、金、木、土、谷，谓之六府；正德、利用、厚生，谓之三事。”参见杨伯峻编著：《春秋左传注》，第 564 页。

139 九德：九功之德。《国语》：“夫六，中之色也，故名曰黄钟，所以宣养六气、九德也。”参见上海师范大学古籍整理组校点：《国语》卷三《周语下》，上海古籍出版社，1978 年，第 132 页。

140 五礼：古代的五种礼制。即吉礼、凶礼、军礼、宾礼、嘉礼。《周礼》：“掌五礼之禁令与其用等。”郑司农云：“五礼，吉、凶、军、宾、嘉。”参见孙怡让：《周礼正义》卷三十六《春官·小宗伯》，第 1434 页。

141 五乐：琴瑟、笙竽、鼓、钟、磬。《汉书》：“修五礼五乐”。颜师古注：“五乐，谓春则琴瑟，夏则笙竽，季夏则鼓，秋则钟，冬则磬也。”参见班固：《汉书》卷二十五《郊祀志第五上》，第 1191—1192 页。

142 三政：军政、民政、田政。

143 三法：古代三刺、三宥、三赦之法的合称。《周礼》：“司刺掌三刺、三宥、三赦之法……以此三法者求民情，断民中”。参见孙怡让：《周礼正义》卷六十八《秋官·司刺》，第 2841—2844 页。

二南[144]二妙[145]，六射[146]六愽[147]，性習相近，好尚夲異。是以在諸兄弟，獨白眉[148]以寂良；襲乃公侯，纔黑頭而必復。加之以公忠/許國，則致君親垂其裳[149]，邁帝皇王霸之道；以孝友承家，則使弟姪成其器，傳將相侯伯之榮。以貞廉謹身，則不顧貨財；以正直臨事，則/唯行陰德。以信義定交，則生者罔隔其貴賤，死者必恤其子孫。以謙和待士。則賢者縻之以好爵，俾其陳力就列[150]；愚者誘之以善道，遣其進/德修業。以寬仁御眾，則喜慍詎形扵顏色；以整肅率下，則言動不過扵辭則[151]。故得從始至末，自下昇高。歷事兩朝，踐履[152]餘二十任；揔持/二柄[153]，周旋僅四十年。曾無間言[154]，綽有餘裕[155]。其匡時之烈業，存于史諜；其蓋世之勳庸[156]，鏤於鼎鍾[157]。雖

144 二南：指《诗》的《周南》《召南》。亦周公、召公。引自《晋书》："周始二《南》,《风》兼六代。"参见《晋书》卷二十二《乐志》，第675页。

145 二妙：称同时以才艺著名的二人。指晋卫瓘、索靖。《晋书》："瓘学问深博，明习文艺，与尚书郎敦煌索靖俱善草书，时人号为'一台二妙'。"引自《晋书》卷三十六《卫瓘传》，第1057页。

146 六射：代指六艺。《周礼》："六艺，礼、乐、射、御、书、数。"参见孙怡让：《周礼正义》卷十九《地官・大司徒》，第756页。

147 六博：六博，又作陆博，是中国古代民间一种掷采行棋的博戏类游戏。《楚辞》："菎蔽象棋，有六簙些。分曹并进，遒相迫些。成枭而牟，呼五白些。"参见洪兴祖：《楚辞补注》，中华书局，1983年版，第211—212页。

148 白眉：马良。喻兄弟或侪辈中的杰出者。《三国志》："马良字季常，襄阳宜城人也。兄弟五人，并有才名，乡里为之谚曰：'马氏五常，白眉最良。'良眉中有白毛，故以称之。"参见陈寿：《三国志》卷三十九《蜀书九・董刘马陈董吕传》，第982页。

149 君亲垂其裳：谓定衣服之制，示天下以礼。后用以称颂帝王无为而治。《周易》："黄帝、尧、舜垂衣裳而天下治，盖取诸乾、坤。"韩康伯注："垂衣裳以辨贵贱，干尊坤卑之义也。"引自《十三经注疏》，第300页。

150 陈力就列：指在所任职位上能恪尽职守。《论语》："孔子曰：'求！周任有言曰：陈力就列，不能者止。'"参见刘宝楠：《论语正义》卷十九《季氏第十六》，第647页。

151 言动不过于辞则：言行都要恰到好处，不能超过一定的限度和原则。过辞，过头话；过当之言。过则，逾越规矩。

152 践履：任职。元稹："以尔拭践履中外，论备古今，主宗之盟，绰有余裕。"参见元稹：《授李拭授宗正卿韦虔度殿中监制诰》，载董诰等编：《全唐文》卷六四九，中华书局，1983年，第6575页。下引此书不再标明版权情况。

153 二柄：1. 赏罚之权。《韩非子》："二柄者，刑、德也。……杀戮之谓刑，庆赏之谓德。"参见王先慎：《韩非子集解》卷二《二柄第七》，中华书局，1998年，第39页。2. 文武两种权力。柳宗元："自古谋帅，恒在诸儒……爰及近代，二柄殊途，授钺之臣，率由武夫。"参见柳宗元：《为韦京兆祭杜河中文》，载（清）董诰等编《全唐文》卷五九三，第5998页。

154 间言：间，同"闲"。非议之言。

155 余裕：宽绰有余。多用于说明时间充分，精力充沛，生活富裕。亦用以表示应对从容、胸怀宽广。

156 勋庸：亦作"勛庸"。功勋。《后汉书》："曹公本兴义兵，以匡振汉朝，虽勋庸崇着，犹秉忠贞之节。"参见范晔：《后汉书》卷七十《荀彧传》，第2290页。

157 鼎钟：亦作"鼎锺"。鼎与钟。古代钟鼎上刻铭文，以旌有功者。有时即借指功业。《三国志》："每览史籍，观古忠臣义士，出一朝之命，以徇国家之难，身虽屠裂，而功铭着于鼎锺，名称垂于竹帛，未尝不拊心而叹息也。"参见陈寿：《三国志》卷十九《魏书・任城陈萧王传》，第567页。

力牧[158]佐命於軒皇[159]，皋陶[160]矢謀於舜帝，伊尹/作訓於太甲[161]，姬旦攝政於成王[162]，蕭相[163]暨車千秋[164]見重於炎漢[165]，裴監[166]與李世勣[167]為榮於巨唐，彼我擬掄，羌不足同年而語矣。宜哉！箕子之所謂/向用五福[168]，而王年過貳膳[169]，得不謂之壽乎？祿享萬鍾[170]，得不謂之福乎？生平少疾患，得不謂之康寧乎？性分[171]多慶善[172]，得不謂之攸好德乎？/成始卒[173]之道，盡脩短[174]之命，得不謂之考終命乎？偉歟！富貴極矣！功德著矣！福壽全矣！哀榮備矣！以昔以今，未有如王之具美者矣！歿而/無恨，藏也

158 力牧：传说为黄帝之臣。“举风后、力牧、常先、大鸿以治民”，参见司马迁：《史记》卷一《五帝本纪·黄帝》，第 8 页。

159 轩皇：即黄帝，轩辕氏。

160 皋陶：传说虞舜时的司法官。生于尧帝统治时，东夷部落首领之一，被虞舜任命为掌管刑法的司法官，以正直闻名天下，是与尧、舜、大禹齐名的“上古四圣”之一。

161 伊尹作训于太甲：太甲继位之初，由四朝元老伊尹辅政。太甲自继位的第三年起开始倒行逆施，一味享乐，暴虐百姓。伊尹百般规劝无果，只好将他放逐到商汤墓地附近的桐宫反省，自己摄政当国，史称“伊尹放太甲”。太甲在桐宫三年，悔过自责，伊尹又将他迎回亳都，还政于他。重新当政的太甲能修德，诸侯都归顺商王，百姓得以安宁。

162 姬旦摄政于成王：姬旦，周公旦，姬姓，名旦，谥号为文，又称周文公。周公旦为周文王第四子，周武王之弟。武王死后，成王年幼，由他摄政当国。其时，管叔、蔡叔和霍叔勾结商纣子武庚和徐、奄等东方夷族反叛，史称三监之乱。他奉命出师，三年后平叛，并将国家势力扩展至东海。他后建成周雒邑，称为“东都”。

163 萧相：萧何。

164 车千秋：西汉长陵人。本姓田氏，又称田千秋。初为高庙卫寝郎。卫太子因江充所谮巫蛊事死，他上书武帝讼太子冤，武帝感动，召见任为大鸿胪。数月，代刘屈氂为丞相，封富民侯。为人敦厚有智，劝武帝缓刑罚，施恩惠。

165 炎汉：汉自称以火德王，故称炎汉。

166 裴监：裴寂，字玄真。唐朝开国功臣、宰相，唐高祖宠信他，呼为裴监而不名。

167 李世勣：英国贞武公李勣，原名徐世绩，字懋功。唐高祖李渊赐其姓李，后避唐太宗李世民讳改名为李绩，汉族，曹州离狐（今山东菏泽东明县东南）人，唐初名将，与李靖并称，被封为英国公，为凌烟阁二十四功臣之一。早年从李世民平定四方，后来成为唐王朝开疆拓土的主要战将之一，曾破东突厥、高句丽，功勋卓著。

168 向用五福：用五福引导臣民。向，引导。五福，五种幸福。五福一曰寿，二曰富，三曰康宁，四曰行好德，五曰考终命终。《尚书》箕子言：“向用五福，威用六极。”参见孙星衍：《尚书今古文注疏》卷十二《洪范》，第 295 页。

169 贰膳：本指储备珍美的食品。借指七十岁。《礼记》：“五十异粻，六十宿肉，七十贰膳，八十常珍。”参见孙希旦：《礼记集解》卷十四《王制第五之三》，第 383 页。

170 万钟：指优厚的俸禄。钟，古量名。《孟子》：“万钟则不辩礼义而受之，万钟于我何加焉？”参见焦循：《孟子正义》卷 23，中华书局，1987 年，第 785 页。

171 性分：犹天性，本性。《后汉书》：“然观其甘心畎亩之中……亦云性分所至而已。”参见范晔：《后汉书》卷八十三《逸民传》，第 2755 页。

172 庆善：犹吉祥。《周易》“六五：来章有庆誉，吉”孔颖达疏：“以阴柔之质……而获庆善也”。参见王弼注，孔颖达疏：《周易正义》卷六《丰》，引自《十三经注疏》，第 227 页。

173 始卒：犹始终。开始和终止。

174 修短：长短。指人的寿命。

有期。英靈將閟於重泉[175]，茂實[176]是虡於高岸[177]。冝刊貞石，用表佳城[178]。陪以園陵[179]，漢室庶傳於揚秉[180]；生其荊棘，雍門[181]免歎於田文[182]。嗚/呼哀哉！謹為銘曰：

歷觀司牧[183]，皆稱哲王[184]。遠則羲農軒頊[185]，近則梁陳隋唐。聖德神功，與我國家兮曷足比方！歷觀輔臣，悉謂良弼。遠則稷卨皋夔[186]，近則韓高郭室[187]。相才廟略[188]，與我相王兮焉能儔疋！猗歟相王，為宗室輔。鶚立鷹揚[189]，鸞翔鳳舉[190]。識達興亡，才兼文武。積德累仁，重規疊矩。佩思矢身弓，執禮干義櫓[191]。度量則莫能澄撓，顏色則不形喜怒。異諸弟兄，顯諸祖父。蓋非常之人，遇知己之主。夢協[192]賚予，卜云遺汝。運既會乎風雲，時乃作乎霖雨。位愈高而志愈卑，剛不吐而柔不茹[193]。

175 重泉：犹九泉。旧指死者所归。

176 茂实：盛美的德业。司马相如《封禅文》："俾万世得激清流，扬微波，蜚英声，腾茂实。"参见司马迁：《史记》卷一一七《司马相如传》，第3068页。

177 高岸：风貌俨然。参见班固：《汉书》卷五十七《司马相如传》，第2605页。

178 佳城：喻指墓地。

179 园陵：帝王的墓地。

180 扬秉：字叔节，弘农郡华阴县人。东汉中期名臣，太尉杨震之子。杨秉年轻时研习家业，博通书传，常隐居教授。四十多岁时才步入仕途，任职期间以廉洁著称。

181 雍门：春秋时齐国城门名。《左传》："及秦周，伐雍门之荻。"杜预注："雍门，齐城门。"参见杨伯峻编著：《春秋左传注》，第1039页。

182 田文：孟尝君。战国时齐贵族。齐愍王任为相国，门下有食客数千。曾联合韩、魏先后打败楚、秦、燕三国。一度入秦为相，不久逃归。齐愍王七年（公元前294年），因田甲叛乱事，出奔到魏，任魏相，主张联秦伐齐，后与燕、赵等国合纵攻齐。

183 司牧：国君或地方长官。南朝齐高帝："肇自生民，树以司牧"。参见萧子显：《南齐书》卷二《高帝本纪》，中华书局，1972年，第31页。

184 哲王：贤明的君主。《诗》："下武维周，世有哲王。"参见《毛诗正义》卷十六《下武》，引自《十三经注疏》，第1046页。

185 羲农轩顼：伏羲氏、神农氏、轩辕和颛顼的并称。

186 稷卨皋夔：稷，舜的臣五人之一；卨，传说中的商代始祖，助禹治水有功而封于商；皋，虞舜时刑官；夔，是虞舜时乐官。

187 韩高郭室：韩指韩延徽，辽太祖耶律阿保机时开国大臣；高指高勋，辽世宗时为枢密使，总汉军事；郭指郭袭，辽景宗时拜南院枢密使；室指室昉，辽景宗时拜枢密使，兼北府宰相，监修国史。

188 庙略：朝廷的谋略。《晋平西将军孝侯周处碑》："式扬庙略，克清天步。"参见佚名：《晋平西将军孝侯周处碑》，载严可均辑《全晋文》卷一四六，商务印书馆，1999年，第1595页。

189 鹗立：像鹗之伫立不动。比喻卓然超群。李白："差池宰两邑，鹗立重飞翻。"参见《全唐诗》卷一七一《赠宣城赵太守悦》，中华书局，1999年，第1764页。

190 鹰扬：威武貌。《诗》："维师尚父，时维鹰扬。"毛传："鹰扬，如鹰之飞扬也。"参见《毛诗正义》卷十六《大明》，引自《十三经注疏》，第976页。

191 凤举：扬威。桓宽《盐铁论》："高皇帝龙飞凤举于宋楚之间，山东子弟萧、曹、樊、郦、滕、灌之属为辅。"参见桓宽：《盐铁论》卷五《国疾第二十八》，第145页。

192 礼干义橹：《礼记》："儒有忠信以为甲胄，礼义以为干橹；戴仁而行，抱义而处。"郑玄注："干橹，小楯、大楯也。"即儒家把礼义当作武器。参见孙希旦：《礼记集解》卷五十七《儒行第四十一》，第1403页。

193 刚不吐而柔不茹：即不吐不茹。《诗》："人亦有言，柔则茹之，刚则吐之。维仲山甫，柔亦不茹，刚亦不吐。不侮矜寡，不畏彊御。"后以"不吐不茹"形容人正直不阿，不欺软怕硬。参见《毛诗正义》卷十八《烝民》，引自《十三经注疏》，第1221—1222页。

其静也，匡域中之大，熙庶績而序彝倫；其動也，運堂上之奇，服群方而定中土。勳書簡策[194]，聲振寰宇。立身於二八，致君於三五。道方賴於蕭規[195]，災忽纏於晉豎[196]。午夜藏莊子之舟，一旦摧媧皇[197]之柱。主上極其盡傷，蒼生失其依怙。遠日有期，清風無睹。名芳謚誄，等加賵賻。官給喪具，葬陪陵所。載以象輅[198]，導之羽葆[199]。永惟哀榮，焕乎今古。刊石勒銘，吁嗟文忠居此墓。

本《疏解》由辽宁大学历史学院博士研究生姜林希、马业杰，硕士研究生边昊、于蒙、姚远、贺宇，吉林大学文学院博士研究生张宝珅、丁瑜同学合作完成。具体分工如下：

“故经天纬地匡时致主霸国功臣”至“歼我何胜于震悼”由丁瑜疏解；

“当捐馆之始”至“直书梗概”由边昊疏解；

“谨案王讳隆运”至“改上京皇城使，加太保”由于蒙疏解；

“名淹下位”至“免生灵于涂炭”由姚远疏解；

“论功弟一”至“并赐守正功臣”由贺宇疏解；

“鱼当得水”至“以诸方之率服”由姜林希疏解；

“惟中土以未平”至“仍别赐经天纬地匡时致主霸国功臣”由马业杰疏解；

“迩后偃武修文”至“食邑五百户”由姚远疏解；

“渥洼驥子”至“文忠居此墓”由张宝珅疏解。

马业杰负责全部疏解文字的核对、总纂。

在讨论《韩德让墓志》的过程中，我们得到了辽宁大学张国庆教授、齐伟教授、孙伟祥博士，内蒙古民族大学贾淑荣教授、王德朋教授的热情指导。在此，一并致以衷心感谢。

194 简策：简册。古代连接成册的竹简。泛指书籍。

195 萧规：萧指萧何。汉初萧何为丞相，制定律令制度。

196 晋竖：《左传》：“晋侯梦大厉……达之不及，药不至焉，不可为也。”后以“晋竖”称病魔。参见杨伯峻编著：《春秋左传注》，第849—850页。

197 娲皇：女娲。相传为伏羲氏之妹，曾炼石补天，后世遂尊称为“娲皇”。

198 象辂：亦作象路。以象牙为饰的车子，为帝王所乘。《周礼》：“象路，朱，樊缨七就，建大赤，以朝，异姓以封”。郑玄注：“象路，以象饰诸末。”参见孙怡让：《周礼正义》卷五十二《春官·巾车》，第2153页。

199 羽葆：仪仗中用鸟羽联缀装饰的华盖。《礼记》：“司马执铎，左八人，右八人，匠人执羽葆御柩。”参见孙希旦：《礼记集解》卷四十二《杂记下第二十一之二》，第1111页。

宋金时期陕西凤翔府榷场位置略考

王文耀

内容提要：本文对近年来陕西岐山五丈原地区新发现的4批次同时期钱币窖藏进行了分析，并结合五丈原地区的特殊地理位置、有关历史记载、宋金战争形势及国内已发现的金代钱币窖藏等进行了研究，认为此四批钱币窖藏均为我国西部地区新发现的金代钱币窖藏，窖藏出土地陕西宝鸡五丈原地区为宋金时期金人在凤翔府设立的榷场所在地。

关键词：宋金时期　陕西凤翔府　榷场位置

榷场贸易是宋辽金元时期在民族政权交界地区由官方所设立的互市市场，榷场的开放与双方战事息息相关，战争时期，榷场罢市，和平时期，榷场开放，互通有无，"固邻国之好，通货课利"，以阻民间走私，榷场贸易给两个独立政权之间的经济交往创造了条件，满足了人民的愿望，达到了互通有无的目的。据《宋史·食货志》及《金史》·志·卷三十一记载，宋金双方在对峙期，曾和平相处，开展贸易往来，宋先后在宋金沿边设置了盱眙（今江苏盱眙）、光州（今河南潢川），安丰（今安徽寿县西北）、枣阳（今湖北枣阳）等4个榷场，金先后沿边的泗州（今江苏境内）、寿州（今安徽凤台）、蔡州（今河南汝南）、唐州（今河南唐县）、邓州（今河南邓州）、颍州（今安徽阜阳）、息州（今河南息县）和陕西凤翔府（今陕西凤翔）、秦州（今甘肃天水）、巩州（今甘肃陇西）、洮州（今甘肃临潭）等州府设立11个榷场，明确记载曾在陕西凤翔府设置了榷场进行双边贸易，但未对榷场具体位置进行记载。

一、金代凤翔府辖区范围

凤翔府在唐至德二年（757）十二月设置，号西京，与成都、京兆、河南、太原合称五京，府治在今陕西凤翔县，辖地相当今陕西宝鸡、岐山、麟游、扶风、郿县、周至等市县[1]。据《重修凤翔府志之十一——记事（宋）》记载，金大定二十七年（1187）设凤翔路，治所在凤翔府（今陕西凤翔县），辖境相当今秦岭以北，陕西麟游、扶风、周至及甘肃崇信、平凉等县以西，葫芦河流域以东，宁夏同心、海原二县以南地区（图一）。

---

1 《重修凤翔府志卷之一舆地——沿革》篇。

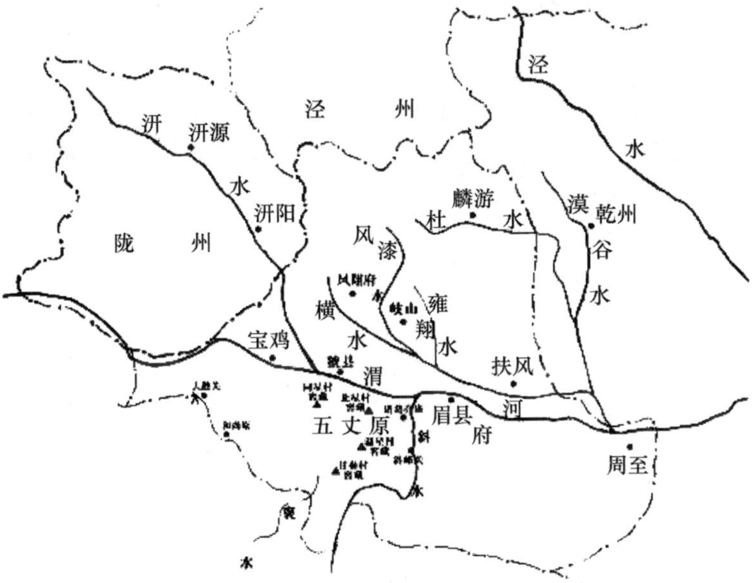

图一　金代凤翔府区域及窖藏钱币位置

二、凤翔府辖区目前已发现的钱币窖藏

（一）发现的宋代钱币窖藏

近年来，宝鸡地区发现不少钱币窖藏，1977 年至 1994 年，曾在宝鸡市区的火车站、陵园公社、原公交大院及眉县、凤翔、千阳、扶风等地出土北宋铁钱窖藏十三批共计约 28 吨[2]，这十三批铁钱年代上限均为庆历通宝，下限均为宣和通宝，发掘者认为这些钱币均未流通，为官方铸币。1998 年 12 月，在岐山县城公安局办公大楼基建工地发现一宋代铁钱窖藏，出土铁钱约 2000 千克，其年代为庆历至宣和年间，发掘者认为该批铁钱未流通即被窖藏[3]。1988 年 2 月，在陕西省岐山县祝家庄乡曹家沟村发现一北宋铁钱窖藏，出土铁钱约 1250 千克共 12 个种类，钱币最晚为北宋政和通宝[4]。2012 年 5 月，在宝鸡太白县发现一北宋钱币窖藏，出土钱币 150 千克，最晚至政和通宝[5]。以上宝鸡地区发现的钱币窖藏，时间下限均在北宋政和、宣和年间，未见南宋及金代钱币，当属北宋钱币窖藏。

（二）发现的金代钱币窖藏

1982 年 3 月，在岐山县五丈原温星村发现一处钱币窖藏，共出土钱币 643 千克约 14 万枚，均为铜币，保存较好，时代有西汉、新莽、唐、前蜀、后汉、后周、南唐、北宋、辽、西夏以及南宋、金等 12 个时代共计 109 个品种，以北宋钱币最多，钱币最晚时代至金代大

2　延晶平：《宝鸡地区发现的北宋铁钱窖藏》，《中国钱币》1998 年 1 期，第 40—43 页。
3　庞文龙：《岐山县出土北宋铁钱窖藏和小银锭范模》，《中国钱币》2002 年 3 期，第 57—59 页。
4　庞文龙：《陕西岐山县发现宋代窖藏铜钱币》，《考古与文物》1987 年 5 期。
5　中国新闻网，2012 年 5 月 11 日《陕西太白县发现宋代钱币窖藏重量达 300 斤》。

定通宝和南宋孝宗淳熙元宝（1174—1189）[6]。1983 年 3 月，在岐山县五丈原甘秦村发现一窖藏，出土宋草绿釉瓶、铜造像等宋代文物和大量铜钱币，钱币时代有汉、唐、五代、北宋、南宋和金代钱币，钱币最晚时间为金代正隆元宝（1157—1161）[7]。1988 年 9 月，在岐山县五丈原北星村发现一钱币窖藏，出土钱币 1000 余千克，这批铜钱锈蚀程度较轻，钱币文字清晰，有真、草、隶、篆、行及八分书、瘦金体等多种书体，其时代包括西汉、唐、北宋、南宋和金代等五个朝代，共有 62 个品种，钱币最晚时间为金代正隆元宝[8]。2012 年 5 月，在陕西岐山五丈原地区发现一钱币窖藏，出土汉、唐、五代、北宋、南宋及金代共计 6 个时期铜钱币约 500 千克 12 万枚，出土的钱币最早可至汉半两、货泉等汉代钱币和唐代开元通宝、乾元重宝及汉元通宝等，最晚至南宋建炎通宝、绍兴通宝及金代正隆通宝[9]。陕西岐山五丈原地区发现在这四批钱币窖藏，其窖藏钱币均发现了金代钱币。我们认为这四批钱币窖藏为金代钱币窖藏。

据张崴，王德明《金代窖藏研究》记载，金代钱币窖藏在我国境内发现不下百处，他们大多分布在吉林、黑龙江、辽宁、内蒙古、黑背、河南、山东、陕西、甘肃等地，按区域可分为东北地区、中原地区、西北地区，东北地区发现最多，有 72 处，中原地区有 18 处，西北地区仅在甘肃省的定西市漳县、庄浪县洋河乡焦沟村、康乐县白王乡和山西省的襄垣县、孝义县城南上栅村发现 5 处[10]。陕西岐山五丈原地区集中发现的这四处金代钱币窖藏，未纳入《金代窖藏研究》一书统计，为西北地区新发现的四处金代钱币窖藏。我们通过对西北地区已发现的金代钱币窖藏进行研究后，认为甘肃省的定西市漳县、庄浪县洋河乡焦沟村、康乐县白王乡和山西省的襄垣县、孝义县城南上栅村发现的金代钱币窖藏，均未在金代陕西凤翔府辖区。

由此可知，近几年在陕西五丈原地区发现的这四批金代钱币窖藏，均在金凤翔府辖区，我们认为：五丈原地区发现的这四处金代钱币窖藏，窖藏时间在金大定、南宋淳熙年间（1174—1189），是到目前为止唯一一处位于金代凤翔府辖区内的金代钱币窖藏区域，窖藏相对集中，也是宝鸡地区金代钱币窖藏集中发现区，我们推测，该地区在宋金时期曾商贸繁荣，是一处重要的贸易场所。

三、史料有关陕西岐山五丈原地区及褒斜古道的记载

陕西岐山五丈原地区地处陕西关中西部，又称“高店”，北邻渭水，南依秦岭，其南部有沿斜水修建的褒斜古道，为关中通往汉中的“四大古道”之一，是连接古都长安与川蜀地区的交通命脉。褒斜谷道北口曾设关口，名为斜峪关，为古代军事要隘，历代在此驻军，为

6　庞文龙、刘少敏：《岐山县发现古钱币窖藏》，《文博》1991 年 6 期，第 18—22 页。

7　庞文龙：《陕西岐山县发现宋代窖藏铜钱币》，《考古与文物》1987 年 5 期。

8　庞文龙：《陕西岐山县发现宋代窖藏铜钱币》，《考古与文物》1987 年 5 期。

9　王文耀：《陕西宝鸡岐山五丈原同星村钱币窖藏发掘简报》，《辽宁省博物馆馆刊（2018—2019）》，第 58—71 页。

10　张崴、王德明：《金代窖藏研究》，《辽金历史与考古》（第三辑），辽宁教育出版社，2011 年，第 70—82 页。

兵家必争之地。秦惠文王更元十三年（公元前312）南伐巴蜀，并开始连续多年修凿穿越秦岭的褒、斜二谷栈道；西汉时期，刘邦“明修栈道　暗度陈仓”，夺取长安，北定三秦，建立了西汉王朝；东汉光武帝刘秀率汉军主力从斜谷至褒伐蜀；三国时期，西蜀与曹魏逐鹿秦岭北麓，蜀军北伐、魏军南攻皆取褒斜栈道进兵；蜀相诸葛亮为图北定三秦，于建兴十二年（234）二月，取褒斜道以木牛流马远送粮草北出斜谷口，屯兵五丈原，隔渭水与魏军对峙；隋唐时期，褒斜道作为唯一的秦蜀官道，设置十一驿，是商旅的要道；宋金时期，由于连年战争，褒斜道因道路险峻，不便运兵及粮草，战事中以嘉陵道为主，褒斜道为从。由此可见，自战国至北宋时期，随着朝廷对巴蜀地区的控制，褒斜道作为官道，与巴蜀地区在通邮、商贸、经济文化交流等方面发挥了重要的作用，是一个交通便利，土地肥沃，商贸繁荣的商贸重镇。

四、宋金时期陕西地区战争形势

北宋晚期至南宋初期，北宋王朝与辽、金、西夏持续发生战事，金于1127年灭亡北宋后，乘势南下，在中原南下受阻的情况下，重心转移至西北，发动关陕战争，欲从秦陇地区攻入川蜀，顺长江而下灭南宋。宋军在富平之战失利后，1128年京兆府（西安）、凤翔府先后沦陷，撤兵至兴州（今陕西略阳）、和尚原（今陕西宝鸡西南）、大散关（今陕西大散关）及阶州（今甘肃武都）、成州（今甘肃成县）等地，重新设防，以阻金军。从1131年开始，金军从凤翔、成州兵分两路，企图灭宋军入蜀。秦陇抗金名将吴玠、吴璘收纳三千多名富平之战后的宋兵，历时多年，先后在宝鸡西南的和尚原、饶凤关（今陕西石泉西北）、仙人关（今甘肃徽县东南），与金军主将完颜宗弼、撒离喝、完颜杲等率领的十几万大军，进行了和尚原之战、饶凤关之战和仙人关之战等战役，以少胜多，大败金军，使金军放弃了从秦陇攻入川蜀的意图。南宋绍兴十二年（1142）和南宋孝宗隆兴二年（1164），宋金先后在此两次划界，均以大散关为界，以北归金，以南归南宋。南宋理宗绍定四年（1231）开始，蒙古军攻破宝鸡，随后入大散关，1234年灭金，1271年灭南宋，建立元朝，自1128年金人占领宝鸡至1231年被元军灭亡，金人在宝鸡地区统治了100多年。据《宋史·吴玠传》记载“吴玠与敌对垒且十年，常苦远饷劳民，屡汰冗员，节浮费，益治屯田，岁收至十万斛”。在关陕战争期间，宋军曾在秦陇地区屯田治军，与金军对峙近十年，使金军未能入蜀。

由此可知，宋金时期，在金人在凤翔府沿秦玲通宋的两条重要通道中，陈仓道由于宋金长年对驻，战事不断，未能通商，是一条军事要道，而褒斜道未发生战事，是唯一一处金与宋进行贸易往来的商贸通道。

五、结　论

榷场的设置，必须有便利的商贸通道、稳定的地理环境和大量的钱币作为其设置条件。陕西五丈原地区，其地理位置与金代凤翔府辖区其他地区相比，紧邻交通要道——褒斜道和漕运要道渭河，历史上曾是一处商贸重镇，距离凤翔府不远，便于金人统治，且未发生大的战争，目前已发现了大量的宋金等时期钱币，是金代凤翔府辖区宋金钱币集中发现区。由此，我们认为，陕西岐山五丈原地区。是金人在金代凤翔府设置的榷场所在地，宋金双方在和平对峙期，利用褒斜谷道在此榷场开展贸易，互通有无，进行南北物资交流，促进了双方经济发展。

（陕西省宝鸡市岐山县博物馆　王文耀）

明代辽东镇险山参将地方城堡

高兴东　佟　强

内容提要： 险山参将地方管理明长城东端起点段，守护辽左八站一线驿路的安全，李成梁由此发端成为明末历史的焦点人物，这都与当地城堡的修筑和使用有莫大的关系。险山参将地方范围内大部分城堡已有学者考证，但对其中个别城堡的地望和修筑时间等问题还略存分歧和模糊，在此综合各家观点及新近研究作以澄清。此外，在险山参将设立之前已废弃的雪里站堡、来凤堡、通远堡、凤凰山堡、尖山川堡、新中堡、媳妇山旧堡尚未纳入学界视线，一并补考。为使读者有一个系统的认识，对险山参将地方有史可查的城堡按主要功能作以梳理。

关键词： 明代　险山参将地方　城堡

险山参将系嘉靖四十三年所设，为当时辽东镇五路参将之一。其中开原参将、锦义参将、宁前参将、海盖参将均为分守参将，具有一定的临时性质。唯独险山参将明确为驻札参将，常驻地方，具有稳定的管辖范围："驻札险山，分守叆阳地方，就拨叆阳守备所辖一十二城堡，与新修媳妇山宁东堡俱令统属"[1]。按照《全辽志》所列，险山参将地方城堡包括：洒马吉堡、叆阳堡、新安堡、险山堡、宁东堡、江沿台堡、汤站堡、凤凰城堡、镇东堡、镇夷堡、草河堡、青苔峪堡、甜水站堡[2]。此外，在这一范围内还有一些早期修筑的城堡，如雪里站堡、来凤堡、通远堡、凤凰山堡、新中堡、媳妇山旧堡等，在险山参将设立时虽已废弃，但与新建城堡有着紧密联系。按上述城堡的分布，险山参将的管辖范围大体包括现凤城市全境、本溪县和丹东市镇安区辖境102国道沿线，以及辽阳县境内甜水镇以东316省道一段的沿线。

险山参将地方城堡的修筑，主要是为了防范女真各卫南下抢掠，其关键之处有二：其一是明长城沿线，是女真进入抢掠的必经之处；其二是"辽左八站"[3]沿线，是女真抢掠或者威胁抢掠的主要目标。因此城堡的分布以这两条线为脉络，呈一横一纵格局。此外还有一些城堡虽距长城和辽左八站一线较远，但与长城和驿路也有着或多或少的联系。

---

1 （明）李辅等纂修：《全辽志》卷五《艺文上》，《辽海丛书》（第一册），辽沈书社，1985年，第661页下。

2 《全辽志》卷二《边防志》，《辽海丛书》（影印本）第一册，第563页下—564页上。

3 （清）张廷玉等撰：《明史》卷三百二十《朝鲜列传》。

一、长城沿线城堡

险山参将所辖长城，为辽阳东路边墙的一部分，从明长城东端起点至叆阳堡辖界。根据长城资源调查及国家文物局认定结果，该段长城东起鸭绿江西岸的虎山山城，向西北经宽甸县古楼子乡大古岭村、虎山镇老边墙村、长岗子村，至东汤镇土城子村折而向北，大体沿凤城市与宽甸县的交界，跨凤城市东汤镇、石城镇、叆阳镇，至凤城市、宽甸县和本溪县的交界牡丹顶。经梳理，这一线长城内侧附近的边堡由北向南依次有叆阳堡、新安堡、宁东堡、媳妇山旧堡和江沿台堡。

1．叆阳堡

堡址在凤城市叆阳镇叆阳城村，东距长城线直线约500米。有一大一小两个城郭，呈吕字形格局，大城在东，平面为正方城，边长370米，城墙基础尚存，特别是北城墙残墙保存较好，存高在1—2米之间，夯土墙芯，石块包砌。西侧小城平面呈长方形，南北长286米，东西宽150米，城墙基础略存土垄。城内现遗存石门额一通，上书“叆阳城”三字，落款为“成化七年八月中秋日立”。按《岫岩志略》载：“叆阳城，城北一百二十八里，周围三里一百二十步，西南二门，南曰叆阳。城西一郭城，周围一里九十步，南门上亦有‘叆阳城’三字，明时有守备镇其地。”[4]方位里程及城郭分布、大小均相符合。

叆阳堡创修时间应为成化五年或稍晚，据《山中见闻录》记载：“四年，留副总兵韩斌防守，筑抚顺、叆阳、清河诸堡。”[5]韩斌成化四年二月由参将升任辽东副总兵，当年十二月开始分守辽阳，因此筑堡时间应在此后，按石门额所记应为成化七年完工。该堡弘治十七年稍晚经过一次增建，“御史余濂条陈边务……叆阳堡周围三百四十丈，官军八百六十一人……随住家丁非数所及，城小难容，宜展西厢以便寄栖”[6]，此为西侧郭城由来。

2．新安堡

堡址在凤城市石城镇石城村“四花园”，即石头城城址，东距长城线直线约2300米，该址平面呈长方形，南北长300米，东西宽215米。北侧城墙保存较好，全长215米，墙基宽6米，存高3米，由7—10层大石块砌成，顶部存宽3米；东侧城墙墙基尚存，残高1—2米，基宽、顶宽与北墙相同，但高度稍差；南墙仅存东段约50米，与北、东墙一样。城四角原来均有角台，现西北角、东北角角台保存较好。据《岫岩志略》载：“石城，城北六十九里，周围二里一百步，南一门。”[7]刘谦先生、任鸿魁先生、崔玉宽先生等均认定该处即新安堡城址，不存疑议。

新安堡的创修时间应在正德五年或稍晚。据《辽纪》载：“御史赵应龙言：……正德元年御史邢昭曾立新中堡，以镇夷堡人马守之，寻以孤悬而废，臣阅得李宽老营为诸堡适中之地，堪以立堡以便策应。”[8]在李宽老营所筑城堡即应为新安堡，考虑到公文往来等耽搁时间，

4 （清）台隆阿等：《岫岩志略》卷三《舆地志》，《辽海丛书》，总第942页上。

5 （明）彭孙贻：《山中见闻录》（第九卷），上海书店出版社，1994年。

6 （明）田汝成：《辽纪》弘治十七年夏五月。

7 《岫岩志略》卷三《舆地志》，《辽海丛书》（第二册），总第942页上。

8 《辽纪》正德四年冬十二月。

新安堡的修筑应在赵应龙题请时间的次年或更晚一些。而新安堡正德十二年已见于史料："治虏入清河、新安二堡失事罪"[9]，说明在此前已完工投入使用。

3. 宁东堡

堡址应在凤城市东汤镇土城村围子村民组的土城城址，东南距明长城线拐点直线约2300米，平面呈方形，边长220米。此城原以巨石为基，砖砌城墙，有东、西、南三门，1960年发大水时被冲毁，后又经农田建设，有大量石块和青砖被农民逐渐运走，现在仅存四周土垄，但墙基可辨，其中西城墙基全线贯通，土垄残高达2米，其他三面破坏严重。据汪道昆《辽东善后事宜疏》载："险山最为极边，东南接宁东堡、江沿台"[10]，按现存城址的相对位置分析，宁东堡在现土城城址基本无误。该堡应是创修于嘉靖四十三年或稍晚，"癸丑，巡抚辽东王之诰言：辽阳、险山之间亭障希，士马弱，虏出没其内……请修媳妇山废堡，改名宁东，发军戍守……"[11]

4. 媳妇山旧堡

按凤城市学者郭一夫观点，堡址为凤城市东汤镇宏伟村叆河南岸小城子村民组东北100米的小城子遗址，东距长城线2700米左右。城址现在仅能看出城墙基础轮廓，为方形城址，边长100米。城内有零星瓦片和青瓷器残片，无砖块和石块遗存，可初步断代此城系土筑小城。城址东北2千米即宁东堡遗址。因为"险山一带"目前发现的其他城址均有归属，也只余小城子遗址宜为媳妇山旧堡。按《明实录》载："巡抚辽东都御史王之诰言：……请修媳妇山废堡，改名宁东，发军戍守……"[12]按此媳妇山旧堡与宁东堡堡址似为同一处。但按《全辽志》记载："黑春……嘉靖癸亥五月，贼犯险山，追至媳妇山，卒与虏遇，援不至，被执磔其尸"[13]，如媳妇山位于叆河北岸的土城城址，其东北10千米即险山堡，又无天险相阻，何至于"力战二日夜"[14]而援兵不至。只有媳妇山位于叆河南岸，援军被叆河所阻才可作以解释。因此，个人亦赞同郭先生观点，即媳妇山旧堡在小城子遗址。

媳妇山旧堡的修筑时间，史无明确记载，但必在嘉靖二十三年之后，因当时"凤凰城、泗马吉、新安、汤站、镇夷、草河、清河、碱场等十堡隶叆阳守备兼管"[15]，其中并无媳妇山堡。其废弃时间应在嘉靖二十五年之前，因当时险山一带已有险山堡、江沿台之筑，媳妇山堡体量过小，已无用武之地。按此则媳妇山旧堡应建在嘉靖二十三年（十一月）至嘉靖二十五年之间。

5. 江沿台堡

堡址应在丹东市振安区楼房镇东城村二组叆河南岸台地上的石城城址，北距明长城线直线4700米。因该城址位处三湾水库库区，2014年辽宁省考古研究所对其进行了全面考古发掘。其平面呈长方形，南门中部开有一门，门外设有圆角方形的瓮城；城墙墙体为墙芯夯

---

9 黄彰健等编:《明武宗实录》卷一百四十六，台湾"中央"研究院历史语言研究所，1962年。

10 （明）陈子龙等:《皇明经世文编》卷三百二十八，中华书局，1962年。

11 黄彰健等编:《明世宗实录》卷五百三十八，台湾"中央"研究院历史语言研究所，1962年。

12 《明世宗实录》卷五百三十八。

13 《全辽志》卷四《宦业志》,《辽海丛书》(第一册)，第618页下。

14 《明世宗实录》卷五百〇九。

15 《明世宗实录》卷二百九十二。

土两面包石，四角均有凸出于外的角台，西、北城墙的中部外侧各设有一马面；马道发现有3条，均位于城址北部。城内共清理出大型建筑基址2处、关帝庙址2处、小型房址28座、道路1条、水井1眼、窖穴1处、灰坑8个，其中关帝庙分早晚两期。[16]现城址已经回填，建为观景平台。

江沿台堡应是创修于嘉靖二十五年或稍晚，据范聪《增建河东七堡记》所述："嘉靖丙午巡台御史南畿张秋渠先生铎，按治兹镇，首重大防，又自险山历江沿台而知虏从打探峪入瓦子峪而来也，于是有江沿台堡之图焉"[17]，学界称为旧江沿台堡。该堡于嘉靖四十四年原址重建，堡名沿仍，按李辅《补议经略东方未尽事宜以安边境疏》所述："臣东巡时，督同分守道参议张邦士、参将李成梁，踏得近康家哨，见有旧江沿台地方，土地肥美，堪以建立城堡……木石砖瓦就地来造"[18]，学界称为新江沿台堡。

以上五座城堡均位于明长城内侧附近，修筑时间均在明边墙创修和历次重修的时间段内，作为管辖长城的边堡的意图较为明显。据《朝鲜李朝实录中的中国史料》载："（明成化六年）自辽东至我国境内筑长墙，设五堡，分定军人。又设指挥及都提调以守长墙……自碱阳（碱场）至叆阳，今年燔甓以筑"[19]，说明修筑叆阳堡就是为了"设指挥及都提调以守长墙"。据《明实录》载："（弘治十六年三月）癸酉，巡抚辽东督御史张鼐奏：辽东山海关至开原、叆阳堡该筑边墙一千百有余里……兵部覆奏，从之"[20]，四年后遂创修新安堡。嘉靖二十二年，"诏发太仓银八万四千八百两于辽东镇修筑边垣"[21]，而嘉靖二十三年、嘉靖二十五年先后有媳妇山堡、旧江沿台堡之建。嘉靖四十三年王之诰提出："辽阳、险山之间亭障希，士马弱，虏出没其内，又朝鲜入贡之路也……前副总兵韩承庆因东虏不靖，缘边隘口设虎牢柞子数层，内浚濠堑，东方赖之，宜修复……兵部覆奏，诏允行"[22]，几乎同时便有宁东堡之建。嘉靖四十五年李辅"为巡按御史，修筑边墙，征集饷械，屯聚要隘以备有警"[23]，同年题建新江沿台堡。由此可见，上述边堡主要就是为了守护边墙，防止女真由边墙而入进行抢掠。当然，江沿台堡"一以拒虏贼东南之窃掠，一以便朝鲜使臣之往来"[24]，具有双重功能。

二、辽左八站沿线城堡

辽左八站指的是鸭绿江西岸至辽阳之间的"朝鲜入贡之路，"[25]名称源于元代所设的八个站赤。根据《析津志楫佚》、《朝鲜纪事》以及朝鲜林基中《燕行录全集》等文献分析，该线

---

16 振安区文物管理所：《石城城址保护档案》文物调查及考古发掘资料卷。
17 《全辽志》卷五《艺文上》，《辽海丛书》（第一册），第652页上。
18 《全辽志》卷五《艺文上》，《辽海丛书》（第一册），第665页。
19 吴晗：《朝鲜李朝实录中的中国史料》上编卷九，中华书局，1980年，第603页。
20 黄彰健编：《明孝宗实录》卷一百九十七，台湾"中央"研究院历史语言研究所，1962年。
21 《明世宗实录》卷二百八十一。
22 《明世宗实录》卷五百三十八。
23 金毓黻等：《奉天通志》卷一百四十，辽海出版社，2003年。
24 黄彰健编：《明宪宗实录》卷二百一十六，台湾"中央"研究院历史语言研究所，1962年。
25 《明世宗实录》卷五百三十八。

路东起鸭绿江西岸丹东的九连城，沿叆河西岸北上至东城村。折而南下，经金山西麓至金山村，也有由九连城直抵金山村。然后转入丹汤线公路一线向西北，经五龙背镇到汤山城镇。折而向西南，约 5 千米进入 304 国道一线。至凤城市境内的张家堡脱离国道一线，沿乡村公路向西北，至沈丹高速公路出口附近，跨二龙河，沿二龙山西侧北行，不入凤城市区，在曲家限子折向东北，经龙山村城西沟，到达鸡冠山镇四台子村黄大山脚下重归 304 国道一线。一路向北，到达本溪县境内的连山关后，改沿 316 省道转而西行，经摩天岭至辽阳县甜水镇脱离 316 省道，转沿寒河线乡村公路北行，约 4.5 千米至古家子村。转而向西沿山路翻越青石岭，北渡汤河，进入辽阳市弓长岭区境内。由汤河镇小岭子村向北，越大石门岭，折向北偏西，至文圣区的峨嵋村再折向西，到达辽阳市。这一线先后修筑的城堡有雪里站堡、来凤堡、通远堡、凤凰山堡、凤凰城堡、镇东堡、镇夷堡、汤站堡、（新、旧）甜水站堡。

1. 雪里站堡

堡址应为凤城市鸡冠山镇薛礼火车站附近的薛礼站城址，平面呈长方形，南北长 300 米，东西宽 250 米。城墙有土筑也有石砌。土筑城墙遗存主要位于北侧，因临近铁路线无居民居住故而得以保存，存长 135 米，宽 8 米，高 2.5 米。石砌城墙遗存位于城址东、西两侧，下部为土筑墙基，宽 15 米，高 1.5 米；上部为石块垒砌，存长 95 米，存高 2 米。东北角遗存一座角台，内夯土，台址散落石块、砖块，据此判断原来应为下部包石上部砌砖。从层位角度分析，该城应分两次修筑，土筑城墙在先，应为创修雪里站堡时遗存；石砌或夯土包石城墙在后，应为重修更名为镇东堡时遗存。据《盛京通志》载："雪里站城，城西北四十里。周围二里一百二十四步，南一门，曰镇东，明弘治四年建"[26]，方位、里程及规模均较相符。该堡创修时间应在景泰二年或稍晚，"提督辽东军务左都御使王翺奏：欲以连山把截旧关口左右并以东第四站雪里去处，筑置城堡，拨军守把，防送使臣，保障军余屯种，从之。"[27] 按此则雪里站堡是险山参将地方最早的明代城堡。

2. 来凤堡

以位于本溪县草河口镇云盘村顾家堡东 300 米的顾家堡城址最宜为来凤堡堡址。该"城址位于平地上，平面呈方形，边长 175 米。四角有角台，直径 8 米，存高 1.7 米。南有一门，砖墙宽 3 米，存高 2—4 米。城内发现有青砖块。城北有一条宽 3 米的马道，直达山顶。城东 2 千米有一道土墙，又称城岗子，由山坡向下延伸，原长近百米，现存长 50 米，宽 2—3 米，附近散布有残砖瓦。"[28] 据《朝鲜李朝实录中的中国史料》记载："但看连山关外来凤分中去处，宜筑城堡一座，若发军官守把，防送往来使臣。已令辽东都司相度筑立。"[29]，该城址西北距连山关约 10 千米，正符合连山关外"分中去处"。该段记载的是天顺四年闰十一月朝鲜"奏闻使尹子云赍敕回自大明"，转述明英宗的旨意，因此创修时间也应是此时。

3. 通远堡

堡址遗迹全无，其地理位置在下述与镇夷堡一并详考。创修时间应在成化三年稍晚，

---

26 阿桂等：《盛京通志》卷十五，辽海出版社，1997 年。

27 黄彰健编：《明英宗实录》卷二百〇一，台湾"中央"研究院历史语言研究所，1962 年。

28 国家文物局：《中国文物地图集辽宁分册》（下册），西安地图出版社，2009 年，第 152 页。

29 《朝鲜李朝实录中的中国史料》上编卷八，第 531 页。

“秉等复请于奉集、通远各立城堡，摘辽阳招集土兵官军守之……俱从之”[30]。

4. 凤凰山堡

堡址应在凤城市凤山经济管理区和边门镇交界处的凤凰山山城。该城为高句丽中晚期创修，至今仍大段原筑城墙仍保存较好，与天然屏障互为补充，周长16千米，南、北、东各有城门。辽、金沿用，元代在此设开州驿，城内地表随处可见具有明代特征的青花瓷器和灰色布纹瓦残片，沿用迹象明显。据《辽东志》记载：“开州城：辽东城东二百六十里，即今凤凰山堡。四面石崖峭壁，东、北二门，城随山铺砌，可容十万众，唐太宗驻跸于此。”[31]该堡明代的重修时间应为成化十三年二月，“庚寅……增筑尖山川、凤凰山二堡，从整饬边备兵部右侍郎马文升言也。”[32]

5. 凤凰城堡

堡址在凤城市区北部二一九附近，现凤凰堡、阳光新城、龙源城等小区各一部分及道路，现已完全破坏。1996年之前尚“存东部一段城基遗址，城内各处经常发现明代砖瓦和城基条石或其他地下建筑物（如水道、水井等）。”[33]根据《奉天通志》记载，凤凰城“周围三里八十步，南一门。”[34]该堡创修于成化十七年，“筑辽东凤凰山等处城堡……距山之西北一十五里旧有古城遗址，于此筑立一堡，名为凤凰”[35]。弘治二年九月之前“凤凰城及镇东镇夷二堡已如原拟筑完”[36]。该堡清初重修沿用，增开东门，设凤凰城城守尉，至今衙署旧址尚存，为省级文物保护单位。

6. 镇东堡

堡址同上文雪里站堡，“距城（指凤凰城）西六十里曰斜列站，立一堡，名镇宁堡……奏下兵部，请改镇宁堡为镇东堡”[37]。其创修时间与凤凰城堡同为成化十七年，弘治二年之前完工。

7. 镇夷堡

堡址应为凤城市通远堡镇山城街东北100米山城沟内的园艺山城，城址北高南低，平面大致为矩形，东西长150米，南北宽100米。北、东、西三面城墙基础为土岗状，北侧保存最好处存宽5米，存高3米，基部遗存大青石条残块，附近村民院墙上遗存有大青砖，长0.36米，宽0.17米，厚0.1米，据此判断该堡应为土筑砖包。在城址西南角、东南角和西北角各存一角台。

刘谦先生认为“在车站东1公里的山厂沟”[38]，即园艺山城为通远堡城址。任鸿魁先生认为镇夷堡城址“位于凤城西北部的通远堡镇老堡村东南50米平地上……城址大致呈方形，

---

30 《明宪宗实录》卷四十九。

31 （明）任洛：《辽东志》卷一《地理志》古迹条，《辽海丛书》（第一册），第367页上。

32 《盛京通志》卷一百六十二。

33 崔玉宽：《凤城文物志》，辽宁民族出版社，1996年，第56页。

34 金毓黻等：《奉天通志》卷八十七，辽海出版社，2003年，总第1979页上。

35 《明宪宗实录》卷二百一十六。

36 《明孝宗实录》卷三十。

37 《明宪宗实录》卷二百一十六。

38 刘谦：《明辽东镇长城及防御考》，文物出版社，1989年，第189页。

东西长 230 米，南北宽 210 米。原城墙为外砌砖石，内夯土结构”[39]，应指老堡城址。园艺山城在通远堡镇区南部，老堡城址在通远堡镇区的北侧，二者相距 2400 米。

按《岫岩志略》载：“通远堡：城西北一百里，周围一里二百一十步，南一门。左一山城，相隔二里，周围一里九十步，西一门。右一新城，相隔二里，周围一里六十步，南一门。”[40] 右一新城必指清初所建的通远堡城，《岫岩志略》成书于清咸丰年间，按清代里制一里合 576 米，山城与新城相隔 4 里，即 2304 米，山城为园艺山城，则新城正对应老堡城址。二者之间居中为通远堡（即应为上文成化三年李秉题建的通远堡，现遗迹已无存），则园艺山城即应为镇夷堡无疑。

镇夷堡于成化十七年或稍晚与凤凰堡、镇东堡同期创修，“距站之西北六十里，曰新通远堡之南筑立一堡，名宁夷堡……奏下兵部，请改……宁夷堡为镇夷堡。”[41] 其中成化十七年提到的新通远堡应指成化三年的通远堡，镇夷堡在通远堡之南，据此也可以判断镇夷堡堡址应在园艺山城。

8. 汤站堡

堡址应在丹东市振安区汤山城镇汤山城村村委会北侧的耕地中，平面呈矩形，东西长 800 米，南北宽 400 米，东南北三面城墙均无存，只有西面存有一段墙基，略城垄状，黄土夯筑。据传该址四角均有角台，日伪时期以西南角台为基础修建有炮楼，土石混筑，现已坍塌。城内散布较多青砖残块和灰布纹瓦残片。据《荷谷先生朝天记》记：“历细浦、松鹘山，山一名海青山，峰峦峭拔廉利，宿于汤站以东金祖尚家……过汤站，站实小堡而城制完固……站有前后川”[42]。其中，松鹘山应为五龙山，在堡址东北向，山峰陡峭，望之可见。堡址西有汤河，东有三龙河，即应为上述万历二年朝鲜使臣许篈（荷谷先生）所说的前后川。汤站堡为成化十七年夏六月由缑谦等议建并获批：“自鸭绿江西至凤凰山约计百里，中有汤站堪以立堡，为凤凰城前锋，以便栖止。疏入许之。”[43]

9. 甜水站堡

按《荷谷先生朝天记》载：“穿过甜水站城中，城围旧则极大，嘉靖辛酉五月二十七日，达子陷其城，尽抢人民，故令狭小其制，令其易守”[44]，甜水站堡应有新旧二堡。据《中国文物地图集》载：“甜水站城址，甜水满族乡（现甜水镇）甜水村内，城址位于山坡上，平面呈长方形，长 800 米，宽 540 米。城内以隔墙分为南北二城，南城有内城，石墙最高处 7 米。”[45]，则有内城的南城，很可能是为了“易守”而从旧堡中隔断出来的新堡。经笔者实地调查，该城址南部遗迹已经无存。其北部的四周，在耕地中尚可见明显的土垄状隆起，存高约在 0.5—2 米之间，东侧存长约 500 米，西侧和南侧存长各约 440 米，北侧存长约 470 米，轮廓清楚，应为城墙基础。东北角有一圆丘形土堆，基部直径约 20 米，高约 4 米，原先应为

39 任鸿魁：《丹东史迹》，辽宁民族出版社，2005 年，第 224 页。
40 《岫岩志略》卷三《舆地志》，《辽海丛书》（第二册），总第 942 页上。
41 《明宪宗实录》卷二百一十六。
42 林基中：《燕行录全集》，韩国东国大学校出版社，2001 年，卷六，第 183—184 页。
43 《辽纪》成化十七年夏六月。
44 《燕行录全集》卷六，第 187—188 页。
45 《中国文物地图集辽宁分册》（下册），第 309 页。

角台。据《岫岩志略》载："甜水站城，城西北一百八十里，周围三里九十步，南北二门，南曰甜水堡。"[46]清一里合576米，三里九十步为1900米，与笔者调查的城址大小相近，应为旧甜水堡的一部分，清代重修建为驿城。旧甜水站新堡为韩斌"为之奏设东州以至叆阳、汤站以至甜水诸营堡"[47]，时间应与汤站堡同时，即成化十七年；或者稍晚，但不会晚于弘治三年二月韩斌致仕退休。新堡即"嘉靖辛酉（嘉靖四十年）"或稍晚所修。

辽左八站沿线城堡的修筑经历了几个批次，均与当时朝廷层面的历史背景或历史事件有直接关系。雪里站堡之建是在"土木堡"之变后，"建州、海西女直头目李满住、凡察、董山、剌塔为北虏迫胁，领一万五千余人来寇，守备官军追逐出境。又称欲增人马再来攻劫"，而朝鲜贡道一线首当其冲，"不可不预为之备"[48]。来凤堡之建应与朝鲜诱杀毛怜卫都督佥事浪孛尔罕事件有关。天顺三年八月，朝鲜国王李蹂令兵曹正郎吴伯昌在会宁诱捕浪孛尔罕及其家小十一人，杀死包括浪孛尔罕在内九人。浪孛尔罕之子阿比车声言："俺父亲被杀，今虽不得报复，汝国朝贡人马皆由东八站山路，当于此地山屿去处藏躲，等候邀截抢劫。"[49]明英宗采取了息事宁人的态度，修筑来凤堡即应是为了控制事态，防止双方发生直接冲突。凤凰山堡则代表了时任兵部侍郎马文升与太监汪直、辽东巡抚陈钺之间的正邪较量，汪、陈等对女真主张征讨以邀功，马文升主张以招抚与加强军备并重，以图长治久安，提请修凤凰山堡即应以此为出发点。凤凰城堡、镇东堡、镇夷堡以及汤站堡、甜水站堡的修筑背景大体相同，是因成化十五年朝鲜参与了明朝对女真的征讨，且杀伐极重，嗣后女真伺机报复，"朝鲜国使还，路经凤凰山，为建州野人所掠，奏乞于旧路以南新开一路，以便往还。"[50]辽东总兵缑谦等认为："朝鲜贡路先朝所开，皆有深意，虽纡绕险阻已成通衢，岂可辄易。"[51]于是明宪宗便命在原有贡道沿线修筑了诸多城堡，加强防护。

三、险山参将地方其他城堡

除了长城和辽左八站沿线的城堡之外，险山参将地方的城堡还有险山堡、草河堡、洒马吉堡、青苔峪堡，早期的还有尖山川堡、新中堡，这些城堡或位于长城和辽左八站之间，可居中调度；或位于城堡之间的连接线上，可互为呼应，也有为屯田或开采银矿等特殊用途而设的城堡。

1. 险山堡

堡址应为位于东汤镇民生村小河西村民组北100米平地上的汤伴城城址，平面为矩形，南北长300米，东西宽220米。城墙以东侧中间段保存较好，存长30米，存高1.8米，用巨石砌筑；北墙和西墙破坏严重，但城基仍存有1至3米；南墙一线有民房建筑，墙基也可全线连接，遗存巨石很多。四周城基散落较多青砖。四角均有角台，南墙中部（应为南门所

46 《岫岩志略》卷三《舆地志》,《辽海丛书》（第二册），总第942页上。
47 《全辽志》卷五《艺文上》,《辽海丛书》（第一册），第654页下。
48 《明英宗实录》卷一百九十二。
49 《朝鲜李朝实录中的中国史料》上编卷八，第523页。
50 《明宪宗实录》卷二百一十六。
51 《辽纪》成化十七年夏六月。

在）隆起明显，应为城楼一类建筑倒塌后遗存。城内有古井一眼，保存完好。据赵万兴先生详考，“险山堡位于凤城市东汤镇民生村河西村民组汤伴城遗址”[52]无误。该堡创修时间为嘉靖二十五年，“甲戌，辽东巡抚于敖奏：东州堡去汤站堡八、九百里，独有叆阳守备一人，卒三千人，墩堡疏旷救援不及，兵力寡弱策应为艰，乞于散羊峪、一堵墙、孤山、险山、江沿台等处，因水石之利，以增墩堡，掣散缓之兵，以实戎行，且随山斩伐，因地耕种，瞭守益明，住牧可久。得旨，如议修筑，令总兵专督，务使坚久可恃。”[53]

2. 草河堡

堡址应是位于本溪县草河城镇草河城村东北约300米耕地中的草河城址，平面为矩形，东西长约150米，南北宽约100米，四周现存大石条砌筑城墙基础，存宽8米左右，存高1—2米。据《岫岩志略》载：“草河城，城（指凤凰城）西北一百二十里，周围一里一百六十步，南一门”[54]，方位略有偏差，但里程大体相符，规模接近，更重要的是地名一直沿仍。草河堡的创建时间应在成化十七年或稍晚，据《全辽志》记载：“韩斌……进辽阳副总兵，建东州、马根单、清河、碱场、叆阳、凤凰、汤站、镇东、镇夷、草河十堡拒守”[55]，从罗列顺序上应与镇夷等堡同期或稍晚修筑。

3. 洒马吉堡

堡址为位于凤城市赛马镇赛马村城里居民组的赛马城城址，平面呈方形，边长250米，现存部分段落城墙基础，内夯土，外包石。按《凤城市文物志》记述，此城早年有人见到高约13尺的城墙，顶部宽约6尺，大车可在城上行走，可见是一座坚城[56]。据《盛京通志》载：“洒马吉城，城北二百四十五里，周围一里六十步，南一门。”[57]该堡的创建时间非常明确，“嘉靖七年添设，官军四百六十一员名，于叆阳诸堡分拨”[58]。

4. 青苔屿堡

堡址应为凤城市青城子镇皇宫社区青城子铅矿医院东侧的汉马城城址，平面为矩形，南北长150米，东西宽120米。城址西侧现存长50米，高5米，宽5米的夯土墙，混杂石块和青砖。据《盛京通志》记载：“青苔峪城，城西一百七十里，周围三百三十六步，南一门。”[59]该堡的创建时间为嘉靖十六年，据《辽东志》记载：“青苔峪堡，官军八十一员名，嘉靖丁酉岁指挥刘绅、武举李师皋监筑”[60]。

5. 尖山川堡

堡址应位于凤城市刘家河镇八道河村李家堡子西200米的八道河临河台地上，平面为矩形，东西长约1000米，南北宽约500米，其南侧呈土垄状隆起，宽约3米，高约2米，应

---

52 赵万兴等：《凤城市志》，方志出版社，1997年，第1253—1269页。
53 《明世宗实录》卷三百一十三。
54 《岫岩志略》卷三《舆地志》，《辽海丛书》（第二册），总第942页上。
55 《全辽志》卷四《人物志》，《辽海丛书》（第一册），第626页下。
56 《凤城市文物志》，第57页。
57 《盛京通志》卷三十五。
58 《辽东志》卷三《兵食志》沿边城堡墩台条，《辽海丛书》（第一册），第398页上。
59 《盛京通志》卷三十五。
60 《辽东志》卷三《兵食志》沿边城堡墩台条，《辽海丛书》（第一册），第397页下。

是夯土城墙墙基，城址地表遗存较多具有明代特征的灰布纹瓦残片和青花瓷片，也有一些早期遗存。按《明实录》记载：“（成化十三年二月）庚寅……增筑尖山川、凤凰山二堡，从整饬边备兵部右侍郎马文升言也。”[61]因尖山川堡与凤凰山堡相提并论，两者必相距不远。就堡名分析，尖山川应是河流的名称，北城子遗址北约7千米为尖山村，因村旁的尖山得名。八道河流经尖山，水势渐大，如以尖山川名之，当在情理之中。而北城子遗址紧邻八道河，顺理成章可称其为尖山川堡。

6. 新中堡

堡址应是位于凤城市弟兄山镇马坊村马坊街北200米马坊后山的马坊土城址，其平面为矩形，东西长约250米，南北宽约200米。城址地势西高东低，略似园艺山城，借助半封闭山谷四周的山脊，筑有夯土城墙，现存残墙呈土垄状，连续部分约800米，部分残墙宽达10米，存高1.5米左右。附近有三家子烽火台、大沟烽火台和庙岭烽火台、草河岭烽火台，分别处于八道河河谷沿线和草河河谷沿线，沿草河河谷可至通远堡，沿八道河河谷可至凤凰城。该堡南500米为203省道（张庄线），北接赛马镇张家堡，南连通远堡，应是女真越过明长城后至辽左八站一线抢掠的经由之处，在此设城可起到屯兵扼守的作用。

按《辽纪》载：“御史赵应龙言：叆阳堡至凤凰城一百四十里，山河阻隔，林木丛茂，贼每窥之。沿江墩去汤站堡九十里、凤凰城二百里，三角鉴山两墩相去亦二百里，皆无烽堠，虽有巡哨之人安能接武相及，故寇至而各堡不相为援。正德元年御史邢昭曾立新中堡，以镇夷堡人马守之，寻以孤悬而废……”[62]马坊土城东北距叆阳堡址30千米，南距凤凰城堡址40余千米，正处二者的居中位置。西距镇夷堡址仅20千米，所以“以镇夷堡人马守之”。其存续时间从正德元年（1506）起，至正德四年议建新安堡，最多只有四年。

险山堡创立之初应与江沿台堡一样，主要作用是管辖本区段长城。嘉靖四十三年设险山参将的同时于距长城更近之处修筑宁东堡，应该就是取代其原先的功能，使之专用于参将镇城。在万历三年险山参将移驻宽甸改为宽甸参将之前，徐九龄、李成梁、郭承恩等三人历任险山参将。隆庆二年，“命险山参将李成梁为副总兵，仍管参将事”[63]，可见朝廷对险山参将地方的重视以及李成梁之于险山参将地方的重要性。草河堡“可以驰援甜水，阻其东奔”[64]，规模虽小，兵力也不多，但可起到预警作用。洒马吉堡一方面是为了策应长城沿线的边堡，“碱厂、叆阳相距一百三十里，山箐险塞不便应援，其中赛马吉、大佃子堪以立营，拨军巡瞭。”[65]同时还应该肩负着守护辽阳经草河堡至辽阳东路边墙的运输线作用，“照例於辽阳城六仓关领粮米，运送东州、叆阳、清河、硷场、马根单五堡各备用。”[66]第三次全国不可移动文物普查期间，在草河城至赛马之间的公路边发现有古道遗址，在岩石上留有很深的车辙印。青苔峪堡的修建应是为了开采青城子的银矿，“该矿明代仍产银，在青苔峪附近。”[67]嘉靖十六

61 《明宪宗实录》卷一百六十二。
62 《辽纪》正德四年冬十二月。
63 黄彰健编：《明穆宗实录》卷一八，台湾“中央”研究院历史语言研究所，1962年。
64 《全辽志》卷五《艺文上》，《辽海丛书》（第一册），第661页上。
65 《辽纪》成化十七年夏五月。
66 李东阳：《大明会典》卷二十八，广陵书社，2007年。
67 李文信：《翰苑批注》，《辽海丛书》，总第3722页上。

年，户科给事中吴希孟经由这一带出使朝鲜，当年就有青苔峪堡之建。而当时正值“既获玉旺峪矿银，帝谕阁臣广开采”[68]。尖山川堡南距同期凤凰山堡不到30千米，东南距雪里站堡9千米，西北距通远堡19千米，位置适中。所处八道河谷有大面积的平坦耕地。如推测其为屯田堡，用以“保障军余屯种”，则可免三堡军粮远途运输，确是十分妥当的安排。新中堡的选址思路，应是在明长城和辽左八站之间建立起居中防线，防止女真抢掠深入通远堡、凤凰城。但其修筑未考虑到与其他城堡和长城配合，在洒马吉堡创立之前明显属于孤军前出，反而容易成为攻击目标，随即废弃。

附记：本文系在刘谦先生、任鸿魁先生、赵万兴先生、崔玉宽先生等老一辈文博和史志专家研究成果的基础上，加以梳理和补充考证。因行文需要部分间接引用未能逐一注明，谨致歉意和感谢。诸位先生历经多年辛苦踏勘、多方考证，使险山参将地方多数城堡的地望、修筑时间等问题得到解决，其敬业精神和专业学养令晚辈由衷钦佩，借此一并表达敬仰之忱。

（凤城市文化旅游事务服务中心文博部　高兴东　辽宁省文化遗产保护中心　佟　强）

68 《明史》卷八十一《食货五》。

空三测量技术应用于田野考古测绘工作新探

刘　宁

内容提要：空三测量技术作为航空摄影测量学的重要实践方法，现已广泛地应用于田野考古测绘工作中。空三测量作业时，为获取高精度数据，通常需要布设大量像控点辅助测量，像控点的布设工作不仅繁琐，也易受周边地理环境因素制约。本文以辽宁本溪下堡山城的考古测绘项目为实例，论述了使用精灵 4RTK 航拍飞行器结合内业软件 Pix4dmapper 在无像控点的情况下进行空三测量的具体作业方法，并通过对测量精度的分析评定，总结经验，进一步探讨了精灵 4RTK 免像控执行考古测绘作业的可行性，为研究空三测量技术在考古测绘领域的应用提供了新思路。

关键词：田野考古测绘　精灵　4RTK　Pix4dmapper

空中三角测量是航空摄影测量学的重要实践方法之一。空三测量获得的数据，导入相关软件进行运算，生成包含平面位置及高程信息的密集点云，通过对密集点云解算，可以进一步获取被测区域的 DOM（数字正射影像图）、DSM（数字表面模型）、DEM（数字高程模型）及三维网格模型等相关数字化成果。近年来，随着技术的日趋完善，这种测量方法被广泛地应用于田野考古工作，尤其是大型遗址的考古测绘工作之中。对比传统人工地面测量，空三测量在上手难度、作业效率和制图质量等方面更具优势，为考古测绘作业提供了新的技术支持。

目前国内多数考古界同仁在进行空三测量作业时，选择使用大疆公司推出的消费级四旋翼航拍飞行器，如悟、精灵及御系列作为航摄采集设备。相较于专业航测用六轴、八轴旋翼飞行器及固定翼飞行器，大疆消费级四旋翼航拍飞行器价格较低，作业灵活，操控也相对简单。但此类飞行器市场定位于影像拍摄，仅配备 GPS 模块和气压计用于记录获取平面位置与高程信息，设备采集的数据精度较低，须使用 RTK 布设像控点辅助测量来提升测量数据的精度。对于面积较小的测区，像控点通常布设在测区的四角位置即可。但面积较大或地形复杂的测区，仅在四角位置布设像控点并不能保证测量精度，需要在测区内等距、均匀地布设更多像控点参与测量。野外像控点的布设工作不仅繁琐，且易受周边地理环境因素制约，有时更会出现较难或无法到达布设地点的情况。因此，在保证数据精度的前提下，实现测量作业免像控或只布设少量像控点可以有效减少考古工作者的野外劳动时间，提高外业工作效率和作业的安全性。

空三测量的免像控作业，对航测设备要求较高。集成了 RTK 或 PPK 技术的测绘专用航拍飞行器可以在免像控或布设少量像控点的情况下获取高精度的测量成果，但价格昂贵，上手操作难度较高，很难在田野考古测绘工作中推广使用。随着无人机技术的发展进步，大疆公司推出了带有差分 GPS 的小型四旋翼航拍飞行器——精灵 4RTK，价格相对低廉。笔者查阅了相关资料[1]并使用精灵 4RTK 对几处考古遗址进行了测量分析。实践证明，精灵 4RTK 可以在无像控点的情况下满足田野考古测绘出图的精度要求。本文以精灵 4RTK 结合内业软件 Pix4dmapper 对辽宁本溪下堡山城进行空三测量作业为实例，介绍精灵 4RTK 免像控执行考古测绘作业的具体方法，并结合测量数据进行精度分析。由于能力水平有限，文章不足之处敬请指正。

一、项目概况

下堡山城位于辽宁本溪满族自治县小市镇下堡村附近的山岗上，南临太子河，是高句丽中晚期山城，城外东、南、西三侧为开阔的河流冲积平原，东北侧为连绵起伏的高山。山城依山势而建，呈簸箕形，城址周长 649m[2]，所处山岗相对海拔不高，通信良好，植被多为树木，有部分旱地和水田。本次测量作业旨在获取山城精确的地理空间信息数据，生成考古所需的各类专题测绘成果，为后期的深入研究提供资料。

项目使用的精灵 4RTK 飞行器重量为 1.4kg（装载电池后），配备 1 英寸 2000 万像素 CMOS 的航摄镜头，照片最大像素 5472×3648，像元 0.0024mm，焦距 8.8mm，支持实时差分定位（RTK）和动态后处理差分技术（PPK），官方标称的 RTK 精度为水平 1cm+1ppm（RMS）；垂直 1.5cm+1ppm（RMS），航摄时，POS 数据以经纬度和大地高的形式存储在每张航片的 EXIF 信息中。精灵 4RTK 使用三种 RTK 服务类型，分别为千寻网络 RTK 服务、D-RTK2 移动站及自定义 RTK 网络服务，2019 年 12 月飞行器更新固件后支持云端 PPK 解算服务，移动网络信号不佳时，可关闭 RTK 模式，在航摄完成后直接上传采集数据至云端服务器解算获取高精度 POS 数据。精灵 4RTK 的飞行系统采用 OcuSync 图传技术，最远图传距离可达 7km，其理论续航时间为 30 分钟，受天气与地理环境影响，实际续航能力在 20—25 分钟左右。另外，精灵 4RTK 还集成了前、后和下视双目视觉避障系统[3]，为作业安全提供了保障（图一）。

二、外业流程

作业开始前先对山城及周边区域实地勘察、搜集信息，确认飞行器作业的安全飞行高度，按照实际测绘需求规划航线。精灵 4RTK 的作业操控及航线规划设置均在遥控器的

1 笔者查阅的资料主要有：DJI 大疆行业应用：《精灵 Phantom 4RTK 的精度究竟有多高？日本国际航业测试报告出炉》，https://mp.weixin.qq.com/s/tuXTYI3eOn0NTLbgOAcbow，2019 年 4 月 4 日；李松阳、王藏博、徐怡涛：《以小型低成本无人机进行大型考古遗址航测的新探索——以赤峰辽中京遗址为例》，《遗产观察》2018 年 11 期，第 124—132 页。

2 卢治萍、吴炎亮、乔程、梁志龙、刘宁：《辽宁本溪县下堡山城及采石遗址调查报告》，《北方文物》2020 年 4 期，第 10 页。

3 精灵 4RTK 机身两侧虽然配备有红外感知避障系统，但飞行时并不能开启，飞行器的避障功能为前、后及下视双目视觉避障。

图一　集成 RTK 模块的精灵 4RTK 飞行器

GSRTK APP 中进行，以本次测量为例，相关设置介绍如下：

首先确认数据采集方式，为保证测量精度，降低外部干扰因素，本次测量使用后差分处理（PPK）技术采集影像数据，解算后的 POS 数据坐标系指定为国家 2000 坐标系（CGCS2000）。测绘规划类型依据项目出图要求采用“摄影测量 2D”结合“摄影测量 3D（井字飞行）”的规划方案，以正射影像采集为主，辅以倾斜摄影采集优化高程数据的精度（图二）。

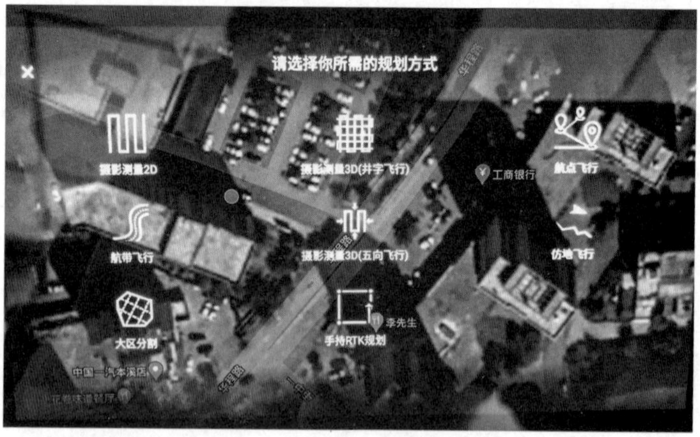

图二　规划方式选择界面

确认测绘类型后进入航线规划界面，在地图上划定测区范围并对相关参数进行设置（图三）。本次测量规划的测区面积约 $1.60km^2$，根据勘察信息确定飞行器飞行高度 220 米，GSD（地面分辨率）为 6.03cm，飞行速度 10m/s，航向重叠设置为 78%，旁向重叠为 70%，拍摄模式选用定时拍摄（如果只使用“2D 摄影测量”规划方案作业，推荐开启高程优化功能）。“相机设置”菜单界面中，照片比例选择“3：2”，白平衡根据天气情况选择“晴天”，测光模式选择“平均测光”，云台角度保持“－90”不变，启用“快门优先”功能并确认关闭“畸变修正”功能。精灵 4R 支持拍摄时保存未做修正带有鱼眼畸变效果的原生照片，“畸变修正”功能可以修正畸变效果，但会对测量精度产生影响，航测时该功能不推荐开启（图四）。“摄影测量 3D（井字飞行）”方案的航向重叠与旁向重叠均设置为 60%，云台角度选择“－60”，其他参数设置同“摄影测量 2D”方案即可。

“快门优先”模式下，设置相机快门速度应注意像点位移对精度造成的影响，即飞行器在拍摄时因飞行移动、不同地形及风速等原因产生像点位移，使被摄物体模糊变形影响航片

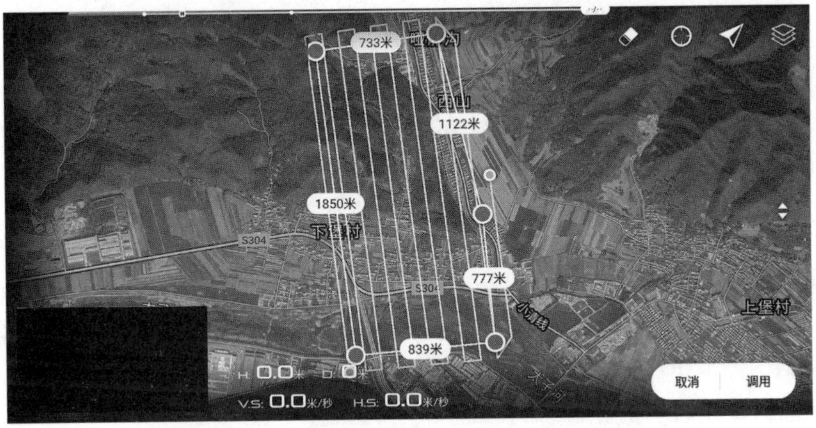

图三 航线规划界面

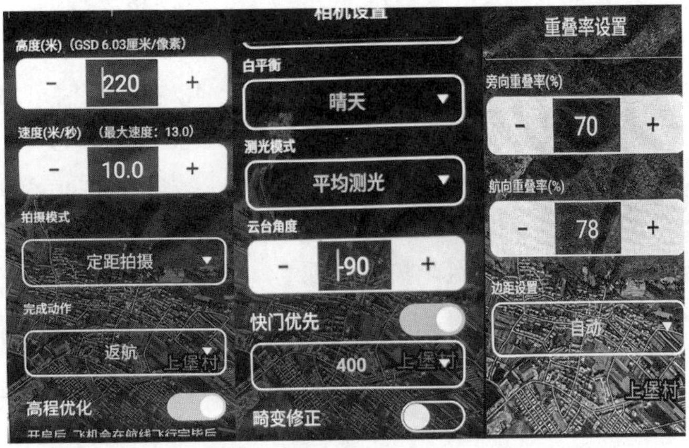

图四 航线规划参数的设置

的成像质量和数据精度。像点位移量由飞行速度推算得出，为保证测量精度，一般情况下像点位移量要小于 0.5 倍的 GSD，据此，快门速度可通过公式（1）计算。

$$S_{相}=\frac{0.5\times \mathrm{GSD}}{V_{飞}} \quad (1)$$

式中，$S_{相}$表示相机快门速度，$V_{飞}$表示飞行器的飞行速度。以本次测量为例，飞行高度 220 米的 GSD 为 0.06m，乘以 0.5 再除以飞行速度 10m/s 可得出 1/333 秒，对应飞行器快门速度的参数选项，选择不慢于 1/400 秒（图五）。

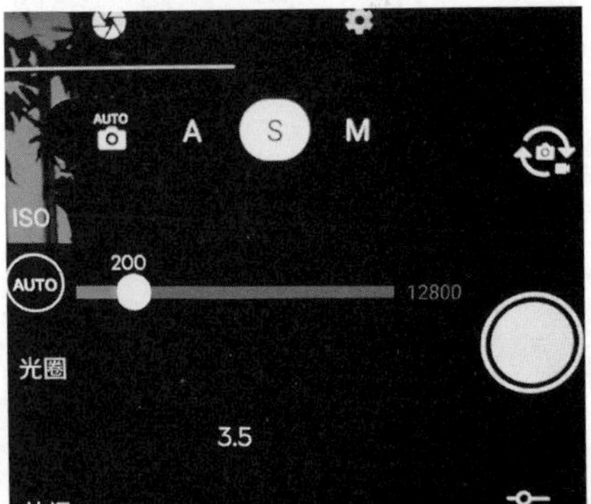

图五 精灵 4RTK 的拍摄参数设置界面

航线规划和相机参数设置完成后选择“调用”规划，飞行器将自动起飞执行作业任务。作业过程中飞手需要监测飞行器相机的拍摄状态，根据飞行环境的光照情况实时调整相机感光度（ISO）和曝光补偿（EV）的参数，控制光圈始终小于 3.5（光圈大于 3.5

将影响测量精度）。本次测量作业共飞行 7 架次，拍摄照片 790 张，使用 RTK 设备布设检查点 5 个，用于测量项目的精度验证分析。

三、内 业 流 程

内业可选用的操作软件种类较多，常见的有 Metashape（原 Photoscan）、Pix4dmapper 和 ContextCapture（原 Smart3d），大疆公司也推出了相关建图软件——大疆智图。本文选用 Pix4dmapper（版本为 4.412）作为内业操作软件进行介绍，对比 Photoscan 软件，Pix4dmapper 采用模块化操作流程，全中文操作界面，本地优化较好，易于上手。

1. 新建项目与相机参数设置

打开 Pix4dmapper，选择新建项目，确定项目名称与存储盘符并添加外业采集的照片（图六）。在图片属性编辑界面导入解算后的 POS 数据，坐标系设置为“China 2000”，地理定位精度为“定制”。点击“编辑”按纽进入“相机型号”编辑菜单，为了减小测量误差，这里需要手动引入相机的内方位元素和畸变参数。精灵 4R 在出厂时已对相机进行了标定，相机内方位元素和畸变参数储存于照片 XMP 的“Dewarpdata”字段中，使用 WINDOWS 操作系统自带的记事本工具打开一张采集的照片并搜索“Dewarpdata”字段即可看到（图七）。将照片记录的内方位元素和畸变参数输入 Pix4dmapper，保存为新模板（图八），再次使用该飞行器航测时可直接套用此模板的参数。最后指定输出坐标系为 CGCS2000/3-degree Gauss-Kruger CM 123E，项目类型选择“3D 地图”。

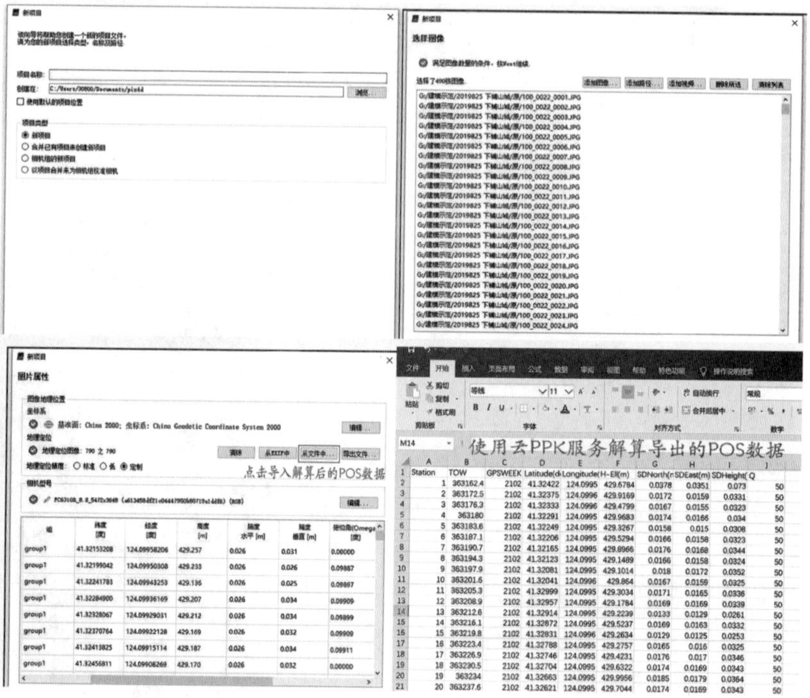

图六　新建项目与图片属性编辑界面

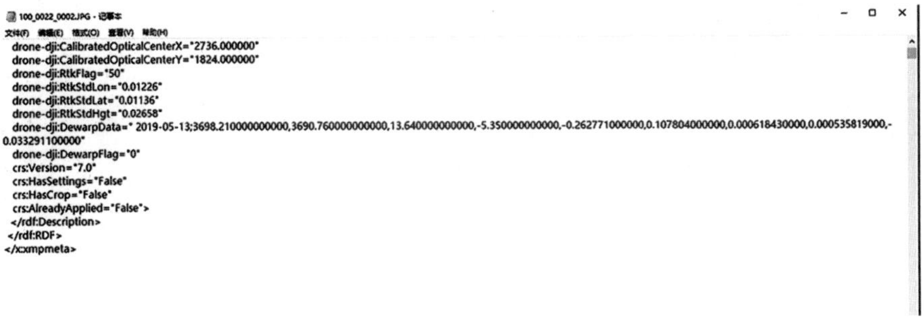

图七　照片中包含的相机内方位元素和畸变参数

图八　相机参数设置界面

2. 初始化处理与空三自检报告

"初始化处理"模块相当于 Photoscan 软件的"对齐照片"环节，主要是对采集的航片进行匹配。这里建议先选择"快速检测"并勾选"在质量报告中生成正射"进行低精度的快速匹配，通过对齐照片的数量和生成的测区正射影像检查是否有漏拍现象，如存在可及时进行补拍（图九）。正式处理数据时，照片匹配精度推荐选用"1/2 倍图像尺寸"，匹配方式选择"航拍网格或走廊航线"，校准方法选择"精确地理定位和方向"，相机优化的内方位元素优化选择"全部"，外方位优化选择"方向"，其他选项使用默认参数（图一〇）。

初始化处理完成会自动输出空三质量报告，重点查看质量报告中的网域空三误差（Mean Reprojection Error）与相机自检误差（图一一）。网域空三误差以像素为单位，误差小于 0.5 像素以下是可接受范围。相机自检误差上下两个参数相差一般不能超过 5%，R1、R2、

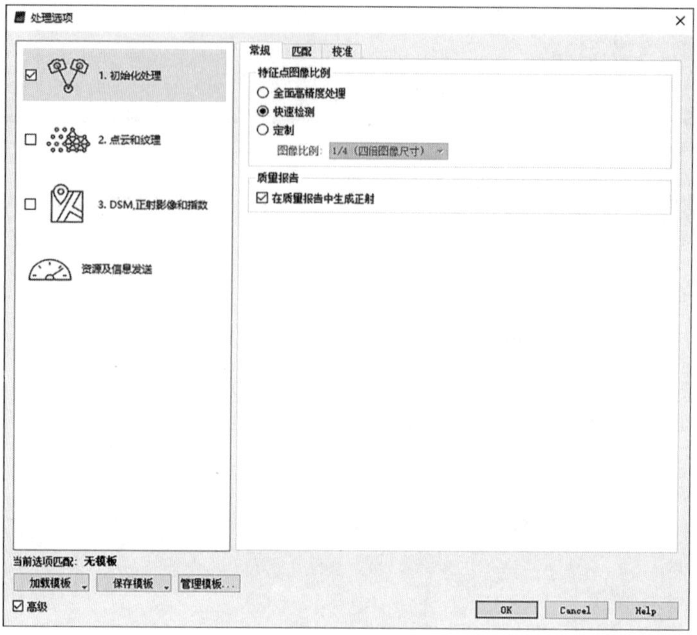

图九　快速检测采集质量

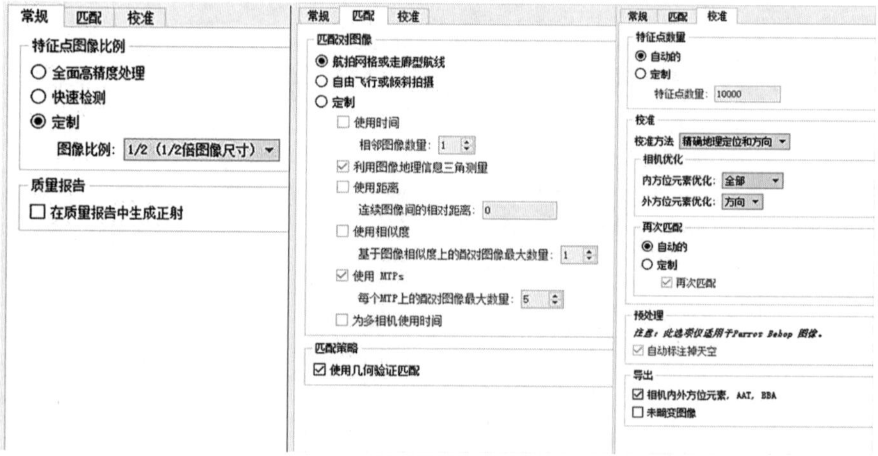

图一〇　初始化处理模块的参数设置

R3 三个参数相差不能大于 1，否则会出现严重的扭曲。[4]

3. 生成密集点云与点云分类

进入“点云与纹理”模块，生成点云的图像比例选择“1/2（一般图像尺寸，默认）”，点密度选择“最佳”，点云匹配最低数值根据外业采集照片的匹配程度选择，数值越小生成的密集点云越多，但杂点和离散噪点也会相应增加，一般情况下推荐选择“3”或“4”，其他

4　孙治华：《四旋翼微型无人机在大比例尺地形图中的应用》，《水利规划与设计》2018 年 9 期，第 163 页。

Bundle Block Adjustment Details

Number of 2D Keypoint Observations for Bundle Block Adjustment	1919368
Number of 3D Points for Bundle Block Adjustment	786707
Mean Reprojection Error [pixels]	0.113

Internal Camera Parameters

FC6310R_8.8_5472x3648 (a613458df21c04447950b80719a1ddf8) (RGB). Sensor Dimensions: 12.833 [mm] x 8.556 [mm]

EXIF ID: FC6310R_8.8_5472x3648

	Focal Length	Principal Point x	Principal Point y	R1	R2	R3	T1	T2
Initial Values	3694.490 [pixel] 8.665 [mm]	2749.640 [pixel] 6.449 [mm]	1818.650 [pixel] 4.265 [mm]	-0.263	0.108	-0.033	0.001	0.001
Optimized Values	3673.107 [pixel] 8.614 [mm]	2750.843 [pixel] 6.451 [mm]	1830.155 [pixel] 4.292 [mm]	-0.266	0.111	-0.033	0.000	0.001
Uncertainties (Sigma)	0.078 [pixel] 0.000 [mm]	0.100 [pixel] 0.000 [mm]	0.073 [pixel] 0.000 [mm]	0.000	0.000	0.000	0.000	0.000

图一一　网域空三误差与相机自检误差

选项使用默认参数。

软件在建立密集点云时自动进行点云分类处理，后期将以分类处理结果为依据筛除高等植被和人工地物的点云，生成数字高程模型。分类处理结果可以通过“点云组”菜单查看，使用“点云编辑工具”进行人工校正，建议在自动分类处理结果的基础上重点校正“High Vegetation（密集植被）”和“Building（建筑物）”点云组，保证数字高程模型数据的准确（图一二）。

图一二　“点云组”菜单和“点云编辑工具”菜单

4. 数字化成果的生成

通过对密集点云解算，Pix4dmapper 软件能够生成 DOM、DSM、DTM（DEM）等数字化图件，相关设置在“DSM，正射影像和指数”模块中进行操作，具体参数参考图一三结合考古工作实际所需设置。“指数计算器”菜单用于辐射校准处理后生成反射地图，考古制图项目较少涉及，本文不作论述。

图一三　生成 DOM、DSM 和 DEM 的参数设置

生成的数字化图件可以导入 GIS 软件做完善处理，添加图例、比例尺等工具（图一四）。通过对山城的数字高程模型与数字表面模型进行地信分析，还能获取考古研究所需的其他专题图件（图一五）。例如视域分析图，在山城的瞭望台遗址处设置一个视域分析点，模拟瞭望台的通视情况及观察范围，为后续的相关研究提供研究材料。

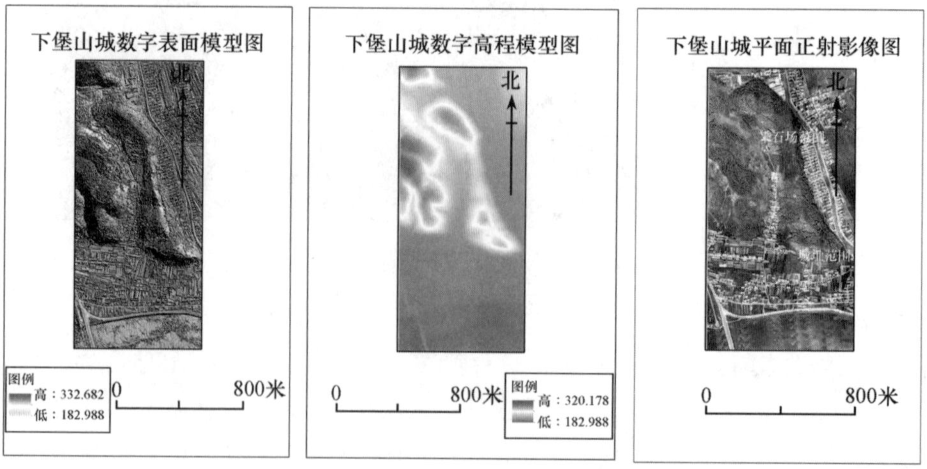

图一四　Pix4dmapper 导出的数字化图件

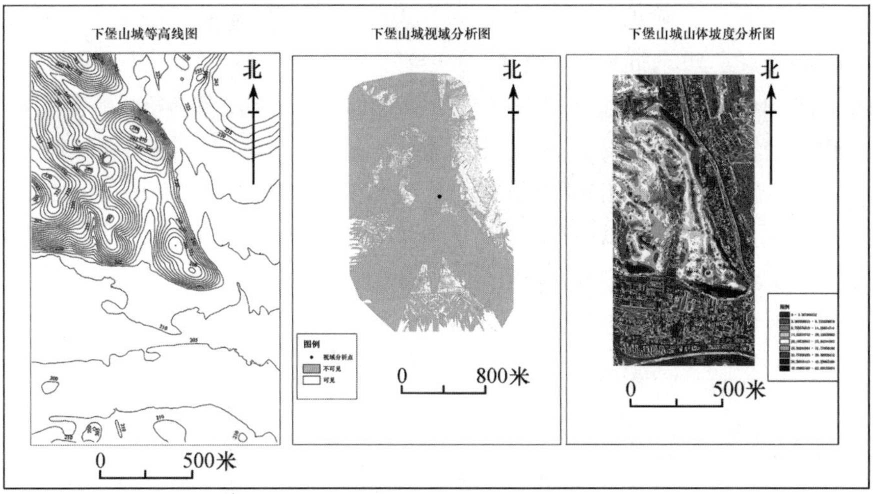

图一五　地信分析生成的考古专题图件

5. 测量精度验证分析

提取外业布设的 5 个检查点数据与 Pix4dmapper 生成的测量数据进行对比分析，结果如表一。

表一　误差对比分析表　（作者自绘）

点号	X坐标差值（m）	Y坐标差值（m）	平面位置误差（m）	高程误差（m）	检查点实测高程（m）
1	0.055	0.032	0.127	0.878	207.913
2	0.043	−0.025	0.099	0.927	208.463
3	−0.032	−0.021	0.081	0.666	293.675
4	0.040	0.052	0.131	0.998	242.296
5	0.032	−0.026	0.082	0.768	265.684

表一所示，平面位置误差最大值为 0.131m，高程误差最大值为 0.998m。参考 WW/T 0035-2012《中华人民共和国文物保护行业标准——田野考古制图》中的地形图精度要求，平面位置精度满足 1∶500 的地形图制图精度要求，高程精度仅满足 1∶2000 的地形图制图精度要求。

四、对测量精度的再思考

上文的测量精度验证分析可以看出，精灵 4RTK 的平面测量精度较高，但高程测量精度不太理想。为研究这一问题，笔者进一步查阅资料，借鉴了前人的研究成果[5]，结论如下：

5　任栋、潘海利、武洋：《精灵 4RTK 无人机在大比例尺地形图生产中的应用探讨》，《测绘标准化》2019 年 4 期，第 47—50 页；杨云源、吉健、石洪、赵波：《大疆消费级无人机快速倾斜摄影测量实践》，《北京测绘》2019 年 3 期，第 243—248 页；许承权、黄小琴、施政：《消费级无人机倾斜摄影测量 1∶500 测图方法及精度研究》，《测绘地理信息》2020 年 1 期，第 117—120 页。

精灵 4RTK 使用非测量用相机，相机的内方位元素和畸变参数随着使用次数的增加会受到温度、湿度、材料老化、震动等影响发生变动，导致相机出厂标定的参数不再精确。“绝对高程精度与相机焦距值的精确度有很大的相关性。因此，可以通过重新标定计算得出焦距精确值来提高绝对高程精度。”[6]

Pix4dmapper 已集成了相机参数优化功能，在执行“初始化处理”步骤时，软件会根据输入的相机内、外方位元素及 POS 数据进行参数优化验证计算，可以在“编辑相机型号”菜单中点击“加载优化的参数”调用优化后的相机参数（图一六），为保证优化计算的准确，建议执行两次参数优化计算。

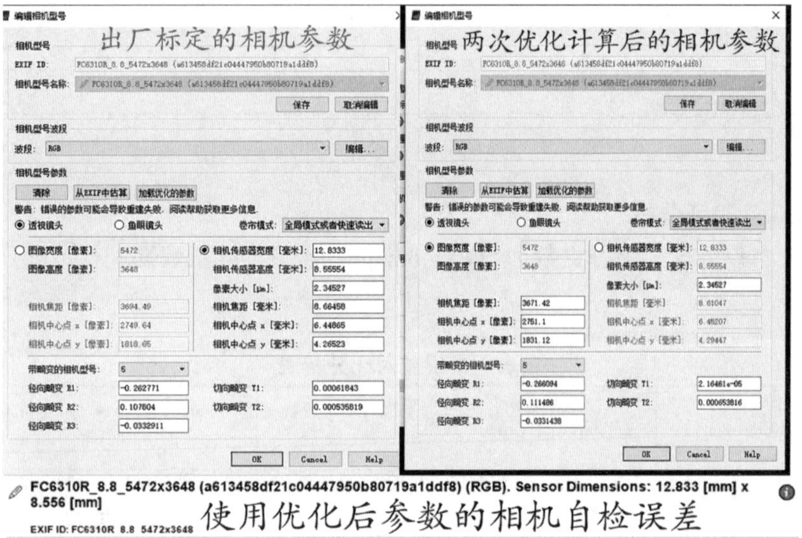

	Focal Length	Principal Point x	Principal Point y	R1	R2	R3	T1	T2
Initial Values	3671.420 [pixel] 8.610 [mm]	2751.100 [pixel] 6.452 [mm]	1831.120 [pixel] 4.294 [mm]	-0.266	0.111	-0.033	0.000	0.001
Optimized Values	3671.405 [pixel] 8.610 [mm]	2751.119 [pixel] 6.452 [mm]	1831.101 [pixel] 4.294 [mm]	-0.266	0.111	-0.033	0.000	0.001
Uncertainties (Sigma)	0.070 [pixel] 0.000 [mm]	0.107 [pixel] 0.000 [mm]	0.077 [pixel] 0.000 [mm]	0.000	0.000	0.000	0.000	0.000

图一六　出厂标定的相机参数与两次优化后参数对比

使用优化计算得到的焦距值重新生成密集点云，再次进行高程精度对比分析，结果见表二。

表二　优化后误差对比分析表　　（作者自绘）

点号	内业解算的DSM点高程（m）	检查点实测高程（m）	高程误差（m）
1	208.032	207.913	－0.119
2	208.278	208.463	0.185
3	293.771	293.675	－0.096
4	242.434	242.296	－0.138
5	265.888	265.684	－0.102

6　任栋、潘海利、武洋：《精灵 4RTK 无人机在大比例尺地形图生产中的应用探讨》，《测绘标准化》2019 年 4 期，第 49 页。

表二所示，对相机参数优化计算后，高程精度提升较大，优于《田野考古制图标准》中1：500地形图的制图精度要求。

另外，测量作业的环境光照、场景纹理、飞行高度及使用的建图软件等多方面因素都会影响实际测量精度。测量结果不理想时，可以尝试采用下列方法来提高精灵4RTK数据采集工作的质量：

① 面积较大的测区，使用“大区分割”功能将测区分割成若干小区分别测量，效率更佳。

② 如测量精度不理想，可以适当布设少量相像控点参与测量，提升数据采集精度。

③ 使用“仿地飞行”功能测量，在最大安全限度内降低作业飞行高度，提升数据采集精度。

④ 推荐使用两台或以上的精灵4RTK在“一控多机”模式下以“摄影测量3D（五向飞行）”方案进行航测作业，保证数据采集质量的同时兼顾作业效率。

五、结　　语

综上所述，精灵4RTK在相机内方位元素和畸变参数正确的前提下，可以在一定范围内实现免像控考古测绘作业，其测量精度满足《田野考古制图规范》中1：500地形图的精度要求，采集的数据通过Pix4dmapper内业软件加密解算，能够快速、准确地生成考古所需的数字化成果，“为遗址调查与发掘、人地关系研究、文化遗产保护、虚拟展示等提供精确的数据支撑”。[7]精灵4RTK体积较小，作业灵活，价格相对低廉，操控方式与精灵4系列其他机型相仿，上手难度较低，适合在考古测绘工作中推广使用。同时，需要注意的是，出于控制成本及易用性等方面的考虑，精灵4RTK搭载了非测量用相机，内方位元素和畸变参数易受外部因素影响发生变动，导致测量误差增加，这就要求我们在田野考古测量实践中应重视对测量精度的检验评定。

以上研究成果，对于探索空三测量技术在考古测绘领域中的应用，提高田野考古测量工作水平与作业效率具有积极意义。后续的研究，将集中关注精灵4RTK的仿地飞行、分割作业及一控多机等特殊功能应用于田野考古工作的创新性与易用性。

（本溪市博物馆　刘　宁）

7　刘建国：《考古现场多视角三维重建》，中国社会科学出版社，2019年，第67页。

建平博物馆藏辽宋铜镜简述

张　徵

内容提要：建平博物馆藏辽宋铜镜几十面，以辽镜为主，并大都为辽墓出土，有刻有“千秋万岁”的连珠纹镜、盘龙纹镜、牡丹纹镜、飞天如意云纹镜、“湖州”铭文镜等，充分显示了契丹骑马民族粗犷的性格和浓郁的草原大漠生活气息。几面宋镜以人物故事镜为主，整体风格雅致秀丽。

关键词：建平博物馆　辽代　宋代　铜镜

建平博物馆收藏有辽代及宋代铜镜几十面，以辽镜为主，宋镜较少，本文从中选取出17面精品简述，仅供参考利用。

一、辽代铜镜

1. 飞天如意云纹镜[1]

1973年11月在建平县三家公社西湖素台大队水泉沟辽墓出土，圆形，小纽，外有连珠纹一周。中心雕四飞天，近沿处有八朵如意云纹与四飞天相间错落分布，外有连珠纹一周，梯形镜沿。直径20.8、厚0.4厘米（图一）。

图一　飞天如意云纹镜

2. 牡丹纹葵花镜[2]

1986年在建平县富山乡王福店辽墓出土。体呈八曲葵花型，小纽，外由四连珠纹把镜背分成四扇形，中心各饰一牡丹团花，满缀珠点，外随镜沿有一周连珠纹，素平镜沿，体薄。直径16、沿宽1、厚0.4厘米（图二）。

1　刘淑娟：《辽代铜镜研究》，沈阳出版社，1997年，第83页，图七十，（A、B）。
2　刘淑娟：《辽代铜镜研究》，沈阳出版社，1997年，第104页，图一〇三，（A、B）。

3. 飞天如意云纹镜 [3]

1991 年 6 月在建平县三家乡五十家子村秦德昌墓出土。圆形，桥状纽，纽由四云纹把镜背分成四扇形，每扇面中有一飞龙，梯形沿，沿内饰一周连珠纹。直径 13、厚 0.31 厘米（图三）。

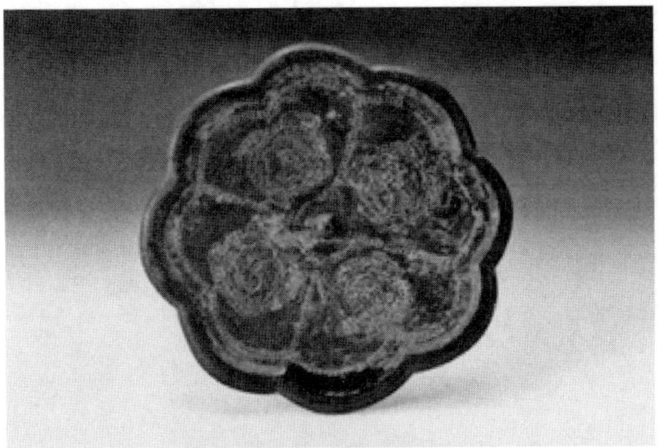

图二　牡丹纹葵花镜

图三　飞天如意云纹镜

4. 飞天如意云纹镜

1991 年 7 月在建平县二十家子乡蓝旗营子出土。圆形，桥状纽，镜背围纽一周有四飞龙，与四云纹相间分布，梯形沿。直径 15.1、厚 0.3 厘米（图四）。

5. 亚字形素面镜

1991 年 9 月由铁路派出所移交给建平博物馆入藏，具体出土时间与地点不详。亚字形，高圆纽，镜背素面，素宽坡状沿。直径 10.3、厚 0.2 厘米（图五）。

图四　飞天如意云纹镜

图五　亚字形素面镜

6. 双龙纹镜

1991 年在建平县榆树林子乡西大营子出土。圆形，小纽，沿内两周凸弦纹框内，满施连珠纹一周，中心浮雕两条鳞光闪闪的龙。龙身矫健，遍体鳞甲，栩栩如生，直径 8.95、厚 0.4 厘米（图六）。

3　李波：《建平三家乡辽秦德昌墓清理简报》，《辽海文物学刊》1995 年 2 期，第 18 页，图七。

7. 瑞兽葡萄镜

1991年在建平县榆树林子乡炮手营子村出土。仿唐镜，翻模制。圆形，伏兽纽，内区饰六瑞兽，间饰葡萄纹，内外区以高弦棱相隔，外区饰六只长尾乌，间饰葡萄和枝叶，缘上饰一周云纹。直径10.7、厚1.3厘米（图七）。

图六　双龙纹镜

图七　瑞兽葡萄镜

8. 牡丹花纹镜

1992年6月在建平县沙海镇出土。圆形，小纽，花瓣纹纽座，纽外有四折枝牡丹，外有连珠纹一周，宽平沿。直径21.7、厚0.29厘米（图八）。

9. 海水瑞兽纹镜[4]

1992年7月在建平县老官地乡嘎地哈达村辽墓出土。圆形，球形纽，内有铁锈。应是悬挂于墓室中。纽外有正方形，内满饰连球纹，外再饰棱形方框，内四角分别写有“千秋万岁”四字，外有一双勾珠点纹大方框，内四角饰海水瑞兽纹，方框之间饰珠点间竖线纹，框外饰连球纹，外有连珠纹一周，坡状沿略窄，作工花纹皆精致，是辽代铜镜中的上品之作。直径29.7、厚0.3厘米（图九）。

图八　牡丹花纹镜

图九　海水瑞兽纹镜

4　刘淑娟：《辽代铜镜研究》，沈阳出版社，1997年，第45页，图二十八。

10．蜻蜓纹折枝花镜

2009年10月在建平县北山公园门前辽墓出土。圆形，小纽，镜背上下饰两只对飞的蜻蜓，左右对称饰折枝花一朵，宽平沿。直径19.2、厚0.3厘米（图一〇）。

11．牡丹纹葵花镜[5]

建平县北二十家子出土，具体时间与地点不详。体呈八瓣花形，小纽，外有上连珠纹射线把镜背分为四扇形，每扇形中饰一牡丹团花，满缀珠点。窄沿，镜体薄，直径12.4、厚0.3厘米（图一一）。

图一〇　蜻蜓纹折枝花镜

图一一　牡丹纹葵花镜

12．折枝牡丹花纹镜

建平县出土，具体时间与地点不详。圆形，桥状纽，纽座为一朵牡丹花，镜背满饰折枝牡丹花，宽平沿，体薄。直径13、厚0.3厘米（图一二）。

13．素面镜

建平博物馆藏，具体出土时间与地点不详。圆形，桥状纽，素面，宽平沿，体薄。直径33、厚0.3厘米（图一三）。

图一二　折枝牡丹花纹镜

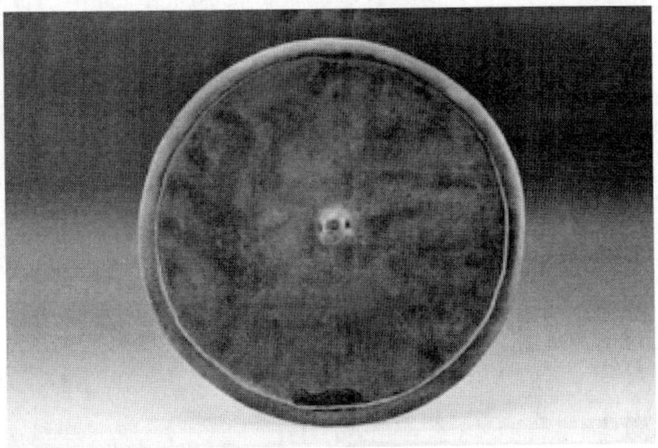

图一三　素面镜

5　刘淑娟：《辽代铜镜研究》，沈阳出版社，1997年，第104页，图一〇二。

二、宋代铜镜

1．湖州仪凤桥镜

1982年在建平县朱碌科乡北台子出土。八曲花瓣形，小纽，素面，宽平沿，纽右有“湖州仪凤桥真正石家青铜镜”两竖行12字。“仪凤桥”这个地名至今仍在湖州市沿用。直径18.4、厚0.4厘米（图一四）。这面湖州仪凤桥镜与辽宁省博物馆藏的一面湖州仪凤桥镜从形制到刻款完全相同[6]。这种商标名号铜镜主要出现及流行于两宋时期，铭名多先标出作坊所在地的州名，再标出姓氏，也有的标出店铺所在地。习惯上按镜铭中出现的地名称这些镜为“湖州镜”“饶州镜”“成都镜”“杭州镜”等。其中以湖州镜最多，湖州又以石家最为著名，出土的也以湖州镜最为常见。

2．柳毅传书人物故事镜

建平博物馆藏，入藏时间及出土地点不详。圆形，平顶圆形纽平缘，纽上方有一棵树，枝叶繁茂。纽右侧一男子头戴巾帻，双手端于胸前，身旁立有栏杆，一童子牵一毛驴站在旁边等候，怀中抱一长棒状物。镜左下方为湖水，湖面浪花上站立两女子，一主一仆，侍女立于主人身后，主人发髻高耸，双手笼袖置于胸前，与对面的年轻男子相互施礼。直径10.9、厚0.9厘米（图一五）。这面柳毅传书人物故事镜纹饰清晰，刻画细腻，惟妙惟肖，栩栩如生，与朝阳博物馆藏的一面柳毅传书人物故事镜相同，是这类铜镜中的佳品之作[7]。

图一四　湖州仪凤桥镜

图一五　柳毅传书人物故事镜

3．柳毅传书人物故事镜

建平博物馆藏，入藏时间及出土地点不详。圆形，平顶圆形纽，宽平缘，缘内有一周凸弦纹，凸弦纹内的画面是下面为翻滚的水浪，水浪中有两条鲤鱼相对戏游，上方左侧有一棵大树，枝叶繁茂，树下站立一对老妇面向对方，右侧为一站立的年轻男子，右手牵着驴，人物中间有三只食草的小羊。直径15.7、厚1厘米（图一六）。这面柳毅传书人物故事镜与朝

6　辽宁省博物馆编：《净月澄华——辽宁省博物馆藏古代铜镜》，辽宁大学出版社，2013年，第266—267页，湖州仪凤桥镜。

7　徐效慧：《朝阳博物馆藏宋代铜镜》，《辽宁省博物馆馆刊（2012）》，辽海出版社，2013年。

阳博物馆藏的一面柳毅传书人物故事镜相同[8]。但该镜时代定为金代。柳毅传书的故事在中国民间流传很广，故事的题材起源于唐朝李朝威所著的《柳毅传》，说是湖南书生柳毅赶考落第，归途路经泾阳时，遇到了嫁给泾河龙王的儿子后遭受百般折磨的龙女。龙女向柳毅倾诉悲惨身世，托柳毅传书给其父洞庭君，柳毅克服重重困难前往龙宫向洞庭君报信，几经波折后，龙女获救，柳毅与龙女两个有情人也终成眷属。柳毅传书人物故事镜在中国北方诸省出土较多，尽管画面不尽相同，但反映的主题都是柳毅与龙女的爱情传说。但对此镜人物故事镜考订的时代迄今学术界有两说：一说认为是宋代的，一说认为是金代的，笔者认为还是应该以宋代为对。

4. 瑞兽纹"秦王"铭文镜

建平博物馆藏，入藏时间与出土地点不详。仿唐式镜风格，圆形，桥状纽，圆饼式座，座外饰一周弦纹。内外饰奔跑的犬形兽四只，两兽间饰花草纹。外区作双弦纹铭文带，内有右环读："赏得秦王镜，判不惜千金，非关欲照胆，特是自明心"20字。窄凹平面沿，缘边凸起。直径13.7、厚0.4厘米（图一七）。关于铭文中"秦王"的典故，学术界目前有两说：一说是指秦始皇在阿房宫的入口处悬挂一面巨大的铜镜，传说铜镜可以照胆，对人有震慑作用。一是指即位前封为秦王的唐太宗李世民。他曾说："夫以铜为镜，可以正衣冠，以古为镜，可以知兴替；以人为镜，可以明得失。"笔者同意第二种说法，因为唐太宗的名言天下皆知。而第一种说法有些传奇色彩，未免牵强。瑞兽纹"秦王"铭文镜，迄今在辽宁地区，已有三面见于报道，三面铜镜形制、花纹及铭文均完全相同，但所定时代都不相同。旅顺博物馆藏一面，时代定为唐镜[9]。朝阳博物馆一面，时代定为宋镜[10]，阜新蒙古族自治县蒙古贞博物馆藏的一面，时代定为宋镜[11]。笔者认为，这类瑞兽纹"秦王"铭文镜的时代应该定为宋镜为宜。因此唐代铸镜时，李世民已贵为天子，似不应再称秦王。而宋代铸镜时称李世民为秦王是可以说通的。

图一六　柳毅传书人物故事镜

图一七　瑞兽纹"秦王"铭文镜

（建平博物馆　张　微）

8　朝阳博物馆编：《龙城宝笈——朝阳博物馆藏古代铜镜》，辽宁人民出版社，2014年，第143页，柳毅传书故事镜。

9　旅顺博物馆编：《旅顺博物馆藏铜镜》，文物出版社，1997年，第100页。

10　朝阳博物馆编：《龙城宝笈——朝阳博物馆藏古代铜镜》，辽宁人民出版社，2014年，第72页。

11　童立红主编：《蒙古贞文物集萃》，辽宁大学出版社，2016年，第148页。

辽宁凌源两处石羊石虎墓葬的年代及相关问题

李龙彬　李宇峰

内容提要： 从目前发表的资料来看，辽宁省凌源市大河北乡及宋杖子乡两处石羊石虎墓葬的年代有年代不详、金代和元代三种说法，本文通过统计分析和研究认为，凌源市两处石羊石虎墓的年代应为辽代，并就与此相关问题作初步探讨。

关键词： 辽宁　凌源　石羊石虎墓葬　辽代

一

近来，笔者在编纂《辽宁省志·文物志》(1986—2005)一书时，发现该书收录的辽宁省凌源市的宋杖子乡和大河北乡两处石羊石虎墓葬的年代定为金代，颇盛疑惑。经查阅相关发表资料得知，目前对于此两处墓葬的年代仍有争议。《朝阳历史与文物》编著者最早认为这两处石像生应是墓前神道之物，具体年代不详[1]。《中国文物地图集·辽宁分册》将宋杖子乡石羊石虎沟墓群定为金代[2](图一)，将大河北乡黄土梁子墓群的时代定为元代[3](图二)。笔者认为以上认识均有待商榷。

考察中国北方地区、包括北京、河北、内蒙古、辽宁、吉林等省、市区域，至今仍有许多称作石羊石虎村、石羊石虎沟、石羊石虎山、石人屯的地名。追溯其命名源起，都与当地有石羊石虎等石像生的墓葬有关。现将这些地区的石羊石虎墓葬发现情况依据资料发表先后顺序统计如表一。

1　朝阳市博物馆编：《朝阳历史与文物》，辽宁大学出版社，1995年，第163页大河北石像生，第164页宋杖子石像生。

2　国家文物局主编：《中国文物地图集·辽宁分册》(下)，西安地图出版社，2009年，第427页。

3　国家文物局主编：《中国文物地图集·辽宁分册》(下)，西安地图出版社，2009年，第427页。

图一　宋杖子乡石羊石虎沟墓葬的石像生

图二　大河北乡石羊石虎墓葬的石像生

表一　石羊石虎墓葬发现统计表

名称	地点	现存简况	年代	资料来源
耶律琮墓	内蒙古赤峰市喀喇沁旗西桥乡鸽子洞沟	石碑1、石羊4、石虎2、文吏2、武吏2	辽代	《东北考古与历史》1，文物出版社，1982年，174页。
东北山辽代墓葬	内蒙古赤峰市克什克腾旗天合园乡	石虎2、石羊2、文吏1、武吏1	辽代	《克什克腾旗文物志》，内蒙古人民出版社，1993年，78页。
天宝同辽代墓葬	内蒙古赤峰市克什克腾旗土城子镇	石羊2、石虎2、文吏1、武吏1	辽代	《克什克腾旗文物志》，内蒙古人民出版社，1993年，78页。
石人屯墓葬	吉林省农安县新刘家乡石人屯	原有石人2、巳无存、1964年在石人屯东北100米发现墓葬	辽金	《中国文物地图集·吉林分册》，中国地图出版社，1993年，39页。

续表

名称	地点	现存简况	年代	资料来源
净月潭古墓	吉林省长春市南关区净月潭水库南	现存石人2、石羊2、石虎1	金代	《中国文物地图集 ·吉林分册》，中国地图出版社，1993年，3页。
石羊屯墓葬	吉林省九台市上河湾镇石羊石虎村东	现存石羊1、其他石刻已无存	金代	《中国文物地图集·吉林分册》，中国地图出版社，1993年，17页。
石人石虎	吉林省榆树市五棵树镇长新村	石人2、石虎2	金代	《中国文物地图集·吉林分册》，中国地图出版社，1993年，25页。
将军岭墓葬	吉林省长春市太平镇将军岭石羊屯西	石人2、石羊2	金代	《中国文物地图集·吉林分册》，中国地图出版社，1993年，50页。
太平沟墓	吉林省四平市毛城子乡太平沟石龙河屯	石人2、石虎2、石羊2	金代	《中国文物地图集·吉林分册》，中国地图出版社，1993年，83页。
红旗村墓	吉林省四平市环岭乡石人村东	石人2、石羊2	金代	《中国文物地图集·吉林分册》，中国地图出版社，1993年，83页。
石人山墓葬	吉林省伊通县发展乡房身村石人背屯	石人2、石羊2	金代	《中国文物地图集·吉林分册》，中国地图出版社，1993年，98页。
三道沟墓葬	吉林省东辽县金州乡新华村三道沟屯	现存石人2、文吏武吏各1	金代	《中国文物地图集·吉林分册》，中国地图出版社，1993年，108页。
南城子墓地	吉林省长岭县前进乡南城子村南城子屯东北	石人2、石羊2、石虎2	金代	《中国文物地图集·吉林分册》，中国地图出版社，1993年，175页。
石羊沟墓群	内蒙古赤峰市巴林左旗哈拉哈达乡小西沟村	石人1（无首）、石羊1（残）、石羊北侧有祭祀坑	辽代	《中国文物地图集·内蒙古自治区分册》（下），西安地图出版社，2003年，126页。
哈达图辽墓	内蒙古赤峰市巴林左旗哈达英格乡哈达图村	地表有封土堆，旁有石人1（无首）	辽代	《中国文物地图集·内蒙古自治区分册》（下），西安地图出版社，2003年，127页。
朝阳湾辽墓	内蒙古赤峰市巴林左旗宝力罕吐乡森林屯村	地表有圆形封土堆、南约200米有残石翁仲2	辽代	《中国文物地图集·内蒙古自治区分册》（下），西安地图出版社，2003年，127页。

续表

名称	地点	现存简况	年代	资料来源
浩沁庙墓群	内蒙古赤峰市巴林右旗查干诺尔苏木巴日图嘎查	地表有方形石砌庙垣、东南墙正中设1门、门前两侧排列石羊2、石虎2	辽代	《中国文物地图集·内蒙古自治区分册》（下），西安地图出版社，2003年，139页。
站石人辽墓	内蒙古赤峰市喀喇沁旗十家满族乡太平沟村	墓向东南，神道两侧由南向北依次为石虎2、石羊2、文吏1、武吏1	辽代	《中国文物地图集·内蒙古自治区分册》（下），西安地图出版社，2003年，193页。
倒石人辽墓	内蒙古赤峰市喀喇沁旗十家满族乡太平沟村	墓向东南，神道两侧现存、文吏1、武吏1、均无首卧于地，石虎1、石羊1、均残缺不全	辽代	《中国文物地图集·内蒙古自治区分册》（下），西安地图出版社，2003年，193页。
石羊虎墓群	内蒙古赤峰市敖汉旗高家窝铺乡石羊虎村	位于“王坟洼”山坡上，现存石羊2、石虎2、早年曾被洪水冲出1座砖墓	辽代	《中国文物地图集·内蒙古自治区分册》（下），西安地图出版社，2003年，423页。
公主陵北墓群	内蒙古兴安盟乌兰浩特市乌兰哈达镇前公主陵村	早年被毁砖室墓1座、墓前100米，有石人4、文吏、武吏各2	辽代	《中国文物地图集·内蒙古自治区分册》（下），西安地图出版社，2003年，481页。
辽梁王墓	北京市延庆县永宁镇西山沟村	据《延庆州志》记载，辽梁王墓在永宁镇西八里石羊石虎山下、现存石羊（无首）1、石虎1	辽代	《中国文物地图·北京分册》（下），科学出版社，2008年，416页。
黄土梁子墓群	辽宁省凌源市大河乡黄土梁子村	现存四组9尊石像生、石人2、石羊4、石虎3	元代	《中国文物地图集·辽宁分册》，西安地图出版社，2009年，427页。
石羊石虎沟墓群	辽宁省凌源市宋杖子镇石羊石虎沟村	现存7尊石像生，石羊2、石虎2、石狮1、文吏1、武吏1	金代	《中国文物地图集·辽宁分册》，西安地图出版社，2009年，427页。
石羊石虎墓群	河北省平泉县柳溪乡石虎村	地表现存石像生13尊、分为五排，有石虎5、石羊4、石猴2、石人2、文吏、武吏各1	金代	《中国文物地图集·河北分册》（中），文物出版社，2013年，301页。
大王茂沟辽墓	河北省尚义县南壕堑镇大南沟村	墓地原有石羊2、石人2、石桌1、现已无存	辽代	《中国文物地图·河北分册》（中），文物出版社，2013年，178页。
胡洞墓群	河北省张北县公会镇胡洞村	曾发现地下埋葬有石人、石马等石像生、现无存	辽代	《中国文物地图·河北分册》（中），文物出版社，2013年，200页。

续表

名称	地点	现存简况	年代	资料来源
马鞍桥墓群	河北省张北县海流图乡马鞍桥村	现存龟形碑座1、石羊2、石虎1	辽代	《中国文物地图·河北分册》（中），文物出版社，2013年，200页。
兰旗地墓群	河北省宽城满族自治县独石沟乡兰旗地村	墓地原有石桌、石人等，1981年墓地已被潘家口水库淹没	辽代	《中国文物地图·河北分册》（中），文物出版社，2013年，306页。
东胡辽墓	河北省滦南县程庄乡胡家坡村	墓地原有石碑、石人、石羊、石马、石狮等，均已埋于地下	辽代	《中国文物地图·河北分册》（中），文物出版社，2013年，451页。

从上述统计已发表的30处石羊石虎墓葬的时代来看，除了辽宁凌源两处石羊石虎墓葬外，还有河北省平泉县柳溪乡石羊石虎墓、河北省张北县马鞍桥墓群和吉林省农安县新刘家乡石人屯墓等13处石羊石虎墓葬的时代有金代、辽金和元代等不同认识外，其余17处墓葬的时代均被认定为辽代。

二

据《封氏见闻录》记载，中国古代帝王的墓仪制度“秦汉以来，帝王陵前有石麒麟、石辟邪、石象、石马之属，人臣墓前有石羊、石虎、石人、石柱之属，皆所以表饰坟垄如生前之仪卫耳。”从唐高宗乾陵开始，帝王陵前的石像生于陵冢以南神道两侧形成定制[4]。唐宋两朝对石像生制度都有严格的规定[5]。辽朝的典章制度多承袭唐朝。唐朝文化对于辽朝文化产生潜移默化的影响，渗透到辽朝的社会各个领域，包括帝王陵前的石像生制度。

由于辽代帝陵地面建筑所剩无几，故其神道及石像生使用制度不详。从目前的考古发现看，辽祖陵发现有神道的大龟趺座，契丹文碑铭残片，两座石经幢残片和出土1尊石犬及2尊石翁仲。根据最近考古发掘成果得悉太祖陵选址讲究堪舆术，玄宫凿山为藏、大体位于内陵区的中央，玄宫附近置有石像生[6]。早年李文信先生调查辽庆陵时，曾发现有雕刻佛像和阴刻梵文的石经幢，在奉陵邑庆州城内曾发现汉白玉石经幢两座，一座刻有记载圣宗死及埋葬的文章，一座刻有佛经[7]，今在中陵前仍残存有石经幢一座，幢身铭刻陀罗尼经文[8]。另外，金毓黻先生早年在考察丹东王耶律倍显陵时，曾在显陵陵区内调查发现有石翁仲1尊和石羊2

4 刘毅：《中国古代陵墓》，南开大学出版社，2010年，第185页。

5 陈安利：《唐十八陵》，中国青年出版社，2001年。孟凡人：《北宋帝陵石像生研究》，《考古学报》2010年3期。《永乐大典》卷八一九九所收的《大汉原陵秘葬经》中的《碑碣仪法篇》记录了唐宋时期的石像生制度。

6 盖之庸、李权：《内蒙古辽代考古综述》，《草原文物》2019年1期。

7 李文信：《东蒙古辽代之史迹》，《盛京时报》1941年4月24—27日。

8 李逸友：《辽代墓葬制度概说》，《内蒙古东部区考古学文化研究文集》，海洋出版社，1991年。

尊[9]。

此外，近年在辽代契丹贵族墓葬曾发现有两处石经幢遗物。一处是内蒙古自治区赤峰市敖汉旗的白塔子墓[10]，出土石经幢镌刻有“大康七年四月十三日甲时建”等字。一处是辽宁省阜新蒙古族自治县关山辽墓的八号墓即萧德让墓，出土的石经幢一面汉文题记为“大丞相公主为诸行宫都部署同中书门下平章事驸马都尉柳城郡王故魏国公主特建斯幢维大康二年岁在丙辰十月已亥朔十七日丙时建”[11]（图三）。由此可见，这两座墓葬都有明确的辽代纪年。

三

辽代墓葬目前保留较为完整的一组石像生应为今内蒙古赤峰市喀喇沁旗西桥乡鸽子洞的辽代皇族耶律琮墓（图四），这是我们研究辽代契丹贵族墓地石像生墓仪制度弥足珍贵的考古实例。史籍对耶律琮生平有记载，《辽史》有传[12]，即《辽史》记载的耶律昌术和耶律合住，三者实为一人，耶律琮是汉名，耶律昌术和耶律合住为契丹名。耶律琮卒于辽景宗保宁十一年（979），生前最高官职为涿州刺史。以其在任时与北宋议和有功，死后追赠检校太师，兼政事令，属南面官的最高荣誉，为正一品官职，使用汉人的葬制，这是遵守“契丹人授汉官者从汉仪”的制度[13]。

图三　萧德让墓出土石经幢拓片

图四　耶律琮墓石像生

9　金毓黻：《东丹王陵考察记》，《满洲学报》1934 年 3 期。

10　敖汉旗文化馆：《敖汉旗白塔子辽墓》，《考古》1978 年 2 期。

11　辽宁省文物考古研究所编：《关山辽墓》，文物出版社，2011 年，第 63 页。

12　（元）脱脱等撰：《辽史》卷八十六《耶律合住传》，中华书局，1975 年，第 1321 页。

13　《永乐大典》所录“公侯卿相碑碣仪制”所录石像生数目与耶律琮墓有相似之处。又元朝人陈元靓《事林广记》：“大元品官葬仪，一品用石人四事”亦与耶律琮死后追赠正一品官职和墓前立有文武官吏各一对相符合。

图五　耶律琮墓石碑

查阅史籍及方志对耶律琮墓葬神道碑及石刻都未曾有记载。经李逸友考古调查报告发表，才使沉寂千余年的耶律琮神道碑及石刻资料公布于世。该墓葬东南向，三面环山。墓前至今仍在原地整齐地摆列着石碑（图五）、石羊（图六）、石虎（图七）、石翁仲（图八）等。墓前正中竖立着一通石碑：龟趺，碑身、螭首都较完整。碑首前额阳刻楷书《观音经碑》四字，正背面是汉字译写的经文，正面尚可辨认，背面受风雨剥蚀，字迹已无法辨认。观音经碑后面置石虎一对，再后面置武吏石像一对，再后置文吏石像一对。石像后是一条长宽各 20 米的平台，平台后应是墓址，墓曾在民国年间被盗，现仅存有墓穴[14]。

河北省平泉县柳溪乡石羊石虎墓现存的石像生数目较多且排列较有规律。墓葬位于西梁山下石虎村东的黄沙坡地上，三面环山，地势西高东低。石像生分布于墓室前东西长 50 米，南北宽 35 米的黄砂土地面上，基本保持原位（图九）。现存 13 尊，分为五排，有石羊 4（图一〇）、石虎 5（图一一）、石猴 2、石人 2、文吏、武吏各 1。该墓附近曾发现或出土有莲花式石础和铁斧、铁刀、铁镞等辽代遗物[15]。另据清雍正十二年（1734）八沟厅理事同知张镠编撰的《八沟厅备志》记载："辽陈国公南院枢密副使窦景庸墓，在厅治北八十里羊草沟，墓址宏伟、翁仲森立、碑碣磨蚀已难卒读"[16]。上述《八沟厅备志》所记得正是柳溪乡石羊石虎墓群。窦景庸，《辽史》有传[17]。至于该墓是否确为《辽史》有传的窦景庸墓，可惜碑碣腐蚀严重，已难以辨认，目前尚无足够的文字和考古资料佐证，可暂备一说。

图六　耶律琮墓石羊

14　李逸友：《辽耶律琮墓石刻及神道碑铭》，《东北考古与历史》（1），文物出版社，1982 年。

15　王烨：《平泉县石羊石虎墓群调查》，《文物春秋》2006 年 3 期。

16　据 2002 年出版的《八沟厅备志译注》的译注说明，《八沟厅备志》为清雍正十二年（1734）八沟厅理事同知张镠编撰，正本无存，副本现被北京师范大学图书馆收藏。

17　（元）脱脱等撰：《辽史》卷九十七，1409 页，《窦景庸传》，中华书局，1975 年。

图七　耶律琮墓石虎

图八　耶律琮墓石翁仲

若以凌源市宋杖子乡石羊石虎沟墓群石像生中石羊和石虎的形象（图一二）与耶律琮墓和河北省平泉县柳溪乡石羊石虎墓群的石羊石虎形象比较，不难发现，宋杖子乡石羊石虎沟墓群的石羊（图一三）与另两处墓葬的石羊均盘角昂首，俯身而卧，造型浑厚，三者形象极为相近或相似。三处墓葬的石虎皆作睁目昂首，蹲坐，作守护姿势，颈脊无毛，手法简练，造型雄浑而较为温和，多数形象也较为相似，唯平泉县柳溪乡石羊石虎墓的1尊石虎形象刻划略显凶猛（图一四）。

从统计表中记述的中国北方地区现存的石羊石虎墓群石像生的分布情况来看，除石羊、石虎外，大多还存有石翁仲，一般多为文武各一尊。文吏多为宽袖长袍，双手于胸前捧一笏板，腰系绦带着汉服的文吏的定式形象。武吏则全身甲骨，脚着长靴，合手持剑作护卫状，应为契丹族武吏的定式形象。这一墓仪在宋杖子乡石羊石虎沟墓群石像生中文武翁仲的形象也得以证实（图一五）。

四、结　　语

综上所论，笔者认为，辽宁凌源市两处石羊石虎墓葬以及河北平泉县柳溪乡石羊石虎墓群的年代应均为辽代。

图九　平泉县柳溪乡石羊石虎墓的石像生

图一〇　平泉县柳溪乡石羊石虎墓葬的石羊

图一一　平泉县柳溪乡石羊石虎墓葬的石虎

图一二　宋杖子乡石羊石虎沟墓葬的石羊石虎

图一三　宋杖子乡石羊石虎沟墓葬的石羊

图一四　平泉县柳溪乡石羊石虎墓葬的石虎

图一五　宋杖子乡石羊石虎沟墓葬的文武翁仲

对于统计表中吉林省境内石羊石虎墓葬的年代定为金代或辽金的认识，笔者认为似乎年代普遍偏晚，其中有的时代也可能早到辽代。由于目前对此类墓葬未进行考古发掘，且大多的石羊石虎墓葬未发表石像生照片，故仍难以对其时代进行具体的分析界定。拙文仅为抛砖引玉，希望能引起学术界对这一问题的关注，以期推动这一课题的交流与进步。

（辽宁省文物考古研究院　李龙彬　李宇峰）

从几枚官印看辽统治者如何以佛教来巩固他们的统治

赵　姝

辽朝（907—1125）是在契丹族日益强盛、社会迅猛发展的基础上，由迭剌部首领耶律阿保机统一了契丹各部，建立的国家。916 年，耶律阿保机在龙化州以东的金铃冈筑坛即位，号称“大圣大明天皇帝”，建元“神册”，国号“契丹”。他就是辽太祖。契丹国建立后，成为祖国北方的一个强大的势力。辽代契丹民族与其他民族一道共同创造了辉煌灿烂的辽文化。

辽朝统一后，为了适应新的社会发展的需要，契丹统治者不断吸取各族治国的经验，学习各族的文化和制度。辽代的官制，基本继承唐制，但又有自己的特点。辽朝统治的基本方针，据《辽史·百官志·序》载：“因俗而治”“以国制治契丹，以汉制治汉人”。“因俗而治”的方针，就是“官分南北”。设两套机构，把官分为南面官和北面官。既有汉语官名，又有契丹语官名。因此，辽代的官印也有契丹文和汉文两种。

辽国是一个多神教的国家。契丹族早期信奉的主要是萨满教，建国后逐渐变成一个多神教的国家，辽太祖即位后，比较流行佛教和道教。神册三年（918），《辽史·太祖纪》载“诏建孔子庙、佛寺、道观”，可见当时契丹统治阶级对儒、佛、道三者一开始就采取了兼收并蓄的态度。历朝的经验使他们懂得，佛、儒、道都是对人民实行精神统治的有效工具。因此佛教逐渐在契丹贵族中传播，并促进了辽代佛教的发展。其后诸帝对佛教都倍加保护，到圣宗、兴宗、道宗时期，辽代佛教达到极盛。各地建造佛寺甚多，并通过贵族信徒的施舍，占有一定的土地和民户。到了辽代后期，甚至把提倡佛教作为基本国策。

辽朝经历了 110 多年，期间史书记载这段历史有很多空缺，下面结合历史文献向读者介绍几枚出土的辽代汉文官印。

1.（辽）崇孝寺常住记

沈阳市和平区王俊山先生收藏，1995 年购于沈阳市南湖古玩市场。印为铜铸，呈长方体，印背较厚的鼻纽中有一孔，以便于携带，印柄座呈三级台阶状，边长 4.7、宽 2.9、通高 1.4 厘米，印面铸造篆书阳文两行六字“崇孝寺常住记”，印面四周铸有双边栏，这在辽代官印中实属罕见。该印特别巧妙地运用印章中章法布局的艺术效果及文字笔划的穿插、挪位、粘边、借边等手法，达到和谐统一的艺术效果，这在辽代官印叠篆盛行时期，独辟蹊径，也是件难得的佳作（图一）。

该印虽无明确的出土地点，据《辽史·地理志》载，“上京临潢府，神册三年（918）城

图一　崇孝寺常住记

之，名曰皇都，天显十三年（938）更名上京。”“其北为皇城，高三丈，有楼橹。中有大内，内有南门曰承天……西南崇孝寺，承天皇后建。”据此可知崇孝寺位于辽上京皇城之内，为承天皇后所建。

承天皇后即辽景宗耶律贤之妻，为北府宰相萧思温之女萧绰（燕燕）。969年，景宗耶律贤继位，立萧绰为贵妃。由于景宗幼年患上了“风疾”，久治不愈，登极后，试图有所作为，但病魔缠身，力不从心。同年立萧绰为皇后。萧皇后从此辅佐景宗，管理朝政，成为中国历史上一位重要的政治人物。971年萧氏生一皇子耶律隆绪。982年景帝病故，遗诏以长子梁王隆绪嗣位，“军国大事听皇后命”，年仅12岁的耶律隆绪即辽圣宗，萧皇后奉遗诏摄政。次年上尊号为“承天皇太后”并改元统和，改国号契丹。

自景帝时期参政至圣宗统和二十七年薨，承天太后先后以皇后和太后的身份临朝执政40年，突显她的才智。景宗在位时，她以皇后身份摄政之后，重用经验丰富的宗室、契丹诸部及汉人的大臣理政，同他们共同商议，由她最后裁决。整顿和治理内政，实行科举制，总的来说，内部稳定，政治清明，国力强盛。圣宗12岁时即位时，据《辽史》卷七十一《景宗睿智皇后萧氏传》载：当时“母寡子弱，族属雄强，边防未靖”，承天太后凭借自己的政治才干，团结蕃汉臣僚，击溃了企图争夺权位的宗室贵族，巩固了幼帝的皇位。承天太后和圣宗在政治注意选拔人才，整顿吏治；在经济上减轻赋税，发展生产；军事上开疆拓土，加强对西北、东北边区的控制，与宋的争战与和好。以上政策使辽王朝国力日益强盛，推进了辽朝的封建化进程。“澶渊之盟”是在北宋降将王继忠从中调停，向承天太后建议南北议和，此建议被太后采纳，后又致书宋真宗，通报了辽方息民止戈的意愿。经过数次谈判，达成盟约。“澶渊之盟”是辽、宋双方力量均势下的产物，是承天太后、在政治、经济上取得重大胜利的协议，形成了宋辽和平相处100余年，这对辽、宋在经济、文化等方面的联系和发展产生了极其重要的影响。因而她不仅是一位女军事家，还是一位政法家，素有“神机智略”“明达治道”之誉，使辽朝达到鼎盛时期。

崇孝寺，就是辽朝赫赫有名的萧太后所建，并经常去朝拜的一座寺院（建寺时间，应为景帝在位971—982年间）。该印的出土地，笔者认为，应在内蒙古巴林左旗林东镇南辽代皇城之内。常住，是指留住在寺院有戒单的正式僧人。这枚官印即是崇孝寺常住僧人身份凭证的专用章，它的发现，对辽代皇宫寺院规制及辽代倡修佛寺，奉事佛教等有极为重要的研究价值。

从辽圣宗时起，契丹贵族开始在全面接受汉族文化的情况下，佛教在辽朝有了更广泛的传布。《宋会要辑稿·蕃夷》载：皇太后肖燕燕“每岁正月辄不食荤茹，大修斋会及造寺”。圣宗时，在上京、东京、南京等地的寺院里，还大兴佛事，因此出现了一些高僧和儒僧。

2.（辽）佛法僧所宝记

赤峰市博物馆藏，1971年赤峰市郊太平地乡兴隆坡村辽高州城出土，铜铸，方形印体，印背有扁方形直纽，纽通高3.5厘米，印边长5.4厘米 ×5.4厘米，印面凿刻汉字叠篆书阳文“佛法僧所宝记”两行六字。印文的书写比较流畅随意，整个印文的设计章法很有新意，如

"佛"所二字只占其他字的1/2（图二）。

高州城，辽圣宗于开泰年间置，属中京，初名新州，治所在三韩县，今内蒙古自治区赤峰市附近。

辽统治者对佛教非常重视，据《辽史》记载，辽圣宗时，为了庆贺对宋战争的胜利，统和四年（986）七月，诏令"上京开龙寺建佛事一月，饭僧万人"。统和七年，（989）四月，"幸延寿寺饭僧"等。辽统治者在上京皇城之内设庙不至一处。这是一枚辽代高州佛教寺院所用的印，出土地点明确，对研究辽代佛教与当时的政治经济的影响和作用十分重要。

图二　佛法僧所宝记

3.（辽）佛法僧三宝圆通之印

赤峰市博物馆藏，1962年内蒙古自治区巴林左旗辽上京皇城内天雄寺观音像附近出土，玉石材质，印为方体，背有长方形直纽，纽侧刻一楷书"上"字，边长3.5厘米×3.5厘米，纽通高2.1厘米，印面文字书写比较自如（图三）。

这枚辽代佛教用印，尤其出土于内蒙古自治区巴林左旗辽上京皇城内之寺庙用印，是非常之重要，它对研究辽代统治者的上层建筑起意义重大。

图三　佛法僧三宝圆通之印

关于"三宝"即：灵像感应以为佛宝，尊经感应以为法宝，菩萨感应以为僧宝。佛指佛教创始人释迦牟尼或所谓的一切佛，法指解释或阐明释迦牟尼所讲的教义，僧指继承、宣扬、发展佛教教义的众僧徒。关于"圆通"，指佛教的"八教"学说内容，其中的"化法"（或教化）就有藏、别、圆、通四种。中国僧徒自创的佛教宗派如华严宗、天台宗等，则自称为"圆教"。圆者自圆其说也；通者，唯有我通，则信徒们一通百通也。

以上三枚官印代表了辽代崇尚佛教的一个缩影，其中两枚官印就出土于辽上京的皇城之内。

据考查，仅辽宁省内现存的辽塔近40座，塔基10余座，共计50余座，有塔就有寺，这是古代佛教的规律。因辽代的寺庙建筑多为木结构，故保存至今者，除义县奉国寺外，其余均已无存。

总之，佛寺在辽朝成为封建王朝手中的一个驯服工具，它虽有普遍的发展，但不致危及皇室和整个封建统治阶级的利益，恰恰相反，统治者利用佛教来巩固他们的政权。

（辽宁省博物馆　赵　姝）

《明奉议大夫江西按察司佥事鲁纶墓志铭》考释

李智裕

内容提要：鲁纶是明代辽东地区著名士人，生前以奉母孝敬，为官清廉而有时名，与其父鲁义先后考取进士是明代辽东地区著名父子进士。对墓志铭考释可知鲁纶及其家人生平状况，可与《明实录》《辽东志》《全辽志》等史志内容互证及补阙。特别是鲁纶担任江西按察司佥事期间，正值“宁王朱宸濠之乱”平息不久，江西地区社会动荡民不聊生，墓志铭相关内容对此多有反映。另外，墓志铭撰文者舒芬、书丹者徐景嵩、篆盖者佟应龙为官颇有气节与操守，均是当时著名士人，此篇墓志铭堪称难得佳作。

关键词：鲁纶　鲁义　舒芬　徐景嵩　佟应龙

1968 年辽阳老城西北小庄出土一盒明代墓志。墓志盖篆有双线阴刻五行二十五字“大明故奉议大夫江西提刑按察司佥事西村鲁公墓志铭盖石”（图一），左下角部位出现断裂。墓志石长、宽各 48 厘米，表面略不平，中部及边缘泐蚀缺损，但大部分墓志铭内容尚能识别清楚，现藏于辽阳博物馆。墓志石刻写墓志铭 21 行，满行 32 字（图二），字迹笔法顺畅又不失端庄瑰丽，反映出书丹者颇有书法功底。2002 年出版的《辽宁碑志》收录了该墓志铭的原文，但有的关键字没有识读用“□”代替，而且墓志铭内容也没有进行系统考释[1]。由于墓志铭内容反映明代辽东地区著名人物鲁纶生平仕历，以及“宁王朱宸濠之乱”平息不久后江西地区社会动荡民不聊生史实，可与《明实录》《辽东志》《全辽志》中内容互证及补阙，所以有一定学术研究价值。职此之故，不避愚陋，对墓志铭内容进行尝试性考证，不足之处在所难免，敬请各位方家指正。墓志铭附后标点为后加，以“□”表示该字磨损脱落不清，“□”中加字表示原字脱落后进行补释。

一、鲁纶生平仕历

根据志文记载，鲁纶字孔言别号西村，幼年不幸丧父。在其母亲王氏教育下学业有成，

1　王晶辰：《辽宁碑志》，辽宁人民出版社，2002 年，第 381—382 页。

图一　鲁纶墓志盖

图二　鲁纶墓志

“登正德丁丑进士第”。“正德丁丑”即正德十二年（1517），鲁纶考取正德十二年进士。作为明代辽东地区著名人物，《辽东志》《全辽志》中有多处关于鲁纶内容记载。《全辽志》卷三《选举·进士》记载，“丁丑，鲁纶，辽阳人，义之子，江西按察司佥事”[2]；《辽东志》卷六《人物·鲁纶》记载，“丁丑，鲁纶，辽阳人，仕至江西按察司佥事”[3]；《全辽志》卷四《人物·鲁纶》记载内容较为详细。

> 鲁纶，字孔言，义之子。登正德丁丑进士，少孤，事母孝，观政时，以所得月支俸米寓其家，养母而仅食其余。授南京兵科给事中，建白弹劾无所忌，尤注意江防武备。时有内守备官恣横，纶奏劾处治，一时股栗。寻升江西按察司佥事，后一年卒于官，囊无余赀。[4]

经对比可知，《全辽志》中大体与志文记载鲁纶相关生平内容相符。其母王氏去世时鲁纶极其悲痛，以古礼方式进行葬祭，为当时辽东地区典范。“服除，授南京兵科给事中”，指的是鲁纶守孝期满后，被授予南京兵科给事中一职。此事发生在正德十五年（1520）冬，《明实录》中有详细记载。

> 壬寅，以行人孟奇、夏言、顾济，知县徐景嵩、底蕴，进士胡汭、陈江、鲁纶为给事中，奇、景嵩、户科，蕴礼科，言兵科，济刑科，汭工科，江南京户科，纶南京兵科。[5]

2 （明）李辅等纂修：《全辽志》卷三《选举·进士》，辽海出版社，1985年，第594页。

3 （明）任洛等纂修：《辽东志》卷六《人物·鲁纶》，辽海出版社，1985年，第431页。

4 （明）李辅等纂修：《全辽志》卷四《人物·鲁纶》，辽海出版社，1985年，第623页。

5 《明武宗实录》卷一百九十二，正德十五年冬十月壬寅条。

志文记载“论事必关大体，常耻言人过，不事弹劾，有奏议稿若干巻藏于家”，描述鲁纶生前担任兵科给事中一职，上奏讨论事宜均与社会大事有关，以议论别人过错作为耻辱，做为言官不轻易做弹劾，有时候即使有奏本也藏于家中。这与前文《全辽志》中记载内容“授南京兵科给事中，建白弹劾无所忌”，多少有些矛盾。结合后文《明实录》记载内容，推测《全辽志》对此描述多有夸大其词之嫌。根据《明实录》记载，鲁纶在担任南京兵科给事中一职时，有两条相关内容。一条是发生在嘉靖二年（1523）二月，鲁纶与监察御史史梧等人参劾甘肃总兵李隆指使他人谋杀都御史许铭，纵容要犯以枉杀无罪四人冒名顶替掩盖罪责，并一同追责太监董文忠、分守总兵官李义、都指挥支永等人。

> 南京给事中鲁纶、监察御史史梧等言：往者甘肃总兵李隆，鼓众倡乱，杀都御史许铭，又故纵首恶，取无罪四人斩首灭口。太监董文忠、分守总兵官李义、都指挥支永等，或坐视不救，或符同糾结。乞明正隆罪，而按鞫文忠等。都察院覆议，李隆前已奉旨捕获系狱，按讯请逮文忠等。并问得旨，文忠姑勿逮，李义等，巡按御史同镇抚官速勘以闻。[6]

此事与《全辽志》中记载“时有内守备官恣横，纶奏劾处治，一时股栗”内容十分相似，推测很有可能为同一件事情。另外一条是发生在嘉靖二年（1523）七月，鲁纶就南京储粮数目较少，粮食仅供四月用量，担心会引起恐慌发生不测，建议按照正德十四年例量，留江西运米和南京刑部等衙门赃罚银用来接济补漏。

> 南京兵科给事中鲁纶言：南京官吏、军匠共九万四千三百七十九人，每月食粮九万八千二百石有奇。今计京储正四十五万余石，仅可供四月耳，恐食尽，军饥患生不测。乞照正德十四年例量，留江西运米，及南京刑部诸衙门赃罚银以济。下户部议。[7]

志文“癸未十一月，升江西按察司佥事”，“癸未”即嘉靖二年（1523），鲁纶升任江西按察司佥事一职。此事在《明实录》中有详细记载。

> 乙丑，升兵科左给事中储昱，为江西布政司右参议；兵部郎中孙继芳为云南按察司副使，提督学校；南京兵部给事中鲁纶，为江西按察司佥事。[8]

明代的提刑按察使司是掌管一省司法、监察的重要机构，简称按察使司。内部设置按察使（正三品）、副使（正四品）、佥事（正五品）等职。副使、佥事，分道巡察地方兵备、提学、驿传、屯田等事宜。鲁纶文散阶“奉议大夫”属于正五品，对应其担任江西按察司佥事

---

6 《明世宗实录》卷二十三，嘉靖二年二月癸酉条。

7 《明世宗实录》卷二十九，嘉靖二年七月甲午条。

8 《明世宗实录》卷三十二，嘉靖二年十月乙丑条。

职务也是正五品。

志文“时江西兵荒之后，人多务清净，惟催科一事则似不得已者”，所谓“江西兵荒”之事，应指的是明正德末年“宁王朱宸濠之乱”。由于宁王朱宸濠在江西期间聚敛民财不择手段，随意杀逐当地无辜官员和百姓，民不聊生社会影响极坏。虽然朱宸濠起兵叛乱在很短时间内被平息，但明武宗施政不力，江西地区作为当时主要战乱之地还是很受影响。更为严重的是“江西之民，久遭濠毒，今经大乱，继以旱灾”，使早已民生凋敝的江西又遭劫难。明嘉靖皇帝即位后，对正德皇帝弊政陆续进行纠正，但江西地区人祸天灾影响颇深并非能够立即消除，居民更是期盼清静安宁生活环境。

在此历史背景下，鲁纶担任江西按察司佥事一职。志文中提到“催科”一事，应指的是江西一地课税。由于战乱和天灾造成居民大量逃亡，“流离困饿，遐陬僻壤，半成荒野”，田地更是大片荒芜无人耕种，不难想象由此导致上缴课税出现严重问题。加上江西居民“又供京边军饷，困苦既极”，社会问题异常严重。有学者认为此处志文内容指的是辽东人民因政府横征暴敛，造成困饿不堪，流离失所，致使“僻壤半成荒野”[9]。实乃百密一疏，并非与辽东有关，应是误读志文内容所致。鲁纶虽然在任上恪尽职守，勇于任事奔走不暇，但当时江西一地社会弊病并非其一人一时能匡扶，志文“又安能遂其所欲为邪？”确实是真实写照，读之不禁让人无奈和感慨。

鲁纶于嘉靖四年（1525）九月二十一日卒于江西按察司，终年五十二岁。去世时由于家贫异常，“惟余柴薪银六两”只有区区俸禄银六两，“盖几不能敛矣，矧旅魂万里而图正丘首耶？”，几乎不能安置后事归葬辽东祖坟。最后在巡抚、巡按、两司等官员资助下，才将后事安排妥当，这也客观反映鲁纶生前为官清廉。另外，明代辽阳城内曾立有鲁纶“司谏坊”。有学者考证，明代辽阳城内有七座仕宦坊，其中二座“司谏坊”，一座为给事中鲁纶立，一座为给事中徐景嵩立。两人都是监察官员，经历相近，且刚正不阿，故而所立牌坊均为“司谏坊”。[10]

二、鲁纶谱系及其他

根据志文记载，鲁纶先祖为湖广黄冈县人。“至正甲辰”即至正二十四年（1364），朱元璋军队攻取蕲黄时，鲁纶高祖鲁胜仗剑归义。明朝正式建立后，鲁胜被任命为辽东卫百户职务。明朝建立后即实行卫所兵制，在要害之地设立卫所。根据《明史》记载，“天下既定，度要害地，系一郡者设所，连郡者设卫。大率五千六百人为卫，千一百二十人为千户所，百十有二人为百户所。所设总旗二，小旗十，大小联比以成军”。[11] 千户所所辖“百户所凡十，共百户十人，正六品”。[12] 鲁氏从此著籍辽东成为辽东人。根据志文记载，鲁胜有二子，长子鲁温，世袭百户。所谓“世袭百户”指的是明代实行军户制，在此制度下兵役承担者的身份与地位以法律形式被固定化，“父死子继、兄终弟及”不仅军籍世袭，而且“世官”职务可以

9 杨旸：《明代辽东都司》，中州古籍出版社，1988 年，第 286—287 页。
10 张士尊：《明代辽东牌坊考释》，《鞍山师范学院学报》，2010 年 3 期。
11 （清）张廷玉等撰：《明史》卷九十《兵二》，中华书局，1974 年，第 2193 页。
12 （清）张廷玉等撰：《明史》卷七十六《职官五》，中华书局，1974 年，第 1874 页。

按例承袭。鲁胜幼子鲁良，鲁良生鲁高，终身不仕。志文“高□□”字迹有缺漏，可考应为“高生義”，鲁义即鲁纶生父。根据《全辽志》卷三《选举》记载，“戊戌，鲁义，辽阳人，金坛县知县”。[13]“戊戌”成化十四年（1478），鲁义考取此年进士，任职于金坛县担任知县职务。这与志文“以明经登成化戊戌进士第，授直隶金坛县知县”内容相符。鲁义死于任上，配王氏。鲁纶初娶王氏，训导王浩之女，继娶肖氏，训导肖福之女。“训导”学官名，明清时期府、州、县儒学的辅助教职。由于时值嘉靖皇帝新登基施行推恩，王氏、肖氏与鲁纶生母王氏均被赠封为孺人。鲁纶有子一人，名东哥，估计是幼儿小名，当时尚未成年。师曾是其侄子，因自幼孤儿被鲁纶收养。鲁纶生有二女，长女许聘县丞王俸，幼女次男尚在襁褓中。

墓志铭撰文者“赐进士及第翰林院国史修撰儒林郎进贤舒芬”，字国裳，进贤人，为当时著名文人，正德十二年（1517）状元，《明史》中有传。[14]舒芬自幼聪慧七岁能诗，十二岁作《驯雁赋》，被南昌知府荐为博学弟子。登第后，出任翰林院修撰。舒芬为官清正以敢言直谏著称，正德年间因谏阻武宗常以打猎巡游寻欢作乐，荒废朝政而被贬谪为福建市舶副提举。嘉靖年间又因哭谏世宗而入狱，并夺俸三个月。不久舒芬母亲病故，扶柩南归。后因虑国忧民积郁成疾，于嘉靖十年（1531）含恨悲愤而逝。万历三十六年（1608），神宗皇帝追谥为“文节”，著有《舒文节公全集》。舒芬正德十二年（1517）状元，所以志文称之为“赐进士及第”，应与鲁纶同年考取进士。

墓志铭书丹者“赐同进士出身征仕郎户科给事中侍经筵东湾徐景嵩”，明代辽东著名文人。如前文所述，明代辽阳城内曾为其立有“司谏坊”。徐景嵩为人刚正，因直言而罢官。由于其淡泊名利多有孝行与操守而享誉地方，《全辽志》中有详细记载。

> 徐景嵩，字伯瞻，辽阳中卫人。登正德甲戌进士，授咸宁县知县，升户科给事中。居谏垣，多建白，不避权倖，升河间府知府，寻升山西按察副使。见事风生，然性刚直少容，卒以此罢官，士论惜之。嵩孝友，弟景岐没，为抚其遗孤。居城北之乾河，不轻入城郭，一时监司以下笃其谊，相与咨讯，其视财利泊如也。有《沙洲稿》四卷藏于家，今祀辽阳乡贤祠。[15]

“赐同进士出身”指的是徐景嵩在甲戌年，即正德九年（1514）考取进士，书丹志文时担任户科给事中侍经筵一职。

篆盖者“赐同进士出身承仕郎工部营缮清吏司主事悔庵佟应龙”，明代辽东进士。《全辽志》卷三《选举》记载，“辛巳，佟应龙，辽阳人，珍之子凤翔府知府”。[16]“赐同进士出身”指的是佟应龙辛巳年，即正德十五年（1521）考取进士，篆写志盖时担任工部营缮清吏司主事一职。佟应龙后来任职新昌知县颇有政绩和德行，“汰冗滥，矫偏救弊，意在佐贫弱、抑富

---

13 （明）李辅等纂修：《全辽志》卷三《选举・鲁义》，辽海出版社，1985 年，第 594 页。
14 （清）张廷玉等撰：《明史》卷一七九《舒芬传》，中华书局，1974 年，第 4759 页。
15 （明）李辅等纂修：《全辽志》卷四《人物・徐景嵩》，辽海出版社，1985 年，第 623 页。
16 （明）李辅等纂修：《全辽志》卷三《选举・佟应龙》，辽海出版社，1985 年，第 595 页。

强，有请托者，初不峻拒，而临事一断以理，士民德之”，[17] 也是当时有操守和名望的士人。

三、鲁纶墓志铭原文

明奉议大夫江西按察司佥事西村鲁公墓志铭

赐进士及第翰林院国史修撰儒林郎进贤舒芬　撰

赐同进士出身征仕郎户科给事中侍经筵东湾徐景嵩　书

赐同进士出身承仕郎工部营缮清吏司主事悔庵佟应龙　篆

予同年鲁君孔言，以嘉靖四年九月二十又一日卒于江西按察司。明年二月朔，其孤师曾始克奉柩北归，谋祔葬祖茔，乃以南昌□学生刘楠所撰行状抵予，请铭以行。汪兄子宿复以□来嘱之曰：必毋靳以孔言之守官行已，是当得儒笔书之，而券非其人矣，然不得辞，谨按状序次之。孔言姓鲁名纶，别号西村，其先为湖广黄冈县人。至正甲辰，大明兵取蕲黄，孔言高祖胜，仗剑归义。及天下宁一，洪武□□□授辽东卫百户，今遂为辽东人。胜二子：长温，世袭百户；幼良。良生高，□不仕。高生義，以明经登成化戊戌进士第，授直隶金坛县知县，卒于官，配王氏。时孔言生，甫□二岁。王教之如父师之勤，果底成立，登正德丁丑进士第。乞归省，许之。未几，王卒，哭尽哀丧，具葬祭山，视古礼，为辽人表仪。服除，授南京兵科给事中。论事必关大体，常耻言人过，不事弹核，有奏议稿若干卷藏于家。癸未十一月，升江西按察司佥事。时江西兵荒之后，人多务清净，惟催科一事则似不得已者。是以吏纵于奸民刁□□□□□其病而流离困饿，遐陬僻壤，半成荒野。孔言知其然，政颇有操纵，惟□□□□□□更四道，虽奔走不暇也，又安能遂其所欲为邪？卒之日，囊箧翛然，惟余柴薪银六两，盖几不能敛矣，矧旅魂万里而图正丘首耶？遭遇巡抚、巡按及两司官长皆重气□，甚哀悼之，凡百丧具，及其孤北还之费，综理周密。使孔言平生行已有愧，则诸君子肯一力毕心为之所若是邪？君初娶王氏，训导浩之女；继娶肖氏，训导福之女。其内行，皆足称好逑。正德辛巳，以今上上两宫尊号推恩，得与母王氏皆给敕命，赠封孺人。生子男一人：东哥。师曾盖其侄，幼孤而子之也。女二人，长许聘县丞王俸。次男，幼在襁褓。孔言生之年为成化甲午四月七日，至是享年五十有二，葬之日，计□□暮。其地则定为辽城西三里庄白塔之后午向。铭曰：

惟鲁之先，□□伯禽。分土于东，奎娄耀临。
椒聊仲连，慷慨卓落。汉□之□，国氏攸讬。
自兹以还，鲁代有闻。迤于户□，武且有文。
革昧之初，乃识真王。仗剑来归，义奋虓虎。
纪功分卫，东表维藩。隐德衍庆，辽族遂繁。
迨公文章，显显科目。谏署蜚声，宪台清肃。

17 （清）沈翼机等纂修：《浙江通志》卷一百五十三《名宦八·绍兴府》引万历《绍兴府志》，文渊阁四库全书，第523册，中华书局，1974年，第160页。

行已清介，所心□□。履信有终，恂物无私。
嗟惟诸美，既隆其赋。彼仓何□，复啬其数。
旅魂飘飘，万里渡辽。以正丘首，以祔宗祧。
白塔之阴，青□幽映。维公之兆，耆龟所定。
我铭以殉，庶几怀贤。百世之下，□□式焉。
郡人李俊　镌

（辽阳市公共文化和体育服务中心　李智裕）

明刻《绿筠窝帖》及传世拓本考

么乃亮

内容提要： 明代摹刻法帖蔚为大观，《停云馆帖》是为影响最大者，而《绿筠窝帖》与其渊源较深。《绿筠窝帖》(亦称《停云馆帖一卷本》) 为文嘉摹刻，专收“宋四家”墨迹，原石被无锡华云收藏，近代金石学巨匠罗振玉对其给予极高的赞誉，将其比肩明帖第一的华氏《真赏斋帖》。《绿筠窝帖》传世拓本极少，面貌不是很清楚，更无断代依据，业内关注不够。本文在相关学者研究的基础上，对《绿筠窝帖》基本情况进行梳理，考证出辽宁省博物馆藏本是难得的明拓本，并就一些模糊认识做进一步的探讨。

关键词：《绿筠窝帖》《停云馆帖》 宋四家　华云

明代中后期私家刻帖风靡，江南尤盛，帖种不胜枚举，良刻甚多，莠伪亦见。后世认为明刻法帖中最精为良者首推华夏《真赏斋帖》，最具影响者当属文徵明父子《停云馆帖》，而与十二卷本《停云馆帖》有密切关联者尚有《绿筠窝帖》，其“镌勒之精与《真赏斋》相伯仲”(罗振玉语)。

一、《绿筠窝帖》摹刻情况和基本面貌

明人王世贞《绿筠窝卷歌》序云：

> 永乐间，无锡华翁有绿筠窝，九龙山人王孟端图之。一时词笔皆知名士，后失之火。翁五世孙补庵先生复创窝竹间，衡山太史为续图，仍有诸体书诸君诗于后。掩映斐亹，极有好致。不佞少尝醉窝中，辱小友之目，今此图与窝俱存，而先生及太史不可复作矣。因赋长歌归明伯，志余感慨，明伯其宝有之。[1]

“绿筠窝”所筑者“无锡华翁”系华景安（1359—1428），字康伯，号耕乐，与王绂（孟端）等名士结交。绿筠窝后毁，由华景安五世孙华云“复创”，“绿筠窝”也成为华云的斋

---

1 （明）王世贞：《弇州四部稿》卷十九《七言古体五十四首·绿筠窝卷歌并序》，《文津阁四库全书(影印本)》，商务印书馆，2008 年。

名。华云（1488—1560），字从龙，号补庵、补庵居士，明常州府无锡（今江苏无锡）人，嘉靖朝进士，授户部主事，官至南京刑部郎中，人称“华户部”。曾参与重建“碧山吟社”，著述甚多，诗文名士，富收藏，与吴地书画名家交游甚广，尤与文徵明相交最为深久。[2]

大约在清光绪年间，费念慈（1855—1905）获观汪鸣銮（1839—1907，号郎亭）所示拓本后题诗三首[3]，其序曰：

> 郎亭先生出示文休承刻《宋四家书》，标题亦署“停云馆法帖”，后有华复初跋，云：右蔡、苏、黄、米四家，计九帖，盖《停云帖》祖刻也。后其家渐益至数卷，故以此石先后归余家，刻入《绿筠窝帖》中[4]，云云。后又有嘉靖十八年己亥锡山华氏绿筠窝藏石一行。各家皆未著录。考《停云帖》刻始嘉靖十六年，至三十九年而成，则此刻当在十六年前也。

这条文献著录表明华云绿筠窝曾藏有专刻“宋四家”法书墨迹的帖石，这也是笔者能查阅到的关于《绿筠窝帖》摹刻情况的最早的可靠文字记载。近人王壮弘在《崇善楼笔记》中录有《停云馆法帖一卷》，谓曾过目一册初拓本，为冯超然（1882—1954）旧藏，后有冯氏及夏（毛）榕坪（由落款推测，“秀夏”应连读，且为“季夏”之误。“榕坪”其人可能是“毛用吉”，活动在乾嘉年间，富收藏，精版本）、吴湖帆（1894—1968）跋尾，所录榕坪跋曰：

> 停云所刻四公书与此同者惟蔡忠惠《脚气》一帖，且行款不同，亦是另刻，非由此渐益也。辛丑秀（季）夏榕坪漫志。

关于此帖石的实际面貌和价值，罗振玉（1866—1940）《后丁戊稿》中的《绿筠窝帖跋》[6]更为全面一些，跋谓：

> 此帖首隶书题字曰：“停云馆法帖”，次行楷书标题“宋蔡忠惠公书”，次“宋苏文忠公书”，又次“宋黄文节公书”，又次“宋米南宫书”。帖末隶书二行，文曰：“嘉靖十八年己亥，锡山华氏绿筠窝藏石”，下有二印，曰“补庵居士”，曰“从龙”。忠惠凡三帖，一《扈从帖》，二《暑热帖》，三《脚气帖》；文忠凡二帖，一《武昌帖》，二《经由帖》；文节凡二帖，一《彭公帖》，二《放逐帖》；南宫凡二帖，一《思企帖》，二《捕蝗帖》。此九帖中，仅忠惠《脚气帖》见《停云馆帖》（宋名人书卷第五），而每行字不同，彼凡七行，此则九行，他帖则均不见彼刻。考文氏《停云馆帖》后标题，始于嘉靖十六[一]、七[二]年、廿年[四]、廿七年[六]、三十年[七]、

---

2 后世常将华云与同宗华夏（中甫）混淆，关于华云的世系、生平和成就可详见王照宇：《奕世尚古——明中叶无锡华氏家族古书画鉴藏研究》，中国美术学院 2019 年博士论文。

3 费念慈：《归牧集》，《苏轼书法史料集》（下），上海书画出版社，2017 年，第 884 页。

4 实际上并非是“刻入”，而是“列入”，见后文所录华复初全跋。

5 王壮弘：《崇善楼笔记》，上海书店出版社，2008 年，第 184 页。

6 罗振玉著，周作民、罗继祖、刘厚滋校：《后丁戊稿》，民国三十年（1941）铅印本，第 61 页。

三十四年[九]、三十五年[十]、三十六年[十一]、三十九年[十二]，此署十八年，正当其时，不知何以废而不用？而摹勒之精、毡拓之妙正与火前本《真赏斋帖》无二。帖首有题字二行，不署名字，审为李眉生方伯书。此帖不见前人记述，恐世无第二本，其可珍玩更胜于《真赏斋帖》，故书后以志之。[7]

此跋录文亦见于容庚（1894—1983）《丛帖目》卷三《历代三・明一・停云馆帖十二卷》[8]。因罗氏此跋，摹刻“宋四家”九帖的刻石正式被冠以《绿筠窝帖》之名，后人在著录、引用、研究是帖时也多依此跋内容。

《绿筠窝帖》原石存佚情况不明，当代有学者认为“应在无锡，而未见拓本流传”[9]。此帖传世拓本较为罕见，可喜的是近年来偶有刊布，对于详细了解帖石原貌大有裨益。如李军先生《帖学真赏　巧摹精拓——文徵明与〈停云馆帖〉》[10]一文中介绍了苏州博物馆所藏“《停云馆法帖》一卷”，即为《绿筠窝帖》，为清嘉道前拓本（康祚、申醉六递藏）。

结合前人著述和传世拓本，可大致梳理出《绿筠窝帖》的摹刻情况和基本面貌。此帖石为文徵明仲子文嘉摹刻，专刻“蔡、苏、黄、米”宋四家法书墨迹共九帖，帖首隶署“停云馆法帖”，各家帖前楷书刻标题，未刻卷数、年款。依次刻蔡襄《扈从帖》《暑热帖》《脚气帖》，苏轼《武昌帖》（刻“从远”“南易家藏”印）《经由帖》，黄庭坚《彭公帖》《放逐帖》，米芾《思企帖》（刻“停云”“玉兰堂图书记”印）《捕蝗帖》。至迟嘉靖十八年（1539）前，原石归无锡华云绿筠窝，华云隶书题刻“嘉靖十八年己亥，锡山华氏绿筠窝藏石”二行，并刻“补庵居士”“从龙”印。万历十年（1582）华云之子华复初在帖尾和其父题刻之间再次补刻四行，云：

右宋蔡、苏、黄、米四家公书，计九帖。文休承郡博从真迹摹刻，甚精，盖停云帖之祖也。后其家渐益至数卷，故以此石先后归之余家。先府君爱之，即以列于绿筠帖中。万历壬午春，岳西樵叟华复初识。

是帖虽首署“停云馆法帖”，而实际上九帖中仅蔡襄的《脚气帖》刻入文氏《停云馆帖》中，标题字体、形式和摹刻行款也不相同，这是后世学者较为迷惑之处。两帖到底是何关系目前还无法认定，但可以肯定的是，是帖并非《停云馆帖》之残石，属于独立刻帖的一种，故单独名其为《绿筠窝帖》是合适的。

二、辽博藏《绿筠窝帖》拓本述考

目前可以查阅到的《绿筠窝帖》传世拓本除了苏州博物馆藏本（简称苏博本）外，辽宁

7　跋文中刻成时间角标数字为印本原样，意为卷次。个别卷次所对应的刻成时间有误，第二卷实刻成于嘉靖十七年，第六卷实刻成于嘉靖三十七年，十一卷实刻成于嘉靖二十六年。

8　容庚：《丛帖目》，《容庚学术著作全集》（第18册），中华书局，2011年，第245—246页。

9　周道振、张月尊：《文徵明年谱》，百家出版社，1998年，第505页。

10　李军：《帖学真赏　巧摹精拓——文徵明与〈停云馆帖〉》，《衡山仰止——文徵明的社会角色》，故宫出版社，2013年，第168—173页。

省博物馆亦藏1本（简称辽博本）。是拓本1册，高26.4厘米，宽13.1厘米，楠木面板，淡墨擦拓，剪方镶裱，经折装，共17开，帖14开（图一，1—14）。

面板原有题签已不存。首开题签："明拓绿云窝法帖。季叔藏本"，次开题签："绿筠窝宋四家帖"，钤"北厓"朱文椭圆印（图一，15），尾开钤"东北博物馆珍藏之印"朱文方印。

拓页首开边跋：

> 此锡山华补庵所刻，石藏其家"绿筠窝"，帖首标明"停云馆"，殊不可解。钩摹俱胜于《停云》，又专收宋四家，决非《停云》残石也。

尾开有罗振玉长跋（图一，16）：

> 此帖前题"停云馆法帖"，后题："嘉靖十八年己亥，锡山华氏绿筠窝藏石"。刻宋四家书简，忠惠三通，文忠、文节及南宫各二通。以文氏《停云馆帖》校之，仅忠惠《脚气帖》收入，余八帖皆不载。而彼本《脚气帖》凡七行，此则九行，每行字数亦不同。考文氏《帖》十二卷[11]，卷后附刊年月，乃经始于嘉靖十六年，而讫于卅九年。此帖署嘉靖十六年，正文氏刻帖之时。华氏补庵与衡山至交，故为任鉴刻，但不知何以不编入全帖，而石藏华氏。至镌勒之精与《真赏斋》相伯仲，纸墨亦同。今人宝《真赏斋火前本》，几与宋《官帖》同，而顾无知此帖者，世恐无第二本，其可贵当更出《真赏》上矣。此帖首叶有题字二行，不署名字，验其笔记乃出李眉生廉访鸿裔手，知此帖为彼旧藏也。丁卯仲春，松翁罗振玉记于津沽寓居之寒松堂（"罗振玉印"白文方印、"罗叔言"白文方印）。

丁卯年即民国十六年（1927），罗振玉时居天津。墨页另有朱印多处，印文未辨识。依罗氏言，边跋书者为李鸿裔（1831—1885），此拓本为其旧藏。

辽博本为罗振玉旧藏，即前述罗氏《后丁戊稿·绿筠窝帖跋》的底本，但《后丁戊稿》所录跋文与藏本手跋内容略有不同，可为互补。根据罗氏民国二十七年（1938）《后丁戊稿·序》所述，《后丁戊稿》所收文字为"复得杂文""长孙罗继祖复于予往岁日记中得旧文未刊者"，故《后丁戊稿》中的《绿筠窝帖跋》并非是直接誊录罗氏藏本跋尾，所以两处文字有所出入。两相比较，藏本手跋更重考据，尤为难得。

金石学巨匠罗振玉对辽博本给予了极高评价，所言理应不虚。仅以蔡襄《暑热帖》石本和台北故宫博物院藏纸本做以局部比较，摹刻之精一目了然（图二）。

辽博本《绿筠窝帖》在李鸿裔、罗振玉前的递藏鉴赏情况不甚明了，1949年前后入藏辽宁省博物馆（前身为东北博物馆），1952年前辈整理登记入账时鉴定为清拓本。

前述费念慈见到的早本和苏博本均补刻华复初万历十年（1582）的跋文四行，而辽博本并无此刻跋（图三）。

未拓华复初跋文的原因有二种可能：或者是椎拓的时间比较早，即在华复初补跋之前所

---

11 即十二卷本的《停云馆贴》。

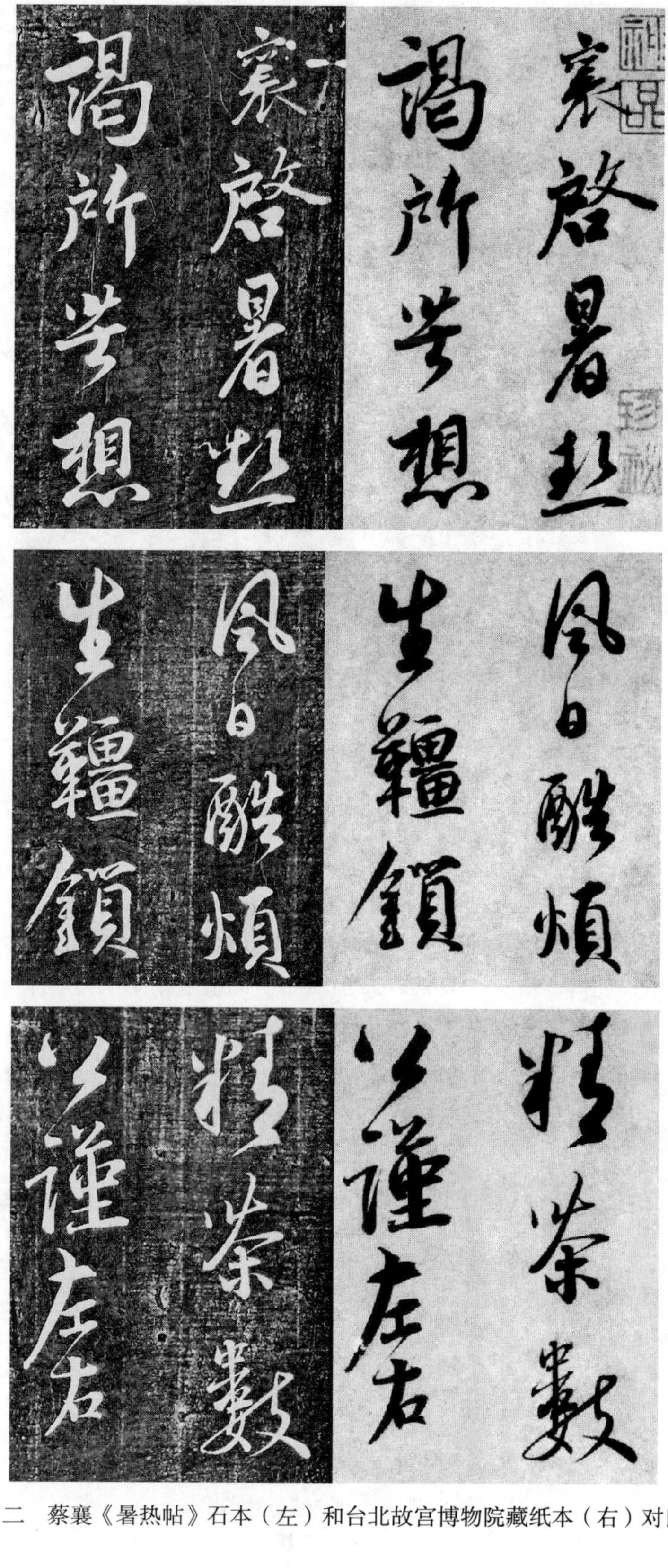

图二　蔡襄《暑热帖》石本（左）和台北故宫博物院藏纸本（右）对比

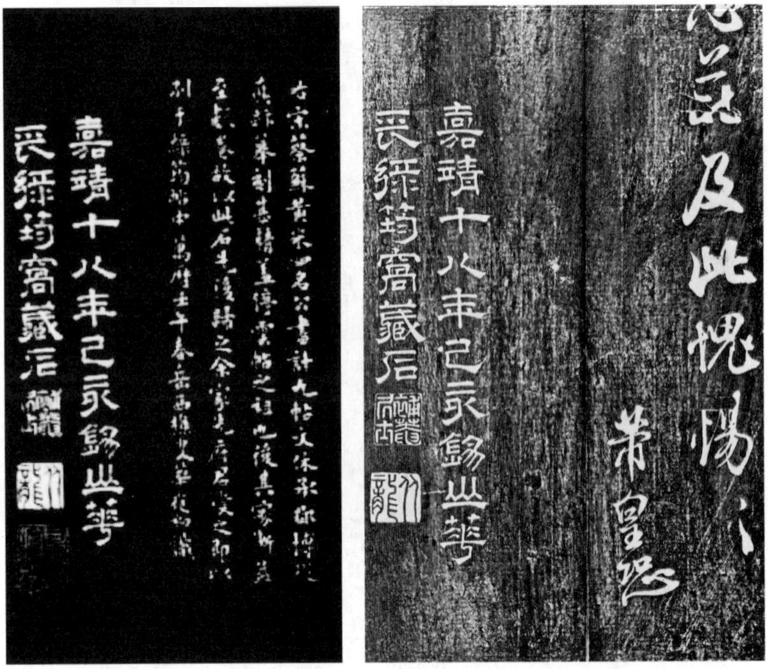

1　　2

图三　补刻题跋比较

1. 苏博本　2. 辽博本

拓；或者是拓工有意未拓此跋。如果是后者，即有意弃拓华复初跋文的话，必然会在纸墨上看出蛛丝马迹。经过观摩目鉴，最后一帖的米芾《捕蝗帖》后四行和华云题跋页纸墨一致，拓法自然，过渡连贯，看不出一丝弃拓漏拓的痕迹，而且拓本此开确为整纸，没有经过剪裁拼接。旧时商贾射利，确有故意不拓碑刻上的后人题跋而冒充旧拓的情况，但此帖石并未赫赫名碑，拓工没有弃拓的必要。而且，这段补跋的内容比较重要，更应该拓之。

由此可以推断，辽博本应是华复初补跋前所拓，即最晚拓于明万历十年（1582），是比较珍贵的早期拓本。同椎拓时间下限为清嘉道年间的苏博本相比，辽博本泐损稍轻，字口也

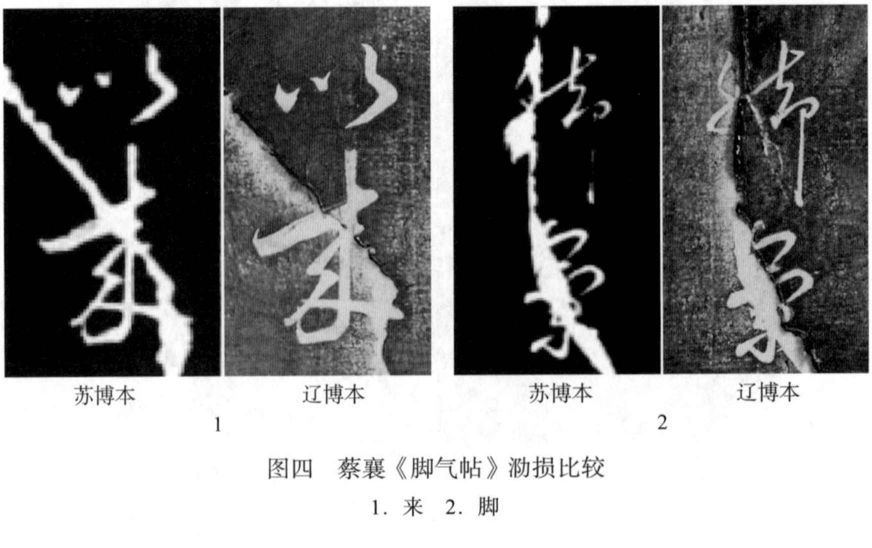

苏博本　辽博本　苏博本　辽博本

1　　2

图四　蔡襄《脚气帖》泐损比较

1. 来　2. 脚

更清晰，如蔡襄《脚气帖》第一行的“来”字（图四，1)、第二行的“脚”字（图四，2)，辽博本石花小一些。

辽博本与苏博本的共同特征是能看出两本椎拓之时原石已经发生断裂。从辽博本的情况来看，《暑热帖》左下角断裂，未伤字；《脚气帖》右上一条裂纹，伤及“来”“脚”“气”三字，“辄”字最后一笔也与石花相连；《思企帖》左下角断裂，未伤字。此外，《武昌帖》有几道明显的划痕，伤到了几个字。

三、所刻九帖述要

（1）蔡襄《扈从帖》

6行，51字。

释文：襄拜。今日扈从径归，风寒侵人，偃卧至晡。蒙惠新萌，珍感珍感！带胯数日前见数条，殊不佳，候有好者，即驰去也。襄上。公谨太尉阁下。

按：是帖又名《公谨帖》《与公谨太尉书》《新茶帖》。纸本现藏北京故宫博物院，著录于《石渠宝笈三编》《墨缘汇观·法书》。亦刻入明《玉烟堂帖》卷二一、《戏鸿堂法书》卷一一、《泼墨斋法书》卷九、《有美堂帖》卷九、《墨池堂选帖》卷四、《秾墨菴选帖》卷五、《渤海藏真帖》卷三、《古香斋宝藏蔡帖》卷一；清《懋勤殿法帖》卷十五、《敬一堂帖》卷三、《式古堂法书》卷八、《职思堂法帖》卷四、《翰香馆法书》卷六、《听雨楼帖》卷一、《三希堂石渠宝笈法帖》第九册、《玉虹鉴真帖》（正帖）卷六、《谷园摹古法帖》卷十五、《三希堂法帖摹本》卷一、《望云楼集帖》卷二、《宋贤六十五种》卷二、《海山仙馆藏真三刻》卷十二。

（2）蔡襄《暑热帖》

9行，68字。

释文：襄启。暑热，不及通谒，所苦想已平复。日夕风日酷烦，无处可避，人生缰锁如此，可叹可叹！精茶数片，不一一。襄上。公谨左右。牯犀作子一副，可直几何？欲托一观，卖者要百五十千。

按：是帖又名《致公谨尺牍》《与公谨书》《精茶帖》。纸本现藏台北故宫博物院，著录于《石渠宝笈续编》《式古堂书画汇考》《三希堂石渠宝笈法帖释文》。亦刻入明《戏鸿堂法书》卷十一、《墨池堂选帖》卷四、《泼墨斋法书》卷九、《有美堂帖》卷九、《古香斋宝藏蔡帖》卷一；清《三希堂石渠宝笈法帖》第九册、《平远山房法帖》卷二（易襄字作芾）。

（3）蔡襄《脚气帖》

9行，58字。

释文：仆自四月以来，辄得脚气发肿，入秋乃减，所以不辞北行，然于湖山佳致未忘耳。三衢蒙书，无便，不时还答，惭惕惭惕！此月四日交印，望日当行。襄又上。

按：是帖纸本现藏台北故宫博物院，著录于《石渠宝笈初编》。亦刻入明《停云馆帖》卷五、《墨池堂选帖》卷四、《玉烟堂帖》卷二一、《泼墨斋法书》卷九；清《来益堂帖》卷三、《懋勤殿法帖》卷十五、《滋蕙堂墨宝》卷五。

（4）苏轼《武昌帖》

24行，124字。

释文：轼再启。武昌不获再会，至今耿耿。承惠书为别，感服不可言。来岁出按江夏，必行属县，当复过江求见也。过桃源，想复一访遗踪，鼎、澧间固多佳处耶！《新唐书》言：刘梦得《竹枝词》，至今武陵俚人歌之，亦复信否？梦得言：竹枝声“含思婉转，有淇濮之艳”。若果尔，独不可令苏、秀二君传其声耶？呵呵。传舍之会，恍如梦中事也。轼再拜。

按：是帖又名《不获再会帖》《与章质夫十首之二》。亦刻入明《晚香堂苏帖》卷二一、《雪浪斋苏帖》卷一、《渤海藏真帖》卷三；清《玉虹鉴真帖》（正帖）卷七。

（5）苏轼《经由帖》

12行，70字。

释文：轼启。近者经由获见，为幸。过辱遣人赐书，得闻起居佳胜，感慰兼极。忝命出于余芘，重承流喻，益深愧畏。再会未缘，万万以时自重。人还，冗中，不宣。轼再拜。长官董侯阁下。六月廿八日。

按：是帖又名《获见帖》《与长官董侯札》《致长官董侯尺牍》《与长官董侯书》。纸本现藏台北故宫博物院，著录于《石渠宝笈初编》。亦刻入明《雪浪斋苏帖》卷一、《晚香堂苏帖》卷二一、《聚奎堂集晋唐宋元明名翰真迹》卷三、《清鉴堂帖》卷六；清《三希堂石渠宝笈法帖》第十册、《谷园摹古法帖》卷十、《平远山房法帖》卷二、《景苏园帖》卷五。

（6）黄庭坚《彭公帖》

11行，133字。

释文：彭公。想朝夕相会，情意不疏也。监押张载熙，好学喜事，其人不易得，乃往时之广帅有声张公载之孙也。尝与款曲否？建茶龙凤真微共三饼，余名銙五帖，碾之皆可口，漫分去。新双井来当更送也。嘉禾散、苏令香丸皆自合者，药材颇精也。防风汤近合自服。记公往时苦脚痛，今已好未？此汤治脚气胜余药也。适忍暑挥汗作此书，极草草。庭坚顿首。

按：是帖又名《朝夕相会帖》《与彭公书》。著录于明代抄本《孙氏书画钞》卷一（收在《涵芬楼秘笈》第三集）。亦刻入清《黄文节公法书》（卷次不详），江西修水县图书馆藏有清万承风刻《黄文节公法书》石刻残拓[12]，但行款稍有不同，释文参考《山谷宜州诗文注评》[13]。

（7）黄庭坚《放逐帖》

13 行，109 字，释文：

庭坚顿首。两辱垂顾，甚惠。放逐不齿，因废人事，不能奉诣，其愧来辱之意。所须拙字，天凉意适或能三二纸，门下生辄又取去。六十老人，五月挥汗，今实不能办此，想聪明可照察也。承晚凉遂行，千万珍爱。象江皆亲旧，但盛暑非近笔砚时，未能作书，见者为道此意。庭坚顿首齐君足下。

按：是帖又名《齐君帖》《致齐君尺牍》《与齐君书》《垂顾帖》。纸本现藏台北故宫博物院，著录于《石渠宝笈三编》《墨缘汇观录》。亦刻入明《宝贤堂集古法帖》卷十一、《泼墨斋法书》卷九、《稼墨菴选帖》卷六、《渤海藏真帖》卷四、《唐宋名人帖·宋名人帖》卷一、《海宁陈氏藏真帖》卷四；清《翰香馆法书》卷六、《谷园摹古法帖》卷十四、《平远山房法帖》卷二、《宋贤六十五种》卷四、《王虚舟摹古法帖》卷十二。

（8）米芾《思企帖》

18 行，130 字，释文：

芾顿首再拜。稍别思企。昨奉启达未不？辱答，悚悚。春暄，起居何如？通融、近送、远送三色，人皆法也，望捡以呈宰公。盖人吏见恶，元发所知，即或理，不合差却。告示及抵里，吾曹内外如一，何隐也？莫为治邑赈济无效，特不差乎！呵呵。人到专俟一字，吴薄致意，不殊，此方作书见访，故附此。不宣。芾顿首再拜，元发贤旧阁下。致意。择中乐潜同此。

按：是帖未见著录。

（9）米芾《捕蝗帖》

16 行，106 字，释文：

芾顿首再拜。承清问，属邑捕蝗海浦，方暑，恭惟劳神。弊邑上赖德芘，幸无蝗生，而雨沾足，必遂小丰。闻海境去弊境百里已上，曾有些小，今已静尽，亦恐民讹，不足信也。近有《秋祭文》上呈，可发笑。鲁君素谤芾者与薛至亲，一体加毁。幸天恩旷荡，尽赖恩芘及此。愧惕愧悌！芾皇恐。

12 黄君：《新发现的山谷手札——朝夕相会帖》，《山谷书法钩沉录》，江西教育出版社，2005 年，第 143—144 页。

13 韩晖：《山谷宜州诗文注评》，广西师范大学出版社，2017 年，第 97—100 页。

按：是帖纸本现藏台北故宫博物院，著录于《平生壮观》《石渠宝笈初编》《校理中秘书画录》，有学人疑伪。亦刻入明《玉烟堂帖》卷二三、《稼墨菴选帖》卷五、《天益山颠帖》卷一；清《懋勤殿法帖》卷十六、《清芬阁米帖》初刻第二册、《贯经堂米帖》卷四、《三希堂石渠宝笈法帖》第十五册、《谷园摹古法帖》卷十九。

四、余　　论

值得注意的是，北京故宫博物院藏一册明拓法帖，文物编号：新0011534，题签“宋四家帖”，纵25.1、横12.1厘米，张仔（号笠亭、梦莲居士、梦莲生，1796—1861）、陈汉第（号伏庐，1874—1949）旧藏。该帖拓本全貌不得而知，仅据《故宫博物馆藏文物珍品大系：名帖善本》[4]和《米芾书法全集》[5]所选刊的部分图片和相关文字介绍，似乎与《绿筠窝帖》有很大的相似之处，《名帖善本》对此说明云：

> 收苏轼、黄庭坚、米芾、蔡襄四家书。未刻帖名、卷数、年款。分别楷书标题“宋黄文节公书”“宋米南宫书”“宋蔡忠惠公书”（缺苏轼标题）。

从《名帖善本》选录的苏轼《武昌帖》看，与《绿筠窝帖》中的《武昌帖》行款一致，风格相近，亦刻有“从远”“南易家藏”印，个别字的原石泐损也出如一辙，如第九行的“梦”字（图五，左），似乎出自一石。但字形笔触有所不同，故宫本较少游丝引带，落笔更显爽利（图五，中），有一定的区别。

故宫本　辽博本　故宫本　辽博本　故宫本　辽博本

图五　苏轼《武昌帖》字形比较

14　施安昌：《故宫博物馆藏文物珍品大系：名帖善本》，上海科学技术出版社、商务印书馆（香港），2009年，第134—135页。

15　故宫博物院、江苏镇江市丹徒区人民政府：《米芾书法全集》，紫禁城出版社，2011年。

《米芾书法全集·法帖拾肆》中收录了米芾《思企帖》，从提要看，故宫藏明拓“宋四家帖”共14开中，其中米帖3开，也就是仅有《思企帖》，无《捕蝗帖》。辽博本中《思企帖》摹刻“停云”圆印和“玉兰堂图书记”长方印，而故宫“宋四家帖”中《思企帖》“停云”“玉兰堂图书记”二印为钤盖。

由于所掌握的故宫“宋四家帖”拓本资料的不足，无法做进一步的对比，笔者不敢妄断是否为同一刻石。如果是同一石，可从泐损考据字方面推定故宫本椎拓时间在辽博本和苏博本之前（图五，右），当为初拓本，寄希望日后资料的进一步刊布再做比对。

（辽宁省博物馆　么乃亮）

浅谈明代青花瓷器及对外交流

李琼璟　何建斌

内容提要：明代是青花瓷器的昌盛期，在官窑、民窑各自发展的同时互相影响，彼此促进。明代青花瓷器更是通过“陶瓷之路”与世界各国进行交流，对所到之国的生活方式的改变、生活质量的提高，文化艺术的潜移默化、制瓷技术水平的改进等方面都有所帮助；同时也增加了专供外销的青花瓷器品种，丰富了瓷器种类，也交换回了一些国家的土特产。

关键词：明代　青花瓷　对外交流

青花瓷器是古代工匠用青料在白瓷胎上直接描绘后，罩透明釉，入窑以1300℃一次性烧成，属釉下彩瓷。

关于青花瓷的起源有两种不同的意见。其一据考古发现断定青花瓷起源在唐代，因考古工作者在江苏扬州唐城遗址已采集到了数十块唐青花残片[1]，在印度尼西亚沉船中打捞出了三件唐青花整器，在河南巩义市的黄冶窑遗址中发掘出了唐青花的残器和残片[2]；其二认为成熟的青花瓷器应该出现在元代中晚期，因藏于英国大维德基金会的两件青花海水云龙纹象耳瓶上有元“至正十一年”（1351）款[3]。

青花瓷曾被称为中国的“国瓷”，一经出现就因素雅耐看受到国人喜爱，并逐渐走向世界，受到了广泛的欢迎且经久不衰。其中明朝是青花瓷器的盛行时期，无论品类和质量都获得了长足的发展，当时的青花瓷与世界各国贸易和交流非常活跃。

一、繁荣昌盛的明代青花瓷器

（一）官窑、民窑青花相互促进，呈现了明代青花瓷器的繁荣

明代是青花瓷器的繁荣昌盛时期，分为官窑和民窑两条线发展。官窑瓷器制作精美细致，民窑瓷器相对粗糙洒脱。受明朝初期官府海禁政策的影响，官窑瓷器真正流传海外的较少，而民窑瓷器通过民间的对外贸易并未停止。郑和下西洋，所到之处都会留下中国的

1　张浦生著，霍华整理：《青花瓷器鉴定》，书目文献出版社，1995年，第11页。
2　赵青云、张学：《中国唐青花瓷研究》（下），黄山书社，2011年，第211页。
3　张浦生著，霍华整理：《青花瓷器鉴定》，书目文献出版社，1995年，第12页。

瓷器，包括明代青花瓷器。到了明代嘉靖及以后，随着海禁的消除，民窑青花瓷器更是中国对外贸易的活跃品种，直接或间接影响了所到之国人们的生活、文化艺术和制瓷技术等各方面。

青花瓷器因其自身实用、美观及易烧等诸多优点，加上中东贸易的需求，在明代早中期就达到了发展的一大高峰。明代官窑的青花瓷是官方命瓷绘高手按其设计精心而作，用高档青料在胎质较好的白瓷上进行描绘，工艺环境和条件都很优越，因此，明代官窑（尤其是明朝初期和中期）的青花瓷在工艺上极其精致细腻。辽宁省博物馆藏（以下简称辽博藏）的明宣德青花蔬果纹葵口碗（图一），胎质洁白，坚致细密，器型端正，纹饰层次分明，画工精细工整，釉面平滑、釉色柔和莹润细腻，所用青料色泽艳丽，有铁锈疤痕，具有明显的进口青料苏麻离青的特点，是明宣德年间生产的官窑器，也是很受伊斯兰国家欢迎的中国青花瓷外销器。明早期永乐、宣德和成化朝的官窑青花瓷，至今都被收藏家们视为珍品，使得仿品在当朝稍后的中晚期就开始烧造了。明代各时期精美的官窑青花瓷受欢迎程度极高，不仅在清朝的民窑被仿烧，而且御窑厂也有仿制。渐渐地仿烧明青花的热潮在世界范围内传播。民窑青花瓷器，是民间艺人用质量一般的青料和工具在胎质较粗的白瓷上进行涂画，其精致程度与官窑瓷器比相形见绌，然而从另一方面说，明代民窑青花瓷器在纹饰主题及表现手法上也有其独到之处。民窑器的题材受限少，画面选题自由，用笔流畅自然，可以任意挥洒，表现生活中常见的人、景、动植物等，具有朴实，粗放的特色。辽博藏的明崇祯青花花鸟纹缸（图二）为民窑产品，其画面灵动，笔法自如，所描绘雉鸡各具神态特色，相互嬉戏，栩栩如生，有的金鸡独立状，有的回眸凝望，有的空中盘旋，有的低头瘙痒，有的耳鬓厮磨，仿佛在窃窃私语，主题为丹凤朝阳，寓意吉祥。明代官窑青花和民窑青花各具特色的艺术风格和审美情趣，都分别达到了中国古代青花艺术的最高境地。到了明代中期以后官窑和民窑也非决然对立，相互汲取对方的长处，在竞争的同时，彼此促进，共同发展。较明显地表现在青花瓷器的纹饰风格上，官窑瓷吸收了民窑自然、活泼的画风，辽博藏的明万历青花婴戏纹盘（图三），胎体洁白坚硬致密，釉面莹润，青料用色均匀，画笔工整细腻，是万历官窑精品，又增添了民窑瓷器纹饰的灵动，画中庭院中的婴孩儿或立或坐，有放风筝的、有放鞭炮的、有斗蛐蛐的……尽情嬉戏，生动活泼；而民窑瓷也增添了官窑瓷绘工致的笔意，辽博藏的明万历青花松竹捧寿纹梅瓶（图四）虽为民窑制品，也吸收了官窑瓷器的优点，可以与官窑器相媲美，其造型端正，青花呈色浓丽，纹饰层次分明，笔法严谨。此外明代前期只能在

图一　明宣德青花蔬果纹葵口碗

图二　明崇祯青花花鸟纹缸

图三　明万历青花婴戏纹盘

图四　明万历青花松竹捧寿纹梅瓶

图五　明万历青花云龙纹碗

官窑用的进口高级青料（如陶用“回青”钴料等）在民窑也可以使用了，辽博藏的明万历青花云龙纹碗（图五），青料就用了“回青”。正是由于官窑民窑相互促进才成就了明代青花瓷器的繁荣昌盛的大好局面。

明代官窑瓷主要指明代朝廷设在江西景德镇珠山的御窑厂生产的瓷器，还有些明民窑生产的精细瓷器被视为官窑器，市场上也称之为官器。明官窑瓷有以下几种情况：朝廷设置的御窑厂生产的瓷器，自永乐始，大部分都有年号款；朝廷在民窑中定烧的器物，无款；朝廷命官窑模仿民窑进贡的优质瓷器烧造的器物，无年号款等[4]。

明代民窑青花瓷器除江西省景德镇烧制的青花外，烧制青花的窑址还广泛分布于现江西、浙江、福建、广东、云南、湖南、四川、广西、山东以及河南等省。

（二）明代官窑及民窑青花的主要特点（以景德镇窑为例）

下面分别以明景德镇御窑厂烧制的官窑青花和景德镇民窑青花瓷为例简述明代官窑和民窑青花瓷器的主要特点。

影响青花瓷器外观特征最主要的因素来源于不同的青料绘制的青花发色的不同，还包括纹饰、款识的区别，当然也有器形、胎质、釉料及制作工艺等方面的差异。这里我们就重点以青料及款识来论述。

明代官窑青花所用青料有两种进口料及数种国产料。两种进口料分别是永乐、宣德时期和成化早期应用的苏泥麻青（也有称苏麻离青、苏勃泥青的）以及正德后期至万历前期官

4　张浦生著，霍华整理：《青花瓷器鉴定》，书目文献出版社，1995 年，第 52 页。

窑使用的陶用“回青”钴料。辽博藏的明永乐青花海水葡萄纹大盘（图六）等器物的青花纹饰所用青料均为苏麻离青；辽博藏的明宣德青花蔬果纹执壶（图七）、明嘉靖青花云龙纹碟（图八）、明万历青花龙凤纹盖盒（图九）、明万历青花人物纹盘（图一〇）等器物纹饰所用青料为回青。国产青料主要有成化中晚期、弘治及正德初期使用的产于江西乐平县的陂塘青（又称平等青），正德、嘉靖及万历年间使用的产于江西瑞州一带的石子青，万历中期开始使用的浙江青料等。此外还有一些不知名的国产青料。辽博藏明弘治青花月影梅纹诸葛碗（图一一）所用青料就是平等青；辽博藏的明正德青花缠枝莲纹梅瓶（图一二）所用青料为石子青；辽博藏明崇祯青花花鸟纹花觚（图一三）、明崇祯青花人物故事纹筒瓶（图一四）等器物所用为浙料。苏泥麻青料成分为高铁低锰，呈色浓深不浮艳，在运笔过程中的所有停顿处，均现暗哑微凹的深蓝点状沉淀，俗称“铁锈疤痕”，具有中国水墨画的感觉。而陶用“回青”钴料无“铁锈疤痕”，呈色蓝中泛紫。用国产青料制作的青花瓷器青花发色普遍雅淡，不同时期、不同地点所产的青料发色都有其自身的特点，如成化时有典雅感，天启、崇祯时青中泛灰。明代民窑除了正德后期、嘉靖、隆庆和万历早期青花瓷器主要使用进口陶用“回青”钴料，呈色蓝中含紫外，其他时期均用国产青料。明代青花瓷器在进口和国产青料的使用上，有时候存在互相交融，在使用时间上有并存现象，只不过有时为进口料占主体，有时则是大量国产料中只掺杂少许进口料。

图六　明永乐青花海水葡萄纹大盘

图七　明宣德青花蔬果纹执壶

图八　明嘉靖青花云龙纹碟

图九　明万历青花龙凤纹盖盒

图一〇　明万历青花人物纹盘

图一一　明弘治青花月影梅纹诸葛碗

图一二　明正德青花缠枝莲纹梅瓶

图一三　明崇祯青花花鸟纹花觚

图一四　明崇祯青花人物故事纹筒瓶

由上可知，同一时期的青花瓷器青花呈色也不尽相同，若单独用青花呈色来判断青花瓷器年代是不会得出最准确的结论的，还要同时兼顾青花瓷器其他的时代特征，如款识等。明代青花瓷器的款识多为书写款，也有少量刻款。官窑青花瓷器多为帝王年号款，民窑青花瓷器多为吉祥、堂名、花样、供养等款。辽博馆藏明代青花瓷器中吉祥款有：明嘉靖青花花鸟纹罐，其底部有青花“福”字款（图一五），明万历青花松竹捧寿纹梅瓶器底中央有青花双方框双竖行四字款“富贵长春”（图一六）等；辽博馆藏明代青花瓷器中署堂名款有：明崇祯青花五彩人物故事纹碗器底有青花双圈内青花双竖行四字楷款：“玉堂佳器”（图一七），明万历青花云龙纹碗底青花双圈内有青花“万历年德府造”（图一八）双竖行六字楷款等。

明代有款识的官窑青花瓷器最早见于永乐，但永乐时并无帝王年号款出现，仅见圈足内图案款及花样款，压手杯内心见“永乐年制”篆书款[5]。帝王年号款始于宣德时，宣德朝有“大明宣德年制”“宣德年制”六字和四字楷书款，不见篆款，多为青花书写款并多围有双圈[6]。辽博藏明宣德青花蔬果纹葵口碗器底就书有“大明宣德年制”双竖行青花六字楷款，外

5　耿宝昌：《明清瓷器鉴定》，紫禁城出版社，1993 年，第 332 页。

6　草千里：《中国历代瓷器款识》（上），浙江大学出版社，2004 年，第 47 页。

图一五 “福”款

图一六 “富贵长春”款

图一七 “玉堂佳器”款

图一八 “万历年德府造”款

加青花双圈（图一九）。“宣德年制”四字款，应为沿袭永乐时期的“永乐年制”而来，当属宣德早期制品[7]。正统、景泰和天顺时期的官窑青花瓷器较少，且目前尚未发现款识[8]。成化朝官窑青花瓷仅有“大明成化年制”和“大明成化年造”两种六字楷书[9]，前者居多，除青花书写款外，还有刻划款。弘治官窑青花瓷器款识绝大部分为“大明弘治年制”六字双行双圈青花书写楷款，也有少量“弘治年制”四字篆书青花款或刻款[10]。正德时期的官窑青花瓷器款识多为“大明正德年制”和“正德年制”青花楷写款，个别用“造”字[11]。辽博藏明正德黄釉青花栀子花纹盘，底书“正德年制”四字青花双圈楷体青花款（图二〇）。嘉靖朝官窑瓷器没有篆书款[12]，多为“大明嘉靖年制”青花楷款[13]。辽博藏明嘉靖青花双龙纹碟等均在器底中央青花双圈内书“大明嘉靖年制”六字双竖行青花楷体年号款（图二一）。隆庆时期的官窑青

7　李辉柄：《青花瓷器鉴定》，故宫出版社，2012年，第55—57页。
8　草千里：《中国历代瓷器款识》（上），浙江大学出版社，2004年，第73页。
9　草千里：《中国历代瓷器款识》（上），浙江大学出版社，2004年，第79页。
10　草千里：《中国历代瓷器款识》（上），浙江大学出版社，2004年，第97页。
11　张浦生著，霍华整理：《青花瓷器鉴定》，书目文献出版社，1995年，第78页。
12　耿宝昌：《明清瓷器鉴定》，紫禁城出版社，1993年，第336页。
13　草千里：《中国历代瓷器款识》（上），浙江大学出版社，2004年，第125页。

图一九　“大明宣德年制”款

图二〇　“正德年制”款

花瓷器多为“大明隆庆年造”款[14]。万历朝官窑瓷器款识多为“大明万历年制”六字青花楷款，少量也有“万历年制”并配有其他文字的青花四字篆书款[15]。辽博藏明万历青花人物纹盘（图二二）、明万历青花婴戏纹盘（图二三）、明万历青花龙凤纹大盖盒（图二四）等瓷器底部均有青花双圈内书“大明万历年制”双竖行六字青花楷书款。天启、崇祯的官窑为强弩之末，官窑青花瓷器款识罕见，有“大明天启年制”“大明崇祯年制”六字青花楷款，“天启年制”四字青花楷款[16]。综上所述，明代官窑青花瓷器的款识绝大多数是青花书写楷款，极少数

图二一　“大明嘉靖年制”款

图二二　“大明万历年制”款

14　耿宝昌：《明清瓷器鉴定》，紫禁城出版社，1993 年，第 336 页。
15　草千里：《中国历代瓷器款识》（上），浙江大学出版社，2004 年，第 161 页。
16　草千里：《中国历代瓷器款识》（上），浙江大学出版社，2004 年，第 181 页。

图二三 “大明万历年制”款

图二四 “大明万历年制”款

为篆款或刻款。

明代青花瓷器纹饰是传统题材和现实题材的大荟萃，充满了生活的气息和吉祥的含义。纹饰虽然从明代前期的以写意为主的寥寥几笔逐渐演变到了到后期的以写实为主的题材，不过并未承袭工笔画板滞及图案画拘谨的特点。明早期的青花瓷器纹饰讲究主题纹饰和辅助纹饰俱全，后期则多独有主体纹饰而缺少辅助纹饰。一般吉祥图案拘谨，寓意极佳，美感略差[17]。画面布局经历了由明代早期洪武、永乐、宣德等时期承袭元代青花瓷器纹饰的繁密到明代中期成化、弘治等时期的疏朗再到明代中晚期嘉靖万历等时期的紧凑排列，到最后依旧归于明代末期天启、崇祯等时期适度留白之曲折的过程，体现了不同年代不同统治者之不同的审美情趣。当然明代早期的繁密和中晚期的紧凑，中期的疏朗和末期的留白感觉也不尽相同，所谓的纹饰布局繁和简也并非绝对，是哪种风格占主体的问题。

二、明代青花瓷器对外影响

（1）明代青花瓷通过“陶瓷之路”外销至日本、埃及、英国、巴西等亚、非、欧、美洲诸国，影响深远。

日本陶瓷学者三上次男说：“中世纪时代，东西方两个世界之间，连接着一根坚强的陶瓷纽带，它同时又是东西方文化交流的桥梁。对于这条连接着东西方的海上航路，我就姑且称它为‘陶瓷之路’吧[18]”。中国陶瓷特别是明代青花瓷器，通过“陶瓷之路[19]”对世界产生了巨大的影响。这种影响包含了生活方式及生活质量、文化艺术、制瓷技术等方面。明代青花

---

17 张浦生著，霍华整理：《青花瓷器鉴定》，书目文献出版社，1995年，第60页。

18 〔日〕三上次男：《陶瓷之路——东西文明接触点的探索》，天津人民出版社，1983年，第251页。

19 〔日〕三上次男：《陶瓷之路——东西文明接触点的探索》，天津人民出版社，1983年，第251页。宋元明清时期，这条“陶瓷之路”更加繁荣兴盛，中国陶瓷由此遍布整个亚洲和非洲东部沿海，进人了地中海和欧洲。著名的龙泉窑、景德镇窑、耀州窑、磁州窑、建窑的青瓷、白瓷、青白瓷、黑釉瓷和青花瓷成为极受世界各国喜爱的日用品和装饰品。

瓷器对外输出大致有两个高潮期：一是明初郑和下西洋，名为赏赉实为贸易而将青花瓷器留在了所出使之国。二为明嘉靖后，政府海禁政策解除，荷兰人船载大量中国瓷器到西方贩卖。中间葡萄牙人也有此类行为，明朝末期欧洲其他国家也纷纷效仿荷兰做起了明代青花瓷器的生意。即使在明海禁政策期间，走私青花瓷器也很泛滥。

因为明代以景德镇为中心烧制的青花瓷是当时瓷器生产的主流，所以明代的外销瓷也以青花瓷为主。以非洲福斯塔特为例，据 1965 年小山富士夫的统计，明代瓷器中有青花瓷 1656 片，而彩瓷只有 7 件[20]。明代青花通过赏赉、贸易及走私等方式向海外输出。输出地区包括东亚的日本和朝鲜，东南亚及南亚的越南、泰国、柬埔寨、缅甸、印度、菲律宾、印度尼西亚、马来西亚，中西亚的巴基斯坦、伊朗、土耳其，北非的埃及、苏丹、摩洛哥，东非的埃塞尔比亚、索马里、肯尼亚、坦桑尼亚，中南非的津巴布韦、莫桑比克、扎伊尔，赞比亚，马拉维，博茨瓦纳、马达加斯加、毛里求斯、南非及欧洲的英国、法国、意大利、荷兰、葡萄牙、西班牙及拉丁美洲的巴西等诸多国家。

（2）明代青花瓷器所到之处，改变了当地居民的生活方式，提高了他们的生活质量。

在明朝，青花瓷器被运往世界各地，青花瓷成为世界各国不分贵贱喜见乐用的日用器皿和珍贵的礼品。

明永乐和宣德年间，郑和船队七下西洋，每次都装满了从民间和国库里聚敛来的丝绸、瓷器等，用以赏赐、笼络西洋各国。各种先进的手工业品，深受西洋各国所喜爱。据文献载，爪哇（今印度尼西亚爪哇）“国人最喜中国青花瓷器[21]”；占城（今越南南部）对“中国青瓷盘碗等品[22]”；在天方国（今沙特阿拉伯的麦加）“宣德五年，钦蒙圣朝差使太监内官郑和等往各番国开读赏赐分艅到古里（Calicut）国时，内官太监洪见本国差人往彼（这里指天方国），就选差通事等七人赉带麝香、瓷器等物，附本国船只到彼，往回一年……其默伽国（即天方国）王亦差使臣将方物跟同原去通事七人献齐于朝廷[23]”。

北非发现中国古瓷最多的地方是埃及，其次是苏丹，摩洛哥也有发现。曾考察过埃及首都开罗的霍布森说：“在开罗周围到处散布着青花瓷片”。霍布森的文章中也曾这样描述靠近埃及的苏丹埃得哈布港：“青花小瓷，饰缠枝花卉”，似明永乐时期产品。东非许多国家都发现中国明代青花瓷器，主要有埃塞尔比亚、索马里、肯尼亚、坦桑尼亚等国家。1934 年泰勒和柯尔在埃塞尔比亚发现 16—17 世纪的青花瓷。中世纪的中南非，如莫桑比克、扎伊尔，赞比亚，马拉维，博茨瓦纳，马达加斯加和毛里求斯及南非等地也发现多处明青花瓷片。其中在毛里求斯、南非附近的海底沉船中，打捞出大量明代万历青花（国外称其为“芙蓉式青花”）[24]。总之，在非洲出土中国古瓷各遗址中，几乎都有明青花发现，纹饰丰富，特点鲜明。

中国瓷器有高度艺术性和广泛的实用性。原来以蕉叶盛食的一些国家的人民，自从郑和

---

20 马文宽、孟凡人：《中国古瓷在非洲的发现》，紫禁城出版社，1987 年，第 50 页。

21 冯承钧校注：《瀛涯胜览校注》，中华书局，1955 年，第 15 页。

22 冯承钧校注：《瀛涯胜览校注》，中华书局，1955 年，第 6 页。

23 （明）马欢著，万明校注：《瀛涯胜览》，商务印书馆，2016 年，第 86 页。

24 马文宽、孟凡人：《中国古瓷在非洲的发现》，紫禁城出版社，1987 年，第 36 页。

船队前来贸易，渐渐改用中国的瓷器作为餐具了，宴会也可办得更加丰盛和富有喜庆色彩，生活条件大为改善，有些国家更为喜欢中国的青花瓷器，不但用其作为实用器具，还用作装饰。在文郎马神（今印度尼西亚加里曼丹岛南部马辰一带）“初用蕉叶为食器，后与华人市，渐用磁器。尤好磁瓮，画龙其外，死则贮瓮中以葬[25]”；在柔佛（今马来西亚西南部），“王用金银器盛食，民家瓷器，都无匙箸，以手拈之而已[26]”。非洲上层社会崇尚中国瓷器。因此中世纪时，北非和东非的上层社会，不但在日常生活中大量使用中国瓷器，而且无不以宝有中国瓷器精品为荣，人们把它看成是财富和高雅的象征。现在仍保存完整的开罗奥斯曼帝国时期贵族塞赫曼的邸宅，在一座建筑二楼的会客室中，至今仍陈设着三四十件 17 世纪时的大青花瓷盘。东非海岸中世纪清真寺遗址中及穆斯林的墓葬中的墓柱上，用中国瓷器装饰比比皆是，而且对此非常重视，常用质量很高的明初青花瓷作装饰，青花瓷器的纹饰多样，有花鸟、花果、卷草、游鱼、麒麟及八珍杂宝等各种吉祥图案，所以镶嵌着这些青花瓷器的装饰也变化无穷，令人流连忘返。其中最为壮观的是位于马林迪北 11 千米的曼布鲁伊柱墓，上嵌中国瓷碗[27]。在加尔各答、巴黎保存的 15 世纪早期波斯烧本插图中，可以见到贵族欢宴场合，许多用具和餐具都是中国青花[28]。在拉丁美洲也大受欢迎，被当地上层社会视为珍品而陈设和收藏，成为马尼拉商贩输入拉丁美洲贸易的一大商品。16 世纪初，在巴西开始有葡萄牙殖民贵族家庭使用中国瓷器。17 世纪，巴西上层社会家庭已经普遍使用中国瓷器，用来装饰室内，作为赌注，甚至充当现金以偿付殖民者。一座教堂的钟楼塔尖是用中国陶器作装饰的，一位被查没的神父的物品，竟有三百余件瓷器[29]。

（3）在文化艺术方面，中国陶瓷向亚、非、欧各国充分展示了中国文化的内涵和中国艺术的风格，并对世界陶瓷的发展起到了重要作用。

青花瓷是中国瓷器的杰出代表，其优美精致的造型，是中国瓷器造型艺术成熟的标志。青花瓷纹饰上所绘的动物、植物、人物纹样和吉祥图案，是中国古老文化的再现。在构图、用笔上，青花瓷融合了中国传统图案装饰和绘画艺术的表现手法；而青花瓷蓝白相间的色调，更具有一种既含蓄深沉又清新典雅的东方艺术魅力。因此，青花瓷于无声中成为中国文化的一个象征，使世界各国为之倾倒。

瓷器尤其青花瓷器是中国对欧洲产生巨大影响的最重要的元素之一。在加尔各答、巴黎保存的 15 世纪早期波斯烧本插图中，可以见到贵族欢宴场合，许多用具和餐具都是中国青花[30]。洛可可时代的欧洲人对于中国的印象，并非通过文字，而是源于那些淡雅色调的瓷器以及闪光飘逸的丝绸，为他们展示了梦寐以求的美好生活的画面。这种淡淡的、轻柔的、细致

---

25 参见中华书局编辑部编：“二十四史”（简体字本）第 63 册（卷 275—332），中华书局，2000 年，第 5613—5614 页。

26 （明）张燮：《东西洋考》，中华书局，1981 年，第 81 页。

27 〔日〕三上次男著，李锡经、高喜美译，蔡伯英校：《陶瓷之路》，文物出版社，1984 年，第 35 页。

28 格莱：《14、15 世纪波斯抄本中的青花瓷》（Basil Gray，Blue and White Vessels in Persian miniatures of the $14^{th}$and 15^{th}Century Re-Examined），《东方陶瓷学报》（JOCS）1948—1949 第 24 期。

29 波德勒：《东印度公司的瓷器》，1962 年，第 80 页。

30 格莱：《14、15 世纪波斯抄本中的青花瓷》（Basil Gray，Blue and White Vessels in Persian miniatures of the $14^{th}$and 15^{th}Century Re-Examined），《东方陶瓷学报》（JOCS）1948—1949 第 24 期。

入微的情调成为中国文化和洛可可风格的契合点。对于性格比较严谨，作风比较绅士的英国人和荷兰人来说，更加喜欢素雅古朴的蓝白两色[31]。

中国文化通过明代青花瓷器对其他国家文化产生了影响，其中在日本表现较为明显。被日本人称为“古染付”的青花瓷器是日本青花瓷器中烧制水平最高的，款识为“五良太甫吴祥瑞造”。中国国家博物馆（原历史博物馆）藏的一件青花人物花卉纹六角形瓷薰的底款就是“五良大夫祥瑞造”。这种瓷器传为日本陶工五良太甫（到中国后取名“吴祥瑞”）在明朝来中国学习制瓷技术的时候烧制。关于五良太甫来中国学艺的时间大致有两种：一种是“正德说[32]”，另一种是“万历说[33]”。由于五良太甫所烧制的瓷器不具备正德瓷器的典型特征，后者的说法更贴近实际。日本尾崎洵盛在《东洋文化史大系》中说，参照实物五郎太甫文禄年间（万历二十年到二十三年，1592—1595）到中国学习，元和二年（万历四十四年，1616）回到日本后烧造陶瓷器的说法比较可信[34]。日本滴翠美术馆藏崇祯八年款青花人物笔筒的风格和纹饰与带有“五良太甫吴祥瑞造”款的器物相似，崇祯八年与万历近在10年之内，以此作为五良太甫于万历年间来明朝的辅证[35]。耿宝昌先生是这样论述万历和崇祯之间的天启年间的瓷器的：“此时的一些器物带有浓厚的日本风韵，无论是青花器还是五彩器，其造型及纹饰，画意及色彩，均相异于中国传统的格调，非常引人注目。”耿先生认为是五郎太甫来中国专门为日本定制的外销瓷[36]。三上次男也认为这种属于17世纪前半叶的叫作“祥瑞”样式的青花瓷器，细致地用淡雅的青花钴料描绘着精致的花鸟、山水和人物纹饰，在日本以外其他国家（包括中国）很难见到，是日本专门在江西景德镇定制的青花外销瓷[37]。

中国文化传入日本后，一方面有许多仍然按中国文化的风格沿用至今，一方面日本人在兼收并蓄后已融会本国特色，使一些事物从表面看是中国文化，但实际上已有所改变并增添了许多新的内容，成为日本文化。在日本文化形成的特殊性质中，大致在19世纪开始，很多方面已经被视作两国文化的共性同日而语了。中国文化当然也就会如此自然、和谐地出现在日本陶瓷中。日本青花瓷风格极似中国明代万历、天启时的青花瓷。这种共性体现在陶瓷器上的装饰风格与题材、款识印章、汉字书法等各个方面。中国文化中的精华部分被合成到日本的民族素质中这一文化现象是下意识的，是不自觉地表现与迸发。当我们看到一些日本陶瓷器产生的那种似曾相识的亲切感也就不难解释了。日本青花瓷器纹饰融日本民族风格与中国特色于一体。造型别致，有日本民族特征。款识既有仿明代宣德、成化、嘉靖、万历年款及“福”字吉祥款的，也有书日本本国“大龙”款的。日本室内装饰也受到了中国文化明

31 〔德〕利奇温著，朱杰勤译：《十八世纪中国与欧洲文化的接触》，商务印书馆，1962年，第20—21页。

32 〔英〕哈里.加纳著，叶文程 罗立华译：《东方的青花瓷器》，第62页。“正德说”：日本人五良太甫（到中国后取名“吴祥瑞”——译者注）在正德五年（1510）到中国景德镇，在那里用了5年时间学习制瓷技艺，正德九年（1514）回国时带了制瓷材料，并在日本将青花瓷器烧造成功。

33 施永安：《日本古陶瓷》，吉林美术出版社，1992年，第28—34页。

34 〔日〕小沼胜卫编纂，东京帝国大学教授和〔日〕田清监修：《东洋文化史大系——明之兴亡之西力之东渐》中〔日〕尾崎洵盛撰的“陶瓷器”条，诚文堂新光社，昭和十三年（1938），第201页。

35 施永安：《日本古陶瓷》，吉林美术出版社，1992年，第57—62页。

36 耿宝昌：《明清瓷器鉴定》，紫禁城出版社，1993年，第336页。

37 〔日〕三上次男著，李锡经、高喜美译，蔡伯英校：《陶瓷之路》，文物出版社，1984年，第63—64页。

显的影响，陈列着不少供人欣赏的宋元明器物，特别是当时流行的唐式茶会中的陈设全部采用中国物品，如挂在墙上的字画及摆放的茶壶、茶碗等。不仅限于日本，在室内装饰方面，中国传统的清新高雅的东方格调也影响着亚非拉许多国家，中国瓷器、家具、字画等成为当地上层社会夸耀财富的摆设的同时，见证了中华文化的广泛传播。在南海和印度洋各地青花瓷的价值，早已超过了它的经济含义，而成为友谊的象征，具有神圣的精神内涵了[38]。

（4）明代青花瓷器的外销促进了所到之国制瓷工艺的发展。

中国先进制瓷技术的向外广泛传播，极大地促进了世界各地的制瓷工艺乃至世界文明的发展。从15世纪开始，越南、朝鲜、日本等邻国首先在我国的影响下烧制成功青花瓷器。越南在后黎朝时期，烧瓷技术日渐成熟，早在1465年中国陶工就在北宁创建了陶窑；16世纪上半叶越南又在蕃朗建立了“越南的景德镇[39]”（因制瓷技术取自景德镇而得名）。1616年，朝鲜陶匠李参平在日本佐贺县有田郡开设了有田窑，所烧包括青花在内的瓷器，质地坚硬，釉色澄澈，造型规整，纹样大气，其技术和风格明显受到中国瓷器的影响[40]。明末清初，中国瓷器受战乱影响严重，外销瓷也一度中断，这样日本有田窑发展起来，作为其重要组成部分著名的“伊万里瓷”就是外销瓷，明朝末年是伊万里模仿中国青花起步和初期阶段，这时的青花烧制技术还很不成熟，到了17世纪中叶以后，迫于外销瓷需求量大增的压力，伊万里青花外销瓷的质量大幅提升，有些甚至可以和中国青花瓷相媲美，其中模仿中国青花作品的所谓“芙蓉手”青花盘从青料的用笔到纹饰的运用都摆脱不了明代景德镇青花瓷器的痕迹，仿制技艺也炉火纯青，在外销到欧洲后，往往令欧洲人难辨出处[41]。16世纪初中国的制瓷技师在波斯的伊斯伯罕烧造瓷器。此后，这种技术又影响了叙利亚的制瓷业。中国瓷器输入到埃及后，几乎受到整个社会各阶层的喜爱。但由于瓷器较陶器价高，一般中下层人民无力购买，故仿制中国瓷器的制陶业应运而生。可见，进口中国瓷器乃是促使埃及伊斯兰陶器迅速发展的重要因素之一。此外，伊斯兰陶器在器形，釉色，图案，风格上全方位仿造中国瓷器，两者除质地之别外，有些在外观上毫无二致。同时埃及也仿制中国青花瓷器。1470年中国造瓷技法又被阿拉伯人又传播到了意大利[42]。大约在1540年，威尼斯人就开始烧制所谓蓝色的阿拉伯样式的瓷制品。佛罗伦萨在1574年到1584年曾模仿中国硬胎瓷器，后来成功烧制了一种有着玻璃质感的石胎瓷器，最终又制成了近似威尼斯人所创的陶器，在素色地上施以深蓝色[43]。1627年意大利比萨瓷工制成软质青花瓷碗，起初是阿拉伯蓝，后来又仿制中国青花。1634年荷兰的德尔夫特在意大利学会了烧制软瓷的方法。接着法国也开始试制瓷器。直到1709年欧洲才在萨克森的迈森建立了高温瓷窑，正式烧制成功真正的白釉硬瓷[44]。由于路途遥远，交通不便，只能通过海上运输的中国瓷器价格昂贵，因此拉丁美洲人民开始在当地试制，在某种程度上满足了当地人民对瓷器的需求，墨西哥本地所生产的陶瓷制品从器物造

38 沈祥福：《中西文化交流史》，上海人民出版社，2014年，第281页。
39 纳尔逊·斯平克斯：《重评越南陶瓷》，载《暹罗学会会刊》1976年1月号。
40 朱培初：《明清陶瓷和世界文化的交流》，轻工业出版社，1984年，第143—146页。
41 施永安：《日本古陶瓷》，吉林美术出版社，1992年，第57—62页。
42 高丰：《中国器物艺术论》，山西教育出版社，2001年，第148—149页。
43 〔德〕利奇温著，朱杰勤译：《十八世纪中国与欧洲文化的接触》，商务印书馆，1962年，第22页。
44 高丰：《中国器物艺术论》，山西教育出版社，2001年，第148—149页。

型到釉色彩料的应用上都受到中国陶瓷包括青花瓷器的影响[45]。

三、明代青花瓷的对外交流

（1）明代青花瓷器交换回了中国所需的外销国的特产。

据文献载，爪哇（今印度尼西亚爪哇）为购得国人最喜欢的中国青花瓷器，“……则用铜锡买易，国王常差头目以船只装载方物进贡中国[46]”；占城（今越南南部）人甚爱明代青花瓷器。“……则将淡金换易，常将犀角、象牙、伽蓝香等物进贡中国[47]”；在天方国（今沙特阿拉伯的麦加），明朝宣德五年，钦蒙圣朝差使太监内官郑和等往各番国开读赏赐分䑸到古里（Calicut）国时，内官太监洪见本国差人往彼（这里指天方国），就选差通事等七人用瓷器“买到各色奇货异宝，麒麟、狮子、驼鸡等物，并画天堂图真本回京。其默伽国（即天方国）王亦差使臣将方物跟同原去通事七人献齐于朝廷[48]”。

（2）明代为了外销，特意研制了专供使舶贸易的青花瓷器。

郑和下西洋所携带的器物许多是针对不同国家的风俗专门设计的。如运往印度尼西亚、马来西亚的有大批符合穆斯林习惯的军持，畅销西亚和非洲阿拉伯国家的一些具有中东风格的大盘、高足杯、鸡心碗、葵口碗等。辽博藏明宣德海水缠枝纹大盘（图二五）口径达到了41厘米，底径有27.4厘米，高为7.5厘米，而另一件明永乐青花绶带纹菱口盘（图二六）的口径更是达到了55.5厘米，底径有39厘米，高为11厘米，还有两件尺寸稍小的分别为明永乐青花大盘（图二七）及明宣德青花大盘（图二八），口径也有38厘米，底径约为25厘米，高约为7厘米，这些大盘是为了满足伊斯兰国家大家围坐一起用餐的需求。辽博藏明宣德青花蔬果纹葵口碗（图二九）也是典型的受阿拉伯国家欢迎的具有中东风格的青花瓷器。永乐、宣德年间新创的外销瓷种类繁多，以下器物都仿自伊朗陶瓷，双耳扁瓶，双耳折方瓶、天球瓶和盘座、有梁执壶、八角烛台等。如辽宁省博物馆《明清瓷器精品展》中的展品辽宁省文物商店藏的明宣德青花云龙纹天球瓶（图三〇）以及辽博藏明永乐青花缠枝菊纹执壶（图三一）都是永乐、宣德年间新创的外销瓷品种。永乐年间烧制的器物盘座瘦腰

图二五　明宣德海水缠枝纹大盘

图二六　明永乐青花绶带纹菱口盘

45　罗荣渠：《中国与拉丁美洲的历史联系》，《北京大学学报》1986年2期。
46　冯承钧校注：《瀛涯胜览校注》，中华书局，1955年，第15页。
47　冯承钧校注：《瀛涯胜览校注》，中华书局，1955年，第6页。
48　（明）马欢著，万明校注：《瀛涯胜览》，商务印书馆，2016年，第86页。

图二七　明永乐青花大盘

图二八　明宣德青花大盘

图二九　明宣德青花蔬果纹葵口碗

图三〇　明宣德青花云龙纹天球瓶

图三一　明永乐青花缠枝菊纹执壶

中空，上下两端呈喇叭形，用于放置花盆及水罐等，国内少见，这种器型仿自三千年前巴勒斯坦等地已流行的青铜座[49]。永乐、宣德时期，景德镇烧制的青花瓷上纹饰中已经出现了回文（阿拉伯文、波斯文）及梵文。正德时，阿拉伯文、波斯文在青花瓷器上的应用更加广泛，盘、碗、笔山、炉盒及深腹罐等器物都有回文，文字在开光内书写，而开光外又环绕着缠枝花卉纹——中国古文献上称之为“回回花”。此类青花器物被称为“回回器”（Mohammedan wares），它们烧制水准很高，造型稳重，釉厚如凝脂，青花发色纯正，色调淡雅，器上均署有字体工整美观的“大明正德年制”六字款[50]。如辽宁省博物馆《明清瓷器精品展》中的辽宁省文物商店藏的明正德青花山形笔架（图三二）上就饰有色调淡雅纯正的青花波斯文、回回花，并署有“大明正德年制”青花六字楷款，具有“回回器”的典型特征。有外国学者研究表明在正德时期这些青花瓷器或多为满足中国内地信奉伊斯兰文化的少数民族的需要而生产的，尤其是文房用品，因为阿拉伯国家的人们对这类器物不太感兴趣[51]。不过，在阿拉伯地区

49　沈祥福：《中西文化交流史》，上海人民出版社，2014 年，第 281 页。

50　〔英〕哈里 . 加纳著，叶文程、罗立华译：《东方的青花瓷器》，上海人民美术出版社，1992 年，第 30 页。

51　Gray，‘The Infouence of　Near Eastern Metal work on Chinese Ceramics , O.C.S. Trans , 1941-1942 . 转引自（英）哈里 . 加纳著，叶文程、罗立华译：《东方的青花瓷器》，上海人民美术出版社，1992 年，第 31 页。

还是发现了少部分有着类似风格的中国青花瓷盘和瓷碗，或为当时的外销瓷。明朝晚期生产了大量的带有阿拉伯文和波斯文的瓷器[52]，应为中国青花外销瓷。伊斯兰风格的繁缛缠枝花卉纹和多样的几何形纹，更成为外销青花瓷不可或缺的装饰[53]。辽博藏明永乐青花缠枝莲纹盘的繁缛的缠枝花卉纹饰具有伊斯兰风格（图三三）。

图三二　明正德青花山形笔架
（辽宁省文物商店藏）

图三三　明永乐青花缠枝莲纹盘

16世纪早期，自中国瓷器首次直接外销到欧洲开始，直到明朝末年，青花瓷器一直是中国外销到欧洲瓷器的主流[54]，这种势头一直延续到了清初。从17世纪初起，中国瓷器就被大量贩运至欧洲，据荷兰东印度公司记载，从1602—1682年的80年中仅通过该公司贩运的中国瓷器，就达1600万件以上，其中大部分是青花瓷。中国陶瓷艺人根据自己心目中欧洲人的审美需求设计了出口欧洲瓷器的样式，这一中欧艺术风格的融合也促进了当时的欧洲人开始围绕中国瓷器的样式来发展欧洲自身的瓷器[55]。“纹章瓷”和“克拉克瓷”是青花外销瓷中两种主要类型，都是专门为外销定制的。其中的“克拉克瓷”又极大影响了欧洲陶业，曾被欧洲各大陶厂争相仿造[56]。

四、结　　语

明代是青花瓷器繁荣昌盛时期，无论精美的官窑还是粗犷的民窑都在各自蓬勃发展的基础上相互影响，相互交融，彼此促进，取得了可喜的成就。随着“陶瓷之路”的开通，明代青花瓷器通过“陶瓷之路”传播到世界各个角落，受到了广泛的欢迎，并影响了当地的生活

52 〔英〕哈里.加纳著，叶文程、罗立华译：《东方的青花瓷器》，上海人民美术出版社，1992年，第32页。

53 《中华文明史》第八卷，河北教育出版社，1994年，第925页。

54 〔英〕哈里.加纳著，叶文程、罗立华译：《东方的青花瓷器》，上海人民美术出版社，1992年，第37页。

55 〔美〕孟德卫著，江文君、姚霏、丁留宝、苏圣捷译：《1500—1800：中西方的伟大相遇》，新星出版社，2007年，第140—141页。

56 〔英〕哈里.加纳著，叶文程、罗立华译：《东方的青花瓷器》，上海人民美术出版社，1992年，第39页。

及制瓷工艺。同时明朝通过外销的青花瓷器，交换回了所到国家的特产，并且根据外销国的传统及审美，专制了一些外销瓷器型，更成为创新品种流传下来。

明代青花瓷器在世界各地广受欢迎，并被争相仿制，然而真正的明代青花瓷在海外的贸易的热度却丝毫未减。英属东印度公司成立之初，许多中国白瓷被运到欧洲，在当地加上彩饰图案出售。以后由于欧洲人了解了制瓷技术的秘密，英国开始自己生产白瓷，并在上面采用中国风格的蓝色龙凤纹饰进行描绘。因此，英国人认为既然自己国家对青花瓷器的需求可以自给自足了，就没有必要像过去一样花费大量的金钱来购买来自中国的外销青花瓷，哪怕是仅仅购买通过各种运输到英国后再进行青花纹样描绘的产自中国的素白瓷胎。当时流传的一首英国歌谣很好地反映了当地人的以上观点，歌谣的大致意思如下：为什么向海外抛掷钱财，去讨好变化无常的商贩？不要再到中国去买 china，在这儿有的是英国瓷器。然而真正釉下青花瓷的市场仍维持着昔日的盛况[57]。

由此可见，明代青花瓷具有其本身独特的魅力，并不容易被仿制，有些海外当地生产的所谓的具有明代青花风格的瓷器，其神韵上难以超越甚至赶上原汁原味的中国青花瓷器！

附记：文中所附文物图片凡未注明出处的均为辽宁省博物馆藏品。

（辽宁省博物馆　李琼璟　何建斌）

57 〔新西兰〕路易·艾黎：《瓷国游历记》，轻工业出版社，1985 年，第 36 页。

刻瓷艺术浅谈

李慧净　李晓艳　李　达

内容提要：作为陶瓷艺术一种特殊表现形式，刻瓷出现伊始就备受文人雅士青睐，成为陶瓷艺术中高雅艺术代表。本文从梳理刻瓷工艺内涵开始，考证刻瓷技艺源流，不同历史时期的发展脉络、特征来思索当代中国刻瓷艺术未来的发展之路。

关键词：刻瓷　内涵　源流　发展

一、刻瓷的内涵

刻瓷，见名而知意，用特制工具在已烧成瓷器表面进行錾刻之技艺。其艺术表现以镌（錾）刻深、浅，浓、淡，细、密不一的痕迹为手法，以不同形式线条的韵律性以及不同色阶墨水的渲染来凸显所具备的中国书法之韵致或中国画的意境，可谓镌世界于一器，刻细腻而传神。

自瓷器产于中国，装饰方式可谓千变万化，不一而同，经历从简洁到复杂之过程。既有釉装饰从单色釉发展到结晶釉，一道釉、二色釉（绞釉）到集多种色釉于一器。胎装饰从最初之堆塑、篦点、划、到剔、划等诸多技法相结合；彩装饰从早期单色彩到多色彩，釉上彩、釉下彩到釉上釉下彩。瓷作各工艺日趋成熟，体系完备。瓷器装饰技法中常见的刻花、划花、剔花，反瓷、雕瓷与刻瓷工艺既有共性又有差异，不能混为一谈，下面简单谈谈刻瓷与各种技法的差别。

刻花装饰，在尚未干透的器物坯体表面以竹刀、铁刀等尖锐工具刻出各种纹饰图案，一般有两种表现技法，刀锋一侧深、一侧浅，截面倾斜的“单入侧刀法”和刀锋两侧垂直的“双入正刀法”。刻花线条宽窄有别，转折变化多样，兼有线与面的艺术效果，在宋代得到了普及，多见白釉、青釉瓷器装饰。划花装饰，其工艺为在半阴干的器物坯体表面用竹刀、木刀等尖锐工具以浅划出纹饰，施釉后入窑烧制。手法比较灵活，线条流畅生动而自然。划花的“花”不指花卉，而是纹样的称谓。划花的历史悠久，有的是对具象形态的描绘，有的纯粹为达到或表现陶瓷的纹理效果，追求的是一种对比、和谐、统一[1]。应用范围比较广泛，多见瓷器中较粗者。剔花也是瓷器装饰常见的传统技法，有留花剔地和留地剔花两种。前者在

1　周淑兰：《陶瓷划花装饰》，《工业技术与职业教育》1990 年 1 期，第 57 页。

坯体上先敷一层化妆土，然后划出纹饰，再剔去花纹外的空间，最后罩透明釉烧成，花纹凸起，具有浅浮雕的效果。后者在施釉阴干的坯体上剔出露胎的纹饰，刻好纹饰后，把纹饰以外的部分剔去，以浅浮雕形式为外在表现。

反瓷、亦称生瓷或素瓷，反瓷瓷雕是一种用瓷土作胎，在未干胎体雕琢刻纹饰，后不施釉直接素胎生烧，明代万历时期景德镇开始烧制，清代乾隆以后多见，清同治、光绪时期大量出现，以小巧文房用具为主。艺术表现方法为各种浮雕手法交替配合使用，将“雕”应用到了极致。雕瓷实际上是刻花和剔花工艺的延续，是在未烧制的瓷胎上施以浮雕山水、花鸟、人物、走兽等纹饰，作品层次分明，刀工清晰利索，对工匠的整体职业素养要求很高。雕瓷清中期已经常见，成熟于清晚期，出现了诸如陈国治、王炳荣、李裕成等名家。民国时期以福建游蛮子、四川李东山最为著名，釉色以白、黄、绿、竹黄、牙白为主，表现出一种立体效果的美。

综上所述，各种瓷作技法与刻瓷工艺的相同之处在于均是以尖锐物体在瓷器表面（胎、釉、化妆土）进行破壁操作。不同之处在于以上技法所进行的操作均是在未经烧成瓷器胎体进行，手法相对粗犷，大开大合，表现形式属于绘画技法中大写意或者没骨画法。反瓷、雕瓷为瓷作中精细者，是以各种浮雕为创作手法，表现形式为空间的、立体的、多维的。刻瓷工艺是基于二维空间的操作，外观视觉表现更接近瓷器彩绘装饰中的线描或者绘画技法中的各种皴法，抑或者可以说刻瓷是中国传统水墨画中各种皴法的集中呈现。

二、刻瓷艺术源流

刻瓷作为瓷器艺术门类，对其艺术起源之讨论，仅局限于从事与此类技艺相关行业人士之讨论，历史文献鲜有记述。同时传世或者出土与刻瓷相关实物资料也不多见，这就为讨论艺术源流带来了很大的困难，关于刻瓷艺术之起源，学界主要有以下三种说法。

新石器时代、秦汉时代起源说。此种观点认为刻瓷在工艺上类似古代剥玉刻石。如新石器时代石制工具制作以及商周镌刻金文、秦汉石刻、剥玉。此种观点基于对“刻”工艺起源之理解较为随性，凡以坚硬之物于物体或器物表面做刻之形式均可视为刻瓷工艺之起源。此种观点似有太过宽泛之嫌，不够严谨、准确，给界定刻瓷工艺起源带来了困惑。

宋代起源说。清人叶昌炽在其所著《语石》中有关于瓷器上刻字的简要记述：“瓷刻之文有三。一为‘曹调造磁盆题字’，仅有‘七年’二字，纪年一泐。一为‘郑德兴与宝林三十一娘捨东岳庙莲盆题字’元封元年正月。两器皆在福建省垣。一为‘元延（祐）二年瓷瓮题字’，在淄川县高氏[2]”文献记述的刻瓷指的是宋代的刻款瓷器。宋代刻款瓷器形式多样，内容丰富，主要内容有作坊标记、工匠姓名、制作年份、吉祥语、宫殿名称和宫廷用瓷等专用款铭，以刻、划为主要书写形式。观点的产生基于宋代中国陶瓷生产百家争鸣、百花齐放之大背景。宋代采取重文抑武的国策，政局长期以来相对稳定，经济得到快速发展和繁荣。偃武修文的文化背景为社会各项手工业的进步与发展提供了有利条件。宋代制瓷业无论在工艺革新还是艺术成就更是达到了历史上的一个巅峰期。同时，宋代既是中国世俗文化历史高

2 姚文昌点校、（清）叶昌炽：《语石》，浙江大学出版社，2018年，第78页。

峰又是中国陶瓷生产的高峰。此时窑厂遍及国之南北，器成天下走的盛况使得瓷器生产成为手工业中一个重要门类。瓷器在宋代取得前所未有之普及性。世俗文化中的酒文化、茶文化空前繁荣使得酒肆、茶肆遍及市井，瓷器的受众面、普及面大大拓宽，达到“天下无论贵贱通用之”的地步。陶瓷生产分工更加精细、产品种类更加广泛，在此背景下刻款或者划款瓷器出现的比例较之前朝大大增加，这种“刻”局限于时代背景下之审美与工艺结构，划、剔、刻成为宋代瓷器装饰的主流创作手段。这种“瓷刻”或是“刻瓷”与我们认知的刻瓷差距很大，可以算作刻瓷在工艺技法、意趣审美在宋代的一种技术积累和文化积淀。

清乾隆朝起源说。耿宝昌先生所著《明清瓷器鉴定》一书中对刻瓷作如下叙述：“鑚拨刻瓷——在白釉器上，用钻石等硬质工具刻出山水人物、仕女、花卉、博古等纹饰，再填以淡墨，从而形成如同素描写生的新颖装饰。刻羲之爱鹅，金石文字、八哥、凤凰牡丹等纹饰，其写有诗句和作者姓名者，可谓诗画并重。刻有‘上林镫’文字的器物，有署‘辛丑年制词臣郭氏撰’‘大清光绪年制青花楷款’，也有署‘甲辰仲夏剑谭珍玩’款的。此种刻瓷工艺最早见于乾隆时期，光绪以及民国较为流行”。耿氏对于刻瓷的工艺、技法、纹饰、款识均作了细致的阐述，可谓拨云见日。

三种说法的产生，显然对刻瓷工艺所涵盖的范畴理解有大小之别，同时对刻瓷的内涵理解不同。如何正确地定义刻瓷？可以从广义和狭义的角度加以概括。广义的刻瓷，其工艺源流可以追溯到秦汉时期的剥玉刻石技艺，虽无传世或考古资料佐证，但二者工艺表现手法都是一脉相承，唯一区别在于工艺的复杂程度以及题材表现内容而已。因此，各个时代不同材质之“刻”工艺，均可视为刻瓷之技艺源泉。

狭义之刻瓷，耿宝昌先生论述极为准确。用金刚石或硬质媒介在已烧成之白釉瓷器上錾刻纹饰题材[3]，然后施以淡墨。本文所讨论之刻瓷皆在此定义范畴之内。

成熟的刻瓷出现在乾隆朝与时代文化息息相关。乾隆朝是清代社会发展的鼎盛时期，也是中国工艺美术发展史上一个重要时期。各类御用工艺品的大量制作并取得突出成就，奠定了乾隆朝工艺美术在中国古代工艺美术史上的重要历史地位。各类奇巧珍奇御用工艺品门类的发展带动了民间手工艺的争相效仿与蓬勃发展，形成了乾隆朝工艺美术的时代风尚——奇、技、巧、珍，这种时代风尚贯穿了整个乾隆朝并深刻影响了以后所有时代。

中国陶瓷生产在数量和质量上在乾隆朝均达到了陶瓷史的最高水平。表现是全方位的，胎质之细腻、釉面之莹润、造型之新奇、色彩之炫丽，可谓登峰造极。《陶雅》评价：“倡条冶叶，不乏奇丽之观”。《饮流斋说瓷》中叙述：“至乾隆，则华缛极矣，精巧之致，几乎鬼斧神工”。乾隆朝，几乎当时日常生活中所见之器皿，瓷器均可以仿制，达到取而代之的水准。清朱琰所著《陶说》对乾隆朝瓷器门类概括更加全面：“除有砚屏、墨床、水滴、秘搁、镇纸、司直各适其用”。工艺上更是琳琅满目，不胜枚举“戗金、镂银、琢石、髹漆、螺钿、竹木、匏蠡诸作，无不以陶为之，仿效而肖”，“近代一技之工，如陆子冈治玉、吕爱山治金、朱碧山治银、鲍天成治犀、赵良碧治锡、王小溪玛瑙、蒋鲍云治铜……今皆聚于陶之一工”。瓷器装饰方法多种多样，为刻瓷工艺的出现和成熟提供平行和交叉的艺术气息与技艺借鉴。

3 现代刻瓷中有在蓝地器物表面刻纹样者，后渲染以其他色釉，此种不在本文讨论范围内。

乾隆皇帝好古，崇尚奢华，酷爱各种工艺品，对瓷器品质要求更是精益求精。皇帝本人的嗜好对御用瓷器的制作方向、水准起到了直接作用，督窑官的设立更是将这种极致推向了高峰。为了迎合皇帝，瓷工炫巧争奇，料不厌精，工不厌细，导致乾隆朝瓷器朝着光怪陆离、新奇繁琐方向发展。皇帝本人常在古瓷上题诗作赋，命宫中造办处玉作用钻石按照御题诗赋刻出。这是全新而大胆的艺术尝试。不同于其他艺术门类的雕刻，在光滑似缎瓷器表面雕刻难度极大，这种以篆刻简洁的大篇幅文字题跋为对象的艺术行为，成为刻瓷真正意义的开端。北京故宫博物院、台北故宫博物院均收藏有乾隆御题刻瓷作品。随着镌刻文字题跋类刻瓷作品在乾隆朝出现，尝试镌刻山水、人物等纹样的刻瓷作品也随之产生。

三、晚清民国刻瓷短暂繁荣之原因

肇始于乾隆朝的刻瓷工艺，在晚清民国得到了极大的认同、推广与发展。清代工艺美术作品中常见的浅刻技法被应用于瓷作。这种带有中国传统笔墨意趣的瓷刻作品被文人墨客所接受。晚清开始，文人墨客开始积极参与到陶瓷制作之中，或题、或画、或写、或刻成为一种新的瓷作时代风尚。刻瓷的题材多为文人墨客钟爱的山水人物、岁朝清供、吉祥纹样。晚清至民国这一时期，刻瓷成为瓷作中小众门类而独立存在。

清光绪二十八年（1902）顺天府尹在京师宣武门外下斜街设立农工学堂，又称工艺学堂。内设各种工艺科，其中有镌瓷科，延请南方刻瓷名家华约三任教习。后来学堂改为工艺局，由官商合办转为官办，镌瓷科改为瓷工科，授徒三十余人。由于学堂体制发生了变化，部分学生中途辍业。未走学徒中，有人认为刻瓷行业艰苦、难以温饱，有的因家境难以为继，大都另谋生路。唯有朱友麟、陈智光二人始终以刻瓷为事业。官作的开办对刻瓷来说是一个契机，为小众化刻瓷技艺传播和艺术认同提供了官方平台和纽带。晚清刻瓷以素白瓷胎为载体，多在器物口沿涂一周金粉。镌刻题材有山水、人物、花鸟、书法等，与整个晚清瓷器纹样大时代背景相吻合。镌刻刀法上基本上以线刻法为主，直线多于曲线，以线的疏密、长短排列组合成图案，图案简洁。錾刻后填以墨，形成水墨渲染的效果，风格类似素描写生，墨色与晶莹光洁的瓷胎相呼应，呈现出清秀高雅的艺术特点。流畅的线条，合理的布局，精湛的技艺，表现出此时刻瓷艺人的高超工艺水平。

随着时间累积与技艺沉淀，民国时期刻瓷艺术在厚积薄发中一度繁荣。这一时期的刻瓷，工艺精湛、能人辈出，纹饰题材广泛，涉及翎毛、草虫、人物、山水，线刻依然是表现形式的主流，取自篆刻、绘画中的技法广泛被应用于刻瓷。艺术风格表现为简捷、明快、疏朗，注重神韵。镌刻的线条流畅潇洒，恣意性强，不足之处是形体结构准确性参差不一。器型呈现出多样化的趋势，既有小巧的文房用具，也有挺拔高大的观赏瓷。晚清、民国时期是中国陶瓷史公认的瓷器生产衰退期。特别是民国以来时局动荡、资源的枯竭、市场的萎缩、外来廉价工业瓷器冲击等诸多因素导致瓷业的整体低迷[4]。晚清以来料彩原料短暂枯竭至民国愈演愈烈，与此同时，瓷器生产中一种新的变化悄然而生，一些规避料彩短缺或者把材料短

4 李东方：《晚清民国景德镇瓷业的衰退及其原因探析》，景德镇陶瓷大学 2018 年硕士学位论文，第 42 页。

缺影响最小化的瓷器艺术品种开始出现，如兼具诗、书、画、印于一体的浅绛彩装饰方法，其在题材、范例上与刻瓷师出同源，这也为以刻为主的瓷器装饰表现形式提供了新的展示契机，只需硬质工具与淡墨即可的艺术品种得以在短暂的料彩空隙期另辟蹊径、独立发展[5]。刻瓷工匠与篆刻名家之间的互动，也为刻瓷艺术的艰难生存提供了契机。小巧玲珑文房刻瓷作品成为文人雅士书房一款必不可少的情趣陶冶媒介。篆刻名家的介入，对刻瓷工艺技法的变革、题材纹样的选择、空间的布局提供了可供借鉴的选择。带有铁画银钩、风格朗硬、金石韵味十足风格的刻瓷作品成为这一时期刻瓷作品的主流，见有“某某兄雅玩”“某某大兄清玩，某某刻赠”等题跋的刻瓷作品流行于世。后因时局动荡，战乱接踵而来，整个瓷作行业受到了极大的冲击，民国短暂繁荣的瓷器制作业凋敝冷落，本就小众的刻瓷行业每况愈下。加之工匠因刻瓷工艺相较繁琐，制作不易，产出与收入不成比例，谋生不易，多转换行业。老一辈刻瓷工匠或有去世，刻瓷行业逐步暗淡，渐次退出历史舞台。有极个别偶做刻瓷者，也为个例，不能代表民国刻瓷整体情况。

四、当代刻瓷艺术发展之思考

检索中文期刊网站，搜索“刻瓷”关键字，共获得词条285条[6]，词条内容相似度、重复率极高。总体来看，“刻瓷”词条检索结果远低于其他瓷器条目检索结果。由此可知，当下，对于刻瓷相关领域的研究依然薄弱、各类资料积累依然匮乏。例数所得文献，对刻瓷的研究和探讨可归纳为三方面，刻瓷作品鉴赏、名家推介（古代艺术品、现代刻瓷作品及艺人），刻瓷技法探讨（工具创新、门类技法），刻瓷历史探讨（起源、溯源、某一历史时期阶段性成果）。对刻瓷艺术过往经验的总结、未来发展之路与前景的思索则是寥寥几笔带过，或浮于纸上，并未进行更加深刻的探讨与研究。

刻瓷作为传统手工陶瓷艺术的一个门类，它凝结了前人的智慧和才能，在陶瓷艺术中散发着独特的艺术魅力。刻瓷产生之日起，即获文人雅士钟爱与青睐。近年来——特别是20世纪60年代以来，一些优秀的传统手工艺门类因为种种原因，开始淡出公众视野。20世纪80年代以后，国家对传统手工艺前途之担忧，体现在政策扶植力度上的加大，传统手工艺门类元气渐复，重新回归大众视野，刻瓷工艺伴随着这股热忱也悄然地发生了改变，这种改变和尝试是令人鼓舞欣喜的。

刻瓷工匠开始紧紧把握时代赋予的时机与脉搏，遵循时代艺术气息，于时代土壤中汲取养分。不断创新刻瓷艺术表现形式、在题材内容不断丰富的同时，富有时代气息的纹饰也不断出现，技法上不断推陈出新，促使国内刻瓷艺术迈向了一个新的高度。这个高度需要客观的、全方位的审视与理解。刻瓷作为小众艺术，自产生之日起不可避免地具有一些局限性——受众层面、技术层面。刻瓷艺人开始尝试突破技艺本身的局限性。刻瓷技艺相对于瓷作的其他门类具有高复杂性、程式化严重、制作周期长的局限，直接导致刻瓷成品率低，间接导致价格较为昂贵。同时普及性、认同感地域化严重，刻瓷艺术的发展逐渐地陷入了一种

---

5 李俨：《浅绛彩瓷的起源与性质的研究》，《陶瓷科学与艺术》2008年9期，第61页。

6 维普、知网检索“刻瓷”和“瓷刻”关键词。

困境，如何突破发展的瓶颈成为当代刻瓷艺术迫切需要解决的问题。

刻瓷从业者更多、地域分布更广。自新中国成立后，政府对于恢复传统工艺不遗余力，也十分关心刻瓷艺术的未来，先后在北京、上海、南京、青岛等地设立刻瓷研究所，在山东淄博、天津塘沽各建立一家刻瓷厂，一些国营陶瓷工厂中刻瓷成为一个门类[7]。中国古代任何一门技艺，在不同地域的发展中，随着时间的累计，必然会融合地域文化，从而形成独特的艺术鲜明的地域技艺。以刻瓷而言，其地域特色就泾渭分明，依地域和风格可划分为京派刻瓷、海派刻瓷、山东刻瓷、景德镇刻瓷。流派的划分，从侧面佐证了当代从事刻瓷技艺的人数越来越多。

刻瓷未来发展之路的方向，现代诸多刻瓷艺人均作了精彩之论述[8]。如何突破技艺本身所带来的局限性是摆在当下刻瓷从业者面前的一道难题，亟待解决。解决好了，坦途一片；解决不好，刻瓷艺术前路依然漫漫，打破并走出藩篱，走出自我陶醉之艺术殿堂，让艺术回归大众，回馈社会是当下刻瓷艺术刻不容缓的任务。

加大与地方政府文化部门联系与沟通，加大宣传力度，加强与国有博物馆的融合力度，使刻瓷作品既能成为博物馆藏品的一个门类，又能使博物馆展览得到有益补充，在博物馆展览中熠熠生辉。政府应介入其中并扮演重要角色，提高刻瓷艺术的社会参与度，要让刻瓷艺术学会走出去展示自身。现代刻瓷艺术对外交流和传播主要有两种方式。一是召开行业研讨交流，二是以展代会的交流。行业研讨会是针对某刻瓷匠人所召开刻瓷艺术研讨会，这种研讨会范围固定在特定刻瓷文化圈或者师承、流派之间，乏善可陈，缺乏新意；以展示为目的的交流局限性很大，多选择私人博物馆、美术馆，于其间开辟一隅，展示个人、流派作品，展览主题提炼不够鲜明，展览受面狭窄，起不到很好的展示、宣传效果。博物馆肩负着展示宣传中华传统文化的责任和使命，刻瓷艺术可以通过博物馆给予的展示平台与教育模式，提高全社会对刻瓷认知和了解，从而带动刻瓷艺术在社会中的宣传与推广，让社会更加透彻地了解和认知，为刻瓷艺术的发展与传承提供方便快捷的道路。

将刻瓷艺术引入学生美术课堂，刻瓷艺术能丰富学生美术课程、拓宽学习空间、培养美术学习兴趣，增强学生对自然和传统文化的热爱，在潜移默化中达到传统艺术的传承与发展，并提升学生综合能力和素质[9]，这个值得推崇的大胆尝试，虽然推广与实现的难度很大，却可成为刻瓷艺人积极面对现实的一种有益尝试。扩大刻瓷艺人群体队伍，提升刻瓷艺人的专业水平。刻瓷艺人的培养和队伍建设不是一朝一夕所能达到。刻瓷集诗、书、画、印于一体，对刻瓷艺人文化修养要求极高。即使极简到其中一类，也不可能一蹴而就。尝试在专业院校陶瓷学科下设置刻瓷专业，通过专业的教学、系统的全方位的培养，达到刻瓷艺人队伍人员储备。当代的刻瓷艺术要强调形式方面的创新，注重技法方面的革新[10]，单纯而机械的把新科技成果或者现代西方绘画艺术技法引入刻瓷是盲目的、不可取的，要通过不断尝试、积

---

7 江和平：《刻瓷艺术刍议》，《陶瓷研究》2012 年 4 期，第 53 页。

8 尹干：《刻瓷艺术的未来与发展方向》，《山东陶瓷》2016 年 10 月 39 卷 6 期，第 22 页；丁邦海：《论刻瓷艺术的起源及发展》，《艺品》2013 年 8 期，第 40 页。

9 孙小梅：《刻瓷艺术引入初中美术课的实践》，《学园》2014 年 31 期，第 140 页。

10 孟广建：《浅谈刻瓷在陶瓷艺术领域中的发展与创新》，《江苏陶瓷》2017 年 4 期，第 12 页。

累融会其中。

刻瓷艺术应该是文化艺术与科学技术的双重结合体。这里所说的文化艺术包涵两方面，一是作为个体存在的单纯的传统文化与现代文化，二是糅合了传统与现代的继承发展的文化；随着科技日新月异，新材料、新手段层出不穷，刻瓷艺人对工艺技术不断精益求精，开拓了刻瓷未来的发展之路。只有持续不断探索传统文化内涵、从传统文化中汲取养分，将富有中华传统文化内涵和意蕴的元素融入刻瓷设计的审美形式中，赋予刻瓷艺术全新文化理念和精神内涵，体现传统的和谐意识，使刻瓷作品更具广泛性、延续性、民族性的意义。

在多元文化共存发展的今天，保护与传承优秀文化遗产，是一项伟大而艰巨的工程，同时对初促进人类文明的发展有着重要的现实意义。这其中的工作与尝试不仅要靠与文化遗产相关人群去努力，更需全社会的支持和努力来共同完成。政府相关部门应在法律文案、人才培养、经费支出等方面要给予大力支持。同时，任何艺术均需立足民族传统文化，强调对传统文化的继承与吸收。构建富有中华传统文化特性和符合时代美感的刻瓷艺术体系，刻瓷艺术更应根植中华传统文化与陶瓷文化，充分体现时代价值和内涵，同时打破固有藩篱，融入社会、参与社会发展，刻瓷艺术必定会绽放夺目光彩。

附图：

辽宁省博物馆藏清同治款白釉刻猴戏纹卤壶

辽宁省博物馆藏民国白釉刻樵归图印泥盒

辽宁省博物馆藏民国白釉刻竹雀纹蒜头瓶

辽宁省博物馆藏现代白釉
刻富贵白头纹广口瓶

（辽宁省博物馆　李慧净　李晓艳　朝阳市佑顺寺博物馆　李　达）

《唐宋元名画大观》和《名画荟珍》的前世今生

戴立强

内容提要：《石渠宝笈》著录的《唐宋元名画大观》《名画荟珍》是乾隆最赏识的两部画册。其于1945年8月遭受拆分之祸，或下落不明，或分散各处。其中《倪瓒南渚泊舟图》及乾隆题诗，于70年后分别在辽、吉两馆相继发现。

关键词：《唐宋元名画大观》《名画荟珍》 清宫散佚 乾隆题诗

在数以万计的清宫庋藏历代书画中，《石渠宝笈》著录的《唐宋元名画大观》和《名画荟珍》或许是清高宗乾隆最赏识的两部画册。

一

《唐宋元名画大观》引首为宋缂丝《仙山楼阁图》，全册十二幅绘画中，前六开为直幅，后六开为横幅。原为明董其昌收集合成，后赠送给王时敏，并为之题签："《唐宋元画册》，董玄宰为烟客老亲家题。"最早见于安岐《墨缘汇观》卷四名画下著录[1]，名为《唐宋元宝绘横册》（表一）。

入清内府后，此册保留了安岐收藏时的原貌，只是画册名称有改变，著录于《石渠宝笈》初编（画禅室）[2]，乾隆视为至宝。重新装裱后，各幅均加有副页。乾隆不仅为封面题签"唐宋元明大观"，还题诗于每幅画上，又于各开之副页为每幅画对题。册中有郎世宁"奉敕"所画乾隆"御容"。画像右方乾隆题云："世界空华底认真，分明两句辨疏亲。寰中第一尊崇者，却是忧劳第一人。此予梦中自题小像旧作也。昔人于平生爱玩，辄留照以志真赏。予独嗜画禅此册，时遇前贤真面目于缣楮之外。因亦命海西臣郎世宁写小照于首简，真耶空耶，于此更参活句。乾隆丁卯（十二年，1747）长至后五日。"

后副页有乾隆于丙寅（乾隆十一年，1746）冬至后七日一题，又于次年丁卯（十二年，1747）数次题跋。其一云："唐王维《雪溪》、元黄公望《富春山居》二图为千古名笔，皆董香光画禅室中藏物，题识墨迹犹存，今先后收入内府。爰于咸福宫西室什袭以藏，即仿香光

1 《中国书画全书》第十册，上海书画出版社，1996年，第394页。

2 《秘殿珠林　石渠宝笈》初编，台北故宫博物院刊印，1971年，第1222—1230页。

之意，颜曰‘画禅’。并令儒臣为图以传之参学者，由此证入是无上正法眼藏。后得嘉迹，的系画禅当日鉴赏之物，有香光题识可据者，将皆归之。”

不仅将自己的画像收入画册中，又在咸福宫专辟一“画禅室”以珍藏此画册，可见乾隆对《唐宋元名画大观册》非常赏识。

表一 《唐宋元名画大观册》概况（各图尺寸已换算成厘米）

宋缂丝仙山楼阁图	引首		
王维雪溪图	绢本 水墨	高37.1 宽31.4	无款，宋徽宗书“王维雪溪图”并押。董其昌天启元年（辛酉，1621）题，又跋。双螭玺、合同印、宣和连珠玺。另有梁清标二印。
李成松岩水榭图	绢本 青绿	高63.3 宽28.8	无款，董其昌戊午（万历四十六年，1618）题“石角有臣李等字”。宋“御府宝绘”印，项氏诸印。
王蒙松路仙岩图	绢本 淡色	高39.4 宽29.4	“松路仙岩。黄鹤山樵王蒙为唐卿制”款。 董其昌跋。张则之二印，张孝思三印。
赵孟頫洞庭东山图	绢本 淡色	高60.8宽 26.6	“子昂”款并自题，“赵氏子昂”印。董其昌跋。梁清标二印。上海博物馆藏，见《中国古代书画图目》（二）沪1-161。
赵孟頫洞庭图	绢本 淡色	高62.4 宽27.2	“子昂”款并自题，“赵氏子昂”印。董其昌跋。梁清标二印。右上有“心赏”印。
乾隆“圣容”			乾隆题诗。
陆广丹台春赏图	纸本 水墨	高63.4 宽25.3	“丹台春赏”并自题，“天游”款并印。董其昌跋。“蕉林玉立氏图书”等印。
巨然江山晚兴图	绢本 水墨	高28.8 宽55.4	无款，董其昌题“巨然江山晚兴”“宣和殿所收”。左下有“温字贰拾号”五字。
黄公望芝兰室图	纸本 水墨	高27.8 宽43.8	“至正二年（壬午，1342）夏五月，大痴道人黄公望”款并书铭。董其昌跋，梁清标二印。
倪瓒春山云树图	纸本 水墨	高26.6 宽43.2	“倪瓒壬子（洪武五年，1372）春”款并自题。高道素戊午题。程梦庚、王时敏等印。
范宽江山萧寺图	绢本 水墨	高25 宽51.2	无款，董其昌题“范宽江山萧寺图”。
方从义夏山烟雨图	纸本 水墨	高26.6 宽47.4	“洪武戊午岁（十一年，1378）上元”款并识。董其昌跋。李厚亨“檇李李氏”、吴廷之等印。
卫九鼎溪桥策蹇图	纸本 水墨	高28.2 宽48	“至正壬辰（十二年，1352）五望日，丹邱卫九鼎”款。文徵明题。沈周、王时敏等印。

二

《名画荟珍》见于石续（画禅室）著录[3]，封面乾隆题签“名画荟珍”，署“甲申（乾隆二十九年，1674）新春鉴定，无上神品”。首页右幅乾隆题“神游心赏”四字引首，左幅又

3 《秘殿珠林 石渠宝笈》续编，台北故宫博物院刊印，1969年，第3623—3628页。

题“唐宋元画册”，后幅有乾隆“圣容”，并有乾隆行书《池上居诗》，署“丙寅（乾隆十一年，1746）仲夏”。全册十二幅绘画，各图均有乾隆行书诗对题（表二）。

册后副页又识云：“内府《名画大观册》，自王维至方方壶，凡十二帧，间有董其昌题识，为画禅室鉴藏，尝仿其意，颜室弆之。兹以余暇，偶阅《石渠宝笈》所未录旧画，及集古屏风间者，尚有名人真迹，萃其尤胜，唐则王维、周昉，五代则黄筌，宋则苏轼、李公麟、李唐、马远，元则赵孟頫及其子赵雍，暨倪瓒、盛懋、曹知白十二人，笔意高浑。所作人物、山水、树石、花鸟，各臻妙境……爰装辑成册，题曰《名画荟珍》，一如《大观》册式，装池什袭，幅系以诗，用志真赏。昔董香光得王维《雪溪图》，冠其册，已矜其希世之宝。今仍得王迹为前茅，而其次幅乃周昉，较彼犹多一唐人，不更为画禅上乘乎……乾隆甲申（二十九年，1674）新春。”欣喜之情，溢于言表。

册后附臣工刘统勋等八人题跋。册中鉴藏印有张则之、项氏、耿氏、“怡亲王宝”等印，还有乾隆“八玺”“古希天子”等。另外，每图裱工的右上方附有画家小传。

又据《点画目》[4]著录可知，乾隆的画像在《唐宋元名画大观》的第五幅赵孟頫和第六幅陆广的作品之间，在《名画荟珍》的第二幅周昉和第三幅苏轼的作品之间，盖取其“时遇前贤真面目于缣楮之外”之意。

表二 《名画荟珍册》概况（各图尺寸已换算成厘米）

王维围棋图	绢本 水墨	纵35.2 横30.7	无款，乾隆题为“王维围棋图”。
周昉宫人纨扇图	绢本 设色	纵28.5 横26.9	无款，乾隆题为“周昉宫人纨扇图”。
乾隆“圣容”			乾隆题诗。
苏轼岩桧图	绢本 水墨	纵51 横39.5	无款，乾隆题为“苏轼岩桧图”。 见《中国古代书画图目》（十九）京1-555。
李公麟文会图	绢本 水墨	纵26.9 横21.4	无款，乾隆题为“李公麟文会图”。
黄筌丛菊图	纸本 设色	纵35.2 横32	黄筌印款。
马远竹林僧弈图	纸本 浅色	纵19.8 横39	无款，乾隆题为“马远竹林僧弈图”。
赵孟頫沙渚双鸳图	纸本 水墨	纵32 横36.2	“松雪道人”款并“赵氏子昂”等印。

4 王燕来编：《历代书画录续编》，国家图书馆出版社，2010年。此书中《故宫各殿第一次书画点查册》，即杨仁恺先生《国宝沉浮录》（上海人民美术出版社，1991年）所称之溥仪《点画目》，徐邦达先生《清宫旧藏书画录·前言》（人民美术出版社，1997年）中称之为“民国十一年（1922）点查目”。书中录入了6800余件（组）书画。其中见于《石渠宝笈》或《秘殿珠林》各编的约4400件（组）。可参见邵庄霖、戴立强《〈故宫各殿第一次书画点查册〉的几个问题——关于溥仪的〈点画目〉》，《收藏家》2015年4期，第75—80页。

续表

李唐雪窗读书图	绢本 水墨	纵49.3 横31.3	无款，乾隆题为“李唐雪窗读书图”。 见《中国古代书画图目》（一）京2-096。
倪瓒南渚泊舟图	纸本 水墨	纵47 横31.7	倪瓒“至正十二年暮冬”款并题记。徐贲题。 仿本，吉林省博物院藏，此图乾隆对题辽宁省博物馆藏。
赵雍五湖风雨图	纸本 浅色	纵30.4 横23	赵仲穆款并印。姚式、王世贞题。
盛懋红叶书堂图	纸本 浅色	纵38.4 横35.2	盛懋“皇庆二年秋九月仿张僧繇”款并自题。
曹知白乔树草亭图	纸本 浅色	纵48 横36.4	“云西”（曹知白）印款并题“窪盈轩为良常草堂作”。巴黎吉美博物馆藏，见《中国绘画总合图录》（2）E13-001，名为“双松图”。

注：表一、表二各幅排序以《点画目》著录为准。

三

1922年初，依照“清室优待条件”而仍居“宫禁”的退位末帝溥仪，命随从对清宫原藏书画进行了近一年的点查，这次点查的目录于1925年由“清室善后委员会”印行，名为《故宫各殿第一次书画点查册》,《唐宋元名画大观》和《名画荟珍》两册均在这部点查册中[5]。

从同年七月开始，溥仪以“赏溥杰”为名，将经过点查后挑选的书画分批转运出宫外，这一活动历时数月，共运出书画近1400余件[6]。这批书画运至天津后，其中的绝大部分又于1931年转运至长春，收藏在伪皇宫的“小白楼”中。《唐宋元名画大观》和《名画荟珍》两册亦在其内[7]。

1945年8月，溥仪出逃长春，除其本人及随从携出一部分书画外，“小白楼”中大部分未能带走的书画遭到伪满“国兵”们的抢掠，造成书画收藏史上的一场浩劫。《唐宋元名画大观》和《名画荟珍》未能幸免。这两部画册其后的境遇与流向还有待进一步的考察和发现。

《唐宋元名画大观》中的十二幅绘画，仅存第三幅赵孟頫《洞庭东山图》，现藏上海博物馆（图一）[8]。此册中的第一幅王维《雪溪图》，在 Osvald Siren(喜龙仁）所著 Chinese Painting

5 《点画目》第四册，第455、456页：（1922年）三月初七日看：“名画绘（荟）珍一册。正编，重编。上上……名画大观一册。石渠，正编。上上。”又《石渠宝笈》三编（延春阁），第2544页著录有“名画荟珍”同名画册，现藏台北故宫博物院，此册不见于《点画目》中。

6 据《故宫已佚书画书籍目录四种》（北平故宫博物院1934年增订本），溥仪从宫中运出的书画1200余件。但其中的“赏溥杰目录”在编印时尚有缺页。据方裕谨选编《溥仪赏溥杰宫中古籍书画目录》(《历史档案》1996年1、2期连载），这批被运出的书画近1400余件。

7 杨仁恺《国宝沉浮录——故宫已佚书画闻见考略》（上海世纪出版有限公司、上海古籍出版社，2007年）第九章《〈佚目〉书画总目简注》第330页，将这两部画册名称误记为“唐宋元名画高册”（即安歧《墨缘汇观》著录原名）和“名画绘珍”，因而误认为两册不见于《石渠宝笈》和《佚目》。

8 中国古代书画鉴定组编：《中国绘画全集7·元1》，文物出版社、浙江人民美术出版社，1999年，图64。

（《中国绘画》）中有黑白图版（图二）[9]，推测此图或是从清末延光室所拍摄图集中翻印而来，图版的清晰度虽稍差，但仍属难得[10]。

图一　赵孟頫《洞庭东山图》（上海博物馆藏）

River-landscape with a Boat in Winter. Larger album-leaf. Attributed to Wang Wei. Formerly Manchu Household Collection.

图二　王维《雪溪图》（下落不明）

《名画荟珍》中的十二幅绘画中，第三幅苏轼《岩桧图》，现藏故宫博物院（图三）[11]。第八幅李唐《雪窗读书图》，现藏国家博物馆（图四）[12]。第十二幅曹知白《乔树草亭图》，现藏巴黎吉美博物馆（Musée Guimet）（图五）[13]。

9　Osvald Siren（喜龙仁），Chinese Painting（《中国绘画》）第三卷，第 97 页，伦敦，1956 年。

10　据刘建龙兄相告，此册中的王维《雪溪图》、陆广《丹台春赏》两画在《中国名画》第二十三集，有正书局，民国十至十八年（1921—1929）有图；黄公望《芝兰室》在《中国名画》第二十六集有图，还曾载于刘海粟编：《晋唐宋元明清名画宝鉴》，申报馆，民国间出版；陆广《丹台春赏》，又见《晋唐宋元明清名画宝鉴》。

11　中国古代书画鉴定组编：《中国古代书画图目》（第十九册），文物出版社，1999 年，编号京 1-555，名为宋人《岩桧图》，彩色图片见《宋画全集》，浙江大学出版社，2010 年，第一卷第七册，图 179。由此幅及乾隆对题，见张震：《试析乾隆内府对南宋四家绘画的品赏与收藏——从〈名画荟珍〉册谈起》，《故宫博物院院刊》2015 年 1 期，第 37 页。

12　中国古代书画鉴定组编：《中国古代书画图目》（第一册），文物出版社，1986 年，编号京 2-096，名为宋人《雪窗读书图》，彩色图片见《中国绘画全集 6・五代宋辽金 5》，文物出版社、浙江人民美术出版社，1999 年，图 72。

13　铃木敬编：《中国绘画总合图录 2 东亚与欧洲篇》，东京大学出版会，1983 年，编号 E13-001，名为曹氏“双松图”。又，据建龙兄相告，此册中李唐《雪窗读书》曾载于《晋唐宋元明清名画宝鉴》，倪瓒《南渚泊舟》，《大东美术》（第一辑册 2），原田谨次郎，日本大正十四至十五年，1925—1926 年。

图三　宋人《岩桧图》
（故宫博物院藏，旧题苏轼）

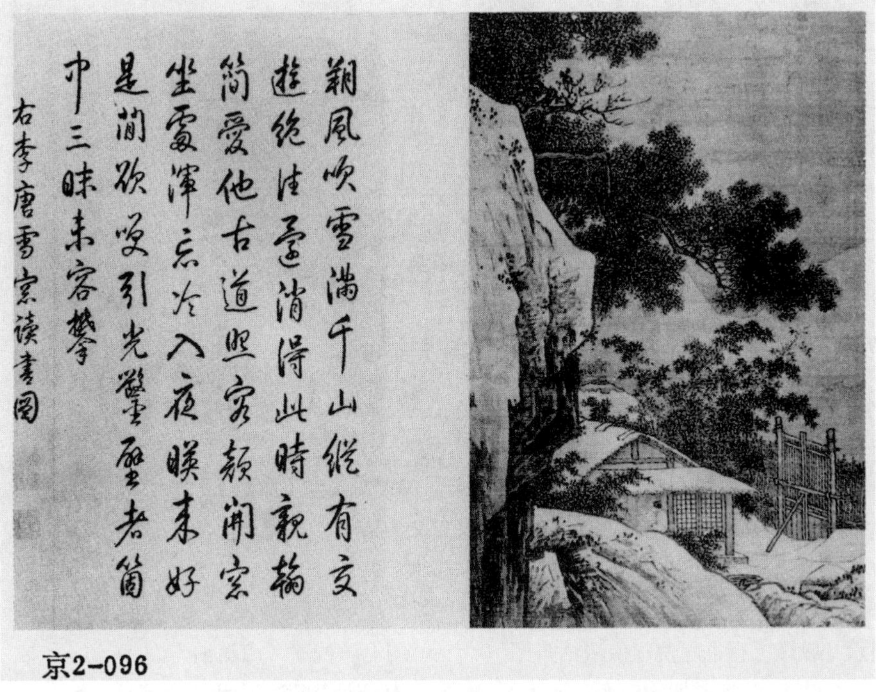

图四　李唐雪窗读书图及乾隆对题诗（国家博物馆藏）

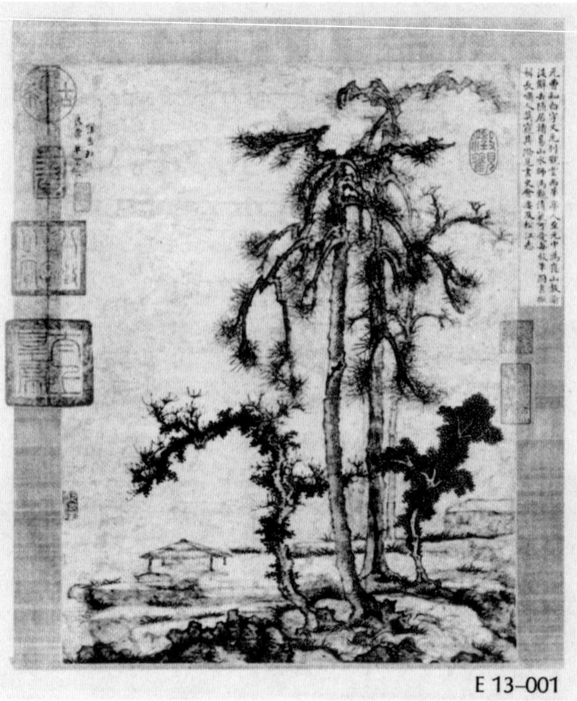

图五　曹知白乔树草亭（双松）图（巴黎吉美博物馆藏）

此册第九幅倪瓒《南渚泊舟图》的乾隆行书对题诗（图六），现藏辽宁省博物馆，系1957年从北京琉璃厂刘金山处征集入藏。不知当时出于何种原因，在编目时将其归入“资杂”一类。几年前，笔者梳理馆藏清宫旧藏书画作品过程中，在用电脑检索时，无意间发现此题诗。后在《石渠宝笈》续编中，见有乾隆《题南渚泊舟图》的著录。又与李唐《雪窗读书图》的乾隆对题诗相比对，可以确定此即《名画荟珍》画册中倪瓒《南渚泊舟图》的乾隆对题。

又于吉林省博物院网站的“馆藏书画目录”栏目中，见有编号4007“清仿本倪瓒南渚泊舟图”一条，遂与友人吉林省博物院研究馆员闫立群君联络，请她先查对此“仿本”的尺寸，以免贸然。闫君回电说，此图尺寸与《石渠宝笈》续编著录《倪瓒南渚泊舟图》（图七）的尺寸极为接近。又请她核查此图的来源，回电说

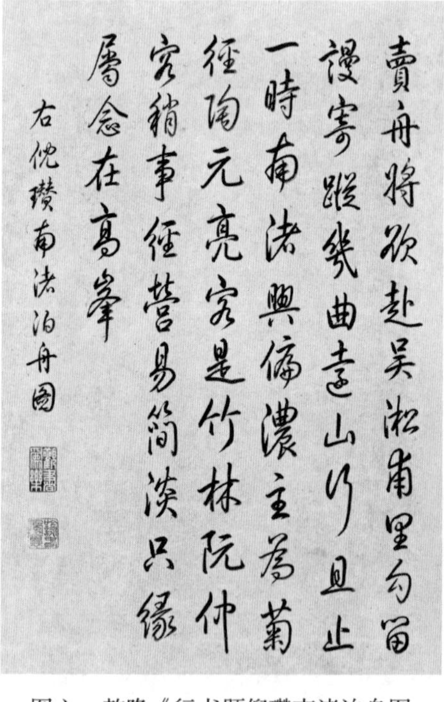

图六　乾隆《行书题倪瓒南渚泊舟图诗》（辽宁省博物馆藏）

图七　倪瓒《南渚泊舟图》（仿本，吉林省博物院藏，此图原载日本《大东美术》第1、2辑，1925—1926）

是1962年从北京宝古斋购入。随后，她又看了此图的原件，果然是清宫旧藏之物。据告，此图的裱工仍保持原状，与曹知白《乔树草亭图》相同，两图中不仅都有乾隆诸印，且右上方亦均有小楷书写的画家小传。此图虽为仿本，但因其曾经清宫收藏和著录，又遭遇过一场劫难，故其文物和历史价值远非一般仿品可比。

“小白楼”事件中被拆散的一件清宫旧藏书画，70年后竟在两家博物馆（院）中相继找出，在感叹之余，又不能不为之称庆。

附记：本稿得到刘建龙兄帮助不小，谨致谢忱！

（辽宁省博物馆　戴立强）

新时代、新理念、新作为

——以创新推动博物馆事业高质量发展

于莉莉

内容提要： 伴随着我国社会主义的全面发展与变革，文博事业也呈现出日新月异的变化，博物馆在坚定文化自信，传承中华优秀传统文化，提升人民群众文化素养，增强国家文化软实力等方面扮演着越来越重要的角色，在互联网时代的推动下，博物馆的发展迎来了一个前所未有的良好局面。新时代，博物馆如何顺应互联网时代发展潮流，打破传统馆舍天地壁垒，把握新理念，适应新气象，展示新作为，打造智慧博物馆、超级链接的博物馆，培养创新能力，探索出理想的发展路径，是值得每一个文博工作者深思的课题。笔者结合辽沈战役纪念馆的实践工作经验，谈谈关于博物馆发展的几点思考。

关键词： 博物馆　观众　创新　发展

近年来，人民群众对美好生活需要日益增长，对博物馆的关注参与程度显著增强。党的十八大以来，以习近平同志为核心的党中央高度重视文博事业，我国博物馆体系建设更加完备，截至2019年底，全国已备案博物馆数量已达5535家。博物馆依托自身独特资源，不断创新工作方式，精品展览层出，精彩活动倍增，在文化传播、社会教育和公共服务等方面发挥了积极作用，满足了人民群众的多元化需求。

一、博物馆在社会主义文化强国建设战略中承担新时代的使命

新时代，博物馆要意识到肩负的国家使命和社会责任，传播历史、科学文化和中华优秀传统文化，在中国特色社会主义文化强国建设战略部署中找准位置，发挥作用。

文化是民族的血脉，是人民的精神家园，文化自信是更基本，更深层，更持久的力量。为建设社会主义文化强国，实现中华民族伟大复兴中国梦，2017年，中共中央办公厅，国务院办公厅印发了《关于实施中华优秀传统文化传承发展工程的意见》。坚持以人民为中心的工作导向，坚持为了人民，依靠人民，共建共享，注重文化熏陶和实践养成，不断增强人民群众的文化参与感、获得感和认同感，形成向上向善的社会风气。在此项工程中，博物馆责无旁贷，要坚持创造性转化和创新性发展，吸收借鉴国外优秀文明成果，积极参与社会文化

的对话交流，不断丰富和发展中华文化。

坚定文化自信，讲好中国故事，是习近平总书记提出的重要思想，是时代赋予的重大课题。中国文物已经成为国家与国家，人民与人民之间融会交流的桥梁，缔结友谊的见证和互鉴提升的载体，文物对外交流合作，将中国文物中国文化远播世界各地，服务国家外交大局，让世界了解中国，让中国走向世界，文博事业功不可没。为此，博物馆要坚定信心，讲好中国故事，创新方法，提高能力水平，增强国家文化软实力，塑造良好的国家形象。

二、博物馆有着得天独厚的条件，满足观众的多元化需求

人民群众日益增长的美好生活需要，体现在对经济、政治、文化、社会、生态文明全面发展的多层次要求。博物馆应该是人类共同的精神家园，观众能够通过博物馆的参观学习，了解世界多元的文明，坚定文化自信。博物馆在新时代应该如何满足民众的多层次需求？

（1）营造良好的博物馆形象

目前，全国免费开放博物馆已经达到4200多座，超过全国博物馆总数的85%。辽沈战役纪念馆作为全国首批免费开放的博物馆之一，充分发挥了爱国主义教育基地作用，传播革命精神，培育和践行社会主义核心价值观。自筹建新馆建设之时起，就一直追求自身形象的塑造，始终贯穿于博物馆的建设发展之中。展馆主体建筑由原国家城乡建设部副部长戴念慈设计，建筑面积8600平方米，整体雄伟壮观，具有军事特点、民族风格和现代水平，是有革命纪念意义的建筑物，园区注重环境建设，内外呼应，营造主题空间。园区胜利之门、辽沈战役革命烈士纪念塔、东北解放战争革命烈士纪念碑和朱瑞将军塑像纪念碑等景观军事风格鲜明，与主题相呼应，2018年我馆对园区进行了全面升级改造和美化亮化，为观众营造良好的参观氛围。

陈列方式亮点突出，陈列形式恢宏大气。2004年改陈后，辽沈战役纪念馆基本陈列设有4个专题馆，现有展览总面积4912.92平方米，展线总长度760多延长米，总体设计思路是突出陈列主题“决战决胜”，全景式展示辽沈决战历史，营造独特的展陈环境和个性空间，具有强烈的表现力和感染力。中国第一个全景画——《攻克锦州》全景画，是中国美术史上的开山之作，引领了博物馆事业发展的先进方向，被誉为中国博物馆界和世界美术史上的经典之作。

（2）营造超级链接的博物馆

2018年“国际博物馆日”的主题是“超级链接的博物馆：新方法、新公众”。围绕这一主题，辽沈战役纪念馆要不断探索创新发展理念，拓宽宣传途径，联合、利用电视、网络和新媒体等平台，努力实现社会价值，提升公众文化服务水平，走可持续发展之路。

我馆尝试与电视媒体合作，传承红色基因，传播红色文化。在2009年新中国成立六十周年大庆之际，在锦州电视台历史文化类栏目《锦绣之州》中推出了三期特别节目：《辽沈战役——锦州攻坚战》《辽沈战役——塔山阻击战》《辽沈战役——黑山阻击战》，我馆派出主讲嘉宾，在节目中精彩讲述了辽沈战役中的三个经典战役，节目播出后产生了极大的社会反响和社会影响力，有大批观众在看了播出节目后前来我馆参观，弘扬了红色文化，提升了辽沈战役纪念馆的知名度和美誉度，这是一次博物馆与电视媒体链接的有益尝试。

多年来，辽沈战役纪念馆一直致力于官网建设，设计了“文博资讯”“陈列展览”“馆藏

精品”“学术研究”“社会教育”“服务指南”等多个板块。观众在有参观意向时，可以打破时空的限制，首先到“线上博物馆”参观，了解馆史概况、参观须知等相关信息，也可以重点关注自己感兴趣的历史、文物知识，然后带着初步的认识去博物馆参观。博物馆的粉丝们也可以通过官网了解我馆发布的公告、临时展览、社教活动通知等动态信息，随时准备参与其中。未来，还可以结合三维数字复原影片、全息投影技术、VR 技术等，打造虚拟沉浸式景区，让那些不能亲自来实地参观的人也有机会看到辽沈战役纪念馆展馆的恢宏与壮观，感受辽沈战役胜利的伟大历程，领略《攻克锦州》全景画的大气磅礴。

辽沈战役纪念馆顺应互联网时代发展趋势，于 2015 年增加了无线网络导览讲解工程，观众可以通过手机扫描展馆中的二维码，了解展馆信息、珍贵文物、经典战役，还可以把这些内容收藏在手机里，离开展馆后还能随时随地的观看，以更贴近观众生活的方式，真正打破了传统博物馆的束缚，无限度地满足了观众认识博物馆的需求。

（3）探索“馆校结合”之路，构筑中国精神

2018 年是辽沈战役胜利七十周年，辽沈战役纪念馆作为爱国主义教育示范基地，着力打造研学教育实践基地建设，推出“红色故事进校园”研学社教活动，走进五所大中小学，讲述红色故事，传承红色基因，传播红色文化。为了进行革命传统教育，增加学生对历史的了解，讲解员讲述经典红色故事，既包含辽沈战役中牺牲的著名烈士的英雄故事，也囊括了诸多为新中国成立做出突出贡献的英雄模范人物的感人故事，声情并茂的讲述，流畅自然的表达，激起了学生们对伟大祖国的热爱之情。我馆努力探索“馆校结合”之路，打造品牌活动，结合时代要求，构筑中国精神，发挥社会教育职能，为实现中华民族伟大复兴中国梦提供强大文化支撑。

随着时代的发展，走进博物馆慢慢成为一种不可或缺的生活方式，观众从参观博物馆变成了享受博物馆，博物馆也逐渐创新发展理念，以人民为中心，期待着观众融入博物馆。

三、打造智慧博物馆，培养创新能力

智慧博物馆是科技创新带来的必然变革，是当前和今后一个时期，推动文物“活”起来的重要方向。面向未来，博物馆要以“创新、协调、绿色、开放、共享”新发展理念，统领新时代中国特色博物馆事业发展，不断提升博物馆公共文化服务品质。

（1）打造“互联网 +”模式，“智慧博物馆”建设成未来发展趋势

近年来，国家文物局高度重视科技创新的支撑作用积极探索智慧博物馆建设，开设智慧博物馆建设试点，努力推动博物馆更加智慧、更加智能。

广东“智慧博物馆”建设走在了全国的前列。2014 年 3 月广东省博物馆被国家确定为首批智慧博物馆试点单位，2017 年 1 月建成使用。基于“智慧博物馆”和“互联网 +”理念，采用云计算、移动互联、可视化等先进技术，构建了“广东省博物馆智慧博物馆综合应用与服务平台”。该平台“对藏品（物）、观众（人）、业务（事）等各类数字资源与数据进行梳理与整合的基础上，对博物馆信息化系统进行了科学、完整的顶层设计与应用规划，并以大数据、云计算、以东互联网、空间信息等技术为手段，高度集成了所有的应用系统、数据资

源以及基础软硬件，构建了同意的综合应用于服务管理平台。”[1]实现了精准、精细、精密管理，提升了工作效率，已有超过80万人在新媒体平台关注广东省博物馆，每年超过300万人次浏览官网，也扩大了社会影响。

2020年新冠肺炎疫情防控初期，为响应疫情防控要求，避免人流聚集，各地博物馆相继闭馆。在此期间，全国上下众志成城，共克时艰，但博物馆并没有因此按下暂停键，全国100多家博物馆纷纷行动，推出“5G智慧博物馆”“线上博物馆”，让公众足不出户，云看博物馆。为充分发挥博物馆文化展览作为精神文化产品在传播知识、解读文化、弘扬精神方面的积极作用，1月28日，国家文物局指导中国文物报社，积极协调各地文博单位在国家文物局政府网站“博物馆网上展览平台”紧急扩增一批在线展览内容。各地博物馆积极响应，推出在线虚拟展览、网上展览。新冠肺炎疫情防控期间，2000余项博物馆“云展览”吸引超50亿人次观看，国际博物馆日、文化和自然遗产日文博活动丰富多彩，亮点纷呈，网络直播点击量近30亿人次。这种形式得到公众的普遍欢迎，数字化、“活起来”的文物资源不断满足人民的精神文化需求，既创新了博物馆的展示传播方式，又极大方便的公众参观，使博物馆能更好地应对未来的挑战，实现了自身功能与社会责任。

（2）加强自身文化定位，推动文化和旅游深度融合

国家文化和旅游部部长雒树刚在2018年全国博物馆馆长论坛上，提出明确要求：积极推动文化和旅游融合发展。

博物馆的文物是最直接的历史文化，是最鲜活地呈现那个时代风貌的历史文物，保护研究展示好文化遗产，深入挖掘藏品文物中蕴含的思想观念、人文精神，做好旅游宣传推介，让更多人理解、接受，是博物馆承担的责任。《我在故宫修文物》《如果国宝会说话》《国家宝藏》等一大批文化类节目，展示文物的文化背景、历史意义，讲述文物的前世传奇和今生故事，借助电视综艺的传播载体，用观众易懂的方式，让博物馆亲和起来，带动的博物馆旅游热，节目里介绍的博物馆参观人数较往年同期提升50%，文化切实地带动了旅游的发展。

近两年，文化创新类真人秀节目《上新了·故宫》开播了。每期节目中，嘉宾跟随故宫专家进宫识宝，探寻故宫历史文化，每期设计一款引领热潮的文化创意衍生品，打造“创新”与“故宫”相结合的制作模式。未来，博物馆要积极创新，在推动文化和旅游融合发展方面勇于探索，开启线上与线下相结合的发展模式，不断研发精品文创产品，展现博物馆的文化魅力，打破了大多数人对于博物馆约等于旅游景点的认识，吸引观众为一座博物馆而赴一座城，延伸博物馆的文化影响力。

（3）树立以人民为中心的发展思想，使博物馆成为共有的文化家园。

树立以人民为中心的发展思想，人民有信仰，民族有希望，国家有力量。智慧博物馆研究设立虚拟展厅和数字体验馆，运用智能导览等智能手段，推动“人+物+应用+管理”的多端融合，让博物馆更加“善解人意”，满足观众的文化体验需求。

在2018年“国际博物馆日”中国主会场活动开幕式上，国家文物局与百度公司共同启动“用科技传承文明：AI博物馆计划”。AI——人工智能技术，未来将对接智慧博物馆游览体验，在游览前，观众可以通过搜索智慧博物馆信息、游览攻略，实现网上购票，也可以通

1 《广东省博物馆事业走在全国前列》，《中国文物报》2018年5月22日。

过百度百科游览线上全景博物馆。而在游览时，观众则可以对文物进行3D图像识别、听智能语音讲解来了解信息，还可以运用AI技术来寻找相关文创售卖，场景“任意门”互动穿梭体验等。在游览后，该项目还会有后续活动推送，实现和博物馆粉丝互动，一键生成游记分享等服务，这一项目预计3年之内陆续在其他博物馆逐步推出。完全以观众为中心，从观众的角度出发，借助AI游览博物馆，让博物馆引领文化方式，实现智慧搜索和游览线路的智慧化设计等。

把以人民为中心的发展思想贯穿到博物馆建设管理、服务观众的全过程，做到观众在心里。故宫博物院、苏州博物馆等推出一批多样化的文化产品和服务，全方位、多层次的满足观众需求，才能培育更多观众走进博物馆，融入博物馆。

（4）推动智慧博物馆建设，增加吸引力，引领文化方式

随着观众群体趋于年轻化，博物馆要转变服务理念，形成智能化、体验性、互动式的交流模式。以往博物馆简单、被动的“说教模式”给人生硬感，缺乏吸引力，所以观众参观有点“朝圣”的感觉。面对观众群体认识方式多样化、生活方式多元化的发展，智慧博物馆结合互联网的优势，给文化插上一对智慧的翅膀，让观众想要享受博物馆，融入博物馆。

如今，在博物馆里过大年、逛庙会已经成为一种新时尚、新年俗，2019年春节，全国数千家博物馆推出上万场精彩纷呈的活动，欣赏精美文物、品味传统文化，走进博物馆里过大年，已经成为新年俗。据中国旅游研究院统计，游客在春节期间参观博物馆的比例高达40.5%。2019年元宵节正月十五和正月十六，故宫博物院举办了“紫禁城上元之夜”文化活动，这是建院94年来首次举办灯会，紫禁城古建筑群首次在晚间被较大规模点亮，首次在晚间免费对预约公众开放，故宫人气爆棚，成为京城“最亮”景点。观众漫步其中，宫墙上观灯，欣赏被投影到金色琉璃瓦上的《千里江山图卷》等名画，感受故宫文化的多元魅力。即使不入宫的人，也可以观赏千米红灯点亮的城墙。精彩的活动、多维度的解读和传播传统文化，展示了传统文化的魅力，丰富节日的文化内涵。

博物馆热的背后，得益于近年来博物馆创新展陈方式、宣介方式和服务理念，“高冷”的文物以更有趣、更接地气的方式走进观众视野，变得更有亲和力，观众也对博物馆投以前所未有的热情。2019年全国博物馆数量5535家，举办各类展览2.86万个，12.27亿人次走进博物馆，“博物馆热”已成常态，参观博物馆日趋成为一种生活方式。博物馆不断抓住观众的兴趣点，增加吸引力和亲和力，引领青春时尚的文化方式，满足观众的文化探知需求。

四、强化理念创新，全力推动文物事业高质量发展

2015年，国家文物局印发《关于提升博物馆陈列展览质量的指导意见》，《意见》指出，各地区、各级博物馆要形成博物馆馆藏资源共享机制，全面盘活文物资源；支持举办各种联展、互换展览；鼓励通过基本陈列改造提升与展品更换，提高藏品展示利用率。加强协作，健全文物交流、展览合作等机制，发挥更大社会价值。

文明互鉴，交流合作已形成新格局。据了解，2019年举办文物进出境展览68项，亚洲文明展汇集44个国家的文物精品。敦煌研究院充分利用丝绸之路（敦煌）国际文化博览会等节会平台，主办系列国际文化交流活动和展览。还与大英博物馆开展文物研究与保护务实

合作，2017 年到 2022 年间，双方会在文物研究与保护、数字化保存和展览等重要领域开展合作，大英博物馆将为敦煌研究院专业人员提供参加打印博物馆交流活动和国际培训项目的机会，以实现研究和技术的共享并支持双方专业知识的相互转化。[2]

在中国人民解放军建军九十周年之际，西柏坡、辽沈战役、淮海战役、平津战役和渡江战役纪念馆联合举办了“新中国从这里走来——纪念建军 90 周年解放战争经典战役联展”，辽沈战役纪念馆在近一个月时间里，先后走进驻锦陆军某部、空军某部、武警某部、渤海大学、辽宁工业大学和锦州医科大学，为万余名部队官兵和学校师生讲解近百场，通过展示解放战争时期的经典战役，回顾那段血与火的战争岁月，激发社会各界观众不忘初心，继续前进的进取精神，做新时代的追梦人，从而为实现中华民族伟大复兴的中国梦不懈奋斗。

大英博物馆百物展：浓缩的世界史，被称为“现象级网红展览”，已举办 7 年、巡回全球 9 大城市，2018 年 6—10 月上海博物馆举办“大英百物展”，持续火爆了 102 天，创下了多项观展纪录，成为大众关注的焦点。据统计，展览共吸引了 38.4 万余人次前来观展，观众平均排队的时间达 4 个小时，充分展现了文化的魅力，可见观众对文化的需求。

在互利共赢的基础上，打破地域和行政级别限制，建立博物馆藏品交流共享平台，开启交流合作，切实提高博物馆陈列展览质量，提升文物曝光率，有利于扩大博物馆的影响力和传播力。

五、结　　语

创新是开启文博事业发展新征程的“金钥匙”，要推进博物馆发展理念创新，管理体制机制创新，文物保护和管理技术创新，培养创新能力。新时代，智慧博物馆建设机遇与挑战并存，博物馆要主动掌握科技发展的步伐节奏，加强科技手段的传播应用，坚持正确价值导向，规划博物馆科技发展的方向，让博物馆人带着新理念，迎着新机遇，继续砥砺前行。

（辽沈战役纪念馆　于莉莉）

2 《敦煌研究院与大英博物馆将正式开展文物研究与保护务实合作》，《中国文物报》2017 年 5 月 30 日。

试议文化中枢的博物馆与“进”“出”两种行为

陈如芳

内容提要：围绕博物馆可以发生两种方向相反的行为，一种是观众主动走进博物馆，对博物馆藏品进行欣赏、研究；另一种是博物馆工作人员把馆藏文物历史文化带出博物馆，向观众宣传讲解。简言之，一种是观众主动走进博物馆，另一种是博物馆主动走进观众。但不管观众走进博物馆，还是博物馆走进观众，都是以博物馆作为文化中枢。走出博物馆宣传藏品的“出”，是为了吸引观众促使知识内化吸收的“进”，这都对博物馆的学术研究能力提出要求。博物馆通过展陈设计、文创开发、社教活动、馆校合作等一系列工作发挥文化中枢的作用，履行它的公共文化服务职责。

关键词：博物馆　文化中枢　藏品　“进”　“出”

博物馆是指以教育、研究和欣赏为目的，收藏、保护并向公众展示人类活动和自然环境的见证物，经登记管理机关依法登记的非营利组织[1]。博物馆成立的前提是有相应数量的藏品以及必要的研究资料，并且有与其规模和功能相适应的专业技术人员。博物馆的各类藏品可供人们开展研究、教育和欣赏等活动，博物馆专业技术人员围绕藏品进行研究，通过开展社会服务把馆藏文物向观众展示，与展示相关的有两种方向相反的行为。一种行为是观众主动走进博物馆对藏品进行欣赏、学习、研究。进，趋向动词，词典释义表示到里面[2]，本文中的“进”表示观众走到博物馆里和深层次的博物馆知识文化被观众吸收内化；而另外一种行为是博物馆工作人员把藏品相关历史文化带出博物馆，主动向观众宣传展示。出，也是趋向动词，词典释义表示向外、显露或完成[3]，本文中的“出”表示博物馆虚拟性和实质性向外走出宣传藏品。简言之，一种是观众走进博物馆欣赏藏品，另一种是博物馆走出大门向观众宣传藏品。这两种行为表面上有方向区别，实质都是围绕博物馆藏品展开的行为，而在这其中博物馆一直作为文化中枢存在。2019 年国际博物馆日的主题是“作为文化中枢的博物

1　国家文物局编著：《博物馆条例释义》，中国法制出版社，2015 年，第 7 页。
2　中国社会科学院语言研究所词典编辑室编：《现代汉语词典》，商务印书馆，2005 年，第 712 页。
3　中国社会科学院语言研究所词典编辑室编：《现代汉语词典》，商务印书馆，2005 年，第 196 页。

馆：传统的未来”，中枢，即在一起事物系统中起总的主导作用的部分[4]。2016年11月10日，习近平总书记向在深圳举行的国际博物馆高级别论坛贺信中强调：“博物馆是保护和传承人类文明的重要殿堂，是连接过去、现在、未来的桥梁，在促进世界文明交流互鉴方面具有特殊作用……”博物馆承担着连接过去、现在、未来的桥梁作用。

一、观众走进博物馆接受熏陶

（一）观众主动走进博物馆的意义

观众主动走进博物馆，给博物馆提供了展示藏品、开展社会服务的契机，这可以从两方面分析。首先，观众走进博物馆给博物馆提供了直接宣传机会。观众主动走进博物馆可能是对某类藏品感兴趣；也可能在做某方面的学术研究，而博物馆本身具有提供学术研究的功能；也可能是学校组织的集体活动，作为学生的社会实践活动，对青少年进行传统文化普及教育；也有可能是旅游日程的一部分，现在游玩一个地方推荐先参观这个城市的博物馆，这不无道理，博物馆是打开一个城市的窗户。海伦·凯勒在《假如给我三天光明》著作里这样安排她的第二天：去看博物馆，看人类进步的奇观，去看“人与自然的历史”……虽然观众走进博物馆的原因有N种，但都为博物馆直接宣传提供可能，思想指导行动，公众在不自觉中接受了博物馆的文化熏陶，感受着博物馆提供的社会文化服务。

其次，在博物馆内开展围绕藏品的展陈设计、社会教育实践具有直观性和先天优势，博物馆借助于藏品的宣传是最好的宣传。博物馆具有保管文物的条件和优势，不同属性的藏品对保管条件提出不一样要求。《博物馆条例》中指出设立博物馆应当具备的条件，第一点是有固定的馆址以及符合国家规定的展室、藏品保管场所，对藏品的保管条件提出明确要求，条件允许的博物馆设立了文物科技修复室，如南京博物院叫文物保护部（江苏省文物保护研究所），上海博物馆叫文物修复研究室，主要职责都包含文物的修复和文物科技研究工作。为展示藏品博物馆一般设有常设展厅和临时展厅，有些博物馆设立了文创产品展示厅，有条件的地方有专门设计的社会实践活动室。在具备保存与展示藏品条件的博物馆内工作人员开展社会服务工作才能够得心应手。

（二）博物馆通过展开系列活动服务走进的观众

观众主动走进博物馆给博物馆提供了介绍馆藏文物、宣传历史文化、展示博物馆实力的天时地利人和条件，博物馆必须通过系列活动完成社会赋予它的责任和使命，使自己变成名副其实的城市文化会客厅。博物馆工作有征集、保管、研究、展览、文创、社会教育等。藏品是博物馆工作的核心，为不断扩充藏品，博物馆都会常年向社会征集，所以藏品征集是博物馆的基础工作；在对馆藏文物研究基础上出版系列图书和画册，提升馆藏文物的知晓度，扩大藏品文化价值的影响力；展览是博物馆实现社会责任、服务广大观众、对外传播、直接和公众发生关系的传统手段，也是基本手段。博物馆通过举办各类常设展和临时展览体现它

---

4 中国社会科学院语言研究所词典编辑室编：《现代汉语词典》，商务印书馆，2005年，第1764页。

直接服务观众的职能，策展水平直接关系到藏品宣传效果。成功的展览能够给观众带来多层次收获，让观众流连忘返，如，2019年无锡博物院举办了“得天之清——无锡艺兰文化展”，深受观众喜爱，被称为最“香”展览，该展获评江苏省2019年度“弘扬优秀传统文化、培育社会主义核心价值观”主题展览推介项目，文物的内涵和价值在展览中要得到充分展示和发挥。

以馆藏文物为基础和地区文化相结合进行的文创产品研发是当前博物馆业内热门的话题之一，现当下国内很多文博单位都在开发文创产品。目前有一批文创开发较好的文博单位，如故宫博物院、中国国家博物馆等，以及许多耳熟能详的特色文创产品，成功地吸引和打动了进馆的观众，如故宫博物院创作的故宫猫系列、耳机、彩妆等都成功晋升为网红，故宫文创的淘宝店铺等级四个皇冠足以反映出它受观众欢迎的程度，文物的生命在文创中赋予了活力与延伸，传统文化与现实生活走向融合。近年来有很多博物馆都在开展内容丰富多彩的讲座，此举旨在拓宽和提升博物馆公共文化服务能力，这些讲座多数是配合馆内正在进行的展览，邀请行业专家对该场展览概况以及文物背后故事做深度解读，以使展览的成效和文物的社会价值宣传达到最大化。现今博物馆的体验方式呈现多样性，不再是传统的隔着玻璃看展览，博物馆都在尝试开展形式多样的社会实践以及科普活动，博物馆系统有多个不同类型的社会活动基地和科普基地，如“爱国主义教育基地”“社会科学普及教育基地”“中小学生研学实践基地”等，观众与文物之间距离不断缩小，文物正在以创新的方式融入人们的日常生活中，观众在博物馆参观体验的过程中自然而然地接受了传统文化熏陶。

博物馆通过开展系列工作服务走进的观众，给观众提供沉浸式学习机会，在这过程中博物馆发挥着连接观众与文物的桥梁作用，是名正言顺的文化传播中枢。不仅让观众走进博物馆，还充分发挥智慧让文化中枢的作用运行起来更加高效、高质，牢牢抓住观众主动走进博物馆的契机，依托馆藏文物的深厚基底，让走进博物馆的观众置身于馆藏文物历史不断延伸的现实世界，感受着传统与现实的双重魅力，优秀传统文化通过各种形式的挖掘、研究、阐述被一次次继承弘扬。

二、博物馆走出大门宣传藏品

习近平总书记有关于文化、文物保护的系列讲话，在2016年4月12日文物工作会议上曾做出重要指示：“文物承载灿烂文明，传承历史文化，维系民族精神，是老祖宗留给我们的宝贵遗产，是加强社会主义精神文明建设的深厚滋养。保护文物功在当代、利在千秋。”习近平总书记强调，“让收藏在博物馆里的文物、陈列在广阔大地上的遗产、书写在古籍里的文字都活起来”。博物馆既然是保护传承人类文明的重要殿堂，博物馆工作就要与时俱进，思考如何建设成让优秀传统文化与现代文明发展相贯通、与经济社会发展相辉映的现代化博物馆。为了让文物活起来，传承与创新传统文化，作为文化中枢的博物馆在公众主动走进的同时，也要主动走进公众，走出博物馆大门，开展宣教工作，盘活馆藏文物。

主动走出博物馆大门，就是离开博物馆场馆，在另外一个空间进行博物馆的宣教行为，可以分虚拟性和实质性走出两种。

（一）虚拟性走出博物馆

博物馆开展的媒体宣传是不受场馆限制的一种虚拟性走出，媒体指交流、传播信息的工具[5]，如电视、广播、报纸杂志以及网络等，借助这些平台对藏品展开宣传。而博物馆网络宣传平台有官方网站、微信公众号、新浪微博，以及抖音、快手等，通过这些平台发布博物馆概况、文物内容、展陈讯息、社教活动等信息，能够满足观众的部分需求，即使不能亲临现场，也能对博物馆藏品及文物前沿动态有所了解，不受时间地点的制约。广受关注的公众号一条讯息可达到上万的点击量，如微故宫、上海博物馆等，翻阅各大博物馆公众号发现关于展览的点击率一直居高不下，说明观众对博物馆的展览内容相对关注，而作为博物馆人应该分析利用网络浏览大数据，这是一种便捷有效的宣传契机。特别是2020年全球受新冠疫情影响，改变了人们很多的生活习惯，伴随着人们少出门、不扎堆的生活，网络越发显示着它的重要性。博物馆的运作也随之改变，各博物馆的线上活动如火如荼，云展览、线上服务、网络直播、抖音小视频等应运而生。博物馆举办的学术讲座也因新冠疫情转到线上，如，辽宁博物馆2020年2月23日在“快手”平台直播《辽博的国宝密码》讲座，这应该是国内博物馆面对新冠疫情创新讲座方式反应较快的博物馆；故宫博物院就故宫藏清瓷器开展了多场直播讲座，讲座配以故宫藏瓷器文物图片，是了解故宫馆藏瓷器概况和瓷器历史知识的极好机会。虚拟走出博物馆的宣传方法还有传统媒体的新运用，2017年中央电视台携手9家国家级博物馆播出了《国家宝藏》文博探索类节目，该节目融合了演播室综艺、纪录片、戏剧等多种艺术形态，深受公众喜欢；类似节目还有《我在故宫修文物》，收视率也非常高，让博物馆迎来了前所未有的关注度和客流量，使文物走进了公众的日常生活，传统文化被以现代传播形式盘活。

（二）实质性走出博物馆

主动走出博物馆实质性行为有很多种方式，而博物馆走进学校是比较普遍的一种。馆校合作在中国已发展多年，馆校合作是“博物馆与学校为了实现各自的目标，主动调整自身的行为策略，促进教育产品供给的行为”[6]，博物馆作为公共文化服务的承担机构，在拥有众多教育资源的情况下，开展馆校合作正是博物馆发挥社会教育功能的重要手段，包含博物馆走进学校和学校进博物馆两种方向相反行为，“无论是学校利用博物馆达到教学目的，还是博物馆走进学校提供社会服务，在大多数情况下，都是基于文物的再开发、再利用”。[7]博物馆走进学校通常以讲座的形式开展，博物馆派专业人员到学校就博物馆的藏品、展览、与藏品相关的地域文化给青少年授课，还可通过设计一些互动环节，加深青少年对当地博物馆藏品知识的了解，让学生掌握文物的历史文化与现实价值。青少年教育是博物馆教育职能中最大的一部分，既包括小学、初中、高中，也包含大学生[8]。让青少年主动成为博物馆文化的宣传

---

5 中国社会科学院语言研究所词典编辑室编：《现代汉语词典》，商务印书馆，2005年，第928页。

6 宋娴：《博物馆与学校的合作机制研究》，上海科技教育出版社，2016年，第8页。

7 陆澳波：《活化文物点化人——试论馆校合作对文物和青少年的双促性》，《博物院》2018年1期，第119页。

8 牛志华：《探究智慧博物馆形势下馆校合作新趋势》，《文化产业》2019年20期，第57页。

者和建设者，青少年是最易也是最需接受知识文化的群体，他们知识储备的提升，意味着整个社会文化层次的提高。习近平总书记指出："我们要坚持道路自信、理论自信、制度自信，最根本的还有一个文化自信。"博物馆与文物正是为青少年建立中华民族文化自信的最佳平台和媒介。

博物馆主动走进社区，是另外一种突破博物馆建筑物和固定空间的实质性走出行为。但和社区博物馆是两码事，社区博物馆是为社区而建，并服务于社区的博物馆[9]。今天的社区应该包括更广泛的范围，可以是街道、广场、也可以是社区公园等。博物馆依托丰富的馆藏文物资源，可以开展形式多样地走进社区送文化活动，如把博物馆藏品图片制作成精美的展板，放置在社区、广场、公园，和周围环境相映衬，有意形成一道文化风景线，配以工作人员对图片讲解，让公众在家门口零距离感受精神文化，拉近博物馆与公众距离；博物馆在春节来临之际走进社区，开展迎新春送春联文化惠民活动，博物馆邀请书画家给观众现场挥毫泼墨，在惠民活动中把中国传统文化带进千家万户；还有如在社区开展和当地社区有关的传统文化讲座，让公众对当地历史有更深的了解，从而产生强烈的文化自信与自豪。也可以借助社会活动开展，如三月学雷锋月，一些博物馆进福利院、养老院等场所送去文化慰问，让公众感受到博物馆文化的温度。还有如四川博物院"大篷车"流动博物馆，用车载的形式，将博物馆的各种元素运往幅员广阔的山区、农村等，向最基层的公众进行博物馆文化宣传。总之，在博物馆被重新定义的今天，博物馆主动走出的方式更加具有灵活性和适应性，作为文化中枢的博物馆在这过程中它的馆藏文物被不断盘活与宣传。

三、博物馆的"出"是为了观众知识内化的"进"

不管观众主动走进博物馆，还是博物馆主动走进观众，在这过程中博物馆都是以文化主导的地位存在，以文化中枢的身份履行赋予它的使命与职责，都是在积极响应习近平总书记让文物活起来的号召。博物馆为迎接主动走进的观众，围绕藏品开展一系列服务工作，目的是让文物的价值发挥最大化，让城市的文化会客厅显得有宽度和高度，继承与弘扬中华民族优秀传统文化。博物馆深入到学校、社区开展的讲座、学术活动以及展板宣传等，也是依托在博物馆藏品基础上，把博物馆藏品相关知识通过灵活创新的形式，用深入细致化的宣传展示出来，试着让橱窗里的文物说话，让文物变得有温度，让公众能够近距离接触历史，让历史文脉在创新中延续。

博物馆展示自己的"出"，是为了观众内化知识的"进"，从社会长远发展看，博物馆工作成效应该包含能否激发公众对历史文化兴趣以及促进社会公众文化知识水平的提高，博物馆既是现代文明的产物，也是现代文明的向征。博物馆对公众所开展的一系列社会服务、教育实践活动，在履行博物馆的社会服务职能同时，不断激发公众对博物馆的兴趣，套用网红语即不断在观众心里"种草"，吸引公众关注、关心、进而走进博物馆。因为要想真正了解博物馆以及观看馆藏文物还是要观众主动进，毕竟博物馆走出去宣传由于条件限制，讲解宣传的效果肯定受限，不可能提供真正沉浸式的学习环境。而公众最好的"进"还是需要主动

9 黄春雨：《社区博物馆理论与实践的思考》，《中国博物馆》2011 年合刊，第 41 页。

实质性走进博物馆，也只有在博物馆才具备深入了解学习文物的条件，才可以接受浓郁的传统文化熏陶，前文已经阐述在博物馆内开展藏品展示、社会教育活动具有得天独厚的优势。而最终，博物馆希望所做的一切的“出”，变成观众内化知识的“进”，“出”是前提，“进”是目的，即传统文化能被观众内化吸收和有序传承，进而提升整个社会公众文化素质涵养，促进中华民族文化自觉与自信，让博物馆文化中枢的作用发挥得淋漓尽致。

四、余　论

博物馆要发充分发挥文化中枢作用，提供公众主动走进博物馆和博物馆主动走进公众的两种方向优质服务，对博物馆的学术研究工作提出很高要求。博物馆定义其中一点就是要以研究为目的，弄清博物馆家底才可以准确无误晒家底，博物馆开展的活动都要建立在学术研究的基础上，没有学术支撑的博物馆，只是一座盛放旧物的仓库。展览不是把藏品简单的陈列，需要研究基础上制定陈列大纲和严谨的陈列解说词；文创是融合地方文化与馆藏文物基础上的文化创新；走进校园的讲座是馆藏专业知识与生动活泼的形式结合；网络直播是对博物馆文物历史挖掘基础上进行的知识传授。不管公众走进博物馆，还是博物馆走出宣传，行走方向以及参与活动的对象可以多样，活动形式可以创新创意，活动方法可以灵活多变，但万变不离博物馆文物的文化知识背景。作为文化中枢的博物馆，需要博物馆人孜孜不倦的研究提供后盾，才能履行好肩负的文化责任与担当，让传统文化在现代文化建设中香远益清。

（无锡博物院　陈如芳）

国家一级博物馆运行评估与博物馆工作的思考和建议

刘冠缨

内容提要：国家一级博物馆工作质量和运行水平关系着中国博物馆发展的高度，影响深远。国家文物局建立了国家一级博物馆运行评估制度，通过近十年的全面评估实践，评估工作不断完善。本文是在亲历2014—2016年度国家一级博物馆运行评估实际工作基础上，归纳国家一级博物馆运行评估体系和历史，反思评估工作反映博物馆工作的主要问题，并提出思考与建议。

关键词：一级博物馆　评估　建议

一、国家一级博物馆运行评估体系和历史

（一）国家一级博物馆运行评估体系

国家一级博物馆运行评估是在国家文物局统筹领导下，委托中国博物馆协会（简称“中国博协”，成立于1982年，是由开展博物馆有关业务的组织和个人自愿结成的，并依法登记的行业性、全国性的非营利社会团体法人。受业务主管单位国家文物局和登记管理机关中华人民共和国民政部的业务指导和监督管理）开展工作，并成立由国家文物局领导、博物馆专家、著名学者以及国家文物局博物馆司、中国博物馆学会等有关方面负责人组成的全国博物馆评估委员会，负责全国博物馆评估工作的领导和管理。全国博物馆评估委员会下设办公室，办公室设在国家文物局博物馆司博物馆处，负责组织落实全国博物馆评估委员会决定事项及日常工作。

（二）国家一级博物馆运行评估历史

2008年国家一级博物馆评定评估。国家文物局下发通知[1]，为加强博物馆分类管理，引

1 《关于印发〈全国博物馆评估办法（试行）〉〈博物馆评估暂行标准〉和〈博物馆评估申请书〉（转下页）

导博物馆创新体制机制，提升运营水平，2008 年 5 月启动了国家一级博物馆评定工作，在 3000 余家博物馆中确定首批国家一级博物馆 83 家，5 月 18 日公布并予以颁牌。首次评估标准按照《全国博物馆评估办法（试行）》和《博物馆评估暂行标准》执行。实施步骤分申报阶段、评估阶段与审报阶段，全国博物馆评估委员会对各省审核意见进行复核。

2009 年中央地方共建国家级博物馆评估。已评为国家一级博物馆的中央地方共建国家级博物馆还有单独评估。2009 年 12 月，国家文物局和财政部启动中央地方共建国家级博物馆相关工作，经综合得分情况审定，首批中央地方共建国家级博物馆共 8 家，中央地方共建国家级博物馆培育对象 3 家，即“8＋3”博物馆。国家文物局每年组织对中央地方共建国家级博物馆的运行状况进行评估，评估结果予以公告，并作为次年中央财政专项经费安排的重要依据。

2010 年国家一级博物馆运行评估试点。根据国家文物局通知[2]，2010 年 3 月至 9 月启动国家一级博物馆运行评估试点工作，评估周期为 2008 年 1 月 1 日至 2009 年 12 月 31 日。首批 83 家国家一级博物馆参加试点评估工作。

2011 年度国家一级博物馆运行评估。根据国家文物局通知[3]，2012 年 8 月至 12 月启动 2011 年度国家一级博物馆运行评估工作，评估周期为 2011 年 1 月 1 日至 2011 年 12 月 31 日。首批 83 家国家一级博物馆参加评估工作。

2012 年第二批国家一级博物馆定级评估。确定国家一级博物馆 17 家（其中 4 家被降级为二级博物馆）。

2016 年第三批国家一级博物馆定级评估。确定国家一级博物馆 34 家。

2014—2016 年度国家一级博物馆运行评估。2017 年 12 月 22 日中国博物馆协会下发通知[4]，根据国家文物局审定发布的指导文件精神[5]，从 2017 年 12 月至 2018 年 5 月开展 2014—2016 年度一级博物馆运行评估工作。中国博物馆协会通过组建专门评估机构，从专家库中抽取产生评估专家组，经过通讯评估的初评和现场复核（10%—15% 比例抽查）的考察后形成各参评博物馆的综合评分，2018 年 8 月 24 日对此次评估结果做出通报：2013 年 12 月 31 日前取得并保持国家一级博物馆资质等级的 96 家国家一级博物馆，8 家综合评分超过 80 分的参评博物馆评估结果为“优秀”；84 家综合评分超过 60 分的参评博物馆评估结果为“合格”；3 家综合评分未达到 60 分，但超过 50 分的参评博物馆评估结果为“基本合格”；中国人民革命军事博物馆因评估期内馆舍改扩建开放受限申请不参加本次评估，不予核定

（接上页）的通知》（文物博发〔2008〕6 号）；《关于开展首批一级博物馆评估定级工作的通知》（文物博发〔2008〕7 号）。

2 《关于开展国家一级博物馆运行评估试点工作的通知》（文物博函〔2010〕120 号），附件 1：《国家一级博物馆运行评估规则（试行）》，附件 2：《国家一级博物馆运行评估指标体系（试行）》，附件 3：《国家一级博物馆运行评估试点工作方案》。

3 《关于开展 2011 年度国家一级博物馆运行评估工作的通知》（文物博函〔2012〕1657 号），附件 1：《国家一级博物馆运行评估规则》，附件 2：《国家一级博物馆运行评估指标体系》，附件 3：《2011 年度国家一级博物馆运行评估工作方案》。

4 《关于开展 2014—2016 年度国家一级博物馆运行评估工作的通知》（中博协函〔2017〕237 号）。

5 《关于发布〈国家一级博物馆运行评估指标〉的通知》（文物博发〔2017〕13 号）；《关于发布〈国家一、二、三级博物馆运行评估规则〉的通知》（中博协函〔2017〕236 号）。

评估结果。[6]

此次国家一级博物馆运行评估标准充分体现了博物馆在收藏、保管、展陈、宣传、教育、科研等诸多方面的功能，旨在使一级博物馆管理专业化、社会化、科学化，博物馆功能完备，在科学研究、陈列展览、社会教育和文化传播等业务方面具有全国领先优势，能够为教育、研究和满足公众文化需求提供优质服务，发挥行业示范和引领作用。同过去的国家一级博物馆评估指标相比，以“依法评估、突出重点、公众参与”评估工作思路，共设有 3 个一级指标，8 个二级指标，17 个三级指标，44 个考察要点，以及 2 个相对独立于评估指标体系的附加项。指标层次更加清晰，分值细化，比例合理。加强了服务产出的考量，尤其是增加社会教育活动同社会反馈相关标准，一级博物馆运行评估更多地从博物馆内在的硬件与管理向外在文化输出倾斜，形成内部管理 20%、服务产出 60%、社会反馈 20% 的评估指标与权重。

二、国家一级博物馆运行评估反映博物馆工作的主要问题

（一）博物馆安全保障工作是重中之重

2014—2016 年评估中对安全方面有重大事故的博物馆有一票否决项，即“参评博物馆出现重大文物安全事故或游客安全事故，直接判定为不合格。”[7] 博物馆应该充分认识到安全保障工作的重要性和紧迫性，增强对文物安全与游客安全的责任感和使命感。2018 年 9 月 2 日，始建于 1818 年的巴西国家博物馆突发大火，馆舍烧为废墟，文物损失惨重。2019 年 4 月 16 日，始建于 1163 年有着 800 多年历史的法国巴黎圣母院主体建筑发生严重火灾，标志性尖顶烧断，屋顶烧毁，部分珍贵遗物被毁。这些安全事故给我们敲响警钟，博物馆安全责任意识和管理必须是工作的重中之重，以确保历史文化遗产世代传承。

（二）评估考察时间周期过长，三年一评且标准固化

此次评估 2017 年 12 月开始，2018 年 5 月结束，评估年度为 2014、2015、2016 年度。虽然总体上对现有国家一级博物馆各项工作汇总、统计，可以分析运行中产生的经验和遇到的问题，但评估周期过长，且评估标准针对的是过去三年来的博物馆运行成效，在总结并指导未来博物馆工作方向，进一步提高运行水平，增进各方面工作有针对性对策建议方面稍显滞后。评估体系建设尚需完善，指标项设定应有前置预先性。

（三）法人治理结构建设不到位，理事会组建不健全

2014—2016 年评估一级指标内部管理下二级指标组织管理中所考察的只有两方面内容，一方面就是“组建理事会，理事会依章程履行职责”（尚未组建理事会的，本三级指标不得

6 中国博物馆协会官方网站：http://www.chinamuseum.org.cn/a/xiehuigonggao/20180824/12506.html

7 《关于开展 2014—2016 年度国家一级博物馆运行评估工作的通知》（中博协函〔2017〕236 号），附件 2：国家一级博物馆运行评估指标体系说明。

分）[8]，分值5分，占组织管理比例50%。但我国目前博物馆理事会制度建设不健全，有的区域博物馆根本没有建立理事会，“根据评估数据，一级博物馆中63.2%的机构直至2016年末仍未建立理事会。”[9]有的大中型国有博物馆理事会形同虚设，并未发挥作用。法人治理结构建设不到位的一级博物馆应高度重视，尽快建立理事会制度。

（四）正视博物馆发展不平衡，省级与地方差距明显

2014—2016年评估中省级以上博物馆占比30.5%，地方级博物馆占比69.5%；省级以上博物馆评估结果优秀占比87.5%，地方级博物馆评估结果优秀只有1家，占比12.5%。

评估结果为优秀的博物馆省市分布多集中于经济发达地区，尤其是江浙地区，其中北京市1家，上海市1家，山西省1家，江苏省2家，浙江省1家，河南省1家，广东省1家。东北地区、西北地区、西南地区及部分中部地区暂无，区域发展不平衡。

地方级博物馆数量不少，但综合能力指数不高，优秀博物馆数量更是凤毛麟角。省级博物馆无论是藏品总数、硬件设备、资金投入，还是人员数量、人才结构、科研能力来说都比地方博物馆有优势。地方博物馆应从各方面提高综合能力，补齐短板，减少软肋，突出亮点，尤其是增加服务产出和社会反馈的投入，增强创新能力建设。

（五）博物馆评估工作无专门组织结构，多为临时组建

很多参与评估的博物馆没有专门的部门和人员负责一级馆评估的相关内容，评估文件下达后临时组建工作组，抽调其他部门人员参与其中。而评估内容涉及博物馆工作方方面面，由临时抽调人员组织汇总全体单位材料，同其他各部门联系沟通，不能有效掌握全局以及提出专业工作意见。博物馆如能设置专门部门研究评估工作并指导博物馆工作，设立长远发展规划，可以更好完善日常工作，促进博物馆各项工作良性运转。

三、国家一级博物馆运行评估工作中的思考与建议

（一）明确以评促建为根本目的

国家一级博物馆在我国发展中占有非常重要的位置，一级博物馆的工作质量和运行水平关系着博物馆事业发展的高度。因而必须明确博物馆运行评估的目的是不断加强规范管理，发现博物馆运营过程中问题与不足，提高运行水平，努力实现以评促建，以评促改，推动博物馆体制机制创新，取得博物馆事业发展。一级馆“能上能下”的动态管理才是科学健康的模式，一切评估内容务必要求实事求是，务必杜绝弄虚作假，这既是原则也是一级博物馆规范自身的底线要求。

---

8 《关于开展2014—2016年度国家一级博物馆运行评估工作的通知》（中博协函〔2017〕236号），附件1：国家一级博物馆运行评估指标体系。

9 中国博物馆协会：《2014—2016年度国家一级博物馆运行评估报告》，内部资料，2018年，第6页。

（二）加强区域组织性与合作性

加强区域合作，增强博物馆之间藏品交流，实现博物馆之间合作共享。在陈列展览中有计划引进境外或其他省（市、区）博物馆临时展览及在文化传播中举办出国境展览，通过多渠道合作，在科学研究中实现科研产出与服务，增强区域行业系统总体协调性。京津冀、长三角、珠三角等经济发达地区博物馆联系紧密，2018 年“京津冀长三角珠三角博物馆联盟”的确立无疑进一步加强了区域实力。东三省及经济欠发达的中西部地区也应适应时代需求整合资源，形成区域联动协同发展。

（三）加大资金、科技、人才投入

资金、科技、人才是博物馆发展的重要支撑，各级政府和文物部门应出台相关政策，加大博物馆建设力度。多渠道增加资金投入，设立专项经费扶持。鼓励先进科学技术应用到藏品档案与安全管理中去，更新科研技术设备，优化展厅参观环境，提高观众满意度。加大人才培养力度，建立健全人才选拔任用机制，鼓励博物馆吸引高水平人才，实施人才队伍能力提升工程，增强博物馆之间人才交流与科研产出能力。

（四）充分重视互联网信息化利用与宣传教育

科技是博物馆发展中至关重要的助推器，互联网与博物馆发展密不可分。2014—2016 年度评估中有关移动互联网及官方网站的内容评分涉及 3 项一级指标、8 项二级指标的全部项目，三级指标涉及 11 项，占 17 项总数的 65%；分值共 25 分，占比 25%。“互联网＋”已经渗入博物馆工作的方方面面，也是博物馆评估工作重要参考指标，更是科技发展集中反映。各大博物馆需要充分重视互联网信息化建设，扩大社会宣传教育覆盖面。

（五）坚持创新发展

博物馆不仅应在各项基本考察要点方面工作完善，在重大改革创新方面也应有突出表现。2014—2016 年度评估中有创新加分项，“附加分最高不超过 5 分。”[10] 习总书记要求博物馆建设不要千馆一面，展出内容要突出特色。而县级馆看市级馆、市级馆看省级馆，小馆学大馆，大馆学省馆的陈列展览、社会教育及文创产品设计等的内容和方式趋同化与制式化正是博物馆建设中的问题。博物馆发展必须突破传统组织架构与工作框架束缚，守正创新，在发展中求创新，在创新中谋发展。博物馆工作需要注入新活力与理念，开拓新思路，做到特色与个性共发展，才能在诸如藏品保护修复、科学研究、陈列展览、教育文化传播等方面有所突破，做到“人无我有，人有我优”。

（六）开展多元化社会合作

立足于本单位文物藏品收藏，同考古研究部门、民间收藏团体、高等院校、科研院所、

---

10 《关于开展 2014—2016 年度国家一级博物馆运行评估工作的通知》（中博协函〔2017〕236 号），附件 2：国家一级博物馆运行评估指标体系说明。

新闻媒体、社会公益事业单位、展览策划单位等机构合作。以平等互利互惠的合作原则，建立合作关系，更广泛的吸纳社会资源，扩展宣传影响，发挥社会服务功用，在交流与合作中形成合力。以文化创意产品研究开发为媒，满足广大人民群众日益增长的物质与精神美好生活需要。通过时尚、精品、实用又彰显中华优秀传统历史文化的文创衍生品来提高公众认知参与度，让博物馆可以走进“寻常百姓家”。

（旅顺博物馆　刘冠缨）

对博物馆陈列展览工作的思考

——以重庆中国三峡博物馆为例

罗　霞

内容提要：我国作为四大文明古国之一，有许多历史文化需要我们了解、学习及传承。博物馆作为承载历史文化的重要场所，而观赏陈列展览的各种文明成果是民众了解国家文化的重要途径之一。因此为了保障博物馆陈列展览工作发挥其应有的功能，在进行陈列展览的过程中应当充分保障其应有的特征与创新。结合我国博物馆陈列展览工作的现状，仍存在着一定问题。本文以博物馆陈列展览工作应具备的特征及现存问题为切入点，以重庆中国三峡博物馆为例，对我国博物馆的陈列展览工作进行深入思考，希冀管窥蠡测，提出有助于其优化的系列建议。

关键词：博物馆工作　陈列展览　现存问题　解决对策

一、博物馆陈列展览需具备的基本特征

（一）突出博物馆主题的特色性

虽说博物馆承担着传承中华民族古代伟大文明的重要责任，但由于不同博物馆所处的地理位置及各种藏品的来源、地域、时代等方面的差异，不同的博物馆所彰显的文化特色又存在千差万别，因此在开展博物馆陈列展览工作的过程中，相关工作人员应当注重突出博物馆主题特色。具体来说，博物馆主题特色的凸显应当从三个方面予以实现。

其一是在博物馆场馆的建设方面，应当尽可能地使得博物馆的内外部陈设符合博物馆所存展品的时代特征。以重庆中国三峡博物馆（以下简称“三峡馆”）为例，三峡馆是重庆的标志性建筑，与人民广场、重庆人民大礼堂相连，三位一体。体量宏大的砂岩外墙和蓝色玻璃幕墙既充分体现了三峡特色，又让整个博物馆现代感十足（图一）。

其二是在展品展览方式的选择方面，由于每一个博物馆所珍藏的古文明物品种类都十分繁多，因此为了保障博物馆特征的凸显，应当尽可能地将极具代表性的展品摆放在最重要的

位置，使人们能够获得更加震撼的观赏效果。三峡馆的“壮丽三峡”展厅陈列设计就是一个很好的例子。走进展厅，迎面是一幅巨大的三峡壁画，脚下是一条用玻璃隔水方式营造的长江水带，观众仿佛置身于一个真实壮丽的三峡，也直观地再现了三峡的山水特点（图二）。

图一 重庆中国三峡博物馆外景

图二 “壮丽三峡”展厅

最后是在整体陈列展览气氛的烘托方面，除了生硬的展品陈设之外，博物馆还应当辅以历史演变过程以及具体展示物件的文字介绍、相关的视频音频等方式使观众能够更好地领略到展品中所承载的厚重文明。三峡馆的“大三峡”环幕电影厅是数字化新技术运用于博物馆陈列设计中的良好典范。该厅改变过去环幕电影放映机从银幕缝隙中间投射画面的传统方式，改为从银幕顶端向下投射影像，通过数字技术纠正画面的整形失真，保证了画面的连续性和完整性，最大限度地保证了真实完美地再现神奇三峡的秀丽景色，从而带给观众机具视觉震撼的立体观赏效果。

（二）发挥博物馆展品的教育性

博物馆作为重要的教育性文化单位，教育作用是其最为重要的一个功能，因而在开展博物馆陈列展览工作的过程中应当注意发挥其教育性。要想充分发挥博物馆展品的教育性，同样需要从三个方面着手：首先在布置展览的过程中，应当通过文字视频等方式对现有的展品进行解说，对于具有时代代表性的工艺品等，则应当还原其制作流程，使人们充分体会到我国祖先的惊人智慧；对于陶瓷、丝绸等具有极大视觉冲击性的展品，则可以将其常见的花纹、样式等编制到一起，供展品的观赏者对比观看；而后，对于一些蕴含深厚文化、难以通过简短的文字解析清楚的展品，博物馆可以推出每日一定时段免费讲解的活动，由此既能够极大程度上增加展览的趣味性，还能够帮助观众更好地了解其中包含的深厚文化背景及艺术底蕴。最后，博物馆可以与当地的学校进行合作，将博物馆文化的教育融入学校教育当中，并结合引导学生参观博物馆的实践加深学生的认知，起到社会教育的作用。

（三）保障博物馆陈列的系统性

由于博物馆中展出的展品具有多样性及繁杂性，因此为了保障观众在参观过程中能够形成完整的文化体验，在开展博物馆陈列展览工作的过程中应当保障展品系统性的实现。首先就博物馆建设与展品之间的系统性来说，博物馆管理人员应当将博物馆建设得与展品的时代特征相一致，使得观众能够有一种身临其境的感觉。其次就展品之间的相互关系来说，为了使得观众能够掌握不同展品之间的联系，应当按照展品年代的先后顺序进行展品的排列，且在不同类别的展品之间应当有文字解释或是历史演变图进行过度，使得观众能够明晰不同展品出现时间的先后；但不可忽视的是，在进行陈列摆放的过程中，不能将时间线作为硬性的陈列依据，而应当根据各方面的考虑灵活排布、如在进行古人衣物的展示时，单纯地按照时间进行展示可能会导致不同时期的衣物被划分到不同的展厅，从而导致观众难以形成衣物变迁的直观对比，因此可以将其有意识地置于一起，并标注时间先后及年代顺序，使人们能够直观了解古人衣物的变迁，形成系统化的观看感受。

二、我国博物馆陈列展览工作的现存问题

（一）陈列展览方式缺乏创新

一般来说博物馆里的展品分属于不同历史时期。因此大部分博物馆都是通过按照年代排

列的方式进行展品的陈列展览。这种陈列展览形式虽然能够给观众一种系统的观赏体验，但是缺乏形式及内容上的创新。大部分展出内容都是以展品为中心，通过文字对其年代、出土地点及时间等进行简要介绍，不仅无法帮助观众获知展品背后完整的相关历史文化信息，而且会带给观众一种枯燥乏味的感觉，无益于其对历史文化的耐心品味。此外，对展品过于客观生硬的展览介绍还会导致观众对展品产生距离感，失去探索历史文化底蕴的兴趣，从而使得参观过程成为过场，无法发挥博物馆的文化教育意义。

（二）展品文化本质常被忽略

就大部分博物馆来说，在馆内参观区进行展出都是修复完好、易于收藏的展品，而另有一些难以还原的碎片或难于收藏保管的则不用于展览。这种陈列展出方式虽然能够使得观众看到展品更加完整的形态并在最短的时间内参观到最精华的部分。但不可忽视的是，一个时代文明的传承，单单依靠几种较为突出的展品是不足以支撑的，博物馆展品的选择性展出虽然能够塑造更好的展览效果，但却忽视了每一件展品都具备的历史文化承载价值，使得观众无法完整地获知所有展品中蕴含的文化背景，造成参观过程与文化汲取过程脱轨的现象。因此，在进行陈列展览的过程中忽略展品本质，仅作形式性展览也是我国博物馆陈列展览工作现存的重要问题之一。

（三）展览难以引起观者兴趣

根据前文所述内容可知，当前我国大部分博物馆在进行布展陈列的过程中都是将展品展示在观众面前并通过简要的文字对其背景等进行描述，陈列展览方式极为刻板生硬，所用的展览形式缺乏新意，由此导致观众难以沉下心来认真了解每一件展品的具体历史内涵，难以发挥展览的真正意义。此外，还有不少博物馆在进行展览的过程中仅仅将展览作为一种日常工作，而并未意识到其是为观众服务的，未从观众的角度进行陈列展览的设计，由此导致观众无法融入展品所属年代的氛围中去，由此对展品的历史背景及教育意义的汲取程度也就必然有限。

三、优化博物馆陈列展览工作的相关对策

（一）提高陈列展览人员的专业水平

当前我国博物馆从事陈列展览工作的相关人员基本都有相关的专业证件，具有一定的专业水准。但是由于博物馆相较于企业来说市场竞争较小，因此在工作人员的职能管理及专业技能的提升方面力度较小，由此导致博物馆陈列展览工作较为滞后，难于创新。因此，为了使得博物馆陈列展览工作的开展能够紧跟时代发展及观众需求的变化，博物馆应当不断地对工作人员的专业水平进行提高，积极学习我国示范性博物馆的陈列展览经验，实现博物馆陈列展览工作的优化。

（二）积极调查并响应观众的需求

就博物馆陈列展览来说，其最根本的意义就在于对观众起到教育作用，对历史文化起到

传承作用。因此积极推动博物馆陈列展览符合观众的实际需求，是十分必要的。笔者认为，要响应观众的需求主要从两个方面采取措施：其一是了解观众的参观喜好，将展品按照能够吸引观众眼光及兴趣的方式进行展览；其二是应当对不同文化程度的观众的理解能力予以全面考虑，展览既要能够吸引高级知识分子的眼光，又要能兼顾小学生等文化水平尚低的群体的文化吸收能力，做到通俗易懂但又饱含深度。

“扇风——重庆中国三峡博物馆馆藏扇类珍品展”和“千人千面——重庆中国三峡博物馆馆藏古代人物画展”是三峡馆分别于2017年和2018年暑期档推出的展览。“扇风展”以扇文化为切入点，讲述一个关于扇的起源、发展与鉴赏、收藏的故事。既传播了传统文化，又贴近百姓生活，同时也为观众在重庆“火炉”一样的夏天里带来清凉（图三）。“千人千面展”则结合了当下流行的“自拍”这一主题，打造古人的“登记照”与“艺术照”，将高雅的书画艺术与普通人的日常生活相结合，既接地气又不媚俗（图四）。这两个极具趣味性和观赏性的展览，最终收获观众一致好评。

1

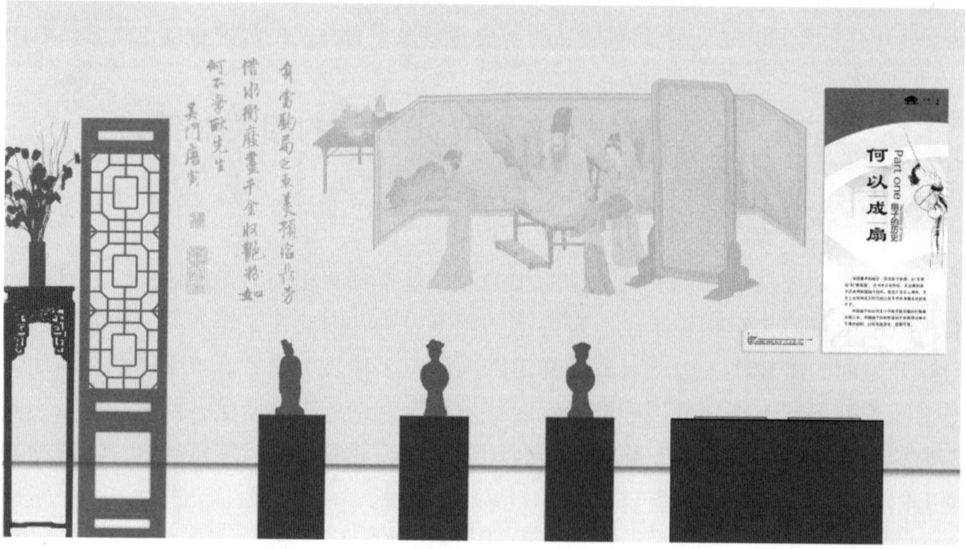

2

图三　扇风展

1.“扇风——重庆中国三峡博物馆馆藏扇类珍品展”展标　2.“扇风展”形式设计

1

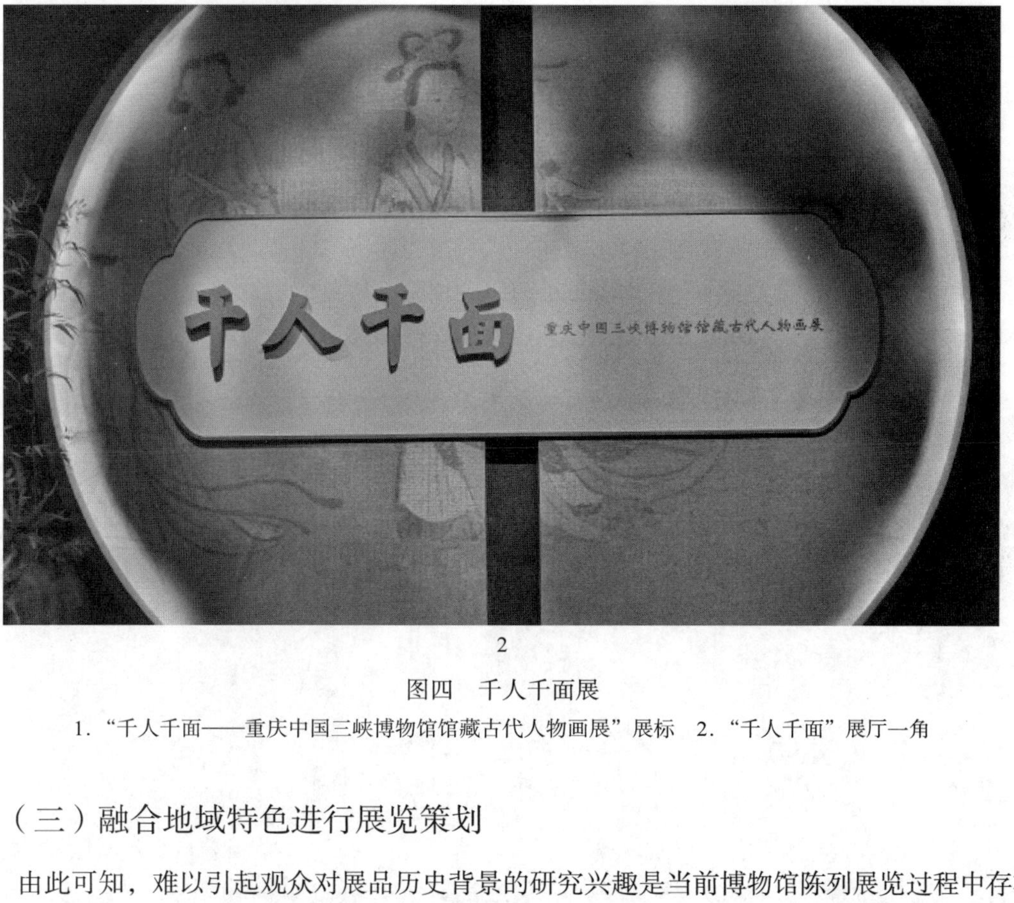

2

图四　千人千面展

1．“千人千面——重庆中国三峡博物馆馆藏古代人物画展”展标　2．“千人千面”展厅一角

（三）融合地域特色进行展览策划

由此可知，难以引起观众对展品历史背景的研究兴趣是当前博物馆陈列展览过程中存在的重要问题之一，因此博物馆陈列展览工作过程中必须采取一定的措施吸引观众的兴趣，其中按照博物馆当地的地域特色进行展览策划就是有效方法之一。

2018年9月29日，三峡馆牵头西南博物馆联盟十三家单位共同策划、推出的“盛筵——见证《史记》中的大西南”开展。这是新中国成立以来西南地区首次大规模青铜文物联展。展览运用文物与文献互证法，对西南地区出土的青铜质地的礼乐、饮食等器物进行综合展示，讲述各具特色又兼收并蓄的巴蜀文化、滇文化、夜郎文化、瓯骆文化，彰显西南青铜文明的独特魅力，同时，也展现西南地区融入中华大家庭的历史进程，反映南方丝绸之路的拓殖与发展，给观众提供了一道名副其实的饕餮盛宴。最终荣获“第十六届（2018年度）全国博物馆十大展览陈列精品奖”（图五）。

三峡馆另外一个融合地方特色策划展览的案例是推出“中国画·绘画大师抗战时期作品系列展”。抗日战争时期，重庆作为中国战时首都，是中国抗战大后方的政治、经济、军事、文化中心。在关系民族存亡的关键时刻，一大批优秀的艺术家迁到重庆。重庆由此成为战时中国的文化中心，在文化上呈现出前所未有的繁荣局面。为挖掘城市历史内涵，引发观众共鸣。三峡馆于2017年和2018年相继推出“金刚坡下——傅抱石抗战时期绘画作品展”“回望归鸿——徐悲鸿抗战时期绘画作品展”（图六），2019年推出“三千大千——张大千抗战时期绘画作品展”，以此引领观众集体追忆七十多年前的重庆：她不仅是一座英雄之城，也是一座艺术之城。这一系列融合地域特色的原创展览不仅具有学术性、感染力和传播力，同时体现了重庆这座城市特有的艺术辉煌，大大提升了城市文化品牌。

（四）做好陈列展览物品评估工作

博物馆中展品的杂乱无序摆放及历史背景还原不准确不完善是导致观众难以获得良好参观体验的重要原因，因此本文认为在博物馆陈列展览工作开展的过程中，相关人员应当对展品进行全面的认识及评估。首先，博物馆相关人员应当对展品的修复程度等进行评估，确保展品已经实现了现有技术条件下最大程度的修复，保障其展览价值；其次相关工作人员应当对展品的历史背景、使用人群等进行评估，由此以保障能够对展品背后所蕴藏的文化进行准

图五 “盛筵——见证《史记》中的大西南”展标

1

2

图六　金刚坡下和回望归鸿展标

1.“金刚坡下——傅抱石抗战时期绘画作品展”展标　2.“回望归鸿——徐悲鸿抗战时期绘画作品展”展标

确的还原，给观众提供精准的资料；最后相关工作人员应当对展品所反映的时代特征进行准确评估，由此以相应地对博物馆展览环境做出调整。

四、结　语

总的来说，随着我国文化事业及产业的不断发展、人们对历史文化知识的渴求不断增长，博物馆事业在我国得到了蓬勃发展。博物馆承担着承载文化、教育民众的重要责任，如何通过合理的展出方式使得其此类意义得以充分发挥是博物馆相关工作人员在开展陈列展览工作过程中所必须考虑的重要问题。因而本文就当前我国博物馆陈列展览工作中存在的问题进行了简要分析并根据笔者自身的博物馆管理知识及相关经验提出了相关建议，以期为实现我国博物馆事业的进一步发展起到参考借鉴作用。

参考文献

德永华：《博物馆陈列展览工作之管见》，《中国博物馆》2003 年 3 期，第 46—54 页。
龚青：《关于加强博物馆陈列展览策划的思考》，《中国博物馆》2004 年 3 期，第 39—43 页。
孙雪婵：《谈新形势下博物馆陈列展览的转变与发展》，《才智》2018 年 17 期，第 229 页。
尹婷：《对博物馆陈列展览工作的思考》，《文物鉴定与鉴赏》2018 年 3 期，第 160—161 页。
赵艳霞：《博物馆陈列展览存在问题及改进策略探讨》，《才智》2018 年 15 期，第 230 页。

（重庆中国三峡博物馆　罗　霞）

疫情之下“云游”博物馆

——2020年初博物馆线上展览观察

郝倡冉

内容提要：2020年初新冠肺炎疫情暴发，全国各大博物馆纷纷宣布闭馆后，一大批博物馆展览通过网络被推向“云端”，让人们在居家之时实现“云观展”。随着特殊时期博物馆线上观展模式的大力宣传推广，可能使其成为大众“走进”博物馆参观的新常态，同时观众对博物馆线上展览的要求将会更高。

关键词：“云游”博物馆　线上展览　数字化

2020年伊始，当全国人民沉浸在喜迎春节的欢乐气氛之时，新冠肺炎疫情席卷全国。一时间人们纷纷响应国家号召，不出门，不聚集，宅在家中过节。原本春节要接待大量观众的各大博物馆，不得不陆续发文宣布闭馆消息。从闭馆到再开馆时隔两月，这段时间里各大博物馆作为传播文化知识和提供文化教育的机构，依然牢记使命，做好防疫工作的同时积极响应国家文物局号召，联合推出线上展览。文博机构借助网站、应用软件和各大自媒体平台开办“云展览”，用户通过一部可以上网的电子设备，打破实体博物馆参观的时间和空间限制，宅在家里就能“云游”博物馆，一定程度上丰富了疫情期间人们的精神文化生活。

一、特殊时期，文博人的“云上担当”

2020年1月初，“中国文博”官微里“博物馆里过大年”和“约会博物馆”两个话题阅读讨论度很高，大家都期待着春节假期走进博物馆参观。1月23日，一则文旅部关于做好新冠病毒感染的肺炎疫情防控工作通知发出后，话题的主题内容介绍变为了“体验云观展，在家感受人类文化遗产的魅力”。因为疫情原因，观众虽然不能亲临博物馆度过春节假期，但对于不得不宅在家里又想逛展的观众来说，各大博物馆推出的“云展览”可谓是一次集中观展的好机会。

1月28日，国家文物局官网发出一份《关于向“博物馆网上展览平台”提供网上展览内容资源的倡议书》[1]，鼓励各地文博机构因地制宜开展线上主题展览，并通过平台在线展示推介。在此之前“博物馆网上展览平台”就已汇集了2015年到2019年来自全国各文博机构的180多个精品展览，疫情期间又征集展示了不少新展览，数量增加到400多个，使得此平台成了观众观展的一方新天地。

其实国内一些博物馆早已着手在做线上展览的工作。上海博物馆1984年率先成立了以探索计算机在博物馆中的应用为核心内容的电脑组，是国内博物馆行业中由电脑化到信息化，再到数字化、智慧化的先行者。[2] 2016年“数字敦煌”资源库正式上线，包括虚拟现实、增强现实和交互现实三部分，将难以保存的洞窟、彩塑和壁画以数字化的方式保存下来，通过平台将珍贵的文化遗产展示给观众。[3] 2018年初国家博物馆启动了“智慧国博”项目，有效利用藏品优势和数字资源，通过云端设备实现资源共享，配合线下展览不断推出相应的线上展览以满足更多观众需求。[4] 在此次疫情暴发的特殊时期，各大博物馆也纷纷响应国家文物局号召，加入“云展览”开发和推广的行列之中。

二、线上展览，文博机构的新常态

疫情期间，各大文博机构通过不同网络平台将线上展览信息源源不断地推送给用户，继续发挥着文化传播和社会教育的职能。在各个平台的推送中能够很直观地看到，开展线上展览的文博机构数量较之前增加了许多。同时，各大博物馆的展览主题、展览形式较之前更加丰富，线上展览质量提高了许多，不得不说这也是各大博物馆多年来数字化建设成果的一次集中展示。

（一）网上观展，各具特色的“云上博物馆”

进入故宫博物院官网，观众能看到数字文物库里的文物数量多达186万2690件/套（截至2020年4月）。网站将庞大的文物数据全部按文物类别分好，而且观众可根据文物名称检索。古建馆、书画馆、青铜器馆等十二大专馆之中有的馆可进入全景展厅。线上参观时有全程导航功能，还有颜色标号和箭头引导，以保证观众按照正确的展线行进，不会漏掉展品。每一个展厅配有不同的背景音乐，为观众营造一个更舒适的观展氛围。展览中不少文字展板高倍放大之后依然清晰，遇重要展品时只需点击展品旁边蓝色放大镜，便可查看展品的具体细节和相关内容。原来很多观众去故宫参观总是抱怨人挤人，有时只能远远看一眼展柜，很难走近展柜前一睹文物真容，而且一天内参观时间很短，可以参观的展览数量也较少。现在官网推出的线上展览突破了时间和空间限制，在一定程度上满足某些观众想慢慢观赏地需求。[5]

曾任敦煌研究院院长的樊锦诗在20世纪80年代末提出的“数字敦煌”项目构想如今已实现，目前“数字敦煌”平台越来越成熟，此项目一方面为保护敦煌莫高窟的洞窟、彩塑和

1 国家文物局官网：《关于向“博物馆网上展览平台”提供网上展览内容资源的倡议书》，2020年1月28日。

2 刘健：《上海地区博物馆信息化建设》，《上海信息化》2014年12期。

3 樊锦诗口述，顾春芳撰写：《我心归处是敦煌：樊锦诗自述》，译林出版社，2019年。

4 王鹏远：《中国国家博物馆智慧国博建设的思考》，《中国博物馆》2019年2期。

5 故宫博物院官网：www.dpm.org.cn。

壁画做了重大贡献，另一方面也为莫高窟分流了观众，为其提供更多日常参观展线安排之外的线上洞窟，而且还能让许多无法亲临敦煌的观众一睹莫高窟的风采。数字敦煌主页展示分洞窟和壁画两大类，平台上的洞窟都可全景漫游，窟内有展线引导，可以放大观看壁画，还附有壁画的高清大图和洞窟信息简介。如果观众有条件的话还可以选择VR模式，戴上VR眼镜感受最佳的线上洞窟体验。[6]

中国首座以文字为主题的博物馆——中国文字博物馆，是为数不多在官网上推出可以数字360° 全景游博物馆的文博机构，从航拍到各个展厅都配有完整地引导和讲解，而且讲解内容细致全面，为想要去现场参观的观众提供提前了解的机会，成为观众参观的线上导览手册。如果观众之前来参观时没有听到讲解，那再参观一次配有讲解的线上展览或许可以弥补一些遗憾。[7]

（二）平台多元，应用软件与自媒体贡献力量

除了各大博物馆官网，文物展品和展览还出现在一些小程序和应用软件上。如腾讯推出的“博物官”微信小程序，为用户提供了线上看展、语音导览等各项功能。再如文物加APP，为用户提供了数十万件文物的VR展示，平时我们在参观过程中看不到的文物的背面、底部和内部，在这个软件里都可以看到。此外，还可以根据文物本身具有的元素来打开本元素内其他关联文物，比如选择长信宫灯，在文物旁就会出现满城汉墓、铜器、河北博物院等相关元素，观众可以根据自己所需点击浏览。

此外各大博物馆还依托自媒体平台推出展览直播。例如，2月20日到22日，中国国家博物馆、敦煌研究院和辽宁省博物馆等九家文博机构合作，在抖音上推出了“在家云游博物馆”的主题直播，吸引了大量关注和点赞。同时，另一大直播平台——快手也推出了《随手环游博物馆——快手看世界》展览直播主题，其中包括丹麦安徒生博物馆、意大利乌菲奇美术馆、梵蒂冈博物馆等国外展馆的线上展览直播。另外，还有博物馆选择在购物平台直播，如甘肃省博物馆除了在快手平台直播外，还选择在淘宝直播间直播，观众每次听完展览直播讲解后，可以直接在直播间网购精美的文创产品。这样一来为观众提供了线上参观体验，又在一定程度上推广了博物馆的文创产品，为博物馆创造收益，可谓一举两得。还有些博物馆不仅在线上展览直播过程中能与观众保持互动，解决观众提出的部分问题，而且还能在直播结束之后多次观看回放。

除以上列举的文博机构外，全国还有很多文博机构依托微信公众号平台推出线上展览，为观众提供“云观展”的体验。一些私人博物馆和市级博物馆公众号推出的线上展览质量也较高，如观复博物馆、郑州博物馆、温州博物馆等。

三、在家“云观展”，观众各有不同体验

面对数量如此多的“云展览”，有许多热心网友在微博、豆瓣上整理发布了一些经验帖，

6　数字敦煌平台：www.e-dunhuang.com。

7　中国文字博物馆官网：www.wzbwg.com。

根据自己观展体验排列出值得观看的展览供大家参考。但毕竟每个人对展览类型的选择都有自己的偏好，经验帖不一定适合所有人，有的展览还是得自己去观看之后才能做出判断。

各大社交媒体平台上，有不少人发表了关于线上观展的体验和感受。大家的讨论围绕两方面，一方面是关于线上展览给观众带来便利，帮助观众弥补一些遗憾的同时，吸引观众更想在疫情之后走进博物馆参观。例如，豆瓣有一个关于线上观展的帖子，讨论话题是“当你在线上博物馆参观时，你在看什么？”其中有人提到线上观展“大概就是想去看去不了系列”。的确，对于博物馆爱好者来说，经常会碰到自己喜欢的展览在别的国家或者城市展出，因为条件限制没有办法到现场观展，最后展览撤走留下遗憾。而线上展览推出后，既能将博物馆展览数字化，保存展览信息，为博物馆的展览工作留下记录；也将博物馆网站和各大平台的线上展览当作一个展览库，把展览都存到这里，观众想看的时候可以随时随地打开看，即使涉及国内外文物的一些临展，观众也能再次观赏。同时通过某些主题的线上展览的吸引，观众可以在日后选择与之相关的感兴趣的线下展览，真正走进博物馆参观。

另一方面的讨论是关于线上展览与线下展览哪一个更好？讨论集中于线上展览会不会代替线下展览。一些人认为实地参观展览的体验不会被网络形式取代，对于观众来说实地参观占第一位。笔者认为，因为疫情大家不得不待在家中，而线上展览的推出正好满足了人们待在家里，想要借助网络参观博物馆，多学习多探索的需求，因此线上展览被推向了热门。但进入博物馆实地参观，站到展柜面前与文物对话的时空感和真实感也是网络没有办法实现的。观众除了自身在选择线上线下展览有个体差异之外，还要认识到线上和线下展览各有优势。而各大文博机构日后可能更需要做好平衡线上与线下展览的工作，思考怎样能借助各自的优势进行互补，为观众提供更好的观展体验。

疫情期间正是需要线上展览出力的时期，博物馆能不断推出高质量的线上展览，说明在展览数字化、虚拟化方面文博机构在不断进步。同时，此次疫情也是对各大博物馆的一次大考，既给文博机构提供了一次展示数字化成果的机会，也顺便检验一下近些年来博物馆的数字化工作到底做得如何。

四、未来线上展览，或将面临更多考验

这段特殊时期成为博物馆开发线上展览的一个推动力，同时也为博物馆行业数字化和虚拟展览开发、推广与宣传方面的成长提供了一次机会。有不少人提出问题，疫情结束后大家还会再看线上展览吗？答案是当然会。笔者认为展览的数字化、虚拟化应该是文博行业一直会做下去的工作，给更多观众提供更多更便利的观展方式也是博物馆正在努力做的事，所以相信未来线上展览会越做越好，观展的人也会越来越多。

虽然线上参观给人们带来便利，但还是应该与线下展览做好平衡，因为很多真实的参观体验，观众是无法在线上展览中收获的。有些博物馆作为建筑的一部分与周围景观结合展出，比如中国园林博物馆和各类遗址博物馆等，线上展览做得很好，可是也没有办法取代观众在现实中参观园林和遗址的真实感。因此许多博物馆的线上展览确实还有一些需要完善的地方，不仅要将线下展览呈现于网络平台上，而且可以进一步考虑增加一些交互性更强的方式或者活动来吸引更多不同年龄段的观众，从而更好地实现博物馆的各项职能。

未来，在线上展览方面，各大博物馆还会面临更多的挑战。笔者认为，博物馆首先需要做好观众线上观展调查反馈和数据收集分析，同时不断优化展览平台。解决一些观众在博物馆官网、博物馆推出的应用软件、博物馆公众号和小程序观展当中遇到的技术性问题，比如说应当将参观路线更明确、文字展板更清晰地展现等，还要为观众线上观展提供更便捷的操作方式；其次，博物馆可以根据自己的实际情况，开发并推出一些与展览相关的课程和线上体验项目，可根据课程或者项目具体情况收取合理的费用，将有质量的、内容严谨准确的线上展览衍生产品提供给一些真正有需要的人；再次，博物馆可以根据自己的特色多开发一些线上活动，比如说原来在线下举办过的非遗活动、寻宝活动、设计彩陶纹饰等活动都可以转为线上交互式，吸引更多地观众参与；最后，各大博物馆需要从这次疫情大考中多总结经验，疫情结束之后还需要不断地在线上展览形式和内容方面多探索，质量方面多提升。这样才能更好地应对日后线上展览所面临的挑战，以及更好地做好线上展览与线下展览的平衡。

希望通过这段特殊时期的“云观展”，能引起大众对博物馆更多地关注，提高大众对“云游”博物馆的兴趣，进而引导他们亲自走进博物馆参观。同时也希望日后各大博物馆能继续为观众提供越来越优质的线上展览。

附记：本文定稿于2020年4月。感谢辽宁省博物馆刘宁女士和辽宁大学历史学院肖晓鸣老师在本文写作过程中提供的帮助与指导！本文得到2020年度辽宁大学本科教学改革研究项目（JG2020ZSWT021）资助。

（辽宁大学历史学院　郝倡冉）

博物馆 STEAM 教育项目开发与实施初探

——以葫芦岛市博物馆儿童教育课程“完美的食具”为例

孟　玲

内容提要：当下备受关注的 STEAM 教育，给博物馆教育注入了新的思路，也带来了更多的启发与机遇。葫芦岛市博物馆尝试将 STEAM 教育理念应用于博物馆儿童教育工作，围绕本馆基本陈列和临时展览资源，相继开发了多个以项目为驱动，跨学科融合，通过动手实践、合作学习来解决问题的儿童教育课程。以“完美的食具”一课为例，探讨博物馆 STEAM 教育项目的开发和实施，在博物馆教育实践中不断总结、反思与提升，寻找适合自身发展的教育理念和教育方式。

关键词：STEAM 教育　博物馆　儿童教育

一、STEAM 教育与博物馆 STEAM 教育项目开发背景

STEAM 教育理念是近年来发展迅猛的新兴教育理念，概念来源于美国国家科学基金会提出的 stem 教育。英属哥伦比亚大学教育学院大卫 . 安德森教授认为，stem 教育是一种整合了科学（Science）、技术（Technology）、工程（Engineering）和数学（Mathematics）的教育模式。[1]STEM＋Art（艺术）发展了 STEM 教育理念，形成了“以数学为基础，通过工程和艺术理解科学和技术的”跨学科的、整合的 STEAM 教育。

STEAM 教育聚焦于创新人才的核心素养的培养，强调多学科的交叉融合，以整合的教学方式，培养学生掌握知识的技能，并能进行灵活迁移解决真实世界的问题。博物馆拥有丰富的自然、历史、艺术、科学研究资源，以进一步提升综合能力和情感价值为目标，实施沉浸式、体验式教育。其教育理念、目标、方法与 STEAM 教育不谋而合。融合的 STEAM 教育具备九项核心特征：跨学科、趣味性、体验性、情境性、协作性、设计性、艺术性、实证

---

1 〔加〕大卫 . 安德森、季娇：《从 STEM 教育到 STEAM 教育——大卫 . 安德森与季娇关于博物馆教育的对话》,《华东师范大学学报》（教育科学版）2017 年 4 期，第 139 页。

性和技术增强性。其中跨学科、趣味性、体验性、情境性、艺术性等特征正是博物馆教育的优势体现。STEAM教育的倡导者和研究者也将目光投向了博物馆，中国教育科学院2017年发布的《中国STEM教育白皮书》中提倡STEM创新生态系统，鼓励博物馆、青少年宫、科技馆、数字媒介等社会机构积极开放空间，为学习者提供更加广阔的学习平台。

现阶段博物馆课程多偏重人文历史和艺术两个角度，STEAM教育培养“科学素养”，以项目融合科学、技术、工程、艺术等学科任务的理念，将进一步拓宽博物馆教育课程开发维度，促进博物馆对教育资源的纵深研究，提升博物馆儿童教育工作质量。葫芦岛市博物馆自2017年开始，尝试将STEAM教育理念应用于博物馆儿童教育工作，围绕本馆基本陈列和临时展览资源，相继开发了多个以项目为驱动，通过动手实践、合作学习来解决问题的儿童教育课程。博物馆STEAM教育一经推出，就受到广大师生和家长的青睐，成为本馆最受欢迎的，小学生社会实践小队预约最多的儿童教育活动。在长期地实践与反思中，这个系列的课程也在不断地调整和完善，笔者作为这个项目活动的主要开发者和实施者，以其中“完美的食具”一课为样本，总结自己在博物馆STEAM教育项目开发与实施过程中的思路、方法和手段，以期为各位同仁提供可参考的经验。

二、“完美的食具”开发与实施

（一）选题

民者，食为天。做饭、吃饭与生活息息相关，是孩子们最熟悉不过的事情了，虽然每天都吃饭，孩子们认真观察过锅碗瓢盆这些厨房用具吗？知道它们是什么材质的吗？仔细思考过这些用具设计与用途的关系吗？了解这些食具承载的中国饮食文化吗？在一些学校的地方课程和校本教材中，经常会有一些篇章是借由古今对比，讨论一些问题。以辽宁省义务教育地方课程教科书《人与自然》一年级上册为例，在“敲开创想大门”一课中，用一幅漫画描绘了远古人的生活，由此提出：从远古到现代，人类的生活发生了哪些变化？面对类似古人是如何生活的？古代人吃什么、怎么吃、做饭的工具都有什么？这样的问题，如果学生们没有到博物馆参观的体验，很难仅仅从老师的讲解和图片或漫画中理解答案。博物馆里开设的教育课程会带给学生最直观的体验，亲眼看到的实物与已有生活经验的联系，不但让他们有了一份带着感觉的记忆，甚至会产生一种情感上的认同感。为了让博物馆学习对学生产生更深远、更丰富的影响，博物馆教育可以引入STEAM教育理念和方法，关注对科学思维的锻炼和博物馆学习方法的培养。“完美的食具”以现实生活中的最常见的炊具和餐具作为切入点，在博物馆里寻找其诞生、发展和演变的踪迹，讨论器物材质、工艺对功能的影响，培养学生们的工程师思维，引导学生感悟人类在文明发展进程中孜孜不倦的探索与追求。

（二）活动设计

通过在展览中寻找、发现、研究食具演化过程中原材料与造型、工艺、功能之间的关系，以小组为单位“给杨家洼人设计一件完美的食具”，解决新石器早期人类食具存在的一系列问题，并制作完成后要成功推销给“杨家洼人”。

建议年龄：9—12 岁；

活动人数：8—30 人，每 4 人一组，分组学习；

活动时间：60—80 分钟；

教具准备：笔记本、超轻黏土、笔；

涉及学科：历史、物理、数学、美术、口才。

教学设计流程图：

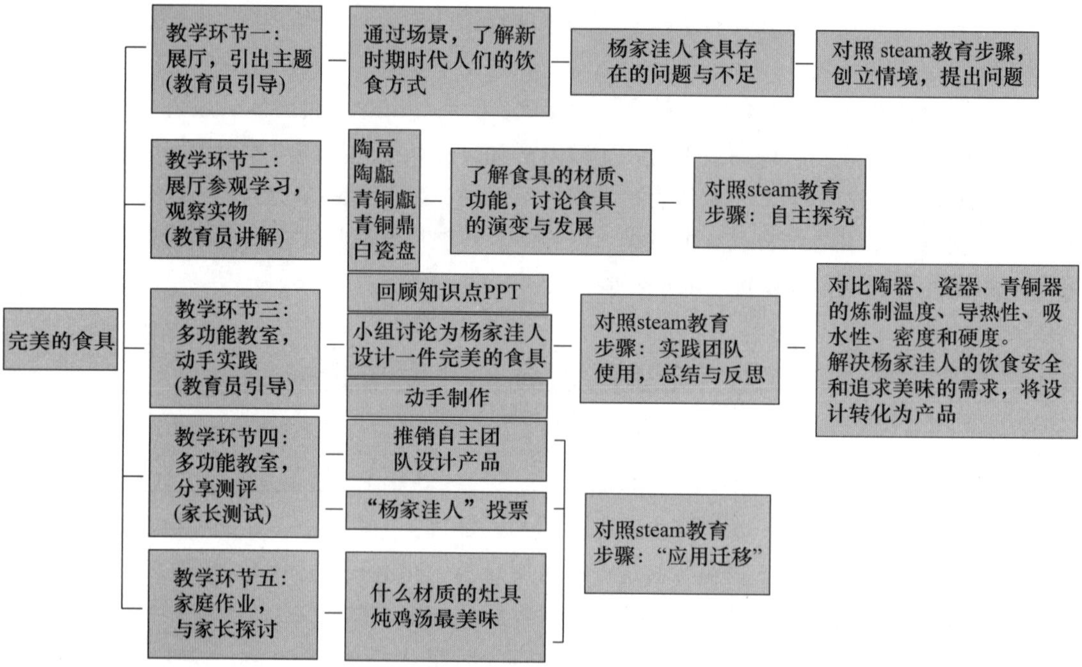

（三）教育目标

（1）通过参观学习、实践设计，了解中国古代食具的发展变化，感受中国饮食文化的历史悠久和博大精深。激发学生对中国古代文化的自豪感和认同感。

（2）引导学生从实际生活入手，理解和并能迁移运用一些科学概念性知识，提升学生的科学素养，锻炼工程师思维。

（3）培养学生对博物馆亲切感，初步学会利用博物馆资源进行自主学习的能力。

（4）养成学生团队意识，锻炼同他人交流与合作的基本技能。

（四）活动步骤

（1）导入（展厅，10 分钟）。

第一步，创设情境。简单介绍新石器时代早期人类的生活，带学生来到展厅中杨家洼遗址复原场景，这是一片近水的高台地，四周都是高高的核桃树，不远处有陶址，半地穴式的房址和附近的灶坑，古人们有的在烤肉、有的在制作陶器、有的在用石磨盘和古磨棒磨去谷物的外壳……提示学生们由观察古人们的生活环境入手，分析周围环境与食物的联系。让学生们观察并思考：

杨家洼人都吃什么？怎么吃？

原始的灶是什么样子的？灶里发现了大量的核桃楸皮和炭化的谷壳，证明了什么？

地上散落的陶钵和陶罐是用来做什么的？（讲解陶器的诞生以及陶器与人类饮食的关系）

第二步，提出问题。“同学们已经了解了杨家洼人的主要食物和烹饪方法，请分组讨论并将杨家洼人的食具与我们家厨房里的炊具和餐具进行对比，找找看差距。”“你们觉得新石器时代早期古人们的食具主要存在问题是什么？”“如果想做出更多美味食物，他们需要什么样炊具？如果提高卫生标准保证饮食安全，他们的餐具还需要做哪些改进？”

（2）自主探究（展厅，20分钟）。

随着时代的发展，我们的祖先从未放弃过对美味的向往，经过无数次的尝试、创新与发明，后人的食具发生了哪些变化呢？通过展厅里陶鬲、陶甗、青铜甗、青铜鼎、白釉瓷盘等5件文物来了解食具的发展和演变。着重探讨陶、青铜、瓷制食具由于原料差异而导致制作工艺与功能的不同。通过讲解和任务探索的方式厘清以下几个知识点：

陶鬲：在原始农业产生后，谷物成为人类赖以生存的主要食物来源之一，人们迫切地寻找一种新的烹饪方式，让谷物变成真正的美味。新石器时代晚期，陶鬲的出现是为了满足人们煮粥的需求。袋状足的设计是个亮点，目的是让受热面变大，缩短了食物烹饪的时间，也节省了能源。

陶甗：是一种得复合炊具，上部是甑，下部是鬲。下部烧水煮汤，上部蒸干食，相当于现在的蒸锅。蒸食是人类利用蒸汽能的最早实践，不但是一种新的烹饪方法，也是中国人世代相传的一种独到的烹饪方式，具有更深的饮食文化内涵。正因为东方以蒸见长，所以以米饭、馒头为主食；而西方以烤见长，所以其主食是面包。

青铜甗：相比陶甗，青铜甗的足发生了明显的变化，这是因为制作甗的原材料发生了变化，金属具有很好的导热性，立足就取代了袋状足。

青铜鼎：鼎是专门用来煮肉的，而且因为鼎的器型比较大，人们还可以把肉和菜一起放进去煮，很像今天的火锅。由于鼎的三足是空心的，在加热的时候，温度会传导得很快。

白釉瓷盘：与我们现在家用的餐盘很像，白釉光亮，形制规整，尤显清净美观。胎壁虽然很薄，但质地坚固，在硬度、耐火度和吸水率等方面都比陶器有大幅的提高。是以高岭土为原料，经1200度左右的高温进行烧制。

（3）实践（多功能教室，20—30分钟）。

第一步，回顾导入。早在远古时期，因为人类对火的利用，人们开始吃熟食了，也开启了对食物加工的探索。我们从展厅里了解到，材质和造型决定了食具的功能和用途。PPT展示对比表。

第二步，合作设计。要求学生以组为单位，为“杨家洼人”设计一件完美的食具，并用超轻黏土制作模型。同时，要为这件食具写一个说明书，标明材质和功能。

（4）交流总结和应用迁移（多功能教室，10—20分钟）。

第一步，邀请家长化身“杨家洼人”进入多功能教室，作观众评委。

第二步，学生以小组为单位，展示并推销自己的设计作品。

第三步，对“完美的食具”进行考评，评选出“最佳设计奖”（表一）。

表一　任务评价量规

项目	1分	2分	3分
作品外观	完整，模仿文物造型	完整，有现代设计理念	融汇古今，眼前一亮
知识点	没有涉及学习的知识点	提到了所学知识点，但不深入	利用所学知识点，在设计中得以体现
创造力	无	一般	丰富
艺术性	用色单一，没有考虑纹饰	有纹饰	用色讲究，纹饰有寓意
小组分工合作	无分工，有组员无事可做	有分工，但各自为政	有分工，有明确任务，合作愉快
总结展示	1人上台推销，表达一般	1人上台，与台下互动好，表达能力强	2人以上组员共同汇报，经过精心设计，表现精彩

第四步，请学生们课后利用今天学到的知识，与家长一起讨论，厨房里的什么锅炖出的鸡汤最美味。

三、实践成果与反思

“完美的食具”STEAM课程是通过了解中国古代食具的演变与发展，探究科技进步对饮食器具的影响，将在展厅里学到科学概念和常识，应用于解决现实问题，完成“为杨家洼人设计一件完美食具”的任务。旨在以探究、设计、实践等方式，培养学生的问题解决、动手实践能力和创造性思维等综合素养。从学生的参与度、手工作品的设计制作水平、营销表现以及活动结束后与学生和家长的访谈反馈来看，本节课基本实现了开发阶段设定的教学目标。家长和学生们对课程内容、教学手段和形式、活动设置安排的连贯性和创新力等方面满意度较高。

总结博物馆教育项目开发和实施过程中的经验，展望STEAM理念与博物馆教育的融合，笔者有如下思考：

（1）博物馆STEAM教育项目是引入STEAM教育理念的博物馆教育。

首先要强调的是，不能将博物馆STEAM教育项目简单地理解为在博物馆场馆内开展的STEAM教育活动。博物馆STEAM教育项目必须突出博物馆的教育特性。我国著名博物馆学专家苏东海先生曾言，如果不强化博物馆教育本身的个性，博物馆教育始终只能淹没在大教育系统的共性之中，显现不出博物馆教育在大教育系统中应有的独立价值和地位。

博物馆教育的优势在于其多元、灵活，强调的是实物基础和互动体验的过程，由欲望、兴趣、疑惑而探索、思考、实践，更接近于现实世界学习的本来过程。[2]相对于博物馆教育来说，STEAM教育着眼于未来科技人才的培养，优势是教育理念和方法。博物馆STEAM教育可以理解为突出博物馆教育资源优势，采用STEAM教育理念与方法，更丰富、更直观、

2　陈曾路：《体系和品牌——博物馆未成年人教育的一些思考与实践》，《中国博物馆》2017年131期，第24页。

更具有延展性和连续性的融合教育。

“立德树人”、培养人才是博物馆青少年教育的根本目的。北京师范大学教育学部部长朱旭东表示，我国教育界一直以来倡导的核心素养应当建立在核心价值观的基础上，唯有如此，才是一个完整的人才培养目标，才能彰显其教育的意义与价值。所以，希望儿童博物馆教育在我国自己的价值立场基础上培养儿童的核心素养，探索对儿童的全方位教育。[3]博物馆儿童教育项目设计要立足于博物馆文化，即藏品文化、环境文化和思想文化，体现博物馆教育的文化特征。具体而言，就是要让儿童观众享受中华五千年文明成果，享受中国特色社会主义文化下的文明教育。这也是博物馆STEAM教育的根本准则与核心要素。

（2）博物馆STEAM教育项目的“教育性”。

美国博物馆教育界的权威海因（George E.Hein）在其1998年出版的《学在博物馆》一书中写道：第一，无法挑战或激励我们的例行经验，不具有教育性，为了使博物馆经验具有教育性，不能只强调“动手做（hands-on）”，还必须能够“动脑（minds-on）”。第二，博物馆经验光是生活、活泼、有趣是不够的，必须经过组织，才具有教育性。博物馆STEAM教育强调跨学科学习，有目的整合多个学科领域的知识和方法来解决真实问题，其项目本身必须遵行科学的教育方法。

与目前比较广泛应用的博物馆教育项目相比，STEAM教育本质上是思维方式的养成，在教育实施过程中特别重视总结与反思、应用迁移和团队合作三个环节。引导学生对知识和方法、技术与过程、思维方式等进行总结和反思，使学生加深对知识、技能、方法、过程的理解，提炼而形成自己的认知策略，是对合作探究学习过程和结果的自我意识表达，是教学能力和学生学习能力的核心。良好的应用迁移是与所学内容相关的，将知识和方法运用到真实情境和其他领域，能够激发学生积极思维，能引导学生联系实际而自主解决问题。锻炼学生同他人交流与合作的基本技能，感受如何通过不断沟通与分工协作更好地达成目标，形成良好的伙伴关系。在博物馆STEAM教育项目中应该有意识地加入这三个环节，凸显STEAM教育特征和优势。在具体实施过程中可以采用组队完成任务的形式进行团队合作；利用任务单、测评表、演示、讨论等进行总结与反思；以提出一个观察、讨论、解决现实问题的家庭作业进行应用迁移。

（3）从业人员需要不断加强系统地学习。

博物馆STEAM课程在活动开发和实施过程中不能回避的问题主要有两点：一是开发难度大。在现有资源条件下，既要从知识纬度相对较为广阔的文物中提炼科学元素，又要设计跨学科综合实践项目，实现不同学科联通，具有一定的挑战性，需要开发者投入大量的时间、精力进行深入学习。二是对教育员综合能力要求较高。已有研究表明，教师引导下的自主探究能更好地促进学生知识和技能的发展。在活动中，教育员要具备基本的科学素养和学科准备，一方面要基于项目、创新设计、任务探索等过程完成认知（思维）互动、情感互动、行为互动；一方面还应恰当地列举生活中的典型事例，唤起学生已有的感性认识。教育员的个人综合能力，直接影响课程的质量和效果。以上两个问题都有待在日后的工作中，通过不断的研究和培训得以提高。

3 弘博网：《中国儿童博物馆的最全指南出炉，值得每一位从业者参与借鉴》，2019年11月22日。

四、结　　语

博物馆教育，是博物馆这一社会机构的重要职能与责任。近年来，博物馆所蕴含的教育功能愈加凸显。社会、学校、家庭对博物馆教育的关注程度逐渐增加，越来越多的未成年人开始走进博物馆、参加各种不同形式的社教活动。伴随着需求和要求的双增加，博物馆教育从业者们在实践中不断总结、反思与提升，始终在探讨博物馆教育的真正的价值与意义，始终在寻找适合自身发展的教育理念和教育方式。当下备受关注的 STEAM 教育，给博物馆教育注入了新的思路，也带来了更多的启发与机遇。

（葫芦岛市博物馆　孟　玲）

博物馆观众讲解心理需求调查分析及讲解工作探究

樊　荣

内容提要： 近年来，社会掀起一轮博物馆热，越来越多的人走进博物馆，他们渴望通过讲解员或志愿者的讲解了解整个展览的知识内涵，学习相关的历史文化知识。本文通过分析与观众现场访谈掌握的第一手资料，浅谈博物馆的讲解工作。

关键词： 人工讲解　志愿者　观众需求　观众调查

博物馆珍藏着人类智慧的结晶，它通过一个个展览揭示人类历史文明的发展。讲解工作是博物馆实现社会教育职能的重要手段和途径，是博物馆社会教育工作的基本组成部分，是博物馆的窗口岗位。雕塑家罗丹曾说："美本身就存在，我只不过是把它已经存在的东西表现了出来"。博物馆的讲解工作就是如此。每个展览开始前，讲解员或者志愿者通过与策展人交流，学习展览大纲，查阅相关资料，综合考虑观众的兴趣点，对文物信息进行再次整合，形成知识点准确、观众喜爱的讲解词，然后记忆、背诵，最后以观众喜闻乐见的方式用语言和讲解技巧表达文物背后的故事，让静止的展品生动起来，以揭示展览的深刻内涵，让公众产生精神共鸣。因此，讲解的过程是一个再创作的过程，讲解员或志愿者是文化的传播者，是文物的代言人，他们架起了文物与观众的桥梁，传播了祖国辉煌灿烂的历史文化。

在辽宁省博物馆的展厅中，我们经常会发现观众在服务台查询讲解员或志愿者的讲解时间，然后准时前往聆听。近年来，笔者与观众、博物馆同行进行了深入交流，搜集了丰富的第一手资料，并在此基础上进行了深入分析，下面，就以辽宁省博物馆为例浅谈博物馆的讲解工作。

一、观众的讲解需求分析及相应的讲解方法

（一）高素质观众希望通过聆听讲解得到精神文化层面的满足

随着中国教育的普及、经济的飞速发展，人们的文化水平和生活水平得到极大的提高，博物馆作为中国传统文化的宝藏也越来越得到人们的认同与喜爱，许多受教育水平较高的观

众喜欢在闲暇时间逛逛博物馆，让紧绷的神经得到休息。而多年的学习习惯让他们在到辽博之前就做了详细的功课。许多观众在参观之前就通过微博、微信、互联网等查阅了大量资料，基本了解了文物背后的故事。走进展厅后，他们更加倾向于聆听讲解，以此印证或完善自己的历史文化知识体系，提高自己的审美，进而获得精神文化层面的满足。还有一部分观众本身就是专家、学者，有着深厚的历史知识底蕴。这类观众本身具有很高的鉴赏水平和丰富的学识，他们对讲解也有更高的要求。

面对这类高素质观众，博物馆就需要一位经验丰富的讲解员或志愿者为其进行深度讲解。辽宁省博物馆作为一座综合性博物馆，每年展出近20个展览，展品涵盖瓷器、玉器、书画、青铜等各个方面，还跨越多个历史时期，这就需要讲解员或志愿者至少要在博物馆从事讲解工作一年，才能实现全馆通讲；至少要从事讲解工作两年，才能深入掌握展览内涵，成为一名经验丰富的讲解员或志愿者。作为综合性博物馆的讲解员和志愿者，他们凭借的不是青春貌美去吸引观众，而是凭借强大的学习能力和深厚的历史文化底蕴以及高超的表达技巧和沟通能力，去满足高素质观众的讲解需求，让他们得到精神文化层面的满足，去感受辽博各类展览的魅力，而这些能力的培养都需要时间。因此，对于博物馆来说，讲解员或志愿者的队伍稳定性至关重要。只有他们在同一个岗位上坚持下来，才能通过博物馆提供的各类培训不断学习、充实、提高自我，才能成长为一名优秀的讲解员或志愿者，才能提供专业型讲解。在展厅中，我们常常会遇到书画专家或教授带着学生聆听讲解员或志愿者的讲解，有的人甚至会一而再、再而三的带学生来学习。笔者与其交流时表达了疑问："作为一个专家或教授已经对展品非常熟悉，为什么还要聆听讲解呢？"他们说，虽然我们研究书画，但通过讲解员或志愿者的讲解，让我们从另一个角度去欣赏这幅作品，自己也是受益匪浅。由此可见，专业型讲解能够满足高素质观众需求。

（二）普通观众渴望通过聆听讲解获得相关文物知识

随着《国家宝藏》《如果国宝会说话》等文博教育类节目的热播，社会掀起一波到博物馆参观的热潮，辽宁省博物馆成为网红打卡地。大量观众将目光转移到博物馆，纷纷走进辽博，他们希望近距离观看栏目的中"马镫"、《万岁通天贴》等文物，希望通过聆听讲解了解文物背后的故事，以此获得相关文物知识。尤其是"又见大唐"展出了许多重量级文物，观众受到报纸、电视、微信、网络等各种媒体的宣传攻势影响，更加希望亲眼看到《洛神赋图》《瑞鹤图》等清宫散佚书画精品，他们纷纷涌向博物馆。但文物是静止的，虽然有图片、表格、文字作为辅助观展工具，普通观众欣赏起来仍有距离感，尤其是书法和绘画类文物鉴赏更需要观众具有相应的基础才能读懂文物背后的故事。因此，他们就希望博物馆提供更多的讲解服务，去满足他们了解文物知识的需求。

此时，博物馆就需要为普通观众提供知识普及型的讲解。以辽宁省博物馆为例，每天讲解员在上午10点和下午2点免费为观众提供讲解，志愿者们平均每天到馆后提供近10场的讲解。此类讲解以观众喜闻乐见的方式、以朴实的语言宣传展览的文物内涵，普及历史知识，以此提高观众的文化自信。例如，在"明清瓷器精品展"的讲解中，讲解员或志愿者就重点强调各个历史时期瓷器的特点、纹饰图案的吉祥含义等，观众们在笑声中增加了对瓷器文化的了解。

（三）亲子教育中，家长更渴望针对中小学生的专业讲解

随着经济发展，家庭年收入逐年增长。据统计，我国城市家庭平均每年在子女教育方面的支出占家庭总支出的35.1%，占家庭总收入的30.1%。家长为了不让孩子输在起跑线上，不但增加数学、语文、英语等主科课程的培训投入，还利用假期到博物馆、美术馆、艺术馆参观，接受美的教育和熏陶。在展厅，我们经常看到家长带着孩子询问讲解时间，遇到讲解员或志愿者讲解时，他们督促孩子上前跟随聆听，学习知识。还有家长给孩子报了社会培训机构组织的研学班，更有来自外省的研学团体专程而来。大部分研学班在辽博门口集合，然后带着孩子先到展厅聆听讲解员或志愿者的免费讲解，再到大厅或食堂等空地开展有奖问答、绘画等活动。据统计，研学班每个孩子收费100—699元不等，来自外省的研学班涉及机票和住宿，因此费用更高。但当这些家长知道博物馆有讲解员或志愿者提供免费讲解时，他们又对讲解质量提出了质疑，得出“不收费就是讲解不专业”的结论，坚持花钱更能得到适合学生的专业讲解。

花钱就能学习到更多知识、得到更好的讲解吗？结果往往事与愿违。有些比较负责的游学机构先让孩子聆听讲解员或志愿者的免费讲解，然后带领做手工，他们至少保证了所学知识的准确性。还有一些所谓的“老师”聆听讲解员或志愿者的讲解后，东拼西凑的自行发挥，讲解内容张冠李戴，有明显的错误，误导了孩子们。讲解是博物馆一切教育活动的基础，学生只有在通过聆听讲解了解文物故事的基础上，才能发散思维感受到教育活动背后的文化内涵。

为了避免这些不专业的研学组织误导学生的情况发生，一方面，博物馆要加强对研学组织的管理，避免老师讲解内容不准确；另一方面，要针对中小学生提供专门的讲解，满足家庭教育中对适合学生讲解的需求。此外，博物馆还应利用各种宣传途径，宣传博物馆的讲解员或志愿者提供讲解服务的专业性，增强家长对博物馆官方讲解的认同感和信任度。例如，辽博讲解员会针对学生团体提供专门的特色讲解，志愿者会为华商晨报小记者团等学生团体提供专门的学生讲解。辽宁省博物馆每年都针对讲解员和志愿者进行专门培训，每次展览开始之前，策展人都会对讲解员和志愿者展厅培训，讲解相关文物知识。每名讲解员和志愿者都要考核合格后才能上岗提供讲解服务，此举保证了他们讲解知识的准确性，保证了学生等观众所学知识的准确性，这才是真正的文化传播，才会起到文化引导和文化自信培养的作用。

二、浅析博物馆人工讲解与电子讲解的优缺点

随着科技的发展，博物馆提供的讲解服务也更加多样化，基本分为人工讲解和电子讲解两类。人工讲解是由讲解员或志愿者负责参观引领、进行现场解说的接待方式。而电子讲解则是观众可以通过电子设备如语音导览器、手机APP、微信小程序等方式进行自助听讲的参观方式。

我们知道博物馆的讲解实际上是一种“情感的交流过程，是灵魂的对视。”但电子讲解缺乏针对性、灵活性和引导性，它只能按照最初的输入内容顺序播放，因而无法根据观众需求及时调整讲解内容，无法让观众体验到讲解的温度，而这恰恰是人工讲解的优势所在。观众来自社会各界，他们的年龄、工作、受教育程度等截然不同，对讲解的需求也有所不同，

人工讲解就可以针对不同的观众提供不同的讲解方式，因人施讲。例如，针对成年人的讲解，对中、小学生就不适用。因为中、小学生的历史文化知识水平较低，对他们的讲解在内容上就要适应他们的文化程度，在语言表达上就要更加深入浅出，力求通俗化、故事化，激发孩子们的兴趣，吸引他们的注意力，进而达到增加知识、开阔眼界、陶冶情操、愉悦身心的目的，让孩子们真正喜欢上博物馆。孩子是祖国的未来，他们了解了中国璀璨的历史文化，才会发自内心的热爱祖国，才会产生民族自豪感和文化自信心。辽宁省博物馆新馆距离机场比较近，很多观众利用登机前到馆参观，预留时间通常只有 2 小时左右，比较匆忙。这时，讲解员或志愿者就要分清主次，通过重点文物的讲解反映展览的全貌，既满足观众聆听讲解的需求，又能满足他们对时间的需求。

此外，电子讲解内容一致、语速一致，音色比较刻板，缺乏和观众之间的语言和情感方面的互动式交流，观众感受不到和讲解员或志愿者面对面的亲切感，而人工讲解就很好地弥补了这些缺点。讲解员或志愿者在讲解开始前可以通过简短交流了解观众的参观需求，以此确定讲解内容和讲解时间，然后娓娓道来文物的故事。在讲解过程中，她们可以随时根据观众的表情、话语调整讲解内容和节奏；可以用设问方式增加与观众互动，引发观众思考；可以用切身经历、感受增加观众的代入感，拉近与观众的距离。一个优秀的讲解员或志愿者不仅有丰富的知识储备，还具备社会学、心理学、组织行为学等方面的知识，具有很高的洞察力和组织能力，能够随机应变。在“又见大唐”展览时，每当讲解员或志愿者在展厅内讲解，都会吸引大量观众，有的时候多达 100 人，由此可见观众十分需要人工讲解。

当然，还有一部分观众因为年龄大不接受新事物，或怕麻烦、不会使用或不习惯去使用电子讲解，他们只接受人工讲解。综上所述，人工讲解是博物馆的主要讲解手段，而电子讲解是博物馆一种重要辅助工具。

三、讲解的宣传和引导作用

（一）讲解对展览的宣传作用

文物详细、真实地记载着人类社会文明的历史发展轨迹，它是人类宝贵的历史文化遗产，是一个民族的象征。博物馆举办的展览就是专家、学者运用新颖、创意的陈列手法和方式来进行布展陈列，展示古文物的魅力。对于策展人来说，整个展览的策划就像一首歌，有前奏，有高潮，有起伏跌宕，有结尾。而讲解员或志愿者就是在讲解过程中，向观众传达策展人的思想，通过文物讲述人类辉煌灿烂的历史文化。

一个好的展览固然对观众有很大的吸引力，但好的讲解会将观众留住，甚至吸引更多的人前来参观。“又见大唐”展览中后期，展厅内人如潮涌，很多观众打电话或进入展厅后直接到服务台咨询讲解员和志愿者的讲解时间，合理安排自己的参观计划，每场讲解都有大批观众围观就是最好的证明。笔者与许多观众进行访谈，发现他们第一次到辽博往往是慕名而来，聆听讲解后，深受震撼，然后陪同领导、邀请朋友或陪同家人再次到辽博参观。同时，观众通过朋友圈、抖音等个人媒体发布展览相关信息，她的朋友因此而来辽博参观……因此，展览开始后，观众会逐渐增多，这也是信息扩散、影响、再传播的过程。在这个传播的过程中，讲解员或志愿者的讲解起到了重要的催化和推动作用。

（二）讲解在弘扬中华优秀传统文化、引导群众树立文化自信方面的作用

党的十八大以来，习近平总书记多次谈到中国传统文化，表达了自己对传统文化、传统思想价值体系的认同与尊崇。习近平指出："我们要坚持道路自信、理论自信、制度自信，最根本的还有一个文化自信"。那么，什么是文化自信？文化自信是一个民族、一个国家以及一个政党对自身文化价值的充分肯定和积极践行，并对其文化的生命力持有的坚定信心。

为什么我们需要"文化自信"？习近平指出，因为"文明特别是思想文化是一个国家、一个民族的灵魂。无论哪一个国家、哪一个民族，如果不珍惜自己的思想文化，丢掉了思想文化这个灵魂，这个国家、这个民族是立不起来的"；因为中国优秀传统文化，"可以为治国理政提供有益启示，也可以为道德建设提供有益启发"，"我国今天的国家治理体系，是在我国历史传承、文化传统、经济社会发展的基础上长期发展、渐进改进、内生性演化的结果"；更因为"只有坚持从历史走向未来，从延续民族文化血脉中开拓前进，我们才能做好今天的事业"，"没有文明的继承和发展，没有文化的弘扬和繁荣，就没有中国梦的实现"。

"欲人勿疑，必先自信"。只有对自己的文化有坚定的信心，才能获得坚持坚守的从容，鼓起奋发进取的勇气，焕发创新创造的活力。以"又见大唐"为例，传世的唐代法书和绘画是大唐盛世的历史见证，它们展示着唐代社会政治、文化、宗教等诸多方面的缤纷与雍容，凝聚着中华民族的文明记忆与文化基因，是最宝贵的中华民族文化遗产。讲解员或志愿者通过讲解一件件文物，逐渐让观众又见大唐盛世，感受到大唐文明的独特气息和无限魅力，让观众通过展览，感受到中国今天屹立于世界东方的文化自信，让我们坚守文化自信，深化对中华文明的认知，又见东方古国的延绵不息，太平盛世。

作为博物馆工作人员，我们应充分发挥博物馆的功能和作用，推动社会树立文化自信。二十世纪八十年代，美国博物馆界名著《新世纪的博物馆》中对博物馆的教育指出："若典藏是博物馆的心脏，教育则是博物馆的灵魂"。因此，博物馆不单纯是文物的收藏、展示和研究机构，更是有着沟通文化的桥梁作用的文化教育机构，而讲解工作是发挥这种桥梁作用的重要手段和保证。我们要通过讲解员或志愿者讲解展览传播中华民族博大精深的优秀传统文化，增强大家的爱国心和民族自豪感。我们知道今天在展厅内聆听讲解的只是一小部分人，但我们坚信，在我们的不懈传播和积极努力下，会有越来越多的人通过博物馆了解中国，热爱中国。我们坚信今天种在孩子幼小心灵的文化种子总有一天会生根发芽，成长为"此生无悔入华夏"的爱国情怀和"我骄傲我是中国人"的文化自信。

综上所述，我们了解了博物馆的讲解在服务观众、传播历史、树立文化自信方面的巨大作用。未来，我们将积极发挥创新精神，将更多科技和手法融入日常讲解工作中，更好的发挥讲解的巨大作用，推动社会文化的发展和进步，守护好文化遗产，传承好中华文化，不断坚定文化自信，凝聚精神力量，助力祖国蓬勃发展。

（辽宁省博物馆　樊　荣）

浅谈地方博物馆藏品管理工作

——以葫芦岛市博物馆为例

李　乐

内容提要：自中国实施公共博物馆免费开放政策以来，博物馆参观人次呈逐年上升趋势。人们对博物馆的精神需求日益增长，藏品是博物馆赖以生存的基础，博物馆藏品管理水平也必须与博物馆的发展相适应，博物馆的藏品管理工作越来越受到重视，地方小型博物馆的藏品管理工作尤为突出。文章以葫芦岛市博物馆为例，就地方博物馆藏品管理工作的重要性、藏品管理工作涉及的主要内容、地方博物馆藏品管理工作的现状及应采取的对策进行探讨。

关键词：地方博物馆　藏品管理　现状　对策

一、博物馆藏品管理工作的重要性和主要内容

藏品是博物馆存在的基础，藏品的性质决定了博物馆的性质，藏品数量多少、质量高低是博物馆定级的标准，也是决定博物馆规模、品味、社会地位的重要依据，藏品的重要性决定了藏品管理工作的重要性。藏品的科学管理，能提高藏品保管的安全性，遏制文物的丢失和损毁，避免造成博物馆损失，有效保护国家文化财产不受侵害。藏品能为博物馆展览提供生动的文物素材，藏品的档案等文字资料能为群教提供详细的文字基础，故藏品管理工作是充分发挥博物馆展示和教育功能的前提。“巧妇难为无米之炊”，没有实物就无从谈研究，藏品管理为文物科学研究提供实物，大大促进文物科学研究事业的发展。藏品管理工作内容包括对文物的保护工作，文物保护工作中又包括文物修复等工作，随着科技的进步文物修复水平不断提高，为文物考古工作的顺利开展提供坚强后盾。

藏品管理工作的目的是为了准确鉴别文物的价值，确保文物的安全，保护文物并充分发挥其价值，按照相关规定和方法，对藏品进行科学管理。藏品管理工作是博物馆工作中的基础工作，博物馆藏品管理工作包括围绕藏品进行的一切工作，有一套完整的工作程序和方法，涉及的工作以藏品保管工作为主，主要包括藏品的征集、鉴定、定名、定级、登

记、编目，以及藏品的库房管理、档案管理、账目管理，此外还包括藏品的保护、研究、数据化管理等工作。[1] 这些工作应该做到："制度健全，账目清楚，鉴定确切，编目详明，保管妥善，查用方便。"并严格遵守《中华人民共和国文物法》《博物馆藏品管理办法》等相关法律法规。

二、地方博物馆藏品管理工作的现状

（一）库房条件

库房是文物的栖息之地，拥有安全的库房条件是藏品管理的根本。随着我国博物馆事业的大发展，一部分经济发达的地方纷纷新组建和扩建博物馆，绞尽脑汁尽可能地建造功能齐全的现代化库房。随着辽宁沿海经济带开发的大好趋势，葫芦岛市博物馆新馆于2016年正式建成并搬迁。从老馆库房面积仅60平方米扩大到新馆的569平方米（走廊在内），包括石器库房46.08平方米，陶瓷库房103.68平方米，考古器库房103.68平方米，书画和钱币库房61.44平方米，金属器库房46.08平方米，并且每个库房都配有监控系统、先进的柜式七氟丙烷灭火器和高村恒湿恒温机，24小时全天监控无死角。从老馆文物不分种类的存放状态转变成藏品的科学分类管理，结束了文物管理工作的只看堆状态，真正意义上实现了相对科学的文物库房管理。

（二）藏品管理人员情况

（1）在对地级市小型博物馆尤其是县级博物馆调研中发现，许多博物馆仍存在文物藏品管理人员严重不足的现象。以葫芦岛市博物馆为例，藏品管理人员仅有两人，其中一位不到两年马上退休，另一位既管账又管物，不符合账物分开的原则，为了弥补人员少这一缺欠，葫芦岛市博物馆规定藏品的原始凭证一式三份分别由研究室、行政和保管部留存，对保管部的帐、物管理起到了有效的监督作用。尽管如此，由于最近几年来事业单位的机构改革使编制冻结，多年不招收新人，在人员短缺问题上的矛盾尤显突出。

（2）藏品管理者业务水较低。由于许多小型博物馆人员少，藏品管理者的水平也普遍不高，只有一少部分是中级技术职称，高级职称也只是凤毛麟角，甚至有的藏品管理人员没有专业技术职称。以葫芦岛市博物馆为例，全馆副高以上职称3人，中级技术职称4人，初级技术职称4人，其中从事藏品管理工作仅1人为中级职称，另一位为行政岗。这种相关人员不专业情况一是很容易造成藏品管理的主要业务工作压在一个人身上，致使业务工作分配不均，很难调动业务人员的工作积极性。二是由于相关人员业务水平的局限不利于文物的保管，在实际工作中很容易疏于防范，增加文物破坏的风险，不利于文物的安全保管。三是藏品管理者不懂专业的藏品保护知识，一旦发生损坏现象，无法对藏品进行及时保护处理，很容易造成国家文物财产的损失。四是由于人员老化，一些藏品管理工作人员缺乏一定的计算机应用能力，无法操作专业应用软件，不能适应新型计算机技术，进而影响博物馆藏品信息

1 王宏钧：《中国博物馆学基础》，上海古籍出版社，2001年，第133页。

化工作，是当前地方博物馆藏品管理中遇到的重要难题。

（三）藏品的收藏及利用情况

（1）地方博物馆在藏品收藏规模上无法与省级以上大型博物馆相媲美。据调研，辽宁省博物馆到 2016 年 8 月完成第一次全国可移动文物普查验收为止馆藏文物就有 115800 件 / 套，精品更是丰富多彩。而葫芦岛市博物馆到目前为止馆藏文物总数仅 1135 件 / 套，其中一级文物 1 件 / 套，二级文物 92 件 / 套，三级文物 259 件 / 套。包括陶器、瓷器、石器、金属器、考古、钱币、书画、其他 8 个门类。由此可见，地方博物馆藏品收藏通常存在数量小、种类少、精品少的特点。

（2）随着社会文化事业的发展，只有充分挖掘藏品本身所反映的历史、艺术、科学等文化信息，才能为社会教育提供丰富的教材，才能更好地满足人民群众日益增长的精神文化需求。因此，当今社会对博物馆藏品利用水平提出更高的要求。据统计，地方博物馆 70%—80% 的文物躺在库房里，无法充分发挥其教育与展示的作用。根据对葫芦岛市博物馆展厅基本陈列的观察，共展出葫芦岛地区出土文物 800 件（含借调其他馆文物及复制文物），其中本馆文物只包括 240 件，展示器物时代只涉及新石器时代、商、战国、秦、汉、辽、金、元、明、清几个时期，从藏品的利用情况也侧面反映出该馆馆藏品收藏存在严重的断代问题，这也是许多地方博物馆存在的现象。

三、地方博物馆藏品管理应采取的对策

（一）加大资金的投入

地方博物馆藏品管理资金短缺问题可以说是老生常谈，但也不得不说是地方博物馆多年工作中一直存在的硬伤。

（1）加大藏品征集资金投入。由于地方财政对博物馆拨款有限，加之公众对博物馆的参观需求不断上升，许多地方不得不厚此薄彼，迫于无奈博物馆只能把有限的资金更多投入到展览上，使本该是核心业务的藏品管理工作成为不受重视的边缘性工作，降低了藏品管理者的工作积极性。据统计，葫芦岛市博物馆老馆馆址 2013 年征集文物 60 件 / 套、2014 年征集文物 36 件 / 套、2015 年至 2016 年共征集文物 28 件 / 套，自 2016 年末新馆搬迁后免费开放以来，新征文物仅 8 件，悬殊的数据对比说明地方博物馆在对外开放后藏品征集工作的滞后，也是相当的无奈，呼吁财政部门加大资金投入特别是藏品征集费的投入。

（2）增加物业拨款。由于财政拨款有限，致使博物馆物业许多工作也不是很到位。以葫芦岛市博物馆为例，葫芦岛财政直接拨款给博物馆物业，物业为了节省资金招收的保安少，一方面安全保卫力量不足，加之工资水平低，人员流动性大，使博物馆藏品管理安全性存在隐患；另一方面文物库房出现硬件设施问题由物业统一修理，一旦出现问题我们第一时间上报，但物业首先要通过层层审批，有些常用的库房正常损耗设施需要维修时没有库存，东西现采购，库房设施不能在第一时间修缮，不利于文物的库房安全保管。

（3）适当增加库房设备投入。尽管许多地方馆库房环境总体比较完善，如有条件还是要适当增加库房设备的投入。以葫芦岛市博物馆来例，虽然库房有较好的恒湿恒温系统和防火系统，但日常藏品管理工作所需的设备仍然短缺，目前馆里只有简单的测量工具游标卡尺和称，可以适当投入更加精密的测量工具、文物出土后对污垢进行处理的超声波设备、对文物检测的X射线、观察文物的透射电子显微镜等，这些器材的投入有利于藏品管理者开展对文物的保护和研究工作。

（二）健全机制，壮大专业队伍的规模，注重专业技术人才的培养

（1）建立健全藏品管理体制，确定明确的岗位责任制，对管理者进行约束，从而提高藏品管理工作者的觉悟，增强责任感。以葫芦岛市博物馆为例，自博物馆建立以来有主管机构下发的规章制度，本馆也制定了《博物馆工作制度手册》，涉及藏品管理工作的有《保管工作人员岗位责任制》《博物馆文物库房保管工作制度》《葫芦岛博物馆安全保卫制度》《中国文物、博物馆工作者职业道德准则》，各项规章制度比较全面。建议还可以进一步建立适当的奖惩机制，以激发藏品管理者的工作积极性。

（2）壮大专业队伍的规模，注重专业技术人才的培养。据调研，葫芦岛市从事文博工作人员79人，其中高级职称3人，中级职称10人，初级职称16人。同处辽西的其他地级市朝阳从业人员162人，高级职称19人，中级82人；锦州从业人员203人，其中高级职称20人，中级70人；阜新从业人员56人，高级职称10人，中级19人。葫芦岛市专业人员本来就少，那么在这种情况下能从事藏品管理工作的人员就更是少得可怜。一是在政策允许的情况下市人事部门应适当把专业技术岗往一线藏品管理工作者倾斜，鼓励大家参评中级以上专业技术岗，使技术人员得到晋升。二是增加编制招收专业技术人员，弥补专业人员不足问题。三是地方博物馆为提升业务人员素质，还可以开展业务培训，可以采取以大带小方法，派专业人员去大馆学习或到大馆请专家来授课。当前，我国人社部印发了《关于支持和鼓励事业单位专业技术人员创新创业的指导意见》，明确支持和鼓励专业技术人员挂职、参与项目合作、兼职、离岗创业。按照这一出台政策，葫芦岛市博物馆可以到当地的大学等相关专业单位聘请高级专业技术人员在本馆做兼职工作，既可以引进人才，又也可以带动馆内其他业务人员专业技术水平的提高，可谓一举两得。

（三）不断完善藏品管理工作中的各类基础性工作

（1）完善珍贵文物藏品档案制作工作。许多地方博物馆藏品档案制作不够规范，需要不断丰富完善。以葫芦岛市博物馆为例，目前已经完成352件/套藏品档案的文字工作，但还需要进一步丰富，比如没有专业的人员进行图片处理，有些文物曾刊登的学术期刊、流传经历等问题还需要追根溯源具体完善。

（2）积极开展藏品定级工作，有效提升藏品的整体水平。以葫芦岛市博物馆为例，据统计该馆有402件/套未定级藏品，根据工作经验分析，如果这批文物经过专家定级，很有可能出现至少三分之一的精品，这个数量是非常可观的，对本馆藏品整体水平的提高大有裨益。

（3）调整思维，在资金不足的情况寻找有特色的征集方向。地方博物馆在藏品实力不足的情况下完全可以尝试形成具有自身个性的征集方向。比如辽宁省博物馆的精品字画收藏量

很大，在长期的坚持下自成体系。河南博物院根据自身的优势注重收藏中原文物形成自身文化特征。根据对葫芦岛市博物馆现有藏品的分析，馆藏铜镜总数95枚，虽不如大馆收藏铜镜那样个个精良，但包括许多种类，如人物故事纹铜镜、铭文镜、花鸟鱼纹铜镜、瑞兽纹铜镜、素面镜等，题材比较广泛，况且在资金不足的情况下，铜镜相比其他类别藏品征集费用又相对不高，完全可以尝试以此为切入点，多征集铜镜，使铜镜收藏形成体系，有自身的文化特点和个性，不失为一个好办法。

（四）对藏品管理工作的认识要有所转变，提高藏品的管理水平

（1）对藏品管理工作的认识不能单单只局限在保管方面，应该充分认识到博物馆应对藏品管理工作提出更高的要求。博物馆不仅是文物收藏地和展示地，更承担着进行社会教育和科学研究的使命。因此，博物馆的藏品管理工作应从只局限于藏品保管工作上升为对藏品的全面科学管理，除了对文物的保管、保护、利用还应该加深对藏品的研究。应该更好地发掘藏品的内涵，研究藏品背后所承载的历史，全方位地开展藏品管理工作。只有这样才能提高藏品的利用率，有效发挥藏品的价值。以葫芦岛市博物馆为例，该馆2008年从国家博物馆水下考古中心调拨369件元代出水瓷器，葫芦岛地处沿海经济带，又是海上丝绸之路的重要组成部分，相关人员完全可以迎合这一契机对这批文物的内涵进行深刻挖掘探索，寻找出具有地域文化特点的研究成果，以更好地为博物馆的教育和展示服务。

（2）根据我国“十三五”规划，文物保护实现由抢救性保护向抢救性与预防性保护并重转变，由注重文物本体保护向文物本体与周边环境、文化生态的整体保护转变，确保文物安全。大多数地方博物馆藏品管理人员只停留在定期查看、记录数据的状态，库房条件好点的博物馆以为恒湿恒温机一开就没问题，这些都是工作不到位的表现。藏品保护工作不应该是机械的，应该发挥更多的主观能动性，研究不同质地文物的变化机理，最大限度的延缓器物的质变速度，延长文物的寿命。

（五）藏品管理数字化

近年来，随着计算机和网络技术的发展，一些博物馆利用云计算、物联网、移动通信、大数据等新一代信息技术，建立智慧博物馆实现博物馆藏品的征集、保护、研究等工作。例如南京博物院，就建立了专门的数据系统。通过无线射频识别技术、利用红外线传感器、全球定位系统、地理信息系统、激光扫描器等信息传感技术，按约定的协议，可以把藏品与互联网相连，以实现对藏品的智能化识别、定位、跟踪、监控和管理。地方小型博物馆如果具备经济实力，也可以尝试建立智慧博物馆，以实现对藏品的信息化科学管理。

（六）做好藏品的动态化管理

国家文物局长刘玉珠曾经说过：“文物安全是文物工作者的底线和红线。”我们应该始终把文物的安全工作放到首位，加强对文物的展览、对外借展等动态工作的安全管理，这样才能使一切工作不白费。

综上所述，博物馆的藏品管理工作是一项系统而复杂的工作，做好藏品管理工作是藏品管理者义不容辞的责任和义务。相信地方博物馆经过探索和完善，一定能走出适合自身发展的藏品管理方法，使文物得到有效保护和利用，充分发挥其文化价值和社会价值，为我国文化事业发展服务！

（葫芦岛市博物馆　李　乐）

新形势下对博物馆文创工作的探析

——基于沈阳故宫文创工作的研究

苏　阳

内容提要：近年来，国家大力支持文化文物单位文化创意产品开发，陆续出台了扶持政策，为文创事业发展提供了难得发展机遇。沈阳故宫主动适应博物馆文创工作新形势，积极抢抓文创事业发展新机遇，以丰富深厚的清文化为底色，深入挖掘馆藏文化资源，开发出展现浓郁地方及民族特色的文创产品，取得良好的经济和社会效益。本文以沈阳故宫文创产品开发工作为例，在总结分析当前博物馆文创工作取得成效和存在问题的基础上，对新形势下如何充分利用国家支持政策，进一步创新文创工作思路、提升文创工作水平进行初步探析。

关键词：博物馆　沈阳故宫　文化创意　文创产品

一、文创工作的探索

2014年，为贯彻落实博物馆要大力发展文化产业的部署要求，沈阳故宫博物院依托下属企业“沈阳故宫旅游服务部”成立文化创意产业部，承担文化创意产品开发、经营等相关工作。2016年沈阳故宫博物院被吸纳为中国博物馆协会文创专业委员会副主任委员单位。同年被国家文物局确定为全国博物馆文化创意产品开发试点单位之一。文化创意产业部自成立以来，几年里按照国家关于博物馆文创产品开发社会效益优先的要求，结合沈阳故宫文创工作经验，深入挖掘馆藏文物历史底蕴和文化内涵，并紧密结合展览，研发带有藏品文化元素特色的文创产品，探索出多种开发模式。

（一）自主研发文创产品

近年来，在可用的人力和财力资源有限的情况下，本着研发的产品具有沈阳故宫文化元素，一定要观众喜欢和接受的原则，通过对沈阳故宫文化和馆藏文物的深度挖掘，先后开发了大政殿系列、八旗系列、永福系列、仿古系列等四大专题系列产品，在弘扬主题、传播历史、宣传教育等方面取得了良好的社会效益，最大化地满足了观众多元化需求，得到了业内和社会各界的广泛关注和认可，这四大系列产品也多次在文博展会中备受关注，特别是在2018年第十三届中国北京国际文化创意产业博览会上荣获最佳展示奖；第八届中国博物馆及相关产品与技术博览会上荣获弘博奖.最佳展示奖的荣誉。自主研发的文创产品更加突出文化内涵，突出实用性和兼顾大众性，吸引了一批忠实的“粉丝”，使文创产品逐渐成了当今市场消费的主力军。

（二）与“非遗”传承人合作

与“非遗”项目合作是沈阳故宫文创产业的一项创新工作，与非物质文化遗产传承人共同开发具有沈阳故宫文化元素的非遗文创产品，不仅使研发的产品具有沈阳故宫文化，同时使活态的文化也能够得到更好的传承与发展。如板画工艺（沈阳故宫建筑、脊兽、八旗系列）、掐褶纸工艺（清宫服饰系列）、布贴画工艺（沈阳故宫建筑、服饰系列），扶持、挖掘、利用、弘扬优秀传统文化精髓，自觉承担起保护文化基因的责任，让非物质文化遗产走进沈阳故宫，让传承人面对面地与参观者进行互动和讲解，让非物质文化遗产得到更好的保护和开发。

（三）与优秀企业合作

与优秀文化企业合作是沈阳故宫文创产业工作一贯坚持的原则。让专业的人做专业的事，在维护沈阳故宫应有利益前提下，经过反复考察调研选择具有一定规模并符合博物馆文化需求的文创企业，通过博物馆馆藏元素授权、文创产品定制研发、产品代销、委托销售等方式有选择地进行项目合作。达到优势互补、强强联合，有效解决博物馆文创产业资金短缺、设计人才匮乏以及销售渠道单一等实际困难，例如为拓宽自身发展空间，沈阳故宫与上海浦东发展银行信用卡中心合作，授权发行“万世永福”文化联名主题信用卡；为了拓展销售渠道面向市场，与万科集团合作在红梅文创产业园区成立沈阳故宫文创体验馆；与沈阳广播电视台和KC皮草集团联合打造服饰类文创产品，在增加经济效益的同时获得更大的社会效益。

二、面临问题及相关策略

随着经济社会的快速发展和人们对物质文化需求的日益增加，文化事业和文创产业的重要性日益凸显，文创产品市场需求逐渐增长。面对国家关于博物馆文创工作的政策要求和潜力巨大的市场需求，博物馆文创产品研发和经营等还有较大的提升空间。就当前而言，制约和束缚博物馆文创产业发展的因素有几方面。

（一）文创产品研发资金投入不足

文创产品研发工作不仅仅是文创产品的研发设计，还包括生产制作、营销推广等环节，每个项目都需要资金投入。目前各博物馆根据自身情况有的是通过申报财政扶持资金，可以获得一定的文创专项资金支持，有的是博物馆下属企业自筹资金，还有委托文创企业由文创企业出资研发生产，博物馆提供场地，采取合作经营的模式。以上几种方式都存在了一些弊端，财政拨付的文创资金数额有限，从文创产品的设计、开模、打样，各环节都需要大量的投入，很难形成多系列的文创产品，使产品研发受阻。博物馆与文创公司合作经营，产品研发生产费用由文创公司承担，产品研发主导权归文创公司所有，利润分配由于博物馆没有出资，所得收入并不高，没有充足流动资金支持，文创产业工作自主性不强，开发周期延长，导致文创产品开发步伐迟缓，博物馆的品牌效应也没有得到应有的发挥。

博物馆文创产业应当成为博物馆创收的一个新的经济增长点，在这种情况下，相关部门应支持和鼓励博物馆成立自己的文创企业，用于博物馆文创产业的运营。财政部门应畅通专项经费拨付渠道，明确配套的文创资金用于博物馆的文创企业，赋予博物馆更大的经费自主支配权，推动博物馆文创产业的快速发展。同时出台相关资金扶持政策，让经营活动适应形势要求和财税政策，根据实际市场和开发需求，进行自主分配、良性运营，活化运营资金，推进文创产品市场化，保障文创产品在正常周期内开发和营销。

（二）文创产品的价值差异

很多博物馆因普遍存在文创产品的投入资金不足、市场化水平低、宣传力度不高、产品种类单一等原因，博物馆部分文创产品销路并不理想，甚至出现产品积压，单纯从经济学角度看效益低下。但博物馆文创产品除具有一般商品营利性的基本属性外，更多的是承载着宣传文化、传播文化的使命，担负着博物馆展览功能的延伸的责任，肩负着社会效益的重任，不能完全按照市场的规律来审视。一般来说，博物馆研发的文创产品是带有藏品文化元素特色的文创产品，不是应时和短期的热门热销产品，不是一次性消费品。研发的初衷是以社会效益为首要，是满足观众体验互动需要的特色文创产品，不能等同于市场流通领域的商品，同时根据消费者的喜爱程度需要一段时间的市场检验。

（三）博物馆文创商店品质需提升

博物馆文创商店已成为博物馆文创产业收入的重要组成部分，但国内大部分博物馆文创商店的收益并不高，存在一些带有普遍性的问题，解决问题的实质就是要改变经营策略，符合大众需求。以沈阳故宫为例，因为沈阳故宫属宫廷遗址类博物馆，参观区较分散，2016 年以前的文创商店地处博物馆内比较偏僻的位置，不利于正常的参观路线，而且产品种类比较单一，趋于市场同质化，并不能突出沈阳故宫的文化元素。2016 年初经参观路线的调整，决定把文化创意产品展示中心店设立在参观出口的位置，让游客参观结束后能够买到自己心仪的文创产品，结束这段美好的旅程，实现博物馆最后一个展厅的文化概念。另外针对占游客数量 60% 以上的中低收入群体的需求，文创产品的种类也进行了更新，结合沈阳故宫特有的文化元素研发的产品种类逐渐丰富，包含生活日用品、文具、首饰、工艺品等，定价 70% 以上为 10 元至 100 元的产品。因此博物馆文创商店的运营要顺应市场的形势和要求，积极采取新的动作和举措来迎合消费者，同时从内容和题材上还要充分结合博物馆自身的文化内涵，讲好文创产品背后的故事。

（四）受地域条件限制较大

受限于城市经济发展、人流、环境、消费水平等因素，大多数地方博物馆客流量和潜在消费群体较小，很难在短时间内开展文创产业工作，实现博物馆文创创收。可以探索建立健全有关机构和社会团体相结合举办文创大赛和相关的培训课程。针对不同受众群体的特点，举办特色展览，再结合展览研发系列文创产品，同时找准市场定位，确定是否符合大众消费和日常生活需要来进行产品研发，这样才能促进博物馆与社会的良性互动，增强博物馆的社会服务职能。

2018 年 4 月沈阳故宫博物开始组织开展首届“盛京宫阙”杯——沈阳故宫文化创意产品设计大赛，面向全社会征集优秀文化创意设计作品，同时邀请鲁迅美术学院、东北大学艺术学院、辽宁大学文学院、沈阳师范大学美术与设计学院、沈阳航空航天大学设计艺术学院、沈阳大学美术学院六所高校作为协办单位鼓励在校师生参与比赛。

参赛作品的设计充分结合市场，体现大众需求，便于成果转化和市场营销，根据首届“盛京宫阙”杯大赛主题，以沈阳故宫历史文化为背景，兼具文化内涵、雅趣风格和实用性。类别可分为工艺品、文具、旅游纪念品、日用品等，数量、材质、工艺不限。

2019 年 2 月 22 日进行了本次大赛的终评，甄选出了银奖 3 名、铜奖 4 名以及优秀奖 18 名的获奖作品，2019 年 3 月 26 日进行了颁奖。

2019 年 6 月 11 日沈阳故宫博物院又举办了沈阳故宫文创设计——博物馆元素专业培训班。本次培训班围绕沈阳故宫文创设计这一主题，旨在提升文化创意产业研发人员综合素质，同时，为行业相关从业人员搭建交流平台，共同推进沈阳故宫文化创意产业发展。来自北京、上海、深圳、宁波等地的 61 名学员在沈阳故宫相关领域专家老师的分享指导下，深入学习沈阳故宫历史文化，共同探讨沈阳故宫文创产业未来发展形势，集众人力量推动故宫文创产业发展。

2019 年 9 月在庆祝共和国七十华诞之际，沈阳故宫和北京故宫同时推出“万紫千红——中国古代花木题材文物特展”。沈阳故宫文创以此次展出在馆藏《清汪承霈设色湛露春融图》中羞涩含苞、艳而不俗的花卉为灵感，提取其中盛开的牡丹花为元素，研发设计出书签、钥匙扣、帆布包、围裙等系列文创产品。冰清玉润、富丽清新的牡丹将为您的生活带去吉祥和富贵。

三、文创产业创新发展的新路径

近几年来为大力发展文创产业，国家陆续出台各项政策，《博物馆条例》、《国务院关于进一步加强文物工作的指导意见》（国发〔2016〕17 号）、《国务院办公厅转发文化部等部门关于推动文化文物单位文化创意产品开发若干意见的通知》（国办发〔2016〕36 号），以及国家文物局贯彻落实《意见》有关文件（文物博函〔2016〕1007 号）的出台等等，为博物馆文创事业发展明确了方向。各地博物馆可以充分利用有利的政策环境，开展文创产业工作，立足本地文化和馆藏文物元素，在体制机制、经营模式、品牌建设、激励机制等方面加大创新力度，增强博物馆文创品牌的影响力。

（一）创新产品开发体制机制

博物馆要积极探索全面创新文创工作机制，制定文化创意产品开发激励机制和工作细则，鼓励具有相关知识和技能的人员到本单位附属企业从事文化创意产品开发，逐步建立起博物馆文化创意产品开发的良性机制，进一步提升文化创意产品开发水平。

1. 体制创新方面

按照文化事业与文创产业“双轨同行”“相互支撑”的思路，理顺事业单位与所属文化企业的关系，现有博物馆在编人员主要承担文化资源与产业资源合理对接和管理工作，同时可再招派遣制人员或企业合同制人员，负责文创企业财务、设计、营销、销售等相关工作。

2. 经营管理方面

根据博物馆文创工作的业务发展需要确定经营范围，参与市场竞争，不断拓展业务范围。沈阳故宫在文创产品经营销售方面除了在博物馆开设文创商店外，也在不断扩充网络销售渠道，设立了淘宝店和微店。同时为了更有效地迎合市场需求，在城市文创产业园区开设文创体验馆；在星级酒店、购物商场设立专柜，通过与市场进行更有效的结合扩大博物馆文创品牌的影响力。

3. 品牌建设方面

积极创立博物馆文创品牌，实行商标全覆盖。从文化价值、艺术价值入手，梳理筛选博物馆最具价值的IP资源，解读文物IP精髓，授权社会优秀企业进行产品开发，将馆藏资源优势转变为市场优势。2018年沈阳故宫联合上海浦发银行信用卡中心，授权设计沈阳故宫文化元素的信用卡卡面，主题为“万世永福”。同时浦发银行又大批量采购了沈阳故宫文创产品作为回馈信用卡客户的礼品。信用卡在全国范围内发行，更大范围传播了沈阳故宫的品牌价值和文化内涵。

4. 激励机制方面

《文化部等部门关于推动文化文物单位文化创意产品开发若干意见的通知》以及国家文物局《关于促进文物合理利用的若干意见》中已经明确提出，对于在博物馆文创开发设计、经营管理等方面做出主要贡献的人员给予奖励，各地可结合实际制定具体办法。按此规定，对于社会效果和经济效益较好的项目，经过运作情况评估，可奖励博物馆在编人员。博物馆下属文创企业人员可依据文创收入进行分配。在编人员职称参照有关人事规定执行。文创企业工作人员由企业自行在社会招募，具体工资与绩效制度由企业制定。

（二）强化与社会力量深度合作

1. 拓宽市场主体参与渠道

与社会优质企业建立优势互补、互利共赢合作机制，鼓励和引导各类市场主体投入文化创意产品开发，进一步拓宽文化创意产品开发投资、设计制作和营销渠道，加强文化资源开放，促进创意、市场等资源整合，提升开发设计水平。

2. 探索多元合作模式

加强与高校、社会团体、非遗传承人、优质企业的合作，发挥文博单位的优势及引领示范作用，积极吸纳社会力量参与文创产品策划、设计、营销、生产、推广、销售。共同发展博物馆文化创意产业。

3. 加强文物资源共享

在系统梳理文化文物资源基础上，选取有价值、有意义、传播能力强的文物素材，推动文物资源进行数字化管理，建立文物信息资源库建设，推动文物资源共享开发，依托科技手段提升文创产品体验性和互动性。

（三）提升文创产业发展环境

1．完善文创产品营销体系

一是通过新媒体、自媒体加强文创产品宣传推广和销售，充分利用微信微博、官方网站等方式，积极开展“互联网＋中华文明行动计划”，创新文化产品开发和传播手段，塑造品牌效应、提升品牌的社会影响力。二是充分利用线上线下平台和展会活动推广产品，线上设立博物馆文创网店，线下在博物馆内、重点商圈等公共场所开设专营店或代售点。三是依托文化展会、社教活动加强文化创意产品开发和推广，将相关产品推广营销与陈列展览、主题活动相结合，加深大众对文创产品和文化品牌的认知度。

2．强化文创品牌建设保护

依托馆藏资源，创建博物馆自有品牌。依托展览、文化活动、产品研发等工作加强对品牌的培育。同时建立健全品牌授权机制，对沈阳故宫的文化品牌进行创造，塑造具有沈阳故宫文化创意产品开发的品牌故事。与具有沈阳地方文化特色的城市融合发展，共同开发文创产品，延伸产业链条，传播地域文化。

（沈阳故宫博物院　苏　阳）

浅谈博物馆陈列设计中的色彩应用

刘伊丹

内容提要：在博物馆展览中，色彩的设计对陈列展示起到极为重要的作用。在设计陈列色彩时需要综合考虑环境色、展品色、辅助展板色、道具与装置色及照明色，明确主色调，用色彩间隔展览空间，强化特定的视觉心理与情绪，增强对比关系。

关键词：博物馆　陈列设计　色彩应用

伴随着时代的进步，博物馆的展览陈列设计也有着飞速的发展。当代的博物馆陈列展览早已不再局限于简单对展品的摆放，陈列设计也从单纯的展品平摆浮搁延伸到展览的整个空间设计当中。在当今的展览设计中，色彩在展览中起着越来越重要的作用。色彩虽然要依附于形体，但色彩对视觉的冲击力，更具有“先声夺人”的优势。著名的“7 秒钟定律”指出，人们对一个物品的喜好与否，通常会在 7 秒内决定，而在这短短 7 秒中，色彩的影响力占 67% 的因素。也就是说，色彩对人的喜好起着决定作用。因此，在一个展览中，色彩的设计对陈列展示起到极为重要的作用。

色彩的产生是情感的经验，准确的色彩运用不单单是给人带来视觉上的愉悦与艺术上的享受，更重要的是为观众传递出展览所要表达的准确信息。陈列设计中的色彩制定是最能够突显专业性的一个方面，能否在展示中准确、科学地规划色彩，创造出符合展览内容、体现展览氛围并富有节奏感的陈列色彩，是设计师必须考虑的问题。

一、色彩在陈列展览中的具体体现

在一个展览中，除了展品自身的色彩外，陈列空间内所有目光所及的位置，都需要考虑色彩的呈现。如展厅内部空间的各个墙面、梁柱、顶部、地面、展柜内壁等都成为展示陈列的设计对象，甚至展厅门外一定范围内的周边环境及环境内的设施等也应在设计之列，它们同展品、道具共同构成了一个展览展示的陈列整体。因此，在探讨陈列色彩的设计时必将综合考虑。具体有以下几个方面。

（1）环境色：指展厅内部空间内所有墙面、地面、甚至顶部的颜色。环境色的设定对陈列空间的主色调起着主导性的作用，它体现出此展览的个性特征。环境色的设立通常需要根据展览性质、展品自身的定位与风格来确定。这也将是这个展览的主体色调，它将占据展览空间的大部分面积。

（2）展品色：是一个展览陈列色彩设计的主体和中心，其他色彩因素都是为美化和衬托展品色、充分显示展品自身色彩魅力而存在的。以辽宁省博物馆“千年马约里卡——意大利法恩扎国际陶瓷博物馆典藏展”为例，柜内的设计为了烘托不同单元的展品而选择了不同的色彩，无论背景是紫色还是绿色都是为了突显瓷器展品并更好地诠释展品特质。每个展览的展品各不相同，很多时候展览的主体色调很大程度上都要依据展品来确定（图一）。

图一 “千年马约里卡——意大利法恩扎国际陶瓷博物馆典藏展”柜内设计

（3）辅助展板色：辅助展板是对展品之外的展览内容的说明，主要展示文字说明及图示列表，它是展品之外的展览内容的补充。一个展览的辅助展板色彩的设定对展览整体的呈现起到重要的作用。在辅助展板的颜色运用中，要依托色彩学的原理，或是对比色，或是协调色，或是同类色，根据不同情况，灵活运用，让辅助展板在展览中起到调节整体色调、加强节奏感并辅助说明展品的作用。

在辽宁省博物馆“牵星过洋——万历时代的海贸传奇”展的设计中，展厅主体为海洋的蓝色，蓝色为冷色，辅助展板在设计中间或采用了暖色，这种冷暖对比的运用，为展览增强了明快感和节奏感。同时也使得展览在视觉上给人以通透响亮，鲜活醒目的感觉。

（4）道具与装置色：陈列道具色彩起的是突出展品、提高展品显现度的作用。艺术装置与装饰色彩也是起着衬托和点缀的作用。在辽宁省博物馆“博萃臻艺——中西方珍宝艺术展”中，展品多是卡地亚的名贵珠宝饰品，也有一部分精选自辽宁省博物馆藏品。所以展览主体色调为黑色，部分墙体运用了中国红来装饰，并饰有传统纹样，在整体色彩上体现了中西的结合。道具中的主体是大量的中心展柜，全部都运用的黑色，突出展品，也协调了整个展览的整体氛围（图二）。

（5）照明色：不同颜色和明暗的照明色彩起着或柔化、或强化和统一陈列空间色调的作用，同时也是制造环境氛围的有效手段。在浙江省博物馆“非凡的心声——世界非物质文化遗产中的中国古琴”展中，就运用了大量蓝色灯光烘托展览气氛。曲线的墙体造型，配以幽蓝的灯光，营造出悠扬的乐感，让人似乎能感受到音乐的律动。在这个展览中，照明色的运用成功打造了以古琴为主题的乐器展（图三）。

图二 “博萃臻艺——中西方珍宝艺术展”整体效果

图三 “非凡的心声——世界非物质文化遗产中的中国古琴”展曲形墙体造型

二、色彩在陈列设计中的具体应用

（一）明确主色调，营造展览氛围

陈列展览空间中整体色彩的总倾向称为主色调。主色调的确立主要依据展览的主题内容，作为博物馆的展览，要考虑展品的时代、材质、风格及社会背景等。人们对物体的认识主要通过色彩、造型和材质，“在一幅画中，色彩从来只起着一种吸引眼睛注意的诱饵的作用”[1]。色彩对于一个展览的作用也是如此，首先就是营造环境氛围，带给人第一感觉的视觉冲击。色彩给人带来的视觉感受极其微妙，是视觉艺术的灵魂。在一个展览中，色彩的对比和调节作用，通过展品色彩之间、背景与展品之间、道具与展品之间的反衬、烘托或借助灯光色彩辉映，使展品在观众中获得良好的视觉效果与心理共鸣。

以辽宁省博物馆展出的“九连墩的故事——湖北九连墩墓出土文物精品展”为例。此展是一个出土文物展，展品以在湖北九连墩墓葬出土的春秋战国时期的青铜器、漆器为主。青铜器是凝重威严的，提起漆器人们会自然想到红黑相间的色彩图案，红色和黑色非常适合这个展览的主题。单纯用黑色会使人感觉沉闷、压抑，单纯的红色又会过于热烈、鲜艳而偏离主题，所以最终是以黑色为主，间隔以红色的小面积墙面及单元的小空间，起到调节空间和节奏感的作用，即不沉闷也不过于强烈，符合展览主题及时代背景。

（二）用色彩间隔展览空间

色彩是一种物理现象，通过人们的视觉感受产生一系列的生理和心理效应，形成丰富的联想、深刻的寓意和象征，如冷暖、远近、轻重、大小等，这不但是由于物体本身对光的吸收和反射不同的结果，而且还存在着物体相互作用所形成的错觉。另一方面，色彩在对人产生各种生理反应的同时也会引起不同的心理联想，如庄严、轻快、刚强、柔和、富丽、简朴等，造成不同的心理反应。利用色彩的这些特点，就可以打造符合展览内容的陈列氛围。辽宁省博物馆引进展“那山、那水、那人——广西壮族历史文化展”的陈列设计中，依据展览内容，大胆地运用了多种颜色作为主体色彩，既突显主题又起到了间隔展览空间的作用，根据展览大纲的结构使色彩的运用有所依托：反映稻作文化的空间部分用棕黄色墙体；反映饮食文化的空间部分用绿色墙体；反映服饰文化的空间部分用藕荷色墙体；反映节庆文化的空间部分用红色墙体。这样的设计不但明朗地划分出了展览内容，又充分体现出了少数民族的多样性、多民族的融合性、多民俗的丰富性，更突显出民族风格。虽然颜色运用较多，但并不杂乱，反而更使得展览个性化，与展览内容相契合。展览展出后使人印象深刻，得到了各届观众及业内人士的共同认可和赞誉（图四）。

在辽宁省博物馆的引进展“牵星过洋——万历时代的海贸传奇”展的设计中，整体以海蓝色为主色调，但在体现船员海上生活部分的展区内用木板装饰墙体，模拟船舱的环境，首先在色彩感觉上与展览的其他部分区分开来，在视觉上形成了一个特殊的区间，使观众有身临其境之感，非常符合展览主题，同时也加强了节奏感和韵律感。另外，为了更加生动地突出主题，在展览中，以海蓝色的动感灯光营造出一个码头的小场景，也是利用色彩来起到间隔展览空间的作用。

（三）强化特定的视觉心理与情绪

不同的展览具有不同的主题，也便需要不同的展示设计创意。也就是说每一个展览都要有独具特色的陈列设计思想，这种独特可以体现在不同情调与氛围的营造上，体现在对于颜色的巧妙运用上。设计师可以巧妙利用冷色、暖色、亮色、暗色、鲜色、灰色的不同特性，

1 〔美〕鲁道夫·阿恩海姆著，滕守尧、朱疆源译：《艺术与视知觉》，四川人民出版社，第456页。

图四　“那山、那水、那人——广西壮族历史文化展”一角

渲染出不同的陈列环境，创造出所需要的陈列气氛。作为历史博物馆的陈列色彩多为凝重的深色系，力求展示出人类古代文明成果的厚重感，沉静的氛围有利于人们进入历史回归与反思的境界。

色彩心理学认为：形是理智的体现，而色则是感情的象征。不同的色彩会给人带来不同的心理感觉，也会带来不同的情感感受。所以在确定陈列空间中诸多色彩时，要考虑色彩对人情绪的影响。纯度和明度较高的浅蓝、浅粉、明黄色适合儿童；浅蓝和浅绿等颜色可以减缓疲劳，使心情得到放松；鲜艳而对比强烈的色彩组合产生年轻时尚的感觉，让人感受到时代的气息和生活节奏的快捷，并产生愉悦兴奋的视觉享受和情感体验[2]。

在色彩搭配中，中性色常常起到间隔和调和的作用。中性色也称无彩色，包括黑色、白色和不同明暗的灰色，也便是博物馆类展览中最常用的色彩。

在辽宁省博物馆展出的“九连墩的故事——湖北九连墩墓出土文物精品展”中，为了突出展品编钟，特别打造了一个展示区域，红色主体的商代建筑背景，反衬出编钟的凝重。

（四）增强对比关系强化展览的节奏感

赏心悦目的陈列色彩对促成视觉美感的产生具有重要作用。统一和谐的色调，富有韵律感、节奏感和层次感的色彩组合，既能美化和突出展品，也能美化陈列环境，同时带给人视觉与精神上的愉悦与审美效果。依然以“九连墩的故事——湖北九连墩墓出土文物精品展”为例，整个展览主体颜色为黑色，但间或大红色，红黑对比强烈，即体现了商周的时代感，

2　胡以萍：《展示陈列与视觉设计》，清华大学出版社，2012 年，第 92 页。

又加强了展览的节奏性，依然保留着出土文物展的凝重感。

总之，陈列设计中的色彩运用，并不是单纯地迎合展品的原色调，是要通过灵活地表现色彩之间的搭配和组合，用不同颜色的划分、同色系的组合、不同色系的搭配等来营造出有突出个性的展览。展览是视觉的呈现，离不开色彩的作用。精准的色彩运用，才能最终呈现出精美的展览。

（辽宁文化艺术工程中心　刘伊丹）

推进鞍山市文化产业高质量发展之我见

齐新宇

内容提要： 文化产业从提出到今天已经20多年了。鞍山市从2003年开始发展文化产业。从目前发展来看，不尽如人意，2017年，鞍山市文化产业增加值27.3亿元，占GDP1.69%。文化产业增加值仅占全省的4.7%，不足沈阳、大连增加值的零头，距离达到支柱产业还有很大差距。本文重点剖析了阻碍鞍山市文化产业发展的根源和短板，分析了发展新动能和优势，并提出了高质量发展文化产业的建议和对策。

关键词： 文化产业　发展短板　新动能　宣传推介

发展文化产业已经提出近20年了。鞍山市从2003年始，进行文化体制改革，发展文化产业。2007年鞍山市委、市政府成立了相关职能部门，并先后出台相关支持文化产业发展的政策文件。但从我市文化产业实际运行来看，还有相当的路要走。近两年省、市都开展了“短板在哪里、优势在哪里、新动能在哪里”的讨论调研。现就鞍山目前的状况对鞍山文化产业发展进行剖析并提出相应发展措施。

一、鞍山市文化产业发展短板

从鞍山目前文化产业的发展来看，通过横向纵向，内部外部比较，还存在很多不足和短板。

（一）统筹谋划缺位，布局有待优化

近年来，市委、市政府紧扣时代脉搏，提出了“建设文化强市”的发展战略，大力培育和发展文化产业，取得了一定成效。但总体而言，鞍山市文化产业缺乏全域性高层次的统筹规划，缺少“一盘棋”思想。市里虽然也出台过《规划纲要》，但时间久远，缺乏可操作性。没有真正围绕钢铁、岫玉、温泉、千山等地域文化资源，聘请国际国内设计人才、专家学者进行统筹设计和规划。全市没有真正形成一个上下贯通、思路明晰的产业发展格局。

（二）经济总量偏低，企业规模不大

2017年，鞍山市文化产业增加值27.3亿元，占GDP1.69%。文化产业增加值仅占全省的4.7%，不足沈阳、大连增加值的零头，距离达到支柱产业还有很大差距。全市文化企业

法人单位共有2483家，规上企业只有40家，其余均为中小微企业。全市国家级文化产业园区（基地）一个没有，省级文化产业园区（基地）只有6家。以钢铁、岫玉、温泉、千山为主体的文化旅游、工艺美术两大主导产业没有真正做大做强，发挥主导产业作用。缺少牵动力强的龙头企业和体现“鞍山创造”“鞍山特色”的文化品牌和文化产品。

（三）市场主体不强，融合发展滞后

市属国有文化企业如演艺集团、剧院公司存在演艺市场萎缩、演出产品低端、经济状况欠佳等现象。岫岩玉雕产品缺少文化内涵、市场管理比较混乱，产品市场占有率较低。温泉、千山两大旅游品牌缺少核心项目，缺少产业联盟，旅游品牌及远端市场有待提升。文化与旅游、科技、农业、教育等相关产业融合发展不够，没有形成相互促进、融合发展的新格局。乡村旅游与农业种植体验融合力度不大，尤其是旅游、康养、体育等产业，引进外埠、外资参与资源开发建设的项目较少，缺乏投融资管理平台，没有形成大的产业联盟。大数据、云计算、人工智能、移动互联网等科技成果的融合渗透有待于进一步加强。

（四）文化服务欠缺，统计尚需加强

文化资源和金融资本对接少，缺乏投融资管理服务平台。全市文化投资运营注册企业127家，有影响力的较少。文化消费场所数量多达440多家，服务模式单一，主要是网吧、歌厅、舞厅、酒吧等低端业态。旅游景区留不住人已成常态，只是单纯的自然景观，无增值服务。全市温泉企业数量众多，服务低端，附加值低，旺人不旺财。文化经纪代理等中介服务组织注册企业只有53家。文化演出市场不活跃，农村文化服务更加落后。文化产业底数不清，统计体系没有建立，急需建立文化产业统计数据库。

（五）宣传推介不够，环境有待优化

文化产业宣传推介招商力度不够，文体名人、书画艺术家、工艺美术大师，温泉、岫玉、南国梨、钢都等品牌外界知晓率低。文化产业展会活动参与少，主办少，宣传招商少。国家、省市文化经济政策宣传不到位，有的企业、项目未享受到相关政策支持扶持。文化产业“放管服”改革还需进一步深化，由“办文化”向“管文化”转变力度应加强。在国家许可范围内，应加大鼓励和引导民营文化企业参与重大文化产业项目实施和文化产业园区建设力度；在银行贷款、税收优惠、对外贸易和申请扶持等方面应给予积极支持。应加强文化产业信息平台建设，提高政策的透明度、知晓度，跟踪关注文化企业发展。

二、鞍山市文化产业发展优势

虽然鞍山文化产业发展短板众多，劣势突出，但是丰富的文化旅游资源、人文资源，地理位置、产业要素等方面是发展文化产业的强大优势。

（一）文化资源丰富厚重

文化旅游资源多，历史遗迹多，人文资源多，知名度较高，开发利用价值大。铁矿、玉

石、温泉储量丰富。有38亿年前古老岩石、鞍山岩画、5万年前的海城小孤山仙人洞遗址、新石器时代的海城析木石棚、海城黄瓦窑、井井寮建筑（1901）、鞍钢大白楼（1937）、台町建筑群等。[1]目前，非物质文化遗产项目世界级2个、国家级11个、省级9个、市级36个。国球、评书之乡闻名国内。这些都为发展我市文化产业提供了充足的发展空间。[2]

（二）地域区位优势明显

鞍山地处辽东半岛中部，身处东北亚国际航运中心和东北装备制造业中心之间，既有接受双方辐射的便利，又有连接双方互动发展的能力。南连大连，北接沈阳，距离沈阳100千米，向南靠近营口、大连2个出海口。[3]有沈海高速公路和电气化铁路连接，还有腾鳌民用机场，与北京、上海、广州、深圳、成都等多个发达城市通航，交通十分便利。这些都为加快发展我市文化产业提供了孔家地理优势。

（三）产业要素健全完善

鞍山市文化产业发展具备地区经济雄厚、科技水平发达、消费需求旺盛、相关法规健全四大要素。鞍山市工艺美术业市场潜力和发展空间较大，从业人员众多，基础广泛。岫岩已成为全国最大的玉雕生产加工销售集散地，拥有玉雕商业零售企业和玉器加工企业达3000多户，各级高级玉雕艺人1000余名，从事岫玉开发、设计、加工、销售、服务的产业人员达15万人。台安金龙工艺品有限公司、台安玉忱装饰品有限公司、台安金业工艺品有限公司、鞍山鲲鹏工艺品有限公司等多家企业拥有外贸出口权的，产品涉及包括草编、人造花果、羽毛、纸制品等十几个门类、4000多个小特艺品种，产品出口到欧盟、美洲、大洋洲、亚洲等36个国家和地区。

（四）发展环境不断优化

市委、市政府高度重视发展文化产业，各级领导干部认识逐步提高。加大了“放管服”改革的力度。民营文化企业参与重大文化产业项目实施和文化产业园区建设力度加大。银行贷款、税收优惠、对外贸易和申请扶持等方面给予支持。出台文化领域供给侧改革实施方案，供给侧改革力度加大。搭建文化产业信息平台，提高政策的透明度、知晓度，跟踪关注文化企业发展。文化市场综合执法队伍和执法能力建设进一步加强。

三、鞍山市文化产业发展新动能

鞍山发展文化产业的短板、优势已经充分分析，要在不足中找动力，在优势中找动能，内外环境通盘考虑，挖掘发展文化产业的新动能。

1　齐新宇、韩松乔：《考古・鞍山》，沈阳出版社，2014年。

2　鞍山市非物质文化遗产保护中心编印：《鞍山市非物质文化遗产名录》，2012年。

3　黄河浪编著：《辽宁地域文化通览（鞍山卷）》，辽宁科学技术出版社，2014年。

（一）顶层设计部署为文化产业发展提供新动能

习近平总书记在党的十九大报告和多次会议上强调，要培育新型文化业态推动文化产业高质量发展，以高质量文化供给增强人们的文化获得感、幸福感。中央连续下发文件对文化产业发展做出部署。省委书记要求把文化大省转变为文化强省，出台了《规划》《实施意见》等文件进行部署。市委开展找短板、查优势、寻新动能，发展文化产业调研。省市都分别召开了文化产业推进会。这些都为文化产业发展提供了方向和目标。

（二）产业结构调整为文化产业发展提供新动能

在推进供给侧改革过程中，发展文化产业对于稳增长、促改革、调结构、惠民生以及提升国家文化软实力等将发挥不可替代的作用。“十三五”时期着力去产能、去库存、调结构中需要文化产业是接续新产能的重要增长点。东北老工业基地振兴首要任务就是要冲破产业结构调整的困境，而文化产业正是调结构转方式的重要抓手。我市是重工业城市，绿色发展理念和经济结构调整的需要，为文化产业发展提供观念引导和内生动能。

（三）旺盛文化需求为文化产业发展提供新动能

我国社会主要矛盾已经转化为人民日益增长的美好生活需要和不平衡不充分发展之间的矛盾，人们对文化需求日趋旺盛。按照国外的发展经验，人均 GDP 超过 5000 美元时会出现对文化消费的“井喷”，我市人均 GDP 达到 5 万元，对文化消费极度渴望。从统计数字来看，鞍山人们对制品、珠宝、首饰、图书、电影需求量很大，从事这些产业的文化企业达 850 多家，占文化产业法人单位的 34.2%。[4]

（四）抓好“四重一策”为文化产业发展提供新动能

“四重”即重点行业、重点企业、重点项目、重点园区（基地），“一策”即文化经济政策。重点行业集聚产业发展，重点企业引领产业发展，重点项目拉动产业发展，重点园区（基地）推进产业发展。“四重”是产业发展的主要载体，“一策”是产业发展的重要保障。以“四重”为重点，按照“一域一策”“一业一策”“一企一策”的原则，找准在财政、税收、金融、土地、信托、保险、基金等方面政策需求，用好用活文化产业经济政策，推进鞍山文化产业高质量发展。

四、推进文化产业高质量发展的保障措施

通过对鞍山发展文化产业现状的梳理、目标、内容、重点已经明确，如何保证实施至关重要。这就要做好以下几个方面。

（一）加强政府主导

各级党委和政府要高度重视文化产业发展。要将文化产业发展情况纳入各县（市）区和

---

4 徐鹏程：《当前阻碍金融资本与文化产业融合的主要问题》，《金融时报》2016 年 6 月。

市直有关部门向市委报告宣传思想文化工作和意识形态工作的重要内容，纳入市委、市政府考核各地区各部门宣传思想文化工作实绩的重要内容，纳入思想政治工作目标管理考核，纳入市直宣传思想文化系统和各地区、各部门主要领导、县（市）区政府分管领导业绩考核和管理使用的重要参考内容。要成立常设或者固定机构，配齐相关人员，配备办公场所和设备资金，纳入党委或政府管理，要指定一名副市级以上领导主管或者分管，定期召开专题会或者调度会，为文化产业发展提供坚实保障。要抓紧起草撰写近三年文化产业发展情况报告，研究制定文化产业发展三年行动计划或者阶段性方案，要对计划或者方案进行分解，落实责任和任务。

（二）完善扶持政策

完善扶持政策，关键是要精准、要有针对性，做到一把钥匙开一把锁。要把现有政策宣传贯彻落实好。要把政策需求梳理好。按照“一域一策”“一业一策”“一企一策”的原则，以“四重”为重点，找准他们在财政、税收、金融、土地、信托、保险、基金等方面都有哪些需求。梳理出来的政策需求，要尽快厘清责任。需要国家、省层面的，积极争取；需要市里支持扶持的，要向市委、市政府及时汇报。要建立健全三级政策体系。对中央和省里、市里出台的政策在本地区、在企业落实没落实、落实的怎样、适用不适用、效果如何做详细的调查摸底，进行认真评估。要搞清楚哪些政策还没有落实到位，为什么没有落实到位，是企业的原因，还是责任部门的原因，是政策不对路，还是执行有偏差。执行有偏差的要及时纠正，责任没落实的，有关部门要加强沟通协调，督促落实，是政策不对路的，要尽快研究修改完善。

（三）普查摸清家底

发展文化旅游产业首先要深入了解和研究自己的文化，摸清家底。要抽调专人进行普查摸底。要分门别类，以图片、录音、录影、书籍、杂志等多种形式对于各种物质遗产和非物质遗产进行整理和挖掘，建立完整的文化资源库。同时要对文化旅游资源的旅游价值进行评估。文化资源不等于旅游资源。哪些文化资源可以做旅游，哪些不可以做，这需要提前评估好。要对文化和旅游资源进行融合发展，对能融合在一起的要大力发掘、打造，要做到能融尽融，易融则融，做到理念融合、内容融合、载体融合。不仅仅要文化旅游融合，要把文化、旅游、卫生、体育、科技、教育等融合在一起。要重点发掘地方建筑，民居、桥梁、城池、寺庙等；地方曲艺，如山歌、地方剧；地方饮食；民俗节庆；历史渊源，重大历史事件（如战争战役）、名人事迹；民间工艺，如刺绣、年画、剪纸；自然景观和人文景观。要把鞍山目前丰富的文化旅游资源挖透，尤其是前面提到的，梳理好核心文化，分门别类与相关产业进行融合发展，终究推进文化产业高质量发展。

（四）大力培育人才

各级部门要联合编制本地区的文化人才培训规划，并根据市场需求和文化产业发展实际，定期组织文化从业人员进行业务培训，打造和培育高素质、专业化的文化人才队伍。要因地制宜、因势利导、选拔人才，打破唯文凭论，唯名牌论。精心选拔人才，尤其是既懂文化又懂经营的复合型人才。要多渠道从本地挖掘人才，再从外地引进本地稀缺人才。要精心组建一个经验丰富、创新能力强、富有实干精神、机制灵活的运营团队。就鞍山目前而言，属于三线以下城市，别说985、211毕业生和相关高精尖人才匮乏，就是普通本科毕业生有多少。所以在引进人才的时候不仅要考虑高端，更要考虑接地气的。不能眼高手低，要把条件放低，把待遇放高，同时更要落实待遇问题。栽下梧桐树，引来金凤凰。梧桐树是啥，是提供生活、发展实现梦想的平台。对实用型、技术型人才要给予重视，在尊重知识的同时，更加尊重创造和制造等劳动。

五、做好高质量发展文化产业的宣传推介

发展文化产业已经喊了很多年，但大多数人对文化产业的概念、范畴、运作模式发展方向以及目的、意义、效益都不是很了解。如何全方位引导人们参与、投资、经营、享受文化产业是一个很重要的课题。这就要求要充分利用各种手段进行宣传推广，扩大普及率和知晓率。

（一）加大新兴媒体的宣传应用

在借助广播电视、报纸杂志、广告标牌等传统媒体宣传的同时，充分利用各类门户网站、短视频、电子地图、微博、微信等新兴媒体构建全方位宣传营销体系。要整合目前鞍山市数字化平台资源，打造鞍山文化产业数字窗口。要合理安排，精心设计栏目，在现有基础上，对这些平台进行更加系统的改版设计，以期达到框架更为时尚，栏目分配更加合理，更具有文化产业元素。要增加服务咨询、交流互动等栏目，统筹分配功能。要抽调骨干组成常设维护组。从选题、内容、发布到与观众的线下互动，形成一支机动灵活、富有活力的运行管理团队。维护过程中要做到责任到人、到部门，力争每天都有新内容，每项活动广宣传，每名观众勤互动。

在内容的选择编排上，发掘鞍山地域特色、围绕发展鞍山文化产业工作为核心和重点。

（二）多种手段推广

为了让更多的观众关注鞍山数字化平台，扩大平台影响力，就要采取多种手段。要加强自身传播。每一名鞍山人要从自己做起，对外传播鞍山文化产业平台。要深入发掘身边力量，发动每名人员利用自身社交能量，以自身为中心点辐射身边每一个人，形成网状扩大趋势，切实扩大平台的关注度和影响面。传统媒体在当今的宣传工作中仍然具有巨大的影响力和关注度，可以利用电台、电视台、报纸杂志等传统媒体推广。应加强传统媒体宣传报道的深入性、连续性，不能仅标题式地报道，一带而过，而应有内容，有节选，使观众、读者在报道中全方位深入了解每次活动的内容、意义，从而吸引更多人参与其中。

（三）以多种活动作为推介载体

各类活动是对外推介的重要载体。要依托各类节庆、会展活动，搭建文化旅游宣传平台。举办各类文旅节庆和会展活动，支持文化旅游企业和相关项目参加重点国际性文化和旅

游展会，鼓励有条件的文化旅游企业组团到省外、境外参加各类文化旅游博览交易会、旅游推介会等主题活动，扩大文化旅游宣传的整体效应和放大效应。政府设立专门的场馆建立鞍山文化遗产体验厅。定期举办面向社会的各类文化讲座、鉴定服务等。针对未成年人，尤其是青少年，大力宣传家乡传统文化，在传统节日、重大历史纪念日等特殊节日，继续开展文化大讲堂、非遗文化汇演、非遗项目互动体验等多种活动。组织“走出去请进来”活动。例如组织岫岩剪纸的优秀传承人代表去其他地区进行剪纸交流，再将全国各地的剪纸非遗传承人请进鞍山，共同展演。

（四）大力研发文化文物旅游纪念品

极具地方特色的文化产品亦是吸引和留住观众和游客的重要手段之一。2016 年 5 月 16 日，国务院办公厅转发文化部等部门关于推动文化文物单位文化创意产品开发若干意见的通知。《通知》中明确提出了开发文化文物创意产品的重大意义和作用。要鼓励创意制作符合地方文化特点的文创产品，加大研发力度，形成特色，打造各类文创产品。

（鞍山市博物馆　齐新宇）

狗邪韩国是倭人之地

——兼论任那非日本殖民地

葛　天

内容提要：汉代朝鲜半岛上的主体民族尚未形成，不能以今天朝鲜半岛与日本列岛鲜明的政治分界去认识汉魏时期朝鲜海峡两侧的族群分布。《山海经》《汉书》提示朝鲜半岛南端可能存在倭人，《魏略》明确记载倭人横跨朝鲜海峡。《后汉书》《三国志》直接记载三韩南界未到朝鲜海峡，三韩最南端的渎卢国与倭人接壤，狗邪韩国不是弁辰狗邪国，狗邪韩国是倭人之地。“任那日本府”的主要统治对象是在朝鲜半岛南端生息繁衍了数百年的倭人，“任那日本府”不是针对外族的殖民统治机构。

关键词：狗邪韩国　三韩　渎卢国　倭人　任那

二战以后，日本一批学者根据中国古籍关于倭人的相关记载认为，古代倭人不仅存在于日本，在朝鲜半岛南端、中国的江南、东北和内蒙古都有倭人存在。[1]沈仁安先生的《“倭”、“倭人”辨析》一文对其进行批驳，其中对朝鲜半岛南端存在倭人的批驳，有商榷的余地。

一、《山海经》《汉书》中的倭人

《山海经·海内东经》载，“盖国在钜燕南，倭北，倭属燕。”[2]钜燕就是大燕，盖国位于朝鲜半岛北部。一直以来，许多学者认为《山海经》关于倭人地理方位的记载不够精确，倭与盖国之间隔着朝鲜半岛中南部和朝鲜海峡，燕国的势力很难到达日本列岛。中国学界以今天朝鲜半岛与日本列岛鲜明的政治、族群界限认为，先秦时期朝鲜半岛不可能有倭人居住，倭人应全部位居于日本列岛。如果先秦朝鲜半岛南部有倭人居住，那么对于《山海经》中关于“倭”的诸多疑惑便会迎刃而解。《山海经》以后，《汉书》《魏略》《后汉书》《三国志》或明或暗地指出了这一点，后文逐一分析。

1　沈仁安：《“倭”、“倭人”辨析》，《历史研究》1987年2期，第64页。
2　方韬译注：《山海经》，中华书局，2011年，第280页。

《山海经》记载倭人部分的断句长期是："盖国在钜燕，南倭、北倭属燕。"[3]这种断句在20世纪后期被中国学界认为是错误的，以为倭人与盖国相距太远，南倭、北倭的概念难以理解，且该种断句与紧接着的"朝鲜在列阳东，海北山南，列阳属燕"不对仗，所以被断为今天熟知的"盖国在钜燕南，倭北，倭属燕。"《山海经》中的神话传说，难以掩饰整本书的地理、历史价值。前后两句是否对仗，对于《山海经》这样的古籍而言，没有必然性。先秦倭人有可能横跨朝鲜海峡而居，倭分南北，"南倭、北倭属燕"的可能性是存在的。同时，倭人能被先秦成书的《山海经》记述，其时倭人距离燕国也不会太远。

《汉书·地理志》载，"乐浪海中有倭人，分为百余国，以岁时来献见云。"日本学者认为，"乐浪海中"倭人的百余国分布在朝鲜半岛南部及日本九州列岛。沈仁安先生认为，这是日本学者认为朝鲜半岛南部存在倭人学说的主要根据，并认为该史料中倭人的百余国不可能在朝鲜半岛周围的小岛上，只能在日本列岛上。[4]在此要注意"乐浪海"这个概念，乐浪郡是汉朝在朝鲜半岛设置的一个郡，位于朝鲜半岛西北部，濒临黄海。"乐浪海"最近的范围就是乐浪郡的西部海域，其次是乐浪郡以南的朝鲜半岛西部海域。由于乐浪郡是汉代东北部最远的一个郡，"乐浪海"本身就有遥远、甚至未知海域的含义，朝鲜半岛南部、日本列岛的广阔海域，也是"乐浪海"的延伸。倭人到达乐浪郡，一般都是从朝鲜半岛西部沿海乘船北上。从乐浪郡西部沿海向南，比较遥远。朝鲜半岛西部、南部沿海本身就有许多群岛，其中不乏较大的巨济岛、南海岛等。包括朝鲜半岛南端及其沿海岛屿和日本列岛在内的倭人，都可以被记述在"乐浪海中"。

二、《魏略》中朝鲜半岛的倭人

朝鲜半岛存在倭人的线索在《魏略》中表现得比较明显。唐人颜师古注释《汉书·地理志》时注引《魏略》说："倭在带方东南大海中，依山岛为国，度海千里，复有国，皆倭种。"[5]此则材料中"东南"二字，并非以今天的整个朝鲜半岛为视角的"东南"，而是以带方郡西海岸为视角，从带方郡到诸倭国"乍南乍东"的航线，正是大体由西北向东南行。对航海者而言，朝鲜半岛南端及沿海岛屿的倭人，完全可以被认为是在"带方东南大海中"。与《汉书》的"乐浪海"含义相似，只是方向性更加明确。接着，"度海千里，复有国，皆倭种"。这里的"海"应为朝鲜海峡无疑，那么"复有国，皆倭种"的含义就是：朝鲜海峡南边还有倭人之地，在魏人看来，距带方郡最近的倭人首先位于朝鲜海峡北侧，以其为基点才能论及朝鲜海峡南侧"复有国，皆倭种"。

对于《魏略》中的这一记载，清初学者胡渭最早注意到倭人横跨朝鲜海峡而居的事实，进而认为倭人的聚居区有两大部分，他指出："鱼豢魏略曰：倭在带方东南大海中，依山岛为国，度海千里，复有国，皆倭种。盖倭国有二：其在带方东南者即汉之倭人，《后汉书》所谓倭在韩东南大海中者也。度海千里復有倭者，即汉之东鳀人，《后汉书》所谓大倭王国

3　王辑五：《中国日本交通史》，上海书店，1984年，第7页。

4　沈仁安：《"倭"、"倭人"辨析》，《历史研究》1987年2期，第70页。

5　班固撰：《汉书》，中华书局，1975年，第1659页。

直会稽东冶之东者也，东鳀今为日本。”[6]“会稽海外有东鳀人，分为二十余国。”[7]东鳀人的记载紧随倭人传之后，东鳀人究竟位于日本、琉球或台湾，各说均有。王勇先生指出，“胡渭认为带方东南者为汉之倭国，距其千里的大倭王国为东鳀（日本）。此说显然有误。‘大倭王’为统治诸国的国家联盟盟主，自然包含邪马台国在内的诸多小国。”[8]即便大倭王国不是东鳀，但至少胡渭先生敏锐地注意到了，“倭在带方东南大海中，依山岛为国，度海千里，复有国，皆倭种，”其所蕴含着非常明确的信息，即在千里之海的两侧，均有倭人的国家。但是，清初学者胡渭的这一重大发现，直到今天依然不能引起中国学界的重视。

三、《后汉书》《三国志》中朝鲜半岛的倭人

朝鲜半岛存在倭人的记载，在《后汉书》《三国志》中表现得更加明显。当时朝鲜半岛上的主体民族尚未形成，不能以今天朝鲜半岛与日本列岛鲜明的政治分界去看汉魏时期朝鲜海峡两侧的族群分布。朝鲜半岛三韩与倭接壤，三韩的许多习俗受倭人影响。以三韩为视角观察倭人，便会有重大发现。

第一，狗邪韩国是倭人之地。《后汉书·倭传》载，“其大倭王居邪马台国，乐浪郡徼去其国万二千里，去其西北界狗邪韩国七千余里。”[9]此处的“其西北界狗邪韩国”，就是大倭王国西北界的狗邪韩国，狗邪韩国是大倭王国的一个小国。《三国志·倭传》中的相关记载大致相同，“从郡至倭，循海岸水行，历韩国，乍南乍东，到其北岸狗邪韩国。”[10]这里“其”是倭女王国的代称，狗邪韩国是倭女王国的小国之一。同时，“历韩国”很重要，说明到达狗邪韩国的航路上，要经过韩国，即马韩，这也说明狗邪韩国不是韩人之地。狗邪韩国之所以有韩国之名，很有可能是此地原为韩人，倭人北迁，此地逐渐倭化。与朝鲜半岛南端倭人接壤的马韩、弁辰，也受倭人影响。《后汉书》载，马韩“其南界近倭，亦有文身者。”[11]弁辰，“其国近倭，故颇有文身者。”[12]

第二，三韩“东西以海为限”，南界未至朝鲜海峡。《后汉书·韩传》载，“马韩在西，有五十四国，其北与乐浪、南与倭接。……弁辰在辰韩之南，亦十有二国，其南亦与倭接。……地方四千余里，东西以海为限，皆古之辰国也。”[13]马韩“南与倭接”，弁辰“其南亦与倭接”，此处的“接”就是接壤，如果马韩、弁辰与倭人隔着宽阔的朝鲜海峡，就不能用“接”。《三国志·韩传》载，“韩在带方之南，东西以海为限，南与倭接，方可四千里。”[14]该记载与《后

---

6 胡渭著、邹逸麟整理：《禹贡锥指》，上海古籍出版社，2013年，第188页。
7 范晔撰：《后汉书》，中华书局，1975年，第2822页。
8 葛继勇、王勇：《历代正史日本传考注·汉魏两晋南北朝卷》，上海交通大学出版社，2016年，第11页。
9 范晔撰：《后汉书》，中华书局，1975年，第2820页。
10 陈寿撰：《三国志》，中华书局，1975年，第854页。
11 范晔撰：《后汉书》，中华书局，1975年，第2819页。
12 范晔撰：《后汉书》，中华书局，1975年，第2820页。
13 范晔撰：《后汉书》，中华书局，1975年，第2818页。
14 陈寿撰：《三国志》，中华书局，1975年，第849页。

汉书》的记载相同。三韩"东西以海为限"一语明确无误地表示：三韩南边不是大海，而是倭人之地。可见，三韩东西至海，北边与乐浪、濊貊接壤，南边与倭人接壤。

第三，三韩最南部与倭人接壤的小国是渎卢国，不是弁辰狗邪国，更不是狗邪韩国。《三国志・韩传》比《后汉书・韩传》更加珍贵的一点是，记载弁辰十二个小国中最南端的"渎卢国与倭接界。"[15] 如果韩与倭人隔着朝鲜海峡，就用不着细说三韩之一弁辰中的"渎卢国与倭接界"。《三国志・韩传》详细列出马韩 50 多个小国的名称，也将辰韩、弁辰共 20 多个国家的名称详细列出，在三韩的 70 多个小国中，均没有出现朝鲜半岛南端的狗邪韩国，进一步说明狗邪韩国不是三韩的小国，而是倭人之地。

弁辰的小国中出现了与狗邪韩国名称较接近的"弁辰狗邪国"，中国学界长期认为：狗邪韩国就是弁辰狗邪国，只是弁辰狗邪国中漏掉了一个"韩"字。这种推论极不严密。如果弁辰狗邪国就是狗邪韩国，为何有弁辰"渎卢国与倭接界"？显然，渎卢国才是弁辰最南部且与倭人接壤的国家。其次，如果狗邪韩国就是弁辰狗邪国，那么弁辰的南界便可直达朝鲜海峡，这样三韩便不可能仅"东西以海为限"。如果三韩与倭人隔着宽阔的朝鲜海峡，弁辰、马韩又如何能"南与倭接"？弁辰的渎卢国又如何能"与倭接界"？因此，狗邪韩国虽有"韩国"之名，但不是三韩之地，而是倭人之地。《后汉书》载，与狗邪韩国倭人接壤的马韩、弁辰有倭化现象。《三国志》载，没有与倭人接壤的辰韩，习俗也大受倭人影响。"今辰韩人皆褊头。男女近倭，亦文身。"[16]

因此，根据《后汉书》《三国志》记载，朝鲜半岛南端确有倭人居住，狗邪韩国是倭人之地。

四、任那不是日本殖民地

1949 年，日本学者末松保和著《任那兴亡史》一书，阐释了古代日本曾在朝鲜半岛南部成立"任那日本府"的殖民机构，在日本国内得到较多支持。此说一出，激起了韩国、朝鲜学者的愤怒，对之进行全盘否定。朝鲜学者金锡亨甚至提出，4—6 世纪，新罗、百济、迦耶（任那）等国均在日本列岛拥有殖民地和从属势力范围，即"分国说"。[17] 中国朝鲜族学者全昌淑认为"古代朝鲜半岛南部并无由日本列岛大和国或百济国所设的任何机构。所谓'任那日本府'不过是日本列岛倭人迁徙到朝鲜半岛南部任那（伽耶）地区定居繁衍的移民部落集团及其自治管理机构。"[18] 中国朝鲜族学者金春元根据《日本书记》的相关记载和朝鲜半岛南端考古发掘成果指出："任那日本府"实际上是世世代代居住在伽耶倭人集团的部落自治机构。与大和政权早就断绝关系，受伽耶诸国保护并为其效力。[19]

15　陈寿撰：《三国志》，中华书局，1975 年，第 853 页。

16　陈寿撰：《三国志》，中华书局，1975 年，第 853 页。

17　金锡亨：《关于世界通史有关朝鲜的叙述的严重错误》，《人民日报》1963 年 10 月 18 日。

18　全昌淑：《"任那日本府"真相——驳日本新历史教科书"任那据点说"》，《延边大学学报》（社科版）2001 年 4 期，第 94—97 页。

19　金春元：《古代朝日关系研究动态——关于"任那日本府"的研究状况》，《延边大学学报》（社科版）2001 年 4 期，第 110—111 页。

对于5世纪朝鲜半岛南部“任那日本府”，中国朝鲜族学者全昌淑认为是来自日本的移民自治管理机构，中国朝鲜族学者金春元认为是世代居住的倭人自治机构。根据本文前两部分的论述，从《汉书》到《三国志》，汉魏时期朝鲜半岛南端就有倭人聚居，中国史籍关于朝鲜半岛南部存在倭人记述，是史书上的最早记载。《日本书纪》关于朝鲜半岛南端存在倭人的相关记载，与中国史籍存在连续性。

倭人移居朝鲜半岛南端的最早时间需要进一步研究，最晚至汉代，朝鲜半岛南端就有倭人，并延续到6世纪前期。因此，“任那日本府”的主要统治对象是在朝鲜半岛南端生息繁衍了数百年的倭人，“任那日本府”不是九州倭国远征朝鲜半岛所建立的针对外族的殖民统治机构。

五、结　　语

《山海经》《汉书》《魏略》提示朝鲜半岛存在倭人。《后汉书》《三国志》明确记载三韩南界未到朝鲜海峡，狗邪韩国不是弁辰狗邪国，三韩最南端的渎卢国与倭人接壤，狗邪韩国是倭人之地。从汉代至6世纪前期，朝鲜半岛南端一直存在倭人。“任那日本府”的主要统治对象是在朝鲜半岛南端生息繁衍了数百年的倭人，“任那日本府”不是九州倭国远征朝鲜半岛所建立的针对外族的殖民统治机构。

（西安博物院　葛　天）

慕容皝施政措施浅析

李道新

内容提要：慕容皝是十六国时期前燕的建立者，他是一位雄才大略的政治家和能攻善战的军事家。慕容皝外扩疆土、内施新政，在政治上、经济上、文化上、军事上、外交上采取了一些切实可行的措施，从而使得前燕政权日益壮大。本文通过对慕容皝施政措施的分析，加深对慕容皝在前燕政权建设中做出重要贡献的认识。

关键词：慕容皝　前燕　施政措施

慕容皝生于晋元康七年（297），字元真，小字万年，昌黎棘城（今辽宁北票）人[1]，辽东公慕容廆的第三子。晋咸和八年（333）继位，咸康三年（337年）称燕王，卒于永和四年（348），享年52岁。慕容儁称帝后，追封为皇帝，谥号文明，庙号太祖，葬于龙平陵。慕容皝“雄毅善权略，尚经书，善天文”[2]，是东晋十六国前燕一位杰出的封建君主。慕容皝在位的十五年间，继承父祖遗烈，采取了许多迅速发展经济文化、完善统治秩序、巩固封建政权统治的政策和措施。

一、政治上完善封建国家政权，重用汉族士人，广开言路

（一）重用汉族士人，为己所用

晋自“永嘉之乱”后，西晋二京（洛阳、长安）为匈奴贵族刘聪、刘曜攻克，幽冀失落。黄河以北地区烽火连天，人民流离失所。慕容皝的父亲辽东公慕容廆刑政修明，虚怀引纳，极力网罗人才，收容从北方逃到辽东的汉族士人，尽为己用。慕容皝继位后，在南方挫败了强大的后赵，东方挫败了高句丽，北方攻取了宇文部，增加民众十余万户。他继续实行其父慕容廆拉拢汉族地主士人为己所用的政策。“流人之多旧士”，这些流民多由当地大族率领，大族士人中有很多是具有较高文化水平、熟谙封建统治术的士大夫。统治那么多的流民就不能不从大族士人中选拔汉族士人来做羽翼。慕容皝非常重用这些汉族士人，甚至给予兵

1　田立坤：《棘城新考》，《辽海文物学刊》1996年2期。

2　《晋书》卷一百九《慕容皝载记》，中华书局，2000年，第1881页。

权。如用封弈统兵攻鲜卑木堤、宇文别部涉奕于，追击宇文归、攻段辽；以皇甫真讨吕护，以致后来慕容垂曾建议用他统并（州）幽（州）之众，以讨苻坚。重用汉族士人就可一方面以汉人统治汉人，便于对流亡人民的管理，另一方面也可在其统治集团中形成一个“智囊团”，在一定程度上影响乃至决定慕容皝统治集团的决策。

（二）完善封建国家的政权建设

慕容皝继位后，他舅父征虏将军慕容仁、广武将军慕容昭曾阴谋“举兵废皝”。慕容皝先后杀掉慕容昭、慕容仁，平息了这场由外戚发动的叛乱，稳定了政权。称燕王后，借“未有朝命”之机，遣使向东晋王朝上表“臣究观前代昏明之主，若能亲贤并建，则功致生平；若亲党后族，必有倾辱之祸。是以周之申伯号称贤舅，以其身藩于外，不握朝权。降及秦昭，足为令主，委信二舅，几至乱国。逮于汉武，推重田蚡，万机之要，无不决之。及蚡死后，切齿追恨。成帝闇弱，不能自立，内惑艳妻，外恣五舅，卒令王莽坐取帝位，每览斯事，孰不痛惋……”[3]，又以书警告晋王朝的外戚庾冰“每睹史传，未尝不宠恣母族，使执权乱朝，先有殊世之荣，寻有负乘之累，所谓爱之适足以为害”[4]，对政权建设认识得比较透彻。因此，慕容皝以至慕容儁从未重用外戚。慕容皝在西灭段部，北并宇文，开地三千里后，筑城于龙山以西，号曰“龙城”（今朝阳老城区）。“咸康七年（341）皝迁都龙城”[5]，从棘城（今北票）迁都龙城，使政权不断稳固。从社会性质这一角度讲，慕容皝的先祖鲜卑首领檀石槐在东汉时的部落军事联盟虽“称兵十万”，慕容部首领莫护跋（慕容廆的曾祖父）入居辽西，虽被司马懿拜为率义王，社会性质仍处于氏族公社向奴隶制过渡的发展阶段，仍属部落联盟性质。慕容廆虽被拜为鲜卑都督，徙居于徙河之青山，又南迁，还居于棘城之北，仍不断迁移，政权也不够稳定，可看作是奴隶制向封建制的过渡阶段，也只是具备了封建国家的雏形而已。至慕容皝时已建成了比较成熟的封建国家政权。

（三）广开言路，政治清明

慕容皝“立纳谏之木，以开谠言之路”[6]。参军王宪、大夫刘明曾因论事违背圣旨，主持官判处他们大辟酷刑。慕容皝虽饶恕他们死罪，但仍然免去官职，禁锢不用。记室参军封裕劝谏云“竭忠献款，以贡至言，虽颇有逆鳞，意在无责，主者奏以妖言犯上，致之于法，殿下慈弘苞纳，恕其大辟，犹削黜禁锢，不齿于朝。其言是也，殿下固宜纳之，如其非也，宜亮其狂狷，罪谏臣而求直言，亦犹北行诣越，岂有得邪”[7]。慕容皝听取了封裕的劝谏，恢复了王宪、刘明的谏司之职，并云“有欲陈孤过者，不拘贵贱，勿有所讳”[8]。由于慕容皝善于纳谏，广开言路，比较重视各方面的意见，就减少了很多决策上的失误。因此，政治也就比较清明。

---

3 《晋书》卷一百九《慕容皝载记》，中华书局，2000 年，第 1883 页。
4 《晋书》卷一百九《慕容皝载记》，中华书局，2000 年，第 1881 页。
5 《晋书》卷一百九《慕容皝载记》，中华书局，2000 年，第 1885 页。
6 《晋书》卷一百九《慕容皝载记》，中华书局，2000 年，第 1882 页。
7 《晋书》卷一百九《慕容皝载记》，中华书局，2000 年，第 1887 页。
8 《晋书》卷一百九《慕容皝载记》，中华书局，2000 年，第 1888 页。.

二、经济上招徕流民，劝课农桑，轻徭薄赋

第一，“永嘉之乱”后，后晋国内动荡不安，而在中原连年混战的情况下，慕容皝所统治的区域相对而言是比较安定的。因此，中原地区许多劳动人民纷纷逃到这里，出现了“九州之人，塞表殊类，襁负万里，若赤子之归慈父”[9]的情景。慕容皝极力组织这些流民，垦荒屯田，劝课农桑。《晋书·慕容皝载记》记载，慕容皝发布诏书“君以黎元为国，黎元以谷为命，然则农者，国之本也。而二千石令长不遵孟春之令，惰农弗劝，宜以尤不修辟者措之刑法，肃厉属城。主者明详推检，具状以闻。苑囿悉可罢之，以给百姓无田业者”[10]。并提倡兴修水利，“沟洫溉灌，有益官私，主者量造，务尽水陆之势”[11]。慕容皝不断加大这一经济措施的实施力度，将其作为考核官吏政绩的重要内容。他自己也以身作则，常“躬巡郡县，劝课农桑”。由于提倡兴修水利、垦荒屯田，耕地面积不断扩大，粮食生产也在增加，充分调动了人民生产积极性，使“仓有余粟，敌人日畏，我境日广”，收到了很好的效果。

第二，赋税依魏晋旧法，采取轻徭薄赋的政策。慕容皝继位初，赋税上规定：用官牛的收税十分之八，私牛的收税十分之七的赋税办法。后来听取了记室参军封裕的劝谏，规定“贫者全无资产，不能自存，各赐牧牛一头。若私有余力，乐取官牛垦官田者，其依魏晋旧法”[12]。魏晋旧法即借官牛、官田的收税十分之六，私牛的只收税一半。这种赋税政策，由于不过重地加重农民负担，使人民有一定的喘息之机，调动了人民生产的积极性，客观上也起到了增加国家税收，保持社会稳定的作用。

第三，农业、手工业技术不断加强。由于慕容皝组织流民屯田垦荒，加之赋税比较合理，吸引了流民的大量涌入。这些流民也将从中原地区带来的科学技术应用到生产中去。例如牛耕技术就得到了很好的推广。从考古资料上看，朝阳袁台子壁画墓[13]中就有刻着牛耕图的画砖、壁画等。农业的发展也必然推动手工业的发展。冶铁业、陶瓷业也有了长足的进展，铁农具已被广泛使用。北票仓粮窖鲜卑墓[14]中出土有矛、穿及铁农具等。科学技术的发展，就必然推动经济的发展。所以慕容皝实行的经济政策，就必然使国内保持相对稳定。

三、仰慕汉族文化，实行汉化政策

第一，从文字上看，由“刻木为信”到能书善文。鲜卑族本“不识文字”，东汉以后，鲜卑首领檀石槐建立起部落军事同盟，他对乌桓、鲜卑各部大人有绝对权力，“大人有所招呼，则刻木为信，虽无文字，而部从不敢违犯。”[15]。说明至东汉时，鲜卑族还不认识汉字，有

9 《晋书》卷一百九《慕容皝载记》，中华书局，2000年，第1886页。

10 《晋书》卷一百九《慕容皝载记》，中华书局，2000年，第1887—1888页。

11 《晋书》卷一百九《慕容皝载记》，中华书局，2000年，第1888页。

12 《晋书》卷一百九《慕容皝载记》，中华书局，2000年，第1888页。

13 李庆发：《朝阳袁台子东晋壁画墓》，《文物》1984年6期。

14 孙国平、李智：《辽宁北票仓粮窖鲜卑墓》，《文物》1994年11期。

15 《三国志》卷三十《魏书三十·乌丸鲜卑东夷传第三十》，中华书局，1982年。

事只能“刻木为信”。而经过慕容氏几代人的努力，至慕容皝时，已达到“皝雅好文籍，亲造《太上章》以代《急就》，又著《典诫》十五篇，并以教胄子”[16]的程度。不但识字，而且能写书善文。这样就能更好地促进与汉民族的文化交流。

第二，推崇儒学，创建学校。《晋书·慕容皝载记》记载“赐其大臣子弟为官学生者号高门生，立东庠于旧宫，以行乡射之礼，每月临观，考试优劣”[17]，“亲临东庠考试学生，其精通秀异者，擢充近侍”[18]。从中可以看出，慕容皝十分重视学校教育，重视家族子弟的学习，从而开辟了地方大族子弟入仕的道路，从学校中培养出所需要的人才来，以巩固其封建统治。

第三，崇尚佛教，建立佛寺。《晋书·慕容皝载记》记载，晋永和元年（345）“时有黑龙、白龙各一，见于龙山（今朝阳凤凰山），皝亲率群僚观之，去龙二百余步，祭以太牢，二龙交首嬉翔，解角而去。皝大悦，还宫，赦其境内，号新宫曰和龙，立龙翔佛寺于山上”[19]，说明慕容皝是崇尚佛教的，利用佛教以加强其封建统治。

四、完善军事装备，发挥骑兵优势

鲜卑族原是一个以饲养马匹为主的游牧民族。在东汉章帝元和二年（85），鲜卑与南匈奴、丁零及西域各族共同向北匈奴发起进攻，迫使北匈奴无法自立，不得不“引远而去”。在这次反击北匈奴奴隶主政权的武装斗争中，鲜卑族骑兵发挥了重要作用。慕容皝东挡西杀，拓展疆土，也主要靠骑兵，如慕容皝“谴其世子儁与恪率骑万七千东袭扶余”[20]。慕容皝统治期间，由于大量流民的涌入，带来了先进的科学技术，军事装备得以快速发展。从考古资料上看，朝阳地区在一些大型前、后燕墓葬中多随葬成组的鎏金铜马具、鎏金带具及金步摇。就全国范围看，朝阳境内已发现完善的鲜卑马具（具备衔、镳、鞍、双镫、鞧布的成套马具）。慕容鲜卑入居辽西后，在大量吸收汉文化及其他文化因素基础上产生的三燕马具，标志着我国古代马具的成熟[21]。军事装备的快速发展又不同程度地增强了慕容皝集团的军事力量。

五、外交上采取远交近攻，接受晋封号的措施

慕容皝政权由于处在诸割据政权的北面，山西、河北是石勒的纵横之地，如欲南下，就要与匈奴、胡羯发生冲突。况且在尚未取得宇文部、段部的胜利之前，也无暇南下。因此，慕容皝继续实行其父慕容廆的外交政策。当匈奴、胡羯以至氐羌等内迁民族纷纷反晋之时，

---

16 《十六国春秋·前燕录》，商务印书馆，1937 年。
17 《晋书》卷一百九《慕容皝载记》，中华书局，2000 年，第 1888 页。
18 《晋书》卷一百九《慕容皝载记》，中华书局，2000 年，第 1888 页。
19 《晋书》卷一百九《慕容皝载记》，中华书局，2000 年，第 1888 页。
20 《晋书》卷一百九《慕容皝载记》，中华书局，2000 年，第 1888 页。
21 田立坤：《论喇嘛洞墓地出土的马具》，《文物》2003 年 3 期。

慕容皝则打着晋的旗号“敷宜帝命，以伐有罪”[22]。慕容皝就接受了晋的许多封爵，如左贤王、平州刺史、燕王等。这一外交政策一直持续到冉魏灭亡、石赵瓦解、慕容儁乘机占有河北自封皇帝之时。这一政策，一方面可借晋的旗号征伐四方、扩展疆土，同时也能争得部分汉族人民的同情支持，因为这些人在其他国中是无法受到保护的，因而乐于投附到号称晋朝官吏而又足以能保护他们的前燕。

慕容皝由于在政治、经济、文化、军事、外交上采取了上述的得力措施，使前燕在很多方面发生了深刻的变化。社会性质由奴隶制完成了向封建制的转化，建立了比较成熟的封建国家政权。生产、生活方式从逐草而居的游牧、狩猎或畜牧业为主的谋生之道而转向以农业生产为主。开发了东北边疆，发展了东北地区经济。吸收汉民族的先进文化，注意改善民族关系，加强了东北各民族的交流和民族融合。军事装备不断改进，尤其是在吸收各民族文化因素基础上产生的三燕马具，标志着我国古代马具的成熟，具有划时代意义。从而可以看出，慕容皝在加速慕容鲜卑乃至整个东部鲜卑的封建化进程中起了重要的作用，并使前燕成为东北地区强大的政权。

当然，慕容皝作为特定历史条件下的封建君主，为了发展势力，巩固其封建政权，也有其历史和阶级的局限性。如慕容皝攻打段辽时“斩级数千，掠五千余户而归”[23]，攻打高句丽时“掠男女五万余口，焚其宫室”[24]。他经常以武力劫掠财富，并且经常劫夺劳动力，攻下一个地方，接着就将大批人迁移到认为易于控制的地区去。这就必然使当地劳动人民不能正常生产，工具被掠夺，房屋被焚毁，就不能不使生产陷于停顿。经济上也主要是靠赋税和徭役剥削人民，慕容皝继位初，“以牧牛给贫家，田于苑中，公收其八、二分入私，有牛而无地者，亦田苑中，公收其七,三分入私”[25]，对劳动人民的剥削是很严重了，后听取了封裕的劝谏，制定的赋税政策才趋于合理。同时慕容皝也有嫉贤妒能的一面，“皝庶兄建威翰武有雄才，素为皝所嫉”[26]，建元二年，有人“告翰私习骑，疑为非常”，慕容皝以此为借口“遂赐死焉”。

尽管如此，慕容皝作为一个少数民族政权的封建君主，以辽西朝阳为中心，统治了东北大部分地区。这虽和他父祖的功业为他奠定了基础有关，可他个人的雄才大略也起到了重大的作用。他虽然没有秦始皇、汉武帝那样轰轰烈烈，但他也是在中国历史上产生过重要影响的一代名主。

（朝阳市龙城区博物馆　李道新）

22 《晋书》卷一百八《慕容廆载记》，中华书局，2000 年，第 1875 页。
23 《晋书》卷一百九《慕容皝载记》，中华书局，2000 年，第 1883 页。
24 《晋书》卷一百九《慕容皝载记》，中华书局，2000 年，第 1888 页。
25 《晋书》卷一百九《慕容皝载记》，中华书局，2000 年，第 1886 页。
26 《晋书》卷一百九《慕容皝载记》，中华书局，2000 年，第 1881 页。

新发现的《李训墓志》与吉备真备

——继《井真正墓志》后的遣唐留学生史料

〔日〕气贺泽保规 著 兰 姝 汪 旭 译

译者按：《李训墓志》在2013年由望野博物馆购藏，自2019年末相关信息公布后便在中、日两国学界引起了不小的轰动，学术讨论很热烈，但学者们对该墓志的真伪有着泾渭分明的学术分歧。日本明治大学石刻文物研究所气贺泽保规教授是较早关注《李训墓志》并撰写发表学术研究论文的学者，本文即是其中一篇。需要说明的是，译者对该墓志的真伪和各家学术观点没有倾向性，仅将气贺泽保规教授日文论作原样翻译，以供学界参考利用。

一、初见《李训墓志》

2019年12月25日，在北京的一家宾馆，召开了一场有三十人左右参加的小规模会议。会议规模虽小，但会场上的气氛却很热烈。会议的名称是“《日本国朝臣备书丹褚思光撰文鸿胪寺丞李训墓志考》新书发行暨学术成果发布会”，主办单位是中国南方深圳的名为望野的民间博物馆。本书全面介绍了新发现的《李训墓志》内容，由望野博物馆馆长阎焰整理，文物出版社出版发行。这次会议既是为了此书的出版纪念，也是为了向国内外发布这一新的史料。

《李训墓志》的具体内容将在后文中详述。该墓志写于唐玄宗开元二十二年（734），文末令人吃惊地记载着和日本有关的“日本国朝臣备书”的相关文字。这一成果的公开发表必将对唐代的中日交流史研究产生重大影响，势必引起极大的关注。主办方也预见到了这一点，因此除了中国媒体外，也向日本媒体驻北京的分支机构事先通了气。于是，在会议当天，首先报告了该墓志被中国认定为国家级文物，紧接着由阎焰馆长发表了致辞，随后三名专家也依次发表了他们的观点。

这三位专家，一位是北京大学教授荣新江，他从唐代东西交流史视角切入，认为该史料标志着这一进程已延伸到日本，对该墓志的发现给予了极高的评价。一位是陕西师范大学研究朝鲜古代史的拜根兴教授，他介绍了李训墓志的发现和现藏于西安碑林的其妻《王氏墓志》（天宝十三年，754）的资料，也进一步谈到了有关新罗佛教的问题。一位是被邀请来的本文作者，本人对阎焰馆长有所了解并看到过志石，并对该墓志的形质、文字（书体）和文体进行过确认。据此可以断定这一墓志为真品。随后，我断言"日本国朝臣备"的作者应为当时在唐朝留学的吉备真备，认为其字体应是深受过唐初三大书法家之一的褚遂良的影响。若真是如此，那么这将不单是有关日本古代史的一大发现，由于他的家乡（籍贯）冈山县仓敷市真备町曾于2018年7月遭受过重大水灾，这说不定也是对居住在那里的人们的一种慰藉。我将尽己所能对这一发现进行全面介绍。

二、《李训墓志》全貌

唐代的墓志通常会将墓志文刻于志石之上，其上覆盖石，最后埋在被葬者（墓主）身旁。《李训墓志》也不例外，盖石上刻有"大唐故李府君墓志铭"，其下放置着关键的墓志石。这一套墓志是在洛阳近郊（东郊？）被盗掘出土的，实际情况尚不明了。

《李训墓志》是小型墓志，类正方形，长35厘米，宽36厘米，厚度不到9厘米。在此前，2004年西安（唐代的长安）当地发现了日本遣唐使留学生《井真成墓志》，在当时曾引起了极大的轰动。那块墓志是边长为39厘米的正方形，相比之下，《李训墓志》要更小些。但是从志石上所刻的字数来看，《井真成》仅有171个字，而《李训墓志》有328字，二者存在近两倍之差。顺便一提，两墓志铭的做成时间是同一年的开元二十二年，前者为二月，后者为六月，二者相差四个月，这也在实际上为《李训》的作者是吉备真备这一判断提供了较为有力的补充证明。

为了使表述尽量表现得更专业一些，使读者明确前文中所提到的"日本国朝臣备书"的所在位置，现将墓志铭的全文附标点记录如下：（开头的数字为行数，底线标注的是固有名词）

① 大唐故鸿胪寺丞李君墓志铭并序

② 公讳训、字恒。出自陇西、为天下著姓。曾祖亮、随太

③ 子洗马、祖知顺、为右千牛、事

④ 文皇帝。父元恭、大理少卿兼吏部侍郎。君少有异

⑤ 操、长而介立好学。所以观古能文、不以曜世。故士

⑥ 友重之、而时人不测也。弱冠以辇脚调补陈留尉、

⑦ 未赴陈留、而吏部君亡。君至性自天、柴毁骨立。礼

⑧ 非玉帛、情岂苴麻。惟是哀心、感伤行路。服阕、历左

⑨ 率府录事参军・太子通事舍人・卫尉主簿・鸿胪寺

⑩ 丞。以有道之时、当用人之代、骥足方骋、龙泉在割。

⑪ 岂不伟欤。而天与其才、不与其寿、梁在厦而始构、

⑫ 舟中流而遽覆。呜呼子罕言命、盖知之矣。享年五

⑬ 十有二。开元廿二年六月廿日、以疾终于河南圣

⑭ 善寺之别院。即以其月廿五日、权殡于洛阳感德

⑮ 乡之原。夫旐以书名、志以诔行。乃勒石作铭云。

⑯洪惟夫子、灼灼其芳。道足经世、言而有章。亦既来

⑰仕、休闻烈光。如何不淑、奔代云亡。其引也盖殡也、

⑱用纪乎山岗。

⑲秘书丞褚思光文　日本国朝臣备书

（译者注：原文是竖排，改成横排）

据该墓志记载，时任鸿胪寺丞李训于开元二十二年六月二十日因病在河南（洛阳）的圣善寺别院亡故，享年52岁。同月二十五日，为在洛阳感德乡举行权殡（临时埋葬）仪式（12—15行）而作此文。其文以死者本人的姓名和籍贯开头（陇西的李氏，2行），并记录有死者近三代直系亲属的谱系（曾祖父李亮—祖父知顺—父元恭，2—4行），和其为人、履历及功绩（4—10行）。历任官职为“（蛬脚）→陈留县尉（从九品上。因为父服丧而未赴任）→左率府录事参军（从八品上）→太子通事舍人（正七品下）——卫尉主簿（从七品上）→鸿胪寺丞（从六品上）”。

总的来看，该墓志行文方法与其他墓志无异。而要说到令人感叹的是，在如此之小的墓志石上其文章内容竟然能如此完备，足见其作者写作文章之功力和格调。墓志没有破坏任何包括避讳（避免出现当朝皇帝的名讳），空格（阙空字）和改行（平出）等规则。而雕刻所采用的字体为当时极为庄重正式的正字。最后一行是特写，记下撰文者是秘书丞褚思光，书丹者是日本国朝臣备。

三、“日本国朝臣备书”与吉备真备

中国的墓志几乎可以说全都会把墓志文的作者（撰者）与书写者的名字放在文章的开头或结尾。若要提到文、书皆能的颜真卿的话，其大多数作品中都会标注有“颜真卿撰并书”的字样，当然，也存在着他自己作文而由别人代为书写的情况。因此，在《李训墓志》中写有撰者和书者的名字并不特别。值得一提的是，在石头上刻字最初是要用丹朱（红色的墨）直接把字写在石头上的，这被称为书丹。据此，《李训墓志》的书丹者应为“日本国朝臣备”。

问题是“日本国的朝臣备”。“备”是“備”的俗体字，这一字体在当时被普遍地使用在碑或墓志上。就像上文中所提到的那样，李训的去世和下葬都是在开元二十二年（734）的六月，墓志也是在那时完成的。实际上，在前一年（733），长安所在的关中盆地因遇长时间连续下雨而出现了歉收的情况，继而陷入了粮食短缺的危机。于是，玄宗在次年的一月与臣子们一同移驾洛阳，并在其后三年皆以洛阳为政治中心。李训恐怕就是在那时跟随玄宗一起来到洛阳并在此病故的。

还有一事不能忽略，即在这一时期，由多治比广成出任大使的日本遣唐使团（太平遣唐使）访唐，并于734年在洛阳谒见了玄宗皇帝。当时遣唐使团接纳了717年后来唐留学的吉备真备和玄昉等人（阿倍仲麻吕不允许归国），同年十月从苏州踏上归国之途。如果是这样的话，居住于长安的真备为与遣唐使一汇合就来到洛阳，恰逢当时滞留在洛阳的故交李训去世，就为其旧友书丹了墓志文，就一点都不奇怪了。

我现在推测一下这两个人的友情。李训任鸿胪寺丞时，鸿胪寺是专门处理外交和接待外国使节的机构，丞为从六品上，也就是官厅的科长级别，真备长期在唐朝生活，与其相识，并受其恩惠。另一方面，李训也很赏识真备的学识和人品。这就是我所推测的隐藏在墓志文背后的两人生前的因缘。加之，真备留学当时的正式名为“下道朝臣真备（真吉备）”，而其后在唐生活时的名字就简化为“朝臣备”也是可以理解的。

四、围绕《李训墓志》的中国国内赝品说及对此观点的反批判

自《李训墓志》于去年十二月二十五日公开发表以来，立刻被包括NHK电视台、读卖新闻和朝日新闻等各大新闻媒体以“有关吉备真备新史料的发现”为题而加以报道。与之相应，在中国国内也成了热门话题。实际上，我在此之前就向阎焰馆长说过本人的忧虑。在中国往往存在着一旦有重要史料或遗迹被发现时，随之而来的就会出现各种荒诞不经的赝品说，更何况望野博物馆是一家民间博物馆，故更令人担心。馆长在确知此种情况下，经国家审查、鉴定，并办理了正规的国家文物认定手续后才进行公开发表的。但是，意料之外，又在情理之中的是，十分肯定的赝品说还是出现了，没有经过充分的研究，就在史料公开发表的数日后，北京大学辛德勇教授便提出了赝品说。他专攻中国历史地理，却并非石刻方面的专家，他说这东西一看就知道是假的，但并没有明确地说明理由。

第一，日本的NHK仅就此史料报道过一次，表现出了一种看似冷淡的处理方式，这种情况被所谓通晓日本事务的人认为是不合常理。但这一观点的提出是非常浅薄而狭隘的。史料的发表正值年终岁尾，在二十五日又逢IR贪污渎职问题引发了政治家被逮捕的事件。在这样的情况下，日本各大媒体对于这一新史料的发现的报道空间自然就大幅减少了。因此相关人士必须理解日本媒体报道的侧重点。

但是，辛先生的观点发表后，在中国的互联网上便铺天盖地地发表了各种各样的赝品说和对真品的质疑。我没有加入中国的微信，因此手头所掌握的情况是很有限的，只能说，那些质疑不过只是些非常肤浅而率真的感想罢了。首先，一线的专家没有一人提出赝品说，如果是赝品的话，其实物必定会存在着破绽。只要静心观之就能明白，其实物是没有破绽的。而众多通晓石刻的研究者对于辛德勇在网上的演说表现都表示了不悦。

然而，辛先生对于这样的情况很是恼火，又开始煽动周围的拥趸，宣称要在一个月之后发表演讲，全面论证这一史料为赝品（一月十一日）。我是在网络上看到这一演说的（一月十三日），看过之后不禁大吃一惊。该演讲完全没有切中要害，开头的相当部分所采用的论据就是前文提到的NHK报道问题，与此同时，日本学界对此史料毫无反应也被当作他的理由之一而提出。但在日本国内，就在这一史料公开发表数天后的年末，由唐代史研究会主办的报告会于一月二十五日在法政大学召开，当时就提到《李训墓志》及墓志中吉备真备的名字，并议论了今后对《李训墓志》的研究。

在辛先生演讲的后半部分中，他提出一些对《李训墓志》中词语的不同理解，乍一看，是他观点的有力根据。仅举出其中一例，墓志第11行写有“天与其才，不与其寿（上天给了他足够的才能却没给他足够的寿数）”一句，这表达了一种对死者短命的惋惜之情。

李训享年五十二岁，而《礼记》王制篇指出，从五十岁开始便可算作是养老了，杜甫也曾以“五十白头翁”一句表达出五十岁即可算作是老人的定位。如果是这样的话，李训在五十二岁去世就可以算作是有足够的寿数了，所以“不与其寿”这一句就很奇怪。墓志文的作者褚思光是当时的秘书丞，这样的人物应该通晓古代典籍，不可能会写出这么奇怪的话来。

但是，与年龄无关，无论以什么年龄去世而表达对死者早逝的惋惜在中国的典籍中可谓是俯拾皆是。以与史料年代相近的墓志《敬守德墓志》为例，他于开元二十八年（740）正月十二日在洛阳的从善里去世，享年六十八岁，而他的墓志撰者写道“呜呼彼天，与其才，不与其寿，悲夫（令人悲伤啊）”，这里用到的几乎是相同的表达方式。也就是说，这一表达方式可以理解为是表达对死者哀悼之情的常用文言套句，仅举此一例，辛先生的论据就不攻自破。顺道一提，在唐代的租税体系中，是以六十岁为标准对老人进行界定的。

五、结　　语

辛德勇先生为什么会一看到《李训墓志》的相关资料就认定其为赝品呢？那是因为在文末记载“秘书丞褚思光文　日本国朝臣备书”。通常而言，撰者与书丹者的地位应该对等，而有外国人参与其中是不可能的。但在这一墓志文末，却把从六品上秘书丞这样的官员（褚思光为科举进士科出身）与东夷日本国的无官无位的朝臣备这样的人并列而置了。这样的事是绝不可能发生的，因此这一墓志必然是赝品。

但在这里，我要说他对于历史缺少足够的谦虚，并对东亚诸国抱有某种蔑视的观念。这篇墓志铭从头到尾都不断地给人以一种真实之感，而在其出土地洛阳的相关考古工作人员也无不对其真实性深信不疑。这是继15年前发现《井真成墓志》以来，记录遣唐留学生吉备真备行踪的最为贵重的史料，接下来要特别议论一下，如何将其编入历史之中。

注：①笔迹方面的问题得到东野治之（奈良大学名誉教授）和桥本荣一（东京学艺大学准教授）指教，在此向对两位先生深表感谢。

②《李训墓志》的解读方面得到了釜谷武志（神户大学名誉教授）有力帮助。

附记：阎焰著《日本国朝臣备书丹褚思光撰文鸿胪寺丞李训墓志考》（文物出版社，2019年），〔日〕东方书店对此书的翻译出版现正在计划推进中（本文作者：气贺泽保规，明治大学东亚石刻文物研究所）。本文译自日本《东方》杂志，东方书店，2020年，第2—8页。翻译过程中得到姚义田先生的悉心指导，谨表谢忱。

附图：

《李训墓志》原石

《李训墓志》志盖拓片

《李训墓志》志石拓片

（辽宁省博物馆　兰　姝　葫芦岛市博物馆　汪　旭）

明代碱场堡考

梁志龙　乔　程

内容提要：碱场堡，是明代在辽东东部山区设置较早的一座堡城，在防御建州女真袭扰辽东边境方面，发挥了重要作用。本文通过碱场堡的建堡时间、辖域变化、战事钩沉、名称源自等诸多方面，对碱场堡历史进行了较为全面的梳理和研究，并提出了一些新的观点。

关键词：碱场堡　墩台　明代长城　战事　碱厂

碱场堡，是明代设于辽东地区的一座堡城，位于本溪县碱厂镇碱厂村南边田地中，当地人故称该堡为“南城子”。清《盛京通志》对该堡形制有着简略记载：“周围二里零九十步，南与西各一门。”[1]1981年5月，全国第二次文物普查时，对碱场堡遗址进行了调查，调查数据显示，堡址平面呈长方形，东西长约400米，南北宽约200米，城墙局部残存高度2.5米[2]。2008年10月，全国第三次文物普查时，对碱场堡遗址再次进行了调查：“原来砖石结构的墙体久已不存”，“现今四面墙壁局部仅余土塄残迹”，南墙西段约百米段落及西墙约五十米段落“保存较好”，暴露出的墙基宽约1.5米，高约1.2米，地上散布有残余青砖及布纹瓦、青花瓷片等遗物[3]。

一、碱场堡创筑时间

明成化三年（1467）九月，明朝和朝鲜分别出兵，攻剿建州女真，明朝军队攻入现今新宾一带，战果不大，朝鲜军队攻入现今桓仁一带，斩杀了建州首领李满住及其子古纳哈，沉重打击了建州女真。战后，明朝参战将领李秉迅速上书朝廷，建议在辽东边疆地区修墙筑堡，加强防务，李秉说，“苟不乘胜立为经久之计，恐班师后逃遁余贼，复为边患。”[4]

修墙筑堡的任务，交给了韩斌。韩斌在成化三年（1467）攻剿建州战役中，得到李秉等

1 《盛京通志》卷十《城池》。

2 本溪市博物馆第二次文物普查档案。

3 本溪市博物馆第三次文物普查档案。

4 《明实录》成化三年十一月丁卯条。

人的赏识，战后第二年，升任辽阳副总兵。《全辽志·韩斌传》：“成化丁亥……同都御史李秉东征，以右师捷，进辽阳副总兵，建东州、马根单、清河、碱场、叆阳、凤凰、汤站、镇东、镇夷、草河十堡拒守，相属千里。”[5]

其实，韩斌只建了前五堡。

《辽东志》说碱场堡建于明成化五年（1469）：“越戊子，韩斌任副总兵，献防守规画，为堡守之。自抚顺而南四十里设东州堡，东州之南三十里设马根单堡，马根单之南九十里设清河堡，清河之南七十里设碱场堡，碱场之南一百二十里设叆阳堡。烽侯相望，远近应援，拓地千里焉。”[6]戊子年为成化四年（1468），“越戊子”，当指成化五年（1465）。

朝鲜《李朝实录》中也有两条史料，记载了新设的五堡。

第一条史料见于《李朝实录·成宗实录》己丑年（明成化五年）十二月甲寅条，是朝鲜正朝使吴伯昌到辽东后，听自外郎李荣的口述：“新设长墙居置内五堡，一曰叆阳，距汝国昌城一日余程，登我烟台可遥望汝国烟台；二曰碱陽（场）；三曰清河；四曰马根单；五曰东州。自抚顺口子至辽阳而止，两堡相距或百里，或八九十里。”[7]

第二条史料见于《李朝实录·成宗实录》元年（明成化六年，1470）正月壬辰条，来自朝鲜圣节使通事崔有江关于辽东闻见事件的报告中，其中记录了各堡守军数量：“其五堡：一曰东州堡，距辽东二日程，守护正军七百，余丁七百；二曰马根单堡，距东州二日程，军数与东州同；三曰清河堡，距马根单一日程，其军数亦同；四曰碱陽（场）堡，其军数亦同；五曰叆阳堡，与我国昌城相对，距碱陽一日程，守护正军一千，余丁一千。”[8]

上引两条史料，都是朝鲜使臣的记录，一为成化五年十二月甲寅，一为成化六年正月壬辰，时间相距一月有余，根据记载的内容分析，这个时候，包括碱场在内的五堡已经建成。

然而，碱场堡的名字，早在成化三年（1467）就已经出现在《明实录》中了：“成化三年正月庚辰，兵部奏：巡按辽东监察御史魏瀚奏，虏寇入辽东碱场堡及鸦鹘山屯、梁家台等处，纵火焚堡门、营舍，大肆杀掠而去。”[9]

由此我们知道，至迟在成化三年九月，明朝和朝鲜尚未攻剿建州之前，碱场堡已经存在，该堡建有堡门、营舍，当然也应该有驻军。

明永乐末年，建州女真李满住率部迁居婆猪江（今桓仁地区），不久又迁居苏子河，碱场堡的最初设立，显然与防御迁居婆猪江的李满住有关。《辽东志》载《韩斌辽东防守规画》中说：“永乐间，虏酋李满住者，款塞求近边种牧，乃即苏子河与之，虏骑数来去，大肆抄掠，边将莫能支。”[10]正统年间，毕恭出任辽东定辽前卫指挥佥事，修筑了辽东长城西段边墙，碱场堡的设立是否也在此时，值得考虑。史上记载韩斌于成化五年（1469）修建碱场堡，应该是在原有堡城基础上的改建。

东州、马根单、清河、碱场、叆阳五堡，设置之初，“孤悬境外，距辽阳三、四百里，

5 《全辽志·将才志·韩斌传》，《辽海丛书》影印本（一），辽沈书社，1984年，第626页。
6 《辽东志·艺文志·经略》，《辽海丛书》影印本（一），辽沈书社，1984年，第456页。
7 吴晗辑：《李朝实录中的中国史料》（二），中华书局，1980年，第601页。
8 吴晗辑：《李朝实录中的中国史料》（二），中华书局，1980年，第603页。
9 《明实录》成化三年正月庚辰条。
10 《辽东志·艺文志·经略》，《辽海丛书》影印本（一），辽沈书社，1984年，第456页。

山林深阻，人迹罕到”[11]，官军吃粮便是问题，成化五年（1469），朝鲜圣节使通事崔有江不知从哪获得的信息，说“军料则辽东输以供之，自今年五堡皆屯田以供军食”[12]，但据《明实录》记载，“五堡”最初的行粮由海、盖各卫转运而来，每石粮食运到“五堡”之地，都要花去一两银子，军费开支有些过大。到了成化十二年（1476），在整饬边备兵部右侍郎马文升的建议下，才开始真正实行屯田的耕守方策，将靠近城堡的“闲旷田地”，拨给每名士兵五十亩，并给一两银子购买耕牛[13]，军士战时为兵，闲时为农。这个“且耕且守”、亦军亦农的政策，基本解决了军士的吃粮问题，并影响了后世明朝，万历元年（1573），李成梁展筑宽奠六堡，也采取了这一耕守政策。

二、碱场堡辖域的变化

明代，碱场堡归属清河堡（今本溪县清河城镇）管辖，前引《李朝实录·成宗实录》己丑年（明成化五年，1469）十二月甲寅条，李荣又说：“叆阳堡要害之地，而距辽东几至七日程，故总兵大人常镇守。其余诸堡不甚相远，故一大人兼管二堡。”[14]叆阳为总兵官镇守之地，剩下相邻的东州、马根单当为同一“大人兼管”，而相邻的清河、碱场二堡，亦应由另一位“大人兼管”，这位大人的衙署，应该设在清河堡内。《辽东志》记载清河堡下辖七座堡城，其中就有碱场堡。碱场堡虽属清河管辖，但它也有自己的辖域。通过碱场堡墩台分布状况，我们可以见出碱场堡辖域及其变化。

《辽东志》：“碱场堡，官军四百六十一员名，堡上山势临境，舍人寨可按伏，代子河通贼道路，清河、叆阳二堡兵马可为策应。”其下罗列了由碱场堡管属的17座墩台[15]：

孤山墩、南河墩、夹河山城墩、随行墩、小岭空、小岭墩、土台墩、傅二墩、夹河墩、石墙墩、新瓦子峪墩、赵百户冲墩、碱场墩、金宝空、厦生河墩、金宝墩、旧瓦子峪墩

孤山，位于碱厂镇孤山农牧场；南河，应为碱场镇兰河峪村；夹河山城，即今新宾县下夹河乡太子城；碱场墩，应该在碱场附近，而金宝空和金宝墩，可能在今碱厂镇金家村。据此，碱场堡辖境包括今碱厂全境及新宾县西南部的下夹河乡。

嘉靖二十五年（1546），巡按御史张铎考虑城堡之间距离遐远，建议增设城堡，得以实施。《全辽志·边防志》：“此堡（散羊峪堡）并一堵墙堡、孤山堡、险山堡、江沿台堡，皆嘉靖二十五巡按御使张铎奏设。”[16]同书《张铎传》又云：“锐意经略，规度要害，于辽阳东边建江沿台、险山、孤山、一堵墙、散羊峪五堡。”[17]《明实录》记载奏设城堡的人不是张铎，而是于敖：“七月甲戌，辽东巡抚于敖奏，东州堡去汤站堡八、九百里，独有叆阳守备一人，率三千人，墩堡疏旷，救援不及，兵力寡弱，策应为限，乞于散羊峪、一堵墙、孤山、险

11 《明实录》成化十二年十二月壬辰条。

12 吴晗辑：《李朝实录中的中国史料》（二），中华书局，1980年，第603页。

13 《明实录》成化十二年十二月壬辰条。

14 吴晗辑：《李朝实录中的中国史料》（二），中华书局，1980年，第602页。

15 《辽东志·兵食志·沿边城堡墩台》，《辽海丛书》影印本（一），辽沈书社，1984年，第398页。

16 《全辽志·边防志》，《辽海丛书》影印本（一），辽沈书社，1984年，第560页。

17 《全辽志·宦业志》，《辽海丛书》影印本（一），辽沈书社，1984年，第613页。

山、江沿台等处，因水石之利，以增墩堡，掣散缓之兵以实戎行，且随山斩伐，因地耕种，瞭守益明，住牧可久。得旨：如议修筑。令总兵张凤专督，务使坚久可恃。”[18]

新增的一堵墙、孤山二堡，均在今本溪县境内，一堵墙堡位于南甸镇马城子村，现已被观音阁水库淹没，它介于清河与碱场之间，孤山堡位于孤山农场，现仅存残墙一段，它介于碱场与叆阳之间。由于碱场堡两侧新增了堡城，原属碱场的部分墩台，划拨给了新增的一堵墙和孤山堡。

《全辽志》记载了嘉靖二十五年（1546）后碱场堡的墩台名目：

南河峪墩、小岭墩、小峪墩、金保墩台、碱场墩、厦生河墩、石墙墩、新瓦子峪墩、旧瓦子峪墩、安宁空墩[19]

这与《辽东志》记载的墩台数目相比，少了7个。这7个墩台的名称，有的出现在新设的孤山堡名下，如孤山台、随行墩、小南河台（可能即是南河墩），另外几个出现在一堵墙堡名下，如小夹河墩、傅二墩、夹河山城墩[20]。经过调整，碱场堡辖域缩小了，原来辖属的孤山那片领域及夹河山城那片领域，分别划给了孤山堡和一堵墙堡。

碱场堡最高首领是提调，然而到了嘉靖四十三年（1564），这个提调也被撤销了。《明实录》：“革辽东碱场、孤山二堡提调官，以守臣言其地有清河守备，官多军少故也。”[21]清河堡原来设的也是提调官，嘉靖三十九年（1560）改为守备。四年后，撤销提调的碱场、孤山二堡，便归了清河守备的直接领导，“精兵简政”着实落到了实处。

三、碱场境内的明代长城

成化五年（1469）修筑清河、碱场五堡的同时，也开始修筑烽火台及长城（也称辽东边墙、长墙）。《李朝实录》睿宗元年（成化五年）六月甲寅条记载，辽东都司曾对朝鲜宣慰使金有礼说：“东自抚顺千户所，筑长墙至贵国碧潼江边而止。每三十里营一大堡，常令军马三、四百戍御。又于十里设烟墩，候望贼变，兼护贵国赴朝使臣之行。”[22]八月，朝鲜平安道敬差官李淳叔过鸭绿江后，来到也郎洞地方，见到了修筑的长城及烽火台：“见长墙之界，川溪则以木石交构，作沟墙。高六尺，宽四尺。平地则以木交置，广百余尺。南距十余里高峰筑烟台，用木交积，高八尺，四面各十三尺，台上造板屋，高五尺。”[23]

最早提到碱场长城的，也是朝鲜人。

朝鲜睿宗元年正月（成化六年）壬辰，朝鲜圣节使通事崔有江回国后汇报见闻说：“长墙自东州至碱陽（碱场），或以石或以土筑之。自碱陽至叆阳，今年燔甓以筑。”[24]燔甓，即烧砖，这条记载可能来自当时辽东官员之口，但这个计划没有得到实施，至今在碱场堡原属境

18 《明实录》嘉靖二十五年七月甲戌条。
19 《全辽志·边防志》，《辽海丛书》影印本（一），辽沈书社，1984年，第560页。
20 《全辽志·边防志》，《辽海丛书》影印本（一），辽沈书社，1984年，第560页。
21 《明实录》嘉靖四十三年四月戊戌条。
22 吴晗辑：《李朝实录中的中国史料》（二），中华书局，1980年，第596页。
23 吴晗辑：《李朝实录中的中国史料》（二），中华书局，1980年，第599页。
24 吴晗辑：《李朝实录中的中国史料》（二），中华书局，1980年，第603页。

内没有发现砖砌长城就证明了这点。

《全辽志》记载的"清河堡障塞"，就是清河堡辖署的长城，它的形制及长度如下："自东州起，至马根单南界止，劈山边墙一道，八千四百九十二丈一尺，木柞五空、虎牢一空，共一百八十七丈。自马根单起，至孤山南界止，木柞墙五千四百四十七丈，内外虎牢十五空，共二千一百一十丈，板筑墙八百丈。"[25]"自马根单起，至孤山南界止"的这段长城，包含着碱场段落，这里有木柞墙（原木或木板筑起的墙体）、内外虎牢（不详）、板筑墙（版筑夯土墙），但没有出现"石墙"。《全辽志》编修于明嘉靖四十四年（1565），保存在今碱厂境内的石筑边墙，难道皆为嘉靖四十四年之后所筑？

明代，碱场堡所在的今本溪县归属东宁卫，《全辽志》记载东宁卫有"修边夫二千七百四十二名"[26]，是辽东都司属卫中修边夫最多的一个卫。碱场堡的修边夫具体数额没有记载，推测也当在数百人以上。明代尹耕写过一首《修边谣》，道出了修边夫的辛酸："去年修边君莫喜，血作边墙墙下水。今年修边君莫忧，石作边墙墙上头，边墙上头多冻雀，侵晓霜明星渐落。人生谁不念妻孥，畏此营门双画月。"

2007年5月至2008年6月，考古工作者对本溪境内明代长城进行了野外调查，调查结果表明，本溪境内明代长城呈南北走向，总长度为46104米，山险墙最多，其次为土墙和石墙，目前，保存较好的长城段落位于碱厂、东营房境内，其中碱厂境内有李家堡子长城、石墙沟长城、石墙沟西山长城、化皮峪长城、段家沟长城、四道沟长城、东山坡长城等段落[27]。

四、碱场堡战事钩沉

1. 成化三年（1467）战事

这是见于记载的明代碱场堡发生的最早的战事。

上文说过，成化三年正月庚辰，在韩斌改建碱场堡之前，这场战事就已经发生，"虏寇入辽东碱场堡及鸦鹘山屯、梁家台等处，纵火焚堡门、营舍，大肆杀掠而去"。这个"虏"，指的就是建州女真。战后，有人上奏说，按伏指挥金荣、守备巡视高通及千户李杰、百户刘兴，"俱失机致寇，宜正其罪"，副总兵施英、左参将孙璟、周俊，"俱失应援，亦宜究治"，但因种种原因，很多官员没有得到治罪的惩罚，多半人获得了成化皇帝的赦免，"令立功自赎"。[28]

这场战事，由于明朝边吏应敌有误，损失较重。

2. 成化十三年（1477）战事

《朝鲜实录》记载这场战事较详：成宗八年（成化十三年）十月乙卯，奏闻使尹弼商至辽东驰启："建州卫野人连结三卫达子（即朵颜、泰宁、福余三卫）约有四千余兵到碱场堡，声言作贼。总兵官韩斌、指挥王能领兵一万出镇东州，常海大人领兵一千出镇抚顺所，文宁

---

25 《全辽志·边防志》，《辽海丛书》影印本（一），辽沈书社，1984年，第560页。
26 《全辽志·赋役志》，《辽海丛书》影印本（一），辽沈书社，1984年，第548页。
27 辽宁省文物局：《辽宁省明长城资源调查报告》，文物出版社，2011年。
28 《明实录》成化三年正月庚辰条。

大人领兵一千五百出镇坚墙堡，指挥刘聪领兵一千出镇叆阳堡，聪行至洒马吉夹山，遇贼，战死。”[29]

这场战役规模较大，建州卫及三卫达子投入四千兵力围劫碱场堡，明军从东州、抚顺等地，分四路共出兵一万三千五百人前来救援，叆阳指挥官刘聪半路战死。不久，建州女真乘胜侵掠清河、叆阳二堡，“副总兵韩斌逗遛（留）不进，令停俸戴罪杀贼”[30]。这里的出现的“坚墙堡”，可能是碱场堡的另一种写法。

3. 正德十四年（1519）战事

关于这场战事的记载非常简略，《明实录》：“正德十四年三月甲辰，虏入碱场等堡。”战争过程及结果，没有记载，不得而知。然而，战后两位官员却受到严厉处罚：“守备都指挥萧云、指挥高元佐，俱下巡按御史逮问。狱上，以请云降一级，元佐发边远充军。”[31]

明军御敌肯定不利，两位指挥官于是得到了这样的惩罚。

从八月开始，陆续对有功人员及受伤者予以奖励。“八月壬申，录辽阳碱场堡斩获犯边达贼赏官军银帛有差。”[32]“九月壬辰，升赏辽阳碱场堡有功官军八十人有差。”[33]

奖罚的同时，也宽宥了三名有责官员。

“正德十四年九月丙申，宥山东革任副总兵孙文都、指挥裴珙、指挥马宽罪。先是，虏寇辽阳碱场等堡，文等俱以失事当坐，至是兵部谓有功可赎，故宥之。”[34]

第二年，仍有关于升赏碱场堡伤亡官军奖励的记载：“正德十五年六月戊寅，升赏辽东碱场、安抚等堡获功阵亡被伤锦衣卫百户王准等一百一十七人有差。”[35]“正德十五年秋七月丁酉，升赏辽东碱场等堡及甘肃山丹等堡御虏获功阵亡被伤官军人等，凡一千一百六十余人，各有差。”[36]

这两次升赏，可能是正德十四年战事升赏的继续，也可能是十五年又有了战事，《明实录》等文献忽略了战事的记载，却记下了战后升赏之事。

4. 嘉靖二十四年（1545）战事

《明实录》：“嘉靖二十四年二月戊戌，革辽东游击将军武镗、叆阳守备韩承庆职。逮治提调指挥等官常鹏等七人，降巡抚都御史董珊、总兵官赵国忠、副总兵郝承恩各俸二级。先是，东州、新安、清河、叆阳、碱场五堡累遭虏患，杀虏人口五百余，马牛称是，诸臣不能御，又匿不闻，至是为巡按御史刘廷仪论劾，故有是命。”[37]

这不是一场战事，也不是仅仅发生在碱场的战事，但从中可以看见，这一阶段建州女真对明辽东边境的严重侵扰。

29 吴晗辑：《李朝实录中的中国史料》（二），中华书局，1980年，第639页。
30 《明实录》成化十三年十一月壬午条。
31 《明实录》正德十四年三月甲辰条。
32 《明实录》正德十四年八月壬申条。
33 《明实录》正德十四年九月壬辰条。
34 《明实录》正德十四年九月丙申条。
35 《明实录》正德十五年六月戊寅条。
36 《明实录》正德十五年七月丁酉条。
37 《明实录》嘉靖二十四年二月戊戌条。

5. 嘉靖四十五年（1566）战事

《明实录》记载了这场战事："嘉靖四十五年五月壬辰，虏自辽东西平出边，转掠河东、碱场、甜水站等处，清河守备郎得功引兵扼之于张能峪口，大战，斩首七十五级，驱还，虏掠甚众。"[38] 西平堡位于盘锦市盘山县沙岭镇，这次"虏寇"身份，是蒙古土默特部首领俺答。《明史・鞑靼传》："明年，俺答屡犯东西诸塞。夏，清河守备郎得功扼之张能峪口，胜之。"[39]《明通鉴》也记载了这场战事："五月壬辰，寇复自辽东西平出边，转掠河东盐场（碱场），清河守备郎得功扼之张能峪口，击却之。"[40]

战后，奖惩情况如下："嘉靖四十五年六月辛未，蓟辽总督刘焘会巡按李叔和疏报，辽东四月以后，西平堡及碱场、甜水站等处诸臣御虏功罪。诏赠阵亡备御苟麒为都指挥使，把总张禄为都指挥佥事，子孙各升袭二级，升守备郎得功二级，仍赏银二十两，参议张邦土、督抚刘焘、魏学曾等，各赏有差。褫失事总兵佟登仕，回卫，下守堡指挥王承祖等于御史问。"[41]

6. 隆庆三年（1569）四月战事

这场战事起因于建州头目张摆失率众靠近明朝边境，呼着喊着要攻掠碱场、孤山，遭到了李成梁的反击，灭顶之灾于是降临在张摆失的头上。

《明实录》："隆庆三年四月丁丑，先是四月中，虏酋张摆失、艾失哈等拥众近边，声言欲寇碱场、孤山。辽阳副总兵李成梁，率中军指挥苏承勋等出边迎击之，而以原任参将谢廷相督选锋冲其前，至夹河山城，突入虏营，斩获贼首张摆失等一百六十四级，夺马一百余匹，贼遂遁去。捷闻，兵部覆议：李成梁首功及总督镇巡官均宜优录，谢廷相罪当赎，其余功罪仍候巡按御史覆奏，得旨，赏总督谭纶、巡抚魏学曾、总兵王治道并李成梁、分守副使张邦土、管粮郎中丁诚及指挥苏承勋等各银币有差。"[42]《明史・李成梁传》："隆庆三年四月，张摆失等屯塞下，成梁迎击斩之，歼其卒百六十有奇，余众远徙，遂空其地。录功，进秩一等。"[43]

这个张摆失，是建州女真居住在靠近明代边墙附近的首领，张齐哈喇甸子曾经也是他的领地。这里的夹河山城，即今新宾县下夹河乡太子城，该城始筑于高句丽时期，明代在城内筑有墩台，即夹河山城墩，先后归属碱场和一堵墙堡管辖。目前，在太子城内，还保存着两座墩台，其中一座应该就是明代夹河山城墩。

7. 隆庆三年（1569）夏季战事

张摆失死后不久，女真人又次侵掠碱场堡。《四镇三关志》："隆庆三年夏，虏寇碱场堡，守备曹篚斩虏一百六十级。"[44]

战后明朝对伤亡及有功人员进行了优恤和奖励。

---

38 《明实录》嘉靖四十五年五月壬辰条。

39 《明史・鞑靼传》，中华书局，1974 年，第 8485 页。

40 《明通鉴》，中华书局，1959 年，第 2478 页。

41 《明实录》嘉靖四十五年六月辛未条。

42 《明实录》隆庆三年四月丁丑条。

43 《明史・李成梁传》，中华书局，1997 年，第 6183 页。

44 刘效祖：《四镇三关志》，中州古籍出版社，2018 年，第 799 页。

《明实录》“隆庆三年十月己巳，录碱场、孤山二堡边外获功阵亡被创官军蒋承勋等三百六十一人，升赏优恤如例。”[45]“隆庆四年九月甲申，录碱场、孤山二堡斩虏功，升授官旗王九官等二十四人如例。”[46]隆庆三年，录功对象为战争中伤亡的官军，四年则提升了有功人员。

五、碱场堡的弃守

万历四十六年（1618）五月，努尔哈赤夺得了抚顺，七月，又发兵攻打清河堡，《满洲实录》：“七月二十日，帝率诸王大臣征明国，入鸦鹘关，环攻清河。其城守副将邹储贤领兵一万固守，其中炮手约千余，兼滚木矢石齐下，满洲兵拆城，竖梯攻之，不避锋刃跃入，四面兵皆溃，其城遂拔，将邹储贤及兵众俱杀之。”[47]

清河堡失守，动摇了附近城堡守军的意志，他们纷纷选择了逃亡，弃城而遁，碱场守军也是如此。《满洲实录》：“一堵墙、碱场二城官民弃城走。（努尔哈赤）遂论功行赏毕，起兵向辽阳行二日，复撤回，拆一堵墙、碱场二城，将周围之粮运尽，方班师。”[48]《清太祖朝老满文原档》记载稍详：“自此回还进了南路，将一堵墙、碱厂二城破坏。并将他们旧藏在地窖的粮食，尽都运返。田里耕种的粮食，也都喂了马。”[49]

清河之战发生时，逃跑的还有叆阳千总陈大道等人，后被斩首。《明实录》：“万历四十六年八月癸亥，经略杨镐奏：贼陷清河，时叆阳千总陈大道、高炫等，闻风擅离城守，已经枭示。”[50]碱场逃跑官员如果亦被逮住，肯定逃不出“枭示”的命运。

万历晚期，碱场堡城墙已经颓败。万历三十七年（1609），熊廷弼巡按辽东，亲自踏查了辽东城堡，历经清河、一堵墙、碱场、孤山等地，他见到的城墙状况令人吃惊：“城垣多系乱石堆垛，原无灰汁灌砌，年久开裂，人足一震，石辄累累自下，所至倒塌，都成漫坡，门瓮俱无，但存缺口，人皆野住，不敢进城。”[51]在熊廷弼的主持下，对辽东城堡进行了大规模的维修，其中碱场堡维修项目除了补修城墙之外，“又包修碱场堡城上垛头八十丈，四面裹城七十丈，烧用过青砖六万块、石灰一千五百石；边腹墩台八座，围堡短墙一道”[52]。五年后，这些城堡再次面临“坍颓”的危境。《明实录》记载，万历四十二年九月壬戌，巡按山东御史翟凤翀疏言：“自奴酋反侧，入告中外，议论沸腾。……而守道所属偏东会安、东州、碱场、孤山、一堵墙、马根单等堡，近多坍塌，急拨军民夫役，设处砌完，缓急可资保障。”[53]

我们无意为碱场等堡那些贪生怕死的逃命官军开脱罪责，明朝对辽东地区统治权力的迅

---

45 《明实录》隆庆三年十月己巳条。

46 《明实录》隆庆四年九月甲申条。

47 《满文满洲实录译编》，中国人民大学出版社，2015年，第191页。

48 《满文满洲实录译编》，中国人民大学出版社，2015年，第191页。

49 《清太祖朝老满文原档》，台湾中华书局印刷，1971年，第76页。

50 《明实录》万历四十六年八月癸亥条。

51 熊廷弼：《修边举劾疏》，《熊廷弼集》，学苑出版社，2011年，第171页。

52 熊廷弼：《修边举劾疏》，《熊廷弼集》，学苑出版社，2011年，第174页。

53 《明实录》万历四十二年九月壬戌条。

速丧失，他们有不可推卸的责任，但城堡的颓败，为这些逃命官军提供了弃城的借口。从坍塌的城堡上，我们看见了大明政权的衰落。

六、碱场堡名称

碱场，后金时期及清代改称碱厂，前引《清太祖朝老满文原档》便称之为“碱厂”，康熙年间始撰、乾隆四十四年（1779）出版的《盛京通志·城池》，也把它写作“碱厂”，现存于碱厂镇九龙村赵家洼屯的同治十三年（1674）一口铁钟上，其上铸文也是“碱厂”，光绪三十二年（1906），本溪县设治委员周朝霖勘定的本溪县地图上，标注的也是“碱厂”。碱场改作碱厂，除却同音字“厂”代替了“场”之外，没有其他意义。

《说文》：“鹼（碱），北方味也。从卤，咸声。”《本草纲目》：“碱，盐土之名。”从字面解释，碱场应该是一处有盐碱的地方。这个地名在中国北方地区多有重复，本溪市辖属的本溪县就有两处地名叫碱场，一处是本文所说的碱场堡，另一处是小市镇的碱厂堡村，本溪市辖属的桓仁县也有一处叫碱厂的地方，即今古城镇碱厂沟村。另外，明代东州堡（位于今抚顺县救兵镇大东洲村）下面的一个墩台，也叫碱场空台[54]。

本溪和桓仁叫碱场（碱厂）的地方，没有发现盐碱，因此怀疑本溪境内三个叫作碱场的地名，可能不是汉语名称，极有可能是少数民族语言的汉语音译。有资料说，碱场为满语，翻译为汉语有两种词意，一为三道眉鸟，二为大而平坦的山沟[55]。本文所写的碱场，所在位置正处于宽大的山沟内，符合后一种词义。如果明代碱场堡名称确为满语，则说明该地设堡之前，满族先人女真人曾活动或居住在这里，因此留下了这个地名。活动于此的女真人，当属建州女真。

（本溪市博物馆　梁志龙　本溪县文物管理所　乔　程）

54 《全辽志·边防志》，《辽海丛书》影印本（一），辽沈书社，1984年，第560页。

55 抚顺市政协文化和文史资料委员会编著：《抚顺满语地名史话》，辽宁民族出版社，2015年，第393页。

文化再造与国俗建构

——以乾隆朝冰嬉为例

伍容萱　方　非

内容提要： 冰嬉，是中国古代北方地区冰上运动的总称。冰嬉在清乾隆朝发展至顶峰，被列为满洲国俗，成为一项冬季例行活动，应用于检阅、宴赏、娱乐、出巡、外交等多个场合。本文拟通过研究乾隆朝冰嬉的历史脉络和文化特质，剖析清代早中期统治者的文化再造行为，并探寻乾隆朝建构冰嬉国俗的历史情境及核心动力。

关键词： 冰嬉　乾隆朝　国俗　文化再造

冰嬉，是中国古代北方地区冰上运动的总称。冰嬉在清乾隆朝发展至顶峰，被列为满洲国俗，成为一项冬季例行活动，应用于检阅、宴赏、娱乐、出巡、外交等多个场合。本文通过研究乾隆朝冰嬉的历史脉络和文化特质，剖析清代早中期统治者的文化再造行为，进而引出冰嬉在乾隆一朝是不容忽视的历史意象，其发展的本质是清早中期统治者在确立民族身份认同的过程中所展现出来的文化自觉。在这场浩大而持久的文化展演中，乾隆帝三位一体，是主导者，是赏阅者，亦是参演者。

一、冰嬉活动的历史记忆

（一）清以前的冰嬉

中国古代的冰上运动由来已久。冰嬉脱胎于北方劳动人民长期以来的生产生活实践。隋唐时期的室韦人居于黑龙江中上游两岸及嫩江流域，冬季“地多积雪”，因“惧陷坑阱”，往往“骑木而行”。[1]唐代西域的黠戛斯人，“俗乘木马驰冰上，以板藉足，屋木支腋，蹴辄百步，势迅激”[2]。根据文献记载，这些行为虽尚不具备游戏或竞技性质，却已然可以视作冰车和滑冰运动的雏形。

---

1 （唐）杜佑：《通典》卷二百，室韦。

2 （宋）马端临：《文献通考》卷三百四十八，黠戛斯。

逮至明朝，乘坐冰车已经成为北京城内的一项时尚。皇城内外，凡有冰处皆有京畿贫民“拉拖床以糊口。遇雪满林皋，坐拖床者艳素杂遝，交拉如织”。有的乘车者兴致高昂，要在冰面上往返多次才罢休。冬天的什刹海冰冻后，“可拖床。以木板上加交床或藁荐。一人前引绳，可拉二三人。行冰上如飞”。待到早春，河冰不再坚牢，间或有人因冰裂而坠河丧生。[3]但是，仍有很多人乘坐冰车。可见，乘坐冰车在晚明社会备受欢迎，拉冰车在京城也成为一种季节性谋生手段。

值得注意的是，嘉靖壬寅（1542）正月十六日，皇太子从紫禁城出发，要往西苑拜见嘉靖皇帝，而此时太液池已结冰，皇太子便乘坐冰车横穿了太液池。阁臣夏言“胡床稳坐度层冰”之词，描述的大概就是此情此景了。[4]可见，冰车在明代宫廷中亦有使用。

（二）清早期的冰嬉

满洲入关前长年生活在白山黑水之间。每到冬季，东北林海被皑皑白雪所覆盖。出于生产生活的需要，此地的族群大都擅长冰雪运动。诸如，赫哲族冬季出行乘坐狗拉雪橇，穿上踏板滑雪捕貂，等等。满洲日常使用“法喇”[5]代步，并在其上烹茶煮酒，可在冰面上停留较长时间，这为进行和观赏冰嬉提供了物质条件。《钦定盛京通志》有云：“扒犁几点雪中过，泽腹坚时利济多。且喜轻驮同薄笨，任他采鹢自嵯峨。如龛小坐移真便，似榻能牵稳不蹉。但设茶铛煨榾柮，撚须觅句更如何。”[6]

努尔哈赤建立后金政权后，曾于天命十年（1625）举办历史上首次有据可查的“冰上运动会”。《满文老档》载：“正月初二日，汗率众福晋，八旗诸贝勒、福晋，蒙古诸贝勒、福晋，众汉官及官员之妻，至太子河冰上，玩赏踢球之戏。诸贝勒率随侍人等玩球二次之后，汗与众福晋坐于冰之中间，命于二边等距离跑之。先至者赏以金银，头等各二十两，二等各十两。先将银置于十八处，令众汉官之妻跑往取之。落后之十八名妇人，未得银，故每人赏银三两。继之，将每份二十两银置于八处，令蒙古众小台吉之妻跑往取之。落后之八名妇人，各赏银十两。继之，将每份银二十两、金一两置于十二处，令众女儿、众小台吉之妻、福晋及蒙古之众福晋等跑之，众女儿、众贝勒之妻及福晋等先至而取之，蒙古众福晋落于后，故赏此十二名女儿金各一两、银各五两。跑时摔倒于冰上者，汗观之大笑。遂杀牛羊，置席于冰上，筵宴，戌时回城。”[7]此次运动会上，有满蒙贝勒冰上足球和女子冰上赛跑两个项目。满蒙汉三族分不同场次参加，第三场中蒙古福晋集体落后于满洲女子，似有“礼让”之嫌。此外，在努尔哈赤攻破辽东之前，当地存在汉官歧视女真人的现象，汉官之妻亦恪守礼法，足不出户。如今为形势所迫，汉官之妻不但要参加冰上赛跑，位列满蒙女子之下，还要作好摔倒被嘲笑的准备，个中

---

3 （明）刘若愚：《酌中志》卷十七《大内规制纪略》。

4 （明）刘若愚：《酌中志》卷十七《大内规制纪略》。

5 “法喇”为满语，即可行驶在冰雪上的拖床，是冰橇与雪橇的合称，亦称作“爬犁”。据乾隆帝御制诗《吉林土风杂咏十二首·法喇》：“似车无轮，似榻无足，覆席如龛，引绳如御，利行冰雪中，俗呼扒犁，以其底平似犁，盖土人为汉语耳。”详见《清高宗御制诗二集》卷五十二。

6 （清）阿桂：《钦定盛京通志》卷一百二十四，法喇。

7 中国第一历史档案馆：《满文老档》第六十四册，“天命十年正月至三月”，中华书局，1990年，第619页。

尴尬滋味，可想而知。[8] 从中亦不难推知努尔哈赤的联蒙仇汉的政治态度。

新春冰上掌灯筵宴，既是努尔哈赤的阖家同庆，亦是其麾下主要势力的一次联欢。冰嬉作为此次筵宴的节目，不仅展示了满洲风俗，让宴会充满娱乐性，而且彰显了满洲的实力与地位。虽然此次冰嬉设置简率，无法与后世盛况相比，但是其在清代冰嬉历史上的地位是不容忽视的。

满洲入关后延续了明代京城既往的冰车之乐，并将滑冰之技带到了北京。康雍两朝，冰上运动逐渐丰富起来。据高士奇《金鳌退食笔记》记载，隆冬时节，皇室在太液池上乘坐拖车。八旗子弟脚踩冰鞋，在冰面上做抢球游戏。[9] 在《胤禛十二月景行乐图》中即有描绘外国使节在行进中观看滑冰（图一）及京郊百姓乘坐冰车往来冰面（图二）的场景。此时的冰嬉

图一 《胤禛十二月景行乐图》中的冰嬉场景

图二 《胤禛十二月景行乐图》中乘坐冰车的场景

8 “昔太平之时，诸申与汉人互市往来。且不论汉官之妻，即是平民之妻，亦不得被诸申所见，且轻蔑诸申之官员，欺凌殴打，不准立之于其门。而汉人之小官及平民人等往诸申处，却可径入众贝勒大臣之家，同席饮宴，尽礼款待。得辽东后，汉人之廉耻皆已扫地矣。”详见中国第一历史档案馆:《满文老档》第六十四册，“天命十年正月至三月”，中华书局，1990 年，第 619—620 页。

9 （清）高士奇:《金鳌退食笔记》卷上。

活动虽不甚奢华、隆重，却足为乾隆朝之盛事写下伏笔。

二、文化展演——乾隆朝的冰嬉

冰嬉之国俗地位的确立，始自乾隆帝《冰嬉赋》中“国俗有冰嬉者”之句。据现有文本及图像资料，至迟在乾隆十年（1745）便已出现冰嬉活动。至嘉庆二年（1797）腊八日，身为太上皇的乾隆帝最后一次在御制诗中提及冰嬉。这也应该是乾隆帝最后一年看阅冰嬉。由此推知，乾隆朝冰嬉至少持续了半个世纪之久。而且，随着项目和人员的增多，每年展演的次数也有所增加。乾隆帝一个冬季往往要赏阅数次。如据《清高宗起居注》整理，乾隆二十四年（1759）、乾隆三十年（1765），乾隆帝各阅看了 10 次之多。

每年自冬月始，八旗兵丁便开始操练冰嬉。待“水泽腹坚”之后，冰嬉便拉开帷幕。在乾隆帝及其朝臣的文字中，冰嬉乃“顺时陈国俗”，是合乎天时之举。

（一）展演场地

乾隆朝举行冰嬉盛典的地点通常在太液池。太液池位于皇城西苑，包括北海、中海和南海三部分。根据现有文献和图像，在南海和中海举办的次数高于北海。观赏地点主要在瀛台、遐瞩楼、悦心殿等处。出紫禁城西华门便可直抵西苑，故在南海、中海举办冰嬉，更方便皇帝出行。

每过冬至，太液池冰冻坚牢，晶莹如镜，洁白如玉。金鳌玉蝀桥横跨在太液池上，皇家建筑环水耸峙，整个环境宛若天宫仙境。在此举办冰嬉盛典不仅合乎天时地利，而且衬托得八旗子弟如同天兵天将一般，还为乾隆朝冰嬉题材的文学作品的创作提供了灵感源泉。诸如，乾隆帝有“镜呈太液，璧写龙池”[10]之句，蒋溥有“太液寒凝，辉生白塔”[11]之句，钱陈群有“玉虹之湾，太液之池，风栗烈兮瑟瑟，波凝滞兮皑皑”[12]之句，汪由敦有“素练韬景，轻縠收烟，含雪比洁，写镜俱圆”[13]之句，等等。

除了太液池，赵北口行宫也上演过冰嬉。赵北口行宫是直隶白洋淀上的一座水围行宫，南、北、西三面环水，冬季有广阔的冰面可供嬉乐。乾隆帝一生六下江南，前五次南巡路过赵北口行宫或适逢正月十五，或刚刚过完上元节。地方官员在赵北口行宫预备冰上百戏、摔跤、烟火表演等，供皇帝一行观看行乐、夜宴赋诗。但这不同于内务府负责举办的冰嬉，此地的冰嬉娱乐不具备阅武性质。

（二）相关人员

1. 表演者

乾隆朝冰嬉表演者遴选自内务府三旗、禁军和普通八旗子弟。除了冰技超群者可以入选

10 《清高宗御制文初集》卷二十四，《冰嬉赋》。
11 （清）董诰辑：《皇清文颖续编》卷三十六，蒋溥《冰嬉赋》。
12 （清）董诰辑：《皇清文颖续编》卷三十六，钱陈群《冰嬉赋》。
13 （清）董诰辑：《皇清文颖续编》卷三十六，汪由敦《冰嬉赋》。

外，平日办事勤勉者也有机会被推荐到拣选之中。乾隆帝十分重视冰嬉活动，通常派领侍卫内大臣等近卫重臣负责选拔、训练、管理冰嬉表演者。据档案记载，舒赫德、福隆安、丰升额、和珅、努三等皆曾参与管理、训练表演冰嬉的兵弁。[14]冰嬉表演参与者众多，仅各处挑选的“善走冰者”便有两千余人。一日之内难以全部表演完毕，故常分多日表演、竞技。

在此需要说明的是，如此多的参与者与举办冰嬉的目的有极大关系。入关后，部分八旗子弟不适应新的生产生活方式，懒散度日，连维持日常生计也渐成问题。清早期诸帝怜惜“前锋、护军皆系穷苦之人”，时常创造机会进行赏赉。[15]乾隆帝多次在御制诗中言及每年举办冰嬉活动，是给八旗子弟一个展现冰上技艺的机会，并借机奖掖表现优异者。如，“冰床南渡阅冰嬉，行赏多因惠八旗”。[16]又如，“行赏励勤资卒岁，岂徒玩景此频来”。[17]另据《清文献通考》记载，射球之后，“头等三名，各赏银十两；二等三名，各赏银八两；三等三名，各赏银六两；其余兵丁各赏银四两。俱由内务府广储司支给”[18]。可见，凡是参与冰嬉的兵丁都能得到赏银。恩赏八旗成为举办冰嬉活动的一项重要原因。乾隆帝归政之后，因年高畏寒不能亲去阅看冰嬉。嘉庆帝亦无暇行幸，但考虑到八旗兵丁已然冒寒训练，付出努力，便令“仍照向年赏赉，交该管大臣等均匀分给，以示朕轸念穷苦兵丁之至意”[19]。可见，经乾隆一朝，行赏八旗兵丁已经成为惯例。即使冰嬉不能举行，赏银也照常发放。

2. 观赏者

乾隆朝的冰嬉观赏者包括清朝皇室、朝臣、年班与其他边疆部族首领，以及外国使臣。

首先，阅看冰嬉具有一定的阅武性质，故最主要的观赏者为乾隆帝。台北故宫藏《冰嬉图》卷及北京故宫所藏两幅《冰嬉图》卷，所绘皆为乾隆帝在拖床内阅看冰嬉的场景。同时，冰嬉又颇具观赏性，可为皇室成员的宫廷生活带来些许乐趣。乾隆帝十分重视孝道，多次奉其母崇庆太后幸太液池观赏冰嬉。崇庆太后主要在北海悦心殿、遐瞩楼等处远观冰嬉，并不亲临冰面。

其次，朝中重臣亦常伴驾阅看冰嬉。有文献可考的满大臣有阿桂、傅恒、来保、兆惠等，汉大臣有嵇璜、刘统勋、汪由敦、钱陈群、蒋溥、张若霭、纪昀、于敏中等。这些朝臣在阅看冰嬉之后留下了许多文学作品，为今人了解乾隆朝冰嬉提供了重要的文献资料。

再次，冰嬉还具有展示八旗风貌的作用。乾隆帝依例在新正后设宴款待入觐年班及边疆部族首领，并邀请他们一起观赏冰嬉，以八旗兵弁的勇武震慑外藩。乾隆二十六年（1761）正月初二，乾隆帝于紫光阁前赐宴平定西域的有功之臣，邀满汉文武大臣及蒙古王公、台吉等107人，以及回部郡王霍集斯、叶尔羌回城的伯克萨里、哈萨克汗的来使苏尔统卓尔波喇

---

14 中国第一历史档案馆：《为管理三旗溜冰打球人等着增派福隆安、丰升额事》，乾隆三十五年十月二十六日，03-18-009-000037-0005-0034；中国第一历史档案馆：《为舒赫德年迈着丰升额管理球员和溜冰者事》，乾隆四十一年十一月二十一日，03-18-009-000041-0002-0155；中国第一历史档案馆：《为努三之冰鞋练球事务着和珅总理事》，乾隆四十三年十一月二十三日，03-18-009-000043-0002-0144。

15 《清圣祖起居注》卷一，康熙十一年三月。

16 《清高宗御制诗余集》卷十六，《腊八日纪事》。

17 《清高宗御制诗四集》卷八，《瀛台雪景》。

18 《清文献通考》卷一百七十五，《乐考》。

19 《清高宗起居注》卷四十二，乾隆六十三年十二月。

斯等 11 人与宴。[20] 据《紫光阁赐宴图》描绘，宴会现场正在进行转龙射球的冰嬉表演（图三）。此外，还有远隔重洋的外国使臣观看过冰嬉。乾隆五十九年（1794）十二月二十二日，“朝鲜国正使行判中枢府事朴宗岳、副使礼曹判书郑大容，荷兰国正使德胜、副使范罢览入觐，于西苑门外跪迎圣驾。上温语慰问，命随至瀛台，赐食，阅冰嬉”[21]。

图三 《紫光阁赐宴图》卷中所绘转龙射球场景

（三）具体内容

1. 抢等

抢等，又叫“跑冰鞋”“抢雄头”，类似于现在的速度滑冰比赛，其比赛细节并非一成不变。通常在距离皇帝冰床二三里外设起点，在冰床前皇帝的最佳视线范围内设终点。一百余名参赛兵士脚踩冰刀，排好队形，在长绳后等待发令。有时是用彩旗发令，有时是鸣炮发令。发令后，兵士争先恐后，向前滑行，比赛场面火热激烈。他们时而并肩竞速，时而侧线超越。时而彼此靠近，时而分散向前。还有人位居前列，便炫耀技巧，边滑边回头看，竟不慎崴脚滑倒，被人反超，痛失前列。[22] 率先到达终点者可夺得一面小旗，有多位裁判负责记录并拦住到达终点者因惯性而继续向前滑的势头。[23]“先登者赏，书某某也。赏不邻滥，格以九也”[24]。最终，参赛者被评定为九个等级受赏。“抢等”之名，应来源于此。获胜者得意扬扬，落后者垂头丧气。由乾隆帝及一众文臣写于乾隆十年（1745）的数篇同名《冰嬉赋》，将抢等比赛的场面描述得淋漓尽致（图四）。

2. 抢球

相比于足球，抢球在竞技规则上更类似于橄榄球。参赛者分为两队。据《冰嬉图》所绘，每队各十人。一方穿红色坎肩，一方穿黄色坎肩。其所着冰鞋不同于抢等时的带刀冰鞋，而是一种双齿冰鞋，在冰面上奔跑有防滑功效。比赛时，双方各有一个球门。参赛者

20 《清高宗起居注》卷二十，乾隆二十六年正月。

21 《清高宗起居注》卷四十一，乾隆五十九年十二月。

22 （清）董诰辑：《皇清文颖续编》卷三十六，汪由敦《冰嬉赋》。原文为“或翼躯以骈驰，或摩肩而径度。或乘间以投会，或侧出以诡赴。或复叠以攒促，或泮散而布濩。或炫奇而贾勇，忽回旋而返顾。或趁势以直前，尚踠足而拗怒”。

23 有时需要在到达后大声喊出自己的名字，既方便裁判记录，又显得场面极为。参见乾隆二十九年（1764）的冰嬉联句“呼名惟听唱声连”。

24 （清）董诰辑：《皇清文颖续编》卷三十六，钱陈群《冰嬉赋》。

不能用脚踢，只能用手抢。比赛开始时，由指定的裁判先将球高高抛起，双方队员奋起抢球。得球者或自己带球突围，或将球传给自己的队友，以将球投入对方的球门为胜，算作得分。规定时间内投进球多的一方胜利。抢球比赛赛况激烈，扣人心弦。据汪由敦《冰嬉赋》描述，鞠球似流星飞逝，双方队员脚下带风，闪转腾挪，追球而奔。众人在球飞高时纷纷跃起，球落下时又都俯身去抢。有人带球突围，有人深入后方，有人错失眼前良机，有人被对手截断而痛失射门机会，只得狠狠把球踢开泄愤。[25] 可见，参赛者并未因皇帝观看而束手束脚。

图四 沈源绘《冰嬉图》

3. 转龙射球

抢等和抢球是由满洲传统冰上运动发展而来，在努尔哈赤太子河冰上设宴时已见雏形。转龙射球则是乾隆朝才兴起的项目。乾隆十年（1745）的数篇《冰嬉赋》中皆无对转龙射球的记载，由此可推知，转龙射球出现应晚于乾隆十年（1745）。

转龙射球是将滑冰、射箭结合于一体的项目，融入百戏元素后，娱乐性和观赏性更强。八旗兵弁或身负各旗军旗，或手持弓箭，列队滑行于冰面上。冰上置旌门，其上悬彩球，持箭者滑过旌门后射彩球。队形蜿蜒曲折，故得转龙之名。

据金昆、程志道、福隆安合笔所绘《冰嬉图》（图五），八旗兵弁出场顺序依次为镶黄旗、正黄旗、正白旗、正红旗、镶白旗、镶红旗、正蓝旗、镶蓝旗。皇帝统辖的上三旗依据尊贵程度最先出场。负旗者和射箭者两人一组，间隔排列。负旗者在前，射箭者在后。每旗八组，故此项目参与人数为 128 人。三座旌门等距离放置，队伍按照既定路线绕着旌门滑行。每位射箭者有三支箭，从中间的旌门开始射球，距离皇帝最远的旌门次之，待滑过乾隆帝冰床前的旌门时射出最后一支箭。射箭者中不乏技巧高超者，金氏《冰嬉图》绘中间旌门下一名镶红旗兵弁将右手伸至脑后开弓，其技惊人。图中亦可见有人展示燕式滑冰动作，故此一时期的转龙射球以冰上滑行射箭为主，间或有高超的射箭技术和滑冰技术展示其中。总的来说，其娱乐性和观赏性不强。

转龙射球是在不断发展变化的。据张为邦、姚文瀚合笔所绘《冰嬉图》（图六），可见镶黄旗、正黄旗、正白旗、正红旗、镶白旗、镶红旗的兵弁依次出场，于图中未见正蓝旗、镶

25 （清）董诰辑：《皇清文颖续编》卷三十六，汪由敦《冰嬉赋》。原文为“随所指而争趋，拟所向而竞逐。或仰接以耸跃，或俯拾而踧踖。或觌面而惚恍，或入怀而可拘。或辟易以深入，俨骊珠之在握；或佹得而复失，泄余愤于一蹴。非致果以斗捷，徒怅惘而踯躅。获隽者气盛，而若矜失志者色沮而增恧”。

图五　金昆、程志道、福隆安合笔《冰嬉图》局部

图六　张为邦、姚文瀚《冰嬉图》局部

蓝旗，当是图中人物众多而绘画空间有限之故。相较于金氏《冰嬉图》，此图中殊异之处在于冰嬉中融入了百戏的元素。每旗仍是八组表演者。每组通常可分为四个亚组。第一、第三亚组是负旗者和射箭者各一名；第二、第四个亚组通常是一名或数名百戏表演者。其中，第二亚组以表演乐舞、杂技居多，第四个亚组以表演武术居多。杂技、乐舞表演包含顶杆、叠罗汉、倒立、吹笛子、舞幡、擎举海东青等，武术表演则涵盖刀、枪、剑、戟、斧、叉、棍、盾等兵器及拳术等。杂技表演者中有多名来自各旗的少儿，以其体轻灵活、便于托举而入选。

国丧期间，转龙射球的设置又有不同。乾隆四十二年（1777）崇庆皇太后去世后，乾隆帝守孝 27 个月。这一年转龙射球项目中的旌门彩旗皆撤下不用，队伍中也不设负旗者。唯保留冰上射箭一项而已。

三、文化再造与国俗建构

清王朝统治者所谓的“国俗”特指满洲习俗。如本文第一部分所述，纵向来看，迟至明中晚期，北京城内已有乘坐冰车的风俗；横向来比，东北地区诸多部族因为得天独厚的地理条件都擅长冰上运动。乾隆朝冰嬉在纵向的时间轴上达到高峰，在与其他民族的横向对比中卓尔不群，这是不断对历史记忆进行文化再造之功。

第一，乾隆朝早期冰嬉继承并改进了努尔哈赤太子河“冰上运动会”的两个项目——冰上玩球和女子赛跑。冰上玩球对应的项目是抢球，此项目为满洲所钟爱，入关后也一直保留，只是在赛前加入了选拔、训练等环节。冰上赛跑的主体由女性家眷变为八旗儿郎，一项嬉笑玩闹的女子游戏随之变成紧张激烈的抢等比赛，平添诸多军事训练的成分。将入关前的冰筵助兴游戏认定为国俗，并将之规范化、制度化，是整个国俗建构过程的第一步。乾隆帝在确认满洲历史记忆的基础上将冰嬉推上了历史舞台。

第二，转龙射球的出现，是将冰嬉和满洲所崇尚的骑射结合在一起。骑射是满洲之根本，为清朝诸帝所重。乾隆帝曾在乾隆十七年（1752）、二十四年（1759）两次颁发上谕，重申清太宗坚持满洲服饰制度、不忘国俗之旧事，要求八旗王公大臣精于国语骑射。在冰嬉中融入射箭，国俗叠加国俗，强化了冰嬉的军事性与民族性。其实，冰射并不是一项创新。远在龙兴之地的打牲乌拉捕貂时须在冰上射猎，当地的赫哲等族群亦有同样的生产生活实践。但是，将一项谋生手段再造成为充满炫技色彩和皇家气象的冰嬉表演，是源于生活又高于生活的处理，也是对地方风俗的超越，更是一种“人无我有、人有我精”的文化追求，彰显了满洲身份的优越性。

第三，受到汉文化的影响，百戏元素渗透到冰嬉之中，既是乾隆朝冰嬉发展至繁盛顶点的标志，又是文化再造与国俗建构中的题中之意。一方面，冰嬉的表现形式愈发丰富，炫目的杂技乐舞表演，能达到令人叹为观止的视觉效果，营造出一种海晏河清、花团锦簇的盛世氛围，形成一种歌舞升平的政治隐喻；另一方面，汉族传统武术的表演，给人以八旗士兵兼通满汉武艺的印象。从跑步、鞠球，到射箭，再到武术，甚至杂技，这些平素在陆地上训练的项目都被放置到冰面上加以演绎。在一次次的文化展演中，八旗被塑造成无所不能、神乎其技的劲旅形象。在逻辑上，这样能够胜任各种作战方式的军队是值得信赖的，开疆拓土、威服四海自不待言。通过冰嬉，我们可窥乾隆帝的政治、军事雄心之一斑。

第四，乾隆帝将观赏者的范围不断扩大，并赋予了冰嬉诸多政治意涵。本来冰嬉的最初目的是丰富冬季军事训练，并赏赉八旗兵丁。但是，冰嬉在被确立为国俗而多次展演后，逐渐变成一个展示满洲民族性的窗口。乾隆帝屡屡安排年班、边疆部落首领，以及外国使臣观看冰嬉。一方面，八旗士兵寓武于嬉，举重若轻地展现强悍武力；另一方面，经过文化再造的冰嬉国俗呈现在政治外交场合，是在宣示满洲民族身份的独特性与优越性，展现其统治天下的正统性与必然性。乾隆帝意欲通过使节的口耳，将这种政治意涵传播至外藩，抑止其不臣之心。

第五，冰嬉在乾隆朝被奉为国俗之后，在乾隆帝的授意下衍生了若干以此为题材的文学艺术作品。文本方面有乾隆帝与一众朝臣的数篇同题《冰嬉赋》，以及乾隆帝的多首歌咏冰嬉的御制诗等；图像方面则有多幅《冰嬉图》，以及《紫光阁赐宴图》《弘历生春诗意图》等。透过这些文学艺术作品，冰嬉之盛得以走出太液池的实体空间，最终名传天下，且得闻于后世。

值得注意的是，乾隆帝御制《冰嬉赋》是其他文学艺术作品的核心。同名《冰嬉赋》所描写的是同一场冰嬉表演，是乾隆帝作赋之后命朝臣们作同名赋。钱陈群、汪由敦等朝臣的赋皆依循御制《冰嬉赋》的基调，纷纷赞颂冰嬉是顺应天时的满洲国俗，并阐发冰嬉训练、赏赉兵丁的合理性。而从可考的《冰嬉图》来看，所有冰嬉图皆题有乾隆帝御制《冰嬉赋》。[26] 即使有的图中所绘场景与御制《冰嬉赋》描述内容相较殊异，非是同一年的表演，卷

---

26 关于三幅《冰嬉图》的绘画时间排序考证，详见拙作《乾隆朝冰嬉初探——基于冰嬉图像与文本的研究》，《故宫学刊》（第二十一辑），故宫出版社，2020年。

尾仍题写御制《冰嬉赋》。

乾隆帝在作《冰嬉赋》之后，命人将装裱好的《冰嬉赋》手卷送往盛京。“乾隆十年十二月十七日，司库白世秀来说：奏事太监王常贵等交御制冰嬉赋手卷一卷。传旨：着交海望，有便人带往盛京。钦此（于十一年正月十二日，副催总赵牙图将《冰嬉赋》一卷装垫好，交盛京章京恩退拨什库伍什哈，领去。讫）。”[27] 此后，他还多次命人书写、制作御制《冰嬉赋》册页，作为收藏。

文学艺术创作是另一种形式的文化展演。展演的主体不再是八旗兵丁，而是以乾隆帝为代表的创作者群体。他们曾经是冰嬉的观赏者，现在又获得了文化展演者的身份。在记录、传播、宣扬冰嬉国俗的过程中，他们功不可没。冰嬉在他们的纸笔间得到升华与永生。

从历史舞台的边缘走向中央，满洲该如何确立民族身份认同？如何展示和夸耀临御天下的正统性与优越性？这是清早期的满洲统治者们一直在关注的问题。此外，他们时刻保持警惕，担忧族群界限趋于模糊，八旗子弟日渐汉化，唯恐满洲像历史上其他马上民族一样在农耕文明的安稳与悠然中消解了剽悍勇武的民族性。因此，发掘、确立、传承满洲国俗，成为他们的重要使命。为了与其身份相适配，并更好地区隔皇家与民间、满洲与他者，统治者在确立冰嬉的国俗地位后进行了上述一系列的文化再造，并在持续的文化展演中建构国俗的新面貌。

四、结　语

冰嬉在乾隆一朝是不容忽视的历史意象，从民间游戏到国俗盛典，其发展的本质是清早中期统治者在确立民族身份认同的过程中所展现出来的文化自觉。乾隆帝对原本质朴而独具特色的冰嬉进行文化再造，通过半个多世纪的文化展演，成就了前无古人、赏心悦目的冰嬉盛景，以期达到修国俗、肄武事、赏兵丁、震四方的多重目的。在这场浩大而持久的文化展演中，乾隆帝三位一体，是主导者，是赏阅者，亦是参演者。

（故宫出版社　伍容萱　上海市民办南洋模范中学　方　非）

27　中国第一历史档案馆、香港中文大学文物馆编：《清宫内务府造办处档案总汇》13，人民出版社，2007年，第578页。

关于清代怀仁县城的几个问题

姜大鹏

内容提要：清朝光绪年间，为加强对今辽宁桓仁地区的管理与开发，清政府批准盛京将军崇厚等地方官员所奏，成立怀仁县，县城的选址、建设，则由东边兵备道尹陈本植与怀仁设治委员章樾负责。陈、章二人结合易学理念，稳慎勘查县域，选定今桓仁县城处为址，随后用五年时间建起一座“八卦城”，所谓“城象八卦，以宣八风”，城设东、西、南三门，意取“门开三元，以立三才”。本文结合相关资料，对怀仁建城的历史背景予以考述，并对“八风”“三元”等相关名词体现出来的建城理念进行论证，同时对三座城门名称的传统文化内涵加以解读。

关键词：清代　怀仁　桓仁　八风　三元

桓仁建县于清光绪三年（1877），时称怀仁县，因与山西大同怀仁县同名，中华民国三年（1914）改称桓仁县。怀仁设县，由章樾等负责筹建事宜。章樾先选址于浑江西岸六道河子荒沟口处，筑土为城，后建城于今桓仁县城处，即著名的八卦城，设东、西、南三门，北不设门，迥异于我国大部分古城设立四门的建筑方式。桓仁建县至今已经 143 年，怀仁八卦城建成至今已经 138 年，城垣历多年而自然坍塌，加之城建需要，现唯在今县城西南处还有小段城墙遗存，长约 20 米。然俯瞰今日桓仁县城，仍可见城市格局保持着八卦之形。本文结合《初建怀仁县碑记》《怀仁县志》《桓仁县志》等史料，以及今贤研究成果，试讨论关于清代怀仁县城的几个问题，包括建城的历史背景、相关名词考辨及传统文化内涵，等等。不揣鄙陋，就教方家。

一、怀仁县城建设的历史背景

桓仁地处中国东北边陲，是满族先世建州女真重要聚居地之一。顺治元年（1644）四月，清军在山海关战胜李自成的农民军，乘胜入关；五月，清军夺取京畿地区，进占京师；八月，福临离开盛京（沈阳），迁都北京；十月，福临即皇帝位，宣布“定鼎燕京”，从此，清王朝由地方政权转化为统治全中国的中央王朝。这次迁都，近乎所有清国臣民跟随福临从辽沈地区迁移至京畿地区，即所谓“从龙入关”，桓仁地区为之一空。顺治十八年（1661），辽东柳条边修筑完成，实行封禁，桓仁地区在柳条边外，不许百姓居住，前后二百余年，

"封禁久严，兽鸟充牣，绝巢窟而野无居人，山嵯峨而径鲜猎迹。"[1]

至道光年间，清政府对此地管理稍见松弛，开始有人违禁越边，来此开垦土地，因无官署管辖，封禁政策逐渐松弛。生齿日繁，游氓蜂聚，马贼啸聚，治安混乱，"崄堑日开，远人渐集，蒙茸杂处，薰莸各别。"[2]同治年间，有汉人何庆名上书，请求"开放旺清边门外六道河一带地方"，此"六道河一带地方"即今桓仁地域。光绪二年（1876），盛京将军崇实奏请开放柳条边禁地。光绪三年（1877）正月，盛京将军崇厚等三人联名上奏，建议添设宽甸、怀仁、通化三县，奏云："边务现在最要者，上年试设之安东县（今丹东市），仅管迤南一隅之地。迤北一带，幅员辽阔，现经清查地亩，业有成数，若不即行添设州县委员试办，则散而无纪，不足维系人心。因拟于六甸之宽甸，添设一县，即名宽甸县，六道河添设一县，名曰怀仁县，头道江添设一县，名曰通化县，分疆划界，委员试属。"[3]《清史稿·崇厚传》也记载了此事："光绪二年，（崇厚）署奉天将军，疏请择地设官，置宽甸、怀仁、通化三县，增边关兵备道。"[4]

光绪三年（1877），清政府批准崇厚等所奏，宽甸、怀仁、通化三县由此成立，怀仁县筹建事宜由章樾负责。据《怀仁县志》等史料记载，章樾（1847—1913），字幼樵，河南祥符（今河南开封）人，曾入京师国子监，后就任湖北郧县县令。光绪二年（1876），调至怀仁，任设治委员，组织筹建怀仁县城[5]。章樾先筑土围于浑江西岸六道河子，六道河子土城从某种意义上说，当为桓仁县第一座县城，但因此处"地不适中"，故当时负责选址、建城的东边兵备道尹陈本植与设治委员章樾重选城基于江东[6]。陈本植，字海珊，四川合江人，咸丰举人，光绪元年，"以直隶候补道，经奉天将军崇实奏调来奉"，光绪三年（1877），"任东边兵备道，兼练军翼长"。史料称，陈本植"精明强干，勇于任事"，"绥靖有方，边民乐业"，在其任内，发展农业，建立书院，政绩颇多[7]。另据史料载，"东边兵备道陈本植，精于堪舆之术"[8]。"堪舆"即风水之术、相地之法。

章樾与陈本植二人，为选好城址，"相度形势，览择斯土"[9]，勘察六道河子土城周围山水，发现五女山下，哈达河自北而来向南流去，浑江由东向西纳入哈达水，在流经八里甸子（今桓仁镇）边缘时向南拐弯，绕八里甸子北、西、南三面，流向东南。哈达河与浑江两

1 《初建怀仁县碑记》，《本溪碑志》，辽宁民族出版社，2015年，第160页。
2 《初建怀仁县碑记》，《本溪碑志》，辽宁民族出版社，2015年，第160页。
3 《怀仁县志》宣统元年（1909）版，卷4，桓仁满族自治县党史地方志办公室整理重印，2003年，第4页。
4 赵尔巽等撰：《清史稿》卷446崇厚条，中华书局，1977年，第41册，第12476页。
5 《怀仁县志》宣统元年（1909）版，卷6，桓仁满族自治县党史地方志办公室整理重印，2003年，第13页。
6 《桓仁县志》中华民国26年（1937）版，桓仁满族自治县党史地方志办公室整理重印，2003年，上册第5页。
7 《中国方志丛书·东北地方·安东省·安东县志》，1921年修纂，台湾成文出版社有限公司影印，1931年，第968—969页。
8 《桓仁县志》中华民国26年（1937）版，桓仁满族自治县党史地方志办公室整理重印，2003年8月，上册第5页。
9 《初建怀仁县碑记》，《本溪碑志》，辽宁民族出版社，2015年11月，第160页。

条河流的曲线，恰如太极图中的S形中线，所谓“两江环带兮气聚风藏，五岫屏列兮原敞形固”[10]。二人决定，就在这天然太极图中修筑县城，县城平面则设计成八卦图形，即“城象八卦”[11]。怀仁县城自光绪四年（1878）六月始筑城，至光绪八年（1882）建成，“五载于兹，工始告完”[12]。

章樾撰《初建怀仁县碑记》，在县署门前立碑镌文。此碑立于光绪八年“仲春既望”，仲春即春季的第二个月，即农历二月，因处春季之中，故称仲春，如《初学记》卷三引南朝梁元帝《纂要》：“二月仲春，亦曰仲阳。”[13]既望，“望”即“望日”，指阴历每月十五；“既”表示达到的状态，“既望”表示满月后一天，即农历十六日。以此，碑立于1882年农历二月十六日。该碑石英砂岩质，首身一体，首高96.5、宽76、厚19厘米，身高185、宽69、厚23.5厘米，座高49、长90、宽59厘米。方首，顶部抹角，浮雕双龙戏珠纹，碑额阴刻楷书“保合太和”四字。碑身四周浮雕缠枝莲纹，碑文楷书，阴刻，竖式，共11行，满行52字。该碑后置于今桓仁县档案馆附近，1992年运至天后宫保存。

二、“八风”考

怀仁县城设立三门，北不设门，因北“近山不通辙道故也”，但建城楼如其他三面[14]。城北为北岭，现有道路可通，但路系中华人民共和国建国之后修建。或云此处设门，会伤及地脉，破坏风水。然而，我们认为，设立三门是陈本植、章樾等有意安排，不仅考量地理“近山”之故，也欲以符合易学之理，章樾《初建怀仁县碑记》云：“城象八卦，以宣八风；门开三元，以立三才”[15]，这正体现出建城的指导思想和易学理念。

先说“城象八卦，以宣八风”。所谓八卦，就是乾、坎、艮、震、巽、离、坤、兑八个经卦。八卦分别对应八个方位，《易·说卦传》中有详细阐述，简言之即：震卦对应东方，巽卦对应东南，离卦对应南方，坤卦对应西南，兑卦对应西方，乾卦对应西北，坎卦对应北方，艮卦对应东北[16]。需要注意的是，此乃后天卦位。八风的概念，较早见诸《左传·襄公二十九年》：“八风平。”杜预集解：“八方之气谓之八风。”《左传·隐公五年》孔颖达正义：“八方风气，寒暑不同，乐能调阴阳，和节气。”[17]八方，就是东、南、西、北，再加上东北、东南、西北、西南，这是人们认识和标识方位的基本平面维度。八方所来之风即是八风。

八卦、八风、八方的关系体系是在周秦之后发展完善起来的。为八风定名，并将八方、八卦与八风对应起来的史料如《国语·周语下》韦昭注：“正西曰兑，为金，为阊阖风。西

10 《初建怀仁县碑记》，《本溪碑志》，辽宁民族出版社，2015年，第160页。
11 《初建怀仁县碑记》，《本溪碑志》，辽宁民族出版社，2015年，第160页。
12 《初建怀仁县碑记》，《本溪碑志》，辽宁民族出版社，2015年，第160页。
13 引自《汉语大词典》，上海辞书出版社，2008年，第1193页。
14 《怀仁县志》宣统元年（1909）版，卷4，桓仁满族自治县党史地方志办公室整理重印，2003年，第15页。
15 《初建怀仁县碑记》，《本溪碑志》，辽宁民族出版社，2015年，第160页。
16 金景芳、吕绍纲著：《周易全解》，吉林大学出版社，2013年，第466页。
17 （周）左丘明撰，（西晋）杜预集解，（唐）孔颖达正义：《十三经注疏·春秋左传正义》，北京大学出版社，1999年，第98、1103页。

北曰乾，为石，为不周。正北曰坎，为革，为广莫。东北曰艮，为匏，为融风。正东曰震，为竹，为明庶。东南曰巽，为木，为清明。正南曰离，为丝，为景风。西南曰坤，为瓦，为凉风。”[18] 又如《说文》：“风，八风也。东方曰明庶风，东南曰清明风，南方曰景风，西南曰凉风，西方曰阊阖风，西北曰不周风，北方曰广莫风，东北曰融风。”[19] 再如《吕氏春秋》：“何谓八风？东北曰炎风，东方曰滔风，东南曰熏风，南方曰巨风，西南曰凄风，西方曰飕风，西北曰厉风，北方曰寒风。”[20] 此处八风名称与上述两种不同。

中国古代以农业立国，岁时与生产生活密切相关，古人认为是八方之风带来气候变化、季节轮转，这种朴素的农业思想也对国家政治生活产生了影响。至秦汉时，“八风成为国家开展政治生活和民众举行公共事务的抽象化时间刻度。”[21] 如《淮南子·天文训》：“何谓八风？距日冬至四十五日，条风至。条风至四十五日，明庶风至。明庶风至四十五日，清明风至。清明风至四十五日，景风至。景风至四十五日，凉风至。凉风至四十五日，阊阖风至。阊阖风至四十五日，不周风至。不周风至四十五日，广莫风至。条风至则出轻系，去稽留。明庶风至则正封疆，修田畴。清明风至则出币帛，使诸侯。景风至则爵有位，赏有功。凉风至则报地德，祀四郊。阊阖风至则收悬垂，琴瑟不张。不周风至则修宫室，缮边城。广莫风至则闭关梁，决刑罚。”[22]

简言之，每隔四十五日，就会换一种风，每种风至，都要开展不同的政事，如祭祀天地，派出使节，赏功罚罪，治田修城，皆要各应其时。这在《易纬·通卦验》中有相似的记述：“冬至，广莫风至，诛有罪，断大刑。立春，条风至，赦小罪，出稽留。春分，明庶风至，正封疆，修田畴。立夏，清明风至，出币帛，礼诸侯。夏至景风至，辩大将，封有功。立秋，凉风至，报土功，祀四乡。秋分，阊阖风至，解悬垂，琴瑟不张。立冬，不周风至，修宫室，完边城……王当顺八风，行八政，当八卦也。”[23] 明确提出八节、八风与八种政事相对应。

“风”在中国古代除了作为名词性概念以外，还兼有动词性，意为“教化”，化导对象则是社会，如《尚书》：“四海之内，咸仰朕德，时乃风。”[24] 孔颖达指出“风，风也，教也。风以动之，教以化之。”[25] 孙诒让认为“风谓政教所施，故曰上以风化下。”[26] 风化就是教化，风化、教化、风教，这种含义在两汉时期儒家独尊、儒学兴盛、重视礼仪教化的历史背景下，显得尤为突出，已经上升到社会文化的层面。化民成俗，因礼化民，“八风”的概念，已经不仅仅是人们对日常生活的气候环境和时间节奏的认识与把握，而是上升到与民众生活息

---

18 《丛书集成新编》第109册，《国语二十一卷》，台湾新文丰出版公司，1985年，第602页。

19 （东汉）许慎撰：《说文解字》，中华书局，2009年，第284页。

20 《丛书集成新编》第20册，《吕氏春秋二十六卷》，台湾新文丰出版公司，1985年，第550页。

21 李传军：《四时八风：风与中国古代民众的时间生活》，《中原文化研究》2017年2期，第57页。

22 何宁撰：《淮南子集释》卷三《天文训》，中华书局，1998年，第195—199页。

23 《丛书集成新编》第24册，《易纬·通卦验》，台湾新文丰出版公司，1985年，第132—136页。

24 （汉）孔安国传，（唐）孔颖达疏：《十三经注疏·尚书正义》，北京大学出版社，1999年，第254页。

25 （汉）郑玄笺，（唐）孔颖达疏：《十三经注疏·毛诗正义》，《周南·关雎》篇，北京大学出版社，1999年，第6页。

26 （汉）郑玄注，（唐）贾公彦疏：《十三经注疏·周礼正义》，《夏官·合方氏》篇，北京大学出版社，1999年，第883页。

相关的经济、政治和文化生活的象征。因此，“城象八卦，以宣八风”之“八风”，就是八方之风，对应的正是八卦之风，这也是章樾希望怀仁八风和畅、教化大行、政通人和的一种文字表述。

三、“三元”考

章樾《初建怀仁县碑记》云：“门开三元，以立三才”。“三才”最早见于《易·系辞传下》：“《易》之为书也，广大悉备，有天道焉，有人道焉，有地道焉。兼三才而两之，故六。六者，非它也，三才之道也。”[27]可见，“三才”即天、地、人。《易·说卦传》云：“昔者圣人之作《易》也，将以顺性命之理。是以立天之道曰阴与阳，立地之道曰柔与刚，立人之道曰仁与义。兼三才而两之，故《易》六画而成卦。”[28]这里更是明确指出“三才”是天、地、人，天道、地道、人道分别都具有两项特质，所以易卦要有六个爻。“天时”“地利”“人和”的观念，在中国传统文化中影响甚深，其根源或在此。如后来的《道德经》四十二章：“道生一,一生二,二生三,三生万物。万物负阴而抱阳，冲气以为和。”河上公注：“道始所生者一，一生阴与阳也。阴阳生和、清、浊三气，分为天、地、人也。天地共生万物也，天施、地化、人长养之也。”[29]《荀子·天论》中有言“天有其时，地有其财，人有其治，夫是之谓能参”[30]，含社会发展应“天”“地”“人”各尽其利之义，皆与“三才之道”相应。

“三才”的概念比较清晰，但关于章樾碑文中“三元”的概念，学界解读则向有分歧。有学者认为：“门开三光，以立三才，是指开设三个城门，接纳日月星光，以此来培育人才。”[31]这里误将“三元”作“三光”，或是因为碑文漫漶，该文作者未能准确辨识之故，因此解释为“日月星光”。又有人认为“所谓三元，是从黄帝纪元甲子年算起，每六十年为一元，每一百八十年为一大运之元，也叫大元，一大元分为上元六十年，中元六十年，下元六十年。每元又分三个运，每运二十年。”[32]即“三元”在碑文中是个时间概念。

古历法家以农历正月初一为年、月、日之始，称三元日，因为此日为“岁之元、时之元、月之元”，此“元”意为“开始”。“三元”后来成为道教的一个重要术语和思想概念，然道教的三元思想虽源于周易的“三才”说，但往往将三种相互关联且意义重大的事物称为三元，概念宽泛，并不具指。有学者将之综括为以下八种：①以三洞（洞真、洞玄、洞神）宗元为三元；②以日、月、星为三元；③以三丹田为三元；④以头、心、肾为三元；⑤以精、气、神为三元；⑥以天元、地元、人元为三元；⑦以“三元”为书名的道书在《道藏》中有十余部；⑧道教节日：上元节（正月十五）、中元节（七月十五）、下元节（十月十五）[33]。

---

27 金景芳、吕绍纲著：《周易全解》，吉林大学出版社，2013 年，第 457 页。
28 金景芳、吕绍纲著：《周易全解》，吉林大学出版社，2013 年，第 465 页。
29 《老子道德经河上公章句》，中华书局，1993 年，第 168—169 页。
30 （清）王先谦撰：《荀子集解》，中华书局，1988 年，第 308 页。
31 李影等：《辽东有座八卦城》，《兰台世界》2012 年 5 月增刊，第 135 页。
32 张正泽主编：《中国易学标本地》，吉林文史出版社，2009 年，第 51 页。
33 盖建民：《试论道教“三元延寿”养生思想及其现代意义》，《湖南大学学报》（社会科学版）（第 20 卷）2006 年第 4 期，第 31 页。

我们认为，虽然“三元”概念甚多，但章樾《碑记》中的“三元”实是“天元、地元、人元”，正与“三才”对应，而非纪年三元，更非“日月星”。正如“八风”是八卦之风、八方之风，方与前文“八卦”二字相应。章樾乃士子出身之文官，做文章必然讲究前后呼应，气息连贯，逻辑清楚。以易学观之，如《易·系辞传上》：“易有太极，是生两仪，两仪生四象，四象生八卦。”[34]《汉书·律历志上》：“太极元气，函三为一。极，中也。元，始也。”颜师古注：“元气始起于子，未分之时，天、地、人混合为一，故子数独一也。”[35]可见，八卦根本上是由太极而生，而太极元气未分之时，又涵盖三方面概念，或云一可分为三，即天、地、人，即为三元。三元与八卦亦存紧密内在联系，八卦最基本的单位是爻，每一经卦，均有三爻，代表天、地、人三才，正与太极元气的“函三为一”彼此呼应，而这些又与“三元”相应。再从三门方位考察，朝京门，称西门，处西北，乾方；宾阳门，称东门，处东南，巽方；迎薰门，称南门，处西南，坤方。这三门分别对应天门、地门、人门，也与“三元”相应。综上，碑文中之“三元”乃“天元、地元、人元”，是确定无疑的。

另外，朝京门、宾阳门和迎薰门三个门，何为天门，何为地门，何为人门？关于这个问题，学界也存意见分歧。有人认为：“朝京门，位于县城西北方为后天八卦的乾方，谓天门；宾阳门位于县城的东南方，为后天八卦的巽方，谓地门；迎薰门位于县城西南方，谓人门。”但是，其人同一著作中又提出：“桓仁八卦城的朝京门（俗称西门），位于县城的西北方，为后天八卦的乾方，谓天门；宾阳门（俗称东门），位于县城的东南方，为后天八卦的巽方，谓人门；迎薰门（俗称南门），位于县城西南方，为后天八卦的坤方，谓地门。”[36]与上引文相校，宾阳门和迎薰门对应的人门和地门正好颠倒了。

又有学者认为：“易学中有‘四门方位’的说法，指的是位于西北、东南、西南、东北四方的分别为‘天门、地户、人门、鬼门’。《易纬·易乾坤凿度》讲到‘乾为天门，圣人画乾为天门，万灵朝会众生成’；‘巽为风门亦为地户……风之发泄，由地出处，故曰地户，户者，牖户，通天地之元气’；‘坤为人门……坤能德厚……含和万灵，资育人伦’；‘艮为鬼冥门……艮静如冥暗，不显其路，故曰鬼门’。位于东北方向的八卦城城楼在艮方，被认为是‘鬼门’，乃邪气、煞气的方向，所以怀仁八卦城不开东北门，只设了朝京门、宾阳门和迎薰门三个门，以求天时、地利、人和的统一。”[37]这种解释合乎传统易学理论，在一定程度上是合理的。我们认为，怀仁县城设三门，既顾及了城北“近山不通辙道”的问题，同时又掺进了“三元”“三才”的易学概念，一举两得，用心良苦。

四、三门名称考

西门名朝京。朝，朝见，朝拜，如《论语·宪问》：“孔子沐浴而朝”[38]。京，国都，现代

34 金景芳、吕绍纲著：《周易全解》，吉林大学出版社，2013年，第430页。
35 （汉）班固撰，（唐）颜师古注：《汉书》卷21《律例志第一上》，中华书局，1999年，第837—838页。
36 张正泽主编：《中国易学标本地》，吉林文史出版社，2009年，第71、84页。
37 李影等：《辽东有座八卦城》，《兰台世界》2015年5月增刊，第135页。
38 杨伯峻译注：《论语译注》，中华书局，2017年，第135页。

汉语仍袭此义。所谓“朝京”，即入京，赴京，如宋代刘辰翁词《忆秦娥》：“风和雪，江山如旧，朝京人绝”[39]。朝京门位于桓仁城西北，西向之路，可通盛京（今沈阳），由盛京可至京师（今北京），所以，西门乃桓仁赴京所由，故名“朝京”。此门名易解，不再赘言。

东门名宾阳。宾，本义为宾客、客人，通“傧”，意为引导、迎接客人。如《尚书·舜典》：“宾于四门，四门穆穆”[40]，意即四方诸侯来朝，舜帝前去迎接，诸侯宾客皆恭敬肃穆。阳，太阳，日。所谓“宾阳”，其实就是“宾日”，“宾日”一词最早可见于殷墟甲骨卜辞，如《殷契萃编》：“乙巳卜，王宾日”，“庚子卜贞，王宾日亡尤”，又有“出入日，岁三牛”等语[41]。学者据此推断，殷人有迎、送日（太阳）的礼拜仪式，而那些卜辞应是我国古代太阳崇拜的最早文字记录。当然，太阳崇拜和祭祀的历史或可上溯到更早，这在中国和世界各地考古发现中，也有很多遗迹可资佐证。而在殷之后的中国历史中，对太阳的崇拜和祭祀依然存在，并且对社会生活的各个方面也影响深远。《礼记·郊特牲》载：“郊之祀也，迎长日之至也，大报天而主日。”郑玄注：“天之神，日为尊。”孔颖达疏：“天之诸神，惟日为尊，故此祭者，日为诸神之主，故云主日。”[42]可见，太阳神在诸神中最为尊贵。“迎长日之至”的朝向，必是太阳升起的东方，因此，“宾日”当向东。几千载以降，宾日、宾阳之“迎拜、祭祀太阳”义已然不显，但是东迎旭日的意象却没改变，所以中国各地修城，凡处东、东南之门，多有称“宾阳”者。

南门名迎薰。迎，迎接。薰，和煦，此处当作“南薰”“薰风”解，薰又作“熏”，如白居易《首夏南池独酌》：“熏风自南至，吹我池上林”[43]。南风为薰，最早见于《南风》诗，《南风》全诗见《孔子家语·辩乐》：“昔者舜弹五弦之琴，造南风之诗，其诗曰：‘南风之薰兮，可以解吾民之愠兮，南风之时兮，可以阜吾民之财兮。’”[44]意为舜帝心怀百姓，望其富庶无忧，便作《南风》诗，鼓琴而唱，抒发了对“南风”既赞美又期盼的感情。又《淮南子·秦族训》：“舜为天子，弹五弦之琴，歌《南风》之诗，而天下治。”[45]虽有学者怀疑《南风歌》非舜帝所吟，而是后人伪作，但是可以确定的是，战国以后《南风歌》已广为人知，如《史记》载：“《南风》之诗者，生长之音也”[46]，故而此歌即使非舜帝所作，也是汉以前古诗无疑。经过历代儒家学者的阐释，“南风”或云“薰风”渐成君主对百姓的体恤和煦育之象征。所以，门名“迎薰”，不仅指此门处城南，可迎和煦薰风，更是一种政治理想和美好愿望——怀仁治下，可得天佑，可得圣眷，薰风南来，物阜民丰，安居乐业，德化大行。这在尊儒重德的古代社会，无疑是一种积极的政治诉求和愿景。

当然，仅就桓仁而言，这“迎薰”二字还有另一种解释：原县城南门一里余有莲花泡，

---

39 上海辞书出版社编：《唐宋词鉴赏辞典》（下册），上海辞书出版社，2012年，第2061页。

40 （汉）孔安国传，（唐）孔颖达疏：《十三经注疏·尚书正义》，北京大学出版社，1999年，第52页。

41 陈梦家：《殷墟卜辞综述》，中华书局，1988年，第573页。

42 （汉）郑玄注，（唐）孔颖达疏：《十三经注疏·礼记正义》，北京大学出版社，1999年，第795页。

43 中华书局编辑部点校：《全唐诗》第7册，卷459《白居易三十六》，中华书局，1999年，第5247页。

44 张燕婴等译注：《孔子家语》，中华书局，2012年，第268页。

45 何宁撰：《淮南子集释》卷20《秦族训》，中华书局，1998年，第1399页。

46 （汉）司马迁撰：《史记·乐书》，中华书局，2006年，第1053页。

建城之前即已存在,《怀仁县志》云:“(莲花东泡)南北长约里许，东西宽约一丈。花叶遍覆，不见水面，清香十里，暑气全消，此附郭第一胜迹也。”[47]荷香飘十里，自然也会向城中袭来，而首先迎纳这香气的，非南门莫属。薰，有香气、香之意，如江淹《别赋》:“闺中风暖，陌上草薰。”[48]南门迎薰，所迎者为莲花泡之香，也解释得通，且颇合白居易所云“熏风自南至，吹我池上林”旨趣。合观三门名称，西曰朝京，以趋帝都，东曰宾阳，以接旭日，南曰迎薰，以纳薰风。

综上所述，清代怀仁县城初建时，运用易学理念，设计为八卦城，八卦乃与八风相应，设门三座，则与三元、三才相应，三门名称亦均有其深意涵焉。这些无不体现出章樾等人对新设立的怀仁县发自内心的重视和最为殷切的希望：愿这一方水土能得天时地利人和，八风和畅，百业俱兴。同时也得见章樾、陈本植二人的士大夫风范，他们对群经之首的《易经》研习颇深，并将经书中的理念活用在选基建城的政务当中，这种对易学的领悟和运用，无疑迥异于江湖术士做派。当然，今之学者若能正确面对《易经》及其衍生出的诸多学问，更可开阔视野，其意义当不止于一时一城之历史研究。

（本溪市博物馆　姜大鹏）

47 《怀仁县志》宣统元年（1909）版，卷3，桓仁满族自治县党史地方志办公室整理重印，2003年，第16页。

48 上海辞书出版社编:《古文鉴赏辞典》(上册)，上海辞书出版社，2014年，第680页。

“张三畲堂财产清理委员会”始末及相关问题研究

赵菊梅　赵嫣然

内容提要：张三畲堂财产清理委员会，是1946年7月4日成立的以清理张三畲堂所有财产为宗旨的一个专门机构。三畲堂，则是张作霖创办的商号，同时也是张氏家族的财产管理机构。文章以张三畲堂财产清理委员会对日本侵华时期张氏家族公私财产损失情况进行调查统计所形成的档案卷宗为依据，阐述了张三畲堂财产清理委员会的成立缘由、组织机构、工作原则与工作成果等，并对与之相关的问题进行了探讨。

关键词：三畲堂　财产清理　存素堂缂丝

张三畲堂财产清理委员会，是1946年7月4日成立的以清理张三畲堂所有财产为宗旨的一个专门机构。三畲堂，则是张作霖创办的商号，同时也是张氏家族的财产管理机构，其经营管理范围非常广泛，包括张氏家族所有的房产、土地、矿产、粮栈、油坊、股票、存款、基金、金块以及古玩、器皿、字画、家具等各项动产和不动产等。

“九·一八”事变日本占领东北之后，关东军发布将张氏家族的所有财产作为逆产加以没收。自此，张学良及其家族在东北的所有家产损失殆尽。抗战胜利后，按照国民政府进行抗战损失调查的要求，张三畲堂财产清理委员会对有关张学良的公私财产损失情况进行了调查统计并逐级上报国民政府行政赔偿委员会。

对于这一问题，目前尚未有人进行过专门的梳理与研究。近期，张学良将军的侄女张闾芝女士向张氏帅府博物馆捐赠了一批有关张学良研究的珍贵资料，其中就有当时张三畲堂财产清理委员会向张学良汇报情况所形成的卷宗，这为我们研究抗战胜利后张家财产的清理问题提供了非常翔实的第一手资料。在此，笔者不揣浅陋，拟据此对这一问题进行一些初步的研究与考证。

一、张三畲堂财产清理委员会的成立

1945年抗战胜利之后，国民政府发出训令称：“兹抗战业已胜利，所有自‘九·一八’

事变以来遭受之损失，亟应作精确之统计，以为对外之交涉及善后救济之依据”。[1]同时，还公布了《抗战损失调查实施要点》《抗战损失调查办法》《抗战损失查报须知》《抗战损失调查表》等一系列的文件。[2]为此，张学良的一批旧部朋友，决定组织专门机构，对张家损失财产进行清理与统计。1946 年 4 月 16 日，彭贤等人托东北元老莫德惠亲往张学良当时的幽禁地——贵州桐梓，商议此事。

莫德惠此行，带去了胡若愚、彭贤、栾贵田三人就张家财产清理一事给张学良提出组织专门机构、开展张家财产清理建议的专函。该专函中说：“国土光复，钧座及三畬堂全部财产自应及时收复。委座及宋院长先后莅平，亦曾惠示发还。贤、若愚、贵田等人久沐殊恩，身遇其事，更宜竭力筹维，以报万一。唯念项目繁多，关系复杂，似非商请先大元帅及钧座亲知故旧，合组收复清理委员会，督率经办人员分头处理，不足以将事赴功。适西卿二爷由沪北返，经贤等商促互洽，拟先请辅帅等十五人为该会委员（见附单）共同组织以利进行。”在信函后面，三人还根据记忆附列了张家全部财产的一个大致清单，并提出“钧座思虑所及亦祈批入以上所陈各节，究应如何办理，并委员名单是否适宜，有无增减之处，均祈明示祇遵”。[3]

对此，张学良表示大体认可。4 月 19 日，张学良在给三人的回函中表示：“关于一般私产问题，如来函尊见甚好，组一清理委员会。关于财产数目，良素不留意，兄等应知，良所能记忆者不能超过玉樸（栾贵田，字玉樸，笔者注）老后文。关于委员会人员，良增加数名，并去下无关于此事者数名，更分为列席委员。良是要他们知道此事内中详情，列席委员则确定无发言权，亦无干预此事之权。委员会主持人以辅帅（张作相，字辅臣，故被称为辅帅，笔者注）为主，辅帅要想找一帮忙人，请辅帅酌定之。又以彭相老（彭贤，字相亭，也作相庭，笔者注）或际青兄（鲁穆庭，字际青，笔者注）为会计，以秀峰（朱光沐，字秀峰，笔者注）、旭东、若愚三兄为联络人（此情良和宋院长面说，恐秀峰、旭东无功夫，故加若愚）。要有不能解决问题，最后可请问宋院长子文兄。子文兄及张辅帅所说了的事，良一切皆认可。”[4]

这里，胡若愚、彭贤、栾贵田三人给张学良的专函中所拟“三畬堂财产清理委员会”的委员为：张作相、汤玉麟、朱桂莘、王树翰、王树常、宋墨林、胡若愚、彭贤、高纪毅、朱光沐、鲁穆庭、陈旭东、栾贵田、赵子馨、张学铭共 15 人。经过斟酌后，张学良增加了刘尚清、莫德惠、刘哲、万福麟、王卓然、谭海、吴家象 7 人，去掉了汤玉麟、朱桂莘、宋墨林、赵子馨、张学铭 5 人，同时确定张冠英、张秋实、张学铭、赵蔗初、张学森、张学曾、张闾瑛 7 人为列席委员。

在此回函中，张学良还指出：“委员会如何组织，良所指之人所负职务（只是一时想

---

1 《沈阳市浑河区公署关于颁发抗战损失调查报表依限查报一事给沈阳市政府的呈文（一九四六年三月七日）》，《日本的侵略与沈城的抗争档案汇编》（上卷），沈阳出版发行集团、沈阳出版社，2018 年，第 7 页。

2 《辽宁省政府关于制发调查将士或民众抗战损失表式样填报一事给沈阳市政府的代电及市政府的布告等（一九四六年三月二十三日）》，《日本的侵略与沈城的抗争档案汇编》（下卷），沈阳出版发行集团、沈阳出版社，2018 年，第 360—411 页。

3 胡若愚、彭贤、栾贵田致张学良信函复印件，此函未署写信时间，根据莫德惠与张学良第一次见面的捎信时间，推断为 1946 年 4 月。张闾芝女士捐赠，张氏帅府博物馆藏。

4 1946 年 4 月 19 日张学良复胡若愚、彭贤、栾贵田信函草稿复印件。张闾芝女士捐赠，张氏帅府博物馆藏。

到），可随意变更，如何补用和筹策委员会应用的款项，委员会全权。唯有两事不能变更：一、宋院长子文兄和张辅帅为最后决定人或主持人，就是说他二人是良之全权代表，他们就是我。二、列席委员职权决不能更变或增加。假如有不便清理之处，必须暂缓，请示最高当局（已托莫柳老可解释之）（莫德惠，字柳忱，笔者注），那就组一保管委员会，以宋子文兄、张辅帅、彭相老，鲁际青、栾玉樸、赵蔗初六位为盼。尚有一时想不到之事，请诸位多分神罢了！”同时，张学良还特别强调："凡办事人员需由会支给车马及旅费，切切！"

此次见面，经与莫德惠商议，张学良虽然同意了组织财产清理委员会的提议，但身处幽禁之中的张学良明白，此事还需征得蒋介石的许可，并希望由宋子文担任清产委员长，一切方可顺利进行。

5 月 11 日，负责看守张学良幽禁事宜的刘乙光转告张学良说，莫德惠来函告知，上述事宜均已办妥。为此，张学良在日记中这样写道："莫柳忱给刘乙光函嘱转告三事：一、组织清理财产委员会，主席允可；二、主席已嘱彼代为延请明史专家；三、宋子文已允担任清产委员长，莫已转告彭相庭。"[5]

对于清理财产一事，张学良在给他胞姐张冠英的信中也有提及："……关于财产清理委员会的事，现在详细说明一点：这件事是平津的前辈朋友们承他们的好意发起的，亦曾向最高当局申明，由彭相庭、栾贵田、胡若愚给我来信，问我可否办和如何办，我已回信他们，并指告明白（信太长，不另录，假若您要去平津，他们一定会给你看的）。组织一个委员会，选定几个人与此事有关或办事方便的故旧为委员，并已指定宋子文、张辅帅为最后负有决定权之人。宋是我最好的朋友，张为咱们的父执辈。以宋为委员长，并且授予全权处理，另设一些列席委员，指定了家人和几个亲戚。这是我叫大家都知道内容是怎么一回事，可是无发言权或干涉清理委员会的事，以免七嘴八舌，妨碍负责之人，您也是列席委员之一。"[6]

1946 年盛夏，当一切筹备妥当之后，彭贤等人按照张学良的意思"遵即于七月四日成立'张三畲堂财产清理委员会'，设于大西关三畲栈旧址内，同时并向东北行辕及省政府备案，嗣即进行财产之收回事宜。"[7]

二、张三畲堂财产清理委员会的组织与规则

根据 1947 年 3 月 6 日由"张三畲堂财产清理委员会"汇总并呈报给张学良的前七次会议议案[8]及委员出席会议表[9]等资料可知：

1946 年 7 月 4 日午后 2 点，有关人员在沈阳市大西门内陈旭东公馆举行了第一次会议，

---

5 1946 年 5 月 11 日张学良日记复印件。张闾芝女士捐赠，张氏帅府博物馆藏。

6 转引自窦应泰：《视"富贵如浮云"的张学良》，《档案与史学》2003 年 4 期。

7 1947 年 3 月 7 日张三畲堂财产清理委员会给张学良之信函。张闾芝女士捐赠，张氏帅府博物馆藏。

8 张三畲堂财产清理委员会：《议案》，中华民国三十六年三月六日汇钉。张闾芝女士捐赠，张氏帅府博物馆藏。下文所引张三畲堂财产清理委员会前七次会议各项议案均出于此，不另注出。

9 张三畲堂财产清理委员会：《委员出席会议表（附职员一览表）》，中华民国三十六年三月六日制。张闾芝女士捐赠，张氏帅府博物馆藏。

决定成立“张三畬堂财产清理委员会”，内设总务、会计两组，确定委员为张作相、王树翰、万福麟、莫德惠、刘尚清、王树常、刘哲、朱光沐、陈旭东、吴家象、王卓然、胡若愚、高纪毅、彭贤、鲁穆庭、栾贵田共16人。这与4月19日张学良回函中所列委员相比，缺少谭海一人。张学良的二弟张学铭、六弟张学浚作为列席委员参加了此次会议。

7月7日午后2点，张三畬堂财产清理委员会又在沈阳市大西边门内三畬栈院内召开了第二次会议，通过了《张三畬堂财产清理委员会简则》共十二条，具体内容如下：

①本会定名为张三畬堂财产清理委员会。②本会以清理张三畬堂所有财产为宗旨。③本会设于沈阳市。④本会须呈请地方官署备案。⑤本会由经指定委员十六名组织之，公推委员中之一人为本会主任委员，主持一切，下设两组办理会务。其中总务组设组长一人，由委员一人充之，内分四股，分别为：文书股，司本会一切文书事宜；庶务股，司本会一切庶务事宜；事务股，司本会一切调查及洽办关系产权等事宜；保管股，司本会一切契证文件及动产不动产之保管等事宜。会计组设组长一人，由委员一人充之，内分二股，分别为：簿记股，司本会一切帐簿之记载事宜；出纳股，司本会一切金钱出纳事宜。⑥本会视事务之繁简得酌用职员若干名。⑦本会如委员因会务公出时得支给车马费，雇用职员得酌给月酬。⑧本会会议之例会每月上旬召开一次，临时会于认为有必要时随时召开，均由主任委员召集之。⑨本会于开会时由主任委员任主席，遇主任委员缺席时，得由委员中公推一人为主席。⑩本会讨论事项须经出席委员之过半数表决之。⑪本简则经本会议决通过，呈准备案后施行。⑫本简则内其他未尽事宜得经本会决议，随时补充之。

在这次会议上，张作相被公推为主任委员，并决定呈请东北行辕及省政府、市政府备案。同时决定由彭贤和鲁穆庭担任会计组组长，栾贵田担任总务组组长，并根据具体事务的繁简程度来确定两组职员数量。会后，张三畬堂财产清理委员会根据这一原则，很快确定了具体职员及分工。如表一所示，共有十六名工作人员。

表一　张三畬堂财产清理委员会职员表

总务组					
股名	姓名	年龄	籍贯	略历	担当事务
文书股	郭集珍	49	盖平	边业银行副经理	边业银行清理处主任兼委员会总文书
文书股	郑聘儒	55	昌黎	官银号经理	边业银行清理处专员
文书股主任	郭文陈	60	沈阳	官银号发行股长	文书
文书股	姚义三	35	营口	税务主任及会计	文书
庶务股主任	孙世琦	50	海城	帅府事务处会计主任	庶务事宜
庶务股	宗庆珍	44	法库	新民庆余长经理	庶务事宜
事务股主任	刘振铎	39	新民	法库兴农金库支店长	调查及洽办关系财产事务
事务股	李文秀	41	新民	边业银行职员	调查及洽办关系财产事务
事务股	饶雨三	44	黑山	三畬当业主任	调查及洽办关系财产事务
事务股	史慧泉	42	海城	三畬当业主任	调查及洽办关系财产事务
事务股	崔子扬	67	沈阳	帅府副官	调查及洽办关系财产事务

续表

会计组					
股名	姓名	年龄	籍贯	略历	担当事务
出纳股（会计代理主任）	宗庆玺	41	法库	国际运输会计主任	金钱出纳
簿记股	王长春	34	昌黎	福益昌会计主任	账簿记载
其他					
职务	姓名	年龄	籍贯	略历	担当事务
法律顾问	杨任舟				法律顾问
特派员	赵维贤	67	黑山	三畬栈当柜执事	
特派员	郑魁武	55	开原	帅府副官	

这样，有了完善的决策机构、明确的办事规则及清晰的职员分工之后，张三畬堂财产清理委员会很快便运作起来，开始了张氏家族财产收回事宜的相关工作。

这里需要特别说明的是，在后续开展工作的过程中，张三畬堂财产清理委员会的委员还有所增加。

根据 1946 年 10 月 31 日张三畬堂财产清理委员会第三次会议第十号议案，在“鲍张冠英列席委员提议”下，经议决增聘张振鹭、董英斌两人为委员，“以便遇事多所臂助”。

根据 1946 年 11 月 10 日张三畬堂财产清理委员会第四次会议第四号议案，因“八道壕煤矿之事，拟组织东北矿业公司以经营之，前矿物局长王正黻君，事前办理此事多年，即由会聘为委员”“以资熟手”。

根据 1947 年 5 月 27 日张三畬堂财产清理委员会第八次会议第三号议案，“朱委员秀峰来函提议委员中应增聘张振鹭、王家桢两氏”，因“张委员业已聘定”，经议决又增聘王家桢为委员。[10]

这样一来，张三畬堂财产清理委员会的委员和列席委员共计达到了 23 人。与此同时，根据委员会第八次会议第七号议案之附件——《本会职员一览表》可以看出，张三畬堂财产清理委员会的职员也于 1946 年 12 月 25 日增加了 2 人，其中一名是特派员李志瑞，另一名是帅府看管员赵全胜。

根据工作开展的需要，张三畬堂财产清理委员会还对原有的组织架构和办事规程也先后进行了调整与完善。

根据 1946 年 12 月 21 日张三畬堂财产清理委员会第六次会议第九号议案，“本会事务逐渐进展，原来组织，仅有会计、总务两组，并未分列部门，划分责任，于事务之进行上，稍感不便”，于是提出了“常委制度”“专责制度”“轮流制度”三项办法。经决议，会中采用了“常委制，由彭、鲁、栾为常委”，“代主任委员，担负处理会中一切事务之责任”。

根据 1947 年 5 月 27 日张三畬堂财产清理委员会第八次会议第二十号议案，因已将“本会收回财产情形”通过该次会议的第一号议案详细呈报在案，于是提出“会中事务，由此渐

10 张三畬堂财产清理委员会:《第八次会议议案》中华民国三十六年五月二十七日。张闾芝女士捐赠，张氏帅府博物馆藏。下文所引张三畬堂财产清理委员会第八次会议之各项议案均出于此，不另注出。

见清简，拟于五月底作一结束，将关于在沈阳市内及在外城已收回之产业，交由三畲堂另设管理处所以经营之。其未收回之财产，仍由委员会酌留人员清理，以资撙节开支"，经议决"照案通过，分为两组，人事酌量裁减"。

于是，在接下来在1947年6月10日张三畲堂财产清理委员会第九次会议的第一号议案中提出："查前第八次会议第廿号议案，拟缩小委员会，另设三畲堂产业管理处所一案，当经议决。以三畲堂事务，现既由委员会办理，则其产业之管理，仍应由委员会负责办理，较为相宜。可以分为两组，酌减人事等语，记录在案。因即根据，将本会之简章'总务组改为清理组，下设贰股，为文书、事务两股。会计组改为管理组，下设两股，为庶务、会计两股'"据此，该次会议还修改了《张三畲堂财产清理委员会简则》，并制定了《张三畲堂财产清理委员会办事规程》并议决通过。[11]

1947年9月28日，在张三畲堂财产清理委员会第十二次会议的第八号议案中又提出："查本会事务，自展开清理工作以来，除未收复区外所有各地之各项产业大部收回，目下正在办理登记、租赁、开采、运售之中。惟各地之管理处、办事处、矿山事务所等，接收伊始，甫在创设。乍立规章，以为准绳。应有审核，籍资兴革。闻之在人治主义下，人良固胜于法良，然揆以法治精神，则劣法犹愈于无法"。因此又拟定了《张三畲堂财产管理审核暂行规则》并议决通过。[12]

这样，加上委员会于1946年10月31日第三次会议中拟定的《张三畲堂房地产管理处组织规程》和1946年11月10日第四次会议针对八道壕煤款拟改为东北矿业公司提出草案并于1947年10月11日第十三次会议修正的《东北矿业公司章程草案》与《东北矿业公司办事规程》，[13] 张三畲堂财产清理委员会对于会中各项事务的办理均做到了有章可依、有规可循。因此，总体来讲，在张三畲堂财产清理委员的主导下，抗战胜利后张氏家族的财产收回事宜进展顺利、成效显著。

三、张三畲堂财产清理委员会的工作概况

前文我们说过，"九·一八"事变之后，张三畲堂各项动产与不动产等均被日伪没收，且因事起仓促，各项契据账簿等均遭日伪毁没无存。因此，张三畲堂财产清理委员会工作伊始，首先面临的问题就是确定张氏家族的财产目录。

栾贵田作为张作霖曾经"钦点"的帅府内账房财务总管，对张家财产数目较为了解。根据记忆，他首先开列了一份清单，包括房产、土地、矿产、股票、存款、金块、基金等，并特别指出古玩、器皿、字画、家具等均被敌伪没收无考，只有"原寄存于边业银行总行的宋

11 张三畲堂财产清理委员会：《第九次会议议案（附本会简则及办事规程）》，中华民国三十六年六月十日。张闾芝女士捐赠，张氏帅府博物馆藏。

12 张三畲堂财产清理委员会：《第十二次会议议案》，中华民国三十六年九月二十八日。张闾芝女士捐赠，张氏帅府博物馆藏。

13 张三畲堂财产清理委员会：《第十三次会议议案》，中华民国三十六年十月十一日。张闾芝女士捐赠，张氏帅府博物馆藏。

画若干轴及缂丝等计一大箱，经伪满洲中央银行运往长春伪政府”。[14]

栾贵田所列的这份有关张家财产的大致清单，曾呈报张学良征求其意见。对此，张学良回复说：“关于财产数目，良素不留意，兄等应知，良所能记忆者不能超过玉檏老后文。”因此，张三畬堂财产清理委员会在开展张家财产回收清理工作时，主要是依据这份清单并结合伪满政府公报所刊登的没收张家财产之公告而进行的。

在具体的回收清理过程中，根据不同的财产类别，张三畬堂财产清理委员会需要采取不同的方式分别进行。对于房产和土地等不动产，首先要调查清楚所在地址及面积，然后向所在地政府函询土地权利清理开始日期并提交产权发还申请，经核实同意后由该政府相关部门补发契照等相关凭证。部分经日伪没收后公开拍卖的房产和土地，情况则较为复杂，还需要和购买者进行交涉，有些甚至要诉诸法律才能解决。房产和土地收回之后，则或按照市价出租或派人前往经营。对于矿产，主要是向经济部提出申请，经整顿后准予恢复营业；对于股票，主要是和所在公司联系交涉，按股本恢复盈利分成。另外，当时张氏家族在国内的存款、金块以及雨亭公园基金、汉卿教育基金等，主要存在边业银行和东三省官银号之内，事变后大都被日伪转移到了伪满洲中央银行及奉天支行，尤其是金块和部分珍贵的缂丝制品，甚至被运往了日本，这种情况就需要委员会呈请南京政府出面处理。结果上述各案遭“驳斥者驳斥，无办法者停顿”。

至于三畬堂之古玩、器皿、字画、家具等动产，根据 1947 年 5 月 27 日张三畬堂财产清理委员会第八次会议第十号议案，“在‘九·一八’事变当时，均被敌伪侵占，继即加以拍卖，业已全部无存，现在关于占据动产之请求赔偿案，尚未开始办理，将来如需申报时，对于填写之名称价值、数目等，应如何根据，或追忆之处，提请公决”。经议决，“由会中酌量办理”。为此，根据政府颁发的《抗战损失调查表》的规定和要求，张三畬堂财产清理委员会于 1947 年 7 月 31 日填造了财产清册暨财产损失汇报表六份，对张家的动产之损失情况，向沈阳市政府进行了汇报。[15]

以上是张三畬堂财产清理委员会针对不同的财产类别而开展工作的一些具体程序。根据《张三畬堂财产清理委员会简则》：委员会于每月上旬召开一次例会，在认为有必要时由主任委员召集，随时召开临时会议。其目的主要在于对具体工作中遇到的问题进行集体议决。一般的程序是在会议召开前，先由委员会文书整理出具体工作中遇到的相关问题的议案，开会时经讨论后“经出席委员之过半数表决之”。

经统计，自 1946 年 7 月 4 日张三畬堂财产清理委员会召开成立大会，到 1947 年 11 月 29 日会议临时提议：“所有三畬堂在收复区之财产均已全部收回，应即将委员会作一结束，函报汉公，另行委派管理财产之人。以俟复函到后，即行移交”[16]为止，张三畬堂财产清理委员会共召开了 14 次会议，议决了 110 个议案，通过了 7 个临时提议，共收回房产 28 处，土

14　1946 年 4 月胡若愚、彭贤、栾贵田致张学良信函复印件。张闾芝女士捐赠，张氏帅府博物馆藏。

15　《沈阳市沈阳区公所关于张三畬堂住宅及边业银行私人财产直接损失汇报表一事给沈阳市政府的呈文（一九四七年九月九日）》，《日本的侵略与沈城的抗争档案汇编》（上卷），沈阳出版发行集团、沈阳出版社，2018 年，第 355—410 页。

16　张三畬堂财产清理委员会：《第十四次会议议案》，中华民国三十六年十一月二十九日。张闾芝女士捐赠，张氏帅府博物馆藏。

地 16 处，另有 10 处房产和土地仍处于调查或申请发还当中。同时，关于边业银行恢复营业、东北矿业公司组建运营等也都在办理当中。

另外，对于收回之房产与土地等的产权证件，委员会也专门进行了讨论安排："本会产权证件之保存场所，前曾于第九次会议议决'照相后再研分送保存办法'等语，记录在案。刻下各该证件，已分别办理登记中，唯其保存处所，应先研定，以便照相后即行分存。或者事起仓促，亦可应付，以免临时措手不及。"经委员会 1947 年 8 月 31 日第十一次会议议决："照相。分送重庆华侨银行、天津兴业银行等处。"[17] 这样，各项收回土地和房产的证件之保管问题也得以妥善解决。

当时，张学良将军处于幽禁状态，因通信不便，且之前张学良有"宋院长子文兄和张辅帅为最后决定人或主持人，就是说他二人是良之全权代表，他们就是我"的全权委托之言，因此，张三畲堂财产清理委员会向张学良汇报财产清理的进展状况及张学良给委员会的复函都明显滞后。

从卷宗中我们可以看出，张三畲堂财产清理委员会成立于 1946 年 7 月 4 日，但直到 1947 年的 3 月 6 日，委员会才将"所办理之事务，及历次会议之记录，另纸缮呈"，[18] 并由莫德惠于 5 月 12 日前往台湾新竹井上温泉看望张学良时带去。5 月 18 日莫德惠离开新竹井上温泉之前，张学良给张三畲堂财产清理委员会复函，回复了其中的一些问题。[19]

此后，张三畲堂财产清理委员会曾于 1947 年 6 月 27 日 [20]、8 月 23 日 [21]、10 月 14 日 [22] 和 1948 年 1 月 10 日 [23] 先后四次去函，向张学良汇报了会中各项事务进展状况，并先后呈报了第八至十四次会议议案、会议会计报告表和三十六年度会计事项报告表、房地产租金收入总结表、收回房产及土地一览表等。并在最后一封信函中提出："本会之财产清理，似已告一段落，应即作一结束。不然，则对外用'清理'二字，亦嫌稍为不当，而对内之开支经费，亦比较为浪费，故于本年十二月十一日，第十四次大会，临时提议，决定作一结束，函报钧座。所有管理财产之人，即请另为委派。以俟函示，即行将会中之一切事物及契照重要书类移交以资结束"。

根据张学良日记，直到 1947 年 12 月 10 日，张学良才收到"财务清理会信两件"，[24] 即张三畲堂财产清理委员会于 6 月 27 日、8 月 23 日写给他的两份信函；到 1948 年 1 月 21 日，才收到"陈旭东由沈转来财产委员会信一件（去年十月十四），并流通券三百万"。[25] 1 月 23 日，张学良一并回函说："会中卅六年六月廿七日函，八月廿三日函，十月十四日函，杨秀

17 张三畲堂财产清理委员会:《第十一次会议议案》，中华民国三十六年八月三十一日。张闾芝女士捐赠，张氏帅府博物馆藏。

18 1947 年 3 月 7 日张三畲堂财产清理委员会给张学良之信函。张闾芝女士捐赠，张氏帅府博物馆藏。

19 1947 年 5 月 17、18 两日张学良给张三畲堂财产清理委员会信函复印件。张闾芝女士捐赠，张氏帅府博物馆藏。

20 1947 年 6 月 27 日张三畲堂财产清理委员会给张学良之信函。张闾芝女士捐赠，张氏帅府博物馆藏。

21 1947 年 8 月 23 日张三畲堂财产清理委员会给张学良之信函。张闾芝女士捐赠，张氏帅府博物馆藏。

22 1947 年 10 月 14 日张三畲堂财产清理委员会给张学良之信函。张闾芝女士捐赠，张氏帅府博物馆藏。

23 1948 年 1 月 10 日张三畲堂财产清理委员会给张学良之信函。张闾芝女士捐赠，张氏帅府博物馆藏。

24 1947 年 12 月 10 日张学良日记复印件。张闾芝女士捐赠，张氏帅府博物馆藏。

25 1948 年 1 月 21 日张学良日记复印件。张闾芝女士捐赠，张氏帅府博物馆藏。

森两函，第四次、第六次议案抄单，第八、九、十、十一、十二、十三会议议案，第八、九次会议出席委员名单，历次出席委员名单皆请寄来为感。六月廿日会计旬报六纸，八月廿日会计日记表七纸，已收回房产报告表，抄盐业银行来函一纸统皆先后收到”，[26]并就几次信函中所提到的一些问题进行了具体的答复。

按时间排序，这份回函是张闾芝女士捐赠的关于张三畬堂财产清理卷宗的最后一份文件。另外，此后张学良的日记中也再无有关财产清理之事的记载。因此，我们暂时无法得知张学良对于张三畬堂财产清理委员会于 1948 年 1 月 10 日信函中提出的拟将财产清理事“决定作一结束”，“所有管理财产之人，即请另为委派”作出了何种回应与安排。由于材料所限，对于这一问题，有待于我们今后进一步研究与探讨。但无论如何，作为“张三畬堂财产清理委员会”来讲，其历史使命到此为止算是画上了一个圆满的句号。

四、其他相关问题探讨

（一）关于财产发还人之名义问题

张作霖生前，张氏家族开拓经营之所得，大多写在三畬堂和张学良的名下。张学良子承父业之后，这一情况得以自然延续。当张三畬堂财产清理委员会成立之后，按照张学良的信函指示：“清理委员会的权限限于张家的公产（三畬堂和张学良名下者），其他小份子个人名下的，请交给他个人。如某人愿托经理，则可代办（如代为查清等事，自然代办查明办好，如某人自己管，则交给他们）”。[27]也就是说，在张学良的心目中，凡属于“三畬堂和张学良名下”的财产，都是张家的公产。

“九·一八”事变时，有关张家财产的各项契据账簿等均遭日伪毁没无存。后来，随着张三畬堂财产清理委员会工作的进展，由政府公布发还张家的公产之证件，如地契、房契等，其“名义人应以何人相宜”就成了委员会必须确定的一个问题。对此，委员会曾几经研讨。

一开始，在“市政府之关系方面，曾谈用‘夥继承人代表张学良’九字合宜，不过加以检讨之后，似有涉及继承税之问题上，虽此间继承开始，在民国十七年（1928），但因此而惹起纠纷，亦觉不便，故不能使用”。随后，又提出“拟用‘共有财产代表人张学良’十字，经研究，既然代表共有，则共有之人皆为谁何，亦应一一登记方属合法，而登记时须一一到场斟问，方能办理。此种办法因有数人在国外关系，亦当然不能适用”。最后，拟定了“三畬堂主人张学良”八字，认为“此项方法虽较合适，但未能将共有财产之所有者表出，然舍此又无较好办法，究应如何，提请公决”。

为此，委员会于 1946 年 11 月 10 日第四次会议议决，“用张学良名义，并由下次拟案，对外请领执照，对内为共有财产之代表人”。但在两日之后的第五次会议中，则议决“由全

26 1948 年 1 月 23 日张学良给张三畬堂财产清理委员会之信函草稿。张闾芝女士捐赠，张氏帅府博物馆藏。

27 1947 年 5 月 17 日张学良给张三畬堂财产清理委员会信函复印件。张闾芝女士捐赠，张氏帅府博物馆藏。

部财产关系人出名"。随后，正当委员会准备按照第五次会议议定的结果，"由财产全部所有人出名"，办理产业发还之各项手续期间，却因"以市政府规定，新用纸关系，由该府研讨结果，仍以没收时之名义人，为发还时之名义人"。这样一来，因原来议定的办法难以采用，经 12 月 21 日举行的第六次会议议决，只能按照市政府的规定办理。

此外，对于三畲堂关系财产的发还人之名义问题，在第六次会议上，委员会也进行了讨论。指出："关于三畲堂之关系财产，其属于个人所有，而列诸市府附逆清册者，发还时之名义人，当然无何问题，如于凤至之沈阳电影院地皮是。但未载于伪政府公报，或未附逆清册者，如寿夫人之火神庙房产，如张西卿之北平香厂土地等是，对于此种产业，拟尽可能知悉之范围内，尽量使用原所有人之名义，以免将来更正名义之麻烦手续"。这样，张氏家族财产发还人之名义问题全部得到了妥善解决。

（二）关于"张三畲堂"之缂丝问题

缂丝，是中国传统丝绸艺术品中的精华，极具欣赏装饰性。宋元以来一直是皇家御用织物之一，常以织造帝后服饰、御真（御容像）和摹缂名人书画。因织造过程极其细致，摹缂常胜于原作，而存世精品又极为稀少，故有"一寸缂丝一寸金"和"织中之圣"的盛名。

上文提到，栾贵田根据回忆所列张氏家族损失财产清单中曾说："原寄存于边业银行总行的宋画若干轴及缂丝等计一大箱，经伪满洲中央银行运往长春伪政府"。对于这种稀世珍品，张三畲堂财产清理委员会自然会将其列为重点收回的对象。

对此，张三畲堂财产清理委员会曾于 1946 年 10 月 31 日和 11 月 10 日的第三次、第四次会议先后讨论，指出"张三畲堂所有缂丝，现已查明由长春中央银行接收保管者计五十六种，外有二十六种在敌伪时送往东京裱画处补修，共计八十二种。惟经长春中央银行接收者运往北平。此种缂丝，在古物文化上价值甚大。据闻各方面纷纷函询中银，极端注视，盼望此种稀世珍品由国家保存或交与历史博物馆陈列者"。对此，委员会也无法议决，两次均提出"俟西卿（张学铭）归沈再议"。但不知何故，在接下来张学铭曾参加的第五、六、七次会议上，缂丝问题未再作为议案提出讨论。

1947 年 5 月 12 日，莫德惠与张学良见面时，将张三畲堂财产清理委员会前七次会议的有关记录带给了张学良。针对委员会第三、第四次会议议案中提到的缂丝问题，张学良于 5 月 17 日的回函中说："缂丝非余私产，买时乃由辽宁省财厅付的价款（张衡若想应能记忆），本拟交金銮殿同杨苓苐所绘之历代帝王像共同陈列。此物当交辽宁博物馆金馆长（即金毓黼，笔者注）为是"。[28]

追溯这批缂丝的来源，原系清末民初著名收藏家、古建筑学家朱启钤的"存素堂"之珍藏。1928 年，日本实业巨子大仓喜八郎提出，愿以银洋 100 万元购买这批缂丝，被朱启钤婉言谢绝。1929 年，朱启钤组织创建了中国营造学社，并影刻宋版《营造法式》，急需资金。时任东北边防军司令长官的张学良得知情况后，表示愿意出手相助。朱启钤乃将这批缂丝以

---

28 1947 年 5 月 17 日张学良给张三畲堂财产清理委员会之信函复印件。张闾芝女士捐赠，张氏帅府博物馆藏。

20万银圆的价格，半售半赠交给了张学良，条件是不得售于外国人。[29]

张学良知道这批缂丝价值珍贵，将其寄存于边业银行金库之中。“九·一八”事变后，边业银行落入日本之手，这批缂丝自然也遭劫掠，长期储藏于伪满中央银行。1946年下半年，在宋子文、朱启钤先生的亲自过问下，这批缂丝由长春空运到北平，存于中央银行库内，后拨交给故宫博物院。当时，这批缂丝经长春中央银行接收运往北平者有五十六种，“外有二十六种在敌伪时送往东京裱画处补修”。后经国民政府派员密查，确知其所在之处后，再经交涉，由二战后统治日本的盟军最高司令官总司令部答应转饬归还。

如上文所说，1947年5月17日张学良曾给张三畲堂财产清理委员去函，指示这批缂丝“当交辽宁博物馆金馆长为是”。据此指示，张三畲堂财产清理委员对缂丝问题进行了办理。委员会在1947年8月23日给张学良的去函中汇报说：“缂丝之办理经过情形：在去岁本会成立后，曾据以请求关系方面，调查该物之所在。嗣后得知由长春中央银行，转送该行之北平分行，又由北平分行奉行政院令送交北平博物院。以此原因，本会曾呈请行政院，以该物为张氏私人所有，请饬令北平博物院准予发还，以保全私人权益等情。有此经过，故此次来函指示，将此物交付国立沈阳院金院长一节，虽已照办，但其措辞之间，曾与金院长洽商，实含有赠与意味，此亦以前此经过关系，不得不然者，尚请亮察”。

1948年冬，北京故宫博物院院长马衡先生得知沈阳博物院藏有长春伪宫宋、元、明版图书计92种、1449册。因该图书原系清宫之物，而被溥仪盗出者，马衡欲用这批缂丝换回图书；沈阳博物院因这批缂丝原是用东北款从朱启钤那里购买者，遂同意换回。[30]1949年4月13、14两日，双方点交完毕，曾任沈阳博物馆筹备委员会主任的金毓黼先生亲自将这批缂丝送还东北，交由当时在国立沈阳博物馆基础上成立的东北博物馆（今辽宁省博物馆）珍藏。

（三）对以往有关帅府研究中一些认识的勘误

张闾芝女士捐赠的“张三畲堂财产清理委员会”卷宗，里面涉及有关帅府建筑与帅府人物的一些内容，对于我们以往研究中存在的一些问题能起到纠正作用。虽然这些问题都很小，但本着学术研究应该严谨认真的态度，兹列于下。

大青楼、小青楼的名称。关于帅府标志性建筑大青楼及其南面的小青楼之名称，历来为观众所诟病，往往将其与“青楼”连在一起。不少导游为博得观众一笑，也胡乱讲解，说因为张作霖文化程度不高，将自己府中楼宇命名为“大、小青楼”。2008年12月12日，笔者与张作霖六女张怀敏见面时，曾委婉地问过张家人如何称呼当时居住的楼房，答曰：“我们当时就称之为大楼、小楼。”对此，有人说张怀敏生于1924年，1931年“九·一八”事变离开帅府之时年仅7岁，记忆模糊，不足为凭。如今该卷宗中“沈阳市张三畲堂土地及定着物一览表”[31]中所写“帅府东院大楼、小楼”，当为如今所称“大青楼、小青楼”之原称无疑。

---

29 辽宁省博物馆编：《华彩若英：中国古代缂丝刺绣精品集》，辽宁人民出版社，2009年，第1页中朴文英所写《概论》。

30 赵晓华：《旧事摭存——伪满国立博物馆与国民党国立沈阳博物院筹备委员会古物馆史事纪略》，《辽宁省博物馆四十年纪事（初稿）》，辽海文物学刊编辑部，1989年。

31 张三畲堂财产清理委员会：《张三畲堂财产清理情形一览表》，中华民国三十六年三月六日。张闾芝女士捐赠，张氏帅府博物馆藏。

由该卷宗中还有“帅府红楼及仓库”一词，亦可知当时已有以颜色为特征称呼帅府建筑之说。由此观之，“大青楼、小青楼”以及帅府东院北部之“小白楼”等，实乃为随着时间变迁而出现的以颜色区分帅府不同建筑之名称矣！

帅府舞厅或帅府办事处的名称。“沈阳市张三畲堂土地及定着物一览表”中将如今的“帅府舞厅或帅府办事处”称之为“旧边业银行楼房”，而将如今的“沈阳金融博物馆”馆址称为“新边业银行楼房”。可见，在当时是没有“帅府舞厅或帅府办事处”这一名称的。查边业银行之沿革，它于1924年第二次直奉战争直系失败后由奉系张作霖接手。经过四个多月的重新筹备，边业银行于1925年4月10日再次开业，总行设在天津。为方便经营，1926年6月张氏父子将边业银行总行迁至奉天。“帅府舞厅”主楼顶端有1925年的字样，表明该建筑始建于1925年，建成装修后于1926年6月作为当时“边业银行”之营业楼使用。如今的“沈阳金融博物馆”馆址，其主楼正面有“边业银行”几个大字。根据收藏于辽宁省档案馆的建筑图纸，该楼建于1930年。建成装修后，“边业银行”之功能遂被迁移至此楼。故“沈阳市张三畲堂土地及定着物一览表”中有“旧边业银行楼房”和“新边业银行楼房”之称。至于何时有“帅府舞厅或帅府办事处”这一名称，尚有待于根据可靠的资料进一步研究考证。

张作霖六夫人的名字。目前所有关于张作霖的书籍中提到张作霖的六夫人，都说其名字叫“马月清”或“马岳清”，还有被称之为“岳姑娘”的。六夫人独女张怀敏之女翟海蒂曾通过微信告诉我，她姥姥名叫“马正仪”，希望我们在有关的介绍中予以改正。我回复说：在帅府举办的展览或未来出版的书籍中，关于六夫人的名字好改，但对那些已经出版的书籍和其他人的文章，我却无能为力。如今看到“张三畲堂财产清理委员会”卷宗之第八次会议第十三号议案写道：“兹接张马正仪三月二十二日来函略开：小女怀敏在北平辅仁肄业，去岁以无力负担费用，几致辍学……”等语，再次想到这个问题，兹写在这篇文章之中，希望本文能公开发表之后，有更多的研究人员看到，在以后的相关书籍和文章中也能进行改正，也算是尽了研究人员的一份绵薄之力！

（张氏帅府博物馆　赵菊梅　广西师范大学历史文化与旅游学院　赵嫣然）

黑龙江蒙古族古籍考录*

王　佳

内容提要： 黑龙江省蒙古族古籍，包括文字类和口碑类两种。文字类古籍，包括各种用少数民族文字记载的古籍和用汉文字记载的有关民族资料的古籍，具体包括：图书、经卷、档案、手稿、地图、家谱、碑刻等。口碑类古籍主要是指历史上以口耳相传留下来的具有文学和历史价值的各种史料。本文对黑龙江地区的蒙古族古籍情况进行梳理和介绍。

关键词： 蒙古族古籍　民族古籍　黑龙江

本文收录的黑龙江蒙古族古籍包括文字类和口述类两种。其时间范围以 1949 年中华人民共和国成立为限，空间范围以今黑龙江省行政区划为基础，同时也兼顾地理和历史沿革。在黑龙江蒙古族历史上，这些文字和口碑古籍是保存民族文化和集体记忆的重要载体，起到了表达民族情感、塑造民族性格、传承民族历史文化的重要作用。

一、民族古籍与黑龙江蒙古族古籍

民族古籍，全称中国少数民族古籍，是指我国少数民族历史上遗留下来的古代书册、典籍资料和口头传承及碑刻铭文等。民族古籍分为有文字类和无文字类。有文字类的民族古籍包括各种用少数民族文字记载的古籍和用汉文字记载的有关民族资料的古籍；无文字类古籍主要是指口碑古籍。文字类古籍包括：图书、经卷、档案、手稿、抄本、地图、信札、家谱、碑刻等。口碑古籍即口头资料，是指各少数民族在历史上以口耳相传留下来的具有文学和历史价值的各种史料，反映了本民族的风土人情、生活习俗、民族性格、宗教信仰、民族历史等，内容涉及民族的政治、经济、军事、宗教、文学、哲学、历史、医学、地理、历法、农技等。[1]

黑龙江省少数民族古籍的范围，根据黑龙江省少数民族古籍整理出版办公室指导思想，古籍整理主要有三个方向——①以民族文字写成的古籍，即满文古籍、蒙古文古籍和朝鲜文

* 本文是国家社科基金特别委托项目“黑龙江区域史抢救性保护研究”(15@ZH013) 阶段性成果。

1　包和平、包爱梅:《中国少数民族古籍的收藏与研究现状》,《内蒙古社会科学》2004 年 6 期。

古籍。②用汉文撰写的民族古籍。③口碑资料，即长期流传于少数民族群众中的民间故事、说唱文学、民歌等。并且，将少数民族口碑古籍，确定为黑龙江省民族古籍整理的重点。[2]

黑龙江蒙古族古籍，也分为文字类和口述类两大类。文字类古籍，主要包括书籍、档案、经卷等。口述类古籍，包括反映蒙古族起源、历史变迁、文化习俗、宗教信仰方面的神话传说、民间故事、诗歌民谣、乌力格尔、好来宝等。其中，一些重要古籍文献，已经收录于《中国蒙古文古籍总目提要蒙古族卷》《中国蒙古文古籍总目》《蒙医药学蒙古文古籍目录初探》等工具书中。

二、文字类古籍

（一）书籍

黑龙江地区现存的蒙文书籍总体数量不多，主要藏于齐齐哈尔市图书馆和黑龙江省档案馆，以历史、语言和宗教主题的古籍居多。成书或抄印年代主要是在明清和民国时期，有手抄、木刻、石印、铅印等多种版本，装帧比较考究。主要有以下一些。

《钦定外藩蒙古回部王公表传》：不分卷，蒙古文，清内务府刻本。此书主要记述了蒙古、回部等部落归附清朝，跟随努尔哈赤及其继承者建立后金国，入关建业，为巩固和发展清朝的统治而建功立业的过程和事迹，对蒙古等部落自身发展的历史及其政治、经济、文化、军事、科技、交通、语言、宗教信仰、风俗习惯等亦有所反映。所载蒙古王、贝勒、贝子、公、台吉、塔布囊等1300余人。

《满蒙汉合璧吏治辑要》：共1函2册194页，满蒙汉文对照，系木刻本。作者为清代铁岭高鹗，满文为沈阳通瑞译，蒙古文为咸丰七年（1857）理藩院副职定轩孟保译。存有清道光二年（1822）通瑞序和咸丰七年（1857）序。此书内容为清代吏治，认为吏者乃国家之柱，所以必须清、慎、勤。

《三合吏治辑要》：不分卷。满蒙汉文对照本。清代高鹗撰。光绪元年（1875）隆福寺萧氏刻本。

《满蒙汉三文合璧教科书》：不分卷，1函，2458页。满蒙汉文对照本。清宣统元年（1909）石印本，纸质，线装，楷体。清代蒋维乔、庄俞撰，荣德译为蒙古文。有宣统元年（1909）东三省总督管三省将军事务锡良序言、奉天巡抚程德全序言、荣德序言及“国文教科原序”。序言叙述，此教科书先以满文和汉文编写，后由蒙古文学堂名誉监督荣德译为蒙古文，东三省蒙务局以石版印刷，哲里木盟各旗发行使用。每册60节课，共有480节课，涵盖天文、地理、农业、商业、工业、学业、司法、军事等。另有清末木刻本，纸质，线装，楷体。

《蒙古文汇书》：不分卷，4函17册，共3158页。满蒙汉文对照字典。清光绪十七年

---

2 黑龙江省少数民族古籍整理办公室：《黑龙江省少数民族古籍整理工作总结及“十三五”期间工作思路及建议》，中华人民共和国国家民族事务委员会全国少数民族古籍整理研究室网站：http://gjyjs.seac.gov.cn/art/2017/9/1/art_3379_288236.html。

（1891）北京木刻本，纸质，线装，楷体。清代理藩院纂办蒙古文汇书堂编。在咸丰元年（1851）赛尚阿所编撰的《蒙古文汇书》基础上增修后再版。开篇有奏折和理藩院纂办蒙古文汇书堂大臣姓名。全书共有243336字头，按蒙古文字母顺序排列。正文首列蒙古文词语，下列汉文译词，最下列满文译词。主要收以生产生活用语为主的综合性词语，其中名词最多，其次为动词、形容词等。

《钦定蒙古文汇书》：十六卷，清代瑞全等撰，满蒙汉文对照。光绪十七年（1891）内府刻本。藏于齐齐哈尔市图书馆。

《三合蒙古清文鉴》：六卷，满蒙汉文对照。清光绪年间抄袖珍本。

《御制四体清文鉴》：三十二卷并补编四卷，清刻本，清高宗敕撰，满蒙藏汉文对照。

《三合遍览》：清秀升富俊编，满蒙汉文对照，清乾隆四十五年（1780）内府刻本，清乾隆五十七年（1792）双峰阁刻本。本书是学习蒙古文的工具书，每个词条分满文、汉文、蒙文合璧。

《三合遍览》：清秀升富俊编，满蒙汉文对照，《蒙汉满文三合》，满蒙汉文对照，民国二年（1913）北京正蒙印书局石印本。

《三合类编》：四卷，满蒙汉文对照，民国初年石印本。

《满蒙通览》：二卷，满蒙文对照，清宣统二年（1910）抄本。

《蒙古文析义》：四卷，清赛尚阿纂辑，蒙汉文对照，道光二十八年（1848）刻本。

《蒙古文习字本》：蒙古文，清光绪十八年（1892）抄本。

《满蒙汉十二头》：一卷，满蒙汉文对照，光绪十五年（1889）抄本。

《三合圣谕广训》：四卷，满蒙汉文对照，光绪敖庆善抄本。

《满蒙汉合璧三字经注解》：四卷，松严富俊辑，英俊译，满蒙汉文对照，道光十二年（1832）京都三槐堂书坊刻本。

《内齐托音一世传》：蒙古文，清代刻本，额尔德尼毕力衮达赖著。此书是内齐托音一世活佛的传记，是关于17世纪蒙古历史、文化、宗教的记录。书中对内齐托音一世在东蒙古王公支持下镇压萨满教有详细描述，也有内齐托音至黑龙江杜尔伯特旗、郭尔罗斯后旗、扎赉特旗传播佛教的记载。成崇德、申晓亭对此书进行了汉译注释。

《内齐托音二世传》：蒙古文，清代刻本，达磨三诺陀罗著。此书是内齐托音二世活佛的传记，书中有大量与科尔沁蒙古有关的珍贵史料。乌力吉图对此书进行了汉译整理。

《蒙古述略》：蒙古文，手抄本。作者为民国时期杜尔伯特旗第十努图克颇乐吉台吉的孙子僧格。此书于伪康德9年（1942）4月20日完稿。全书共16个标题，记述了从公元前425年至公元1206年建立大蒙古国为止的蒙古历史。内容虽与其他蒙古编年史大概相同，但其中记载了许多一般蒙汉史料中所未见的珍贵的片段。这些史料既可以弥补蒙汉史料的不足，又可以互相参证，如匈奴“单于”记为“赛音额日”，“毗伽可汗”记为“毕力格汗”。准确地记录了蒙古语的谐音，同时载有比塔其汗于627年俘获唐太宗李世民等说。虽不能作为信使，但对深入研究蒙古史提供了有价值的资料。后经张亚光对蒙古文进行点校，由波·少布、何日莫奇汉译、注释后，于1992年由内蒙古文化出版社出版蒙汉合璧本。现藏于杜尔伯特蒙古族自治县档案馆茫野书屋。

《蒙古史》：蒙古文，手抄本。作者为民国时期杜尔伯特旗僧格。此书记述了从1206年建立大蒙古国至1912年建立中华民国为止的蒙古历史，共11章，并有“后记”，其内容与《蒙古述略》在时间上与内容上都是相互衔接。《蒙古史》对蒙古族在西方所建立的“四大汗国”的情况描述颇详，勾画出了蒙古社会的政治面貌，反映了蒙古统治阶级内部的斗争，尤其对远征西欧的历史记述得比较翔实。同时，也记载了其他史料所不见的传闻。如哈布勒汗于1147年降服鲁伦河北27个部落以及成吉思汗被俘等说。后经张亚光对蒙古文进行点校，由波·少布、何日莫奇汉译、注释后，于1992年由内蒙古文化出版社出版蒙汉合璧本。

《玉匣记》：蒙古文。此书是汉文《玉匣记》的蒙译，有关择日纳吉等的民俗占卜之术，包括从政、经商、求学、出行、婚丧嫁娶、渔猎、剃头理发等的择日、方位和禁忌等。

《隋唐续传》：蒙古文，小说，清代手抄本，现存残本12卷。

《乌孙德日莫》：蒙古文小说，手抄本。“乌孙”是“水”，“德日莫”是“盗”，直译为“水盗”，引申义为“海盗”。作者道尔吉台吉，是哲里木盟杜尔伯特旗王府章京乌尔图那苏图贝子之父。他以咸丰年间海战为背景，描写了英法联军侵略我国海防的罪恶以及我军英勇抗战的精神。

《哈喇呼鲁格》：蒙古文小说，手抄本。哈喇呼鲁格，意为“黑骏马”。作者是杜尔伯特旗第五努图克巴嘎别布尔屯的云登先生。《哈喇呼鲁格》是中篇小说，写于光绪中叶。主要描写了牧民吉特格勒图的黑骏马在旗那达慕会上，如何甩掉王爷的骑手而获得冠军的故事，从而反映出蒙古牧民勇敢智慧的骑射精神。

《阿勒腾基布赫》：蒙古文小说，手抄本。阿勒腾基布赫，意为“金簸箕”，是草原地名。作者是杜尔伯特旗王府章京乌尔图那苏图贝子，写于光绪末年。这部小说描写了蒙古王公之间为了争夺“金簸箕”草场所发生的故事，充分暴露了封建王公们唯利是图的丑恶嘴脸。

《蒙古新闻》：蒙文报刊，清末时俄国人在哈尔滨创办。这是目前黑龙江省现存的第一份蒙古文报刊。1909年夏，由俄国东清铁路（后称中东铁路）管理局主办，由远东报馆编辑发行，铅印。初为半月刊，大32开。自1912年11月3日第56期起，改为对开4版周报。有时还视需要出刊号外。办刊宗旨是通过对蒙古人进行亲俄的政治宣传，来为沙俄在远东地区的侵略政策服务。主要内容有评论、中国新闻、蒙地新闻、国际新闻、广告等，有时还刊载一些科学常识或生活知识。早期还刊有上谕、奏折等。因在海拉尔、北京及蒙古国之大库伦（今乌兰巴托）、乌里雅苏台、科布多等地派有记者，并使用电报、电话等通讯工具，故消息传递较为迅速。除销售外，还无偿散发蒙古地方，供官吏或贵族们阅览。唯因各种原因，出刊常不以时。大约出至1918年底或1919年初，因俄国爆发革命后，在哈尔滨的俄人失去依靠而停刊。总共出刊约300余期。它大概是中国境内首家由外国人主办的蒙古文报纸。[3]

《郭尔罗斯后旗公报》：蒙古文月刊，郭尔罗斯后旗公署1937年1月1日创办。此系政务公报，主要为传达政令文件。

《依克明安旗公报》：蒙汉文对照月刊，依克明安旗公署1938年1月30日创办。此系政务公报，主要为传达政令文件。

《扎赉特旗公报》：蒙古文月刊，扎赉特旗公署约1938年创办。

---

3 详见忒莫勒：《关于清末民初哈尔滨的〈蒙古新闻〉》，《内蒙古师范大学学报》2009年3期，第65—69页；忒莫勒：《内蒙古旧报刊考录（1905—1949.9）》，远方出版社，2010年，第396—398页。

《杜尔伯特旗公报》：蒙文月刊，杜尔伯特旗公署1940年创办，为石印本印刷。此系政务公报，主要为传达政令文件。

此外，汉文典籍如四书五经、《千字文》、《幼学琼林》，以及《西游记》《水浒传》《三国演义》《红楼梦》等小说，都有蒙译，在民间以手抄本形式流传。

（二）档案

1.《满文老档》

《满文老档》中国最早的官修满文编年体史书，详细记载从清太祖丁未年（1607）到崇德元年（1636）的政治、军事、经济、文化等方面的史实，并收录了当时后金与朝鲜、蒙古、明朝，以及与明叛将毛文龙等的往来文札，是努尔哈赤、皇太极两朝有关东北地域史料。《满文老档》重有大量科尔沁蒙古归附后金以及入关前满蒙关系方面的重要内容。

2. 中国第一历史档案馆馆藏理藩院档案

中国第一历史档案馆馆藏档案中，与黑龙江蒙古族有关的档案分别收藏在各个全宗中，主要有内阁档案、军机处档案、宫中各处档案、八旗都统衙门档案、管理前锋护军等营事务大臣档案、京城巡防处档案、民政部档案、国史馆档案、理藩院（部）档案等全宗。其中理藩院（部）档案最为直接。理藩院（部）档案共696卷，内容分为总类、典礼、蒙旗、回部、土司、喇嘛管理、寺庙管理、西藏等八类。其中与蒙古直接有关的是总类、典礼、蒙旗、喇嘛管理、寺庙管理等五类。

3. 黑龙江将军衙门档案

黑龙江将军衙门档案详细记录从康熙二十三年（1684）至光绪二十六年（1900）黑龙江政治、军事、经济、外交、民族、宗教、文化教育等社会生活各方面的情况，总计4万余卷，大部分为满文。其中，黑龙江将军与蒙古札萨克的来往文件抄录档约有500卷，与呼伦贝尔总管（副都统）来往文件约有1686件（册），驻通肯呼雨尔依克明安公承袭封赏专题档案有18卷。这些档案基本上都是满文的，仅光绪末年有零星的汉文档案。另外，在黑龙江将军衙门档案中还有一些蒙文档案，主要涉及勘界、寺庙方面的内容。

这些档案中，黑龙江地方与各蒙古札萨克勘界问题档案内容最多，也最为重要。如：齐齐哈尔、呼兰等地与杜尔伯特、扎赉特、郭尔罗斯等地划界，勘设敖包，处理越界游牧、牛马盗窃案件、黑龙江收留蒙古牧民等一系列事务；杜尔伯特、扎赉特、郭尔罗斯等各蒙古札萨克之间的勘界问题；哲里木盟、科尔沁、巴尔虎、喀尔喀等地划界档案、地图等。

黑龙江将军衙门与呼伦贝尔总管（副都统）衙门的来往文件，包括：呼伦贝尔官兵出征、领取俸饷、官员考绩、征收税课等。其中，有关呼伦贝尔地方机构设置和人口方面的档案内容十分丰富，涵盖道光九年（1829）至光绪二十六年（1900）呼伦贝尔各部落户口册、男丁册、三代红白册、比丁册、官兵名册、家奴册、销除旗档人名册等，详细记载了呼伦贝尔地方人口数目、民族部落构成情况、婚姻状况。

驻通肯呼雨尔厄鲁特依克明安公承袭世职档案，自嘉庆朝至光绪末年，每一朝代中都有厄鲁特依克明安公承袭世职方面的记载。如：嘉庆八年（1803）鄂齐尔承袭札萨克台吉的封诰册，嘉庆十年（1805）乌尔棍巴雅尔赏任台吉原案，嘉庆十一年（1806）杜贝拉戈赏任台吉原案，嘉庆十八年（1813）棍楚戈扎布赏任台吉原案，道光五年（1825）托克护、尼玛扎姆布袭职诰书，道光六年（1826）乌尔图那逊袭职浩书，道光七年（1827）加封伯雅德勒格哩台吉头衔，道光九年（1829）加封恭额尔沁台吉头衔，等等。恕不赘述。除承袭世职档案外，还有垦荒地亩数目册、户口簿册、家奴簿册。[4]

4. 呼伦贝尔副都统衙门档案

呼伦贝尔副都统衙门档案，一部分收藏在内蒙古自治区档案馆（满文为主），一部分收藏在呼伦贝尔市档案馆（蒙古文为主）。

内蒙古自治区档案馆馆藏的呼伦贝尔副都统衙门档案共3161卷。其中，清代档案719卷、民国时期档案2442卷。档案所属年代为1644年至1938年，95%为满文档案。这些档案涉及近代呼伦贝尔地区的旗佐设置、官员任免、设立道府厅县、兵丁调遣、人口、民刑案件、建立学校、选送学生、市场贸易、盐务、寺庙、敖包祭祀、水陆交通以及布里亚特、达斡尔、鄂伦春、鄂温克人迁居、调查材料等。

呼伦贝尔市档案馆收藏的呼伦贝尔副都统衙门档案共6271卷。这些档案所属年代是1913年至1932年，以蒙文档案为主，内容涉及人事任免调动、行政区划、边防驻军、民刑案件、户口及出入境管理、对外关系、农牧及税收、交通运输、文教、卫生防疫以及喇嘛寺庙等方面。[5]

5. 内蒙古东部区垦务档案

内蒙古东部区垦务档案是内蒙古自治区档案馆的一个档案全宗，共有177卷，主要反映呼伦贝尔、哲里木、卓索图、昭乌达等盟各旗从清末到民国年间的垦务情况。其内容包括北洋政府时期对蒙政策、办理新政、蒙情调查、王公封叙赏罚、王公会议记录及统计；开垦哲里木盟各旗和伊克明安旗、索伦八旗、布特哈以及昭乌达盟敖汉旗、阿鲁科尔沁旗土地档案；热河垦务总局档案、兴安屯垦档案；蒙地开垦办法、设立县局、蒙地升科、征收钱粮租税章程等；陶克陶胡、嘎达梅林及赤峰人民抗垦斗争档案等。[6]

呼伦贝尔市档案馆收藏的呼伦贝尔副都统衙门档案共6271卷。这些档案所属年代是1913年至1932年，以蒙文档案为主，内容涉及人事任免调动、行政区划、边防驻军、民刑案件、户口及出入境管理、对外关系、农牧及税收、交通运输、文教、卫生防疫以及喇嘛寺庙等方面。[7]

（三）宗教经卷

据调查统计，黑龙江省蒙古文古籍在“文革”期间损毁严重，目前所存宗教文献最多，主要是一些佛经。[8]宗教经卷古籍，多是藏传佛教经卷，包括蒙文、藏文佛经，有手抄本、竹笔稿本、木刻版印刷、石版印刷、铅版印刷等多种。其中，蒙旗旗寺都藏有大量佛经，扎赉特旗旗寺乾德牟尼庙有全套藏文甘珠尔经和蒙文丹珠尔经，依克明安旗大智寺有全套藏文甘

4 刘淑珍：《清代黑龙江满文档案与蒙古族研究》，《满语研究》2003年1期。
5 金海：《蒙古近代历史档案资料述略》，《内蒙古大学学报》2002年1期。
6 金海：《蒙古近代历史档案资料述略》，《内蒙古大学学报》2002年1期。
7 金海：《蒙古近代历史档案资料述略》，《内蒙古大学学报》2002年1期。
8 黑龙江省少数民族古籍整理办公室：《黑龙江省少数民族古籍整理工作总结及“十三五”期间工作思路及建议》，中华人民共和国国家民族事务委员会全国少数民族古籍整理研究室网站：http://gjyjs.seac.gov.cn/art/2017/9/1/art_3379_288236.html。

珠尔经等。

据史料记载并结合恩师波·少布研究员调查统计，黑龙江地区流传的藏传佛教经卷有以下一些：

《图勒失邻经》（为祭祖烧饭用）：16 厘米 ×7 厘米，8 叶，手抄，黄纸，蒙古文。原富余正洁寺经卷，藏于杜尔伯特蒙古族自治县博物馆。原富余正洁寺经卷，藏于杜尔伯特蒙古族自治县博物馆。原富余正洁寺经卷，藏于杜尔伯特蒙古族自治县博物馆。

《白伞颂》：17 厘米 ×6.7 厘米，12 叶，手抄，黄纸，蒙古文，封面有嘎尔迪、包金山小方印。原富余正洁寺经卷，藏于杜尔伯特蒙古族自治县博物馆。

《满珠希利经》：20 厘米 ×7 厘米，16 叶，手抄，黄纸，蒙古文。原富余正洁寺经卷，藏于杜尔伯特蒙古族自治县博物馆。

《佚名》：18.8 厘米 ×7 厘米，146 叶，手抄，草黄纸，蒙古文，手抄稿笔迹粗细有明显区别。原富余正洁寺经卷，藏于杜尔伯特蒙古族自治县博物馆。

《卡都日玛经》：20.5 厘米 ×7 厘米，14 叶，手抄，呈文纸，蒙古文。原富余正洁寺经卷，藏于杜尔伯特蒙古族自治县博物馆。

《赫英海日哇密宗法经》：21.7 厘米 ×7.8 厘米，30 叶，手抄，厚黄纸，蒙古文。原富余正洁寺经卷，藏于杜尔伯特蒙古族自治县博物馆。

《祈雨经》：21.8 厘米 ×7.8 厘米，60 叶，手抄，厚黄纸，蒙古文。原富余正洁寺经卷，藏于杜尔伯特蒙古族自治县博物馆。

《焚香经》：21.4 厘米 ×7.2 厘米，10 叶，手抄，黄纸，蒙古文。原富余正洁寺经卷，藏于杜尔伯特蒙古族自治县博物馆。

《祈祷经》：21.2 厘米 ×7.8 厘米，22 叶，手抄，呈文纸，蒙古文。原富余正洁寺经卷，藏于杜尔伯特蒙古族自治县博物馆。

《曼荼罗经》：21.6 厘米 ×7.8 厘米，34 叶，手抄，黄纸，蒙古文。原富余正洁寺经卷，藏于杜尔伯特蒙古族自治县博物馆。

《金刚誓言大成法》：21.8 厘米 ×7.9 厘米，34 叶，手抄，黄纸，蒙古文。原富余正洁寺经卷，藏于杜尔伯特蒙古族自治县博物馆。

《卡都日玛老翁智慧经》：17.2 厘米 ×6.6 厘米，14 叶，手抄，黄纸，蒙古文，封面、封二为朱砂字。原富余正洁寺经卷，藏于杜尔伯特蒙古族自治县博物馆。

《阎罗王度母经》：16.2 厘米 ×5.7 厘米，4 叶，石印，黄纸，蒙古文，封面有藏文并有图案。原富余正洁寺经卷，藏于杜尔伯特蒙古族自治县博物馆。

《战神诵》：18.4 厘米 ×6.6 厘米，18 叶，手抄，厚黄纸，蒙古文，经卷页边已残损。原富余正洁寺经卷，藏于杜尔伯特蒙古族自治县博物馆。

《没有卷名》：18 厘米 ×6.3 厘米，4 叶，手抄，黄纸，蒙古文，根据内容页码不全。原富余正洁寺经卷，藏于杜尔伯特蒙古族自治县博物馆。

《上三界诸神祭》：19 厘米 ×7 厘米，28 叶，手抄，厚黄纸，蒙古文，卷页边缘已残损。原富余正洁寺经卷，藏于杜尔伯特蒙古族自治县博物馆。

《宝格达额真颂》：17.1 厘米 ×6.2 厘米，4 叶，石印，黄纸，蒙古文，封底有凌形 3.5 厘米见方“铁路局印”字样。原富余正洁寺经卷，藏于杜尔伯特蒙古族自治县博物馆。

《昆仑祭》：17.7 厘米 ×6.4 厘米，22 叶，手抄，呈文纸，蒙古文，残本字迹有损。原富余正洁寺经卷，藏于杜尔伯特蒙古族自治县博物馆。

《度母经》：19.2 厘米 ×6.5 厘米，14 叶，手抄，黄纸，蒙古文，页边残缺。原富余正洁寺经卷，藏于杜尔伯特蒙古族自治县博物馆。

《哈喇达姆金仓经》：18.4 厘米 ×7.4 厘米，4 叶，手抄，黄纸，蒙古文。原富余正洁寺经卷，藏于杜尔伯特蒙古族自治县博物馆。

《怒舞智慧信誉大成》：19.8 厘米 ×6.3 厘米，32 叶，手抄，黄纸，蒙古文，封二、23 页、24 页、28 页、29 页、30 页、31 页、封底均有红字。原富余正洁寺经卷，藏于杜尔伯特蒙古族自治县博物馆。

《度母寻魔经》：19.7 厘米 ×6.2 厘米，4 叶，手抄，黄纸，蒙古文。原富余正洁寺经卷，藏于杜尔伯特蒙古族自治县博物馆。

《度母经》：18.9 厘米 ×6.5 厘米，8 叶，手抄，黄纸，蒙古文。原富余正洁寺经卷，藏于杜尔伯特蒙古族自治县博物馆。

《萨格达仁经》：20.4 厘米 ×6.9 厘米，16 叶，石印手抄混合，黄纸，蒙古文，5 页有 10 行手抄。原富余正洁寺经卷，藏于杜尔伯特蒙古族自治县博物馆。

《卡都日玛经》：20.8 厘米 ×7.1 厘米，8 叶，石印，黄纸，蒙古文，封面封底为朱砂字。原富余正洁寺经卷，藏于杜尔伯特蒙古族自治县博物馆。

《卡都日玛祭礼》：20.7 厘米 ×7.2 厘米，6 叶，石印，黄纸，蒙古文，均为红字。原富余正洁寺经卷，藏于杜尔伯特蒙古族自治县博物馆。

《玛哈嘎拉经》：16.7 厘米 ×6.7 厘米，6 叶，石印，黄纸，蒙古文，封面标题手抄。原富余正洁寺经卷，藏于杜尔伯特蒙古族自治县博物馆。

《额尔勒格可罕经》（阎罗王经）：21 厘米 ×7 厘米，6 叶，手抄，黄纸，蒙古文，其中 3 页有经文。原富余正洁寺经卷，藏于杜尔伯特蒙古族自治县博物馆。

《入赫英海日哇之门祭》：16.1 厘米 ×5.7 厘米，6 叶，石印，黄纸，蒙古文，封面封底为红色手抄。原富余正洁寺经卷，藏于杜尔伯特蒙古族自治县博物馆。

《黑语经》：16.3 厘米 ×5.7 厘米，4 叶，石印，黄纸，蒙古文，均为残页、缺页不全。原富余正洁寺经卷，藏于杜尔伯特蒙古族自治县博物馆。

《迭日额赫仓》：18.6 厘米 ×7.5 厘米，8 叶，石印，黄纸，蒙古文，经文共 5 页。原富余正洁寺经卷，藏于杜尔伯特蒙古族自治县博物馆。

《金刚阎罗王经》：20.4 厘米 ×7 厘米，6 叶，石印，黄纸，蒙古文，封面、封三为手写朱砂字。原富余正洁寺经卷，藏于杜尔伯特蒙古族自治县博物馆。

《玛哈嘎拉、卡都日玛、额乐勒格可罕经》：20.7 厘米 ×6.9 厘米，12 叶，石印，黄纸，蒙古文，封面手写朱砂字。原富余正洁寺经卷，藏于杜尔伯特蒙古族自治县博物馆。

《佚名》：18 厘米 ×6.1 厘米，4 叶，手抄，黄纸，蒙古文，边残内容为卜书。原富余正洁寺经卷，藏于杜尔伯特蒙古族自治县博物馆。

《喇嘛必读》：20.8 厘米 ×7.2 厘米，32 叶，石印，兰格白纸，蒙古文。原富余正洁寺经卷，藏于杜尔伯特蒙古族自治县博物馆。

《密宗大权心法》：20.8 厘米 ×7.2 厘米，84 叶，石印，兰格白纸，蒙古文。原富余正洁寺经卷，藏于杜尔伯特蒙古族自治县博物馆。

《密宗八识规矩》：20.8 厘米 ×7.2 厘米，50 叶，手抄，兰格白纸，蒙古文，封面标题红字。原富余正洁寺经卷，藏于杜尔伯特蒙古族自治县博物馆。

《莲花生大师密宗法传》：20.8 厘米 ×7.2 厘米，46 叶，手抄，兰格白纸，蒙古文，封面标题红字。原富余正洁寺经卷，藏于杜尔伯特蒙古族自治县博物馆。

《卷名未能翻译》：20.8 厘米 ×7.2 厘米，26 叶，石印，兰格白纸，蒙古文，22—25 页为手抄。原富余正洁寺经卷，藏于杜尔伯特蒙古族自治县博物馆。

《无卷名》：20.8 厘米 ×7.2 厘米，12 叶，石印，兰格白纸，蒙古文。原富余正洁寺经卷，藏于杜尔伯特蒙古族自治县博物馆。

《对无名者祝颂经》：20.8 厘米 ×7.2 厘米，8 叶，石印，兰格白纸，蒙古文。原富余正洁寺经卷，藏于杜尔伯特蒙古族自治县博物馆。

《达姆金仓》：19 厘米 ×7.3 厘米，4 叶，手抄，黄纸，蒙古文。原富余正洁寺经卷，藏于杜尔伯特蒙古族自治县博物馆。

《解脱三障之法》：20 厘米 ×6.8 厘米，22 叶，手抄，马粪纸，蒙古文，有残页，卷名红色。原富余正洁寺经卷，藏于杜尔伯特蒙古族自治县博物馆。

《金刚经》：20.8 厘米 ×7.3 厘米，24 叶，手抄，兰格白纸，蒙古文，卷名为红色字。原富余正洁寺经卷，藏于杜尔伯特蒙古族自治县博物馆。

《大光金刚十三佛颂》：20.6 厘米 ×7 厘米，8 叶，手抄，马粪纸，蒙古文。原富余正洁寺经卷，藏于杜尔伯特蒙古族自治县博物馆。

《佚名》：20.4 厘米 ×7 厘米，180 叶，石印，黄纸，蒙古文，被水浸字迹不清。原富余正洁寺经卷，藏于杜尔伯特蒙古族自治县博物馆。

《卷名未能翻译》：19.5 厘米 ×6.9 厘米，16 叶，石印，黄纸，蒙古文，均为残页。原富余正洁寺经卷，藏于杜尔伯特蒙古族自治县博物馆。

《卡勒巴日哈附身记》：20.3 厘米 ×7.7 厘米，8 叶，手抄，薄黄纸，蒙古文。原富余正洁寺经卷，藏于杜尔伯特蒙古族自治县博物馆。

《卡都日玛祭礼》：19 厘米 ×6.5 厘米，10 叶，手抄，黄纸，蒙古文。原富余正洁寺经卷，藏于杜尔伯特蒙古族自治县博物馆。

《佚名》：18 厘米 ×6.5 厘米，8 叶，手抄，黄纸，蒙古文。原富余正洁寺经卷，藏于杜尔伯特蒙古族自治县博物馆。

《巴札日阿撒都格预言》：19.1 厘米 ×65 厘米，20 叶，手抄，黄纸，蒙古文，页边均损。原富余正洁寺经卷，藏于杜尔伯特蒙古族自治县博物馆。

《大金刚誓言》：19.5 厘米 ×6.8 厘米，8 叶，手抄，黄纸，蒙古文，有部分残页。原富余正洁寺经卷，藏于杜尔伯特蒙古族自治县博物馆。

《吉祥经》：20.2 厘米 ×7 厘米，20 叶，石印，黄纸，蒙古文，页码边缘残损一厘米。原富余正洁寺经卷，藏于杜尔伯特蒙古族自治县博物馆。

《大金刚十三神喇嘛祭》：21 厘米 ×8 厘米，8 叶，石印，黄纸，蒙古文。原富余正洁寺经卷，藏于杜尔伯特蒙古族自治县博物馆。

《珍宝匣礼传》：20.8 厘米 ×8 厘米，156 叶，石印，黄纸，蒙古文。原富余正洁寺经卷，藏于杜尔伯特蒙古族自治县博物馆。

《闸门经》：24 厘米 ×7 厘米，38 叶，手抄，黄纸，蒙古文。原富余正洁寺经卷，藏于杜尔伯特蒙古族自治县博物馆。

《佚名》：25.5 厘米 ×8.1 厘米，42 叶，石印，黄纸，蒙古文，缺 1—16 页。原富余正洁寺经卷，藏于杜尔伯特蒙古族自治县博物馆。

《对愤怒赐福经》：16 厘米 ×6 厘米，8 叶，手抄，黄纸，蒙古文。原富余正洁寺经卷，藏于杜尔伯特蒙古族自治县博物馆。

《佚名》：24.3 厘米 ×8.3 厘米，220 叶，石印，黄纸，蒙古文，共有 300 帧佛像。原富余正洁寺经卷，藏于杜尔伯特蒙古族自治县博物馆。

《赫英海日哇密宗大成》：14.7 厘米 ×6.7 厘米，44 叶，手抄，黄纸，蒙古文，封面残损。原富余正洁寺经卷，藏于杜尔伯特蒙古族自治县博物馆。

《智慧经》：20.9 厘米 ×6.4 厘米，18 叶，手抄，黄纸，蒙古文，边缘残损 2 厘米。原富余正洁寺经卷，藏于杜尔伯特蒙古族自治县博物馆。

《绿度母经》：16.8 厘米 ×6.6 厘米，20 叶，手抄，黄纸，蒙古文。原富余正洁寺经卷，藏于杜尔伯特蒙古族自治县博物馆。

《迭日额赫四方祭坛经》：16.9 厘米 ×5.4 厘米，10 叶，手抄，黄纸，蒙古文。原富余正洁寺经卷，藏于杜尔伯特蒙古族自治县博物馆。

《福禄白伞经》：16.5 厘米 ×6.3 厘米，54 叶，手抄，黄纸，蒙古文，大多为残页。原富余正洁寺经卷，藏于杜尔伯特蒙古族自治县博物馆。

《金刚誓言经》：16.5 厘米 ×6.2 厘米，8 叶，手抄，黄纸，蒙古文。原富余正洁寺经卷，藏于杜尔伯特蒙古族自治县博物馆。

《英明仙神颂》：16 厘米 ×7.4 厘米，64 叶，石印，黄纸，蒙古文，封面残破卷名不清。原富余正洁寺经卷，藏于杜尔伯特蒙古族自治县博物馆。

《比丘经》：17.5 厘米 ×7.5 厘米，36 叶，石印，黄纸，蒙古文，经文中夹有畏兀蒙古文。原富余正洁寺经卷，藏于杜尔伯特蒙古族自治县博物馆。

《卷名未能翻译》：16.5 厘米 ×6.8 厘米，12 叶，手抄，黄纸，蒙古文，卷已残损。原富余正洁寺经卷，藏于杜尔伯特蒙古族自治县博物馆。

《阎王祭》：19 厘米 ×7 厘米，6 叶，手抄，黄纸，蒙古文。原富余正洁寺经卷，藏于杜尔伯特蒙古族自治县博物馆。

《佚名》：21.3 厘米 ×7 厘米，34 叶，手抄，黄纸，蒙古文。原富余正洁寺经卷，藏于杜尔伯特蒙古族自治县博物馆。

《包装经卷颂》：19 厘米 ×6.2 厘米，4 叶，手抄，黄纸，蒙古文。原富余正洁寺经卷，藏于杜尔伯特蒙古族自治县博物馆。

《卷名未能翻译》：17 厘米 ×6 厘米，4 叶，手抄，黄纸，蒙古文，残卷。原富余正洁寺经卷，藏于杜尔伯特蒙古族自治县博物馆。

《对虐待苦痛赐福经》：15 厘米 ×5.7 厘米，10 叶，手抄，黄纸，蒙古文，封底为朱砂字。原富余正洁寺经卷，藏于杜尔伯特蒙古族自治县博物馆。

《卷名未能翻译》：21.2 厘米 ×7 厘米，14 叶，手抄，黄纸，藏文，经文中有蒙古文。原富余正洁寺经卷，藏于杜尔伯特蒙古族自治县博物馆。

《使堪布希热图喇嘛脚背坚固经》：21 厘米 ×7 厘米，8 叶，手抄，黄纸，蒙古文。原富余正洁寺经卷，藏于杜尔伯特蒙古族自治县博物馆。

《喇嘛祭》：21 厘米 ×7 厘米，8 叶，手抄，黄纸，蒙古文。原富余正洁寺经卷，藏于杜尔伯特蒙古族自治县博物馆。

《佚名》：21 厘米 ×7 厘米，56 叶，石印，黄纸，蒙古文，缺封面。原富余正洁寺经卷，藏于杜尔伯特蒙古族自治县博物馆。

《对喇嘛与威严金刚敬于脚背之上经》：21 厘米 ×6.9 厘米，34 叶，手抄，黄纸，蒙古文，缺封面。原富余正洁寺经卷，藏于杜尔伯特蒙古族自治县博物馆。

《佚名》：21 厘米 ×7 厘米，14 叶，手抄，黄纸，藏文。原富余正洁寺经卷，藏于杜尔伯特蒙古族自治县博物馆。

《禁忌经》：17.7 厘米 ×6.4 厘米，8 叶，手抄，黄纸，蒙古文，页边残损。原富余正洁寺经卷，藏于杜尔伯特蒙古族自治县博物馆。

《对无名者事业颂》：18.6 厘米 ×6.2 厘米，8 叶，手抄，兰格白纸，蒙古文。原富余正洁寺经卷，藏于杜尔伯特蒙古族自治县博物馆。

《卷名未能翻译》：30.6 厘米 ×7.1 厘米，116 叶，手抄，呈文纸，蒙古文，字迹模糊页边残损。原富余正洁寺经卷，藏于杜尔伯特蒙古族自治县博物馆。

《威严金刚梦安如意经》：29.3 厘米 ×7 厘米，62 叶，手抄，呈文纸，蒙古文，受潮湿字迹模糊。原富余正洁寺经卷，藏于杜尔伯特蒙古族自治县博物馆。

《佚名》：21 厘米 ×7 厘米，104 叶，石印，黄纸，蒙古文。原富余正洁寺经卷，藏于杜尔伯特蒙古族自治县博物馆。

《无名十三神颂》：21.2 厘米 ×7 厘米，22 叶，石印，黄纸，蒙古文。原富余正洁寺经卷，藏于杜尔伯特蒙古族自治县博物馆。

《五尊天神祭》：19.4 厘米 ×6.7 厘米，30 叶，手抄，黄纸，蒙古文，字迹不清。原富余正洁寺经卷，藏于杜尔伯特蒙古族自治县博物馆。

《桑吉达亚概论》：24 厘米 ×7.2 厘米，14 叶，石印，黄纸，蒙古文。原富余正洁寺经卷，藏于杜尔伯特蒙古族自治县博物馆。

《查干占巴哈拉神水施舍礼仪》：17.2 厘米 ×6.2 厘米，10 叶，石印，黄纸，蒙古文。原富余正洁寺经卷，藏于杜尔伯特蒙古族自治县博物馆。

《朱达其布尔罕大成经》：18.5 厘米 ×6.6 厘米，8 叶，石印，黄纸，蒙古文。原富余正洁寺经卷，藏于杜尔伯特蒙古族自治县博物馆。

《大海归心传》：18.7 厘米 ×6.7 厘米，10 叶，手抄，黄纸，蒙古文。原富余正洁寺经卷，藏于杜尔伯特蒙古族自治县博物馆。

《佚名》：19 厘米 ×6.4 厘米，24 叶，手抄，黄纸，蒙古文。原富余正洁寺经卷，藏于杜尔伯特蒙古族自治县博物馆。

《佚名》：20.5 厘米 ×7 厘米，4 叶，手抄，黄纸，蒙古文。原富余正洁寺经卷，藏于杜尔伯特蒙古族自治县博物馆。

《十三神吉祥颂》：18 厘米 ×6.4 厘米，20 叶，石印，浅黄纸，蒙古文。原富余正洁寺经卷，藏于杜尔伯特蒙古族自治县博物馆。

《论智慧》：17 厘米 ×6.3 厘米，14 叶，石印，浅黄纸，蒙古文。原富余正洁寺经卷，藏于杜尔伯特蒙古族自治县博物馆。

《三种常用基础药经》：39 厘米 ×7 厘米，32 叶，石印，黄纸，蒙古文。原富余正洁寺经卷，藏于杜尔伯特蒙古族自治县博物馆。

《三种宝体药典简论》：39 厘米 ×7.2 厘米，36 叶，手抄，黄纸，蒙古文。原富余正洁寺经卷，藏于杜尔伯特蒙古族自治县博物馆。

《药典》：30 厘米 ×7.1 厘米，6 叶，手抄，黄纸，蒙古文。原富余正洁寺经卷，藏于杜尔伯特蒙古族自治县博物馆。

《活佛呼图克图解脱经》：25.7 厘米 ×11.7 厘米，274 叶，铅印，浅黄纸，蒙古文，上中下三卷。原富余正洁寺经卷，藏于杜尔伯特蒙古族自治县博物馆。

《卷名不清》：19.8 厘米 ×7.2 厘米，18 叶，手抄，黄纸，蒙古文，封皮黄皮硬纸包装。原富余正洁寺经卷，藏于杜尔伯特蒙古族自治县博物馆。

《亡灵指路经》：19 厘米 ×7.2 厘米，10 叶，手抄，黄纸，蒙古文，均为残页。原富余正洁寺经卷，藏于杜尔伯特蒙古族自治县博物馆。

《卷名未能翻译》：19.4 厘米 ×6.8 厘米，8 叶，手抄，黄纸，蒙古文。原富余正洁寺经卷，藏于杜尔伯特蒙古族自治县博物馆。

《卷名未能翻译》：18.8 厘米 ×67 厘米，20 叶，手抄，黄纸，蒙古文。原富余正洁寺经卷，藏于杜尔伯特蒙古族自治县博物馆。

《满珠希利颂》：19 厘米 ×6.9 厘米，10 叶，手抄，黄纸，蒙古文。原富余正洁寺经卷，藏于杜尔伯特蒙古族自治县博物馆。

《卷名未能翻译》：19.2 厘米 ×6.2 厘米，8 叶，手抄，黄纸，蒙古文。原富余正洁寺经卷，藏于杜尔伯特蒙古族自治县博物馆。

《十三种咒语》：19.8 厘米 ×7.6 厘米，4 叶，手抄，黄纸，蒙古文。原富余正洁寺经卷，藏于杜尔伯特蒙古族自治县博物馆。

《扎巴苏尔祭礼》：21.3 厘米 ×7.1 厘米，8，石印，黄纸，蒙古文。原富余正洁寺经卷，藏于杜尔伯特蒙古族自治县博物馆。

《密宗威严的赫英海日哇神传》：22.2 厘米 ×8 厘米，14 叶，竹板子，黄纸，蒙古文。原富余正洁寺经卷，藏于杜尔伯特蒙古族自治县博物馆。

《宇宙赐福经》：26.8 厘米 ×9.5 厘米，35 叶，石印，黄纸，蒙古文。原富余正洁寺经卷，藏于杜尔伯特蒙古族自治县博物馆。

《吉祥福禄经》：7.6 厘米 ×9.7 厘米，25 叶，石印，黄纸，蒙古文，封皮与卷边均残。原富余正洁寺经卷，藏于杜尔伯特蒙古族自治县博物馆。

《八尊格根活佛宇宙之光》：30 厘米 ×6.8 厘米，54 叶，石印，黄纸，蒙古文，封面、封二缺字页边残。原富余正洁寺经卷，藏于杜尔伯特蒙古族自治县博物馆。

《无卷名》：28 厘米 ×7.5 厘米，36 叶，石印，黄纸，蒙古文，卷页边残。原富余正洁寺经卷，藏于杜尔伯特蒙古族自治县博物馆。

《智慧之卦》：19.5 厘米 ×6.7 厘米，30 叶，竹板字，黄纸，蒙古文。原富余正洁寺经卷，藏于杜尔伯特蒙古族自治县博物馆。

《喇嘛宝贝新传》：20.3 厘米 ×6.8 厘米，6 叶，石印，黄纸，蒙古文。原富余正洁寺经卷，藏于杜尔伯特蒙古族自治县博物馆。

《麦德尔经》：18.5 厘米 ×6.7 厘米，6 叶，手抄，黄纸，蒙古文，封底有一幅画。原富余正洁寺经卷，藏于杜尔伯特蒙古族自治县博物馆。

《雄狮》：17.5 厘米 ×6.1 厘米，18 叶，手抄，黄纸，蒙古文，边残损。原富余正洁寺经卷，藏于杜尔伯特蒙古族自治县博物馆。

《卷名未能翻译》：20.3 厘米 ×6.7 厘米，24 叶，手抄，黄纸，蒙古文。原富余正洁寺经卷，藏于杜尔伯特蒙古族自治县博物馆。

《十方三时颂》：24 厘米 ×7.2 厘米，34 叶，手抄，硬黄纸，蒙古文。原富余正洁寺经卷，藏于杜尔伯特蒙古族自治县博物馆。

《佚名》：16.7 厘米 ×6.9 厘米，6 叶，手抄，黄纸，蒙古文，残卷。原富余正洁寺经卷，藏于杜尔伯特蒙古族自治县博物馆。

《佚名》：19 厘米 ×6.2 厘米，6 叶，手抄，黄纸，蒙古文，残卷。原富余正洁寺经卷，藏于杜尔伯特蒙古族自治县博物馆。

《佚名》：19 厘米 ×6.2 厘米，8 叶，手抄，黄纸，蒙古文，残卷。原富余正洁寺经卷，藏于杜尔伯特蒙古族自治县博物馆。

《多克多尔山祭礼》：17.2 厘米 ×7 厘米，15 叶，手抄，黄纸，蒙古文。原富余正洁寺经卷，复印件藏于杜尔伯特蒙古族自治县档案馆茫野书屋。其内容汉译为："祭奠多克多尔山时，首先在山神前，摆上堂嘎日格（誓言）之祭物，用七个面塑的逵日布（马头），将山神围在中间，把咒语化在面塑中，然后作为主要祭品来祭祀。……宫殿的莲花明月宝座上，坐着一尊独首双臂、神体洁白、容颜慈祥、两眼微笑、身披绸衫、手托圣壶、用宝石装饰的、美丽姝倩的山神……无穷无尽的神秘的祭品，摆满了山里山外、天地宇宙之间，使山神与诸神喜悦欢欣。……用盔甲、弓箭、枪戟、匕首来祭祀祝颂山神。……由于山神所赋予的神力，使各方五谷丰登，使人畜解脱瘟疫，使祈福的平民百姓安居乐业，使吉祥如意似春雨盆淋。"

《乾坤卦卜》：19.5 厘米 ×7.4 厘米，5 叶，手抄，黄纸，蒙古文。原富余正洁寺经卷，复印件藏于杜尔伯特蒙古族自治县档案馆茫野书屋。

《地支卜》：18.5 厘米 ×6.7 厘米，14 叶，手抄，黄纸，蒙古文。原富余正洁寺经卷，复印件藏于杜尔伯特蒙古族自治县档案馆茫野书屋。

《禄马风旗经》：16.6 厘米 ×6.5 厘米，7 叶，手抄，黄纸，蒙古文。原富余正洁寺经卷，复印件藏于杜尔伯特蒙古族自治县档案馆茫野书屋。

《占卜经》：18.5 厘米 ×6.5 厘米，16 叶，石印，黄纸，蒙古文。原富余正洁寺经卷，复印件藏于杜尔伯特蒙古族自治县档案馆茫野书屋。

《祸福卜经》：17 厘米 ×6.5 厘米，7 叶，手抄，黄纸，蒙古文。原富余正洁寺经卷，复印件藏于杜尔伯特蒙古族自治县档案馆茫野书屋。

《解梦经》：20.5 厘米 ×7 厘米，35 叶，手抄，黄纸，蒙古文。原富余正洁寺经卷，复印件藏于杜尔伯特蒙古族自治县档案馆茫野书屋。

《解索经》：19 厘米 ×6.7 厘米，9 叶，手抄，黄纸，蒙古文。原富余正洁寺经卷，复印件藏于杜尔伯特蒙古族自治县档案馆茫野书屋。

《十方颂》：17 厘米 ×6.6 厘米，27 叶，石印，黄纸，蒙古文。原富余正洁寺经卷，复印件藏于杜尔伯特蒙古族自治县档案馆茫野书屋。

《义乌穆经》：二卷，藏文，北京木版，400 页，粉连纸。光绪三十年（1904）依克明安旗大智寺购置。今不存。

《甘珠尔经》：101 卷，藏文，西藏铁版阿拉腾巴拉，萨玛嘎纸，280 页。光绪三十二年（1906）依克明安旗大智寺购置。今不存。

《宋对经》：一卷，藏文，北京木版，粉连纸，480 页。光绪三十年（1904）依克明安旗大智寺购置。今不存。

《塔拉巴音苏都热经》：二卷，藏文，蒙古铁版，170 页。原依克明安旗大智寺藏。今不存。

《乃曼明嘎经》：一卷，藏文，北京木版，574 页。民国十一年（1922）依克明安旗大智寺购置。今不存。

《召布吉尔扎日力格经》：一卷，藏文，北京木版，30 页，粉连纸。民国十一年（1922）依克明安旗大智寺购置。今不存。

《朝克图胡力扬贵经》：一卷。原依克明安旗大智寺藏。今不存。

《依和尤瓦尼经》：一卷。原依克明安旗大智寺藏。今不存。

《朝克图阿尤勒格奇经》：一卷。原依克明安旗大智寺藏。今不存。[9]

（四）家谱、地图、碑刻等

在黑龙江地区，民间也存有一些蒙文家谱、地图、碑刻资料。例如：

《双城蒙古于氏家谱》：蒙古文，手抄版。谱书宽 10.5 厘米，长 21 厘米，黄色宣纸，共 60 页。其中，谱序 2 页，谱单 58 页，是清代形成的家谱。因年久，破损严重，个别地方缺字断句。根据家谱，蒙古于氏原是驻京八旗蒙古。原住北京顺天府郎家胡同。清康熙二年（1663）调至盛京地区复州垦荒，编入正白旗。清嘉庆二十五年（1820）迁至双城屯垦。蒙古于氏是响应清政府动员八旗闲散人员到东北垦荒的号召而来，编入镶红旗，居住在双城东北方的八旗营子中。谱单共记载了 10 代，100 口人，始祖卜三太。冠以于姓，始于第四代于生，第五代有于成仁，第七代有于海、于河等共四人。现藏于黑龙江省民族博物馆。

《杜尔伯特旗蒙文地图》：蒙古文，绘制于清光绪朝，是黑龙江蒙古地区唯一的一份蒙文地图，现藏于杜尔伯特档案馆茫野书屋。清光绪三十一年（1905）杜尔伯特旗蒙地开放后，从旗境划出很多厅县，并且单独设治。旗札萨克为了保护保留的蒙民生计地，确定开放后的疆域，特绘制了这帧地图，并得到哲里木盟与黑龙江将军的批准与确认，同时颁发给周边邻县以遵章守制。地图共记录了 250 个地理名称。其中村落名称 200 个，寺庙名称 6 个，山河名称 4 个，驿站、车站名称 8 个，边界敖包（封堆）32 个。地图的绝大多数名称是由蒙文记写的，但也有少部分是用满文记写的，同时还有蒙满文混合记写的名称。

《多克多尔山女神羊皮画所附蒙文地图》：蒙古文。此地图是用线绣成，附在多克多尔山

---

9 详见《依克明安旗一般情况》《黑龙江蒙古部落史》《黑龙江藏传佛教史》等。

女神羊皮画下方。地图中标记贝子府的位置是在今大龙虎泡南畔。据学者考证，贝子府是于乾隆六年（1741）迁至此地，一直到咸丰四年（1854）才又迁往新王府。因此，这幅地图所反映的时代，大约是在1741—1854年。今存杜尔伯特蒙古族自治县博物馆。

明代《奴儿干都司永宁寺碑》：碑刻。汉文、蒙古文、女真文、藏文四体对照。碑文内容主要记载了奴儿干都司的建置和钦差内官亦失哈招抚奴儿干地区的情况。碑的背面镌刻的蒙古文，自左至右书写，约占碑阴的一半，碑阴的碑额“奴儿干永宁寺”六字也是用蒙文书记的。碑的左右两侧用四体文字镌刻着佛教六字真言：“唵嘛呢叭咩吽”。碑铭蒙文由阿鲁不花书写。

清代《哈尔勒岱将军墓碑》，蒙古文。位于杜尔伯特旗喇嘛寺湖畔。

《杜尔伯特旗王府墓碑志》：碑刻。汉文。墓碑是由杜尔伯特旗末代王爷蒙古博尔济吉特氏·色旺多尔济（汉名包相廷）于民国三十三年（1944）七月立的。碑石共两块，碑质为青石。碑座宽75、厚42、高40厘米；碑身宽52、厚20、高123厘米。碑正面碑文为蒙、汉两种文字，从右向左竖写。主要书写立碑时间、立碑人以及撰文、监制、书丹者姓名、职务、籍贯等。墓碑背面碑文，共18行，740字。共分四部分。第一部分106字。叙述从夏商以来，历代王朝，均以各种形式铭记自己的功德。因此立碑人效仿古人，也为自己的列祖列宗树碑立传。第二部分259字。叙述杜尔伯特部所据之地的沿革及其历代王爷在历史上所建树的功绩。第三部分164字。记述杜尔伯特部历代先王的陵地及设置陵户的情况。第四部分211字，主要叙述立碑的目的。今存杜尔伯特蒙古族自治县博物馆。

八思巴文残印：蒙古八思巴文，扁方梯形体。印刻，1979年5月27日在依兰县迎兰镇土城子遗址中发现。

扎赉特旗札萨克印：清代印刻，蒙古文。

杜尔伯特旗札萨克印：清代印刻，蒙古文。

郭尔罗斯后旗旗札萨克印：清代印刻，蒙古文。

伊克明安旗札萨克印：清代印刻，蒙古文。

管辖科尔沁左翼郭尔罗斯后旗扎萨克印：清代印刻，蒙古文。10.5厘米见方，通高11厘米，印厚2.5厘米，银质虎纽，用蒙文楷书镌刻。藏于黑龙江省博物馆。

三、口述类古籍

口述古籍，即口头流传，未形成书面文字的古籍，按体裁可分为神话、传说、英雄史诗、民间故事、歌谣、民歌等。神话可分为人类起源神话、英雄神话、萨满起源神话、洪水神话等；传说可分为族源传说、历史传说、风物传说、习俗传说、人物传说等；英雄史诗可分为长篇史诗、中篇史诗、短篇史诗，或征战史诗、娶亲史诗等；民间故事可分为生活故事、习俗故事、幽默故事、寓言等；歌谣可分为招福词、祭词、祝词、赞词、婚礼对答词等；民歌可分为长调民歌、短调民歌，或劳役歌、出征歌、宗教歌、婚宴歌、报恩歌、爱情歌、训谕歌等。黑龙江蒙古族口述古籍，有的是用汉语传唱讲述的，有的是用蒙古文传唱讲述的。

（一）传说故事

黑龙江蒙古族地区流传的神话和民间故事内容丰富，其中不少隐含真实历史元素，如：

《化铁熔山的传说》（又名《额尔古涅一昆》）传说，讲的是大约在成吉思汗出生的两千年以前，北方草原上一个叫蒙古的部落与突厥部落经常发生战争，结果蒙古部遭到了毁灭性的打击，整个部落只剩下一对男女，逃进了一个叫“额尔古涅一昆”的大山里隐居起来。这个地方四周是陡峭险崖和茂密的森林，除了仅有的一条难以通行的羊肠小道外，别无出路。这对男女，分别属于“纳古思”和“乞颜”氏族，他们在这里世代繁衍。后来，氏族人口大增，人们寻求出山扩大生活领地，决定用熔铁办法，让熔化的铁水冲出大道来。他们顺着这条大道，开始了全族的大迁徙，从狭窄的山谷来到了辽阔的草原。这个故事中，有两个事实元素值得注意。一是由于战争，蒙古人祖先的部落被屠杀，仅有捏古思、乞颜两个人得以脱险，间接反映的是蒙古人祖先曾被异族部落灭族的惨痛历史。二是说明额尔古纳河畔和大兴安岭是蒙古人的发源地，后来蒙古人西迁草原。

《金器生子》传说，说的是天女与一位蒙古族青年相爱，生育三子，招致天庭责罚，三个幼子被扔下凡间，天母以金器相托降入人间，此三子即为郭尔罗斯、弘吉剌特和亦乞剌思三部落的祖先。这个故事反映的是三个部落之间的渊源关系，以及他们认为自己出身的高贵。

《豁罗剌思人长脚疾的故事》民间故事，从另一个侧面反映了他们迁徙历程的艰难岁月以及他们和其他蒙古部落的关系。豁罗剌思人的先祖支系众多、人多势大而从事化铁，因此最早从大山里走出来，但是他们匆忙中踢坏了其他部族的炉灶，受到了上苍的惩罚，被火烧伤了脚，因此弘吉剌部的子孙很多都患有脚疾。这个故事，既揭示出当时弘吉剌惕部与其他蒙古部的关系——并不被其他蒙古部落所接受，也反映出当时弘吉剌惕部强大的事实。

《神通广大的奥兰其其格》传说，反映的是有关蒙古族部落迁徙历史的朦胧记忆。如故事中的额尔尼克探望叔父的情节，反映的是朵儿边部的来源，是从叔父部落朵奔蔑儿干那里分离出来的。老山神对奥兰其其格和额尔尼克的追杀，反映的是朵儿边部在迁徙过程中遭遇其他部落战争。奥兰其其格阻挡山丁用的两面镜子变成了呼伦湖和贝尔湖，木梳和胭粉变成了大兴安岭和大森林，篦子变成了芦苇荡，那条绿腰带变成了嫩江，这其实反映的是朵儿边部的迁徙路线。老山神对额尔尼克的不满和加害，影射出了迁徙原因是叔父朵奔蔑儿干对四个侄子的薄待。

《雄鹰与山丹》民间故事，通过哈尔其嘎少布与萨日朗其其格夫妇与蟒古斯大战的过程来影射朵儿边部人所经历的各种残酷的战争，从而来说明他们所走过的艰难的历程。

（二）祝赞词

蒙古族的祝（颂）赞词艺术很发达，祝（颂）词称“玉热勒”，赞词称“玛格塔勒”。祝（颂）赞词内容有所区别。祝赞词是蒙古族古老的民俗文化，在黑龙江蒙古族地区的历史非常悠久。祝赞词分为祭祀祝赞词、节庆祝赞词、礼仪祝赞词、生活祝赞词、宗教祝赞词等。

祭祀祝赞词有：《祭天颂词》《祭火颂词》《祭日颂词》《祭星颂词》《祭月颂词》《祭山祝词》《祭泉祝词》《祭尚西祝词》等

节庆祝赞词有：过春节时的《新年赞词》《贺春颂词》、狩猎节的《归猎赞词》、天仓节的《仓虞赞词》、打鬃节的《驹马赞词》、那达慕会的《那达慕赞词》，以及与那达慕会有直接联系的《头马颂》《骑手赞》《摔跤手赞》《弓箭颂》《弓箭手赞》等。

礼仪祝赞词有：婚礼中的《婚礼祝词》《荷包赞》《新娘赞》《沙恩图赞》《拜火颂词》《拜天颂词》《喜宴赞》《盛装赞》《接帷幕赞词》《入洞房贺词》等，丧礼中有《丧仪颂词》《离别颂词》《祭祀祝词》等，生育礼仪中有《剃发祝词》《摇篮赞》《剪刀赞》《满月祝词》《命名祝词》等，客礼仪中有《迎宾祝词》《赞马词》《送客祝词》等，饮宴礼仪中有《祝酒词》《哈达赞》《德吉颂》等。

生活祝赞词有《毡房赞词》《打火镰赞词》《嘎拉哈赞》《鞍髻颂》《十二属相赞》《古壶热赞》《奶食颂》《酒杯颂》《蒙古刀赞》《门槛颂》《白毡祝词》等。

宗教祝赞词有《宗喀巴颂》《玛尼祝词》《六字真言颂词》《寺庙赞》《宝格达颂》等。[10]

其中，佛教赞词数量最多，主要内容是歌颂佛教、寺庙、活佛、喇嘛、神灵等。例如，《寺庙赞》以问答的形式颂扬佛教事业："为什么南飞大雁盘旋留恋？是第一世王爷在这里把寺庙修建。为什么蒙古人民除恶向善？是杜尔伯特流传佛教的经卷。为什么五色祥云降落草原？是佛祖宗喀巴的化身在这里出现。为什么虔诚的香客络绎不断？是阿嘉活佛登上富余正洁寺的大殿。为什么人寿年丰、天如人愿？是活佛普度众生佛法无边。"《向葛根（活佛）祈祷》："智慧无边的达赖喇嘛，快从你雄伟的宫殿赐教，神圣的葛根喇嘛，请将这意外之灾除掉，海林布庙的活佛，莲花宝座上的哲布尊丹巴，神圣的葛根喇嘛，请搭救我们脱离苦海"。这些赞词既是宗教仪式的组成部分，也表达了佛教信众祈求幸福平安的善良愿望。

（三）民歌和说唱

黑龙江蒙古族中流传很多民歌，这些民歌内容，也是社会现实的缩影。有的民歌反映年轻姑娘远嫁，有的描写爱情，有的批判现实，有的歌颂草原等。黑龙江蒙古族代表性的民歌有：《满都拉少爷》《吉米》《宁雀》《韩东喇嘛》《金洁玛》《都莱乌达根》《吉木斯》等。

作为蒙古族说唱艺术的乌力格尔和好来宝，也是一种口碑古籍。乌力格尔，蒙古语意为"说书"，俗称"蒙古书""蒙古说书""蒙古琴书"。其中，用马头琴伴奏说书的人被称为"朝日沁"，而用四胡伴奏的说书者被称为"胡日沁"，清中叶之后很多文学名著传入黑龙江并被翻译成了蒙古文，如《隋唐传》《三国演义》等，由胡日沁说唱。好来宝，意为"连韵说唱""衔接着说"，主要有民间歌谣、诗词曲赋、哲理箴言、民间故事、地方传说、文化知识等，使用四胡说唱。黑龙江蒙古族地区流传的好来宝，传统曲目有《巴彦与雅都》《昌盛的多克多尔山》《天问》《太阳与月亮》《牧民的苦恼》《啃骨头》《一万个为什么》等。[11]

（四）谚语

黑龙江地区，也流传很多反映蒙古族智慧的谚语，这也是重要的口碑古籍。如："逃出王爷家的奴隶聪明，逃出厚云层的太阳光明。""奴隶离不开罪名，身旁离不开影子。"同诺颜有仇的人没屁股，同恶狗有仇的人没衣襟。""佛爷多的地方闹鬼多，诺颜多的地方做孽多。""那

10 详见波・少布：《黑龙江蒙古族文化》，黑龙江教育出版社，2007 年。

11 波・少布：《黑龙江蒙古族文化》，黑龙江教育出版社，2007 年，第 175—181 页；何苗：《黑龙江蒙古族说唱艺术初探》，《黑龙江民族丛刊》2015 年 6 期。

边供祖宗，这边轰奴才。”“狗聚会在骨头上，官聚会在权势上。”“会唱牧歌羊不跑，不跳安代病不好。”“与其给佛爷叩头，不如驯养小牛。”“与其泪流满面，不如攥紧铁拳。”“豺狼怕猎人，谎言怕群众。”“离了群的羊，早晚要喂狼。”“羊毛数不尽，知识学不完。”“念经的人不一定都能成佛，漂亮的话不一定都是真理。”“毒箭可伤一人，一笔可杀千人。”“一个人踏不倒地上草，众人踩出阳关道。”“牧草怕严霜，严霜怕太阳。”“只有走过草原的人，才知草原辽阔。”“人凭德才，马凭腿快。”“人在甜言蜜语前栽跟头，马在柔软草地上打前失。”“猎马练在腿上，猎狗练在嘴上。”“没有好马行不了千里，没有好狗抓不住狐狸。”“人美不在穿，骏马不在鞍。”“好马全凭膘壮，好汉全凭志坚。”“鸟美在羽毛，人美在勤劳。”“鸟看花翎，人看行踪。”“鲜花盛开的地方蜂蝶多，心地善良的人朋友多。”“幸福来到要警惕，苦难来到要坚毅。”“花香要风吹，好事要人传。”“雨勤水草好，口勤学问高。”“天上星多黑夜明，地上草多畜成群。”

这些谚语，句式整齐，比喻生动贴切，韵律和谐清新，以通俗易懂的话说明深刻的道理，反映出黑龙江蒙古族日常生产生活实践的智慧。

四、结　　语

黑龙江地区蒙古族古籍表现的内涵，既有蒙古族本民族的历史文化特色，也有东北边疆的地域性特色，这与历史文化积淀和自然地理环境影响都是分不开的。

在清代，特别是在乾隆统治时期，由于直隶（今河北）、山东等省人口较多，土地兼并严重，人民生活困苦，如果再遇上水、旱灾，流民遍地。在统治者默许的情况下，大量汉民纷纷流亡塞外，迁往东北蒙古人居住区，这就逐渐形成东北许多地区蒙汉两族杂居的状况。一部分汉人接受蒙古族文化的影响，逐渐蒙化，游牧文化和农耕文化相交融。例如，蒙古族受藏传佛教的影响多不吃鱼，但是吉林的郭尔罗斯蒙古族不仅吃鱼而且捕鱼，因为地处松花江、嫩江交汇处，江河湖泊众多，渔业较农业和牧业更发达，表现出游牧文化、农耕文化和渔猎文化相交融的特点。乌丙安先生就总结了东北蒙古族民间故事两个值得注意的特点：“一个是比较充分地表现了农业经济生活背景的蒙古族特点；另一个是比较充分地表现了蒙汉文化交流的特点。”黑龙江蒙古族故事也是如此，有很多和汉族故事在情节、内容等方面很相似，充分说明了蒙古族和汉族交往密切。例如，杜尔伯特的土著民族就是蒙古族，自清朝以来，汉民大量涌入，带来了农耕文化，所以黑龙江的蒙古族文化也体现出了游牧文化和农耕文化相交融的特点。《猎人与山鹰》《神泉》反映了12世纪初叶杜尔伯特人的游猎生活，《哈森高娃与楚伦巴特尔》《聪明的乌云珊丹》等反映的是纯粹的游牧生活，《诺恩吉娅》《神山》等反映了农耕生活的特点。

在蒙古族历史上，这些文字和口传古籍是保存民族文化和集体记忆的重要载体，起到了表达民族情感、塑造民族性格、传承民族历史文化的重要作用。这些古籍，具有深厚的文化性、深刻的思想性、生动的艺术性特点，是中华民族文化多样性的具体体现。蒙古族优秀的历史文化，正是通过书面文字及口耳相传，一代一代传承至今。

（黑龙江省社会科学院民族研究所　王　佳）

朱克敏重装《秦汉瓦当文字》考略

姜修翔　赵晓龙

内容提要：朱克敏于咸丰四年（1854）将程敦《秦汉瓦当文字》一卷两册和《续秦汉瓦当文字》一卷一册进行重新装潢汇编成册，总计收录瓦当186品。本文通过梳理、比对二书内容，可知该书是在重装程敦《秦汉瓦当文字》基础上的批校本，其图录和文字内容方面部分保持了原貌，但其中朱克敏的题语内容和新增收的瓦当，对于窥探时人关于瓦当的认识和研究，以及对朱克敏生平的把握具有参考作用。

关键词：朱克敏　程敦　《秦汉瓦当文字》

一、二书的基本讯息

程敦生卒年月不详，字彝斋，安徽歙县人，清代金石收藏家。程敦《秦汉瓦当文字》（下简称程本）一卷上下两册，乾隆五十二年（1787）三月刊于横渠书院，上册收录瓦当66品，下册收录瓦当48品，正卷除有总目、程氏自序以外，还附有孙渊如写给程敦和程敦写给郑耘门的两封信。《续秦汉瓦当文字》一卷一册，乾隆五十九年（1794）刊于横渠书院，收录瓦当25品。每页11行25字，黑口，四周单边，两卷三册总计收录瓦当139品，其中异文多达59种。该书是关于秦汉瓦当的重要图录，主要来源于赵魏、钱坫、俞肇修和申兆定等人所藏，其中包含了程敦和时人关于瓦当的精辟论述，也是清代瓦当著录以来前无古人的高峰之作，历来被人们所重视。

朱克敏，字时轩，号游华山人、凤林山樵，晚号太华山人、颐道人，生于清乾隆五十七年（1792），卒于清同治十二年（1873），历经乾隆、嘉庆、道光、咸丰、同治五朝，又自称“五朝老人”，甘肃皋兰人，清代书画家。朱克敏《秦汉瓦当文字》（下简称朱本）一册，是朱氏在咸丰四年（1854）将程敦所辑的《秦汉瓦当文字》两卷和《续秦汉瓦当文字一卷》三册进行重装汇编而成的，其书牌一致，板式相同，可谓证据确凿。朱本总计收录瓦当186品，比程本多收录47品。其中包含总目、程氏自序，以及孙渊如写给程敦和程敦写给郑耘门的两封信。书内有“游华山人”“朱克敏印”“臣克敏印”“凤林山樵”“时轩”“克敏”等印鉴，皆为朱克敏所用。

由于朱本是在对程本重新装潢基础上的批校本，一直被民间收藏，未见有所著录，故学界罕有知者。直至近些年来，在一些相关著作中偶有提及，但多一笔带过，或混为一谈，还有颠倒二者源流关系的情况出现，显然是对于二书认识仍存许多不足。台北文海出版社有限公司印行的《秦汉瓦当文字》一书[1]，标识为程敦原辑，朱克敏重装，江苏盛氏珍藏，可以说是妥当的。

程本印量较多，哈佛大学汉和图书馆、国家图书馆等国内外重要的图书馆均有收藏，其内文字刊印部分完全一致，但存在部分图录顺序有所不同的情况。国家图书馆藏本被收录在《历代陶文研究资料选刊续编》[2]一书中，已结集出版。朱本是朱克敏旧藏，瓦文相同的瓦后均附有解释瓦当内容的文字，其中缺页部分对程本进行了抄录，但有相异甚至相驳之处。此外，朱本中还有朱克敏题语和批校，是研究朱克敏书法艺术和对于瓦当见识的珍贵材料。故梳理朱本和程本异同，对于研究瓦当、汉篆，考察清人对瓦当的认识以及朱克敏的生平交游有所裨益。

二、二书文辞异同情况说明

朱本每处瓦当拓片后的文字内容有手写体和印刷体两种类型。手写部分或是对缺页部分内容进行抄录，或是根据个人理解和见识所书，或是赏玩时题跋。印刷体主要源自程本内容，但存在前后拼接重新装潢的情况。二书文辞差异主要体现在手写部分，刊刻部分只有极少文字内容的不同。

（一）朱本抄录补正

在抄录程本时，朱克敏将“永奉无疆”瓦文错抄为“永顺无疆”，朱本目录中仍是“永奉无疆”（图一）。细审图文，“奉”“顺”二字相去甚远，瓦文为常见汉篆字体，识读简单，故笔误所致的可能性较大。

（二）朱本题语解析

朱本目录页后有题语“咸丰四年甲寅巧日时轩重装”，“延年益寿”瓦后有题语“咸丰四年甲寅七月重装于乐天山房西花亭，重游太华山人朱克敏记，时年六十有三”（图二），其中“巧日”一般是指农历七月初七这一天，和朱克敏言“甲寅七月”可证重装的具体时间应为“咸丰四年七月七日”，“时轩”是朱克敏的字，根据落款和钤印信息可知朱克敏曾于咸丰四年（1854）七月七日这天重装此书。

朱本“维天降灵延元万年天下康宁”瓦三处有题语“嘉庆十八年购于长安市肆”，“亿年无疆”瓦三处有题语“嘉庆十八年癸酉乡试得于长安好古书室”（图三），和朱克敏笔迹风格

1　程敦原辑，朱克敏重装，江苏盛氏珍藏：《秦汉瓦当文字》，文海出版社，1972年。本文所录文字标点皆为笔者所加，以下不再说明。

2　为标识方便，本文在和朱克敏《秦汉瓦当文字》比对引用程本文字时，皆用《历代陶文研究资料选刊续编》的页码。见贾贵荣、张爱芳选辑：《历代陶文研究资料选刊续编（全三册）》，国家图书馆出版社，2009年。

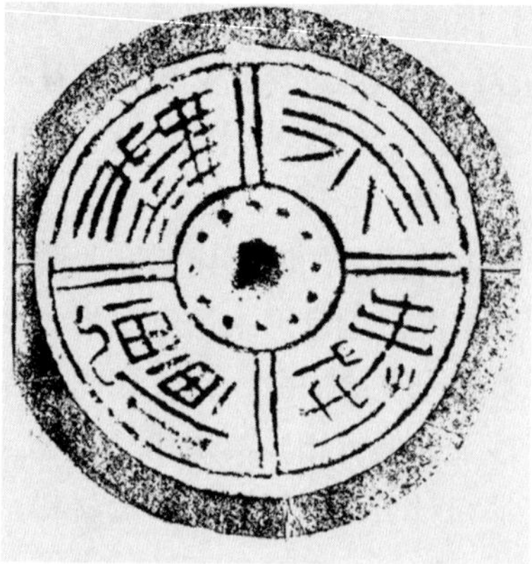

1

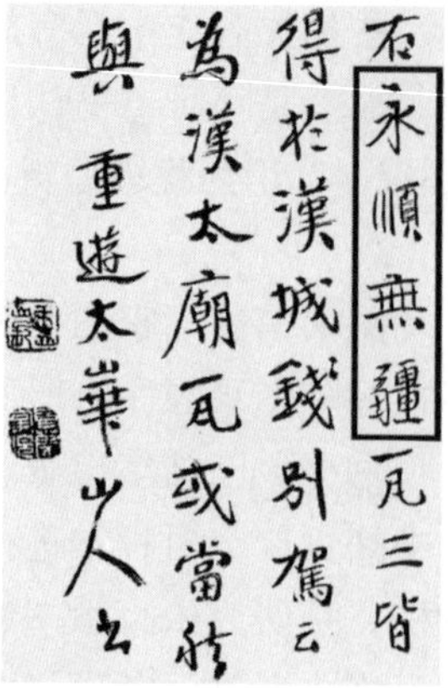

2

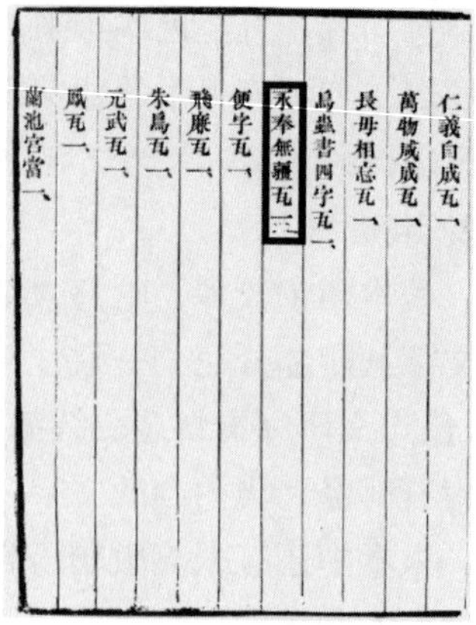

3

图一

1. 瓦当“永奉无疆”（朱本 P112） 2. 题语“永顺无疆”（朱本 P3） 3. 目录“永奉无疆”（朱本 P14）

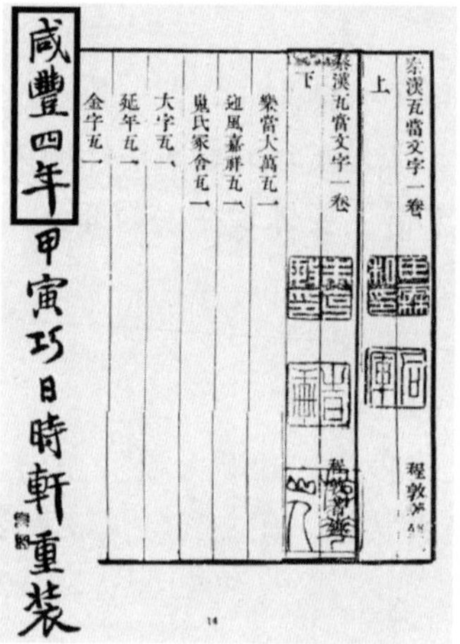

1

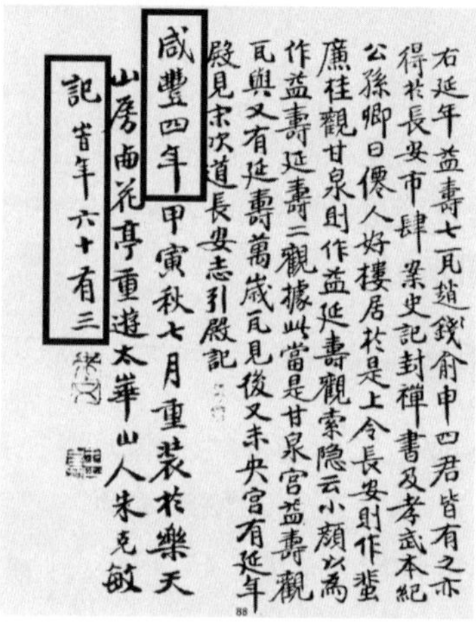

2

图二

1. 题语“咸丰四年甲寅巧日时轩重装”（朱本 P14） 2. 题语“咸丰四年　时年六十有三”（朱本 P88）

相同，细节之处也相类，应是同属朱氏笔迹。程本两卷分别刊刻于乾隆五十二年（1787）和五十九年（1794），“亿年无疆”瓦三仅存于朱本，在程本并无收录，根据此页题语可知是朱克敏在嘉庆十八年（1813）参加乡试时在长安好古室购得，此时购买的本子里是并未包含此瓦。可知是朱氏重装此书时，才将此装到朱本中。

朱本“维天降灵延元万年天下康宁”第一品和第二品瓦当拓片处有题语“戊申夏日，同河南李石生观于皋兰县署神仙洞中，时轩”，“冢当万岁”瓦前有题语“戊申夏日，同徐小山卌叔李石生同砚观于乐天山房，重游太华山人时轩记”，“延年益寿”第七品瓦当拓片处有题语“戊午夏五中浣观于大通官舍”（图四），此三处据朱克敏生卒年月和此书购买信息可判断“戊申”“戊午”分别为道光二十八年（1848）和咸丰八年（1858），推测后一处题写于朱克敏重装之后。咸丰年间，朱氏曾任大通县训导，其记录“大通官舍”与其生平相对不爽。

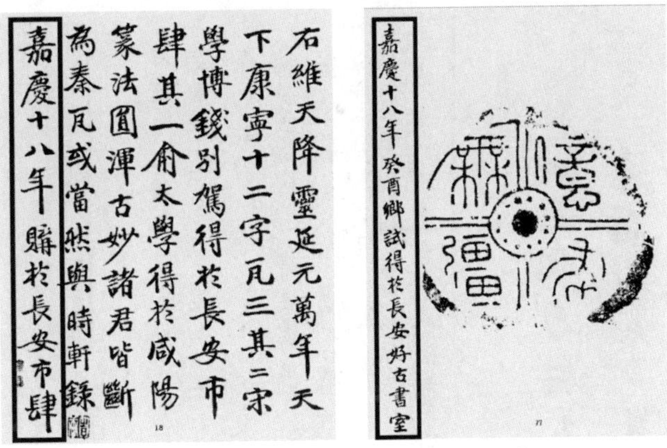

1　　2

图三

1．题语“嘉庆十八年购于长安市肆”（朱本 P18）　2．题语“嘉庆十八年癸酉乡试得于长安好古书室”（朱本 P77）

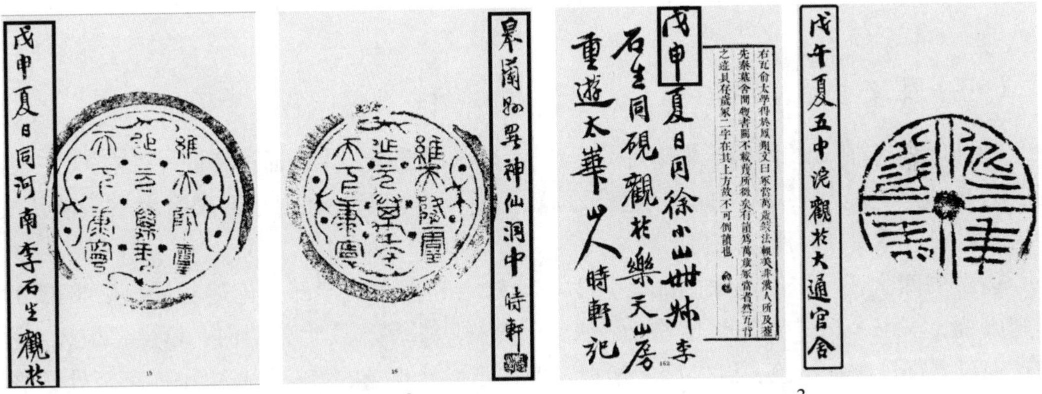

1　　2　　3

图四

1．题语“戊申夏日，同河南李石生观于皋兰县署神仙洞中，时轩”（朱本 P15—16）　2．题语“戊申”（朱本 P162）　3．题语“戊午夏五中浣观于大通官舍”（朱本 P87）

朱本“与华无极”瓦处题语“此瓦应‘与天无极’同意。亦颂祷之辞耳。于民国卅五年秋日得于古金城同兴德古玩店，子惠记”。此瓦当拓片为朱本独有，但未见朱氏题语。据民国卅五年为1946年，程本未收“与华无极”瓦，可知此是后加在朱本中的。朱本“亿年无疆”瓦三处有题语“此本共计五十八瓦，时轩记”，此处的数目五十八与朱本所收录至此的瓦当数量是吻合的。从此处再往后直到“益寿存当”处题语“此本共计六十二瓦，时轩记”（图五），此处的“六十二”与朱本从“亿年无疆”之后的瓦开始算起，共计有63品瓦当拓片，“与天无极”瓦正好在“亿年无疆”瓦后第一品，即朱本记录的“第二本”的第一页，故可以推测，“与天无极”瓦是朱氏之后的收藏者即极有可能为“子惠”所录。由于朱氏重装，根据两处“此本”记录，可知最早是分为两本，“与天无极”瓦正在原第一本末和第二本前的中间位置。

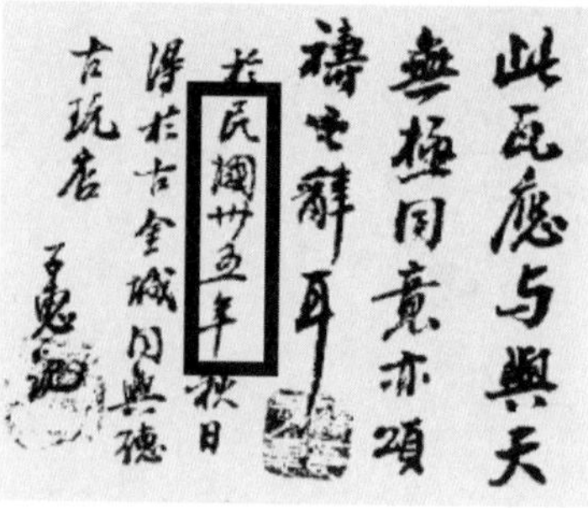

1

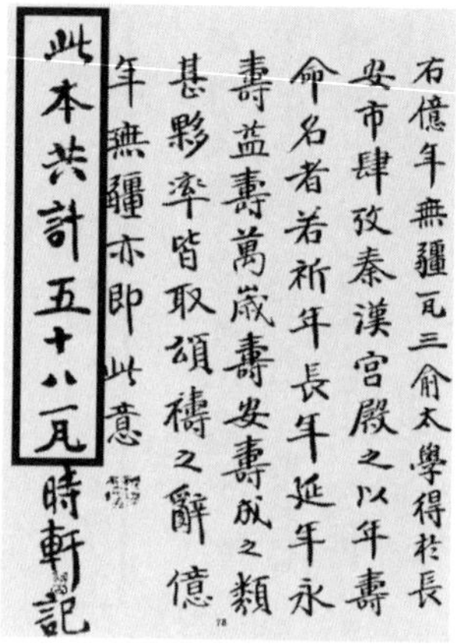

2

3

图五

1. 题语“民国卅五”（朱本 P79） 2. 题语“此本共计五十八瓦”（朱本 P78） 3. 题语“此本共计六十二瓦”（朱本 P176）

（三）瓦文考释差异

“长毋相忘”瓦处的考释，朱本[3]和程本[4]有较大的分歧。朱氏通过考证《汉书》《三辅黄图》《长安志》等资料，认为此瓦是宫殿用瓦。而程本记录此瓦得于云陵，考察云陵历史，认为是汉武帝葬倢伃时所造之瓦。

鸟虫书四字瓦，朱本收录两品。其中一处朱本和程本前半部分论述相同，后半部分朱本则围绕《汉书・扬雄传》展开考证，认为“嘉祥”二字释读十分明白，给出“椒风嘉祥”和“迎风嘉祥”两种结论，以俟后人辨别。但在第二处收录的另一品鸟虫书四字瓦处题语为“郑学士耘门先生与敦书云永受嘉福”，但据此处题语朱氏仍采用了“迎风嘉祥”的读法，或许是认为读为“迎风嘉祥”更为合理[5]。程本字符短于朱本，程敦读为“迎风嘉祥”，但又觉

3　朱本“右‘长毋相忘’瓦一，申朝邑从张舍人拓本放（仿）出，长安贾人云：‘得于汉城，此瓦不知所施也。’敦疑为后宫殿瓦，《汉书》外戚班倢伃云：‘为倢伃居增城舍。’应劭曰：‘后宫有八区，增城第三。’《三辅黄图》云：‘武帝时，后宫八区有昭阳、飞翔、增城、合欢、兰林、披香、凤皇、鸯鸾等殿。’长毋相忘者，或即合欢鸯鸾之属殿瓦铭与？然《长安志》引汉宫殿名有相思殿，不知所在。又《汉书・叙传》有宴昵殿，张晏曰：‘亲戚宴饮会同之殿也。’瓦铭四字亦类此等，存以俟考焉。乾隆戊申六月，俞太学仿得真瓦于长安贾人，遂将放本易去。”程敦原辑，朱克敏重装，江苏盛氏珍藏：《秦汉瓦当文字》，文海出版社，1972 年，第 106 页。

4　程本“右‘长毋相忘’，遍访汉城数年不获，因以张舍人所拓本仿为之。乾隆戊申六月得于淳化县北钩弋夫人云陵，始将仿本易去。考《汉书・昭帝纪》‘追尊赵倢伃为皇太后，起云陵’，文颖曰：‘倢伃先葬于云陵，是以就云阳起陵。’此瓦是武帝葬倢伃时所制也。”贾贵荣、张爱芳选辑：《历代陶文研究资料选刊续编（全三册）》，国家图书馆出版社，2009 年，第 106 页。

5　朱本第一处考释“右四字瓦俞太学得于长安市肆，即为鸟虫书书幡信者，太学以《汉书・董贤传》云‘贤女弟为昭仪，位次皇后，更名其舍为椒风，以配椒房’，据此释为‘椒风嘉祥’，云‘椒’字作‘尗’反书，‘风’字上加虎形，取易风从虎之义。钱别驾寓书和成其说，敦谓‘椒’字即作‘尗’反书亦不类，风上虎形取易义亦太穿凿。案《汉书・扬雄传》云：‘甘泉本因秦离宫，而武帝复增通天高光迎风宫。’据此当即为迎风宫瓦也。‘迎’字小篆䢚作与首一字相似，‘风’字（转下页）

得郑耘门读为“永受嘉福”有理，就将其说法也刻录下来[6]。但实际上，此瓦文为“永受嘉福”无疑。由此也可以看到朱克敏限于种种因素未能识别出来的遗憾。

“冢当万岁”一瓦，程本读为“万岁冢当”，朱克敏读为“冢当万岁”，并做了说明。[7]朱克敏根据瓦背后的痕迹判断，“岁冢”二字在万岁上方，应当读为“冢当万岁”，并在此页中，朱氏重装时将“冢当万岁”瓦当的拓片旋转了一百八十度。

“乐当大万”瓦，朱本收录两处。其中一处二者完全相同，另一处二者在题语上有所差别。程本读为“大万乐当”，认为是官署瓦[8]。朱克敏读为“乐当大万”，朱克敏认为“乐富大万”是指乐舞极盛，是神祠所用之瓦，而不是程本所说官署所用之瓦[9]。

在“宗正官当”处，朱本和程本记有：“右‘宗正官当’一，申朝邑得于汉城，考《汉书·高帝纪》：七年二月，置宗正官以序九族。又《百官表》：宗正秦官掌亲属。又《史记·文帝纪》正义：汉置九卿，七曰宗正。”以此来介绍“宗正官当”瓦，但朱本在此后有“又应劭说：周成王时，彤伯入为宗正，是宗正不始于秦也”等语[10]，则是对“宗正”官职的考证，说明宗正一职，在周代就有，而非创制于秦代。

（接上页）上着虫形，此篆每每如是，不必取易义也。‘嘉祥’二字甚明白，然笔画亦有所加增，又何取义耶？姑存二说以俟能者择焉。”程敦原辑，朱克敏重装，江苏盛氏珍藏：《秦汉瓦当文字》，文海出版社，1972 年，第 108 页。朱本第二处考释“右鸟虫书‘迎风嘉祥’瓦文说皆已见前，此更扩大而中无十字界格，以小点作中心，字迹差有不同，篆法又益茂美。陕西粮储观察建昌顾公令子旭庄读书嗜古，此及任意自成瓦，皆以重值购得于汉城。瓦当文字所出之多以此时为最。虽云奇古之物不终掩没，然亦二三君子有以振兴之也。”程敦原辑，朱克敏重装，江苏盛氏珍藏：《秦汉瓦当文字》，文海出版社，1972 年，第 172 页。

6 程本“右四字瓦俞太学得于长安市肆，即为鸟虫书书幡信者，太学以《汉书·董贤传》云‘贤女弟为昭仪，位次皇后，更名其舍为椒风，以配椒房’，据此释为‘椒风嘉祥’，云‘椒’字作‘尗’反书，‘风’字上加虎形，取易风从虎之义。钱别驾寓书和成其说，敦又因《汉书·扬雄传》有‘迎风宫’，释为‘迎风嘉祥’。及此书著录已成，适郑耘门阁学督学山西寄以就正复，书解为‘永受嘉福’其说遂定，因附刊于卷首，不敢掠美也。”贾贵荣、张爱芳选辑：《历代陶文研究资料选刊续编（全三册）》，国家图书馆出版社，2009 年，第 108 页。

7 朱本“右瓦俞太学得于凤翔，文曰‘冢当万岁’，篆法软美，非汉人所及，盖先秦墓舍间物，书阙不载，蔑所征矣。有读为‘万岁冢当’者，然瓦背之迹具存，‘岁冢’二字在其上方，固不可倒读也。”程敦原辑，朱克敏重装，江苏盛氏珍藏：《秦汉瓦当文字》，文海出版社，1972 年，第 162 页。

8 程本“右瓦文‘大万乐当’，出汉旧城。万，舞名也。《诗·邶风·简兮》传云：以千羽为万舞。谓之大万者，凡乐皆以大称，《周官·大司乐》云：《云门》《大卷》《大咸》《大磬》《大夏》《大濩》《大武》，又汉亦称大乐官，后汉改大予乐，皆称大也。此当即大乐官署瓦。”贾贵荣、张爱芳选辑：《历代陶文研究资料选刊续编（全三册）》，国家图书馆出版社，2009 年，第 174 页。

9 朱本“右瓦文‘乐当大万’，俞太学得于汧陇之交古隃麋地，乃神祠瓦也。万者舞名，《诗·邶风·简兮》传云：以千羽为万舞。谓之大万者，凡乐皆以大称，《周官·大司乐》云：《云门》《大卷》《大咸》《大磬》《大夏》《大濩》《大武》，又汉亦称大乐官，后汉改大予乐，皆称大也。乐当大万者，指乐舞极盛而言，万舞即八佾之舞，非寻常神祠所可用，故以为称。汉《地理志》云：隃麋有黄帝子祠，岂即其祠瓦与？”程敦原辑，朱克敏重装，江苏盛氏珍藏：《秦汉瓦当文字》，文海出版社，1972 年，第 164 页。

10 程敦原辑，朱克敏重装，江苏盛氏珍藏：《秦汉瓦当文字》，文海出版社，1972 年，第 148 页。

（四）朱本脱文情况

朱本“长生无极”[11]、“右将”[12]瓦处均有脱文，但均不影响文意。

“都司空瓦”后，朱本少了关于司空职能的考证和说明的内容[13]。“亿年无疆”瓦，朱本同样考证不足，只抄录了程本关于此瓦可能和秦汉宫殿有关的部分论述，而程本还引用了《汉书·王莽传》，说明了时人考究此瓦所属的另一种观点，此段为朱本所忽略[14]。“与天无极”瓦，朱本只抄录了程本部分文字，程本阐述丰富，考证《汉书·武帝纪》《汉书·郊祀志》，根据地理位置和文辞之意进行判断，认为此瓦应为吉语瓦，不是郊庙祠室瓦[15]。

11　朱本“右‘长生无极’九瓦，诸人皆有之，诸瓦文中以此为最多，出处亦不一，盖自咸阳以南，滨渭而东，直抵骊山北麓，废堡陁垣间往往得之。故土人目为阿房宫瓦，其文大率与首三瓦相同，而‘长’作‘常’，‘極’作‘[illegible]’者，则不多见，此许叔重之所未见录者，盖东汉人未见之字也。敦为此书以瓦文重叠而下，无暇详称字义，特举斯文，以竢观者隅反焉。”程敦原辑，朱克敏重装，江苏盛氏珍藏：《秦汉瓦当文字》，文海出版社，1972年，第28页。程本“则不多见……此许叔重之所未见录者”中间为“‘长’‘常’古通借字，‘極’字《说文》从木亟声，‘敬’从支茍声，‘茍’自急敕也，从芉包省口，口犹慎言也，《唐韵》己力切，故‘极’字从敬得声。”此朱本中未记。贾贵荣、张爱芳选辑：《历代陶文研究资料选刊续编（全三册）》，国家图书馆出版社，2009年，第28页。

12　朱本“右瓦为‘右将’二字，申朝邑获于长安市肆，考《汉百官表》即掌守门户出充车骑，属官中郎有五官，左右三将秩皆比二千石。”程敦原辑，朱克敏重装，江苏盛氏珍藏：《秦汉瓦当文字》，文海出版社，1972年，第232页。程本“右瓦为‘右将’二字，申朝邑获于长安市肆，考《汉百官表》即掌守门户出充车骑，属官中郎有五官，左右三将秩皆比二千石。据此其右将署瓦与。”贾贵荣、张爱芳选辑：《历代陶文研究资料选刊续编（全三册）》，国家图书馆出版社，2009年，第188页。朱本脱文“据此其右将署瓦与”一句。

13　朱本“右‘都司空瓦’瓦三，赵文学得于汉城。考《汉百官表》宗正属官有都司空。”程敦原辑，朱克敏重装，江苏盛氏珍藏：《秦汉瓦当文字》，文海出版社，1972年，第152页。程本“右‘都司空瓦’瓦一，赵文学得于汉城。考《汉百官表》宗正属官有都司空。如淳曰：律司空主水及罪人，又少府属官有左右司空见后。”贾贵荣、张爱芳选辑：《历代陶文研究资料选刊续编（全三册）》，国家图书馆出版社，2009年，第152页。

14　朱本“右‘亿年无疆’瓦三，俞太学得于长安市肆，考秦汉宫殿之以‘年寿’命名者，若祈年、长年、延年、永寿、益寿、万岁、寿安、寿成之类甚多，率皆取颂祷之辞，亿年无疆亦即此意。”程敦原辑，朱克敏重装，江苏盛氏珍藏：《秦汉瓦当文字》，文海出版社，1972年，第78页。程本“右‘亿年无疆’瓦一，俞太学得于长安市肆，此瓦不知所施，或引《汉书·王莽传》‘莽妻死，谥曰孝穆皇后，葬渭陵长寿园西令永侍文母，名陵曰亿年’，故以为莽妻陵瓦然。考秦汉宫殿之以‘年寿’命名者，若祈年、长年、延年、永寿、益寿、步寿、万岁、寿安、寿成之类甚多，率皆取颂祷之辞，亿年无疆亦即此意。以为莽妻陵瓦恐拘泥，已甚所不取也。”贾贵荣、张爱芳选辑：《历代陶文研究资料选刊续编（全三册）》，国家图书馆出版社，2009年，第78页。

15　朱本“此瓦应与‘长生无极’同意，然考《汉书·武帝纪》：元封元年，上登封泰山。注应邵曰：刻石纪绩。其辞曰：事天以礼，立身以义，事亲以孝，育民以仁，四夷八蛮，咸来贡职，与天无极，人民蕃息，天禄永得。据此则与天无极者，亦颂祷之通辞耳。”程敦原辑，朱克敏重装，江苏盛氏珍藏：《秦汉瓦当文字》，文海出版社，1972年，第74页。程本“右‘与天无极’七瓦，四君皆有之，不知所从出，此瓦应与‘长生无极’同意，然考《汉书·武帝纪》：元封元年，上登封泰山。注应邵曰：刻石纪绩。其辞曰：事天以礼，立身以义，事亲以孝，育民以仁，四守之内，莫不为郡县，四夷八蛮，咸来贡职，与天无极，人民蕃息，天禄永得。据此则与天无极者，亦颂祷之通辞耳。或乃疑此为郊庙祠室之瓦，不知郊者坛而不庙，独《郊祀志》载：文帝用新垣平言作渭阳五帝庙，帝亲拜霸渭之会以郊。见五帝之郊有庙，惟此然。《志》又称‘五帝庙临（转下页）

朱本和程本在记录中均存在漏记瓦数的现象。朱本遗漏的，如“千秋万岁”“黄山”等瓦。程本遗漏的，如“长毋相忘”等瓦[16]。

（五）其余异文情况说明

朱本和程本文字记录或有异，或有脱文，但有些不影响观点表达。如“大”字瓦[17]，“卫”字瓦[18]，“永奉无疆”[19]瓦等处文字内容。

朱本“右‘长毋相忘’瓦一，申朝邑从张舍人拓本放出……”[20]，程本“右‘长毋相忘’，

（接上页）渭其北，穿蒲池沟水’云云，则庙在渭北，不在宫城可知。又《志》载汉诸帝祠室甚多，俱作于雍及甘泉诸处，亦无在宫城者，则此瓦总不得为郊庙祠室之瓦也。”贾贵荣、张爱芳选辑:《历代陶文研究资料选刊续编（全三册）》，国家图书馆出版社，2009年，第76页。

16 朱本“千秋万岁瓦出于汉城……”程敦原辑，朱克敏重装，江苏盛氏珍藏:《秦汉瓦当文字》，文海出版社，1972年，第100页。程本载“千秋万岁九瓦……”贾贵荣、张爱芳选辑:《历代陶文研究资料选刊续编（全三册）》，国家图书馆出版社，2009年，第100页。朱本载“黄山瓦……”程敦原辑，朱克敏重装，江苏盛氏珍藏:《秦汉瓦当文字》，文海出版社，1972年，第126页。程本载“黄山瓦一……”贾贵荣、张爱芳选辑:《历代陶文研究资料选刊续编（全三册）》，国家图书馆出版社，2009年，第126页。朱本“长毋相忘瓦一……”程敦原辑，朱克敏重装，江苏盛氏珍藏:《秦汉瓦当文字》，文海出版社，1972年，第106页。程本“长毋相忘瓦……”贾贵荣、张爱芳选辑:《历代陶文研究资料选刊续编（全三册）》，国家图书馆出版社，2009年，第106页。

17 朱本“右‘大’字瓦一，俞太学得于汉城，此与前‘有万憙’三字瓦皆不知所施也。”程敦原辑，朱克敏重装，江苏盛氏珍藏:《秦汉瓦当文字》，文海出版社，1972年，第168页。程本“右‘大’字瓦一，俞太学得于汉城，说见‘金’字瓦下。”贾贵荣、张爱芳选辑:《历代陶文研究资料选刊续编（全三册）》，国家图书馆出版社，2009年，第184页。

18 朱本“右‘卫’字七瓦，赵钱俞申四君皆有之，皆得自汉城。《秦汉瓦图记》云:‘史记秦每破诸侯，写放其宫室，作之咸阳北阪上。’又《长安志》云:‘瓦作楚字者，秦瓦也，秦作六国宫室，用其国号以别之。’今‘卫’字瓦当是秦作卫国宫室之瓦云云，敦疑为不然。若‘卫’字为秦宫瓦，当得自咸阳北阪，不应得自汉城，又不应七瓦为字大小及轮廓文饰各异。考《汉百官表》，卫尉秦官掌宫门卫屯兵。颜籀注引《汉书仪》，卫尉寺在宫内。胡广云:‘主宫阙之门内，卫士于周垣下为区庐，区庐者，若今之仗宿室也。’据此，则‘卫’字瓦当即卫尉寺并宫内周垣下区庐瓦也。故形制不同如此，若‘楚’字瓦今不可见，当为秦放楚国宫室瓦无疑与。”程敦原辑，朱克敏重装，江苏盛氏珍藏:《秦汉瓦当文字》，文海出版社，1972年，第146页。程本“右‘卫’字九瓦，赵钱俞申四君皆有之，皆得自汉城。《秦汉瓦图记》云:史记秦每破诸侯，写放其宫室，作之咸阳北阪上。又《长安志》云:瓦作楚字者，秦瓦也，秦作六国宫室，用其国号以别之。今‘卫’字瓦当是秦作卫国宫室之瓦云云，敦疑为不然。若‘卫’字为秦宫瓦，当得自咸阳北阪，不应得自汉城，又不应‘卫’字独如此之多，他国反无所见。考《汉百官表》，卫尉秦官掌宫门卫屯兵。颜籀注引《汉书仪》，卫尉寺在宫内。胡广云:主宫阙之门内，卫士于周垣下为区庐，区庐者，若今之仗宿屋也。据此，则‘卫’字瓦当即卫尉寺并宫内周垣下区庐瓦也。故形制大小不同且多如此，若楚国宫室瓦今不可见，而有甘林，恐不知篆文者倒认为楚字耳。至朱氏引《长安志》云云，亦误以志图中语为志也”。原文有异或脱文，但表达意思相同。贾贵荣、张爱芳选辑:《历代陶文研究资料选刊续编（全三册）》，国家图书馆出版社，2009年，第148页。

19 朱本“右‘永顺（奉）无疆’瓦三，皆得于汉城，钱别驾云为汉太庙瓦或当然与。重游太华山人书。”程敦原辑，朱克敏重装，江苏盛氏珍藏:《秦汉瓦当文字》，文海出版社，1972年，第112页。程本“右‘永奉无疆’瓦三，钱俞申三君有之，皆得于汉城，钱别驾说为汉太庙瓦或当然与。”贾贵荣、张爱芳选辑:《历代陶文研究资料选刊续编（全三册）》，国家图书馆出版社,2009年，第112页。

20 程敦原辑，朱克敏重装，江苏盛氏珍藏:《秦汉瓦当文字》，文海出版社，1972年，第106页。

遍访汉城数年不获，因以张舍人所拓本仿为之。……”[21]，朱本“长毋相忘”瓦后题识中“……将放本易去”[22]，对比程本“……将仿本易去”[23]，朱本“仿”字皆刻为了“放”字，二者字义相同，对文意无影响。

综上而观，二书文字差异部分，主要是朱克敏题语部分，抄录讹误，瓦文考释有异以及朱本脱文、瓦数记录差异等方面。其中朱本内独有的题语，如赏玩时题写的文字内容对于探究朱本递藏源流、重装情况有所帮助；瓦文的考释和认识的差异，可以窥探朱克敏对于一些瓦文的不同见解；朱本部分内容或有脱文，可根据程本补齐，而朱氏进行批校和补充的地方，体现出例如朱氏对程本的研究和理解。

三、瓦当图录异同情况说明

（一）瓦当图录差异情况

二书瓦当差异主要体现在瓦当数量记录不同、图录不同和装订位置不同三个方面。

朱本总计收录186品瓦当，程本总计收录139品瓦当，比程本多出47品瓦当。多出的瓦当，一是朱本收录但未明确标记瓦数，这些瓦数主要是记录在瓦后的题语中或记录在目录中。二是朱本未记录，便直接收录。在记录的数字中，朱本和程本也多有不同的地方，如朱本长生未央瓦十七、卫字瓦七、亿年无疆瓦三、都司空瓦三，而程本长生未央瓦十九、卫字瓦九、亿年无疆瓦一、都司空瓦一。

图录不同，一是体现在朱本有一些单独收录的瓦当。其特征是瓦文内容没有超出程本记录，只是在同一瓦文内容的瓦当中出现与瓦文内容相同但与程本图录相异的情况。二是装订位置不同。这主要是同一名称的瓦当拓片没有按照原目录进行装订，同一瓦文内容的瓦当拓片前后顺序也略有变化。

通过对三个版本的《秦汉瓦当文字》瓦当图录进行比照，整理如附录所示（附表一）。其中朱本“八风寿存当”和《续秦汉瓦当文字》的几品瓦当相隔，为方便和程本比较对应，放在该表最后。

（二）瓦当图录相同情况

程本《续秦汉瓦当文字》为单独一册，朱本将三册重装一起，书内题语进行了说明，“此本共计五十八瓦”“此本共计六十二瓦”等文字可将原三册重新分别开来。若按照此将朱本分开，大体可与《秦汉瓦当文字》一卷两册、《续秦汉瓦当文字》一卷一册相互对应。

细审二书图录，朱本前两部分和程本差异较大，续本差异略小。朱本第三册主要由两部分组成，包含了《秦汉瓦当文字》中的一些瓦当，共计异文11种45品，可与程本一一对

---

21 贾贵荣、张爱芳选辑：《历代陶文研究资料选刊续编（全三册）》，国家图书馆出版社，2009年，第106页。

22 程敦原辑，朱克敏重装，江苏盛氏珍藏：《秦汉瓦当文字》，文海出版社，1972年，第106页。

23 贾贵荣、张爱芳选辑：《历代陶文研究资料选刊续编（全三册）》，国家图书馆出版社，2009年，第106页。

应，顺序有所不同。其余部分与《续秦汉瓦当文字》图录和文字部分可全部对应，同样是顺序有所差别，另外续本的一部分瓦当装订在了朱本的第二部分。

朱本第三部分包含程本一卷两册的瓦当，起于“长生未央”瓦，终于“卫”字瓦。根据程本对照，如附表二所示。

除附表中《秦汉瓦当文字》一卷两册的瓦当外，其余部分均为《续秦汉瓦当文字》内容。包含朱本第二部分原属于《续秦汉瓦当文字》的乐富大万、嵬氏冢当、“大”厩瓦、“金”厩瓦、永受嘉福、“延年”半瓦等在内，其中“乐富大万”瓦当文字有差别外，其他部分全部相同。另外朱本还多有乐富大万、永受嘉福两瓦图录和文字说明。

朱本顺序为：乐富大万、嵬氏冢当、“大”厩瓦、“金”厩瓦、永受嘉福、“延年”半瓦、“飞鸿”延年、长乐万岁、右将、平乐宫阿、甘林、甘泉上林、婴桃转舍、千金宜富贵当、卫、揜依中庭、方春蕃萌、长生未央、乐、百万石仓、“四蝇”瓦、六畜蕃息、长乐未央金、长生未央、“宣灵”残瓦、乐富大万、永受嘉福。

程本顺序为：大万乐富、永受嘉福、嵬氏冢当、“飞鸿”延年、长乐万岁、“大”厩瓦、“金”厩瓦、右将、平乐宫阿、甘林、甘泉上林、婴桃转舍、千金宜富贵当、“卫”屯瓦、揜依中庭、方春蕃萌、“长生未央”凤瓦、乐、百万石仓、“四蝇”瓦、六畜蕃息、“长乐未央金”字瓦、“长生未央[illegible]”字瓦、“延年”半瓦、“宣灵”残瓦。

四、待解决问题

朱本书牌和目录处，有两方印章（表一），印文为“臣霖私印”和“右军”。宁夏图书馆藏朱克敏曾收藏并题记的《四书文言》和《经韵集字析解》两册书，据此确定为朱克敏的印章有二十余种，可以为我们提供参考，分别是“师造化”“乾隆年生”“嘉庆秀才”“道光优贡”“咸丰教官”“臣克敏印”“游华山人”“克”“敏”“玉山山人”“敏印”“皋兰掌院”“朱克敏印”“朱五”“乐天山房”“时轩”“时”“轩”“时轩书画”“乐”“放古”“鸿戏”“依样”等[24]，“臣霖私印”和“右军”不在朱克敏曾经使用的印章之列，根据现有资料，不能确定印章主人。

表一

1	2
	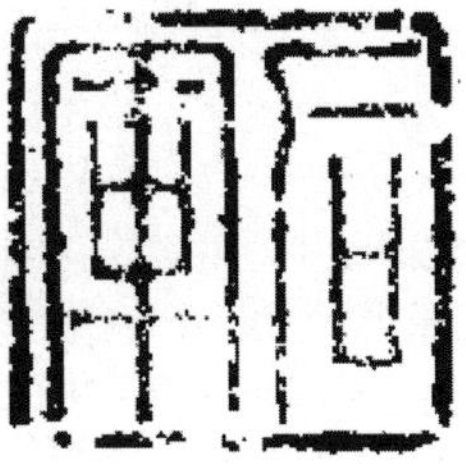
印文“臣霖私印”	印文“右军”

24　李海燕、李跃华：《宁夏图书馆藏古籍朱克敏题记五则略论》，《图书馆理论与实践》2017年11期，第51—55页。

根据印面内容带有“臣”字，是清人用印特征。结合《秦汉瓦当文字》出版时期、朱克敏收藏时期和印文内容来判断，印章主人应为清人无疑，但不能判断此人收藏《秦汉瓦当文字》是在朱克敏之前，还是朱克敏重装之后。

五、余　论

朱克敏《秦汉瓦当文字》包含程本《秦汉瓦当文字》一卷两册和《续秦汉瓦当文字》一卷一册共计三册内容，其中朱本的《续秦汉瓦当文字》部分和程本大致相同。全书内容相合的部分占了全书的大部分内容，同时包含了朱克敏个人的观点。虽然朱克敏《秦汉瓦当文字》具有独有的瓦当图录、观点、题语和印鉴等信息，但仍不能将朱克敏作为《秦汉瓦当文字》的作者，也不能够将朱本和程本混为一谈而忽略朱本的独特性。本文的探索也是对一些文章中认为程敦承袭朱克敏观点之说的错误的更正。

就朱本所装订批阅时代而言，与王福田《竹里秦汉瓦当文存》[25]时代相当，其上承朱枫《秦汉瓦图记》、程敦《秦汉瓦当文字》，下起吴大澂《窓斋砖瓦录》[26]、吴隐《遯盦秦汉瓦当存》[27]、刘鹗《铁云藏瓦》[28]等图录，我们可以认为朱克敏《秦汉瓦当文字》是程敦《秦汉瓦当文字》的重装批校本，其观点和记录对于瓦当学术史的研究具有一定的价值，对于朱克敏生平的具有丰富和佐证意义。

同时，朱克敏题记的书法行楷皆佳，飘逸灵动，具有重要书法价值，对于研究朱克敏书法艺术也提供了一定的材料和参考。

附表一[29]

瓦当名称	朱克敏重装本	国家图书馆藏本	哈佛大学汉和图书馆藏本
维天降灵延元万年天下康宁	瓦一	无对应	无对应
	瓦二	瓦三	瓦三
	瓦三	瓦二	瓦二
长生无极	瓦一	无对应	无对应
	瓦二	瓦四	瓦四
	瓦三	瓦九	瓦三
	瓦四	无对应	瓦二

25 （清）王福田辑：《竹里秦汉瓦当文存》，国家图书馆藏清咸丰二年嘉兴王氏七桥草堂刻本。

26 （清）吴大澂辑：《窓斋砖瓦录》，《历代陶文研究资料选刊续编（全三册）》中册，国家图书馆出版社，2009年，第703—722页。

27 （清）吴隐辑：《遯盦秦汉瓦当存》，国家图书馆藏清宣统二年刻本。

28 （清）刘鹗：《铁云藏瓦》，《历代陶文研究资料选刊续编（全三册）》中册，国家图书馆出版社，2009年，第372—540页。

29 因朱本基本保留程本《续秦汉瓦当文字》原貌，只是顺序略有不同，故暂不进行比照。为标注方便，用“瓦”+“数字”表示，如“瓦二”，则表示该书该同文瓦当图录的第二品瓦当。如果表中同文瓦当只有“瓦一”，则表示书中该内容的瓦当只有一品。

续表

瓦当名称	朱克敏重装本	国家图书馆藏本	哈佛大学汉和图书馆藏本
长生无极	瓦五	瓦七	瓦六
	瓦六	无对应	无对应
	瓦七	瓦二	瓦七
	瓦八	瓦八（残）	瓦八（残）
	瓦九	瓦八	瓦九
长乐未央	瓦一	瓦十一（无廓）	瓦十一（无廓）
	瓦二（无廓）	瓦十七	瓦十七
	瓦三	无对应	无对应
	瓦四	瓦一	瓦一
	瓦五	瓦十	瓦十
	瓦六（无廓）	瓦十三	瓦十三
	瓦七	瓦十八	瓦十八
	瓦八	无对应	无对应
	瓦九	瓦十九	瓦十九
	瓦十	无对应	无对应
	瓦十一	无对应	无对应
	瓦十二	无对应	无对应
	瓦十三	瓦八	瓦八
	瓦十四	瓦七	瓦六
	瓦十五	无对应	无对应
	瓦十六	无对应	无对应
	瓦十七	无对应	瓦十五
	瓦十八（残）	瓦三	瓦三
长生未央	瓦一（无廓）	瓦六	瓦六
	瓦二	无对应	无对应
	瓦三	瓦八	瓦八
	瓦四	无对应	无对应
	瓦五	无对应	无对应
	瓦六	无对应	无对应
	瓦七	无对应	无对应
	瓦八	无对应	无对应
	瓦九	瓦七	瓦七
	瓦十	无对应	无对应
	瓦十一	无对应	无对应
	瓦十二	无对应	无对应

续表

瓦当名称	朱克敏重装本	国家图书馆藏本	哈佛大学汉和图书馆藏本
长生未央	瓦十三（无廓）	瓦五	瓦五
	瓦十四	无对应	无对应
	瓦十五	无对应	无对应
	瓦十六	《续秦汉瓦当文字》中“长生未央”字瓦	《续秦汉瓦当文字》中“长生未央”字瓦
	瓦十七	无对应	无对应
	无	瓦十八	瓦十九
	无	瓦十九	瓦十八
与天无极	瓦一	瓦一	瓦一
	瓦二	瓦四	瓦六
	瓦三	瓦二	瓦二
	瓦四	瓦六	瓦七
	瓦五	瓦五	瓦三
	瓦六	瓦七	瓦四
	瓦七	无对应	无对应
亿年无疆	瓦一	《续秦汉瓦当文字》后附“亿年无疆”瓦	《续秦汉瓦当文字》后附“亿年无疆”瓦
	瓦二	无	无
	瓦三	无	无
与华无极	瓦一	无	无
延年益寿	瓦一	瓦一	瓦一
	瓦二	瓦七	瓦七
	瓦三	瓦五	瓦四
	瓦四	瓦四	瓦五
	瓦五（无廓）	瓦二	瓦二
	瓦六	瓦三	瓦三
	瓦七（无廓）	瓦六	瓦六
延寿万岁	瓦一	瓦一	瓦一
千秋万岁	瓦一	瓦七	瓦七
	瓦二	瓦九	瓦八
	瓦三	瓦五	无
	瓦四	瓦三	瓦三
	瓦五	瓦一	瓦一
	瓦六	瓦二	瓦二
	瓦七	瓦四	瓦五

续表

瓦当名称	朱克敏重装本	国家图书馆藏本	哈佛大学汉和图书馆藏本
千秋万岁	瓦八	瓦八	瓦九
	瓦九	瓦六	瓦四、瓦六
仁义自成	瓦一	瓦一	瓦一
万物咸成	瓦一（无廓）	瓦一	瓦一
长毋相忘	瓦一	瓦一	瓦一
永受嘉福	瓦一	瓦一	瓦一
永奉（顺）无疆	瓦一	无对应	无对应
	瓦二	无对应	无对应
	瓦三	无对应	无对应
便	瓦一	瓦一	瓦一
飞廉瓦※	瓦一	瓦一	瓦一
朱鸟瓦※	瓦一	无对应	无对应
元武瓦※	瓦一	无对应	无对应
凤瓦※	瓦一	瓦一	瓦一
兰池宫当	瓦一	瓦一	瓦一
黄山	瓦一	瓦一	瓦一
三雀瓦※	瓦一	瓦一	瓦一
鹿甲天下※	瓦一	瓦一	瓦一
狼干万延	瓦一	瓦一（残）	瓦一（残）
上林	瓦一（无廓）	瓦二	瓦三
	瓦二	无对应	无对应
	瓦三	瓦三	瓦二
	瓦四	无对应	无对应
	瓦五	无对应	无对应
卫	瓦一	无对应	无对应
	瓦二	无对应	无对应
	瓦三	瓦一	瓦一
	瓦四	瓦四	瓦四
	瓦五	瓦九	瓦八
	瓦六	无对应	无对应
	瓦七	无对应	无对应
	无	瓦八	瓦九
	无	瓦九	瓦八
宗正官当	瓦一（无廓）	瓦一	瓦一

续表

瓦当名称	朱克敏重装本	国家图书馆藏本	哈佛大学汉和图书馆藏本
都司空瓦	瓦一（无廓）	瓦一	瓦一
	瓦二	无	无
	瓦三	无	无
上林农官	瓦一（无廓）	瓦一	瓦一
高安万世	瓦一（无联珠）	瓦一	瓦一
司空	瓦一（无廓）	瓦一	瓦一
有万憙	瓦一	瓦一	瓦一
冢当万岁	瓦一（旋转180°）	瓦一	瓦一
八风寿存当	瓦一	瓦一	瓦一

注：标示※的为画瓦

附表二

瓦当名称	朱克敏重装本	国家图书馆藏本	哈佛大学汉和图书馆藏本
长生无极	瓦一	瓦一	瓦一
	瓦二	瓦五	瓦四
	瓦三	瓦四	瓦五
长乐未央	瓦一	瓦四	瓦四
	瓦二	瓦二	瓦二
	瓦三	瓦五	瓦五
	瓦四	瓦六	瓦七
	瓦五	瓦九	瓦九
	瓦六	瓦十二	瓦十二
	瓦七	瓦十四	瓦十四
	瓦八	瓦十六	瓦十六
长生未央	瓦一	瓦一	瓦一
	瓦二	瓦二	瓦三
	瓦三	瓦三	瓦二
	瓦四	瓦五	瓦五
	瓦五	瓦四	瓦四
	瓦六	瓦九	瓦九
	瓦七	瓦八	瓦八
	瓦八	瓦十一	瓦十一
	瓦九	瓦十	瓦十
	瓦十	瓦十三	瓦十三
	瓦十一	瓦十二	瓦十二

续表

瓦当名称	朱克敏重装本	国家图书馆藏本	哈佛大学汉和图书馆藏本
长生未央	瓦十二	瓦十五	瓦十五
	瓦十三	瓦十四	瓦七
	瓦十四	瓦十六	瓦十七
	瓦十五	瓦十七	瓦十六
	瓦十六	瓦十九	瓦十八
	瓦十七	瓦十八	瓦十九
与天无极	瓦一	瓦三	瓦五
亿年无疆	瓦一	瓦一	瓦一
延年益寿	瓦一	瓦七	瓦七
延寿万岁	瓦一	瓦一	瓦一
永奉无疆	瓦一	瓦一	瓦二
	瓦二	瓦二	瓦一
	瓦三	瓦三	瓦三
上林	瓦一	瓦一	瓦一
	瓦二	瓦五	瓦四
	瓦三	瓦四	瓦五
卫	瓦一	瓦三	瓦二
	瓦二	瓦二	瓦三
	瓦三	瓦五	瓦五
	瓦四	瓦七	瓦六
	瓦五	瓦六	瓦七
	瓦六	瓦八	瓦九

（武汉大学文学院　姜修翔　湖北省博物馆　赵晓龙）

赵佑卿：未曾作结的人生

李勤璞

内容提要：赵佑卿出生在明朝前后期之交、浙江兰溪地方赵氏大族中，父祖两代是富足的农商户，他是独子，三十周岁以《书经》中举人，此后未能再中进士，乃在五十岁的时候进入仕途，初任高安县儒学教谕，此后经四县知县，终以雷州府同知退养故乡。在官期间热心水利、教化、治安各项事务，有仁心和能力，往往自出金钱做地方事业。父母平时敬拜北斗，他晚年回到这个信向，丁忧期间曾聚族在城中小山顶上建立望衢亭（后改称高天台）奉祠其先祖赵抃，后来又在乡山间建筑别业碧霞宫，致仕后悠游其间以终老。这个家族自赵抃以降在日常生活中具强烈的宗教性。

关键词：南阳赵氏　教化　三教　仁人　风水

一个给定地域，往往属于确定的聚落、宗族、部族、州县乃至国家诸政治体系，在这样一个地域里确定的时代、确定的社会阶层，往往导引出大同小异的一个个人生；雷同以外的那些小异的方面，则可能源于祖先、父祖辈，或个人早年教育、小处境熏陶，如果相信佛教，还会解释说那是源自该人前世熏染而得的习性，这达成其人生的方向。长城线南侧大同府以西右玉林卫（今山西右玉县）明代有缑氏、麻氏总是造就杰出的军事将领，直到清代中叶还是这样；清代八旗营房中旗人（gūsai niyalma）的人生道路更是雷同，而清代藩部的贵族、喇嘛、平民（蒙古语 albatu，阿勒巴图）和西藏农业地区各庄园（藏语 gzhis ka，溪卡）的差户（khral pa），实行科举制度的中国社会的秀才（生员），他们个人之间的人生轨迹更是可以这样观察，只是在约束和自由之间、雷同和不同之间有定不准的分量而已。

人生在世，寿命不过百年，有的是曲折的，有的是飘忽的，很多因素导致不确定的方向和结果。回想明清小说和十九世纪欧洲小说里的人物，再看看自己和身边的亲朋熟人，会有同感。但是不像佛陀对人性有本质的洞察，并坚守这个洞察，人们是强烈感觉到、沉浸于个人人生的特别的方面，而忘了那雷同的、历代重复的令人无从确立自身存在的重大事实。

这是人生轨迹的常识，在意义幻灭与积极地追求人生意义之间。然而本文并不是要做比较，而是专门稽考一个人平生为官与在家事迹，这就是明代晚期兰溪县（今浙江兰溪市）出身的赵佑卿，一位举人、教谕、知县、州同，以窥见总体没落时期江南地区士人的家世与修身行事的情形。

一、赵佑卿的家世和家庭

赵佑卿（1516—1593）明朝中叶出生，当时金华府兰溪县人，宗族上属南阳赵氏，本县大家族。南阳赵氏起于北宋时代衢州西安县（今浙江衢州市区）的赵抃（1008—1084），他是为政清明的文官，谥号清献。应该在元代，他的第七世孙赵景文任兰溪县主簿，爱兰溪山水清胜，卸任即定居兰溪，不再回衢州，又把上三代祖宗的坟墓迁到兰溪，赵氏自此居住兰溪。衢州赵氏衰微，兰溪赵氏则日加兴旺。这位兰溪县主簿生了四个儿子，析居三乡，无疑地，在任期间他在兰溪各地买下不少田产。次子名赵存仁，出继，居县城。赵存仁生赵天英，赵天英生赵翔凤，赵翔凤生赵琰，值明朝初年，生五个儿子，因遭到诬陷，赵琰与其长子流放，相继殁于戍所。

赵琰的次子赵聪，据称是因为父兄流放并死于戍所，而染了狂病。赵聪的儿子是赵濭，[1] 赵濭生赵讷，赵讷在兰溪有大的名望，其第二个儿子官至工部尚书，他因此被诰封为工部员外郎。赵讷生六个儿子，第四个儿子赵赍"独饶赀富"。赵赍生赵文广，赵文广信佛，行善事，是赵国宝的父亲。从赵赍到赵国宝都是农商业富户。自兰溪主簿赵景文到处士赵国宝共十一世，本家赵志皋（1524—1610）称其"皆有潜德弗耀，风淳而气厚，以故子孙三百余年，绳绳有先世遗风"。[2]

检民国续修《南阳赵氏家谱》，[3] 赵佑卿的祖父赵文广是赵赍长子，字德用，明成化辛卯（七年，1471）十二月初二日生，嘉靖甲午（十三年，1534）十月十二日卒。配盛氏，成化癸巳（九年，1473）十二月廿四日生，正德丙子（十一年，1516）四月初三日卒。有儿女各一，子即赵国宝。

赵国宝字邦用，[4] 号兰谷，弘治丙辰（九年，1496）十月十八日生，隆庆戊辰（二年，1568）十二月廿八日卒。配香溪宦门童氏，[5] 弘治甲寅（七年，1494）十月十七日生，万历庚辰（八年，1580）五月初一日卒。子一即赵佑卿。

赵佑卿，正德丙子（十一年，1516）三月初六日生，万历癸巳（二十一年，1593）七月初十日卒。邑庠生，以《书经》中嘉靖丙午科（二十五年，1546）举人。配诸葛氏，正德辛未（六年，1511）正月初三日生，嘉靖癸卯（二十二年，1543）九月十九日卒。继金华陈氏，嘉靖丁亥（六年，1527）正月初八日生，嘉靖己未（三十八年，1559）四月初四日卒。再续龙游蓦园龚氏，嘉靖己丑（八年，1529）二月廿六日生。子二，凤起，诸葛出，凤德，陈出；女二。

赵凤起，字明徵，邑庠生，嘉靖丁酉（十六年，1537）正月廿八日生，嘉靖甲子

1 赵志皋：《处士兰谷赵公暨配安人童氏合葬墓志铭》，《赵志皋集》，浙江古籍出版社，2012年，卷三，记作"薤"，跟家谱不同。看家谱上辈分用字，以"濭"字是。

2 赵志皋：《处士兰谷赵公暨配安人童氏合葬墓志铭》，《赵志皋集》，浙江古籍出版社，2012年。

3 《南阳赵氏家谱》，民国戊辰（1928）续修，兰溪：著存堂木刻本。本文所说《赵氏家谱》均指此本。著存堂是兰溪南阳赵氏宗祠名称。

4 赵志皋：《处士兰谷赵公暨配安人童氏合葬墓志铭》，《赵志皋集》，浙江古籍出版社，2012年，误作"时用"。

5 赵志皋：《处士兰谷赵公暨配安人童氏合葬墓志铭》，《赵志皋集》，浙江古籍出版社，2012年。

（四十三年，1564）四月廿六日卒。配汤溪口陈氏，嘉靖戊戌（十七年，1538）七月初六日生，隆庆丁卯（元年，1567）四月二十日卒。子二：世膺，世庸。[6]

赵世膺，配某氏，子一，有仁。

赵世庸，字仲登，祠生。嘉靖丁巳（三十六年，1557）六月初四日生，万历甲寅（四十二年，1614）四月十七日卒。配溪里源方氏，嘉靖癸亥（三十年，1551）三月初三日生，万历丙午（三十四年，1606）七月十八日卒。子三：有誉，有仕，有任。

以上是赵佑卿及其上下各两代、共计五代的情况。赵志皋是赵佑卿本族同辈，两家往来密切，赵佑卿请他撰写其父亲赵国宝墓志，借着墓志才对这位处士有所了解，其余除了赵佑卿，都没有功名，一门上下五代，家风散淡，不热衷财富，从乡镇富户下降，家道越加衰落，如果没有赵氏大族所修宗谱，这一枝很难在历史上留下记录。

赵国宝，赵佑卿的父亲，生在两代地主之家，想必受过很好的教育，虽然本身没有功名，却有雅号兰谷，堪称处士，方志里也未见他的诗文。据墓志铭，他的个性是外朴中慧，每天手不释卷，尤深于医学和风水，自谓这些知识非常有用，别人也经常来请教、请其看风水。热心助人，喜欢独处，不大管理家务。承先世遗业，有中等人家的产业规模，自奉俭约，不太热衷盈利。到了中年，仍是先人留下的产业，没有增益，同时起家的人已经骤致富厚，相差很远，他淡漠处之。家族人口繁多，纷争也多，皆愿得他一言以决，非常真诚直率，“笃同室之义，直以义谕之”，无避嫌远怨，大家都接受。“有就之谋者，率为吐肝胆，所接即稚子，不以诳”；非礼之加，则受之不较。能团结宗族，岁时伏腊，相与宗族友善，为酒食宴会，更起酬酢，握抚谑笑，极乐而罢，陶然一醉，游神广漠。晚年更谢去世务，发弘誓愿，净扫一小楼，北墙开一个窗户，悬一炉，专心诵《北斗经》一卷，焚香礼拜，以为常事。即使夜分醉归，必取水净手口诵拜完毕再入寝。授其子赵佑卿举业，也不很严格，对人说：穷达，命也，何过苦之。赵国宝自己活了七十二岁。

赵国宝元配妻子童氏（1494—1580），也就是赵佑卿的母亲，出自本县香溪宦门童氏，不知详情。据称性格柔婉静专，嫁到赵家第二年，婆婆盛氏就去世了，当时赵佑卿刚出生（赵佑卿三月初六日生，盛氏四月初三日卒），身体虚弱，但周旋丧事，哭泣尽哀，努力辅佐丈夫承事其公公，尤拮据相理家事，做饭缝衣无遗力。

赵国宝承他父亲的性格，拙于谋生，依赖这位妻子，这一家庭得以维持不坠。婆婆死的时候，遗下国宝一个七岁妹妹，童氏视之若己女，出嫁的时候尽力备办嫁妆；平时为儿子操劳，倍尽劳苦。当其子晚岁疏恩终养、回到家里，这位母亲“自是戒杀生，止啗豕肉一味，旦夕焚香礼斗矣”。礼北斗星是他们夫妇的信向，儿子晚年重回到这个信仰。《北斗经》系《太上玄灵北斗本命延生真经》简称，经中称北斗三官五帝九府四司荐福消灾，司世人罪福善恶。凡人性命五体，悉属本命星官主掌。人于本命生辰及诸斋日，清静身心，焚香诵经，叩拜本命所属星君，广陈供养，陈念真君名号，可消除罪业，福寿臻身，永离轮回。[7]赵佑卿

6 赵志皋：《处士兰谷赵公暨配安人童氏合葬墓志铭》，《赵志皋集》，浙江古籍出版社，2012 年，记作世英、世雄，可能有误。

7 任继愈主编：《道藏提要》，中国社会科学出版社，1991 年，第 449 页；朱越利《道藏分类题解》，华夏出版社，1996 年，第 65 页。

曾经割股疗其母亲疾病，此时他的母亲过信术士之言，时时祝天，将自己的寿数移给他的儿子。赵志皋评论说："母之爱其子，有是哉？"[8]

根据家谱所记，赵佑卿父祖两代均分别合葬华塘廓山。这个地点待考，那应该是他们的田产所在。

二、赵佑卿的宦历

《南阳赵氏家谱》分系谱和行谱两部分，内容不同，系谱里赵佑卿条：

赵佑卿，字汝弼，号东华，以《书经》中嘉靖丙午科（二十五年，1546）举人。初授高安县学教谕，历任建平、保康、尤溪知县，告假终养，起复补乳泉（源）县知县，升广东雷州府同知，致仕，隐居碧霞宫别业。创建告天台，详见邑侯李景渠记。配诸葛氏，续陈氏，再续龙游龚氏。生二子二女，长适诸葛德，幼适童致用。

行谱里赵佑卿条：

赵佑卿，字汝弼，号东华，邑庠生，以《书经》中嘉靖丙午科浙江乡试，历任广东雷州府同知。独建告天台。邑志称其赋性狷介，乐交名士，不屑与俗浮沉，所历郡县皆能勤政恤民，以老乞休，退居碧霞宫别业，赋诗终老云。

家谱记赵佑卿字汝弼号东华，但同乡胡应麟（1551—1602）[9]作的传记称"东华赵先生者，名祐卿，字汝申，东华其别号也。"[10]申、弼二字方音并不近，胡应麟既然得自赵佑卿口述，则名字的两个写法——佑卿、祐卿，汝弼、汝申——都是正确的，大概赵佑卿自己愿意以"汝申"为字，在方志中也见到这样记录他的字的。汝弼的意思跟其名佑卿相应，但是改为汝申的含义就不知道了。

1. 嘉靖丙午举人

家谱里说赵佑卿小时候是邑庠生。至于出仕以前长期的生活，唯胡应麟有文学化的记述：

厥先宋清献公抃，居三衢（衢州），元末少府君（县主簿古称）挈家徙瀫上，十一传而为赵先生父、处士公（赵国宝），以独行著；母童夫人感异梦娠赵先生。

---

8 赵国宝夫妇的情况根据赵志皋：《处士兰谷赵公暨配安人童氏合葬墓志铭》，《赵志皋集》，第110—113页，卷三。

9 张廷玉：《明史》，中华书局，1987年。在太仓王世贞列传下附有胡氏传，见卷二百八十七文苑列传，全文为："胡应麟，幼能诗。万历四年举于乡，久不第，筑室山中，构书四万余卷，手自编次，多所撰著。携诗谒世贞，世贞喜而激赏之，归益自负。所著《诗薮》二十卷，大抵奉世贞《卮言》为律令，而敷衍其说，谓诗家之有世贞，集大成之尼父也。其贡谀如此。"贡谀，献媚。宜其无法考中进士。

10 胡应麟：《赵先生传》，收入《少室山房集》（文渊阁四库全书本）卷八十八。

先生幼有至性，常跏趺危坐，识者诧非凡儿。弱冠补邑弟子员，历试高等，岁丙午举于乡。[11]

胡应麟用上了感应怀孕这古老的神话。所记“幼有至性，常跏趺危坐”乃是明代小说里一般的情节，反映明代江南社会的信念——该人“前世”做和尚或喇嘛。赵佑卿先是二十岁成为邑庠生，在嘉靖二十五年丙午（1546）中举人，生在正德十一年丙子（1516）三月初六日，此时已经三十足岁，他的元配妻子诸葛氏已过世（嘉靖二十二年癸卯，1543）三年，大儿子赵凤起（1537—1564）嘉靖十六年丁酉（1537）正月廿八日生，已九足岁（《南阳赵氏家谱》）。

从童年到三十岁是一个长时期，如果每日读书准备应考，想必十分沉闷，但赵佑卿已经博学而蕴蓄经世的理想：

是时赵先生于书概已无弗窥，尝读左丘明三不朽语，慷慨击节曰：士生天地间，驹过隙耳，不及时早努力、树大业，三公五等，朝菌奚殊耶？始发愤下帷，潜心太上。自洙泗洛闽以及荀况、董仲舒、扬雄、韩愈，昭代薛（薛瑄，1389—1464）、吴、王（王守仁，1472—1529）诸家言，咸洞晰旨归，而发扬其所未及，作《悟思》等录，前后万余言。间以暇日，讲竟皇帝王霸之略，度方今天下可施行者，竟有所触，发为诗若文，根极性情，置汉唐名流靡媿色矣。[12]

《左传》三不朽原话是：“太上有立德，其次有立功，其次有立言；虽久而不废，此谓之不朽。”[13]看上下文，潜心“太上”云云的意旨指赵佑卿已经彻底探究终极的经世治天下的原理，他综览古今的研究，撰成一万余言的著述，名曰《悟思录》等篇，另写了许多诗文，可与汉唐名篇抗衡，诗文均未存下来。这是胡应麟疑涉夸张的叙述。

2. 高安县儒学教谕

嘉靖二十五年中举以后，循常规要考进士。又奋斗了二十年，仍没有考上，这可能要归因于前述他父亲督促不紧、他本人生性散淡。“赵先生业既日益进，名亦日益高，顾每试春官（礼部）辄不利，居恒自叹：一第足以当不朽，即十上，吾甘焉；不尔者，吾从吾好可也。”[14]事实上他只好放弃继续备考，嘉靖四十四年乙丑（1565）谒选，得高安教授一职，进入仕途，在这个位置上非常尽心，“倡明师道，为黉校先。隆冬沍寒，大雪压庐，集诸生谈艺其中，矻矻丙夜。”[15]

---

11 胡应麟：《赵先生传》。三衢，指衢州（今属浙江）。瀔（hú）水，河名，衢江古称。祝穆《方舆胜览》（文渊阁四库全书本）卷七婺州：“兰溪，在县南七里，一名瀔水，出于衢，会于婺。二水类罗纹，岸多兰茝，故名。”陆应阳《广舆记》（康熙刻本）卷十金华府：“瀔水，府城南，西至兰溪界。”

12 胡应麟：《赵先生传》，收入《少室山房集》（文渊阁四库全书本）卷八十八。

13 《左传》襄公二十四年条。三不朽的历史脉络，杜正胜曾有说明，见氏著《从眉寿到长生——中国古代生命观念的转变》，《“中央”研究院历史语言研究所集刊》1995年2期，第430—431页。

14 胡应麟：《赵先生传》，收入《少室山房集》（文渊阁四库全书本）卷八十八。

15 胡应麟：《赵先生传》，收入《少室山房集》（文渊阁四库全书本）卷八十八。

高安县在今江西省，康熙《高安县志》卷之一记：明制：知县一员，丞簿、典史各一员，儒学教谕一员，训导二员。明教谕：

何云龙，浙江人。
赵佐乡，兰溪人。
曹环，浙江人。[16]

赵佐乡（鄉）是赵佑卿之误，这里并没有记上任卸任年时。根据赵佑卿后来升任知县的时间，得知他担任高安县儒学教谕是嘉靖乙丑四十四年（1565）到次年升任建平县（今安徽省）知县以前。接着奉命前往四川参加乡试考试，期间讲学，为学生解惑释难："俄就黔中衡文聘，取士得人为多，学使群江右秀彦于会城，念教事非赵先生莫任者。赵先生则奉檄往，晨起据经坐上坐，青衿环侍千余人，质疑发覆，人人自以意得去"。[17]胡应麟这段文字含混模糊，是典型的文人印象，如果要了解史实，则无从究诘。

3. 建平县知县

教谕任上不足一年，升任建平县（今属安徽省）知县。考光绪《重修安徽通志》职官志、名宦："赵佑卿，字汝伸，嘉靖四十五年（1566）知建平县。"[18]他的父亲赵国宝隆庆二年戊辰十二月廿八日（1569.1.14）去世。遭遇此事，按例回家丁忧，则在建平县任上没有做满一任。[19]

4. 保康县知县

丁忧一般是二十七个月。按此推算，赵佑卿隆庆三年（闰六月）、四年全年至五年（1571）二月丁忧期满，起复为保康县（今属湖北省）知县。保康即古房渚地，明弘治十一年（1498）割房县之修文、宜阳二里设为县，属郧阳府。[20]康熙《湖广郧阳府志》卷之六记保康县秩官有"赵佑卿，举人"。[21]地方志未记赵佑卿任职年时，推想在隆庆五年（1571）春夏上任，三年一任，至万历二年（1574）春任满。但考其任尤溪县（今属福建三明市）知县的年份，则在保康任上只是隆庆五年，不满一年，或许是署理知县吧。

5. 尤溪县知县

乾隆《延平府志》卷二十四职官记尤溪县知县：〔隆庆〕顾乃猷，嘉兴人，举人，四年（1570）任；赵佑卿，兰溪人，举人，六年（1572）任，定赋不扰，听讼无冤。〔万历〕王

16 张文旦修、陈九畴纂：《（康熙）高安县志》（康熙十年刻本）卷一。

17 胡应麟：《赵先生传》，收入《少室山房集》（文渊阁四库全书本）卷八十八。

18 光绪《重修安徽通志》卷一百四十九职官志、名宦十三，广德州。

19 广德县（今属安徽）进士李得阳（1538—1616）嘉靖四十四年至隆庆二年（1565—1568）任兰溪知县，期间为兰溪赵氏新建成的望衢亭（亭后通称告天台）撰写《望衢亭记》，赵氏家谱所载全文未经后来改动（但改名"告天台记"），因而可信，其中说"而予忝令兰，且属东华公之旧治"（嘉庆《兰溪县志》卷十七《告天台记》此句改作：而予忝令兰，且向属郡丞公之邻治），是说李得阳自己的家乡广德县属于赵佑卿旧治之县（建平县靠近李得阳家乡广德县），则这篇记写于赵佑卿丁忧期间，期间后者集合宗族力量建筑了望衢亭。

20 刘作霖修、杨廷耀纂：《（康熙）湖广郧阳府志》（康熙二十四年刻本）卷之一，保康县考。

21 刘作霖修、杨廷耀纂：《（康熙）湖广郧阳府志》卷六。

云汉，嘉兴人，二年（1574）任；关志振，南海人，举人，五年（1577）任。[22]可知赵佑卿隆庆六年任尤溪县知县，[23]至万历二年（1572—1574），在任约两年，看其前后任大多也是两年。离任原因，根据胡应麟《赵先生传》，他的母亲不愿意随儿子在任职地点居住，作为儿子，赵佑卿请求致仕回乡以奉养母亲，得到允许，万历二年回乡，赵佑卿母亲万历八年庚辰（1580）五月初一日去世（《南阳赵氏家谱》）。光绪兰溪县志卷三记，明隆庆间赵佑卿致仕归，在县东五里叶村筑碧霞宫。[24]

6. 乳源县知县

> 康熙《乳源县志》卷之五秩官志，知县，明朝：
> 罗元勋　贡，饶州人万历八年（1580）任。
> 赵佑卿　举，兰溪人，万历十一年（癸未，1583）任，有传。
> 林文丰　恩贡，建安人万历十三年（1585）任。
> 王　澄　选贡，蒙城人万历十九年（1591）任。[25]

前后任比较可知赵佑卿万历十一年至十三年任乳源县知县。再考《文奎楼记》开头，赵佑卿说“癸未（万历十一年）之春卿受命来令兹邑”，[26]则赵佑卿是万历十一年春季就任本县知县，至十三年升任雷州府同知。同治《韶州府志》赵公去思碑说，赵佑卿“历补楚保康、闽尤溪，性恬澹，不猎声华，既而厌宦，乞归梓里，敦尚孝友，当路奏藉于圣天子，复补知乳源县事。”[27]推算起来，赵佑卿万历二年至十年底，有八年（1574—1582）赋闲在乡，期间做什么，没有记录。

7. 雷州府同知

万历十三年（1585），赵佑卿已经七十岁了，嘉靖四十四年（1565）入仕任教谕以来也已二十春秋，仍沉沦官僚的底层，未见升迁。本年始升任雷州府同知。嘉庆《雷州府志》卷九职官志列举同知：殷濡，常熟人，进士，升郎中；赵佑卿，兰溪人，举人；徐学周，嘉兴人，举人。[28]未记到任、离任年时。府志和省志记他在任唯一一件事是万历十五年修建天后

---

22 傅尔泰修、陶元藻纂：《（乾隆）延平府志》（同治十二年重刊本）卷二十四。

23 嘉庆《兰溪县志》卷十三、光绪《兰溪县志》卷五均误作任龙溪县知县。明代没有龙溪县。

24 秦簧修、唐壬森纂：《（光绪）兰溪县志》（光绪十四年刊本）卷三。但张许修、陈凤举纂《（嘉庆）兰溪县志》（清嘉庆五年刊本）卷十三，则称碧霞宫的修筑在雷州府同知退休以后。碧霞宫本身没有碑文记录。

25 张洗易纂修：《（康熙）乳源县志》（康熙刻本）卷五。

26 张洗易纂修：《（康熙）乳源县志》卷八。本志书中此文的标题和行下撰者姓名不全，根据文中两次“卿”这个自称和文奎楼的修建者系赵佑卿这件事实，知此文撰者为赵佑卿，文题为“文奎楼记”，即：“文〔奎楼记〕。赵〔佑卿〕，金华人，知县”。

27 额哲克修、单兴诗纂：《（同治）韶州府志》（同治十三年刊本）卷二十八。按去思碑文写于赵佑卿离乳源知县任之年万历十三年（1585），碑文撰者周豫忠，广西宣化人，金鉷雍正《广西通志》（文渊阁四库全书本）卷七十四，选举、明、举人：万历元年癸酉（1573）科，周豫忠，宣化人，惠州通判。陈邦器修、李嗣泌纂康熙《郴州总志》（康熙二十四年刻本）卷之五：“周豫忠，宣化举人，（万历）十四年任”郴州府永兴县知县。

28 雷学海修、陈昌齐纂：《（嘉庆）雷州府志》（嘉庆十六年刻本）卷九。

宫，赵佑卿具体执行建造工程。[29]

并世学者黄仁宇（1918—2000）写道，万历十五年“论干支则为丁亥，属猪。当日四海升平，全年并无大事可叙，纵是气候有点反常，夏季北京缺雨，五、六月间时疫流行，旱情延及山东，南直隶却又因降雨过多而患水，入秋之后山西又有地震，但这种小灾小患，以我国幅员之大，似乎年年在所不免。只要小事未曾酿成大灾，也就无关宏旨。总之，在历史上，万历十五年实为平平淡淡的一年。”[30]因为年老，这一年赵佑卿就退休归乡了。

致仕归乡以后，“构碧霞宫，结方外之游，吟啸终老云。”[31]万历癸巳（二十一年，1593）七月初十日卒，合葬木赤源。[32]

赵佑卿致仕回乡，不能说是功成名就、优游岁月，因为毕生为官下层，岁数已经很大，而且家道不算兴旺，他的儿子赵凤起（1537—1564）早已去世。至于他的人生最后的光景，是归结于宗教，胡应麟有一段叙述。

> 赵先生既以完节归，慕司马君实（司马光）、范希文（范仲淹）故事，与从弟今大学士赵公（赵志皋）、太仆卿徐公，洎家君（胡应麟的父亲），躬服古道化，乡闾风俗为一变。以清献（赵抃）名德盖宋代，而焚香告天事尤伟，则建议举宗创祠庙，而独捐金数百，台其上曰告天，并辑处士公而上、水部公而下积功累仁事为一编，命之曰《传香录》。自馀乡先达伟人刘孝标（463—521）、骆宾王（唐人）辈皆著论，暴其忠节，当世韪之。
>
> 性澹泊，恶纷华，独寄好山水，时时挟名胜、探幽奇，长吟短谣，倏然自适。方秋作《感怀》十咏，腾播一时，他篇什工者尤众。盖赵先生自罢别驾（同知）还里中，及余辈相唱酬，十年所如一日也。始赵先生业以不朽，奋晚年、顾事功仅小试，而词章又小道，无足为，且德成名立，思有以进是者，遂殚精性命，筑礼斗台，键关据梧，取《参同》《悟真》读之，行其术，有奇验。既益读《楞严》《圆觉》《金刚》诸书，乃大悟曰：噫嘻，道至此乎！夫儒以淑世、仙以度世、梵以出世，函三者而一之，丈夫事尽矣。因著书曰《三逃记》，作佛宫，奉大士，日跏趺相对，宛如髫岁时，识者知其宿根所植云。
>
> 赵先生年且大耋矣，而色若孺子，修眉方瞳，步履轻越，望而知其稚川（葛洪）、弘景（陶弘景）辈流，至与谈竺乾内典，则真觉妙明、圆机朗照，令人身世并忘，又鲜不以为维摩诘、庞居士（庞蕴，唐衡阳郡人）也？[33]

29 雷学海修、陈昌齐纂：《(嘉庆）雷州府志》卷八，天后庙；阮元修：道光《广东通志》卷一百五十一建置略二十七坛庙七，雷州府、海康县，天后宫。

30 黄仁宇：《万历十五年》，中华书局，2006年，第2页。

31 秦簧修、唐壬森纂：《(光绪）兰溪县志》卷五。参看张许修、陈凤举纂：《(嘉庆）兰溪县志》卷十三。

32 据家谱，他的孙子赵世庸（1557—1614）夫妇合葬赤木源。木赤源、赤木源，未知孰是。

33 胡应麟：《赵先生传》。按，告天台初名望衢亭，是在建平县知县之后丁忧期间修建的。

三、赵佑卿的施政

1. 建平县知县时期

赵佑卿嘉靖四十五年（1566）知建平县，在任期间筑山阳圩、潘城圩、杨学圩三圩，为田几五千亩。在地方官民看来这是重要的业绩。按方志水利志介绍，广德地居上游，众山之水有名字的计四十八溪，其间分合、巨细不一，但多流归建平县境内，以入南碕湖，但是绝少停蓄，北乡尤甚。昔贤眼光宏远，为防旱兴修陂塘，但时间已久，当时塘迹虽存，浅淤居半，各溪已经多沙砾，加上丘陵陆续垦辟，山区之民莳种麻靛仁草之属，利虽较大，而沙土锄松，水发沙走，春涨秋霖，洪波奔泻，建平因此化为沟壑。因为存不住水，或雨泽愆期，枯涸亦易，膏腴悉为草宅。

建平县的地势，是东南高而西北低，东南山阜联延，广德、宁国至西南碕湖则众流所归，溪涧数十条，大抵发源于广德，入于南湖。北有北河，长数十里，自东南而流向西北，经流九十余里，襟带县境者最大的是郎溪，而关乎全县利害者是浮溪，随时疏浚，坚筑塘坝，使水涨可缓奔腾之势，水落可收停蓄之利，审其要害，应该修护龙塘埕以防备。全县圩田少高多下，高圩率在溪南，纵有淹没，不过数日，东门西门诸圩也是这样；若兜臀、杨赛两圩，地形最下，一有积水，非月余不退，则秋成无望。积决之害，下圩为甚，御灾之法，上流为先，地方官应时时注意水利工程。[34] 可见赵佑卿修筑山阳等圩非常必要。

史际（1495—1571）是南京大区域（南直隶）著名人物，而且热心公共事务，一位义人，本身在本县创办过水利工程，他为赵佑卿这项大工程撰写了碑记：[35]

> 广德之地势西北下，而建平为受水之冲，水由南湖西入江塞口，两江当湖之下流，为门户，隘不可泄，则冲激澒洞而为害，不有以障之，建平得耕而食耶？建平之田为圩七十二，嘉靖庚申（三十九年，1560）大水坏者十三，故往往他郡称大有年，而建无全稔，其山阳、藩城、杨学三圩，则为田几五千亩，而圩之坏至十余里，民不得佃。

34　吴坤修修、何绍基纂：《（光绪）重修安徽通志》（光绪四年刻本）卷六十七河渠志水利三，广德州。

35　史际，溧阳（今属江苏）人，寓居宜兴，是嘉靖隆庆年间江南一带重要的人物，所行善事很多，所撰碑记存在各府县志书，一位义人。康熙《重修宜兴县志》卷八侨寓，“史际，字恭甫，溧阳人。由进士仕至太常卿，丰财、好奇、乐施予。其田园庐舍在宜兴者多，尤注意玉潭之胜，植木建亭台，搜辟幽隐，文徵明记之甚详，际往往乐而忘返。嘉靖丙午（二十五年，1546），知县方逢时为民兴利，议浚张公坝十里，以赀灌溉，际出米五百石助役，工赖以成。先是癸巳、甲辰（癸巳、甲午，嘉靖十二三年，1533—1534）连岁祲，民大饥，际发米赈济，民赖以活者几二万人。”参看方逢时（1523—1596）《疏浚张公坝河记》，收入李勤璞校注：《大隐楼集》，辽宁人民出版社，2009年，补遗，第290页。嘉庆《增修宜兴县旧志》卷九古迹志、碑刻补遗：“谕祭史际碑，万历七年（1578）”，本年以前过世。《明实录》嘉靖三十四年（1555）八月（癸亥朔）“丙子，原任吏部主事史际，输米五千石助军饷，应天抚臣以闻，诏升际尚宝司卿，与四品服色，致仕”；三十五年十一月（丙辰朔）庚午，“升致仕尚宝卿史际为太仆寺少卿”；万历十年（1582）四月（戊子朔）乙未，“予锦衣卫管卫事指挥同知史继书父母祭一坛，仍给其父史际半葬，以军功故。”何乔远《名山藏》（崇祯刻本，卷一百一）等明代诸书有专传。

东华赵侯之治建也，政平而人信。稍稍以圩之废闻，前此非莫闻，闻而莫有主其事者。盖难其始，复虞其终，故人重自爱惜，而蔑能出身当之也。侯之始事，斋祓而誓于众曰：所不为建终事者，有如圩时。应天（府）节推颐庵以均徭至，侯建白焉，节推与之。按视其所，民从而请且泣者数百，于是议以其事上于州，上于台院，悉俞其请。工取诸民之有田者，食取诸邑之义仓。先是义仓之米数万，当道因无年（歉收）议赈恤，但赈恤止于一时，筑圩垂诸百世，当道是其议，听令便宜。侯因不避风雨，经始于丙寅年（1566）之春，成于是年之夏，不数月而三圩之田有疆翼翼，有禾彧彧，其他圩亦井然一新，岁乃大熟。

盖尝论之：人惟有所顾恤，则虽习常安，故而朝夕之间，恒惴惴焉。昔喻子才以军吏出宣州，见城西有败室，入视之，广储仓也，一老卒巢栖而守之，牛豕之迹交道其下，叹曰吏非不知食之宜理，重自浼也。使今之当吏者皆如是，国胡以赖？当侯之倡此也，污莱之场茫乎不知其涯畔，计工焉将，烦民计食焉，义仓之米不易动，稍以向之，所云利害者交乎其心，其不至蒽然而自替者盖寡，乃侯之精诚足以通于神明，而其智与才又足以就之，百年之废兴于一朝，仁人之心，志士之事也。[36]

胡应麟记此事："建平故水乡也，圩田岁久，污坏什七八，民顾赋靡所出，相率流殍他州。赵先生至，至捐俸、募役夫板筑，并请仓粟助其成，圩讫亡害，逃亡归"。[37]

胡应麟还记了另一件方志忽略的事。"倭寇四起，当道令悉城属邑无城者，而建平次当城。赵先生曰大役也，若疲邑何？顾城不可已，则多方斥浮滥、抑送迎，得奇羡若干，先城邑四门，馀楼橹堑堞以时就，民大悦，争勒石颂成功，当道几用上考荐，而州以议马直，积与县不相能。赵先生复争诸刺史（知州）前甚力，刺史恚，掎摭浮言中之印马使，竟用此调任之保康。"[38] 为防御倭寇来侵，奉令建筑了县城的城墙，功劳很大，但却由于其间马价而与知州冲突，导致平调至保康县（今属湖北省）。

2. 保康县知县时期

胡应麟记谓，赵佑卿于是单车疾驰，不几日到保康任上。保康县踞郧州万山之中，奸民目无长吏，白昼杀县令陈尸公堂之上，称最岩，凶险难以治理。赵佑卿一下车，就大召四境百姓，谕以祸福，而剪除一二罪魁祸首，"饬壕隍、缮器具，稽什伍、抟逋逃"，并开诚布公，给不安分的犯罪分子出路，后者纷纷惴惴然改过自新。[39]

3. 尤溪县知县时期

隆庆六年至万历二年（1572—1574）赵佑卿任尤溪县（今属福建省）知县，县志政绩志记赵佑卿，做隆庆间县宰，居官如家，爱民若子，定赋不扰，听讼无冤，以丁忧去职，邑人惜之。[40] 胡应麟说该县屡中倭寇，疮痍之家十室而九，赵佑卿在任时"抚摩其疾苦而噢咻之，岁暮念穷民无告，呼入，出己镪置坐隅，寒者衣，饥者食，病者疗，不资公帑寸钱，民德赵

---

36 吴坤修修、何绍基纂：《（光绪）重修安徽通志》卷六十八河渠志，水利治绩。
37 胡应麟：《赵先生传》，收入《少室山房集》（文渊阁四库全书本）卷八十八。
38 胡应麟：《赵先生传》，收入《少室山房集》（文渊阁四库全书本）卷八十八。
39 胡应麟：《赵先生传》，收入《少室山房集》（文渊阁四库全书本）卷八十八。
40 卢兴邦修、洪清芳纂：《（民国）尤溪县志》（民国十六年刊本）卷七。

先生若怙恃。”[41] 详情不晓，似乎体现了信仰的热情。尤溪县是道学家朱熹（1130—1200）出生地，有朱熹祠，赵佑卿谒祠，留诗一首，颂扬朱子教化之功。[42]

4. 乳源县知县时期

赵佑卿离尤溪县任，在家耽延十年，万历十一年起复广东乳源县知县（在任至十三年，1583—1585）的时候，已经六十七足岁了。但是这三年知县，他实在做了很多事，县志入良吏传，说：“赵佑卿浙江金华人，由举人任，严明刚正，建文奎楼，社稷、山川坛，作兴士类，爱惜民力，足称能吏，擢雷州府同知。”[43] 万历年间乳源县户一千九百八十八，口六千五百二十九；田地山塘一千零六顷四亩一分，秋粮米二千五百七十一石九斗九升二合二勺。有军屯：韶州守御千户所屯三所；龙溪屯，在龙浦都；渣溪屯、南水屯，俱在利井都；广州右卫屯二所：梅花屯、平隘屯，俱在武阳都。可见当时乳源是边地。[44]

县志“礼教志”评论说：孔子曰安上治民，莫善于礼；贾生曰夫礼禁于将然之前，而法禁于已然之后，长民者如欲使民口迁善远辜而不自知也，舍礼教不为功，故曰入其国，其教可知也。[45] 在县志中首先看到赵佑卿入本县名宦祠，[46] 这当然是在他离任之后增入的，代表地方上对他为官一任的评价。往下则读到他在任时期繁多的教化建设，均系他自出资金。

（1）坛壝（wěi）

山川坛“旧在洲头街下，万历三十年知县赵佑卿迁于县东东岳庙前，构亭其上曰三美，以春秋二仲月二戊日致祭。中为风云雷雨之神，左为境内山川之神，右为城隍之神，三位同坛。”[47]

社稷坛“旧在城北，万历十二年知县赵佑卿迁改建于城后西岭上，以春秋二仲月上戊日致祭。左为社神，右为稷神，二位同坛。”[48]

厉坛“在县治东北一里，知县赵佑卿重修，每岁春以清明、秋以七月望、冬以十月朔，三次致祭，无祀鬼神，奉城隍神位主之。”[49]

文昌祠“在学宫左，即文奎楼，万历十三年知县赵佑卿建，每岁八月十五日祭致。”[50]

（2）亭榭

文奎楼“在儒学左，万历间知县赵佑卿建，康熙二年知县裘秉钫废之。”[51]

三美亭“在县东东岳庙前，知县赵佑卿建。”[52]

---

41 胡应麟：《赵先生传》，收入《少室山房集》（文渊阁四库全书本）卷八十八。
42 董廷祥：《南溪书院志》（万历刻天启重修本）卷四。
43 张洗易纂修：《（康熙）乳源县志》卷七。
44 马元纂：《（康熙）韶州府志》（康熙十二年刻本）卷之二。
45 这几句话取自《礼记》经解、《孝经》广要道章、班固《汉书》（中华书局，1987）卷四十八贾谊传。
46 张洗易纂修：《（康熙）乳源县志》卷四，礼教，祠庙。
47 张洗易纂修：《（康熙）乳源县志》卷四，礼教。
48 张洗易纂修：《（康熙）乳源县志》卷四，礼教。额哲克修、单兴诗纂《同治韶州府志》卷十九：“社稷坛：在县北十里，明万历十二年（1584）知县赵佑卿迁建于西岭上，即温泉旧址，创书院于后”。
49 张洗易纂修：《（康熙）乳源县志》卷四，礼教。关于厉祭，董伊莎：《信仰構造における厲の観念をめぐって——中国の礼典資料を中心に——》，《文化交涉 東アジア文化研究科院生論集》2017年7期，第167—184页。
50 张洗易纂修：《（康熙）乳源县志》卷四，礼教。
51 张洗易纂修：《（康熙）乳源县志》卷四，礼教。
52 张洗易纂修：《（康熙）乳源县志》卷四，礼教。

（3）寺观（附于礼教门）

金峰庵“县西五里，万历廿一年知县赵佑卿建，康熙二年知县裘秉钫重修，山下有汤泉。又名观音堂。”[53]

东岳观“县东岭上，万历十一年知县赵佑卿建，前有三美亭、山川坛。”[54]

真武阁“一在洲头街，万历十一年知县赵佑卿建。”[55]

在乳源县，赵佑卿游览山水、古迹、寺庙，写了一些诗，流露其怀古、出世、教化的情感。九仙岩，在县城东南十五里，巾子峰之上，相传昔有韩氏九女学道，于此得仙，其下有九仙庙，祷雨多应。赵佑卿有《谒九仙庙诗》：

> 路逼烟霞紫翠重，篮舆乘兴蹑奇峰。方辞释子黄金像，又入神仙白玉宫。洞里老猿知宿客，云端玄鹤下高松。丹台瑶草如堪拾，一饵应能便驭风。[56]

九仙庙现存遗址，明清石碑六通。[57]

梯云岭，即蓝关。县城西去五十里，据称高出云汉，升蹑如梯，路通宜章，石壁残碑，讹不可读，上有韩昌黎（768—824）祠。赵佑卿《蓝关诗》：

> 层峦迭嶂路漫漫，雪岭犹存马迹寒。衡岳一朝开瘴疠，忠疏千古障狂澜。岩头仙子今何在，洞口桃花亦已残。岂似笔端存正气，留题尚使后人观。[58]

蓝关也存遗址，曰蓝关亭。[59]

风门关。《过风门关》诗：

> 杳望风门不可攀，牵舆蹑磴入云间。封疆远别獠瑶界，列戟谁当虎豹关。万树鸟音多细细，千崖瀑布自潺潺。观风问俗非无事，惟有征输属念艰。[60]

关在风门山，在县城西十五里，两山夹峙，一径中通，夏日多风，故名。[61] 现存遗址，曰风门亭。[62]

当赵佑卿升任雷州府同知的时候，乡人念其恩德，不忍其离去。周豫忠撰《赵公去

---

53 现名观音堂，存清代碑记《鼎建金峰寺记》。许化鹏：《乳源文物志》，广东人民出版社，2007年，第40—41、46、71页。

54 张冼易纂修：《(康熙)乳源县志》卷四，礼教。

55 张冼易纂修：《(康熙)乳源县志》卷四，礼教。

56 额哲克修、单兴诗纂：《同治韶州府志》卷十二。

57 许化鹏：《乳源文物志》，广东人民出版社，2007年，第19页。

58 额哲克修、单兴诗纂：《同治韶州府志》卷十二。

59 许化鹏：《乳源文物志》，广东人民出版社，2007年，第21页。

60 岑学吕：《云门山志》，民国年间云门寺排印本。

61 马元纂：《(康熙)韶州府志》卷之二。

62 许化鹏：《乳源文物志》，广东人民出版社，2007年，第20页。

思碑》：

赵公讳佑卿，号东华，浙之兰溪人，清献公后裔也。博学宏才，举嘉靖丙午进士（举人），初仕高安博士，寻擢广德州建平知县，历补楚保康、闽尤溪，性恬澹，不猎声华，既而厌宦乞归梓里，敦尚孝友，当路奏藉于圣天子，复补知乳源县事。

下车日，兴利革弊，劝学讲业，待弟子员以师生之礼，抚黎庶如保子之恩，且熟干支堪舆术，自捐俸资，建文奎楼、东岳观、真武阁、观音堂，不烦一民力，不烦一民财，而四方焕然改观；恶乳城制狭，欲扩而大之，疏方上，闻报晋秩雷阳大夫，公不以迁秩为快，而以志之不竟是戚。乳民咸曰：仁人也，不可失也，相率奔赴两院请留，不允，欲诣阙疏请，借寇公力止之，念切明农，飘然有归去来之志，上台慰留至再，公始强赴任，戒行日，乳邑士邑卧辙扳辕者遮道，公亦沾沾涕下，士民归，乃勒石创亭元妙观前，以识遗爱，俾后之思何武者取证焉。[63]

5. 雷州府同知时期

在雷州府同知任上，突出业绩是剿灭海贼。胡应麟记："雷州地密迩珠池，亡赖子佥衣重铠出没海岛，以盗珠为业，吏追捕往往杀伤相当。赵先生察知不胜愤，甫入境，日夜励士众以待，贼叶宗权等余党数百趋博里，我兵奋勇击之，馘斩卤获百数，余党骇散入诸洋。同事叩赵先生计安出，赵先生曰贼尚众，未易一举歼，迟之除夜，彼揣兵莫至，方乐饮，吾出不意，纵火焚，可使无遗类。议克合而督府驰檄抚之，赵先生以单骑入贼垒，至则诸营各罗拜请命，惟贼首十数怀狐疑，因具以状闻，督府命便宜从事。赵先生密侦贼所在，遣两吏贾人装、蹑其后，而锐士数十、持兵仗继之，贼果不设备，悉就禽。是役也，凡招贼舶二百三十二，禽贼首一十九，濒海氛翳一空，赵先生力也。"[64]

再就是经办重修天后宫。天后宫在城外韩公桥之北，明正统十年（1445）知县胡文亮修，嘉靖元年（1522）提学魏校毁之，十六年（1537）知府林恕重建，万历三年（1575）知府陈九仞重修，十五年（1587）守道王民顺、巡道许国赞、知府周良宾、知县陈锦各修前堂、后殿、耳房、门楼，复建石于大门内，匾曰"紫极承华"，同知赵佑卿董其事。毕日，龙现其上，因名龙应宫。[65]

天后宫迁建之事跟前述海贼横行有关系。邓宗龄记略：

雷阳故有天妃祠，祠去南渡可十里许，天妃于海神最灵，诸渡者必走谒祠，问吉凶，或中流难起，则舟人匍匐叩神，望赤光荧薄帆樯，则神来也，舟人无恐矣。以故濒海在置祠，而涠洲孤岛立起海中沃坏，而邻于珠池，亡命啸聚，辄操大艇闯入，剽居民，载酒牛，酟糈饷之神见梦于居民曰，若不捕奸，而反以佐奸，罪浮于奸，若不悛，大师且至，吾不能为若庇矣。

63　额哲克修、单兴诗纂：《同治韶州府志》卷二十八。此文写于赵佑卿离乳源任之年，万历十三年（1585）。何武（？—3），西汉大臣，班固《汉书》卷八十六有传。

64　胡应麟：《赵先生传》，收入《少室山房集》（文渊阁四库全书本）卷八十八。

65　阮元：《（道光）广东通志》卷一百五十一建置略二十七坛庙七，雷州府、海康县。

涠洲民惴惴大恐，而监司少参王公民顺、参军陈公居仁，廉得其状，谓全粤何赖于撮土，而令之延蔓以种祸，宜罢之便。□以事白制府吴公文华，请尽罢涠洲税，而徙其民于内地。吴公报可，遂遣材官具舳舻载之，材官以告神，神欣然从也。乃奉其像，与父老子弟俱来，悉入郡祠中，而堂宇湫隘，且就颓圮，无以妥神灵。王公乃谋于郡守周公良宾、郡丞赵公佑卿、郡倅傅公晏、司理郑公子亨，暨海康尹陈公锦，益扩故址，撤其旧而新之。议成，诸公捐金佐费，而以赵公董其役。方鸠工庀材，择良举事，而大风猝起，海上波涛人立，大木千章，逐巨浪至，闽南杉木孔良丰硕，诸公相顾动色，谓神力也。赵公奉令惟谨，朝夕匪懈，未几而就绪。王公率官属谒庙，归停盖南楼，陈公为治觞相劳，酒数行，白云冉冉起，空中则螭龙挟云，昂首蜿蟺而当前，隐见腾翥，与波光上下，若翠羽若紫云，若绚锦若璘玢，若虹蜺之垂耀，若阳和之映琼瑶，若飞云之曳旌旗，观者如堵，啧啧称异，谓为神宫应也，遂匾其额为龙应宫。[66]

四、教化和个人的情愫

教化一语源自《礼记》经解篇，指以德化导人，俾人获得“文明”以行事。赵佑卿在乳源县知县任上是万历十一年至十三年（1583—1585），时间并不长，本人频频自出资金，重修或新建许多教化设施，并亲笔写了多篇碑记，阐明他这么做的宗旨。

1. 坛庙书院

文奎楼即文昌祠，在学宫左，创建是为了作育人材、本县文运昌盛。《文奎楼记》：

癸未（万历十一年，1583）之春卿受命来令兹邑，下车访问，锐意化民作士以□□道，凡所宜兴置者，靡不耿□□□□□学□者□，舍生即有加，人而登科鲜，贤□未见其盛。说者以学舍在城闉之东，其下官□空□，堪舆家乃□不利，议欲建楼一所以□（镇）之，□作舍道傍久矣，合乡至诸生登士彦、丘建业、丘建智、丘建勋等，首以此请，余甚然之。兹幸王宪大夫、蒋郡大夫风猷表士，士乐有归，乃以此请上之，□（咸）报命曰可，移刻文下邑（乳源县政府），卿遂力任其事。□（为）之择日鸠工，求木，适得巨材；膳工，不费民力，旬月间而栋宇成。千甍翼张，万瓦鳞次，建瓴飞翚，壮观增胜，而巍然屹峙于东流之下；天角□处，若炼色石以祷之；地维缺处，若断鳌足以立之；百尺干霄，上历星辰，因名曰文奎之楼。

夫是奎楼也，其光灿乎紫薇之傍，射乎斗牛之墟，主文章为国华，焕精彩为明瑞，星裘此则君乾隆盛、文运大昌，自昔有徵，于今为烈，《易》曰观天文以察时变，观人文以观化成天下。夫天下化成，山于文其所关系岂浅尔哉？

我明兴二百余年，劝学右文，菁莪之化，骎以彬彬日盛。乃今岭表海隅之士，咸附青云，驰誉四方，名声文物，埒于中州，其挺然杰出者，则有如琼山、白沙

66 阮元：《（道光）广东通志》卷一百五十一建置略二十七坛庙七，雷州府、海康县。

（陈献章）、甘泉诸名公，文章道德为天下宗，凡尔乳士生其乡，当思文风兴起，于以追踪先哲，轶美前闻，夫亦存乎其人。吾闻廉吏绾绶而钟乳复，贤守剖符而明珠还，其精诚感召，于物尚尔，何况我人秉贞元五行之秀者，有不可鼓舞而感动之者乎？

不佞职在提调，其嘉惠造就之意，亦甚恳恳，将以览物五之教，敦朋三之义，与尔诸士相砥砺而切磋之，明经术，饫道谀，该古今，尽伦物，异时揆英而进，抟扶摇而天飞炳耀，治功辉煌，事业以之，经纬以之，黼黻蔚乎吐瑰琦之美，当令蚌胎让珠，孔穴逊珍，上应奎文而不爽，时几几望其后而昌也，端在今日矣，尔诸生其勗哉。[67]

真武阁在县城南的洲头地方，创建是为了改变本地风水，“翊赞皇猷，默相化理”。赵佑卿记文：

昔余宦游入楚，望太岳、祀元君于净乐之宫，东归入吴峤，复祀玄君于齐云之崖，二名山为寰中大奇胜，非真武不足以当之。昔我成祖迹异人所在，为之筑遇真宫，而昭受福祉。暨我世宗祈嗣于中岳太和宫，而诞生圣嗣，历显灵视，况我下民畴不钦仰？兹余来令乳，其士俗罔有知尊之者。县治南洲头一水，斜流其下，荡无关锁，因居民请议，建玄君之阁以镇之，余为民倡，鸠工命材，不日而落成，绘像于中，金甲杖剑，足踏龟蛇，其容赫赫，其色煌煌，傍立二雷部，而威勇亦俨若生，于是士者农者商者，林林总总，为土之民者悉何神朝礼而致祷焉，狡伪者献诚，奸宄者夺魄，翊赞皇猷，默相化理，厥灵实有助焉，然则兹阁之建，又岂徒为堪舆设，为观美侈而已哉？乃为之铭曰：于赫厥灵，神物有征。禔福邦家，德配勾陈。杖剑降魔，水秀毓精。泽润万汇，民物孔殷。肇祀兹土，用启明禋。翊我皇图，至治烝烝。三苗百粤，内向咸宁。我明鸿业，振古莫京。不佞下宰，敢叩帝阍。用阐神休，播于无垠。[68]

山川、社稷“生育万物”，是国家、府县最重要的神灵，按时祭祀，这是中国作为儒教国家的祭祀特征。[69] 赵佑卿创建山川坛，并作《山川坛记》：

盖闻地灵则人杰，时至则运隆，《诗》称维岳降祥，是生中甫，夫岂诬哉？故凡郡及邑，必设山川主之，而配以社稷，有司以时恪修祀事，乃我皇明会典，其意玄远，罔非为国为民，以致祈祷意也。稽古警有位者以慢神虐民为戒，反之则不于神当敬、于民当爱乎？

兹邑山川旧坛，杂于民居牛豕交迹之场。余始举祭事，至则恻然不安，顾语

67 张洗易纂修：《（康熙）乳源县志》卷八。
68 张洗易纂修：《（康熙）乳源县志》卷八。
69 吾妻重二（1956—）：《关于儒教祭祀的特性和范围》，《亚洲语言文化交流研究》，上海辞书出版社，2009 年，第 128—150 页。

李尉曰：此何以交神明、致休享？回望县东一山，迢迢来自峯巅，环居水下，如龙卧如虎踞，一胜地也，即令返祭品，诛茅辟土为坛，厥明遂成礼，一时人心举，忻忻然叹赏不已。

余时从容瞻眺间，见万山孤峭，上入绛霄，一派寒流下奔深壑，云霞吐色于峰间，烟萝合翠于墟外，两峰交辉，平冈抵掌，居然一澳区也。每一登之，辄四望旷朗，精神飞扬，清歌流醱，逸兴爽剀，盖飘飘乎若出宇宙外矣。诸生刘潜等请曰，是不可以无记。因记之。复请曰，是不可以无亭，因亭之，名其亭曰三美。一美虔祀，肃明禋也，一美增胜，壮堪舆也，一美观眺，察灾祥也。于乎，海内休息，宣布圣明德意，其惟在我有司；祈寒暑雨，靡有怨咨，夫然后民悦神歆，先忧后乐，共赏太平，不亦美乎？[70]

社稷坛，在县北十里，赵佑卿迁建于西岭上温泉旧址，并创书院其后。《社稷坛记》：

余自入粤来，见粤山川奇秀，罗浮迭翠，牂牁登碧，大海汇而环焉，真东溟一巨胜也。余惟鼎造，其必有至人掘起，掀揭宇宙，翕掖玄光，伟然特且而为百世之师者乎？乃今洪蒙肇辟，光行启祥，间气之如锺，则有南华之六祖（慧能），廖廖又数百年再锺，则有江门之白沙（陈献章）。二师者，一为释宗，一为儒宗。

为释宗者始生新州，终教曹溪，沾甘露味，入圣超凡，悟佛性宗，行解相应，菩提无树，觉性本空，明镜非台，识心非迹，传授衣钵，妙阐《坛经》，为千古佛正法眼，岂非释氏所宗，为百世师者乎？为儒宗者，挺生海滨，振铎荒服，道规元始，洞觉圣真，叫阊阖而举头天外，诛琅玕而适性寰中，翱翔乎玉堂，徘徊乎海山，醉舞藤蓑，坐忘碧王，卑功名于管晏，沛仁义于江河，而性天流溢，发为诗教，迄今诵之，使人知兴起焉，岂非吾儒所宗，为百世之师者乎？

余自总发向学，始悟学则知有白沙，终悟禅则知有曹溪，非二其学也，夫道一而已矣。所谓道者，天命之性也，谓之性则不贰不杂，至精至微，吾心如□之真，虚灵不昧之本体也。圣贤只传本体，师师密付此心，教受惟一面已，故老子言抱元守一，佛氏言万法归一，孔子言吾道一以贯之。三教归一，夫何二哉？

今吾与尔诸生共明此道，共证此一，诵《坛经》、咏《诗》教，于二师精微之旨，或有得焉，非千载一遇哉？于是即温泉旧址，仍创书院，为同堂异室之制，以祀二师于中，夫亦因其地之所尊信者而崇之，尤易以兴起故也。

书院成而诸生咸欣欣鼓舞，其将为藏焉、游焉、息焉、咏焉，皆于斯地重有赖矣。前建山川坛，兹建社稷坛，为因神位，祭则用之，祭已则置之亵地，故托此以藏神位，亦使神常有依，非如刍狗而已，此本意也，故记仍以社稷名。是役也，乡大夫士邓惟修、邝怀德、刘潜、刘浍，寿官黄如兰、黄如槐倡之，而董其事者，则乡约黄绍也。[71]

---

70 张洗易纂修:《（康熙）乳源县志》卷八。刘潜是南宋乳源县建县者刘天锡后人，本地儒者，本稿凡四见。

71 张洗易纂修:《（康熙）乳源县志》卷八。

2. 题匾

乳源县建立者南宋刘天锡，清江（今属江西）人，时任韶州府司理，乾道三年（1167）受韶州知府差遣，来乳源建县，历时两年四个月，划曲江西境乳源乡四里，崇信乡八里，乐昌南境新化（依化）乡三里，共三乡十五里置乳源县，宋属韶州府。建县期间摄县事四年，建造学校，“撤境内浮屠之无名者二十区，取其材砖，甃县学以树牌坊”，“敦请宿儒为师，取属乡曲江、乐昌之弟子员与凡民俊秀，皆来乳入学”，乳源虽僻在山谷，亦得兴起文教之风。故称刘天锡“德教远播，学行绝伦”。乾道七年，新县尹到任，刘天锡就定居本县九仙樨水（今乳城镇健民下车村），这一枝刘氏在本县繁衍开来，后来建立祠堂。刘天锡墓坐落在乳城镇前进林屋西面春臼岭半山腰，山形叫“观音座莲”，相对高度约五十米，墓坐南向北，封土，石块垒筑墓面，无碑。现在乳城镇、大桥镇等地有许多刘天锡的后裔。[72]

乾道七年韶州知府周舜元题匾“开乳元勋”，表彰刘天锡建县之功。全文是（匾文原是直行，自右至左）：

> 乾道七年岁次辛卯仲夏吉日特授韶州府知府周舜元为
> **开乳元勋**
> 委建县治署乳源县知县刘天锡立

当时这匾大致挂在院落门楣，后来建立祠堂，挂在祠堂第一进房子。[73]

乳源刘氏能维持良好家风于持久，勤于求学，宋元明历朝出了很多国家有用人才，值得推许，树立为地方的榜样。赵佑卿来任知县的时候，又题匾“奕世书香”加以表彰。全文为：

> 知乳源县事浙江兰溪赵佑卿为
> 宋太保磨勘工部刘克式十七世孙孝友生员刘潜、浍列祖任官，
> 宋原籍江右清江举人任韶理刑创乳立籍刘天锡，
> 宋举人任抚州团练副事刘埙，
> 宋贡士任南海县尉刘麓，
> 宋举人任德州录事刘嵚，
> 宋贡士任藤州县丞六岑，
> 宋举人经术擢员外郎刘箴，
> 元举人任循州判刘峰，（以上匾右侧）

72 刘天锡：《乳源县记》，《乳源文物志》，广东人民出版社，2007 年，第 114—115 页。这是全本，应该出自《刘氏家谱》，参看《乳源文物志》，第 118—119 页；《同治韶州府志》卷十五亦收录。删节本收入张洗易纂修《（康熙）乳源县志》卷八。文末缀“乾道辛卯（七年）五月朔日立”，则是一篇刻于石的碑文，碑石没有留下来。许化鹏：《乳源文物志》，广东人民出版社，2007 年，第 34、42—43 页。

73 许化鹏：《乳源文物志》，广东人民出版社，2007 年，第 43、104—105 页。

奕世书香

元举人任广西运判刘禹臣，

元举人任南恩教授刘禹卿，

明贡士任庆远经历刘远文，

明贡士任汀州府知事刘彦忠，

明贡士任兖州知事刘凤，

明贡士任赣县丞刘鹏，贡士任上林苑录事刘燧，

明贡士任东阳县主簿刘济。

万历十二年岁次甲申仲冬吉日立。（以上匾左侧）

匾额现存，在祠堂第二进房子。[74] 这里抄录全文，可以看出刘氏历代均出有用人才。

3. 云门寺

乳源县境内云门山，在县城北十三里，据说盘礴高峻，常有云覆，其下有云门寺，[75] 五代时文偃禅师（864—949，苏州嘉兴郡张氏）首创，大有元年（928）南汉王赐额曰云门山大觉禅寺，建中靖国元年（1101）僧绍资重修，洪武初年僧了从重建，成化五年（1469）僧法浩重修，成化十一年僧广积重建，嘉靖四年（1525）僧图海重修，[76] 乃禅宗十分重要的祖庭。[77] 赵佑卿深信佛教，对乳源地面的云门寺非常关心帮助。[78]《云门山志》记历代之护法者，明代有赵佑卿：

赵佑卿，越东华人，明万历间知乳源县正，清正廉明，深达治本，政通人和，士庶悦服。平日崇奉三宝，护持祖庭甚力，虑本寺田地山场年久丧失，嘱率乳源县武阳巡检张文登，儒学训导蔡宗尧，典吏李越九，儒官刘潜，魏良翰，邓维新，钟鸣韶，詹世用，胡维芳，鲍惟亮，暨合邑众信，于万历十二年甲申岁三月，建立《云门寺田地山场碑记》，俾垂永久。迄今本寺据以管业者，犹赖此碑之存！[79]

为防止后世云门寺田地山场被侵占，提议并主持将所有田产刻于石碑，再刻上官民见证人名字，以作为永久性的证明。《云门寺田地山场碑记》碑石现经清代重刻，重刻碑记引言叙述原委：

尝谓藏世界于一粟，佛法何其大；贮乾坤于一壶，道法何其玄；释道之教，由

74 许化鹏：《乳源文物志》，广东人民出版社，2007 年，第 43、105 页。乳源刘氏刘天锡及其以上七世的情况，参看乾道九年朱熹撰刘氏家谱序，见载许化鹏《乳源文物志》，第 119 页。

75 马元纂：《（康熙）韶州府志》卷之二。

76 张洗易纂修：《（康熙）乳源县志》卷四，礼教。参看乳源政协文史资料研究委员会、粤北云门山大觉禅寺：《云门山大觉禅寺》（1988）；许化鹏：《乳源文物志》，广东人民出版社，2007 年，第 35—40 页。

77 鈴木哲雄：《雲門文偃と南漢》，《印度學佛教學研究》1984 年 1 期，第 90—95 页。

78 永井政之：《広東の仏教信仰——雲門文偃末後の事蹟——》，《印度學佛教學研究》1991 年 1 期，第 104—109 页。

79 岑学吕：《云门山志》，民国年间云门寺排印本。“越东华人”属于误记。

来久矣。乳邑匡真大师慧法无边，坐化云门，若非灵验，何有汉敕三封？如遇旱乾水溢，捍患御灾，求无不应，此大师真一邑之灵神，实千万家之有赖。师有灵验，发万民之善心，故先年艰难，拮据承粮，开创田地山岭土号，并各村乡踊跃输将，源源布施，或施田收租而供僧，或题捐灯油而燃点，僧得租供，诚敬祀师，师伏长燃，灯光永照，师安人乐，诚属美举。但前人创施田租，虽载部据，惟恐年湮日久，不免废烂，倘若废失，则有负前人之片心耳。是以尊依万历年间知乳源县事越人东华赵佑卿词咐，不如爰集乡官绅耆，将创施田地土名坵数，租粮多少，均刻勒石以垂永远，俾前人信施芳名，可以流传千古，而田坵租粮，亦可万载不易焉。是为引。

知乳源县正　赵佑卿

（引者按：具体列举与事乡官官吏和田产，此略）

万历十二年岁次甲申三月吉旦众信仝立。[80]

同一年云门寺修理山门，赵佑卿应请撰写《云门寺山门记》阐明佛教道理，同时也宣说佛教有助国家政治教化与风俗的淳良：

尝阅六祖《坛经》，以佛之教，其诸经典，多微文隐义，未易了悟，惟《坛经》则直指本体，尽泄秘藏。如初偈云："菩提本无树，明镜亦非台，本来无一物，何处惹尘埃？"其终偈云："兀兀不修善，腾腾不造恶，寂寂断见闻，荡荡心无着。"只此二偈，其真无上等等旨哉。

余来尹兹邑，得以谒南华参六祖真相，知其于曹溪说法化度，得道者如林，皆曹溪之裔也。有若匡真大禅师者，独嗣一叶焉。师承六祖正印，益演法宗，乃得敕赐，开云门山为禅院，肇自后汉大宝元年，迄今垂五百余禩，而师之真相亦埒南华并存。余礼六祖，旋谒云门，诵其碑记，悉出名公巨笔，则知其来亦知甚古矣。

兹因山门颓圮，僧法传独募缘重葺之，而请余为之记。余惟师嗣南宗正脉，其问答奥义，如非法无法、真空不空等语，则知其真悟本来无物之旨，深得荡荡无著之音，《坛经》授受，密付此心，盖甚于师有赖，然则此地道场，乌可废而不振也？昔释迦求给孤独祇园为说法之场，六祖求曹侯溪为驻锡之所，皆据名山以普化度，则师之灵迹，宜永存之。

呜呼！禅河汹涌，佛日辉华，说多多缘法，开种种导门。凡世沉沦，宜登彼岸多矣。何如求即在目前，而对面千里，莫得其门而入。今大师之门，重以新辟，轩如也，廊如也，人人得瞻宝座，参真相，而礼佛矣。其亦知是法门从妙果入乎？从圆觉入乎？抑从顿悟入乎？上乘者不可得而求之中乘，中乘者不可得而求之下乘，今所喜舍善众，即此善念，其亦得佛之初乘，可以入教矣。

80　岑学吕：《云门山志》，民国年间云门寺排印本。"是以尊依万历年间知乳源县事越人东华赵佑卿词咐"显示此句清代重刻时有增饰。此碑石今存，在云门寺碑廊。许化鹏：《乳源文物志》，广东人民出版社，2007年，第94页。

常见市井之人，为争半钱之利，虽骨肉亦不稍让，至其供佛善舍，一无吝心。即此念，推之家人，则无争于家，而一家让矣；推之国人，则无争于国，而一国让矣。一家让，一国让，则不必剖斗析衡，无俟鞭朴捶楚，黎民相逊成风，而天下平矣。然则佛法广大，不有以阴助王化者乎？是故设教之一端，要亦不可轻弃者也，特为记之。

时万历十二年岁次甲申三月朔，知乳源县事越人东华赵佑卿撰。[81]

此下记录捐款者、工程有关者、立石者的名字和钱数等项。其中“乳源县知县赵佑卿助银五两，儒学训导蔡宋尧助银三钱，本县典史李钺九助银一两，武阳巡检张文登助银一两（下略）”，赵佑卿助银最多。[82]

作为知县，赵佑卿一系列的建立祠祀、祭祀山川土地、改变风水为地方造福的行为，在古代中国是地方官应该做的。不过在任者确实有的更加积极，有的漠然处之。无论如何，这是古来中华政教制度根本的方面。《大明集礼》规定各府祭郡厉文（州县相同）开头阐明了这一面：

维某年某月某日，某府官某，遵承礼部符文，为祭祀本府阖境无祀神鬼等众事，该钦奉皇帝圣旨：普天之下后土之上，无不有人，无不有鬼神，人鬼之道幽明虽殊，其理则一，故天下之广，兆民之众，必立君以主之，君总其大，又设官分职于府州县，以各长之，各府州县又于每一百户内设一里长以统领之；上下之职，纲纪不紊，此治人之法如此。天子祭天地神祇及天下山川，王国各府州县祭境内山川及祀典神祇，庶民祭其祖先及里社土穀之神；上下之礼各有等第，此事神之道如此（后略）。[83]

正像周清澍先生在南宋末季地方官牟巘（1227—1311）的场合指出的，牟巘在武冈任官时写有大量祈神的文字，有谒庙祝文、祷神祝文、祭神文和祈雨文等各种名目。在中国古代，从皇帝到地方官，将祭祀天地、神灵作为自己的职责，乃是一种政府行为。[84]

五、总　　结

万历十三年至十五年（1585—1587）赵佑卿任雷州府同知，然后以孝养母亲为理由退休，回家乡兰溪，六年以后去世（1593），地方友朋很多，但是奇怪的，这位士大夫身后没有行状、墓碑、墓志和诗文集，他一生中几次回乡居住，按说有时间整理诗文。乡晚辈、文

---

81 岑学吕：《云门山志》，民国年间云门寺排印本。此碑石现存。许化鹏：《乳源文物志》，广东人民出版社，2007 年，第 70 页。

82 许化鹏：《乳源文物志》，广东人民出版社，2007 年，第 70 页。

83 徐一夔：《明集礼》（文渊阁四库全书本）卷十五。

84 周清澍：《从牟巘〈陵阳集〉看南宋的地方官》，《中华文史论丛》2012 年 4 期，第 12 页。

人、万历四年（1576）举人胡应麟曾偶尔记其行踪和交往，并为他作传。胡应麟所作传记是从赵佑卿口述得来。胡氏传尾称："赵先生于余为丈人行，余少赵先生二纪馀，然里中称习赵先生莫余若者，赵先生命为传，余不得辞，辄稍次其行事，传四方焉"，按说内容得自口述，非常宝贵。但遗憾的，胡应麟是晚明时期江南一位浮荡文人，行文满含情绪，模糊夸张，语焉不明，妨碍确实消息的传达。本文根据地方志、家谱和其余断续记载，参考胡氏模糊的文字，追寻赵佑卿平生为官与在家生涯的梗概。

赵佑卿出生在明中期兰溪县一个大家族里，但其家庭只是一般农商业主。父祖两代比较富足，从他出仕开始，看起来是要变好了，但从他的儿子起，连贡生、举人的功名也没有，到孙子辈更是这样，持续衰落，是当时十分平常的人家。他本身获得举人身份之后，二十年间未能获得进士，只得出仕，而做官以后则长期在知县任上，频繁调动但没有升迁，七十岁之后才升到府同知，人生最后几年，致仕回乡，沉浸于早岁信仰和哲理之中。他在家族中一项大的贡献，就是建筑了望衢亭，现在兰溪城中，称告天台。

赵佑卿嘉靖四十四年（1565）以担任高安儒学教授一职进入仕途，以后直到万历十五年（1587）退休，除了两次卸任回乡暂住，二十余年间在知县任上热心地方事务，有仁心，也有能力，而且常常把自己的官俸用于地方建设，在当时政治文教均颓靡衰败的晚明社会，[85]可能是少见的有信念有操守的地方官，在地方志里受到赞扬和怀念，有的府县把他认作良吏，供入名宦祠。

浙江省西南与东北，分别是连绵山区和水乡平原。如今在乡间旅行，发现在南部和西部，村落民居户数不多，散落在山溪两边的山坡间，河流和道路沿溪穿行，一个村子两头是道路所在，一定各有小庙在村子的入口，村子里更有著名的参天古树，挂满红布条，树下有人烧香，还会有别的大庙小庙。可是浙江北部杭嘉湖平原区的村子，已经难得看到庙了。古代中国，坛庙祠祀随目可见，那是教化的所在，旧方志每每郑重列举，特别是属于官祭的坛庙，都要在志书前部"建置"部分郑重描述；在"古迹"部分，往往又有先贤、节孝、仁义男女的坟墓和其他遗迹令人缅怀凭吊，激发向善之心；方志"艺文志"留有碑记供人诵读。赵佑卿为政，十分注重地方文教的维护、重建、新建、提倡，自认教化是地方官最重要的职责，深深体认圣贤说的、也是中华国家教化指针，而付诸行动："安上治民，莫善于礼……故礼之教化也微，其止邪也于未形，使人日徙善远罪，而不自知也，"[86]以营建物质丰足、民俗淳良的人间。

赵佑卿在各地为官，每每受到地方上积极的评价，这样的评价流传后世，令人眷念，当时应该很快升迁才是，但长期停留在基层知县任上，并没有升迁，却看不出明显的为政能力或道德人格方面的缺陷。[87]依既往的研究，明代后半期举人与进士之间待遇悬殊，无论任命或升迁，进士都远比举人优先和有利。这种悬殊的待遇，使得许多举人不愿意担任地方官，宁愿继续考试直到获得进士功名。朝廷为了遏制这种趋势，隆庆五年（1571）制订

---

85 谢忠志：《明代的生活异端》，中国文化大学史学研究所 2010 年博士论文。

86 郑玄、孔颖达：《礼记正义》卷第五十八，经解篇。

87 顾慕晴：《明、清州县官之自我律求》，《中国行政评论》1992 年 3 期，第 33—84 页。

法规，禁止任命五十岁以上的举人担任知州知县，其他职位也作限制。[88] 这种待遇差别，可能是举人身份的赵佑卿晋升缓慢（宁可说没有升迁）的原因，这当然对其思想情感发生影响，而发为诗文，并越加沉浸家传信行的道教佛教，隐迹山间别业碧霞宫，以确定其人生的意义，终尽其一生，连诗文著作都没有收拾刻印，三不朽的圣训或许也已忘怀，这是怎样的心情呢？

附录：赵佑卿简历表

赵佑卿（1516—1593）字汝弼、汝申，号东华。

父名国宝（1496—1568），字邦用，别号兰谷。

1516 年　明朝正德丙子（十一年，1516）三月初六日出生在金华府兰溪县，赵氏系当地大族。

1543 年　元配诸葛氏嘉靖癸卯（二十二年，1543）九月十九日卒。

1546 年　嘉靖二十五年丙午科（1546）举人。

1559 年　继配金华陈氏，嘉靖己未（三十八年，1559）四月初四日卒。

1564 年　子凤起，嘉靖甲子（四十三年，1564）四月廿六日卒。

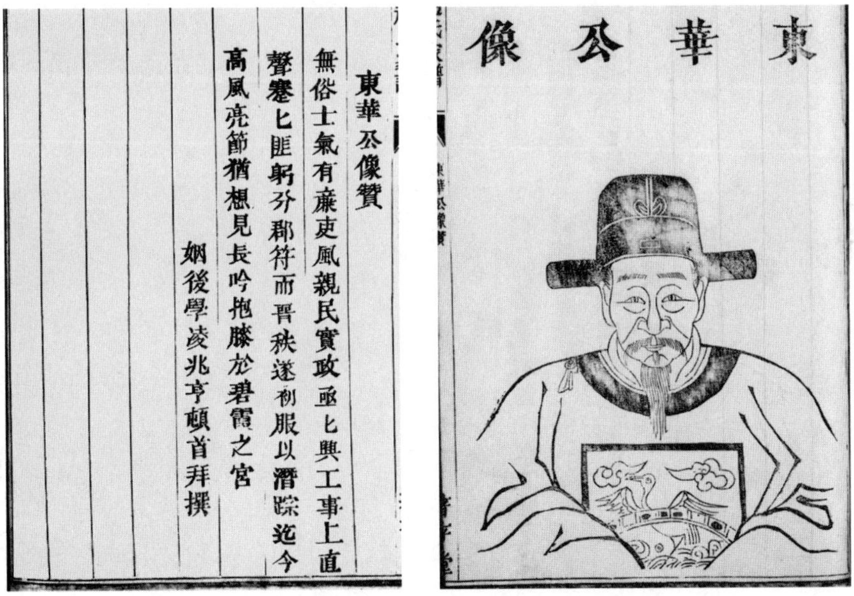
東華公像贊
無俗士氣有廉吏風親民實政亟匕興工事上直
謇蹇匕匪躬分郡符而晋秩遂初服以潛踪迄今
高風亮節猶想見長吟抱膝於碧霞之宮
姻後學凌兆亨頓首拜撰

赵佑卿像赞（采自民国《南阳赵氏家谱》）

88　杨联陞（1914—1990）:《明代地方行政》，收入同氏《国史探微》，新星出版社，2005 年，第 102—103 页；和田正廣（1942—）:《明代举人層の形成過程に関する一考察——科挙条例の検討を中心として——》,《史学雑誌》1978 年 3 期，第 36—71 页参看。

1565年　江西高安县教谕（嘉靖乙丑四十四年，1565）。

1566年　安徽建平县知县，嘉靖四十五年（1566）至隆庆二年（1568）末。

1569年　丁父忧。其父亲隆庆二年戊辰十二月廿八日（1569.1.14）去世。

1571年　湖北保康县知县（隆庆五年，1571）。

1572年　福建尤溪县知县，隆庆六年至万历二年（1572—1574）。

1574年　告假回乡终养，筑碧霞宫别业。他的母亲童氏万历八年庚辰（1580）五月初一日去世（1494—1580），丁忧。

1583年　起复广东乳源县知县（万历十一年春至十三年在任，1583—1585）。

1585年　广东雷州府同知（万历十三年至十五年，1585—1587）。

1587年　万历十五年致仕。期间邀乡晚辈、文人胡应麟（1551—1602）作传，成《赵先生传》。

1593年　万历二十一年（1593）七月初十日卒于乡。

（浙江师范大学边疆研究院　李勤璞）

爱努人问题

〔苏〕施滕贝格　著　张　松　译

内容提要：爱努人起源问题的解决不能以该民族的某一特征为基础，而应建立在其特征的全部复合之上。爱努人的祖先是从太平洋的南部岛屿逐步迁移到北方的，物质文化、图案、精神文化、语言学、考古学、人种志学等多方面的证据为这一假说提供了强有力的证明。

关键词：爱努人　库页岛　虾夷岛　大洋民族

译者按：本文作者列夫·雅科夫列维奇·施滕贝格（Лев Яковлевич Штернберг，1861—1927），俄国民族学家，苏联民族学的奠基人之一。他早年是民意党成员，1886年被沙皇政府逮捕，1889年被判流放库页岛十年。流放期间对库页岛的土著民族进行了深入的民族学调查研究。爱努人是库页岛的土著民族之一，由于其体质特征迥异于邻近的东亚各民族，其起源问题便引起了民族学家的特别兴趣。施滕贝格的这篇长文在爱努人研究史上意义深远，虽说刊布的时间距今已经很久远了，但读来依然给人很多启发，并无过时之感。全文原分为九节，各节原无标题，译文中的标题系译者所拟，未必恰当。

一、爱努人起源的若干假说

爱努人[1]究竟是什么人，这一问题很早就起了欧洲人的特别注意。爱努人首先令人惊异并立刻使这一部落蒙上一层极其神秘色彩的是，他们的特别多毛，尤其是覆盖在脸上的浓密的胡须（图版Ⅵ，图1-2）。对于欧洲人来说，广大的蒙古人种诸民族的最典型特征是脸上的胡须稀疏，而在亚洲一些偏僻的岛屿上却遇到了带有高加索人种（кавказская раса）类型特点的小部落，这成了一个最大的谜团。

第一个结论是，爱努人是我们自己种族的神秘碎片。至今，人们依然喜欢重复的是戈

1　英文为Aino，Ainou，Ainu；俄文为Айну，Аины；现在日本社会普遍用日文片假名记作アイヌ，旧称“蝦夷”已遭废弃；以前国内多根据日文假名音译为阿伊努、阿伊奴，因为该民族不只分布在日本，这样的音译似乎不是很合适，国内近年的相关论著多音译为爱努。——译者

洛文（Головин）在十九世纪初所提出的观点，爱努人似乎令人惊异地想起了俄罗斯农民，同样是在俄国，不得不经常听到的是，爱努老人令人想起列夫·托尔斯泰的脸。不过，在澳洲土著老人中也能找到许多与托尔斯泰类似的面孔。

人种志学早就开始反对这种表面上的比较。还是在十九世纪七十年代，已故的阿努钦（Анучин）教授便通过颅骨和骨骼的测量，同时以观察健在者为基础，并结合毛发浓密的特征证明，爱努人在自身生理类型上表现出来的一些特点完全可以排除出他们属于高加索类型。为了抛弃他们是高加索人种的代表的所有错觉，就要完全放弃爱努妇女具有明显蒙古人种特点的草率观点。尤其是，在爱努人毛发极为发达这个引人注目的特征的基础上，不得不将其起源与某些其他民族集团联系起来，这就使得问题像以前一样，变得含糊不清了。

的确，阿穆尔边区诸民族的著名研究者施伦克（Шренк）院士，在援引里希托芬（Рихтофен）查明的朝鲜存在多须类型的记述时，提出了爱努人在起源上与朝鲜人有关，并从朝鲜迁移到日本列岛的假说，但无人赞同。

朝鲜人的体毛特征与爱努人完全不同，就更不用说许多其他重要的人种志和文化的差异了。愈是了解爱努人，这个问题（指多毛——译者）便越来越模糊不清。

当多毛特征不能带来令人满意的解答时，人们又抓住了另外一个特征——语言。但结果如同在人种志方面一样。确实，无论是词汇学还是词法学，爱努人的语言都与乌拉尔 - 阿尔泰诸语，甚至邻近的古亚洲人的语言毫无共同之处。于是，人们又开始尝试寻找爱努语与其他距离较远的语系的同源关系。但这个尝试如同在人种志方面的尝试一样，其结果也是令人失望的。人们又开始在相互距离最远的语族中寻找，与印度语，东南亚诸语，最后是北美洲诸语，甚至巴斯克语作比较。在人们得出的各种奇谈怪论之下，米勒在人种上进行了著名的分类，他在谱系上将爱努人归入北极人集团，而他们在语言学上则接近于东南亚诸民族。在爱努语中发现单音节成分时，则又使爱努语同汉语大大靠近了。但这个尝试是不成功的，因为不能说在单音节的性质上和这两种语言的性质上存在着根本的区别，反对这一假说的人认为这两个民族不仅在人种志方面，而且在文化方面也是完全不同的。

后来，人们尝试着在各种特有的文化特征的基础上解决问题，主要是在爱努人中存在熊节。然而，却产生了一些极端对立的意见。一派认为，因为这个节日的最多的仪式出现在爱努人中，所以应当把他们认定为这一仪式的创始人，这一仪式与北方的熊崇拜有联系，因此应该认为他们是北方的土著；而另一派，如鸟居龙藏（Torii）[2]，则相反，他们的主要观点是，熊节并不为千岛群岛的爱努人所知，而只存在于萨哈林岛（库页岛）和虾夷岛（Ecco，北海道）的爱努人中。其结论是，爱努人来自南方，而熊节是他们从吉利雅克人那里借入的。由于对爱努人地区新石器时代的文化遗存以及这一时代人类化石发生的争议，关于爱努人的起源问题更是深陷困境。众所周知，这些遗存引发了两种对立的观点，一些学者以为，地下居

2 鸟居龙藏（Torii Ryuzo，1870—1953 年），日本著名民族学家、人类学家、考古学家。1892 年任职于东京大学人类学教研室，并受教于坪井正五郎。1924 年自建鸟居人类学研究所。1939 年被聘为燕京大学客座教授，1951 年回国。曾在日本列岛、千岛群岛、库页岛（桦太）、琉球群岛、朝鲜及中国的台湾、东北、西南等地从事田野调查。一生著作编为《鸟居龙藏全集》共十二卷（朝日新闻社，1975—1976 年）。——译者

室（pit-dwelers）中的新石器时代居民是爱努人，另一部分学者，如坪井正五郎（Tsuboiu）[3]则认为，这是另一个民族——他们将爱努人排挤到北方——的代表。

爱努人问题的现状可以用著名东方学家劳费尔（汉名“罗佛”）的话来描述，他在其关于爱努人计数系统的一篇文章（《爱努人计数方法中的二十进制和十进制》，《美国远东学会会刊》，1917年，卷37，页208）的结尾写道：“关于爱努人，我们已经有了足够的理论和想象力，现在是拿出事实的时候了”，虽然遗憾的是，劳费尔本人对这一问题的解决也未提出任何事实。

为什么爱努人问题至今还停留在含混不清的状态，解决的办法又是如此花样百出，归根结底，主要原因是时至今日，人们提出的每一种理论都试图在某个单一特征的基础上解决问题，一个是人种志学特征（habitus’a），另一个是语言学特征，第三个是某一文化特征。

但是，何种类型的人类群体能够提供这种多须的人种志学特征呢？在印欧人、伊朗人、闪米特人、澳大利亚人等中能找到与之具有共同特征的类型吗？或者，在语言古生物学的现有条件下，什么语言能够提供词法学特征的相近之处？又如何能够抱有在最不同的语言中轻易找到这种相近之处的希望？假如这种近似能够用历史学的、地理学的，尤其是在此种情况下民族志学的资料来旁证。

如果爱努人问题暂时还不能最终解决，那么，在人种志学和语言学全部特征的基础上，特别是在物质和精神文化复合（комплекс）的基础上，至少要合理地看待这一问题。

在本报告中，我打算就这个方向做一下尝试。

二、爱努人从太平洋南部迁移到北方

在分析爱努人问题时，第一个需要解决的问题是，爱努人最初是从何处迁到日本列岛的？

可能有三种假设：①来自最近的亚洲大陆，②来自北方，从堪察加方向，经千岛群岛，③来自南方，走海路，从某些岛屿到马来群岛，再到菲律宾群岛和台湾岛。

从大陆迁来，确切地说，是来自西伯利亚方向，还没有谁像巴彻勒那样发表很确定的看法。这至少是他的最后假说；以前，他还发表过其他意见。在1901年，他认为爱努语属于阿利安（亚利安，Aryan）语。[4]从1905年起（我不知道他是否还有其他更晚近的假说），他把爱努语看作是一种独立的语言，它最接近于汉语，因为他认为爱努人最初是经阿穆尔边区或西伯利亚来到日本列岛的。他的假说的重要论据是西伯利亚的一些地名，如鄂霍次克、托木斯克、奥卡河、叶尼塞河、鄂毕河、堪察加，他认为这些都是爱努词语。遗憾的是，他的论据甚至经受不住最简单的批评。首先，在地理专名上，语音的巧合在整个欧亚大陆总是什么也不能证明，因为这种巧合纯属偶然。但是，在这种情况下不能够很容易地证实，这些专名是乌拉尔-阿尔泰语的当地词汇。单举一个例子就足够了：巴彻勒认为是爱努语的专有名

3 坪井正五郎（Tsuboi Shogoro），日本人类学开山鼻祖，是一位书斋人类学家。——译者

4 “阿利安人的语言构成……但爱努人究竟属于阿利安人集团的哪一支，到目前为止尚未有定论。”见巴彻勒：《爱努人及其民俗》，伦敦，1901年，第11页。

词鄂霍次克（Okhosk）恰恰是纯通古斯语。在通古斯语中，Okhota 的意思是“河流”，而鄂霍次克城的俄语名称便是根据这条河流。

但是，如果托木斯克、奥卡、叶尼塞、堪察加这些地名确实是爱努起源，那么由此，爱努人应该在从前的某个时期占有全部西伯利亚，更进一步，甚至是欧洲俄国，因此，需要千年的时间，他们或许才能到达日本列岛。这个漫长时期既应该在爱努人自身，也应该在西伯利亚诸民族的语言和文化中留下明显印迹，而实际上我们什么都找不到。

我从语言开始。在语言的结构方面，爱努语与所有的乌拉尔 - 阿尔泰语极其不同。爱努语是单音节，乌拉尔 - 阿尔泰诸语则不表现为单音节；爱努语有后缀和前缀，乌拉尔 - 阿尔泰诸语则只有后缀。

关于词汇的相似性，真正从他们在萨哈林的近邻——吉利雅克人那里借入的词语未必能够达到 10 个；这些词语是：ono 裤子，açok 手鼓（源自吉利雅克语 k：a’s），它们都与爱努人最初没有的日常用品有关。最多的是在亲属称谓方面的借用。在这方面，我们不仅在所有乌拉尔 - 阿尔泰诸民族的语言中，甚至在美洲印第安人的语言中，在吉利雅克语中都能找到惊人的巧合，但在爱努人的语言中，我们可以指出的与乌拉尔 - 阿尔泰诸语近似的只有两个词：unu 母亲和 aki 弟弟。第一个词可能还勉强与通古斯诸语中的 une 相近，但第二个词在所有的西伯利亚语言中，包括美洲印第安人、吉利雅克人的语言中，都表示“哥哥”，这可能是起源上的偶然巧合。这些事实当然不能说是与西伯利亚诸民族长期共同生活所致。

如果我们转向文化的相互作用，那么，它在爱努人的萨哈林以及一部分阿穆尔边区和堪察加的近邻中是不存在的。吉利雅克人及其在阿穆尔的邻族从爱努人中借用了伊纳乌（inau，刨花、木币、木幡）崇拜的若干要素和图案的若干要素，同样，爱努人也从其近邻——一方面是吉利雅克人，另一方面是堪察达尔人——那里借用了一系列物质文化事物，如雪橇、养犬业、冬季服装，但同时，在非常私密和非常稳定的文化领域，如家庭制度和信仰，爱努人都将之保留了下来，他们甚至排除了最近的邻人——吉利雅克人的影响。最后，在整个西伯利亚都是典型的父系家庭制度，而在爱努人中则是母系的。那些极端不同的，则是我们在后面将要看到的，是在信仰方面。

关于爱努人与西伯利亚诸民族在人种志方面的近似，则不需要谈了。的确，在阿穆尔和萨哈林的吉利雅克人中经常会遇到爱努类型，但是，这一方面是爱努人将自己的孩子出卖为奴的结果，而另一方面，也是邻族通婚，甚至是个别人移居的结果，不过最后一种情况出现时间比较晚近。

这样，无论是在人种志学、语言学，还是在文化关系方面，爱努人均与西伯利亚诸民族毫无共同之处，除了与新的气候条件有关的若干文化借用以外。

也许，不应该仅仅由于巴彻勒的权威而长久地站在这个假说上。这一假说不能找到许多如施密特神父那样在民族学的重要著作中开始论证该假说的拥护者。

现在，我们看一看爱努人的起源与北极人有关的假说在多大程度上同事实相符？据我所知，第一个提出这一假说的是西博尔德（Siebold），接着是著名语言学家米勒，而在最近，非常坚定的拥护者是东方学家劳费尔。

人种志学、语言学、文化、考古学的所有资料都与这一假说相对立。关于人种志的相近，在最典型的特征方面是多毛，但这什么也证明不了，虽然具有这种特征的人在极地诸民族中不能说一个也没有，但这些民族在多毛方面无论如何不能令人想起爱努人。爱努人的多毛能从哪里突然出现呢？说实在的，为了否定爱努人在族源上与北极人有关的假说，有一个根据就足够了。但是，如果北方起源说能够成立，由于某种无法解释的原因，能够出现这种孤立的类型，那么，这个部落的典型文化特点毫无疑问是与其北方起源相对立的。

甚至对爱努人的物质文化稍有了解，便会立刻认识到，在我们面前的是迁移到北方来的纯粹的南方人。的确，在与欧洲人相遇之前，有哪一个北方民族会将夏季穿的民族服装在隆重的场合穿着呢？要知道，这种夏装只是由家庭手工织的衣料做成的用来遮羞的长袍。而爱努人的这种民族服装却恰恰是在隆重场合穿着的。此外，作为北方居民所应具有的所有东西，爱努人都是从北方的邻族中借用的。“裤子”一词，爱努人采用的是萨哈林吉利雅克人的专用语；他们冬季服装的样式也是吉利雅克式的；冬季交通工具——在萨哈林的狗拉雪橇——源自吉利雅克人，而在千岛群岛，则是堪察达尔人雪橇的复制品。滑雪板，如此典型的北极用具，爱努人用的依然是北方滑雪板的复制品。相反，夏季交通工具——海船——则与这些极地民族完全不同，这是典型的南方岛民的凿成的独木舟。他们的武器也与北方民族存在着明显差异，爱努人既不知道投枪，也不知道复合弓，而对于中部和北部亚洲的所有民族来说，这都是很典型的武器。最后，哪个北方民族懂得织布工艺？如我们见到的，爱努人的织布机是素来就有的，并不是从哪个现在的邻族中借用的。

不能不把熊节添加到这些论据中。鸟居龙藏教授指出，熊节在爱努人中起着重要作用，或许能成为他们北方起源的证据，但是熊节在千岛（爱努）人中完全不存在。

这之后，不需要在语言的特征上停留了。如果人种志和文化的特点令人信服地否定北方假说，那么也就不需要在北方寻找语言的相似性了。

但是，在忽略人种志的和文化的特点的情况下，想在语言学的相似性的基础上解决问题，同样也无法达到目的。理所当然，人们需要在楚克奇 - 爱斯基摩群体中寻找这些相似性。在爱努语中，多式综合状况的存在能够将人引入歧途，因为对于爱斯基摩语来说，这是典型的和特有的。然而，这种相似完全看不出更本质的区别。爱努语是单音节的，爱斯基摩语是多音节的。在爱努语中，词根总是不变的，爱斯基摩语则是纯内部曲折的，词根如同阿利安诸语一样，是变化的。这就是说，爱斯基摩语和爱努语的多式综合是完全不同性质的。最后，词语 - 句子中的各要素是被粘着在一起的，它们首先要经过一个联系（fusion）的过程。还有一个能将人引入迷途的观点看来是来自劳费尔的，即计数系统——二十进位制的巧合。但不知为什么，在北方，与这一系统相关的言语只能在爱斯基摩人中找到；在差异最大的民族，其中包括在人种志和文化方面与爱努人接近得多的那些民族中，我们都能发现这一系统。这一点我们随后还会看到。

这样，我们可以得出结论，爱努人既不可能来自西伯利亚，也不可能来自遥远的北方。在朝鲜和中国，也同样找不到他们迁移的出发点。尽管朝鲜与日本列岛距离很近，但爱努人与这个国家的人民无论在语言方面，还是在文化方面，都毫无共同之处。确实，在朝鲜人中能遇到脸上长满胡须的类型，但绝对不像爱努人中那样多，就算是最典型的，毛发的生长也完全是另一种样子。同时，最主要的，可以假设，在朝鲜，就像在阿穆尔一样，偶尔会遇到爱努移民，产生这种混合类型类似于萨哈林和阿穆尔河下游的爱努 - 吉利雅克类型。对于中国来说，无论是关于人种志的，还是文化的相似性以及语言，当然都是不可能的。只剩下了语言的近似问题。汉语和爱努语都是单音节语，然而这却是不同本质的单音节——汉语是纯粹孤立的；爱努语虽然在单音节方面完全是分析的，但却具有大量多式综合的词语，并不总是分析的，此外还有十分发达的前缀和后缀系统。在词汇方面，两种语言完全没有任何共同之处。

这样，就只能在南方，在太平洋西南部寻找爱努人的迁移路线。爱努人移居到日本列岛需要经过马鲁古岛、菲律宾群岛、台湾岛，穿越整个大洋。为此，首先要谈一下爱努人现在居地的全部地理状况。在太平洋西南部，各个部落在人种志、民族志和语言上结合成一个共同的澳斯特罗尼西亚语（Австронезийский язык）[5]群体是完全可信的，我们需要在这个部落混合体中留意寻找爱努人的起源。值得注意的是，在爱努人的语言中，明显地透露出这个民族过去所居的岛屿。在他们的语言里，只有一个词表达土地、国家的概念，这个词就是 moshiri，本义为“岛”“漂浮在水面的陆地”。例如，他们一定要称日本为 Samoro moshiri——离我们近的岛。此外，他们所有的宇宙起源学说都是建立在这一观念上的。按照他们的看法，这世界是一巨大的海洋，海洋中间散布着岛屿。很能说明问题的是，爱努人关于陆地的这种特殊观念，在他们的萨哈林岛邻族吉利雅克人的语言中也表现出来。吉利雅克人在这个岛屿生活了漫长的岁月，但他们能够严格地区分专门用语“陆地”和“岛屿”，对于第一个，他们有一个词语 mif，第二个则是 ur。道理很清楚：吉利雅克人是从大陆迁到萨哈林的，因此，他们虽然明明知道萨哈林是岛屿，但所有人都将之称为 mif，就像从前他们称呼大陆那样。

我相信，爱努人是来自澳斯特罗尼西亚的移民，这绝非臆断，一系列来自人种志学、民族志学和语言学的事实将我们引向这里。但是，在分析这些事实之前，我需要提醒注意下面的内容。爱努人在人种志、语言和文化方面完全孤立于其他周围诸民族，这充分表明，他们是经过相当遥远的时空才到达现居地的。在这漫长的迁移路途中，他们不可避免地要遇到一系列民族群体，因此可以肯定，在途中，他们一方面多次丧失了自己体质和文化的一些特点，而另一方面，又同时从最为不同的民族和文化中获得新的东西。暂时，那些特点的复合还没有发生，而我们现在将那些“复合”看作是爱努人的。在这“复合”中，需要弄清哪些是残存的原来的遗迹，这些遗迹将证明他们从前在遥远故地的感受，而其他的，现在则是与爱努人存有扞格的文化的“复合”。

下面，我将转入爱努人的与澳斯特罗尼西亚文化接近的古代痕迹的特点的分析。

三、物质文化的证据

我先从非常有说服力的物质文化领域开始。在我们面前立刻展现出整个的文化特点的复合，它将我们引向澳斯特罗尼西亚文化。

首先我们研究服装。对于爱努人的文化来说，冬季服装并不典型：帽子、皮袄、裤子、

5 即 Austronesia languages，南岛语，亦称马来 - 波利尼西亚语（Malayo-Polynesian languages）或大洋洲语言（Oceanic languages），其范围包括印度尼西亚、波利尼西亚、密克罗尼西亚、美拉尼西亚等太平洋大岛群。——译者

鞋，都是从他们的北方邻族中借入的。我已经说过，在爱努人的语言中，甚至没有表达裤子概念的自己的词语。在夏季服装中，有两样东西对他们来说是典型的：遮羞腰带和长袍。

这种腰带（图一）与我们在所有澳斯特罗尼西亚民族中发现的完全相同，这些民族从菲律宾一直分布到美拉尼西。

同样，我们在印度也发现了这种腰带。这是围在裆部的窄布带，前端经过会阴，遮盖住外生殖器官（genitalia），有些像吊绷带（suspensor），后端固定在脊背上。[6] 他们自己的服装是由树皮纤维织成的布料做成的长袍（图二）。

图一　虾夷岛爱努人的遮羞腰带［人种志学和民族志学博物馆藏照片（图版Ⅵ，图 9）］

a　　б

图二　来自萨哈林岛的两件爱努人长袍（人种志学和民族志学博物馆藏品，№ 820—7/2）

这种来自植物纤维的布料我们也只能在包括菲律宾在内的澳斯特罗尼西亚找到，而无论爱努人的哪个北方邻族，都完全不了解纺织技术。这些长袍在从前某个时候显然是妇女的唯一服装。例如，她们在冬天还继续穿着，只是在背部缝上某种动物毛皮（鹿、狼、熊或狐狸）。这种长袍的特有名称是 attush，它的意思不是连衣裙，而是植物纤维、榆树皮织物，这表明，它最初并不是衣服，而只是一块布料，就像澳斯特罗尼西亚和印度的许多当代民族那样，用来裹住身体的一部分，特别是下半身。

能继续说明问题的是爱努人的织布机（图版Ⅰ，图 1），他们在上面纺织自己的布料。它与日本人的明显不同。所有研究其构造的人，其中包括专门关注于此的林·罗斯（Ling Roth），都认为它是典型的波利尼西亚式。这种类型我们从菲律宾（图版Ⅰ，图 2）和印度尼西亚（图版Ⅰ，图 3）到圣克鲁斯群岛（图版Ⅰ，图 4）也可以找到。的确，对于菲律宾、印度尼西亚和波利尼西亚来说，应用爱努式的纺织技术，以之代替用劈开树皮纤维（nonspun bast filarnet in single strips）拧成的合股线，是很典型的。

同时，在其构造上又有一些特点，就是将双线或非双线重新安排得非常独特的基架（shed sticks）形式，同样，与梳状筘（warpspacer）并排的特别的纬纱穿孔筘（sword）无疑

6　例如，菲律宾的腰带是这样的：用未经鞣过的树皮纤维捻成线，再织成布条，以此布条为腰带，将一块彩色围巾固定在腰际，并盖住羞处和大腿。

证明，爱努人的织布机是他们祖先的遗产，所有这些特点都是针对波利尼西亚类型的增益，是长期隔绝和独立创造的结果。

我们从服装转向发式。爱努人必须把头的前部剃光。这一特点我们在他们的近邻中，无论是吉利雅克人，还是堪察达尔人、日本人中都找不到，但是在菲律宾、在婆罗洲的巴塔克人和全部其他澳斯特罗尼西亚民族中都可以找到。

最后，很典型的是，爱努人用树皮或树木做的宽头箍代替头饰拢住头发（图版Ⅰ，图7，А），显然，这类头箍是他们素来就有的：关于其起源有一系列完整的神话，它们是在宗教庆典和盛宴甚至萨满行巫术时必不可少的头饰。这些用树皮或树木做的头饰，我们在西里伯斯的印度尼西亚人中（图版Ⅰ，图7，6和 в）也可以找到。

爱努人的摇篮（图三）与西里伯斯的摇篮（图四）在构造上也有不少很能说明问题的相似之处。

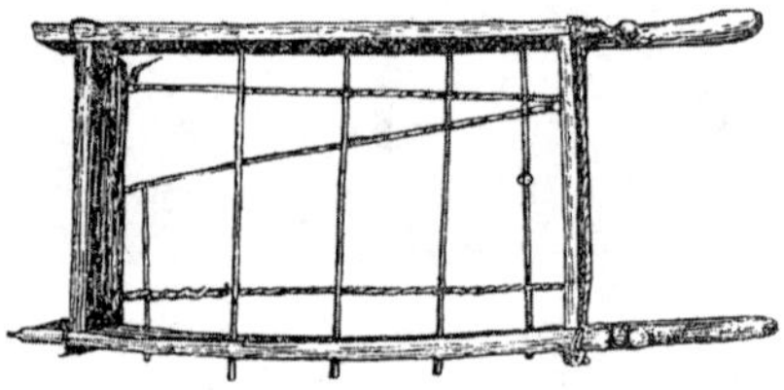

图三　千岛群岛爱努人的摇篮（人种志学和民族志学博物馆藏品，№ 839—131）

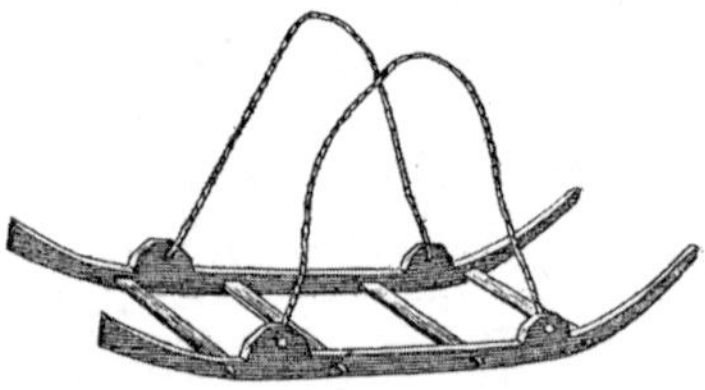

图四　（西里伯斯岛中部）托列阿的摇篮（格鲁鲍尔：《在西里伯斯的猎头部族之中》，第66页，图44）

再转入武器。在所有亚洲人，包括日本人中，都是复合弓，而在爱努人中则是单弓，对于澳斯特罗尼西亚弓来说，这又是一个典型特点。箭也很能说明问题。北方各民族都不懂得毒箭；爱努人不但像菲律宾人和印度尼西亚人那样给自己的箭涂上毒药，而且还有自己加强毒性的方法和与提到的这些民族完全相同的箭头结构（图版Ⅰ，图6，В，Г，Д）：这种箭头由劈出凹槽的竹片做成，在凹槽处浓浓地涂上毒药（图版Ⅰ，图6，А—Б；小巽他群岛）。根据传说，从前在祖居地的时候，毒药在爱努人中起着重要作用。显然，他们知道使用在现居地找不到的更厉害的毒药。在虾夷岛和萨哈林，他们只知道一种来自乌头草（Aconita）的毒药。据巴彻勒报道的传说，毒箭是两位神，一位是男神，一位是女神。第一位力气很大，但是他离开了，似乎是受到了猎人们的侮辱；现在只剩下了弱的毒药。这显然表明，他们对南方的烈性毒药还留有记忆。例如，根据莫尔戈的证明，菲律宾人知道特别多的烈性毒药种类。

在其他种类的武器中，典型的是战槌（warclubs），这是北方人完全不知道的；相反，对于澳斯特罗尼细亚人来说却是典型的。这种槌子显然来自最古老的时期，因为槌头上镶嵌着石楞。这种战槌甚至拥有特别的神灵，他们在爱努人的古代生活中起着重要作用。相反，他们现在大规模使用的弩弓（springbow）则是经过吉利雅克人从西伯利亚诸民族借入的。

关于交通工具，我已说过，狗拉雪橇他们借自吉利雅克人和堪察达尔人；不过，他们的海船却与北方没有什么关系。虽然爱努人从日本人和吉利雅克人那里学会了建造用木板钉成的海船，但时至今日，他们仍是乘像印度尼西亚和美拉尼西亚[7]那样带有防浪板的凿成的独木舟完成最危险的海上航行。爱努人最近的北方邻族只是在河流中才使用独木舟（dugout），并且完全不知道防浪板。显然，在关于啄木鸟的传说中，它的名字是 chipta chiri，是这种鸟凿成了船。最初，它被神派来教人们造船（里弗斯《美拉尼西亚社会史》，卷Ⅰ，页 451，452）。

四、图案的证据[8]

对于我们的问题来说，最明显不过的是爱努人的图案，它无论是与北方诸族还是与日本人都毫无共同之处，相反，如我们将要在后面指出的，却与澳斯特罗尼西亚图案有着极近的亲缘关系。在萨哈林的爱努人邻族吉利雅克人和奥罗克人中，确实有与爱努人相似的图案要素，但他们无疑是借用的。因为，如我们将要看到的，这些要素不仅构成了爱努艺术本身的基础，而且是与爱努人的信仰联系得最为密切的形象。

根据考古学资料（考古学文物的图案样品，见图五—图八），这种图案的基本特点自新石器时代以来即无甚变化，而变成现在这个样子是需要经历很漫长的发展的。在遵守自己所有的复杂传统时，传统就在仪式服装上特别令人惊讶，这种图案被分解为自己的若干基本要素。通过分析在列宁格勒的科学院人种志学和民族志学博物馆所收藏的各种样品，这些样品包括这种图案的从最简单到最复杂形式的各种变体，我明确了这一点，即这种图案是由两种简单要素构成的：折线或浪线，螺旋线（图版Ⅱ，图 А，Б，В）。

从中产生以下形式：S 形线（图版Ⅱ，图 Г），两条交错的浪线（图版Ⅱ，图 Д），两端几乎相接的反转双线（图版Ⅱ，图 Е），互相背对的双线（图版Ⅱ，图 Ж），并进而发展为背靠背的联体（图版Ⅱ，图 З），最后是两个相对的反向延伸双线（图版Ⅱ，图 К）。图版Ⅱ中的图 И 的要素就是图 Ж，但经过了直化处理。

图五　1917 年格里戈里耶夫（**Григорьев**）在日本横滨和东京之间的大森（Omori）湖附近找到的用黏土制成的带有装饰图案的碎陶片（人种志学和民族志学博物馆藏品，№ 1294）

所有这些形式的各种组合在发展过程中形成了复杂的综合图案和传统样式，这些在仪式服装上有着鲜明的反映。图版Ⅱ之图 1-2 给出的是这种带有复杂图案样式的千岛旧爱努人的长袍，图案样式中具有 Ж 型线（见图版Ⅱ）。在其他长袍中，图案构

7　例如，里弗斯关于美拉尼西亚船的记述：叫做 fono 的木板被加固在独木舟的两边，以使船舷高出水面。里弗斯：《美拉尼西亚社会史》，卷Ⅰ，第 327 页。

8　我过去的学生，专门研究原始艺术的现列宁格勒大学（现为圣彼得堡大学）地理系民族学部助教伊万诺夫（Иванов）积极参与了关于图案的本节的编写。根据我的任务，他挑选出相应的博物馆藏品资料，配置于反映图案画发展次序的图版中。为此，我向他致以诚挚的谢意。

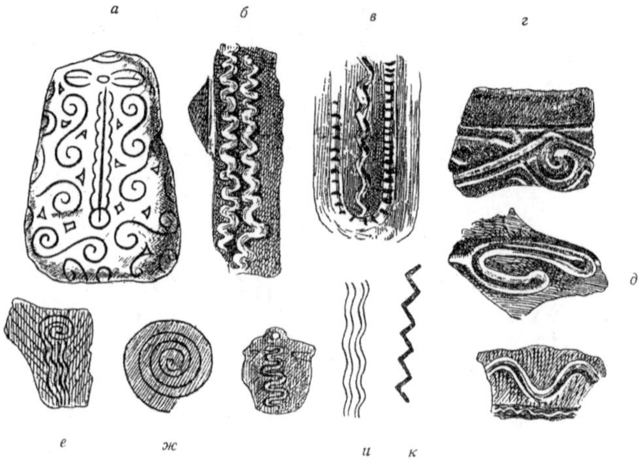

图六　石片（芒罗：《史前之日本》，第224页，图138；6—л 考古学器物上的图案，芒罗，前引书）

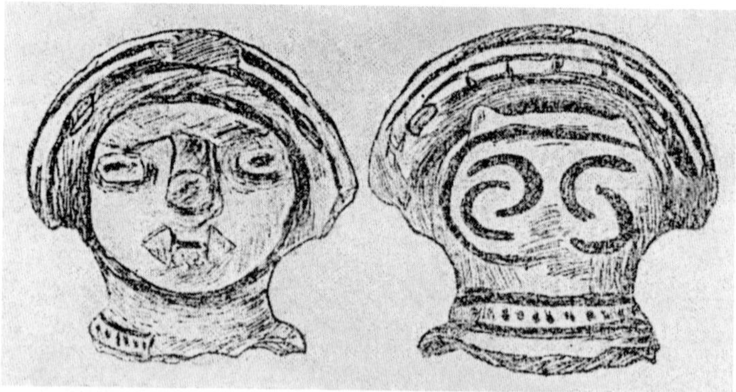

图七　在日本找到的黏土人头（正面和背面）（芒罗：《史前之日本》，第216页，图129）

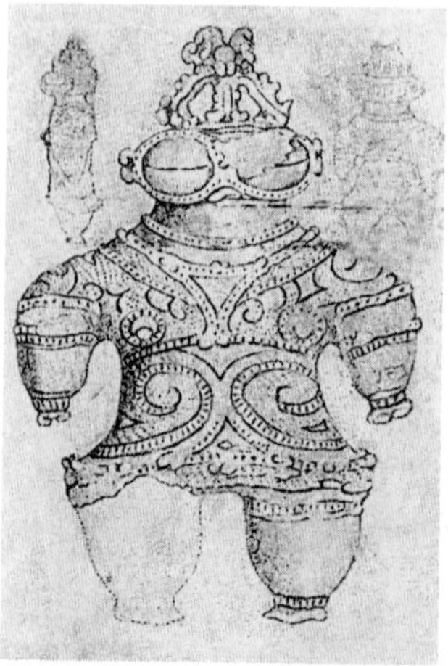

图八　黏土人物塑像（芒罗：《史前之日本》）

成细节表现为图版Ⅳ之图3，6，8，11。

在这些后面的图形（图版Ⅳ）可以看出，比较简单的形式（图版Ⅳ，图3a）成了图7比较复杂的形式，在那里，各要素线挤得很紧，已相互衔接在一起；在图8中，形成一个中心，各要素缠绕中心而融成一体（图9，12）。图11给出了一块带有直化形式的图案。图3是爱努人绣成的花纹（人种志学和民族志学博物馆藏品，№820—7/2），表现的是一种过渡形式。

接下来的分析表明，上面谈到的最简单的形式——折线、浪线和螺旋线——具有纯现实的起源。

在装饰图案中明显带有蛇的图形。在木头刀鞘（图版Ⅲ，图8）和挡须棒[9]（图版Ⅲ，图1）上的图形非常明显，蛇甚至显出了头部，而细的一端则是尾部。在这里应该注意的是，前面指出的最简单的要素——浪线和螺旋线就是人们通常接受的蛇

9　爱努语 ikunisi，日语称为酒串，髭扬篦。——译者

的形状。在另外一些挡须棒上也有类似的图形（图版Ⅲ，图 3—5），而一件挡须棒本身的形状也令人想起了蛇（图版Ⅲ，图 2）。

在我们的研究者在当地搜集的资料的基础上，可以弄清的是，现代的爱努人将自己图案的最简单形式看作是蛇形。例如，爱努人喝酒（sake）木棒[10]上的波浪纹就被波尔苏茨基（Пилсудский）称为蛇。图版Ⅲ之图 6 就提供了春稻米木棒上的这类曲线。爱努人赋予这些图案的主题以严肃意义。非常明显的是，在萨满头饰上，喝酒（sake）时的仪式木棒上，准备仪式食物时使用的仪式木棒上，准备仪式食物时使用的小铲子上，儿童衣服上的护身（辟邪）物上，武器上，都有这样的图案。有时像我们看到的，其本身最为简单、最接近于蛇的样子，这正是螺旋线或波浪线。这例证便是图版Ⅲ之图 7 和图 11，所举的是儿童服装，还有图 10，是萨满头饰布带的一部分。

爱努人赋予与祭祀有关的物品之上的图案形式以很严肃的宗教意义，这可以从下面一事中看出。他们像对待避邪物一样珍视在日本人那里定做的佩刀，他们一定会要求在刀上要铸有自己的蛇形图案，为此，日本木匠要提供常有这种图案的木制铸模。

这样的图画还保留在科学院人种志学和民族志学博物馆所藏的一套双面铸模上，见图版Ⅲ之图 12。在这里我们看到，曲折线和波浪线是一条线，是从一种形式过渡到另一种形式。图版Ⅲ之图 9 和 13 是爱努人在其他物品上配的图案：图 9 是缠线用窄木板的一部分，图 13 是另一种木器上的图案。

有趣的是，日本人并不只是专门为爱努人制造佩刀。1926 年我在日本逗留期间，曾在日本商店见到带有特别花纹的布料，花纹是由一些浪线构成的，并非日本固有的式样。对于我的关于这些布料的问题，卖主答道，带有这种图案的织物只能从爱努人那里买到，甚至是爱努人专门为他们制造的。

如果我们转向考古学，那么除了陶器（见图 5 和图 6， 6 —л）我们也在图 6 a 和图 8 人物塑像的衣服上见到了波浪线和螺旋线。后者在花纹方面令人惊异地想起了爱努人的现代长袍。

爱努人至今还非常珍视自己的蛇形图案的写实主义，这种图案中的一个特点便可证明，这个特点令人感到原始而又不可理解，尤其是再加上从简单到最复杂的所有图案形式。这个特点便是，在波浪线或螺旋线形成的带状中间，有细的直线或折线，在木雕上表现为凹处或浮雕（图版Ⅲ，图 3，6，8，9），在织物上则表现为编成辫的带状或花纹（图版Ⅳ，图 2，3，6，8，11）。在骨雕品上也有这个特点（图版Ⅳ，图 9）。依我看，这种线不是别的，正是蛇背上的条纹。

蛇形图案起源的另一个重要证据是已经成为古爱努人长袍标志的一个细节，它的通常的样子见图 2 a 。这种长袍上图案的所有螺旋线和其他种类的线都保存着网格线的痕迹，这种网格线被印加人加在构成花纹的线色布带上，无疑，这样做的目的是为了表现蛇的鳞片。这个细节可以在图版Ⅳ之图 2 中见到，是长袍袖子上的部分花纹。

但爱努人并不仅仅将蛇形图案限于宗教目的；在生病，氏族处于困境等特殊情况下，他们用草编成蛇的形状，并用特别的名称 inokakamuj——神蛇来称呼它。

---

10 爱努男人在宗教仪式上喝酒时，要在碗上放一根小木棍，以免胡须浸入酒中。——译者

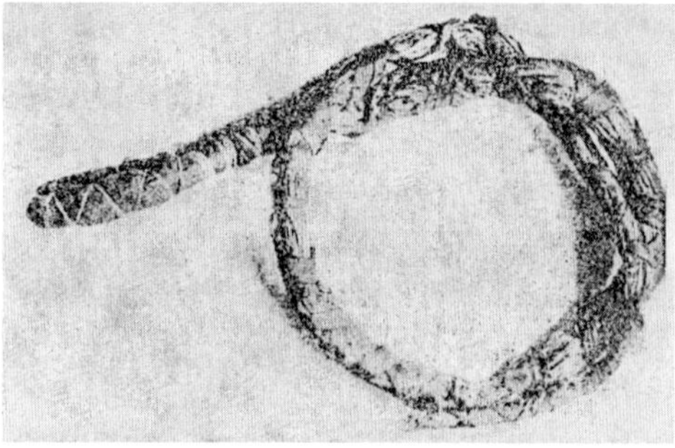

图九 草编蛇，祭祀对象（巴彻勒：《爱努人及其民俗》，伦敦，1901 年，第 361 页）

显然，这种"蛇"总是呈环状（图九）。这一形状绝非偶然，因为爱努人常常将蛇与太阳和圆盘联想在一起。一个明显的例子是人种志学和民族志学博物馆的一件圆木板宗教用品，它的四周被剪成圆形，上面有两条盘成螺旋形的蛇（图版Ⅳ，图 1）。这块木板是在萨哈林爱努化的吉利雅克人中找到的，在这些人中它有一个特别名称 Kenachai，而在爱努人中的名称是 Chuf-Kamui——太阳神。

这种双蛇造型可由爱努人关于最初的天蛇的神话来解释。根据这个神话，蛇并不是独自降在地上的，而是同它的情侣，即实际上等同于太阳的火神、世界的统治者一起降临的。因此，双蛇的形象是蛇本身和同样是蛇的样子的它的情侣。在这篇出色的神话中，还有一个解释爱努人图案的主要形式——曲折线的起源的重要细节。事情是这样的，根据这个神话，后来，天蛇在天上的后代是以闪电，即曲折线的形式降临大地的。

这种两条蛇盘成环状的形式在图案中都是极相似的，大部分木雕都采用这样的图案。类似的构图可以在图版Ⅳ之图 4 的挡须棒上看到。在爱努人的木盒上和其他日常生活用品上经常能遇到这种图案形式；同样，在与爱努人毗邻的吉利雅克人甚至阿穆尔边区的许多部族中也可遇到。

在爱努人的日常生活中，蛇在图案中的这种中心作用是与其重要的宗教作用紧密联系在一起的。与日本人相反，爱努人无论何时都不杀死蛇，也不吃它。蛇的形象被置于最重要的地方——火神所在的炉灶，房屋主人、祖先神所在的神圣屋角，大 nusa[11] 中间的庭院。人们祈求蛇上升，给它带来贡品，在蛇前庄重地喝 sake（酒），向它询问病因。蛇是萨满最强大的保护神，有自己的蛇保护神的萨满被认为是最有威力的萨满，因为蛇神进入萨满体内，从而使其能够做出最不可思议的功绩。

这是完全有根有据的，因为蛇的图像在爱努人的宗教实践中起着重要作用，显然在从前，它在他们的宗教中还曾占据更加显赫的位置。巴彻勒在下面关于爱努人现代蛇崇拜的说法是完全正确的："我们现在看到并相信，虽然现在蛇崇拜的遗存不多，但在从前它却构成一个完整的系统"。[12] 当然，一个同样的例子是，为何至今爱努人还要向甚至是最复杂的传统图案形式中注入似乎可以解释其蛇形起源的要素。

原来，由螺旋线、曲折线和波浪线构成的图案流布于从菲律宾，经台湾、印度尼西亚，一直深入到大洋洲的广大地区。这样，由贝壳（Cyprea moneta）拼成的最简单的曲折线形式在印度尼西亚的腰带（图版Ⅴ，图 8A）和大洋洲的头饰（图版Ⅴ，图 8）上都可以遇到。图版Ⅳ之图 5，7，11 提供的是新西兰毛利人部落的图案，与爱努人的木雕图案非常接近。特别近似的是木雕像上的图案（图版Ⅳ之图 5 和图一一），简直就是在重复前面提到的萨哈林

11 木币（伊纳乌）上端削出的刨花。——译者

12 巴彻勒：《爱努人及其民俗》，第 365 页。

太阳形木板（图版Ⅳ，图 1）上的蛇构图。爱努人刺绣上的图案（图版Ⅱ，图 1，2）与阿德默勒尔蒂群岛鼓上的图案（图版Ⅱ，图 3）明显相似。在塔希提岛的鼓上（图版Ⅱ，图 6），和汤加群岛的木槌上（图版Ⅱ，图 4，5，9）可以找到类似于爱努人的曲折线图案。特别是拉岑堡在俾斯麦群岛找到的奇特的蛇状图形（图版Ⅱ，图 7，8）。表现在托雷斯海峡烟斗上的螺旋形盘旋的两条蛇，两头相对（图版Ⅱ，图 10），这令我们想起了爱努人挡须棒上同样的两条蛇（图版Ⅲ，图 1）。特别明显的是，如同在爱努人中一样，在这些民族中，在其与祭祀有关的器物上，尤其是在文身图样中，我们找到了最为接近写实主义的蛇的图像。面对众多实例，我在这里只将范围限定于菲律宾（图一〇）和鲁缅采夫伯爵群岛（图一二）的伊戈罗特部落的文身图样。

在这一地区，像在爱努人中一样，经常可以遇到各种蛇造型，其中包括浮雕的。在这方面特别明显的是环形铜铸蛇像，巴塔克人在行军出发时将其别在头发上（图一三）。对于我们的问题来说，这些形象的一个细节是令人惊异的：每条蛇的躯干中间都贯穿一条或数条用来表现脊背的凸起的线，这与我们前面提到的爱努人长袍和木器上的图案是一模一样的。

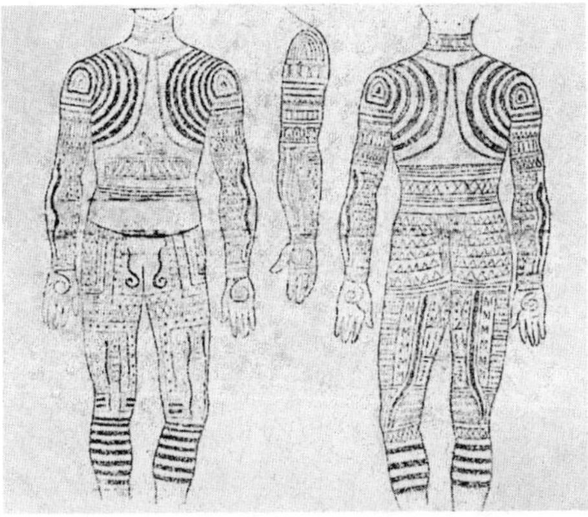

图一〇　伊戈罗特人的文身（拉策尔：《民族学》，1894 年，第 376 页，卷Ⅰ）

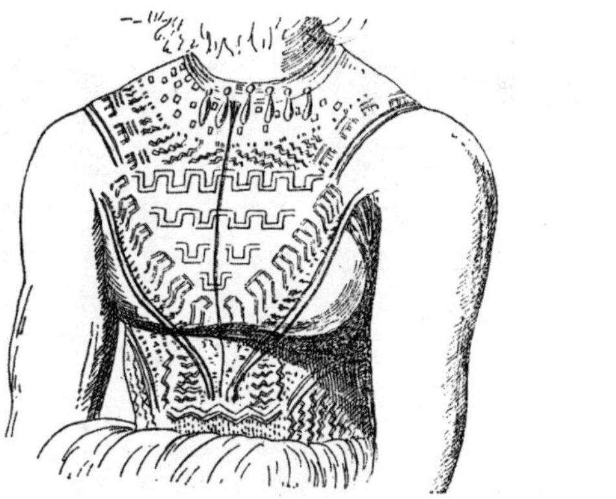

图一一　毛利人门上的螺旋纹（汉密尔顿：《毛利人的艺术》，第 131 页）

图一二　鲁缅采夫伯爵群岛的文身（加里克：《南洋和白令海峡旅行记》，1823 年，卷Ⅲ，最后一幅图版）

图一三　行军出发前插入战士头发中的金属蛇，西里伯斯岛（人种志学和民族志学博物馆藏品，№ 2317—63）

在台湾南部的中央山脉贵族家庭的屋外，作为他们贵族身份的标志，要并排竖立带有人头或蛇头的雕像，他们认为特别重要的是雕像的数量要达到60个，而数字60在爱努人中被认为是神圣的。同样的石雕像亦被立于酋长们议事的场地。众所周知，这类场地亦被看作是神圣的地方。[13]

然而，尤其令人惊异的是下面的巧合。如我们随后将要看到的，在台湾的各部落中，似乎从空中落下而声音低沉的陶器具有重要作用，在这些陶器上有蛇的图形。

列宁格勒人种志学和民族志学博物馆所收藏的一件残片证明，爱努人的陶器上也有蛇的图形。在我们的这件陶器残片上也可以清楚看出，蛇的图形并不具有图案性质：图形上虽然布满多条图案线，但这与图案没有任何关系。

在澳斯特罗尼西亚，我们不仅会同蛇图案一起遇到共同的蛇崇拜，而且还会在许多细节上遇到关于蛇神的很相似的观点。例如，在爱努人中，蛇起着生育女保护者的作用。在原始民族中，关于生育女保护者的观念通常是与女性祖先崇拜和原初女神崇拜联系一起的。比如，在美拉尼西亚，我们可以找到这样的信仰：原初女神是蛇形的神，因此所有的蛇都被看作是她在地上的代表，都是神圣的。[14]

图一四　达罗毗荼人的刻有两条蛇像的石碑（《世界民俗志》，伦敦，1915年，卷Ⅰ，第438页）

这一点在南印度的达罗毗荼人中表现得更为明显，而这在很多方面都与澳斯特罗尼西亚存在着密切联系。在达罗毗荼人中，不能生育的人要带着贡品在缠绕在一起的两条蛇的像（显然，是交媾的象征，图一四）前祈祷。类似的情况我们在爱努人中，或者确切地说，在这些神的“居处”还经常可以遇到。

在特罗布里恩群岛，蛇被看作是祖先-酋长之神，原来就被视为首领。在遇到蛇时，土著们要像在最高首领面前那样一躬到地。要献给蛇祭神的牺牲，并高声祷告。任何时候都不杀死蛇。[15]

在斐济群岛，蛇被认为是最受崇拜的神伊登加瓦（Idengawa）的化身。在新不列颠群岛，带蛇头的弯成环状的葡萄枝在成年仪式上起着重要作用。[16]

类似的蛇崇拜在友爱（汤加）群岛、班克斯群岛、新赫布里底（瓦努阿图）也可找到。在那里，人们将祖先神与蛇联想在一起，蛇被当作具有强大能力的萨满。人们在特别神圣的

13　伊能嘉矩（Ino）:《台湾岛泽利先（tsalissen）部落中的权利标志》,《东京人类学会杂志》，1910年。这里引用的是麻生（Masokina）的译文,《亚洲通报》，1916年，№ 38-39，第78页。——原注。　伊能嘉矩（Inou Kanori），曾师从坪井正五郎。1895年至台湾，任职于“台湾总督府”民政局，1898年任“藩政研究”调查员，1900年任临时台湾旧贯调查会干事。著有《台湾藩政志》《台湾文化志》，并与粟野传之丞（Aneno Dennozyou）合著《台湾藩人事情》。——译者

14　原初女神无论何时都不是人类，在圣克利斯托瓦尔有一种蛇神的形象，由此而所有的蛇被认为具有神性，都是她的代表。黑斯廷斯:《宗教和伦理学百科全书》，美拉尼西亚人。

15　布朗:《美拉尼西亚人和波利尼西亚人》，伦敦，1910年，第238—239页。

16　布朗:《美拉尼西亚人和波利尼西亚人》，第84页。

地方崇拜蛇时会把金钱作为礼物献给它。并且，在澳斯特罗尼西亚的各个地方都可以找到这样的例子。

对于我们的问题来说，最有趣的是在菲律宾人们对蛇的态度。例如，詹克斯在谈到伊戈罗特人时写道：我们无论何时都不会杀死蛇 O-wûg，它是我们的朋友。如果在路上遇见它，我们就会停下来并同它说话。如果它在我们走的路上横穿三或四次，我们就返回家去，因为要是继续走的话，我们中的某个人就会死去：O-wûg 是来警告我们不要再走了，它知道每一步上的凶兆（anito）。[17] 我们在斐济岛找到了完全相同的细节，在那里，横卧在路上的蛇，根据迪恩的证据，is a trustworthy hint of trouble ahead[18]——是对所面临危险的完全可靠的警告。令人惊异的是，在菲律宾的许多地方，种稻子的人工梯田（raised beds）被修成螺旋形环带状，中间围绕一块立着的石头，尽管这样的布局是明显不利于耕作的。显然，这与蛇崇拜有关。

最后，我要指出的是，在婆罗洲的伊班部落中，巨蟒像爱努人中普通的蛇那样起着保护神（guardian spirit）的作用。[19]

五、崇拜方面的证据

图案将我们引入蛇崇拜，蛇崇拜与蛇图案有联系，这又把爱努人与澳斯特罗尼西亚人联系在一起。

我们现在研究一下崇拜方面的其他近似之处。首先，我们注意到在太阳崇拜上的共同点。在爱努人中，太阳神 Chup Kamuj 被认为是最高的神，它被人们与世界的统治者——火女神联想在一起，而火女神本身又与蛇相联系。在澳斯特罗尼西亚人中，太阳崇拜像在达罗毗荼人中一样，是人所共知的事实。

对于我们的问题来说，在这一崇拜中有趣的是，在这个地区（印度尼西亚的苏门答腊、西松巴、西里伯斯中部、婆罗洲，更不必说大洋洲）的许多民族中，对太阳和蛇实行人祭，如同在达罗毗荼人中那样；在西松巴，与此种祭祀相联系的是食人风俗。这种风俗也曾在爱努人中实行过。在虾夷岛和萨哈林，他们自己的传说首先便可证明此点。多布罗特沃尔斯基（《爱努—俄语词典》，附录，58）甚至提供了一幅在食人宴上用来杀死人牺牲的工具的图画。除了传说，能够证明食人习俗的还有，在爱努地区的各个地方的食余弃物中，都找到了为得到骨髓而劈开的管状人骨。[20]

也许，多布罗特沃尔斯基是对的，当他在某些种类的伊纳乌（inau）中（带有被砍去头的海兽的被砍碎的肚皮）见到了人牺牲的残迹时。按照爱努人的说法是，“在伊纳乌的肚皮上做刀砍的记号 moxna（好像是表示肚皮的切口）和由记号开始，向上和向下的刨花 kexna，表示肚皮正面的柔软部分向上和向下翻卷”。[21] 这说的不仅是人牺牲的残迹，而且是在谈食

---

17 詹克斯：《马尼拉民族学调查专刊》，1905 年，卷 I，第 225 页。

18 迪恩：《斐济社会》，伦敦，1921 年，第 154 页。

19 霍斯、道哈尔：《婆罗洲的异教部落》，伦敦，1905 年，卷 II，第 93 页。

20 莫尔斯：《大森之贝冢》，《古逸丛录》，东京大学，卷 I，1 分册，第 17—21 页。波利亚科夫：《在萨哈林岛、南乌苏里边区和日本的研究报告》，《科学院通报》，卷 X L Ⅷ，附录。

21 多布罗特沃尔斯基：《爱努 - 俄语词典》，附录，第 42、65 页。

人之俗。同时也可据此推测，从前在故地，当爱努人与异己部落为邻时，他们曾是猎头者。他们对头骨的特别崇拜的态度便会引人如此猜想。例如，他们在求雨时就会向野狗的头骨（Nyctereutes procyonides）祷告。[22] 在旅行中，他们随身带着鸟和狐狸的头骨，这些头骨叫作 shiratki kamuj——保护神。爱努人明确地告诉巴彻勒，他们确实认为，这些保护神的灵魂居于受崇拜动物的头骨中，因此要向对待保护神一样向它们祈求，并称它们为“亲爱的神”。

如果对于动物头骨是这样一种态度，那么就更可以设想他们对于死人头骨的态度了。这方面的证据，我们在某些特别的安葬仪式中便可见到。与澳斯特罗尼西亚世界共同的还有祖先崇拜，为他们举行特别的庆祝活动，在庆祝中为他们举行祭祀仪式，向他们高声祷告，把他们的伊纳乌与最重要的奴斯（nus 神灵）并排插在一起。这种崇拜很古老，不是借入的。可以证实的是，在这样的祭祀活动中一定要有妇女参加，而在其他场合，则不允许她们参加祷告和祭祀仪式。

与祖先崇拜有关，同下面相接近的事实进行比较是很有趣的。在萨哈林爱努人中，特别崇拜被神灵简选出来的人，他们是被雷电劈死，或与熊搏斗而死，以及溺水而死的人。我们在菲律宾也能找到相似的观念。旅行家杰戈克报道说，在菲律宾的米沙鄢（Bisaya）部落中，把被雷电劈死和鳄鱼咬死的人奉为神灵。[23]

六、宗教方面的证据

我们转而谈一下接近宗教领域的一些完全特殊的制度，这些制度至今仍是爱努人所特别独具的，而与其他民族的现实毫无共同之处。

我们首先看一下伊纳乌崇拜。这种崇拜实际上在某一群爱努人中不会遇到它的各种形式。众所周知，伊纳乌在应用上有两种形式：①刨花木棒形（shaving sticks——图版Ⅰ，图 А，Б，В，Д，Е，Ж）和②长刨花形，以之束于圣物、动物头骨、人的头上（图版Ⅴ，图 1，5，6）。这两种形式在澳大利亚和印度尼西亚各民族中也可以找到相似的，但遗憾的是，这尚未引起搜集者应有的注意。在澳大利亚的阿兰塔部落中，我们发现了用柳树做的刨花木棒；在这里，将这些木棒插在头发上并不是为了装饰，而是因为这种东西具有魔力。这种木棒的样品在科学院人种志学和民族志学博物馆中有收藏（№ 1336—25），见图版Ⅰ，图 5 Г。在小巽他群岛，我们找到了用作魔法目的的粗大的刨花木棒（人种志学和民族志学博物馆，№ 2286—300d）。类似的粗大刨花木棒也插在爱努人的坟墓上（人种志学和民族志学博物馆，№ 700—311）。

通常是将刨花束在人与动物的头和头骨上，那么，就实例来说，可以把爱努人中熊头骨的装饰同婆罗洲人头骨的装饰[24]（图版Ⅴ，图 1—2）作充分比较，这样做是为了使二者的相似之处变得清楚。

的确，在婆罗洲，代替长刨花使用的是棕榈树叶切成的窄条，但它们在魔幻术开始前的

22 巴彻勒：《爱努人及其民俗》，第 334 页。
23 杰戈克：《菲律宾旅行记》，卷 d，1873 年，第 237 页。
24 霍斯、道哈尔：《婆罗洲的异教部落》，伦敦，1905 年，卷Ⅱ，第 120 页。

样式令人想起爱努人的刨花——silat。[25]

不难设想，古时，在热带的天空下，爱努人使用代替刨花的树叶长条，在自己现在的家乡，他们不得不用刨花代替热带树木的长叶。在婆罗洲，为用蛋做成的神灵举行祭祀仪式，神灵供奉在上端劈开的竹竿做的祭台上，竹竿上挂着 Long Caledonium（龙舌兰）植物的叶子（图版Ⅴ，图 3）。[26]

接着转入熊节。这个节日似乎与北方地区的动物崇拜有关，人们认为这是北极诸民族的制度，但他们忘了，只有爱努人欢度这一节日，在北方各民族中，这一节日只有在爱努人的邻族吉利雅克人中才偶尔一遇，而无疑地，这是吉利雅克人借自爱努人的，就像他们从爱努人中借入伊纳乌崇拜一样。

在爱努人中，熊节的特点包括，这个节日的举办并不像在所有北方民族中那样，是为了在狩猎中打死了熊的缘故，而是为了杀死在自己的村落中有意长期喂养的熊。这正是这方面的重中之重。爱努人赋予居住在村落中的熊以重要意义，认为它在这时是强有力的保护神（guardian spirit）。由此便可解释，为什么在节日期间要为熊举行祭祀仪式，在熊面前喝酒（sake），恳求熊，带有吃奶孩子的爱努妇女用自己的奶将熊喂养大。这些做法绝对不是北极人的。爱努人在村落中豢养崇拜动物的做法是他们从自己的南方故土带来的，这一做法在那里一直实行至今。例如，在台湾、印度尼西亚，在笼子中养蜥蜴、蛇和其他动物作为众保护神（guardian spirit）。它们不知不觉来到北方的土地，在这里，熊和熊崇拜也起到这种作用。通常，它们是由将熊当作特别的崇拜动物的村落来圈养。

我再引用一个事例，因为从动物崇拜方面看，这对于澳斯特罗尼西亚世界来说是非常典型的。一般地说，爱努人不制作完整的崇拜动物雕像；他们用头骨代替雕像。我们能见到的唯一完整雕像是，爱努人精心制作的染成黑色的他们所崇拜的剑鱼的雕像。这样的一件雕像来自萨哈林，保存在人种志学和民族志学博物馆（№ 39—128，图版Ⅴ，图 4Б）。这样的雕像大小与原型相当，中空，在婆罗洲制成（原文如此——译者），放在死去的尊贵者的身上。后来，人们把剑鱼骨头保存起来，头骨则放在其他的鱼、东方狐鲣（bonito）的雕像上。在人种志学和民族志学博物馆保存有来自所罗门群岛的剑鱼小雕像（№ 1336/127，图版Ⅴ，图 4А）。它在大小、制作技术，甚至颜色方面都与爱努人的剑鱼雕像相当类似，使人觉得二者似乎出于一手；区别只是在于来自所罗门群岛的雕像上装饰着贝壳镶嵌物。顺便说一句，把雕像立在船篷顶上，显然是作为护符，虽然旅行者们将之描述为装饰品。

爱努人和澳斯特罗尼西亚诸民族还有一个在细节上惊人相符的事例：爱努人在隆重场合要戴头饰，在头饰的前额部固定着所崇拜动物的造型，由此表明自己的起源。例如，某些人认为自己源自某种鸟，通常是鹰，便在自己的前额固定上这种鸟的喙（科学院人种志学和民族志学博物馆，№839—52，图版Ⅴ，图 5）。这种正面带鸟喙的战斗头饰我们在婆罗洲的达雅克人中也能找到（科学院人种志学和民族志学博物馆，№168—198，图版Ⅴ，图 7）。类似的事例我们在台湾亦可找到。在这里，某些显贵人物戴着特别的头饰，但在头饰正面中间的不是鸟喙，而是豹牙（科学院人种志学和民族志学博物馆，№ 597—44，图版Ⅴ，图 8В）。

---

25 霍斯、道哈尔：《婆罗洲的异教部落》，伦敦，1905 年，第 113 页，图版 162。
26 霍斯、道哈尔：《婆罗洲的异教部落》，伦敦，1905 年，第 7 页，图版 162。

最后，还有一种引人入胜的宗教仪式实物器具，这就是在萨哈林熊节期间使用的乐器。它是吊在叉形支架上的一段干原木（图一五）。由两个人按排练歌曲的节拍用小木棒敲击原木。这种器具在大洋地区是鼓的原型，不过在那里，是用竹子来代替原木，此种乐器我们在菲律宾还可找到（图版V，图9）。

图一五 萨哈林的乐器（绘自作者的照片，存于人种志学和民族志学博物馆）

我还要指出一个爱努人的宗教习俗，我想，它完全有资格列入澳斯特罗尼西亚类别。我注意到，庄重地饮稻米酒的习俗被称为sake。所有的初民伴随着自己的宗教仪式都使用自己本族的酒精饮料，但在爱努人中，喝sake则带有完全不同寻常的性质。即使是最不重要的宗教活动，他们之中的任何人都不会不最郑重其事地饮sake，他们绝不会将之凑合过去。他们要喝一小时，有时是一整夜，并且表情严肃，似乎正在完成一件最重要的事情。同时，爱努人认为喝到酩酊大醉，甚至最有理智和最受尊敬的人都不仅不认为这是不体面的，而且相反，以为这是非常合乎神之旨意的。喝酒的过程本身被认为是有某种神奇效应的。人们看到，在美拉尼西亚，饮用被称为cavapeoples的卡瓦胡椒酒。

但在这方面最接近爱努人的是菲律宾的一些部落。例如，十六世纪的一位古代西班牙作家便这样写道："在节日和聚会上，最重要的事情是日夜不停地饮酒（棕榈树汁酒）。所有的人坐成一个圆圈。他们经常喝醉，而这一陋习在他们之中并不是作为耻辱或丢脸的事情"。[27]

可以认为这段记述等同于只需更改名称（nomine mutato）的爱努人饮酒（sake）的描述。

提出下面的爱努人考古学领域的事实，对于我们的问题来说有着完全非同寻常的意义。十九世纪八十年代，苏普鲁年科（Супруненко）在从右面流入波罗奈河的一条小河锡西卡的河口附近，找到了一个带有内提手（handles）的做工粗糙的陶罐，它是用来盖人的头骨的。[28]在这件寻获物中，重要的是这种类型的陶罐（带有内提手），鸟居龙藏教授在千岛群岛，约赫尔松（Иохельсон）在堪察加都曾发现过。但特别重要的是，这样的安葬方式（头上带有陶罐），至少就我所知，只在美拉尼西亚发现过。

这件寻获物的其他重要意义还在于，它不仅完全有理由可以同我前面谈到过的台湾的神圣陶罐联系起来，而且它还可以解释关于神圣陶罐的台湾神话的自身起源。这些陶罐就像前面提到的伊能嘉矩的文章《台湾岛泽利先部落中的权力标志》所报道的那样，被认为是神圣的，而被存放在特别显贵的人那里。因为他们认为，这些陶罐是从天上掉下来的，来自他们的祖先。如果注意到，爱努人像萨哈林吉利雅克人一样，认为地上的陶罐是天神从天上扔下来的，显然，古代爱努人就会将陶罐扣在显贵者的头上（就像在西北美洲，显贵者和萨满的头上被扣上篮子）。因此，很容易将已故的祖先本身与陶罐联想起来，于是也就不难理解，

27 安托诺·迪·莫尔加：《十六世纪末的菲律宾群岛、摩鹿加群岛、暹罗等地》，斯坦利译，1868年，第271页。

28 这个陶罐与头骨一起保存在苏联科学院人种志学和民族志学博物馆。

关于天上的陶罐一始祖的台湾神话是怎样形成的。特别重要的是，需要查明，现在在台湾，将陶罐放在死者头上的习俗是否保留下来。

总之，对于我们的问题来说，在这件遗物中，重要的是联系。这种联系一方面被表露于古代爱努人[29]与台湾的习俗之间，另一方面则被表露于古代爱努人与美拉尼西亚的习俗之间。

民间文学领域的一个情节对于我们的问题很重要，它在细节上与大洋的相同。这是关于爱努人的故事，他们被风暴刮到了女人岛。这个岛的女人们将爱努男人引诱到自己那里，在交媾时由于淫虐狂（vagina dentibus armata）而将他们杀死。其中一个比较聪明的人由于使自己免受妇女们的击打而得以大难不死。另一个细节是，这些女人用风受孕[30]。在我的记录中，这个情节是这样的："妇女们提起衣裙下摆，往自己的私处（vulva）撩水，迎风吹干"。

在夏德和柔克义翻译的著名文集《赵汝适》（Chau ju Kua，页 151）中，我们找到了下面属于南洋群岛的片断："往昔无论何时，只要船只因遭遇风暴而漂到岸边，当地的女人都把船上的男人带回家，但是这些男人几天之内都死了。最后，只有一个伶俐的青年冒着生命危险成功地逃脱了。这个村子里的女人们通过把自己裸露在强劲的南风中而受孕"。[31]

这些历史讲述了爪哇、苏门答腊、特罗布里恩等岛屿（见许多新旧旅行家著作的附注引文）。

七、社会文化的证据

现在，我转入社会文化领域。除了体质类型外，爱努人的社会制度与其近邻吉利雅克人及其余的西伯利亚各民族，以至于中国人和日本人并没有什么显著区别。首先谈一下他们的家庭制度。它是建立在母权制基础上的。爱努人这一制度的令人惊异的独特性尚未获得应有的地位，在文献中还很少被阐明。我要指出他们母权制的一些特点。姑娘有选择丈夫的完全自由，女子的孩子是她兄弟的继嗣，丈夫搬到妻子的房子里或者只在一定时候才去；女子的小儿子被认为属于她的氏族，妇女可以成为首领，祖母被认为是真正的祖先，她的各代后裔被认为是一个氏族的成员；兄弟们的孩子之间可以通婚，因为他们出于各自的母亲；在家庭中，兄长起着最重要的作用，等等。但是，母权制在亚洲各民族中只能在澳斯特罗尼西亚和南印度的达罗毗荼人中找到。

---

29 找到带有头骨的陶罐的苏普鲁年科，在有关遗物的标签上写道，它属于未知的已灭绝的民族吞奇人（Ton-çi？），显然，这个名称来自爱努词语。根据我的资料，这个虚构的吞奇人就是古代爱努人，关于这一点，下面还要谈到。

30 我在萨哈林吉利雅克人中记录了这个故事的许多"版本"，并被确切告知，其主人公是爱努人（见拙著《吉利雅克人的语言和民间文学资料》，№ 17，第 159—184 页，其中包括第 160 页之 25—28 行。皮尔苏茨基在爱努人中记录的异本见于其《资料》，№ 6）。

31 赵汝适《诸蕃志》女人国："昔常有舶舟，漂落其国，群女携以归，数日，无不死。有一智者，夜盗船亡命，得去，遂传其事。其国女人遇南风盛发，裸而感风，即生女也"。（杨伯文：《诸蕃志校释》，中华书局，2000 年，第 130 页）。相同的文字又见于周去非《岭外代答》（杨武泉：《岭外代答校注》，中华书局，1999 年，第 111 页）。——译者爱努人与大洋各民族在社会制度方面相近的特点还有，尽管存在着母权制，但父亲对孩子的权力还是很大的。例如，父亲有权无阻碍地将儿子卖为奴隶；但他却无权对女儿这样做，他甚至不能干预她选择丈夫。这令人想起了古代俄国航海家关于桑德维切群岛国王宫廷风俗的故事。在那里，儿子不能跨过父亲房间的门槛。在父亲面前，他就像一个最末等的奴仆那样战战兢兢，尽管继承权是根据母系。酋长“尼斯帕”（ниспа）的情况令人想起了波利尼西亚。还是不很久远的事，十九世纪九十年代我在萨哈林时，有一个老头尼斯帕，根据他的名字尼森杜斯（Нисендус）和其自身的威望，他不但是几乎整个西岸的王者，而且是宗教方面的核心人物。居民们不仅定期送给他贡物和食品，而且像敬神那样献给他“伊纳乌”。他安排公共狩猎并分配猎获物。在一切公共和私人事务上，他是不容反驳的裁决者。

在尼斯帕酋长的特权中应该特别注意的是，尽管他在选择妻子时有完全的自由，但结婚时必须像澳洲人那样，要征得姑娘的同意。这只可以用对于尼斯帕的宗教态度来解释，这种态度就像对待拥有自己氏族的“玛那”（mana 神灵）的活物那样。显然，他的亲睦态度保证了未来婚姻的幸福。值得注意的是，这样的习俗在台湾也能找到。关于这种行为的宗教关系，在这里，特别的仪式便可证明。伴随这一仪式的有：在酋长房子的门前，新人要插上刚刚折下的nararupan 树枝，显然，这是神圣的。

我们有很多根据推想，像在波利尼西亚那样，从前，这些尼斯帕对于自己的属下拥有无限的权力。一种极端残酷的行为便可证明这一点，它表现在他们的刑法中。这些事实与现代爱努人的温和性格以及他们原始的生活条件完全不相符。比如，没有令杀人犯支付罚金的办法，而是将之活埋[32]或者割断其脚筋（在虾夷岛），犯偷盗罪的人被割掉耳朵和鼻子，犯通奸罪的人被吊起头发残酷拷打。然后采用神意裁判的实际作法，比如，把人浸入烧着开水的大锅中，用烧红的铁进行考验等。这种残酷行为无疑是另外一种社会制度的残余，那时，司法权掌握在无比专制残暴的统治者手中。在印度尼西亚，对罪犯处以酷刑是特别典型的，那里也实行活埋（对于通奸犯）。

八、语言的证据

转入语言的近似问题。自然，这种近似首先需要在其他地区找到许多。正是在澳斯特罗尼西亚，在那里的语系中至今保存着真正古老的大洋称谓。这个语系的语言处于不同的发展阶段，在词汇方面差别最大。虽然如此，从事这些语言研究的所有人，从贡博利德（Гумбольдт）开始，到新近的研究者，一直到研究澳斯特罗尼西亚诸语的古生物学家、天主教神父施密特，显然知道，就这些语言自身结构的主要特点来说，无疑是单音节。我们看到，爱努语根据本身的结构，应该列入这一语系。

我从语音开始谈起。大洋诸语的突出特点已经很久就被注意到了，在这些语言中，元音的数量多于辅音的数量：“在波利尼西亚语各方言中，整组的音是很有限的”。大洋诸语

32 巴彻勒否认在爱努人中存在死刑。可能是在虾夷岛他没能听到此事，可是在萨哈林，许多人告诉过我关于活埋的事，这些人是完全可靠的。

方面的老专家迪洛列说。[33] 在他之前，一位著名的布须曼（Bushman）语言学家也这样说过。"可以说，元音的运用通常是与辅音的数量成比例的"。另一位这些语言的晚近研究者法夫尔说。通过比较许多大洋语，这位研究者确定了这样一个明显的事实，在各个大洋语中，辅音的数量正好随着远离高级文化中心和文化水平的降低而逐渐递减。在爪哇语中有 20 个辅音，苏门答腊语有 18 个，在菲律宾的他加禄和米沙鄢方言中以及台湾有 16 个，在斐济和友爱（汤加）群岛有 15 个，在海员群岛和塔希提岛有 10 个，在新西兰有 9 个，在马尔克斯群岛有 8 个，最后，在夏威夷群岛只有 7 个。在许多岛屿上，例如萨摩亚群岛，甚至整组的辅音都完全缺失，如鼻音和流音（liguide）。[34] 顺便要说的是，这远不能解释由此而使这些语言具有悦耳的声音。

显然，这种尽可能避开辅音的倾向是大洋诸语的根本特点，看来，它是根植于说话器官自身的结构。这种趋向对于爱努语来说也是典型的。正如劳费尔所指出，在爱努语中总共只有 11 个辅音，而流音组中只有一个辅音 r。[35] 辅音达到最低限度的这个特点可能用来解释，在大洋诸语和爱努语中缺乏复辅音，无论何时，词语都不能由两个辅音开头。[36] 相反，这可以解释偏向于元音的汇集，并经常产生由若干元音组成的词。这样，在大洋诸语中便可遇到这样的词，如 haauaaia，而在爱努语中则有 Iaieya-shitoma，等等。接着，同样的是，两个语系都很少使用舌根辅音—guttural（例如，在爱努语中，只有一个变体—k）和鼻音，这些语言对这两类辅音的运用同印欧诸语、闪米特诸语、高加索诸语以及古亚洲诸语和美洲诸语差别很小。与大洋诸语类似，爱努语是很动听的。同样地，这对于它们共同的悦耳动听的特点来说也是很有帮助的。

在爱努语语音的细节上甚至可以找到与个别澳斯特罗尼西亚语的近似处。例如，在爱努语和马来语中同样缺少辅音 v，q，x；f 在马来语中只能在借词中遇到，而在爱努语中，也是在借自日语的词中最常听到。在两种语言中，都有介于 s 和 sh 之间的语音；都有西班牙语的软音 n。[37] 最后，在这些语言中，元音都没有长、短的区别。

我再谈一下澳斯特罗尼西亚诸语和爱努语的基本结构，它们最突出的特点是，共同的单音节特别阶段。[38] 这种单音节不是汉语类型，在汉语中，作为基本规则，一个词只由一个音节构成。在我们所研究的语言中，这种纯粹的单音节阶段已经包括：词语可以是多音节的，但可以分解为数个单音节的组成部分。[39] 尽管孟 - 高棉诸语同爱努语在其他方面有许多差别，但在这方面则特别相近。

---

33 迪洛列：《大洋诸语言》，第 32 页。

34 阿贝 · 法夫尔：《马来语语法》，维也纳，1876 年。

35 劳费尔：《爱努人计数法中的二十进制和十进制》，《美国远东学会会刊》，1917 年，卷 37，第 206 页。

36 在虾夷岛方言中，这一规则不存在例外。但在萨哈林方言中，多布罗特沃尔斯基援引了几个以 tr 开头的词，但我在那里听到他所援引的词只是以特别发颤的 t 开头。

37 通常被描写为上面有浪线的 ñ。

38 可以认为大洋诸语是单音节的。迪洛列：《大洋诸语言》，第 32 页。现在，来自贡博利德的这个老观点已为人们所公认。

39 值得注意的是，甚至米勒在当时都没有关于爱努语的单音节概念，而认为它是多音节的，只不过感到它与单音节语言有亲缘关系。"虽然，从东南亚到澳洲大陆以北，各民族集团的语言是多音节的，但是由无变化形式的单音节组成的"。《语言学概览》，卷 Ⅱ，1 分册，第 142 页。

在词法学的其他共同特点中，我们指出以下几点。

第一，在我们所研究的彼此完全隔绝的语言中，都有前缀和后缀。现在，只有在孟-高棉诸语中只有一些前缀，但精通这些语言的专家施密特指出，这些前缀以前曾是后缀[40]。

第二，在所有这些语言中，词法的功能如格或动词的态的构成表现在前缀和后缀上。这便可以解释，现在或不久以前还在使用的词（名词或副词）之所以还在应用前缀或后缀，因此，词的位置在说话者的心理上并不起作用。

第三，前缀和后缀可互相转化（迪洛列，前引书，页 30）。

第四，对于所有这些语言，名词方面可以采用巴彻勒关于爱努语的说法："现在，名词在表示性别、数量或个别事物时没有数的变化。名词在句子里与其他词的关系，尽管通常可根据上下文的语境确定，但在必要的时候，可由特定的助词来表达"。

再谈一下复数。

这方面差不多相当于科德林顿（Codrington）关于马来语和美拉尼西亚语的说法："美拉尼西亚语名词的形式里没有数的标记，通常只依靠上下文语境来确定是一个或多个。然而，在明显需要标记复数的时候，就会在名词的前面或后面附加词缀。马来语没有名词的复数形式，如果需要的话，会通过附加词缀的办法来表明，如，baniak many（许多榕树）"。

如果必须提到单数词，在所有这些语言中，就要加上数词"一"（同上，页 149）：在马来语中是 satu，在爱努语中是 sine，等等。

需要注意的一个重要区别是，一个名词或代词对于其他词类关系的表示方法，即附属概念的表示方法或所有格（genitive oase）。在爱努语中，限定词位于被限定的词——代词或名词之前，在澳斯特罗尼西亚诸语中，顺序相反。在这方面，爱努语同蒙达语（分布于印度奥里萨邦——译者）相类似。与孟-高棉诸语相反，蒙达人的语言只有后缀和前缀。这个重要的区别可能被作双重解释。或者如施密特所解释的，在蒙达语中，澳斯特罗尼西亚类型的所属（genitive）只是附属成分的较早表现形式；或者是在爱努语中，像在澳斯特罗尼西亚语中那样，两个词之间的所属（genitive）关系用特别的词来表示，它在爱努语中位于限定词之后，在其他语言中位于限定词之前。在一个语系中，这个词被完全省略，在其他语系中，则允许存在两种形式[41]，但就全体来看，第一种情况具有晚近的性质。这个解释所属关系的词的存在，特别是这个词像在爱努语中有"拥有、有"之意的时候，词序不起任何作用，在这两种情况下，关系很明白。只有在连接词省略或完全丧失的情况下，区别才变得强烈起来，但这是较晚起源的事实，并且不可能。因此，在所研究语言的结构上，可以证明这是原初的、根本的区别。

第五，在爱努语和澳斯特罗尼西亚诸语中，动词没有式、时甚至人称的变化。时和式用特别的助词来表示。

第六，代词引起了我们的特别兴趣。值得注意的是，在爱努语和马来诸语中，人称代词

---

40 施密特：《孟-高棉诸语》，第 55 页。

41 比如，在斐济岛诸语中，可以说 a su ni ika 为了鱼的篓（捕鱼篓），并且 ni（为了）可以省略（科德林顿，第 144 页）。

单数第一人称完全相同。在两种语言中，它都是用 ku 一词来表示[42]，科德林顿甚至认为它有接近美拉尼西亚语的可能性。关于单数第二人称，爱努语的 anokai 与马来语的 engkau 很相近，同样，科德林顿也认为它与美拉尼西亚语很接近（页 121）。

需要注意的是，在爱努语、马来诸语和美拉尼西亚诸语中，有特别的内包式，它们从属于人称的级，并向之转化。大概可以此来解释，在爱努语中存在最为不同的人称代词。例如，在爱努语中，单数第一人称的形式之一是 chokai，它是 chi（复数第一人称和 okai（有、是）二词的缩略，并且只有在和日本人说话时才使用。同样，人称代词的单数第二人称最初是表示复数，并且只作为呼语的敬称形式使用。

第七，关于形容词，应该注意的是，在马来语中，前缀 sa 是形容词的组成部分，在爱努语中，起同样功能的是前缀 shi；这里要特别注意的是马来语的前缀 sa 是 satu—— 一的缩略，而爱努语的前缀 shi 也可以认为是数词 shine—— 一的缩略。

第八，在爱努语和澳斯特罗尼西亚诸语中，存在二十进制。对于大洋诸语来说，库克群岛以及后面的很多语言便可证明。甚至在完全效法印度十进制的现代马来语中，我们也找到了古老计数系统的遗痕。在某些地方，有与表示二十的 duapuluh（两个十）并存的特殊词语 lihur（图高尔德 Tugault，页 58）。

第九，还应该注意的是，在爱努语、某些澳斯特罗尼西亚语中，重音感觉很弱，有时则完全听不出，而在能听出的时候，也没有任何固定音节。可以相信，这是从属于这些语言的原初单音性质的。

九、人种志学和考古学的证据

现在，我们再转回到本文开始的爱努人问题：我们在哪里能够找到爱努人的人种志学同种？我们在爱努文化区域看到，这个问题只可能有一个回答：人种志学同种我们只能在我们找到的同源文化的源泉之地寻找，这就是澳斯特罗尼西亚诸民族的活动地域。人种志学虽然有一个总的方向，但暂时还不能给出确定的和完全一致的回答。这源于人种志学主要关心的是，将爱努人列入何种基本的人种分类；同时，各种分类法都是建立在不同的标准之上的，根据几种简选出来的人种志学特征，例如，德尼凯（Deniker）将自己的人种分类建立头发的形状上（从波浪形到直发），在这个特征的基础上，他把爱努人列入共同印度尼西亚人和波利尼西亚人群体，但已与达罗毗荼人和澳洲土人完全分离，同时，专门从事人类种族头发构造研究的弗里登塔尔在其大著《人类的毛发》图版 XXXII 的说明中说，在所有方面，澳洲土人头发的构造和形状都与爱努人和白种人没有什么区别，用这一点完全可以挖掘出德尼凯标准的意义。另一方面，从事头和鼻指标研究的晚近学者罗兰・狄克逊[43]把爱努人列入南印度和马来半岛的原始澳大利亚人种类型。看来，他把爱努人当作尼格罗人种类型，并且完全将他们同波利尼西亚人和印度尼西亚人分开。这之后便毫不奇怪了，与狄克逊的人种志学著作

---

42 巴彻勒：《爱努人及其民俗》，第 105 页；科德林顿，第 121 页；图高尔德，第 30 页。

43 狄克逊：《人类种族的历史》，纽约，1923 年，第 250 页。

同时问世的还有美国著名学者克罗伯[44]的著作，他确定了爱努人的人种志学位置，“广义高加索人种或散落的蒙古人种”，换句话说，这不仅没解决问题，而且使问题无法解答。在这种众说纷纭的情况下，单靠人种志学这一手段很难解决问题。在爱努人问题上，人种学家的错误使之变得更为纷繁复杂。问题有两种。一方面，他们完全不考虑爱努人的文化和历史，就是说，这些资料有可能使他们将注意力集中在一个确定的地区。另一方面，尽管爱努人存在某些蒙古人种的特点，但将之从蒙古人种中区分出来的最典型特征又被他们忽略掉了，这就是面部浓密的须发和长满全身的体毛。虽然完全处于蒙古人种的包围之中，但这个特征却在爱努人中完强地保留下来。与此相关，根据另一些特点，他们显然在变化，尽管与无胡须的马来人和波利尼西亚人有着密切的历史联系，我们还是要把这个特征作为非常稳定的遗传特征之一来看待，这类特征是孟德尔学说（менделизм）的主导思想。人种学家们忘了，这个特征同肤色比较起来，更可以将人类分为几大种族。何以见得？正是在这里，我们找到了爱努文化的源泉，在肤色和其他人种志学特征不同的民族中，我们找到了多须种族的代表。我们在澳大利亚、美拉尼西亚（图版Ⅵ，图 3 和 9）、密克罗尼西亚（图版Ⅵ，图 5），在南印度的托达人（图版Ⅵ，图 8）、锡兰的维达人（图版Ⅵ，图 7）中，甚至偶尔在波利尼西亚（图版Ⅵ，图 4 和 6）都找到了他们[45]。不能如某些人那样，认为这是高加索人种影响所致。这样的影响不可能在遥远的古代深入到这些孤立的民族中，如澳大利亚，甚至美拉尼西亚各民族。我们不得不承认，这是大洋和邻近的南亚沿岸的自古就有的种族。

证明此点的，是以得自古代沉积层和现今仍存在于这个多须种族中的特征复合的颅骨学材料为基础的考古学。爱努人及其文化将我们引入这个多须种族的领域，我们应当认为他们是这个种族的一块碎片。的确，根据肤色，爱努人不同于大多数大洋多须部落，但首先，不应该忘了，这些民族如巴布亚人、美拉尼西亚人的肤色远非同类。还有米克卢霍 - 马克莱（Миклухо-Маклай）坚持的巴布亚人肤色非常变易说。萨拉赞（Салазин）也注意到，在新喀里多尼亚人中，南北方在肤色上差别显著。澳大利亚人在肤色上的非常变易早就被所有人承认。关于维达人，没什么可说的，不能把他们算作黑种人，他们脸上的胡须便明显地反映出这一点[46]。此外，还需要注意的是，从种种迹象来看，爱努人在很久远的年代便已脱离了这个多须种族。爱努人与澳斯特罗尼西亚人共同的文化复合就证明了这一点。不过要知道，这个文化复合是由一些在遥远的北方文化之中勉强坚持的南方文化的残遗构成的，而文化上以及生物学上的残遗总是在证明着自身起源的遥远古代。考古学表明，在爱努人现居地上的古迹已有数千年。在这几千年中，爱努人从遥远的南方迁移到遥远的北方，与其他种族多有混合，丧失了某些不太稳定的人种志学特点，而须发和体毛浓密这一最稳固的特点则保持了下来。与他们的人种志学特征（habitus）一起出现的还有，产生了文化的特征。在这些特征

44 克罗伯：《人种志学》，伦敦，1924 年，第 40 页。

45 值得注意的是，老一辈旅行家沙米索 (Шамиссо)、朗斯多夫 (Лангсдорф) 都特别注意到了这个特征。他们查明，在加罗林群岛、拉塔克群岛、甚至夏威夷群岛，都有多须人，并明确指出，夏威夷群岛的居民很爱惜自己的胡须。

46 顺便提及，维达人在这个特征上特别接近爱努人，阿努钦认为这对于爱努人来说是特别典型的，还有就是根据胫骨的偏平率（在爱努人中，胫骨横截面的长、短径比率为 100/59.31，在维达人中为 100/60.50）。

中，我们找到了美拉尼西亚人、达罗毗荼人和马来人的残遗特征——虽然大部分已丧失掉了。可能，我们无论何时也无法弄清爱努人与何种澳斯特罗尼西亚群体最为为接近，但借助于文化残遗，我们最大限度地准确知道需要在哪些群体中寻找。

最后，与人种志学问题相关，还需要就人种学家和考古学家分歧的问题说几句，这就是，是谁在现在爱努人的地方建造了古代地下居室并留下了炉灶的残迹？是现代爱努人的祖先，还是别的民族，如坪井正五郎及其同道所想？至于我，则同意贺川（Kaganei）和巴彻勒的理由，他们承认地下居室的建造者是爱努人，不过，我得出这样的观点是基于其他方面的论据，首先是我在萨哈林的研究中所获得的。萨哈林爱努人反复向我讲述过关于某种矮人的神话，他们从前住在萨哈林并建造了地下居室。的确，这个神话有一些怪诞的不同说法[47]，完全不符合情理。不过虽然如此，与劳费尔所持意见相反，这个神话不仅在萨哈林存在，而且流传很广。同时，我对建造者居室遗迹的考察也证明了后一点。首先，最古老的居室遗迹，如特莫沃岬附近，其建造者无疑是爱努人。在这些大的地下居室中，我发现了爱努人住宅的典型特征：多个炉灶。因为至今，如果在一所爱努人住宅中住着几家，那么每一家都会有自己的炉灶，虽然所有的炉灶都排成一排。在住宅的某些地方甚至有与男人分开的单独的炉灶。另外一个重要事实是，萨哈林吉利雅克人至今还在建地下居室，所有考察过的或找到的地下居室，包括萨哈林的最北端和东岸，它们都被明确地称为 kui tulkr（苦夷土勒克）——爱努地穴。换言之，在距今数百年以前他们来到萨哈林时，遇到了这些地下居室的建造者爱努人，而爱努人本身现在还在被看作是一个神秘民族。如施伦克所坚信的，吉利雅克人并非是萨哈林的土著，而他们用爱努专有词称呼在阿穆尔没有的动植物品种，我据此也证明了施伦克的观点。

最后，决定性的重要证据我得自对现代爱努图案的分析。包括写实主义风格的蛇图像在内的它的所有要素，都能在考古学提供给我们的实物中找到。一切表明，民族图案并非仿效自偶然发现的考古学实物。大概因此，现代爱努图案直接来源于地下居室图案，可见，地下居室的建造者不可能是别人，只能是爱努人的祖先。

总结一下。我希望，首先，我能够证明自己方法的正确，这就要求，爱努人问题的解决不能像以前那样以某一个特征为基础，而应建立在其特征的全部复合之上。对于爱努人来历的分析不但需要引用语言和人种志学材料，而且首先需要引用物质、社会和精神等所有领域的资料。从文化到语言和人种志学，我们从简单走向复杂，由清晰趋于千头万绪。

通过以这个方法为基础的分析，我希望能够证明，把爱努人与北极诸民族、西伯利亚诸民族、中国人、朝鲜人等联系起来的旧理论，自身没有任何基础。同时，这一分析表明，结合地理学以及根据他们文化和体质的所有要素（habitus），爱努人一定属于澳斯特罗尼西亚诸民族的范围。根据体质类型，爱努人表现为长头多须人种的澳大利亚人种的变种。这一人种的不同类别我们在澳洲、南印度和西太平洋都可找到，他们文化和语言的特点在大洋最不同的各民族，尤其是居住在印度尼西亚、菲律宾和台湾的这些最靠近爱努人的民族中，也可以找到。

47　例如，根据某个说法，这些地下居室（pit-dwellers）中的人数很少，他们只在萨哈林住了很短的时间就离开了，也不知去了哪里。

在澳斯特罗尼西亚，尤其是在其西部，根据他们多须的特征，那里应是爱努人最初的故乡，并且从那里开始了他们的长期漫游以及与其他人种和文化的接触。后来，在几千年漫长的旅途中，在很多个世纪里，处于新的地理和气候环境中，他们不可避免地要从自己的古老文化中遗失掉许多东西，并获得一系列新的文化特点，得以改变自身的体质类型。由此便可以阐明他们如此令人惊异地保存下来的古老文化的残遗，并似乎能够永久保存他们遥远过去的遗痕。

我得出的结论为今后的调查研究开辟了广阔的前景，它不仅对于爱努学家是重要的，而且对从事澳斯特罗尼西亚领域研究的所有人都是重要的。

我在自己的爱努人起源学说中引用的比较材料远未穷尽。在爱努人的研究方面已做了许多工作，但可能还有更多的工作需要去完成。物质文化的研究还很薄弱，家庭制度的研究也不充分；极为丰富的民间文学只记录下一小部分，在语言的语音和词法方面还留下许多工作要做。关于澳斯特罗尼西亚诸民族，特别是印度尼西亚、菲律宾和台湾，也同样可以这样说。

我已提出了自己的一些结论。对于爱努人和其他澳斯特罗尼西亚民族文化和语言的进一步详细研究，不仅会为支持这些关于爱努人起源的结论提供新的证据，而且我希望，它能够重新阐明所有大洋民族的来历。

附记：本译文系国家社会科学基金冷门绝学项目《库页岛及周边区域中日俄经略史研究》（批准号：19VJX045）的阶段性成果。原文载于《人种志学和民族志学博物馆集刊》，卷XⅢ，1929；后收入《吉利雅克人、奥罗奇人、果尔特人、涅吉达尔人、爱努人》，伯力，1933年；Л. Я. Штернберг. *Аинская проблема* / Сборник музея антропологии и этнографии，Т. XⅢ，1929； Гиляки орочи гольды негидальцы айны. Хабаровск，1933.

参考文献（译者编制）

Antonio di Morga. The Phlippine Isiandes，Moluccas，Siam，etc，at the close of the XⅥ century by Antonio di Morga. Translated by Stanley. 1868； 安托诺·迪·莫尔加：《十六世纪末的菲律宾群岛，摩鹿加群岛，暹罗等地》，斯坦利译，1868年。

Batchelor. The Ainu and their Folklore. London，1901；巴彻勒：《爱努人及其民俗》，伦敦，1901年。

Brigham. Memoirs of the B.P.B. Museum. Honolulu，1911； 布里格姆：《银行·邮政·纸币博物馆研究报告》，火奴鲁鲁（檀香山），1911年。

Brown. The Melanesians and Polynesians. London，1910； 布朗：《美拉尼西亚人和波利尼西亚人》，伦敦，1910年。

Buschan. Illustrierte Völkerkunde. 1923； 布尚：《民族学导论》，1923年。

Customs of the World. 1915；《世界民俗志》，1915年。

Deane. Fijan Society. London，1921； 迪恩：《斐济社会》，伦敦，1921年。

Dixon. The Racial History of Man. N.Y，1923； 狄克逊：《人类种族的历史》，纽约，

1923 年。

Dulaurier. Les langues oceaniennes； 迪洛列：《大洋诸语言》。

Favre. Grammaire de la langue Malaise. Vienne，1867； 法夫尔：《马来语语法》，维也纳，1867 年。

Friedenthal. Das Haarkleid des Menschen；弗里登塔尔：《人类的毛发》。

Gillen Spencera. Across Austlia； 吉伦·斯潘塞拉：《穿越澳大利亚》。

Grubauer. Unter Kopfjägern in Central Celebes； 格鲁鲍尔：《在西里伯斯的猎头部族中》。

Haddon. Evolution in Art. London，1895； 哈登：《艺术的演进》，伦敦，1895 年。

Hamilton. Maori Art； 汉密尔顿：《毛利人的艺术》。

Hastings. Encyclopaedia of Religion and Ethics； 黑斯廷斯：《宗教和伦理学百科全书》。

Hirt & Kockhiller. Chau ju Kua； 夏德、柔克义：《赵汝适》。

Hose & Doughal. The pagan tribes of Borneo. London，1905； 霍斯、道哈尔《婆罗洲的异教部落》，伦敦，1905 年。

Jagok. Reise in die Philippinen. 1873；杰戈克：《菲律宾旅行记》，1873 年。

Jenks. Manilla Ethnological Surrey Publication. 1905； 詹克斯：《马尼拉民族学调查专刊》，1905 年。

Journal of the Royal Anthropo. Inst. v. ⅩⅬⅦ；《皇家人类学杂志》，卷 47。

Kroeber. Anthropology. London，1924； 克鲁伯：《人种志学》，伦敦，1924 年。

Laufer. *The Vigesimal and Decimal Systems in the Ainu Numerals.* Journal of American Oriental Society，1917，V，37； 劳费尔：《爱努人计数法中的二十进制和十进制》，《美国远东学会会刊》，1917 年，卷 37。

Montandon. L’Anthropologie. 1927； 蒙唐东：《人种志学》，1927 年。

Mors. *Shell mounds of Omori.* Mem. of the Science Depart. University of Tokio，v. Ⅰ，part1；莫尔斯：《大森之贝冢》，《古逸丛录》，卷Ⅰ，1 分册。东京大学。

Müller. Grundriss der Sprachwissenschaft； 米勒：《语言学概论》。

Munro. Prehistoric Japan； 芒罗：《史前之日本》。

Ratzel. Völkerkunde. 1890； 拉策尔：《民族学》，1890 年。

Rivers. History of Melanesian Society； 里弗斯：《美拉尼西亚社会史》。

Rivers. The Todas； 里弗斯：《托达人》。

Sarasin .Atlas zur Anthropologie der Neu-Caledonier. Berlin，1922； 萨拉赞：《新喀里多尼亚人种志学图集》，柏林，1922 年。

Schmidt. Die Mon-khmer Völker； 施密特：《孟 - 高棉诸民族》。

Гарик. Путешествие в Южный океан и берингов пролив，1823； 加里克：《南洋和白令海峡旅行记》，1823 年。

Добротворский. Аинско-русский словарь； 多布罗特沃尔斯基：《爱努 - 俄语词典》。

Ино. *Символы власти у племени цалисен（tsalissen）на о.Формозе.* Journal of Anthropological Society in Tokio，1901； 伊能嘉矩：《台湾泽利先（排湾）部落中的权力标志》，《东京人类学会杂志》，1910 年。

Поляков. Отчет об исследовании на о.Сахалине，в Южно-Уссурийском крае и в Японии. Приложение к ⅩLⅤⅢ тому，Записок Академии наук . СПб，1884； 波利亚科夫《在萨哈林岛，南乌苏里边区和日本的研究报告》,《科学院通报》第48卷附册，圣彼得堡，1884年。

Реклю. Земля и люди ； 列克柳:《大地和人类》。

Штернберг. Материалы по гиляцкому языку и фольклору . СПб，1908； 施滕贝格:《吉利雅克人的语言和民间文学资料》，圣彼得堡，1908年。

（黑龙江省社会科学院民族研究所 张 松）

图版说明*：

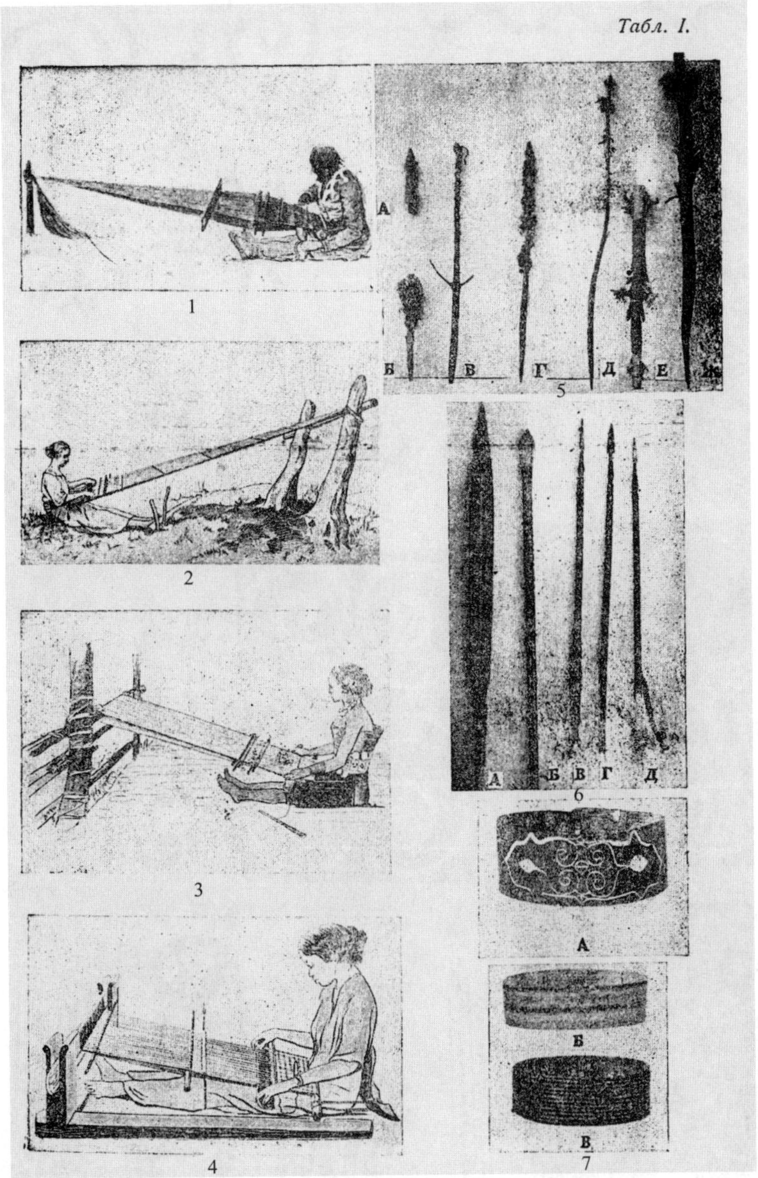

图版Ⅰ　图 1，爱努人的织布机，人种志学和民族志学博物馆，№ 834—184。图 2，菲律宾伊戈罗特人的织布机，杰戈克《菲律宾旅行记》，页 166。图 3，婆罗洲的织布机，霍斯和道哈尔《婆罗洲的异教部落》，1912，卷Ⅰ，页 121。图 4，印度尼西亚的织布机，英国博物院藏品，《皇家人类学杂志》，卷ＸＬⅦ，页 352。图 5，爱努人的伊纳乌，人种志学和民族志学博物馆，А—№ 1767—131；Б—№ 829—452；В—№ 656—52；Д—№ 829—461；Е—№ 829—450；Ж—№ 700—246；Г—澳大利亚的刨花木棒，№ 1336—25。图 6，А—Б，标枪的毒尖，小巽他群岛，人种志学和民族志学博物馆，№ 603—18 和 41；В，Г，Д，爱努箭的毒尖，人种志学和民族志学博物馆，№ 809—7。图 7，А，爱努人的头箍，人种志学和民族志学博物馆，№ 839—105；Б，西里伯斯岛的头箍，№ 2317—189，В，西里伯斯岛的头箍，№ 2317—199。

* 图版按原文方式摆放，未做调整

Табл. II.

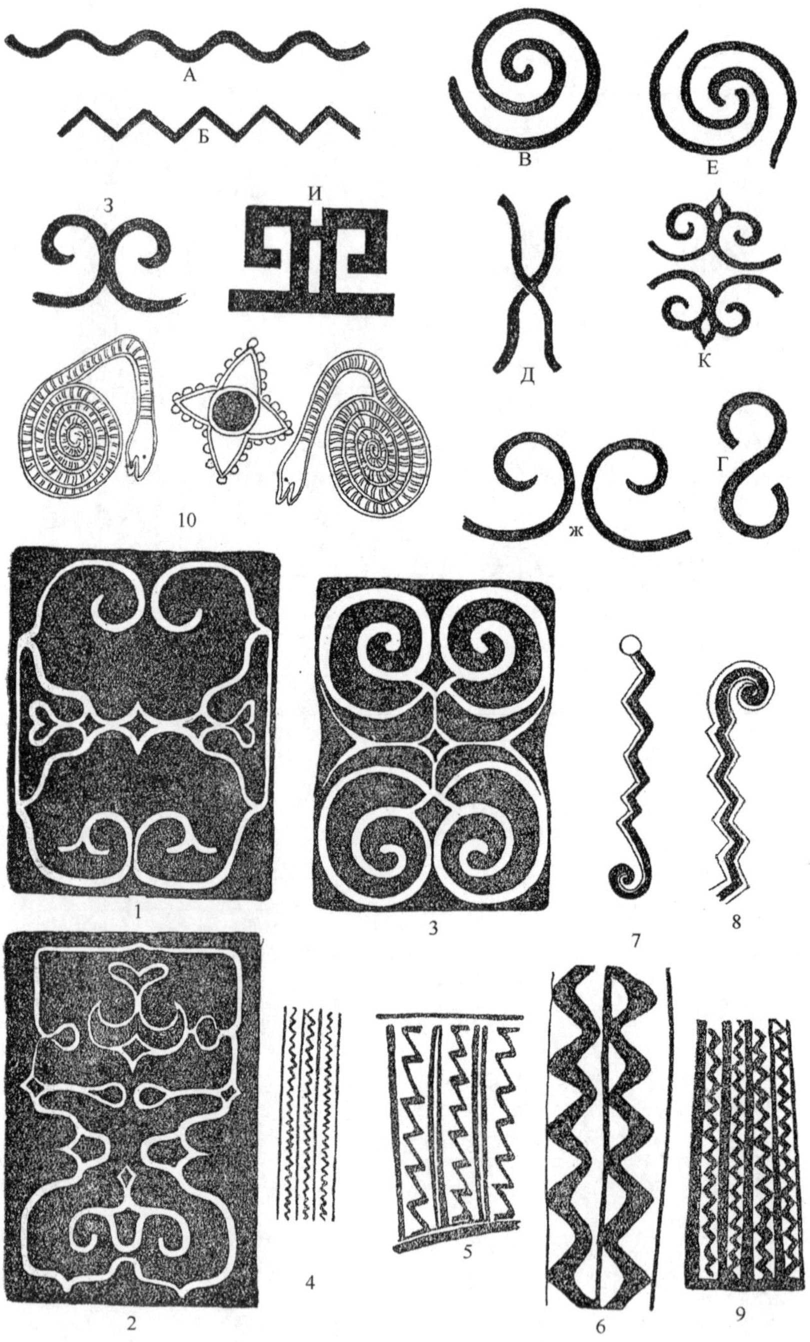

图版Ⅱ　图 А，Б，В，Г，Ж，З，И，К，Е，Д—爱努图案的要素。图 1—2，爱努刺绣纹样，人种志学和民族志学博物馆，№ 829—388。图 3，鼓上的图案，海军部（阿德米拉尔捷伊斯特瓦）群岛，布尚《民族学导论》，1923，卷Ⅱ。图 4，5，9，汤加岛战槌上的图样，人种志学和民族志学博物馆，№ 736—23。图 6，塔希提岛鼓上的曲折线图案，人种志学和民族志学博物馆，№ 736—231。图 7—8，内 - 拉岑堡（Ней-Лаценбург）的蛇形图案，俾斯麦群岛，列克柳《大地和人类》。图 10，烟斗上的双蛇雕像，托雷斯海峡，哈登《艺术的演进》，伦敦，1895，页 16，图 3Н。

Табл. III.

图版Ⅲ　图 1—5，挡须棒上的图案，人种志学和民族志学博物馆，№ 700—225，839—32 和 32 6 /2。图 6，爱努人舂米棒上的图案，人种志学和民族志学博物馆，№ 839—1 和 24。图 7，萨哈林爱努人童装衣领上的图案，人种志学和民族志学博物馆，№ 829—330。图 8，爱努刀鞘上的图案，人种志学和民族志学博物馆，№ 811—9。图 9，爱努人缠线木板上的图案，萨哈林，人种志学和民族志学博物馆，№ 700—134。图 10，萨哈林岛爱努萨满头上飘带上的图案，人种志学和民族志学博物馆，№ 829—372B。图 11，爱努人童裤上的图案，萨哈林，人种志学和民族志学博物馆，№ 829—330。图 12，爱努战刀木制铸模上的图案，人种志学和民族志学博物馆，№ 700—113。图 13，木头上的图案，爱努人，人种志学和民族志学博物馆，№ 3125—2。

Табл. IV.

图版Ⅳ 图 1，带蛇的太阳圆盘，萨哈林，人种志学和民族志学博物馆，№ 202—5。图 2—3a，爱努长袍上的图案，千岛群岛，人种志学和民族志学博物馆，№ 820—7/2。图 3，爱努刺绣，人种志学和民族志学博物馆，№ 839—259。图 4，爱努人挡须棒上的图案，人种志学和民族志学博物馆，№ 1764—50。图 5，毛利人装饰房屋的木雕像脚上的螺旋线图案，人种志学和民族志学博物馆，№ 839—199。图 6，8，爱努长袍上的图案，人种志学和民族志学博物馆，№ 839—199。图 7，11，毛利图案，汉密尔顿《毛利人的艺术》。图 9，骨头上的爱努图案，虾夷岛，人种志学和民族志学博物馆，№ 138—60。图 10，爱努长袍上的图案，虾夷岛，人种志学和民族志学博物馆，№ 345—27。图 12，木头上雕刻的爱努图案，人种志学和民族志学博物馆，№ 3125—2。

图版V　图1，用刨花装饰的熊头骨，爱努人，人种志学和民族志学博物馆，№ 839—194。图2，用silat即棕榈树叶切成的刨花装饰的敌人头骨，婆罗洲，霍斯和道哈尔，前引书，图版145。图3，供奉神蛋的祭台（Klemantan，borawan），霍斯和道哈尔，前引书，图版145。图4，木制鱼：A（人种志学和民族志学博物馆，№ 1336—127），来自澳大利亚，Б（人种志学和民族志学博物馆，№ 839—128），来自爱努人。图5，前面带有鸟喙的爱努头饰，人种志学和民族志学博物馆，№ 839—52。图6，爱努头饰，图册集，蒙唐东《人种志学》，1927。图7，西里伯斯岛的战斗头饰，人种志学和民族志学博物馆，№ 168—198。图8，A，印度尼西亚人的腰带，人种志学和民族志学博物馆，№ 2892—8；Б和B，大洋人的裹头带，人种志学和民族志学博物馆，№ 597—37和44。图9，菲律宾群岛的乐器，《世界民俗志》，1915，卷Ⅱ，页645。

图版Ⅵ　图 1—2，爱努人，巴彻勒，前引书，页 319。图 3，新喀里多尼亚人，萨拉赞《新喀里多尼亚人种志学图集》，柏林，1922，卷Ⅴ，图版 3。图 4，斐济人，布里格姆《银行・邮政・纸币（B・P・B）博物馆研究报告》，火奴鲁鲁（檀香山），1911，卷Ⅲ，页 185，图 109。图 5，阿兰达人，斯潘塞拉・吉伦《穿越澳大利亚》，图版 75。图 6，新西兰毛利人用狗皮做的衣服，汉密尔顿《毛利人的艺术》，页 314。图 7，锡兰岛的维达人，照片，人种志学和民族志学博物馆，№ 3013—165。图 8，南印度的托达人，里弗斯《托达人》，页 20。图 9，美拉尼西亚人，布朗《美拉尼西人和波利尼西亚人》，伦敦，1910，页 30。

鸳渊一、户田茂喜著作目录稿

秦　浦

运用满文史料尤其《满文老档》研究清代史，创始者是日本鸳渊一及其学生户田茂喜，而鸳渊一最初是学东洋史内的蒙古史的。这里编辑其论著目录，一是供清入关前历史和东北史研究者参考，一是整理学术史的资料。可以看到日本入侵中国与朝鲜时代，他们的文史研究与侵略行动的超前的或者并行的关系，这是明治以来日本人思想行动重要方面。从日本现代学术“东洋学”的创立来看，它是西洋舶来品，正与日本人的海外侵略扩张同时，所谓注重语文、探查和当代意义的满洲研究、蒙古研究正在其中。

鸳渊一（Oshibuchi Hajime，1896—1983）1896年（丙申明治二十九年）生，1920年（庚申大正九年）京都帝国大学史学科东洋史专业卒业，接着进入研究生院，从事中国东北史和满洲语史料的研究，教授三田村泰助（1909—1989）、今西春秋（1907—1979）等人满文。1923年大阪外国语学校教授。1932年广岛文理科大学（现広島大学）助教授，1941年广岛文理科大学教授，1947年11月18日以“清初八旗制度考”题目（手写本，存于国立国会图书馆，可能是一组论文）由京都大学获得文学博士。1951年大阪市立大学教授。1983年故去。京都东洋史学派创立者、东洋史学家内藤虎次郎（字炳卿，号湖南，1866—1934）的女婿。

户田茂喜（Toda Shigeki，1910—1947）1910年（庚戌明治四十三年）出生，1933年（昭和八年）广岛文理科大学东洋史学科卒业，进入同大学研究科，以“满文老档研究”为题做研究。1934年任广岛文理科大学东洋史研究室助手，1943年沈阳伪满国立奉天图书馆司书，1943年4月27日被任命为广岛高等师范学校教授，被征参入侵略军。1945年日本人战败，户田被苏联人押送西伯利亚，1947年8月回国，同年10月去世。

上述传记主要参考书目：アジア歴史資料センター（https：//www.jacar.go.jp/）档案号A12090280700；大場利康《満洲帝国国立中央図書館籌備処の研究》，国立国会図書館《参考書誌研究》第62号（2005年3月），頁1—186；塚瀬進（1962—）《マンチュリアの社会変容と地域秩序——明代から中華人民共和国の成立まで——》，東京都：中央大學博士論文，2014年3月20日。

两篇资料待查：〈鸳渊一博士略歴及主要著作目録〉，《人文研究》（大阪市立大学大学院文学研究科纪要）7.8，1956年9月；鸳渊一，〈故戸田茂喜学士の追忆〉，《史学研究》2，1950年。再：鴛淵一与戸田茂喜共著论文，列举在鸳渊一之下。

昭和19年 9 月奉天（瀋陽）図書館で「西域同文志」校訂作業中の著者。
左より回教僧，西藏教僧，漢学者，戸田館員，著者。

说明：图中左数第四人户田馆员即户田茂喜，伪满奉天图书馆司书；第五人著者即弥吉光长（Yayoshi Mitsunaga，1900-1996），时任奉天图书馆馆长。本照片采自《弥吉光长著作集 2》（东京，1981）卷首。

鸳渊一目录

1. 成吉思汗の挽歌に就いて。《史林》（京都：史学研究会）11.1（1926 年 1 月）。作者本年三十周岁。
2. 英国博物馆访书录。大阪外国语学校《海外视察录》第六卷（大阪，大正十五［1926］年三月），页 12—39。署名：大阪外国语学校教授鸳渊一。
3. 辽阳喇嘛坟碑文の解说。羽田亨编《内藤博士还历记念祝贺支那学论丛》（京都：弘文堂书房：1926 年 5 月），页 327—371。署名：文学士鸳渊一。
4. 热河赤峰の旅日記（一）。史学地理学同攷会编《歴史と地理》（京都：星野書店）20.2（1927 年 8 月），页 67—72。
5. 热河赤峰の旅日記（二）。《歴史と地理》20.3（1927 年 9 月），页 66—72。
6. 熱河赤峰の旅日記（三）。《歴史と地理》20.4（1927 年 10 月），页 73—78。
7. 熱河赤峰の旅日記（四）。《歴史と地理》20.5（1927 年 11 月），页 58—64。
8. 熱河赤峰の旅日記（五）。《歴史と地理》20.6（1927 年 12 月），页 72—77。
9. 熱河赤峰の旅日記（六）。《歴史と地理》21.1（1928 年 1 月），页 201—207。
10. 熱河赤峰の旅日記（七）。《歴史と地理》21.2（1928 年 2 月），页 84—90。
11. 熱河赤峰の旅日記（八）。《歴史と地理》21.3（1928 年 3 月），页 79—83。
12. 熱河赤峰の旅日記（九）。《歴史と地理》21.4（1928 年 4 月），页 83—91。
13. 熱河赤峰の旅日記（一〇）。《歴史と地理》21.5（1928 年 5 月），页 94—98。
14. 熱河赤峰の旅日記（一一）。《歴史と地理》21.6（1928 年 6 月），页 60—65。
15. 熱河赤峰の旅日記（一二）。《歴史と地理》22.1（1928 年 7 月），页 76—81。
16. 熱河赤峰の旅日記（一三），《歴史と地理》22.2（1928 年 8 月），页 66—72。

17. 熱河赤峰の旅日記（一四、完）。《歴史と地理》22.4（1928 年 10 月），页 76—85。
18. 清初に於ける清鮮關係と三田渡の碑文。《史林》13.1—4（1928），页 14—29，14—22，29—52，46—63。
19.《蒙和辞典》（大阪：甲文堂书店，1928 年 3 月），17＋894 页，謄写版。（韩穆精阿、鸳渊一共著）
20. 蒙古の勃興と東西交通。日本放送協会関西支部《JOBK 講演集》第三卷《世界文化史》（大阪：大阪宝文館，1929），页 176—188。署名：大阪外國語學校教授 鴛淵一。
21. 元の征東行省に就きて。《大谷學報》10.4（1929 年 12 月），页 115—159。
22. 八思巴文字に就いて。《史学杂志》41.7（昭和五年，1930）。
23.「中原音韵」中の八思巴字にて写されたる汉字音に就いて。《小川博士还历祝贺史学地理学论丛》（京都：弘文堂书房，1930 年 5 月），页 601—641。
24. 建州左衛の遷住地に就いて。《桑原博士还历记念东洋史论丛》（京都：弘文堂书房，1931 年 1 月）。
25. 新し華夷譯語に就いて。《史林》17.2（1932 年 3 月），页 288—295。福克司著，鸳渊一、村上嘉实合译。
26. 舒尔哈齐の死——清初内纷の一齣。《史林》17.3（1932 年 7 月），页 53—76。
27. 褚英の死に就いて——满文老档研究の一齣——。《史林》18.2（1933 年 3 月），页 77—112。
28. 貝勒尚善の吳三桂に与へし手紙に就いて。《史學研究》（廣島史學研究會）12（1933 年 3 月），页 22—58。
29. 北平奉天所藏の蒙古源流に就いて——併せて内藤博士遗业の一斑に就いて。《史林》19.4（1934 年 10 月），页 738—755。
30. 清朝擺牙喇考。《稲叶博士还历记念满鲜史论丛》（京城：稲叶博士还历记念会，1938 年 6 月），页 217—268。摆牙喇，即满语 bayara。稲叶岩吉（1776—1940）号君山，東北史、朝鲜史專家。
31. 清太祖の七宗恼恨に就いて（鸳渊一、户田茂喜共著）。《史学研究》18（1935 年 3 月），页 92—104。
32.（新刊紹介）今西龍『朝鮮史の栞』。《史學研究》19（1935 年 3 月），页 149—150。
33.（新刊紹介）及川儀右衛門『滿洲通史』。《史學研究》19（1935 年 3 月），页 150—151。
34.（新刊紹介）史料編纂六本、大庫史料目録丁編一本、西夏国書字典音同一卷一本、朱程段三先生年譜一本、旅順庫籍整理處印。《史學研究》19（1935 年 3 月），页 152—153。
35. 清太祖初期に於ける蒙古との关系の一面观。《滿蒙》16.9（总 185 号）（大連：滿蒙社，1935 年 9 月），页 144—155。
36. 湖南先生を語る。《滿蒙》（大連）17.1（总 189）（1936 年 1 月），页 42—52。
37. 陵丹汗の書信に就いて（一）（鸳渊一、户田茂喜共著）。《史学研究》21（1936 年 2 月），页 32—59。
38. 旅の收获。《东洋史研究》1.3（1936 年 2 月），页 30—31。

39. 陵丹汗の書信に就いて（二）（鸳渊一、户田茂喜共著）。《史学研究》22（1936 年 5 月），页 21—49。
40. 清初の bai niyalma（白身）に就いて。《东洋史研究》1.6（1936 年 8 月），页 25—34。
41. 滿洲學界の展望。広島高等師範学校地歴学会編《北支と滿洲國》（广岛：朝日书房，1936），页 137—141。
42. 辽阳喇嘛坟碑文解说の补正。《史林》22.4（1937 年 10 月），页 724—729。
43. 滿文老檔邦文譯稿（鴛淵一、戸田茂喜共著）。《史學研究》25（1937 年 6 月），页 119—159。
44. 清初旗地に關する滿文老檔の記事。《史林》23.1，2（1938 年 1 月、4 月），页 1—22，87—111。
45. 支那ところどころ——支那旅行の想い出——。《史學研究》27（1938 年 4 月），页 113—179。
46. 遼陽の一日（一）。《史學研究》31（1939 年 8 月），页 77—115。
47. 清初の八固山额真に就いて——清初八旗研究の一齣——。《山下先生还历记念东洋史论文集》（东京：六盟馆，1938 年 9 月），页 197—302。
48. ジユセンの一考察（鸳渊一、户田茂喜共著）。《东洋史研究》5.1（1939 年 10 月），页 1—20。
49. 遼陽の一日（二・完）。《史學研究》32（1939 年 12 月），页 74—108。
50. 《奉天と辽阳》（支那歴史地理丛书六）（东京：冨山房，1940 年 7 月）。151 页。目次：

はしがき
一、奉天
一、奉天史話
一　奉天の起源——候城縣
二　高句麗縣——玄莵城
三　瀋州
四　瀋陽路
五　瀋陽衛
六　奉天府
七　瀋陽市
八　奉天市
二、奉天城談義
一　奉天城の構成
二　奉天の故宮
三、奉天遺光——現存の陵墓と寺塔
一　東陵と北陵
二　黄寺
三　護國四寺
二、遼陽

一、遼陽史話
一　遼陽の起源——滿洲最古の都邑
二　秦漢時代の遼陽
三　公孫氏と遼陽
四　慕容氏の遼陽占據
五　高句麗時代の遼陽
六　唐朝と遼東城
七　渤海の交通路と遼陽
八　遼代の東京遼陽府
九　金代の東京遼陽府
一〇　金末動亂時代の遼陽
一一　元代の遼陽
一二　明代の遼陽、遼東都司
一三　清朝太祖の遼陽攻略
一四　清朝太祖の遼陽遷都
一五　清朝入關より滿洲國成立に至る迄の遼陽
二、遼陽の現狀と名所舊蹟
参考文獻
地圖
奉天と遼陽大事略年表

51.《参考东洋史》，东京：三省堂，1940。269＋10 页。
52. 滿洲史。收入《師範大学講座歴史教育》第三卷（東京：建文館，1940）。
53. 滿洲語。收入《アジア問題講座》（东京：创元社，1940）第八卷，页 425—448。
54. 蒙古の勃興，蒙古の統一，元朝の衰亡。收入白鳥庫吉等監修、鈴木良編《世界文化史大系》第九卷《宋元時代》（東京：新光社，1940）。
55. 滿洲人の文化（浦廉一、鴛淵一共著）。收入白鳥庫吉等監修、小沼勝衛編《世界文化史大系》第十九卷《清代のアジヤ》（東京：新光社，1940）。
56.（合编）桑原隲藏著，《東西交通史論叢》（东京：弘文堂，1940），522＋34 页。
57. 黒圖阿喇紀行——興京老城の今昔——。《史學研究》37（1941 年 2 月），页 73—110。
58. 界藩山行。京都帝国大学文学部史学科编《纪元二千六百年记念史学论文集》（京都：内外出版印刷株式会社，1941 年 4 月）。
59.《滿洲の今昔》（アジア歴史丛书三）（东京：目黒书店，1941 年 8 月），335 页。矢野仁一、鸳渊一、园田一龟共著。
60. 國家思想を根本とせる學問。大阪每日新聞社編《学問の新体制》（東京：目黒書店，1941），页 145—149。
61. 满蒙民族の文化形态と支那统治形态。文部省教学局編《日本诸学振兴委员会报告》第十一篇历史学（第二回）（东京：内閣印刷局，昭和十六年，1941），页 166—176。
62. 大東亞史の教育。《興亞教育》1.7（東京：育英出版株式会社，1942 年 7 月），页 19—

27。

63.《满洲碑记考》(东京：目黑书店，1943年1月)。189页。此书有很多知识错误和漏字，勤璞在论文中曾言及。子目：

序言　廣島文理科大學學長 塚原政次　1
自序　5
一、達海巴克什の墓碑
　一　はしがき　1
　二　康熙勅建達海巴克什の碑記　页7
　三　達海の經歷　页11
　（イ）學者としての達海
　（ロ）政治家としての達海
　（ハ）滿洲文字修整訂補の功績
　（ニ）達海の一失
　四　達海の死去と其の功績の表彰　34
　（イ）達海の死去
　（ロ）其の功績に對する表彰
　五　達海の墳塋　43
　附　達海一門世系表
二、遼陽喇嘛墳碑記　50
　一　はしがき　50
　二　滿洲の佛教と遼陽　54
　三　喇嘛墳と清初の二碑記　57
　四　碑記滿蒙文譯文と漢文　64
　（イ）天聰四年の碑記滿文
　（ロ）天聰四年の碑記漢文
　（ハ）順治十五年の碑記滿文
　（ニ）順治十五年の碑記蒙文
　（ホ）順治十五年の碑記漢文
　五　碑記內容の註釋と解說　74
　（イ）大金の國號に就いて
　（ロ）法師斡祿打兒罕囊素
　（ハ）大喇嘛法師の示寂
　（ニ）寶塔の建立と蓮花寺の勅建
　（ホ）法弟白喇嘛
　（ヘ）八王府
　（ト）佟養性
　（チ）蔡永年
　（リ）楊于渭

（ヌ） 達海
（ル） 明の三將
（オ） 撒哈兒搯
（ワ） 司空
（カ） 無圈點滿洲字の音韻上の特徵
六 結語 129
三、黃寺（實勝寺）の碑記 131
一 はしがき 131
二 蓮華實勝寺碑記 133
（イ） 碑記漢文
（ロ） 碑記滿文のローマ字譯と邦譯
（ハ） 碑記蒙文のロータ字譯と邦譯
三 黃寺建立の年次 147
四 嗎（嘛）哈噶喇佛の將來 156
五 察哈爾國后妃の來歸 163
六 黃寺建立起工の時期 168
七 黃寺の結構と裝飾 174
（イ） 黃寺の建築學上よりみたる特徵
（ロ） 蒙文藏經に就いて
八 清太宗と佛教 184

64. 奉天の国権に就いて。《东洋史研究》8.2（1943 年 6 月），页 20—42。《国権》是书名。
65. 喀尔喀の粆花と宰赛。《史林》28.2（1943），页 22—45。
66. 滿洲史。收入有高岩编《东洋特殊史》下册（东京：建文馆，1943）。
67. 明代政治史。收入支那地理歴史大系刊行会編《支那地理歴史大系》（东京：白杨社，1940—1943）第五卷，页 257—350。子目：
第五章明代政治史
第一節 序言
第二節 明の初期 國礎建設時代
第三節 明の中期 宦官專權時代
第四節 明の後期 外患頻發時代
第五節 明の末期 衰亡時代
68. 滿洲史（小川裕人、曽我部静雄、鴛淵一共著）。收入支那地理歴史大系刊行会編《支那地理歴史大系》（东京：白杨社，1940—1943）第六卷。
69. 蒙古史（後篇）（愛宕松男、鴛淵一共著），收入支那地理歴史大系刊行会編《支那地理歴史大系》（东京：白杨社，1940—1943）第十二卷。
70. 罗氏所藏の草本日记档に就いて（鸳渊一、户田茂喜共著）。《满洲学报》第八・九合辑（大连：满洲学会，1944 年 3 月），页 1—44。羅氏即羅振玉。
71.《蒙和辞典》（大阪甲文堂书店，1944 年增补改订四版）。韩穆精阿、鸳渊一、精松源一共著。
72.《杉本直治郎、鴛渊一两先生学位祝贺纪念册》。广岛文理科大学东洋史学研究室，1948年2月。
73. 清朝前紀社會雜考。広島文理科大学東洋史学研究室編《東洋の社会》（広島文理科大学東洋史学研究室紀要）第一冊（东京：目黒書店，1958），页257—349。
一、滿洲の一般社會狀態
二、征服戰爭と俘虜並に貢賜の問題
三、太祖ヌルハチの統一と部屬構成
四、社會的構成・階級
五、都市と地方とに於ける生活狀態
六、商業の素描
74. 故戸田茂喜学士の追忆。広島史学研究会編《史学研究》第二集（1950年8月），页99—101。
75. 序。広島文理科大学史学科教室編《史学研究記念論叢》（京都：柳原書店，1950）。
76. 清太祖刑政考。《羽田博士颂寿记念东洋史论丛》（京都：东洋史研究会，1950年11月），页321—352。此文书评：岛田正郎，《法制史研究》2（1952），页150—151。
77. 清太宗时代刑政考。大阪市立大学《人文研究》2.11（1951年11月），页1—32。
78. 初期蒙古族の火に关する风习。《人文研究》3.7（1952年7月），页7—23。
79. 大阪城と支那城郭との比較。《大阪城の研究 第壱・弐》（二冊），大阪市立大学大阪城址研究会，昭和二十八年（1953）。
80. 序。丹羽友三郎著《中国とジャバ交渉史》（東京：明玄書房，1953）。
81. 序（1953年9月）。田山茂（1912—1971）著《清代に於ける蒙古の社会制度》（东京：文京书院，1954）卷首。本书有汉译本：潘世宪译，《清代蒙古社会制度》（北京：商务印书馆，1987）。
82. 順治年間檔の研究——滿洲の人参に就いて——。《史学研究》54（1954年4月），页1—12。
83. 初期蒙古族の祷雨について。《古代学》（京都：古代学协会）1.3（1952年7月），页179—191。
84. 清初满洲の天产物に就いて。《ヒストリア》12（1955年5月），页24—35。
85. 阿格多尔衮か阿济格阿格か——清初称号问题の一齣——。泷川博士还历记念论文集刊行委员会编《泷川博士还历记念论文集（一）东洋史篇》（上田：中沢印刷，1957年7月）。泷川即泷川政次郎（1897—1992），中国法制史家，日本侵華行徑的辩护者。
86. 郑亲王拟定阿布泰那哈出罪奏に就て。《人文研究》6.9（1955年10月），页1—13。
87. 睿親王と皇父攝政王の稱號に就て——睿親王傳研究の一斑——。《史學研究》64（1956年12月），页1—14。
88. 睿亲王の人物素描——マルチニ著「韃靼戦记」を本として。《人文研究》（大阪市立大学大学院文学研究科纪要）8.9（1957年10月），页64—81。
89.「沈阳状启」の史料的价值の一斑——特に清太宗と睿亲王の身上に关して——。《神田

博士还历记念书志学论集》(东京：平凡社，1957年11月)，页643—654。
90. 清朝顺治初世の派阀的抗争に就いて——特に睿王派の结成について——。《人文研究》9.11(1958年10月)，页1—22。
91. 清初に於ける清室内纷に关する研究——特に太宗を中心として——。关西大学《东西学术研究所论丛》27(石滨先生还历记念论文集第二集，1958)，页1—24。
92. 清初太祖時代の貝勒に関する一解釋。《史學研究》77・78・79合併增大號“史学研究三十周年記念論叢”(1960年10月)，頁481—492。
93. 清初太祖时代の「台吉」に關する研究。《密教文化》48—50(1960年11月)，页19—30。
94. 清太宗天聪朝に於ける贝勒と台吉に就いて——特に実録と老档との対比を本として——。《神戸山手女子短期大学纪要》5(1960年12月)，页39—50。
95. 清初旗地考。内陸アジア史学会編《游牧社会史探究》第10号(1961)，页1—22。重印本：内陸アジア史学会編《内陸アジア史論集》(東京：大安，1964年11月)，页1—22；内陸アジア史学会編《内陸アジア史論集》第1(東京：国書刊行会，1980年5月)。
96. 清初来帰者と出身地方に关する研究。《游牧社会史探究》第20号(1963)，页1—28。
97. 初期蒙古族の宗教・信仰の一斑——特に天地の崇拜に就いて。《神戸山手女子短期大学纪要》7(1963年11月)，页1—14。
98. 清鲜关系の一齣——竹沥考——。《东方学》27(1964年2月)。
99. 满文老档による盛京舆图の歴史地理的研究(1)。《游牧社会史探究》第25号(1964)，页1—16。
100. 满文老档による盛京舆图の歴史地理的研究(2)。《游牧社会史探究》第28号(1965)，页1—35。
101. 满文老档による盛京舆图の歴史地理的研究(3)。《游牧社会史探究》第29号(1964)，页1—31。
102. 湖南翁と满文老檔。载高橋克三編《湖南博士と伍一大人》，石川伍一大人、内藤湖南博士生誕百年記念祭实行委員会，昭和四十年(1965)12月20日。
103.「满文满洲実録」に见える满洲族の天と地への崇拜——abka・na・baの语を通じて。《东方学》31(1965年12月)，页1—14。
104. 清初の「土黒勒威勒」补考。《神戸山手女子短期大学纪要》8(1965年12月)，页1—8。
105. 清初满洲族の天地の崇拜とその祭祀に就いて——满文老档を通じて。《神戸山手女子短期大学纪要》9(1966年12月)，页1—8。
106.「满文老档太祖纪」に见える满洲族の天地に対する思想に就いて——特にabka・na・baの三语を対象として。《东方学》33(1967年5月)，页1—14。
107. 初期蒙古民族の风习雑记——特に宗教的仪礼に就いて。《神戸山手女子短期大学纪要》10(1967年12月)，页13—20。
108.「满文老档太宗纪」に见える满洲族の天地の崇拜に就いて——特にadka・na baの三语を通じて。《东方学》35(1968年1月)，页98—112。
109. 朝鮮國來書簿の研究。《游牧社会史探究》第33号(1968)，页1—18。

110. 各项稿簿の研究（一）。《游牧社会史探究》第 35 号（1968），页 1—17。
111. 各项稿簿の研究（二）。《游牧社会史探究》第 36 号（1968），页 1—7。
112. 初期蒙古民族の法的规制考——特にリヤザノフスキー氏「成吉思汗のヤッサ」に就いて。《神戸山手女子短期大学纪要》11（1968 年 12 月），页 37—47。
113. 何故に北方民族は中国に侵入したか。《歴史教育》18.2（1970 年 2 月），页 28—31。
114. 初期滿洲族の风习杂考——特に水と火に關して。《东方学》39（1970 年 3 月），页 103—113。
115. 滿文老档による研究の一齣。《东方学》42（1971 年 8 月），页 114—126。
116. 初期满族的风俗习惯杂考——特以水和火为主（李永炽译）。《亚洲研究译丛》（台北：台湾大学历史学系编译，1971 年 8 月），页 85—97。延边大学图书馆藏此书。
117. 滿文老档による研究の一出＝続编——特に「滿洲民族の思惟风习の一斑」。《东方学》45（1973 年 1 月），页 74—85。
118. 滿文老档による盛京輿圖の歴史地理的研究 其 1—3。内陸アジア史学会編《内陸アジア史論集》第 2（東京：国書刊行会，1979 年 9 月）。
119.《独裁政治の时代》（鴛淵一、田村實造、三田村泰助、羽田明合著）（东京：创元社，1952，1969，1979）。179 页。

户田茂喜目录

1.（新刊紹介）E. A. Walls Budge K.T., *The Monks of Kublai Khan Emperor of China.*《史學研究》5（1930 年 5 月），页 152—154。作者时年二十周岁。
2.（新刊紹介）稲葉岩吉『增訂滿洲發達史』。《史學研究》19（1935 年 3 月），页 153—154。
3.（新刊紹介）須佐嘉橘『西蒙古部族考』。《史學研究》19（1935 年 3 月），页 154—155。
4.（新刊紹介）内藤虎次郎・鴛淵一『增補滿洲写真帖』。《史學研究》20（1935 年 7 月），页 174—175。
5.（新刊紹介）ウリ・リヤザノフスキイ著、東亞經濟調查局譯『蒙古慣習法の研究』。《史学研究》21（1936 年 2 月），页 124。
6.（新刊紹介）『朝鮮史、滿洲史 世界歴史体系卷十一。《史学研究》21（1936 年 2 月），页 125—129。
7.（新刊紹介）台北帝国大学文政学部『史学科研究年報第三輯』。《史學研究》24（1937 年 3 月），页 165—168。
8.（新刊紹介）梅原末治『戰国式銅器の研究』。《史學研究》24（1937 年 3 月），页 169 及以下。
9. 清太祖の都城遷移問題〉（一至四）。《史學研究》24，26，28，29（1937 年 3 月至 1938 年 12 月），页 76—158，67—75，49—65，28—53。
10. 日支交涉史の一閃事。《史學研究》27（1938 年 4 月），页 99。

11.（新刊紹介）今西春秋『滿和對譯滿洲實錄』。《史學研究》28（1938 年 7 月），页 165—167。

12. 赫图阿拉城构成の素描。楳溪会编《山下先生還曆记念东洋史论文集》（东京：六盟馆，1938），页 655—696。山下寅次（1877—1970），中国史研究家。

13. ジユセンの一考察（Réflexions sur le mot mandchou “Jushen”）。《东洋史研究》5.1（1939 年 10 月），页 1—20。鸳渊一、户田茂喜共著。

14.（新刊紹介）園田一龜『韃靼漂流記の研究』。《史學研究》32（1939 年 12 月），页 114。

15.（新刊紹介）園田一龜『滿洲金石志稿　第二冊』。《史學研究》32（1939 年 12 月），页 115。

16. 吐谷渾の西藏名と支那史傳。《東洋學報》27.1（1940 年 1 月），页 63—104。

17. 清初に於けるニカン＝イルゲンの发生と其の意义（Sur la formation du “Nikan Irgen” aux commencements des Tching et son sens historique）。《东洋史研究》6.4（1941 年 9 月），页 27—43。ニカン＝イルゲン：满文 nikan irgen。

18.「ジユシヤン」に對する一私案。《書香（滿鐵大連圖書館報）》15.10（大連，1943 年 10 月），页 52—67。ジユシヤン，满文 juhiyan，朱顯、珠軒。

19. 噶布喇传。《资料公报》（长春：伪满中央图书馆籌備處）5.1（1944 年 1 月），页 8—11。

20. 多铎の苏尼特部远征に闢する一新史料。《资料公报》5.5（1944 年 5 月），页 12—24。

21.（转写对译脚注）《（旧盛京内务府藏）順治年間檔（大满洲档案第二部第一册）》（长春・沈阳：（伪）满洲帝国国立中央图书馆筹备处发行，1943 年 12 月）。書評：北村敬直，《東洋史研究》9.2（1944 年 10 月），页 127—129。此书目录：

序（泷川政次郎，满洲国立中央图书馆筹备处长，康德十年八月）

凡例

解题

顺治年间档目次

顺治年间档

正误表

22. シロコゴロフ（S. M. Shirokogoroff）著，大間知篤三（1900—1970）、户田茂喜共译，《满洲族の社会组织》（Social Organization of the Manchus. A Study of the Manchu Clan Organization）（东京：刀江书院，1967 年 1 月），283 页。书评：川久保悌郎，《民族學研究》32.2（1967），页 166—168。

《辽宁省博物馆馆刊》征稿启事

《辽宁省博物馆馆刊》（年刊）是由辽宁省博物馆编辑出版的学术性刊物，中国知网、超星及读秀全文收录。刊物立足辽宁，面向全国，以辽海地域历史文化、馆藏文物、博物馆学及文物保护研究成果为主，兼顾文博相关研究成果。目前，常设5—7个栏目，涉及“考古发现与研究”“民族、宗教史研究”（以东北史研究为主）“文物研究”“收藏与鉴赏”“博物馆学研究”“史料研究”等内容，另不定期开辟专栏，刊登某一专题研究的系列文章。特向全国广大专家学者征求以上方面的佳作。为使稿件能够得到及时处理，作者来稿时请注意以下事项：

1. 来稿一般为10000字以内，要求论点鲜明，层次清楚，文字精练。中文题名一般不超过20个汉字，必要时可加副标题，并附200字左右的中文摘要和3—5个关键词。

2. 来稿所配图片务必清晰，图表、图片应有编号和说明文字，以附件形式同来稿一并发送。

3. 引文注释务必核对准确，具体规范请参照附表，统一采用脚注。

4. 来稿请注明作者姓名、单位、职称、研究方向及通信地址、邮政编码、联系电话、电子信箱等详细信息，以便联系。

5. 来稿须为word文档，发送至编辑部电子邮箱：liaoboguankan@163.com，标题请注明论文题目。

6. 编辑部有权对来稿进行技术性及文字性的修改。对于抄袭、伪造或一稿多投行为者，由作者本人自行承担相关法律责任。本刊不负涉及知识产权等法律责任。

7. 每年6月底为当年刊截稿日期。自收到来稿之日起，本刊编辑部将在1个月内通知作者稿件处理意见。

8. 稿件一经刊用，本刊将赠送作者当期刊物两本，并按相关规定支付稿费；重点稿件，稿费从优。

《辽宁省博物馆馆刊》编辑部

地　址：辽宁省沈阳市浑南区智慧三街157号

邮　编：110167

联系人：么乃亮　王忠华

电　话：024-22730142

E-Mail：liaoboguankan@163.com

附：引文注释规范

一、注释采用脚注，注释号顺排，采用 word 文档默认的 1、2、3……，列于正文的标点符号之后。

二、注释格式

1．古籍标注顺序：作者时代 / 作者 / 著作名 / 卷数 / 出版者 / 出版时间 / 页码。例：

（金）元好问：《中州集》卷五，中华书局，1987 年，第 327 页。

2．专著标注顺序：主要责任者及责任方式 / 著作名 / 出版者 / 出版时间 / 页码。外文专注应标明作者国籍及译者。例：

张博泉：《金代经济史略》，辽宁人民出版社，1981 年，第 N 页。

3．期刊论文标注顺序：作者 / 文献题名 / 刊物名与年份 / 期号 / 页码。例：

刘浦江：《金代“通检推排”探微》，《中国史研究》1995 年第 4 期，第 27—35 页。

4．报纸论文标注顺序：作者 / 文献题名 / 报纸名与年月日 / 版次。例：

李眉：《李劼人轶事》，《四川工人日报》1986 年 8 月 22 日，第 2 版。

5．论文集中的析出文献标注顺序：作者 / 析出文献题名 / 文集责任者及责任方式 / 文集名 / 出版者 / 出版时间 / 起止页码。文集责任者与析出文献责任者相同时，可省去文集责任者。例：

杜威佛克马：《走向新世界主义》，王宁、薛晓源编：《全球化与后殖民批评》，中央编译出版社，1999 年，第 247—266 页。

6．会议论文标注顺序：作者 / 文献题名 / 会议名称 / 会议所在城市（或单位）/ 会议时间 / 页码。例：

任东来：《对国际体制和国际制度的理解和翻译》，全球化与亚太区域化国际研讨会，天津，2000 年 6 月，第 9 页。

7．网络论文标注顺序：作者 / 电子文献题名 / 获取和访问路径 / 引用日期。例：

裘锡圭：《大河口西周墓地 2002 号墓出土盘盉铭文解释》，http://www.gwz.fudan.edu.cn/Web/Show/4277，2018 年 7 月 14 日。

8．外文文献

引证外文文献，原则上使用该语种通行的引证标注方式。本规范仅列举英文文献的标注方式如下：

（1）专著标注顺序：责任者与责任方式 / 著作名 / 出版地点 / 出版者 / 出版时间 / 页码。文献题名用斜体，出版地点后用英文冒号，其余各标注项目之间，用英文逗点隔开，下同。例：

Peter Brooks，Troubling Confessions：Speaking Guilt in Law and Literature，Chicago：University of Chicago Press，2000，p.48.

Randolph Starn and Loren Partridge，The Arts of Power：Three Halls of State in Italy，1300-1600，Berkeley：California University Press，1992，pp. 19-28.

（2）译著标注顺序：责任者 / 著作名 / 译者 / 出版地点 / 出版者 / 出版时间 / 页码。例：

M. Polo，The Travels of Marco Polo，trans. by William Marsden，Hertfordshire：

Cumberland House，1997，pp.55，88.

（3）期刊析出文献标注顺序：责任者 / 析出文献题名 / 期刊名 / 卷册及出版时间 / 页码。析出文献题名用英文引号标识，期刊名用斜体，下同。例：

Heath B. Chamberlain，“On the Search for Civil Society in China，” Modern China，vol. 19，no. 2（April 1993），pp.199-215.

（4）文集析出文献标注顺序：责任者 / 析出文献题名 / 文集题名 / 编者 / 出版地点 / 出版者 / 出版时间 / 页码。例：

R. S. Schfield，“The Impact of Scarcity and Plenty on Population Change in England，” in R. I. Rotberg and T. K. Rabb，eds.，Hunger and History：The Impact of Changing Food Production and Consumption Pattern on Society，Cambridge，Mass：Cambridge University Press，1983，p.79.

（5）档案文献标注顺序：文献标题 / 文献形成时间 / 卷宗号或其他编号 / 藏所。例：

Nixon to Kissinger，February 1，1969，Box 1032，NSC Files，Nixon Presidential Material Project（NPMP），National Archives II，College Park，MD.